우리 문학의 여행·다문화·디아스포라

이미림 지음

우리 문학의 여행·다문화·디아스포라

이미림 저

도서출판 월인

책을 내며

오랜만에 학술서를 출간한다. 감탄과 설렘이라는 정동에서 멀어지고, 학문에 대한 엄숙함이 밀려와 한동안 여행을 떠나지도 책을 내지도 않게 되었다. 2014년 『21세기 한국소설의 다문화와 이방인들』을 출간한 지 십 년이 되었다. 그동안 발표한 논문들을 모아보니 여행, 다문화, 디아스포라라는 키워드로 연구주제가 묶인다. 작정하고 쓴 것은 아니지만 인간이 만든 세상의 부적응자인 내가 '떠나는 자'에 공감했기 때문이리라.

1990년대 여행의 자유화 이후 『우리시대의 여행소설』을 통해 여행서사이론을 정초했고, 『한국현대소설의 떠남과 머묾』에서 우리 삶의 정주와 이주에 대한 변증법적 원리를 분석했다. 여행 모티프는 21세기 다문화, 글로컬, 인류세와 맞닿아 디아스포라, 다문화소설로 이어졌다. 다문화시대를 살아가는 한국인의 일상과 이주민과의 불화와 불통을 다룬 작품들이 한동안 발표되었고, 재외한인문학이나 탈북소설, 조선족문학 등이 관심거리가 되었다. 지구종말과 AI, 퀴어 등 시의성 있는 한국문학의 흐름이 나타나지만 지난 10여 년간 나의 연구주제는 모빌리티와 이동성 시대의 문학이다.

어느 시대에나 담론이 조성되면 여성, 이슬람, 빨갱이, 이주자, 빈자, 노인, 장애인, 외계인, AI 등 새로운 타자들이 출몰한다. 문학은 타자의 입장이나 시선에서 고통받고 억압받는 마지막 한 사람에 대한 이야기를 다룬다. 따라서 능동적 슬픔, 멜랑꼴리, 비극적 정동은 문학전공자의 숙명이다. 불완전하고 시행착오 투성이인 인간들은 서로를 혐오하고 상처를 주며 괴로워한다. 나 역시 겁이 많고 사소하게 외상을 입는지라 낯설고 생경한 공간을 헤매거나 방랑하는 여행자나 디아스포라에 마음이 간다.

여행 편의 글모음은 오래 전에 쓴 글이라 다소 어색하지만 당대의 시의성을 담고 있어 그대로 수록했고 다문화와 디아스포라 편은 비교적 최근에 발표한 논문들이다. 학교와 집을 오가는 단순한 일상 속에서 이번 글을 엮으며 나의 오십대의 사유를 알 수 있었다. 한 권의 책은 일정 시기 내 삶의 기록이자 관심을 가졌던 연구 주제가 담겨 있다. 대학생들에게 한국현대문학을 가르치고 함께 토론하고 논문을 지도하는 삶은 항상 즐겁고 행복했다. 국문학을 사랑하고 곁에 두는 인문학자이자 교육자로서 부족함을 느끼지만 한국현대소설은 내 삶의 영원한 반려대상이다.

급변하는 시대에 인류는 안정되거나 정착하지 못하고 디아스포라, 노마드, 이방인으로 살아간다. 한번도 겪어보지 못한 코로나19 재난을 통해 원격 강의라는 독특한 시간을 보냈고, 최상위포식자이자 만물의 영장, 비트루비우스적 인간의 오만함에 대한 성찰이 요구되는 포스트휴먼 시대에 와있다. 유동하는 시대의 한국문학을 살펴보면서 나는 정주민의 삶을 살았는지 유목민으로 살아가는지를 자문해 본다. 신학기 봄을 맞이하여 싱그러운 새내기들이 교정을 오가고 있다. 개강총회, 신입생환영회, 연합모꼬지, 봄축제, 문학답사, 창작수련회 등의 활동을 하는 대학캠퍼스는 늘 역동적이고 활기가 넘치며 명랑하다. 지역소멸이나 글로컬대학 30과 같은 위기의 순간에도 우리는 현재에 충실하고 의미를 부여하며 살아간다. 출판이 어려운 때에 사명감을 갖고 묵묵히 학술서를 내는 도서출판 월인에게 감사의 마음을 전한다.

2024년 봄,
강릉원주대 인문관 연구실에서
이미림

차 례

1부

유동하는 시대의 우리 문학

우리의 삶은 정주와 이주, 머묾과 떠남의 변증법적 길항에 놓인다. 머물면 떠나고 싶고, 떠나면 정착을 욕망하기 때문이다. 동구권의 몰락, 냉전체제의 와해, 197,80년대의 민주화, 독재타도, 학생운동 및 노동운동, 통일과 분단문제, 역사인식과 같은 거대담론에서 물러나 1990년대는 패러다임의 전환을 가져왔다. 여행의 자유화로 시작된 이 시기는 자아의 발견과 개인의 옹호 속에 실존과 내면탐색에 기울인다. 포스트모던 현상은 사이버펑크문학이나 여성소설, 통신적 접촉을 드러낸 가장 90년대적인 윤대녕 소설 등을 창출했다. 특수한 계층이 향유했던 여행문화가 대중화되면서 여행산문집이 베스트셀러가 되고, 방향성을 상실한 작가들은 방랑, 해외연수, 여행하는 여행자 인물을 작품 속에 구현했다.

산업화와 더불어 발생한 이촌향도(離村向都), 명절이나 휴가철에 나타나는 주기적인 인구이동, 최근 세계화와 더불어 급증하는 유학이나 관광을 위한 해외 이동이나 외국인 노동자, 결혼 이민자의 국내 유입 등이 여러 가지 사회문제를 일으키면서 우리나라의 모빌리티 경관을[1] 이뤘다. 2023년 현재 80억의 인류가 결혼, 출장, 노동, 연수, 이민, 망명, 여행 등의 이유로 탈국경하는 삶이 일상화되며 존 어리는 현대세계의 주요 모빌리티 유형을 12가지[2]로 제시했다. 글로벌 다문화 지구촌 사회는 신자유주의 경제체제와 세계화, 글로컬리즘으로 인한 여행자, 노마드, 디아스포라를 양산하며 타자를 생산했다. 통상 복지로부터의 국가의 철퇴, 규제완화, 민영화 등을 가리키는 신자유주의가

---

1 이희상, 『존 어리, 모빌리티』, 커뮤니케이션북스, 2016, 15쪽.

2 ① 망명, 난민, 노숙, 유랑, 이주, ② 사업가와 전문직의 출장, ③ '해외체험'을 하는 학생, 오페어, 여타 젊은이의 탐색 여행, 이는 '통과의례'이며 보통 문화 중심지로 요행을 떠남, ④ 온천, 병원, 치과, 안경점 등으로의 의료 여행, ⑤ 군대, 탱크, 헬기, 항공기, 로켓, 정찰기, 위성 등의 군사 모빌리티, 민간에서 사용되면서 수많은 파생 효과를 낳음, ⑥ 퇴직 후 이동, 은퇴 후 초국적 생활 방식 영위, ⑦ 자녀, 배우자, 여타 친척이나 가사노동자의 "길을 내는 노동", ⑧ 화교와 같은 특정 디아스포라 내에서 중심 교점을 통과하는 이동과 이주, ⑨ 전세계를 누비며, 특히 세계도시를 향하는 서비스노동자의 이동, 현대판 노예의 이동 포함, ⑩ 장소와 행사를 찾아가는 관광여행, 특히 '관광객의 시선'을 비롯한 여러 가지 감각이 개입됨, ⑪ 친구나 친척 방문, 이러한 친목 네트워크도 이동 중일 수 있음, ⑫통근을 비롯한 업무 관련 이동 - 존 어리, 김태한 역, 『모빌리티』, 앨피, 2022, 30쪽.

사회에 새겨 넣고 있는 참극은 지역공동체의 '수상한 타자'를 선별하는 것에서 나아가 '이질적인 자'를 배제함으로써 안전하고 안심되는 마을 만들기[3]로 귀결되었다. 2000년대 다문화사회의 도래는 한동안 국문학회의 연구주제가 되면서 다문화소설, 디아스포라소설, 재외한인문학이 주목받았다.

정착민의 시대에서 유목민의 시대가 도래한 것이다. 우리끼리 오랫동안 공동체를 형성하고 유지했기에 인종과 민족이 다른 낯설고 이질적인 외국인 이주자와의 공존은 여러 문제를 야기했다. 세계화된 지구는 불평등하고 강압적으로 개방된 디스토피아로 평가되었다. 유동적이고 불안정한 액체근대, 탈근대는 소통이 불가능한 유목민의 시대이다. 현대사회가 강요하지 않아도 죽도록 일만 하여 우울증, 피곤, 경계성, 성격장애를 갖게 되는 '피로사회'(한병철), 거대한 풍요를 이룩한 근대산업사회의 원리와 구조 자체가 파멸적인 재앙인 '위험사회'(울리히 벡), 고용악화, 지역사회와의 인연상실, 사회양극화로 인한 '무연사회'(NHK무연사회프로젝트팀)로 비관적이고 절망적인 미래를 예측한다.

세계는 부유(浮游)하며 정착이나 안정이 불가능한 아노미상태이고, 국가, 국경, 국민, 국적의 경계가 열어지고 있다. 우리 사회는 다시 정체성을 묻고 있고, 이주자, 동식물, AI 등과 공존하는 문제를 안고 있다. 1990년대부터 오늘날까지 광범위하게 펼쳐지는 삶의 양식과 의식의 변화는 급박하게 진전되고 있으며 여행, 다문화, 디아스포라 현상에 대한 문학텍스트가 쏟아져 나왔다. 이에 대한 철학적 방법론으로 존 어리의 모빌리티와 들뢰즈의 수목적 체계와 리좀적 체계, 탈영토화와 재영토화, 전쟁기계, 노마돌로지, 자크 아탈리의 호모 노마드, 유목하는 인간, 레비나스의 타자의 철학, 스피노자의 범신론과 능동적 공동체, 니체의 위버멘쉬, 게오르그 짐멜의 이방인 이론과 상호문화, 미셸 마페졸리의 노마디즘, 미셸 푸코의 파레시아 및 권력과 지식과의 관계, 조르조 아감벤의 호모 사케르 등이 동원되었다.

---

3 요시하라 나오키, 이상봉·신나경 역, 『모빌리티와 장소』, 심산, 2010, 304~305쪽.

길을 떠나 공간을 이동하는 여행은 근대성과 연관되며, 여행시기, 동반자, 목적지, 목표, 형태에 따라 그 의미가 나타난다. 반강제적이거나 자발적 여행은 지배받지 않고 자유를 얻거나 편견에서 벗어나겠다는 주체적 자각 하에 행동으로 옮겨진다. 여행은 떠남 이전과 이후라는 시간성과 거주지와 여행지라는 공간성 그리고 돌아온 이후의 존재론적 위치의 변화가 중시된다. 한국현대문학사의 주요위치를 점하고 시대의 분기점을 알리는 염상섭의 〈만세전〉이나 김승옥의 〈무진기행〉 이 여행서사로 이뤄졌다는 사실에서 여행소설의 장점과 효과를 알 수 있다. 여행소설은 작가가 주체/타자의 시선, 내부자(원주민)/여행자(외지인)의 시선 중 어느 렌즈로 보느냐가 주요하며, 반복되고 지루한 가정과 직장에서 벗어나는 일탈과 비일상성을 특징으로 한다.

정착 - 떠남 - 정착 혹은 안주 - 여행 - 안주 플롯인 원점회귀의 순환구조로 구성된 여행소설은 반드시 귀환해야 하며, 정착하려는 욕망과 정착하지 못하게 하는 욕망 사이의 갈등[4]을 그린다. 여행소설은 전근대, 식민지 근대, 산업화 근대, 탈근대 등 시대적 지향점과 욕망의 형태가 다르며 자아찾기, 진정성과 세속성, 현실도피, 현실과 환상 등 다양한 문제의식을 드러낸다. 이 장르의 연구관점으로는 첫째, 떠날 수밖에 없는 시대, 사회문화적 상황과 개인의 욕망을 탐색하는 것이다. 일제강점기의 외부지향성은 근대교육, 유학, 방랑, 가난, 생존, 독립운동의 목적 하에 동경, 만주, 하얼빈, 상해 공간이 등장하며, 산업화 시대엔 조국을 찾아 귀향하는 여정의 내부지향성을 보였다. 탈근대는 도시의 피로함과 권태를 벗어나 실존적 진정성 혹은 본디적 자아를 찾는 여행이 이뤄졌다. 둘째, 순환적 서사 전개로서의 여행서사구조로 갑자기 혹은 불현듯 전화 한통이나 전보, 이메일로 떠나게 된다. 가족, 친척, 신분, 소속, 국가 등이 삭제된 삶의 서사는 새로운 사건과 마주치면서 고민과 갈등이 시작된다.

셋째로는 여행자의 시선을 가지게 됨으로써 보다 객관적으로 지역사회의

---

4 졸저, 『우리시대의 여행소설』, 태학사, 2006, 30쪽.

모순과 부조리를 지적하며 문제를 제기한다. 관계단절을 통한 온전한 자기와 대면하는 것이다. 넷째는 우연한 만남과 분신 모티프로서 현실원칙에 입각한 책임과 엄숙, 근엄에서 벗어나 쾌락원칙을 바탕으로 여성과의 일탈 속에서 자기 안의 타자, 숨겨진 자아와 마주하며 갱생, 정화, 재탄생된다. 다섯째, 교통수단의 변천과 근대의 추이를 알 수 있는바 기차, 자동차, 비행기, KTX, 우주선을 통한 시공간의 특징과 내면심리가 각각 드러난다. 여섯째, 여행지의 상징성 및 시대의 지향점을 분석하는바 서울(대도시), 고향, 외국, 바다, 절, 사막, 설국 등의 판타지 공간이 등장하며 시대에 따라 서구, 근대, 타국 등의 여행지가 나타난다. 일곱째, 타소설 장르와의 차이점에서 여행소설은 이정표, 팻말, 대합실, 역, 터미널, 기차, 버스 등과 카페, 술집, 식당, 다방과 같은 기다리고 만나는 공간이[5] 선정된다. 시공간의 간격이 응축됨으로써 현대인의 이동이 간편해졌고 다인종 다민족 다문화 다언어 다종교 세계사회에 어떤 방식으로든 접속되었다.

여행자는 현실을 탈피하고 휴식과 쾌감, 신분서열의 부재와 평등한 인간관계, 개방적 분위기, 무절제와 방종 등 긴장감과 해방감이라는 양가적 심리상태를 갖는다. 전통적인 여행의 목표는 자아찾기를 통한 실존/생존에 대한 두려움, 불안과 공포 극복 등이며 전통적 여행의 쇠퇴와 하이퍼 노마드나 디지털 노마드 그리고 보보스(부르주아 보헤미안, 디지털 엘리트 여행자) 등이 출현했다. 노동과 휴식의 안배를 추구하며 다양한 여행의 형태[6] 속에 휴가, 바캉스는 현대인의 필수적 요소가 되었다. 〔꽃보다 할배/누나/청춘〕, 〔1박2일〕, 〔아빠 어디가〕, 인사이트 아시아 〔차마고도〕, 〔누들누드〕와 같은 TV프로그램이 높은 시청률을 가져왔고, 유홍준의 《나의 문화유산답사기》, 한비야의 《바

---

5 위의 책, 31-40쪽 참조.

6 포괄여행(inclusive tour, 교통, 숙박, 식사 등 여행경비를 계획해서 판매하는 패키지여행), 동우회여행(주제, 코드가 같은 사람들의 여행), 배낭여행, 답사여행(민속/학술/봉사답사 등), 단독여행, 효도여행, 가족여행, 탐험여행, 볼런투어리즘(Voluntourism, 자원활동여행), 다크투어리즘(Dark tourism, 아우슈비츠수용소, 캄보디아의 킬링필드 등과 같은 역사의 참상지역을 관광하며 교훈을 얻는 여행) 등이 있다.

람의 딸 걸어서 지구 세바퀴 반》, 《중국견문록》, 류시화의 《하늘호수로 떠난 여행》과 김연수, 이병률, 정여울 등의 여행수필집이 베스트셀러가 되었다. 물론 로드무비[7]와 소설에서도 여행텍스트는 하나의 양식으로 구축되었다. 여행 모티프는 여행을 기점으로 변화를 가져온다는 점과 이국적이고 독특한 소재가 등장한다는 점에서도 낯설게 하기라는 문학적 요소에 기여한다. 물론 소재적 차원의 단순한 나열이라는 점에서 비판받기도 하지만 작가들에게 여행 구조 및 모티프는 서사구성에 유효할 수밖에 없다.

여로소설, 귀향소설, 기행문학 등으로 불리는 문학작품으로는 이효석의 《벽공무한》, 〈메밀꽃 필 무렵〉, 최인호의 〈깊고 푸른 밤〉, 정소성의 〈슬픈 귀국〉, 〈아테네 가는 길〉, 정찬의 〈슬픔의 노래〉, 이문열의 〈그해 겨울〉, 〈아우와의 만남〉, 주인석의 〈광주로 가는 길〉, 정도상의 《낙타》, 《찔레꽃》, 공지영의 〈모스크바에는 아무도 없다〉, 박상우의 〈호텔 캘리포니아〉, 김승희의 〈산타페로 가는 사람〉, 〈회색고래 바다여행〉, 신경숙의 〈깊은 숨을 쉴 때마다〉, 〈부석사〉, 서영은의 《꿈길에서 꿈길로》, 양귀자의 〈숨은 꽃〉, 김미진의 〈모차르트가 살아있다면〉, 구효서의 〈당신의 바다는〉, 은희경의 〈그녀의 세 번째 남자〉, 조성기의 〈통도사 가는 길〉, 최윤의 〈하나코는 없다〉, 〈아버지 감시〉, 윤후명의 〈별들의 냄새〉, 〈여우사냥〉, 〈하얀배〉, 〈별을 사랑하는 마음으로〉, 윤대녕의 〈피아노와 백합의 사막〉, 〈신라의 푸른 길〉, 〈천지간〉, 《눈의 여행자》, 이순원의 〈말을 찾아서〉, 〈시동에서〉, 〈강릉가는 옛길〉, 〈은비령〉, 〈영혼은 호수로 가 잠든다〉, 〈매듭을 이은 자리〉, 〈혜산나는 길〉, 해이수의 〈고산병 입문〉, 〈루클라 공항〉, 〈아웃 오브 룸비니〉, 〈우리 전통 무용단〉, 〈캥거루가 있는 사막〉, 〈나의 케냐 이야기〉 등 굉장히 많다. 이에 대한 학술서도 출간[8]되면서 여행텍스

---

7 〔로마의 휴일〕, 〔가올로〕, 〔보너사이클 다이어리〕, 〔하와이언 레시피〕, 〔삼포가는 길〕, 〔고래사냥〕, 〔소와 함께 여행하는 법〕, 〔처음 만난 사람들〕, 〔나의 결혼원정기〕, 〔비포 선 라이즈〕, 〔비포 선 셋〕, 〔먹고 기도하고 사랑하라〕, 〔김종욱 찾기〕, 〔버킷 리스트〕, 〔노매드랜드〕 등이 있다.

8 예를 들면 졸저, 『우리시대의 여행소설』, 태학사, 2006, 김효주, 『한국근대 여행소설 연구』, 역락, 2013, 임정연, 『여행·젠더·장소』, 지식산업사, 2022 등이 있다.

트, 여행산문집, 여행소설, 여행연구서가 주목받았다.

신자유주의 확산, 지식정보화의 대두, 자본과 인력의 글로벌화, 빈부양극화 현상은 한국사회의 인구 다양성을 가져왔다. 다양성은 불통합과 갈등을 일으키고 정치적 윤리적 젠더적 문제를 야기했다. 다문화주의, 다문화사회, 다문화가정, 다문화문학 등 다문화는 한동안 우리 사회의 키워드로 작동하였다. 농촌총각의 신붓감 부족과 3D 업종의 노동력 부족 현상으로 외국인이 유입된 것이다. 빈곤국 출신의 이주자는 결혼이주여성이나 피부색이 다른 외국인노동자가 공존함으로써 미처 준비되지 못한 우리 사회는 혼란과 낯섦에 대한 거부감이 표출되었다. '한 민족의 생활양식의 총체적 표현'인 단일문화에서 '여러 나라의 생활양식'을 뜻하는 다문화적 환경은 똘레랑스[9]와 문화상대주의에 입각해야 하지만 민족중심, 혈통중심의 한국적 다문화주의는 이주자의 목소리가 배제된 선별적 포용과 폭력적 배제를 야기했다.

이러한 사회현상은 문학텍스트에 재현되어 결혼이주여성, 외국인노동자, 북한이탈주민이 등장한 다문화문학이 발표되었다. 우리 사회의 다문화 없는 다문화주의는 '다문화'라는 용어에 대한 폐기를 요청하게 되고, 코리안 드림을 꿈꾸고 온 이주노동자들은 폭력과 억압, 차별과 멸시, 혐오의 정동에 노출되었다. 가부장적 순혈주의와 동화주의를 고수하는 한국정부의 비다문화정책은 비판과 모순 속에 수정 보완되어 변화를 가져왔다. 제노포비아[10]와 제노사이드[11]에 노출된 외국인은 우리 사회의 필요에 의해 요청되었지만 언어적 문화적 경제적 타자이자 비국민으로서 보호받지 못하고 위험과 추방의 위험

9 tolerance, 프랑스인 가장 중요하게 생각하는 가치 중의 하나인 '관용 혹은 포용'을 의미하는 불어로, 사람이 생각하고 행동하는 방식의 자유 및 다른 사람의 정치적 종교적 의견의 자유에 대한 존중을 의미하며 상호존중과 문화적 차이를 인정하는 태도를 말한다.

10 Xenophobia, 외국인 혐오증, 이방인이나 외국인에 대한 혐오라는 뜻으로 공동체의 정체성 유지나 자기보존을 위해 타자를 배제해야 한다는 것을 포함한다. – 김세균 외 역, 『유럽의 제노포비아』, 문학과학사, 2006, 17쪽.

11 Genocide, 인종말살, 특정집단을 파괴하려는 목적 하에 이뤄지는 폭력적 범죄행위를 의미한다.

속에 가부장적 결혼생활과 3D 업종 더티 워크[12]를 묵묵히 해오고 있다. 인권을 유린당하는 벌거벗은 생명인 이들은 21세기 유동성의 시대에 가장 남루하고 비참하며 슬픈 타자로 재현[13]된다. '무국적자', '난민', '미등록자', '불법체류자'로 명명되는 이들은 법이나 정치적 관습에 의해 보호받지 못하며 지구상에 발을 디딜 수 없는 유령이거나 자신을 확인받을 수 없는 사회적 좀비이며 목숨만 붙어있는 이중적 배제 즉 예외상태의 날것의 생명 즉 무국적 상태의 비인간(non-human), 산주검(undead), 노바디(nobody)로서의 이방인 정체성[14]을 지닌다. 이러한 가운데 인권유린, 폭력, 임금체불, 성추행, 거주제한 등이 자행되었다.

많은 소설가들이 다문화문학을 발표했고 이에 대한 연구[15]도 꾸준히 진행되고 있다. 다문화사회는 논의를 벗어나 고령화사회만큼이나 돌이킬 수 없는 현상이다. 특히 이주여성의 경우 '가난', '이주', '여성', '외국인'과 같은 타자성이 더해져 말할 수 없는 고통과 수난 속의 이주서사가 표출되었다. 결혼이주여성, 외국인노동자, 탈북자 등이 등장하는 소설을 대체로 정리해보면, 방현석의 〈랍스터를 먹는 시간〉, 이명랑의 《나의 이복 형제들》, 김려령의 《완득이》, 박범신의 《나마스테》, 박찬순의 〈발해풍의 정원〉, 〈가리봉 양꼬치〉, 정인의 〈그 여자가 사는 곳〉, 〈타인과의 시간〉, 서성란의 〈파프리카〉, 김재영의 〈폭

---

12 Dirty Work, 불결하고 비윤리적이어서 사람들이 기피하는 노동 혹은 불결하고 불쾌하지만 점잖은 사회 구성원들이 아주 모를 수는 없는 일이라는 뜻으로, 임금 수준이 낮고 물리적 위험이 많은 일자리가 대개 그렇듯 더티 워크는 기술, 자격, 교육 수준이 높고 부유한 사람들들이 지닌 사회적 유동성과 권력이 없는, 덜 특권적인 사람들 즉 대학에 진학하지 못한 궁핍한 시골 지역 주민, 미등록 이주노동자, 여성, 유색인이 담당한다. 예를 들어 교도소 정신병원동에 수감된 정신질환자들을 감시하는 교도관들, '정밀 타격'이란 이름 아래 살인을 저지르는 드론 전투원들, 도살장에서 일하는 이주노동자들이 이에 해당된다. - 이얼 프레스, 오윤석 역, 『더티 워크』, 한겨레출판, 2023, 18쪽, 26쪽.

13 졸저, 『21세기 한국소설의 디문회와 이방인들』, 푸른시상, 2014, 21쪽.

14 위의 책, 24~25쪽.

15 이에 대한 단행본으로는 졸저, 『21세기 한국소설의 다문화와 이방인들』, 푸른사상, 2014, 강정구, 『다문화시대의 민족문학』, 청동거울, 2015, 이경재, 『다문화시대의 한국소설 읽기』, 소명출판, 2015, 김미라, 『한국다문화소설의 서사 담론 연구』, 국학자료원, 2018, 송희복, 『다문화시대의 인간상』, 글과마음, 2021 등이 있다.

식〉, 〈꽃가마배〉, 백가흠의 〈쁘이거나 쯔이거나〉, 조해진의 《로기완을 만났다》, 정지아의 〈핏줄〉, 안보윤의 〈나선의 방향〉, 김옥주의 《아오자이에 핀 무궁화》, 손홍규의 《이슬람 정육점》, 〈이무기 사냥꾼〉, 한수영의 《플루토의 지붕》, 김연수의 〈모두에게 복된 새해〉, 김애란의 〈그곳의 밤 여기에 노래〉, 천운영의 《잘 가라, 서커스》, 강영숙의 《리나》, 송은일의 《사랑을 묻다》, 공선옥의 〈가리봉 연가〉, 황석영의 《바리데기》 등으로 꾸준히 발표되고 있다.

1990년대 초반 한중, 한베, 한소 등 사회주의국가와 국교를 수립했고 코리안 디아스포라들이 잘사는 조상의 나라로 입국했다. 80여만 명의 조선족과 고려인, 자이니치와 재외한인문학이 한국문학의 연구범주 속에 들어온 것이다. 코리안 디아스포라문학은 속언주의, 속인주의, 속지주의 원칙에 벗어나지만 한국어, 민족, 국가, 문화를 포괄하는 '민족문학', '한국문학'의 테두리에서 벗어나 복합적 이중적 혼종적인 한민족문학을 수용함으로써 우리 문학의 폭을 넓혔다. 재중, 재일, 재미문학 작가들은 이주국에서도 인정을 받으며 경계인, 디아스포라, 이주자 정체성을 확립하는 과정에서 핍박과 차별, 바깥의 처지와 위치를 감당해야 했다.

이주와 구분하여 이산 즉 디아스포라는 반강제적 이주를 내포하는 용어[16]로 타자를 배척하고 축출하는 근대성을 비판하는 철학적 사회적 문화적 관심에서 출발했다. 에드워드 사이드, 프란츠 파농, 프리모 레비, 윤이상, 서경식, 송두율 등의 디아스포라적 체험을 중시하며 본래 귀속되었던 공동체로부터 떨어져나가 지구상을 유랑하는 난민 등은 경계인으로서의 정체성의 재구축

---

16 diaspora, '씨를 뿌린다'라는 의미의 'spora'와 '여러 방향으로, 경유'를 뜻하는 'dia'가 합친 그리스어로 이산으로 번역된다. Diaspora는 팔레스타인땅을 떠난 이산유대인과 그 공동체를 의미하지만 소문자로 다양한 이신 민족을 지칭하는 것으로 확장되었다. 샤프란은 장소이동, 집합적 기억이나 신화 공유, 거주국의 소외와 고립, 귀환장소로서의 조국의 이상화, 경제정치적 헌신, 조국과의 지속적 관계유지와 공속의식을, 서경식은 근대의 노예무역, 식민지배, 지역분쟁, 세계전쟁, 시장경제 글로벌리즘 등의 이유로 이산을 강제당한 사람들과 그 후손들로, 윤인진은 강제이주, 민족문화 유지 및 노력, 동족에 대한 애착과 연대감, 모국유대 등으로 정의하였다.

속에서 고뇌하면서 자신의 뿌리와 이동경로를 탐색하였다. 지식을 통한 이동과 탈주를 스스로 사유하고 실천하는 노마드 지식인들은 노마드적인 삶과 사유의 형식으로 구성된 지식인 노마돌로지(Nomadology)[17]를 바탕으로 국가권력, 국가철학에 대항하며 타자의 입장에 선다.

조선족문학연구는 방대하게 이뤄졌고 이외에도 재일동포문학, 재미작가연구 등 외국에서 활동하는 재외한인작가의 문학작품이 번역 소개되었으며 문학연구[18]도 축적되었다. 정은경의 『디아스포라 문학』에서는 차학경의 《딕테》, 이창래의 《네이티브 스피커》, 아나톨리 김의 《사할린의 방랑자들》, 서경식의 《디아스포라 기행》 등의 작품들을 소개했고, 전북대 재일동포연구소의 『재일동포문학과 디아스포라』 시리즈에서도 김달수, 김석범, 김학영, 이회성, 이양지, 유미리, 가네시로 가즈키 등 자이니치 작가 연구가 이뤄졌다. 재외한인작가들은 거주국에서 문학상을 수상하며 존재감을 드러냈다. 모빌리티와 글로벌 다문화 사회가 형성되면서 우리 문학의 외연이 확장되었고, 이는 여행, 다문화, 디아스포라 담론 및 문학을 구축하게 된다. 한국문학번역원에서 나온 해외한인문학창작현황자료집[19]은 재외한인문학을 총결산한 연구물이다. 21세기 초연결시대의 우리 사회는 오히려 단절과 고립의 정동을 느끼기에 문학의 소명과 역할이 요구된다.

17 장시기, 『노자와 들뢰즈의 노마돌로지』, 당대, 2005, 25쪽.

18 김종회 편, 『한민족 문화권의 문학』, 국학자료원, 2003, 김종회, 『디아스포라를 넘어서』, 민음사, 2007, 정은경, 『디아스포라 문학』, 이룸, 2007, 강진구, 『한국문학의 쟁점들: 탈식민, 역사, 디아스포라』, 제이앤씨, 2007, 최강민, 『탈식민과 디아스포라문학』, 제이앤씨, 2009, 아주대 인문과학연구소 편, 『중국조선족문학의 탈식민주의 연구』 1,2, 국학자료원, 2008, 장윤수, 『노마디즘과 코리안 디아스포라 문학』, 북코리아, 2011, 서정자 외, 『디아스포라와 한국문학』, 역락, 2012, 박덕규 외, 『탈북 디아스포라』, 푸른사상사, 2012, 이정숙, 『한국현대소설, 이주와 상처의 미학』, 푸른사상사, 2012, 조은주, 『디아스포라 정체성과 탈식민주의 시학』, 국학자료원, 2014. 연남경, 『탈경계 사유와 서사의 윤리: 한국문학과 이주』, 이화여대출판문화원, 2017.

19 여러 연구자가 공동연구로 집필한 이 책 시리즈는 미주한인문학, 재일 한인문학, 중국 조선족문학, 고려인문학으로 구성되어 2020년 소명출판에서 출간되었다.

2부

—

여행

1장 1930년대 박화성 소설의 유학체험과 기차공간

1. 1930년대 호남지역과 기차공간

일제 강점기의 박화성은 계급의식과 여성의식을 지닌 작가로 평가받았다. 그녀의 문학은 〈추석전야〉, 〈하수도 공사〉, 〈홍수전후〉와 같이 사상성이 짙은 리얼리즘소설로 가치를 부여받았으며, 제2세대 여성작가로 주목받고 있다. 그러나 여성문학적 관점에서 볼 때 '계급의식=여성의식'[1]의 굳은 신념을 지닌 박화성 문학은 '프롤레타리아 고유의 종속은 있어도 여성고유의 종속은 없었던'[2] 마르크스 사상을 내재함으로써 페미니즘 문학의 한계를 보인다. 이러한 사실은 전위의 눈으로 세상을 봄으로써 여성을 계몽적 대상 혹은 내조자의 위치[3]로 놓거나 여성의식과 성의식 사이의 모순[4]을 드러내는 등 여성작가로서의 분열과 중층적 고뇌[5] 속에서 나타난다. 계급문학적 관점에서 볼 때 그녀의 문학은 계몽적 지식인의 지도적 역할의 도식성과 반복적인 계몽서사를 지적받고 있다. 박화성의 내면 속에 자리 잡은 기독교정신, 계몽성, 계급의식, 동반자적 경향, 여성의식의 혼재는 시대적 상황과 식민지 근대성을 바탕으로 민족적 성적 계급적 지역적 타자인 선진적 여성지식인이자 여류작가로서의

---

1 박화성, 「계급해방이 여성해방」, 『신여성』 개벽사, 1933.2. 21쪽.

2 우에노 치즈코, 이승희 역, 『가부장제와 자본주의』 녹두, 1994, 27쪽.

3 이병순, 「박화성 소설 연구」, 『어문논집』 제7호, 숙명여대 어문학연구소, 1997, 300쪽.
이태숙, 「사회주의 여성문학의 계급성 문제」, 『어문학』 제78호, 한국어문학회, 2002, 479쪽.
백문임, 「박화성의 경향소설에 나타난 계급과 성의 문제」, 『현대문학의 연구』 제11호, 한국문학연구학회, 1998, 334쪽.

4 서정자, 「주의자의 성 사랑 결혼」, 『현대소설연구』 제26호, 한국현대소설학회, 2005, 109쪽.

5 이러한 사실은 그녀가 이광수 추천으로 등단함으로써 계몽성, 정신적 사랑, 기독교적 영향을 받은 듯하며, 주의자로서 감옥을 다녀온 친오빠 박제민, 첫 남편 김국진과의 관계와 목포 출신이라는 점에서 저항정신, 계급의식, 사회주의 사상 등이 작용한다.

고뇌의 결과일 것이다. 그녀의 문학은 지식인 또는 지식에 대한 작가의 신뢰가 소설의 뼈대를 이룸[6]으로써 식민지 교육의 기능화·순응화·우민화에 대한 문제의식의 결여와 여성문제 또한 간과한 측면이 있지만 지행합일의 지식인의 삶을 일관되게 추구하고자 했다는 점은 고평되어야 한다.

이 글은 박화성의 초기소설을 여행서사적 관점에서 재조명한다. 그녀의 소설은 유학체험[7]과 여행을 근간으로 하는데 이는 전형적인 통과의례의 성장모티프[8]이다. 철도와 기차는 박화성을 한곳에 머무르지 않고 목포, 경성, 동경을 이동하면서 견문과 경험을 넓히게 했다. 작가는 교원생활을 위해 천안, 아산, 광주, 영광을 오갔고, 경성과 동경을 유학했을 뿐만 아니라 부여, 개성, 평양, 해주, 강서 등 유적지를 구경하였다. 교육, 직장, 관광과 같은 그녀의 활발하고 적극적인 공간이동과 근대체험은 세상을 보는 혜안과 신념에 대한 강한 의지를 갖게 했다. 한국여성이 외출을 하게 된 것은 불과 백 년 전의 일이었으며 여학생이 됨으로써 집밖을 나갈 수 있었고 통학길은 근대적 삶을 향한 길[9]이었다. 박화성은 계급의식과 교육(유학)을 삶의 중심[10]으로 삼았고, 소설취재를 하거나 기행문을 신문에 기고하기 위해[11] 여행을 다니며 여성작가로서 어려움을 느꼈다. 그녀의 계급의식의 고취와 학문에 대한 열정은 경제적 수탈과 군사적 지배를 위한 호남선의 종착지였던 목포가 고향이라는 점과 오빠와 이광수의 영향에 기인한다.

---

6 서정자, 『한국여성소설과 비평』, 푸른사상, 2001, 426쪽.

7 박화성은 목포의 정명여학교를 졸업하고 경성의 숙명여고보 그리고 일본여자대학 영문학부를 유학한 학력을 지닌 지식인 소설가이다.

8 시몬느 비에른느는 여행과 교육/지식을 통과제의로서의 명백한 상징으로 보고 있으며, 준비 - 피안으로의 여행 - 새로운 탄생의 과정을 통해 신분을 바꾸는 것 즉 지금까지와는 다른 사람으로 다시 태어나는 것을 의미한다고 설명한다. - 시몬느 비에른느, 이재실 역, 『통과제의와 문학』, 문학동네, 1996, 19쪽.

9 서경석 외 엮음, 『신여성 길위에 서다』 호미, 2007, 18쪽.

10 박화성 소설이나 수필에는 여성서사의 근원적인 요소인 사랑, 결혼, 모성까지도 뒤로 미루며, 배움에 대한 열망과 소신이 곳곳에 등장한다.

11 그녀는 결혼생활 중에도 여러 곳을 다니며 기행문을 발표하였다. 집밖의 여성활동이 흔치 않던 시절에 그녀의 적극적인 여행체험은 문학과 삶에 영향을 끼치는 요소가 되었다.

이 글은 기존의 계급의식적 페미니즘적 연구의 틀에서 벗어나 여행과 유학 체험, 기차공간, 떠남과 머묾의 삶의 양태를 통한 박화성 문학의 특징을 고찰한다. 박화성의 전반기 문학은 하층민의 궁핍상을 계급적 관점에서 그린 동반자적 성격이 두드러지며 여행소설[12] 또한 특징이 되고 있다. 여행소설의 특성상 자전적 요소와 개인적 체험에 바탕을 둔 박화성 문학엔 후천적 혹은 의식적으로 받아들인 사상적 궤적과는 달리 의상, 음식, 여성성, 모성 등 여성으로서의 삶이 드러난다. 유복했던 유년기를 거쳐 유학좌절과 직장생활 그리고 경성·동경 유학 등 그녀는 힘든 상황에서도 학업에의 의지를 저버리지 않았다. 따라서 학습과 유학체험, 여행 및 집 떠남이 주요모티프로 작용하였다. 그녀는 지방출신의 지역작가라는 점을 의식하는 타자성 속에서 목포에 뿌리를 둔 작가[13]였다. 이 글은 '떠남과 머묾', '여행과 정착' 구조의 여행서사로 구성된 단편 〈두 승객과 가방〉, 〈신혼여행〉, 〈고향 없는 사람들〉과 최근 주목받고 있는 장편 《북국의 여명》을 대상으로 여행과 기차공간의 의미를 살펴본다. 1925년에 〈추석전야〉로 등단한 작가는 다음해에 일본여자대학 영문학부 1학년에 입학함으로써 유학생활, 결혼, 출산 등으로 7년간의 공백기를 가졌고 1932년 장편 《백화》로 재기하였다. 여행소설과 기행문은 1933년부터 1936년 사이에 발표되었는데 공백기 동안 그녀가 얼마나 창작활동과 여행을 갈망했는지를 알 수 있다.

인구이동을 가능케 한 기차의 발명은 근대인의 삶을 변하게 했고, 시간관

---

12 1990년대 이후 다양하게 발표되고 있는 여행소설이라는 개념은 김윤식, 이광호, 김경수, 황국명에 의해 쓰여졌으나 개념 정의를 명확하게 밝히지 않았다. 여행소설과 비슷한 여행자문학은 타국에서의 일시적 유람이나 거주를 통한 비교문학적 개념이자 여행자에 중점을 둔 표현이며, 여로형소설은 길의 여정을, 귀향소설은 여행지인 고향을 중심으로 하고 있으므로 이 글에서는 여행모티프가 중심모티프로 작용하는 것을 전제로 하는 조남현의 의견을 받아들여 여행소설이라고 정의하고자 한다. 따라서 근대적 자발적 유희적 개념의 여가를 뜻하는 여행의 범주를 확장시켜 정처 없이 떠도는 유랑과 디아스포라, 유학 등도 이에 포함시키고자 한다.

13 서정자는 박화성 문학을 조국애, 향토애를 바탕으로 한 지방주의 문학이라고 규정한다. -「박화성론」, 숙명여대 석사학위논문, 1980.

념의 변화를 갖게 했다. 그러나 일제침략기의 기차/철도는 서양과 같이 근대 문명의 축복이나 이기였다기보다는 제국주의 침략과 지배의 노정을 위한 것이었다. 기차는 근대성의 상징으로 표상되며 침략과 지배, 수탈과 분열, 차별이라는 식민지의 모순을 실어 나르는 슬픈 기관[14]이자 신세계로 진입하는 도구였다. 일본은 한국을 강점하면서 경원철도와 호남철도의 부설을 가장 시급한 사업으로 꼽았다. 군산, 목포에 거주하고 있었던 일본인들은 호남철도가 통과할 전라도가 "氣候中和 人口稠密 土壤膏腴 禾穀豊熟"하다는 것을 강조했으며 의병의 진압과 면화의 반출을 위해서도 호남철도가 시급함을 역설[15]하였다. 일본으로의 쌀 이출 루트로서 경부·경의철도와 부산항에 필적할 만한 것은 호남선과 그 종단항인 군산·목포[16]였다. 식민지 철도는 침략과 지배 그리고 억압과 검열의 결과였고, 철도 주변의 식민지 현실의 참상은 이루 말할 수 없었다. 이러한 삶의 현장이 목포 출신 작가의 작품 속에 리얼하게 투영되었다. 그녀의 작품은 수탈과 이주의 통로인 호남선과 목포지역을 배경으로 한다. 먹고살기 위해 뿔뿔이 흩어져야 하는 생계형 이산가족을 형상화한 〈두 승객과 가방〉이나, 호남선 기차 여행으로 철도 주변의 실상을 파헤친 〈신혼여행〉, 향상심과 교육열로 유학길에 오른 《북국의 여명》, 생활터전을 강제적으로 이주당한 고향상실자의 고통을 그린 〈고향 없는 사람들〉 등에서 성장과 발전의 동력이자 우리 민족의 고통과 절망이 철도를 따라 동시에 드러났다. 경성·동경 유학 시절 호남선을 타고 고향을 떠났거나 귀성함으로써 박화성에게 호남선은 많은 기억을 불러일으키는 소재[17]가 되었을 것이다.

1903년 목포에서 태어난 박화성은 정명여학교를 졸업할 때까지 고향에 머물렀고 작가에게 호남지역은 삶의 모체이자 문학적 근간이 되었다. 그녀는

---

14 박천홍, 『매혹의 질주 근대의 횡단』, 산처럼, 2002, 102쪽.

15 저자 미상, 『목포지』, 목포지편찬회, 1914, 344~346쪽.

16 정재정, 『일제침략과 한국철도』 서울대출판부, 1999, 644쪽.

17 야마다 요시코, 「한 지식인 여성작가의 탄생」, 『소영 박화성 문학 문화 페스티벌』, 2008.9.20, 49쪽.

차별적으로 발전한 도시 형성과, 호남선 주변의 궁핍과 가족 해체를 그려나갔다. 그녀에게 목포라는 고향은 공간적 배경뿐만 아니라 세상에 대한 기준의 근거이자 장소애호(topophilie)[18]적 성향을 갖게 했다. 그녀는 자신이 잘 알고 있는 공간인 목포를 작품 속에 투영함으로써 목포의 대표작가가 될 수 있었다. 또한 그녀는 1933년 9월 가을부터 초겨울까지 경주, 부여, 개성, 평양, 해주, 석담구곡, 봉산의 정방 산성과 정시 고분까지 고도를 순례[19]했다. 여성의 여행이 쉽지 않았던 시기에 진취적이고 근대적인 그녀의 일탈체험은 절실하고도 간절한 것이었다. 노마드(nomad)[20]적 삶에 주저함이 없었던 그녀는 세상과 소통하는 근대여성이었다.

2. 생계형 이산가족의 형상화와 타자적 삶: 〈두 승객과 가방〉

〈두 승객과 가방〉에서는 대구행 기차에 함께 탄 두 명의 작중인물을 대별하여 식민지 궁핍과 모순을 극명하게 드러낸다. 목포 - 기차 - 대구로 이어지는 여정에서 기차공간은 식민지 무산계급 여성 정채와, 영전하여 목포를 떠나는 형무소장의 '떠남 - (머묾)'의 삶의 양태와 의식을 대별하는 장소로 설정된다. 정채는 감옥에 있는 남편과 노모, 두 살 된 아들을 목포에 두고 여공으

18 바슐라르는 소유되는 공간, 적대적인 힘에서 방어되는 공간, 사랑받는 공간, 예찬되는 공간에 대한 애착, 집착을 토포필리아라고 하면서 이러한 공간들의 인간적 가치를 규명하였다. 가스통 바슐라르, 곽광수 역, 『공간의 시학』 민음사, 1990, 108쪽. 박화성에게 목포라는 고향은 세상을 비교하고 인식하는 기준이자 익숙하고 친밀한 공간으로 이해된다.

19 소설을 쓰기 위한 취재여행이나 견문을 위한 여성들의 외출이 쉽지 않던 시기에 박화성은 기행문을 집필하기 위해 고도순례를 했으며 이는 〈조선일보〉 별지에 연재되었다. 그녀는 "한국최초로 발표해 보려는 의욕을 가지고 있었던 까닭에 여로도 까다로운 여행을 감행"했으며 "전국의 독자들로부터 많은 편지와 문인 선배들의 칭찬과 격려를 받았다"고 고백하였다. - 박화성, 『나의 삶과 문학의 여적』, 한라문화, 2005, 84쪽.

20 노마디즘은 질 들뢰즈의 개념으로 끊임없이 새로운 땅을 찾아 떠나거나 버려진 땅에 달라붙어 그것을 다른 종류의 공간으로 변화시키는 사유의 여행을 위한 탈주와 전복의 삶의 방식을 추구하는 것이다. - 이진경의 『노마디즘』 1,2를 참조할 것.

로 취직하기 위해 대구행 기차를 탄다. 영채의 고단한 삶을 상징하는 것으로 '가방'과 '젖통'이 제시되는데 가방은 남편의 유학시절의 물건이자 부부여행을 했을 때, 그리고 공장에서 원족(소풍)을 갈 때 지참했던 정채의 과거이자 현재를 상징하는 물건이다. 젖통은 갓난아이에게 젖을 물리지 못해 퉁퉁 불은 모성을 상징하는 매개체로 한 여성의 슬픔과 애절함을 표상한다. 차안에서 정채는 불어오는 젖을 먹지 못해 울면서 여위어 갈 아들을 생각하며 "모자의 정도 파멸"이라고 한탄한다. 수유조차 할 수 없이 모자의 정도 파멸시키는 현실에서 작가는 유방과 모성의 이미지를 통해 기본생존권조차도 허용되지 않는 상황을 효과적으로 그려나간다. 이 소설은 생계를 위해 가족이 함께 살지 못하는 정채 가족에 비해 투정을 부리는 딸과 행복한 표정을 지으며 기차에 오르는 형무소장의 가족을 대비함으로써 사회구조적 모순과 갈등양상을 보여준다.

〔기차 공간〕

이등기차간 / 일등기차간

식민지민·하층민으로서의 정채 / 체제순응의 권력자인 형무소장

갇힌 자의 아내 / 가둔 자

여성타자 / 남성주체

여공 / 영전한 총독부 고위직 간부

생계형 가족해체 / 가족화합

빈곤한 삶 / 풍요로운 삶

식민지 수탈지 목포 / 식민지 공장이 많은 대구

기차는 조국과 농토를 상실한 피식민지민의 한과 고통, 계급차별을 담고 달리며 식민지 근대화의 비극을 제시하고 있는 공간이다. 이 소설은 분량이 짧고 두 인물의 대립구도가 단순하며 여성의 각성을 드러내는 데는 미흡하지만[21], 식민지 참상과 지역불균형 발전 등을 식민담론과 모성담론에 의한 여성

의 타자화와 연계하여 그린다. "햇빛 잃은 하늘을 쳐다보고 황혼이 문턱을 넘어서려는 좌우의 길거리"를 보며 정거장으로 달려가는 정채는 아들과 노모, 감옥에 있는 남편과 생이별을 하고 여직공으로 취직하기 위해 대구로 가려고 한다. '햇빛 잃은 하늘'과 '황혼'이라는 시간적 배경은 억압된 현실 속에서 생계를 위해 사랑하는 가족과 떨어져 살아야 하는 정채의 고달프고 전망 없는 삶의 배경묘사로 적합하다.

카프 해체와 옥살이, 전향 이후 성역할의 전도가 나타났는데 정채의 남편처럼 운동하다가 감옥으로 간 경우 많은 여성들이 가부장을 대신해서 생계를 담당해야 했다. 일제하의 공업화로 여성의 경제활동 참여가 상당히 높은 수준에 이르러 직업여성이 1922년에 20.5%였던 비율이 1930년에는 33.7%로 상승[22]하였다. 저임금의 열악한 환경 속에 내몰린 여공들은 성희롱, 노동착취로 고통받았고 유년여공뿐만 아니라 정채처럼 자식과 노모를 고향에 두고 일을 하는 기혼여공도 많았다. 기차 속력에 의해 멀어져 가는 목포 유달산 밑 빈민굴 속의 자기 집을 뒤로 하고 떠나는 그녀의 모성, 여성성, 정체성은 복합적이고 중층적이다. 정채와 집의 위치의 타자화는 형무소장과 대비되어 식민지 여성의 삶과 질곡을 의미한다. 기차가 출발하면서 전개되는 유달산 - 성당산 -북망산밑 형무소 - 삼향역 - 몽탄강 - 휴게소 - 대구행(공장 기숙사)의 창밖 풍경은 산밑의 빈민촌과 감옥과 역에서 생활하는 정채 가족의 궁핍한 공간이자 식민지 공간이다.

자고 있는 딸을 귀여운 듯이 내려다보는 형무소장을 보며, 정체는 자식에게 젖을 물리지 못하는 심리적 육체적 고통 속에 젖통을 짜기 위해 가방을 내린다. "기적소리를 울리면서 바퀴소리가 요란스럽게 커져가는" 소리를 들

21 이태숙은 정채가 혁명의 주체로서 정체성을 보여주지 못한다고 하였고, 이병순도 뚜렷한 저항의식을 표출하지 못하였다고 비판하였다. - 이태숙, 앞의 논문, 478쪽, 이병순, 앞의 논문, 290쪽. - 그러나 급작스럽게 변모하는 투사적 이미지보다는 소설 속의 인물 형상화가 더 자연스럽다.

22 강이수 외, 『여성과 일』, 동녘, 2001, 59쪽.

으며 늙은 어머니, 옥살이하는 남편, 어린 아들이 있는 고향에서 멀어지는 정채는 가방 위에 엎디어 버리고 만다. 이 소설은 옥바라지와 생계를 동시에 책임져야 하는 여성타자의 슬픔과 비애를 애절하고 서글프게 형상화한다. 비록 계급의식이나 여성의식의 자각이 막연하고 피상적이라고 할지라도 과장되거나 작위적이지 않게 고통스러운 현실을 재현하며 가족공동체 해체마저 가져오는 원인이 일본 제국 때문임을 간접적으로 제시한다. 이 소설의 또 하나의 성과는 여성이고 무산계급이며 피식민지민이라는 측면에서 영채는 계급적 성적 민족적 타자성을 지니며, 대구/기차공간/목포, 무산계급 여성/형무소장과 같은 공간과 인물의 이항 대립 구도 속에서 가방과 젖통의 상징성과 가족이 파괴되고 해체된 식민지 상황을 형상화한 점이다. 자전적 체험이 바탕이 된 이 소설은 "의식적으로 사상을 침투한 〈하수도 공사〉, 〈떠나려가는 유서〉, 〈비탈〉에 비해 원래 생리에서 우러나는 것으로 짜임새가 더 예술적인 작품"이라고 한 이태준의 평가[23]가 말하듯이 작가의 체험과 내면의식이 반영된 수작이자 대표작으로 볼 수 있다.

3. 철도 여행을 통한 호남선 주변의 식민지 착취와 전망: 〈신혼여행〉

근대소설의 진정한 출발점으로 평가받는 염상섭의 〈만세전〉의 탁월한 성과는 '원점회귀형 여로와 철도를 통해 근대적 성격'[24]을 드러냈기 때문이다. 여행모티프는 젊은이들의 자기성장을 위한 과정이자 발견여행의 의미를 지닌다. 따라서 여행서사의 장점은 〈만세전〉의 '이인화'처럼 여정 중에 일어나는 이야기를 서술자의 관찰과 자기고백에 힘입어 목적지까지의 대상에 대한 느낌과 목적지에서의 정경과 감회를 묘사함으로써 3.1만세운동 직전의 조선

23 서정자 편, 『눈보라의 운하 기행문』, 푸른사상, 2004, 185~186쪽.

24 김윤식, 『염상섭 연구』 서울대출판부, 1987, 209쪽.

현실을 탁월하게 표현[25]할 수 있다는 것이다.

〈신혼여행〉은 제목에서처럼 지식인 부부의 신혼여행을 다룬 '떠남 - 머묾 - 떠남'의 원점회귀형 여행소설이다. 상류지식층 계층인 성대 의과생 준호는 R보육학교생 복주와 축복받는 결혼식을 올리고 처갓집과 아내에게 신혼여행 일정과 목적지를 밝히지 않고 떠난다. 전남 갑부의 아들과 경성의 유수한 실업자 딸의 결합에서 기대되는 신혼여행은 의외로 삼등 대합실에서 시작된다. 여행지도 모르는 채 일등객실을 타지 못한 복주의 불만과 불편함을 보며 준호는 "저 어린애를 어떻게 키워서 사람다운 사람을 만드나"라며 한숨을 쉰다. 신혼여행이라는 달콤하고 아름다운 여정과는 달리 여행은 식민지 조선현실의 참상을 리얼하고 파노라마적으로 보여준다. 철도주변의 홍수로 인한 참상과 기형적인 식민지 도시 목포 그리고 비참하고 궁핍한 일상과 주민들의 삶을 그린 섬(어촌과 농촌) 풍경을 목도함으로써 여행은 계급의식에 무지한 복주의 발견여행이자 계몽여행이 되고 있다.

사상성과 계급성을 지닌 작가는 신혼여행이라는 가볍고 일상적인 소재를 표면적으로 내세우고 있지만 전라도 지역과 호남선 주변, 목포시와 섬의 일상을 정착민이 아닌 여행자의 시각으로 표출함으로써 주제의식이나 서사형식이 결코 가볍지 않다. 경계인의 시선이야말로 편견 없는 객관적 진술이 가능하기 때문이다. 준호와 복주는 부르주아 출신의 미래가 보장된 신혼부부이다. 그러나 이들의 여행은 사치스럽기는커녕 순진하고 계급에 무지한 아내를 의식화하기 위한 교육여행이 되고 있다. 부잣집 딸로 태어나 고생해본 적이 없는 아내에게 식민지 현실과 호남인들의 비참한 실상을 보여주기 위한 신혼여행인 것이다. 지도나 계몽의 대상으로서 복주를 바라보는 준호는 동지애적인 사랑을 실천하는 청년이다. 그는 아버지의 유산계급적 삶을 지적함으로써 침략국인 일본 제국을 간접적으로 비난하고 있으며 아내와 함께 섬에다 병원을 개업하여 어민과 농민의 건강을 책임지고 청년회관과 야학을 개설하여 정

25 졸저, 『우리시대의 여행소설』, 태학사, 2006, 54쪽.

신교육을 시키는 게 삶의 목표이다.

이층집, 유곽, 요릿집과 같이 화려해진 외관과는 달리 사라진 조선인의 가구수가 점점 줄어드는 부산의 도시 형성과 발전이 식민지 근대화에서 비롯됨을 깨닫는 〈만세전〉에서의 여행자의 발견은 〈신혼여행〉에서의 경성 - 대전 - 연산들 - 논산 - 강경 - 황등역 - 송정리 - 나주 영산포 - 목포 - A섬 - 목포까지 여행하며 왜곡된 발전양상을 보인 1930년대 목포의 현실을 자각하게 되는 복주의 심리적 변화와 비견[26]된다. 〈신혼여행〉의 여정은 전라도 목포와 호남선 주변의 산과 들, 도시, 농촌과 어촌을 그린다. 아름다운 자연 경관과 대비하여 철도와 역 근처의 조선인의 궁핍상과 홍수로 인한 참상, 기형적 도시 탄생과 공동체 해체로 인한 주민들의 불행과 고통, 생존의 위기를 그리는 서사전략은 식민지 모순과 제국의 침략에 대한 문제점을 간접화하는데 효과적이다. 신혼부부의 대화 속에서 경상도와 전라도의 지역 발전의 불균형을 고발하며 벽촌주민들의 참혹한 생활상과 목포라는 식민지 도시의 타락상을 그림으로써 식민지 근대성의 폐해를 표출하였다.

여행안내자이자 동행자인 준호는 여행을 계획하고 이끄는 역할을 담당하며, 식민지 참상과 피식민지민의 고통을 직접 체험한 복주는 그에 의해 계몽되어지고 각성의 단계를 밟게 된다. 복주는 부유했던 어린 시절과 많은 남성들의 사랑과 보호를 받았던 작가가 오빠와 동경유학생에 의해 각성되기 이전의 모습으로 투영된다. 소시민적 삶을 추구했던 복주는 준호의 주도하에 안이하고 나태한 삶에서 벗어나 새로운 삶의 목표를 갖게 된다.[27] 아름다워야

26 식민지 시대의 여행소설로 식민지 현실을 주인공의 각성과 함께 잘 보여준 〈만세전〉은 동경 - 신호역 - 하관 관부연락선 - 부산 - 김천 - 심천 - 대전 - 시흥 - 용산역 - 남대문역 - 경성집까지 도보, 전차, 기차, 배, 인력거로 이동하여 1910년대 조선현실과 식민지민의 고통과 참상을 적나라하게 드러내었다.

27 일반적으로 프로문학에서 남성의 자아각성이 주로 향상심에서 비롯되지만 여성의 주체 형성 과정은 연애의 실패나 남성과의 관계에서 이뤄진다. 즉 남성들이 자발적으로 각성하는데 비해 여성의 경우 남성진보주의자 혹은 지식인에 의해 교육받고 의식화되어가는 것이다. 박화성 소설에서 빈번하게 나타나는 이러한 요소는 여성문제 의식을 약화시킨다.

할 신혼여행 풍경은 논산역에서의 승객과 참혹한 홍수재해 현장을 목도하면서 우울하고 차분해진다. 여행소설에서는 여행자의 시선이 중시되는데, 신혼부부는 기차 안에서 팔십 노파의 사연을 듣고 숙연해 진다. 〈두 승객과 가방〉에서 궁핍으로 인한 가족해체를 보여주었듯이 이 소설에서도 아들 부부, 손자까지 뿔뿔이 흩어진 가정에서 아들을 만나러 가는 노인의 남루한 행색과 퀴퀴한 냄새와 외양에서 시대적 아픔과 슬픔이 드러난다. 나주 영산포 들판을 통과하면서 신혼부부는 일본인 승객이 많은 경부선과 가난한 농민 승객이 많은 호남선과의 차이, 아름다운 조국산천의 풍경과는 달리 차창 밖의 참혹한 생활과 집을 보며 지역적 식민지적 차별을 느낀다. 논산, 강경으로 이어지는 식민지 착취와 궁핍은 채만식의 《탁류》에서도 리얼하게 그려짐으로써 전라도 지역 주민의 고통이 심했음을 알 수 있다. 식민지 현실에서는 공동체적 삶이나 가족이 유지되기 힘들고, 기초적인 생존이나 정상적인 사랑, 모성조차 실현되지 않는 사회인 것이다.

목포에서는 사건이나 만남 없이 준호의 설명으로 시가구경이 이루어진다. 여관에서 저녁밥을 먹고 거리를 나선 여행자들은 유달산 밑 돼지우리같이 다닥다닥 붙은 움막집 위의 반짝이는 별과 같은 자연의 아름다움과 현실의 비참함이 대비됨으로써 "꺼질 듯 꺼질 듯싶게 나지막한 곳에서 몸을 떨고 있는" 조선인의 위치를 의인화하고 있다. 목포는 1930년대에 비약적인 발전을 거듭했지만 이는 조선인의 희생을 딛고 이루어진 것이라 조선인의 생활은 더욱 비참[28]해졌다. 목포는 일본인 지역과 조선인 지역으로 나뉘어져 발전됨으로써 지역차를 보이며, 빈민촌과는 달리 목포공설시장 주변엔 카페, 술집, 고급요리집이 번성한 반면 청년들의 건전한 활동이 이루어졌던 청년회관은 무너져 내렸다. 퇴폐적 생활과 타락의 길을 걷는 청년들을 보면서 준호는 "사람의 시체 썩은 것을 보기보다도 더 가슴이 아픈 일"이라고 통탄한다. 민족운동의 상징적 공간이었던 거리가 근대자본의 소비적 유흥지역으로 변질된 것이다.

---

28 고석규, 『근대도시 목포의 역사 공간 문화』 서울대출판부, 2004, 110쪽.

목포는 비정상적이고 불건전한 현실을 조성한 1930년대 한국사회의 표본이었다. 파시즘의 전세계적 팽대와 일본의 사상계가 조작한 대동아공영권에 대한 집요한 선전 그리고 궁핍화 현상을 가져온 1930년대는 암담한 현실에 대한 절망과 불안감으로 방종과 타락의 길을 걸었다. 목포의 발전=조선인의 희생이란 등식에서 이루어진 이 도시는 일본인 못지않은 조선인의 유흥비 지출이 있었고 유곽 및 각종 유흥시설 현황도 차이를 드러내지 않았다.[29] 이렇게 퇴행적이고 타락적 색채를 띤 목포야말로 식민지 근대화가 이룬 기형적이고 왜곡된 이미지를 가지게 되었다.

목포에서 배를 타고 근해 제일가는 어촌을 방문한 이들은 선착장에서 게젓과 좁쌀을 교환해서 연명하는 남루한 행색의 섬주민을 목도하며, 갯벌에서도 노동하는 부인들의 가축보다 못한 일상과 나오지도 않는 젖을 아이에게 물리는 장면을 통해 벽촌지역의 실상을 보게 된다. 또한 친척집에서의 식사에서도 보리가 전부인 밥을 먹거나 먹지 못해 토사곽란을 일으키는 어린애를 보며 식민지적 삶의 질곡을 느낀다. 이 소설은 한 무지몽매한 지식여성이 현실을 깨닫고 각성하는 여행구조로 되어 있다. 지도와 계몽의 대상인 여성이 선진적 지식인 남성에게 지도된다는 설정은 박화성 소설의 주류를 이룬다. 이러한 사랑은 평등한 사랑이기보다는 동지애적 사랑으로 표출되어 건전하고 희망찬 결론에 이른다는 점에서 낙관적이고 지나치게 이상적이며 계몽서사의 범주에서 벗어나지 못하고 있다. 그러나 남성에 의해 여성의 무저항적인 계몽에 대한 비판[30]은 이 소설의 한 면만을 부각시킨 해석이다. 또한 박화성 여행소설은 염상섭의 〈만세전〉이나 최명익의 〈심문〉, 〈무성격자〉, 이효석의 《벽공무한》과 같은 남성작가의 여행소설과 비교할 때 지식인 여행자의 철학적 사유와 내적 고뇌와 갈등이 빈약하게 드러난다는 점에서 아쉬움이 남는다. 이러한 사실은 생활과 생계를 책임졌던 여성작가의 경험 때문이지만 박진감

29 위의 책, 176~177쪽 참조.

30 백문임, 앞의 논문, 323쪽.

있고 생생한 사건 위주의 현실적 표현은 내면의식의 미흡함을 보완하고 있다. 이 소설은 호남지역과 역과 철도 주변의 비참하고 궁핍한 조선인의 모습을 적나라하게 그리고 있어 1910년대 후반 조선의 현실을 그린 염상섭의 〈만세전〉과 함께 여행소설로서 재인식될 수 있다.

4. 식민지 지식여성의 유학체험과 교육여행: 《북국의 여명》

1935년 4월부터 12월까지 조선중앙일보에 발표된 《북국의 여명》에 대한 연구로는 주의자 사랑의 측면[31]과 사상적 측면[32]으로서의 성장에 초점을 맞춘 논문들이 있는바 이 글은 '떠남 - 머묾 - 떠남'의 여행서사적 관점으로 살펴보고자 한다. 작가는 여러 편의 글에서 학문에 대한 열정과 교육의 중요성을 강조하고 있는데, 작중인물 대부분이 유학생이거나 직업이 교원 혹은 교수이며 학교와 기차공간이 배경이 되고 있다. 22개의 소제목으로 구성된 이 소설은 1925년[33] 입학 첫날 효순이 일기를 쓰는 장면으로 시작하며 공부를 하는 20대 지식청년들 — 첫사랑 리창우, 약혼자 최진, 남편 김준호, 그녀에게 애정고백을 했던 채용식, 손병주, 오빠이자 사상운동가인 백남혁, 백상현과 기구한 운명을 극복하기 위해 애쓰는 이경채, 백숙희, 강영숙, 오순정이 등장한다. 이들의 관계는 교육을 매개로 형성되며 경성역이나 플랫폼 등의 공간이 설정된다. 그리고 사연과 소통은 편지와 전보가 매체가 된다.

1장부터 4장까지는 학교에 편입한 백효순이 강영숙과 하숙을 하면서 여러 남성들의 구애를 받는 내용이 담겨있다. 2장부터 4장까지는 이경채와 백남혁의 경성역 마중 장면으로 시작되며, 숙희, 경채, 효순, 손병주, 남혁이 서로에

31 서정자, 앞의 논문.

32 송명희, 「박화성 소설 연구」, 『소영박화성 문학 문화 페스티발 논문집』, 2008.9.20.

33 작가 연보에도 22세인 이 해에 3월에 신학제에 따라 숙명여고보 4학년에 편입을 했다고 기록되어 있다.

게 호감을 가짐으로써 그 당시 남녀학생들의 사교가 자유로웠음을 알 수 있다. 그리고 불량선인으로 낙인찍힌 오빠가 취직이 어려워지자 식비와 학비를 걱정하게 된다. 5장부터 8장까지는 과거회상으로, 13살에 상경할 때 "새벽까지 어머니의 젖꼭지를 만지고 자다가 어머니의 품에 떨어져서 기차 속으로 가게 되었으나 향학열로써 가슴 가득히 채워져 고향을 떠나면서 울지도 않"았다고 말한다. 고향과 어머니의 젖꼭지마저 극복할 수 있었으리만큼 효순의 향상심은 간절하고 절실한 것이었다. 그 후 아버지의 첩살이로 가계가 기울고 진학이 불가능해진 효순은 15살에 교원생활을 시작하고 오빠의 친구인 동경유학생들과의 만남을 통해 정치문제에 대한 토론이나 시국 얘기에 눈뜨게 되며 리창우와 친밀한 사이가 되나 변고로 죽게 되자 가슴의 상처를 갖는다.

10장에서 12장까지는 방학이 되어 귀향한 효순이 학비를 마련하지 못해 경채를 혼자 보내는 속상한 마음이 "효순의 귀에 경채가 탄 기차의 기적소리는 다른 때보다도 더 크고 우렁차게 들"리는 듯한 기차소리에 이입된다. 기차는 희망과 향상심에 불타는 젊은이들의 열정을 싣기도 하지만 그에 편승하지 못하고 낙오된 효순에게는 자신을 놀리듯이 더욱 큰 소리로 들리는 것이다. 고향을 떠나게 하는 기차공간이 여주인공에겐 성장을 위한 발전과 도약의 장소인 것이다. 13장부터 17장까지는 동경 유학과 최진과의 약혼 그리고 파혼과정으로, 간절히 바랐던 유학생활을 시작한 효순이 M노동총동맹에 가입하여 활동하는 어려운 상황과, 방학 때 귀국하는 만원의 급행열차의 객차 속 전문학생들의 발랄하고 혈기왕성하면서도 학구적이고 논쟁적인 모습들을 그린다.

> 오락적 유희를 흥이 나서 하고 노는 학생의 무더기도 많거니와 현세를 비판하고 사회사조의 가부를 토론하며 세계정세를 논란하는 학구적이요 이론적인 지사적 학생들은 각각 자기의 언론을 내세우느라고 얼굴에 핏대를 올리고 기차소리를 이겨내려는 듯이 소리를 크게 지르며 도도한 웅변과 열변을 시합하고 있었다. 기차는 이 모든 것을 모른 척하고 한결 같은 기계소리를 쿵쿵 칙칙

> 내면서 산을 돌고 물을 건너고 들판을 지나 연기만을 뒤에 남기며 북으로 북으로 달렸다.[34]

자신을 간호했던 최진과 약혼한 효순은 후회와 고민에 빠지게 되고, 약혼자 또한 동경지회 준비위원회 창립대회와 독서회 회원 활동을 하는 그녀의 실제운동을 빈대한다. 운동을 빈대하는 최진의 편지를 받은 효순은 주의자답지 못한 태도에 실망하며 약혼을 해소한다는 편지를 보낸다. 18장부터 22장까지는 파혼을 한 효순이 회합에서 자주 만나는 김준호와 결혼한 후 옥바라지, 시집살이, 유모살이를 거치지만 남편의 전향에 분노하며 북국으로 떠나는 이야기가 담겨 있다. 학업을 중단하고 귀국한 효순은 경부선 기차의 금천역, 대전역을 지나 호남선 기차를 타면서 추억을 회상한다. 찻간이 떠날 듯 떠들며 웃던 유학생들의 발랄했던 모습과 오빠 면회를 위해 최진과 동행했던 일, 상현, 순정과의 동경행 등을 기억해 낸 효순에게 기차공간은 과거를 되새기는 곳이다. 집안의 반대에도 준호와 결혼한 효순은 견딜 수 없는 해산을 겪고 딸과 아들을 낳는 동안 남편은 두 번이나 옥살이를 하게 된다. 남의 집 젖먹이살이 등 고생을 하면서 생계를 유지하고 옥바라지를 하던 효순은 남편의 방향전환 성명서 발표 소식에 충격을 받고 식음을 전폐하며 공든 탑이 무너지는 공허함을 느낀다. 그리고 가출옥한 남편에게 이혼을 선언한다. 최진과의 결별이유처럼 김준호에게서도 사상적 실망을 갖게 된 효순은 늙은 어머니와 어린 아들 딸을 두고 경성역 급행열차에 몸을 실고 지인들을 만난 후 원산, 길주, 명천, 영안역, 봉강역을 지나는 기차여행을 한다. 그녀는 남편의 변절과 노모, 자식을 두고 온 불행한 여성이 아니라 "희망에 빛나는 눈과 미소에 열린 입술을 가진 북국의 여명을 독차지한 주인공"이었던 것이다.

이 소설은 편입, 입학, 유학, 수업중단 등의 학습과정과 함께 연애, 약혼과 파혼, 결혼, 출산, 시집살이, 양육이라는 여성의 삶을 동반하는 과정에서 계급

34 서정자 편, 『북국의 여명』, 푸른사상, 2003, 302쪽.

적 투사가 되어 여명을 뒤로 한 채 북국을 향하는 한 여성의 성장을 그린다. 그녀의 10년간의 떠남과 떠돎은 유학형식의 학습여행이자 교육(교양)여행이었다. 백효순의 교육과 학문, 유학에 대한 강렬한 소망은 곳곳에 제시된다. 신소설부터 등장했던 서구유학 체험 모티프는 192,30년대 소설과 기행문에도 자주 언급됨으로써 근대교육과 서양체험을 통한 타자성을 극복하고 정체성을 확인하는 통과의례적 모티프였다. 《북국의 여명》의 백효순은 사랑, 결혼이나 경제적 궁핍의 절실함보다 오히려 학문의 중요성과 신념을 지키는 일이 더 중요한 듯이 보인다. 칠년간의 교원생활 이후 편입한 경성의 학교생활에서 효순은 열여섯 과목이나 되는 공부의 어려움을 호소하며 동경유학에서도 약혼자 최진과의 결별에 대한 고민보다는 경제적 학문적 시련으로 자전과 씨름하며 공부를 하는 일에 더욱 힘겨워 한다. 학문에의 집착은 결혼에 무심했던 효순이 동경유학을 보내준다는 중매조건에는 솔깃할 정도이다.

이와 같이 계몽이나 근대교육과 같은 시대적 소명을 일관되게 지켜내는 효순의 성장과 발전과정이 《북국의 여명》에서 그려진다. 어린 시절부터 꿈꾸었던 동경은 정한론을 주장하는 무리들의 소굴이면서 한편으로 청춘의 꿈을 품은 조선의 젊은 남녀들이 몰려든 곳[35]이기도 하다. 이광수를 비롯한 많은 문인들이 동경유학을 했고, 나혜석, 김마리아와 같은 선구적 위치의 근대여성들이 일본을 유학하여 피식민지민과 여성으로서의 타자적 정체성을 발견하고 확인했다. 근대여성주체인 효순의 학교체험과 독서체험은 근대체험의 영역이었으며, 당대 교육은 기독교적 서양교육이자 일본제국의 교육이었다. 그럼에도 불구하고 효순이 일관되게 신념을 유지할 수 있었던 것은 학창시절 조선사람을 가축처럼 여기는 서양인 선생에게 적대감을 느꼈고, 사회주의 사상과 운동을 선택하여 '근대적 식민지적 학교교육과 자신들의 모순적인 관계를 인식'[36]하였으며 크로포트킨 저서와 같은 독서의 결과[37]일 것이다. 15세의

35 김태준 편저, 『문학지리 한국인의 심상공간』, 논형, 2005, 160쪽.

36 김옥란, 「근대여성주체로서의 여학생과 독서체험」, 『상허학보』 제13호, 상허학회, 2004, 271쪽.

어린 나이에 교원이 된 그녀는 여러 읍을 전전하며 어려움을 겪으면서도 "교육사업은 신성한 것이다. 봉사적이고 헌신적이라야 한다"는 다짐을 하며, "유학을 못 가게 하면 나는 어떻게 해야 될까?"라며 염려를 한다. 그러나 그녀의 공부에 대한 목적과 신념은 막연하고 추상적인 것에 불과하다.

> "나는 왜 이다지 공부라는 것에 사로잡혀만 있니. 공부를 하면 장차 훌륭한 사람이 될 것이라는 믿음으로 나는 공부가기를 원하고 바란다. 그러나 나는 아직 훌륭한 사람을 본 일이 없다. 내가 이 다음에 이 세상에서 제일 잘나고 위대하고 훌륭한 여자가 되리라하고 결심했더니만……아아 하느님도 귀가 먹었나부다. 내 기도소리를 못 들으시게……"[38]

그 당시 젊은이들이 근대교육을 위한 혹은 근대인이 되기 위한 향학열에 빠졌으며, 이러한 막연한 열정은 그녀의 첫사랑인 리창우와 김준호에 의해 구체화된다. 동경 C대학 정치과 학생인 리창우에게 크로포트킨 책을 선물 받은 효순은 일과 연구와 사색에 정열을 바쳐야 한다는 그의 말에 감화된다. 훗날 남편이 된 운동가 김준호에게도 사상적 존경과 동지애를 느낀 그녀는 양육과 옥바라지 생활을 별다른 회의 없이 꿋꿋이 참아낸다. 동경 - 목포 - 경성 - 북국까지의 철도망은 접속되어 있으며 근대적 공간의 여행지인 근대도시는 식민지 지식인의 사상운동과 근대교육을 운반하는 장소였다.

여행서사는 일기, 전보, 편지와 같은 전달수단으로 정보와 소식을 전하거나 심경의 변화로 인한 삶의 전환이 이루어지기도 하고 여성의 내적 고백과 자의식이 드러나기도 한다. 글을 읽고 쓰는 지식인여성인 백효순은 늘 하루의 일들을 기록한다. 호감을 갖고 있던 채용식과의 산책에서 돌아온 그녀는

37 박화성은 어릴 때부터 밥도 잠도 어머니 젖통도 잊어버릴 정도로 소설을 좋아해서 세계적 문호의 명작과 이광수, 김동인 작품도 비판하면서 읽었다고 고백하고 있다. -「여류작가가 되기까지의 고심담」,『신가정』1935.12. 30쪽.

38 서정자 편,『북국의 여명』, 푸른사상, 2004, 157~158쪽.

그가 섬세하고 다정한 사람임을 깨닫지만 자신을 잊지 말라는 당부를 애써 차단하고 착실한 학생이 되고자 다짐하는 일기를 비오는 밤 12시에 쓴다. 효순은 비 오는 날의 데이트를 회상하며 기다려줄 것을 청원하는 채용식의 낭만적인 편지를 받거나 등록금을 마련했다는 오빠의 편지를 애타게 기다리며 학비조달에 전전긍긍하는 등 편지를 통해 이성문제나 진학문제를 서술한다. 〈만세전〉의 아내 위독 전보가 여행을 추동하는 계기가 되었듯이 이 소설에서도 전보매체가 자주 등장한다. 플랫폼의 마중이나 배웅, 만남과 사건이 전보로 인해 발생하며 기차에서도 전보가 도착한다. 또한 운동하지 못하게 하는 것은 양심의 명령을 거역하는 일이므로 약혼을 파기하겠다는 최후통첩을 최진에게 보냈지만 편지가 오지 않고 파혼내용을 담은 전보만 도착한 일에 대해 약혼녀로서 섭섭함과 슬픔을 느낀다. 냉정하게 돌아선 약혼자의 반응에 대한 여자로서의 여리고 약한 마음이 드러난다.

작중인물의 대부분이 미국, 동경, 경성과 같은 근대도시에서 근대지식과 문명을 배우고자 유학여행 중이며, 시대적 암울함과 함께 자유분방하고 개방적인 20대 젊은이들의 의식과 유학생활이 그려진다. 192,30년대 식민지 지식인의 다양한 모습은 방관자적 현실타협형인 최진, 후학양성을 위해 교수가 된 선진적 지식인 채용식, 소시민적 기회주의자 손병주와 강영숙 부부, 계급투쟁에서 변절한 전향주의자 김준호, 계급적 투사형인 백남혁, 백상현, 백효순, 오순정 등의 형태로 나타난다. 이들은 완벽하고 전위적인 인물로 그려지기보다는 성장과정의 젊은이들답게 자유분방한 연애의식과 여성에 대한 호기심과 관심을 드러내면서도 시대와 조국을 걱정하는 192,30년대 식민지 지식청년의 전형성을 획득한다. 학교와 기차공간이 배경인 이 여성성장여행서사는 세속화된 통과제의의 전형으로서의 여행과 유학체험을 바탕으로 192,30년대 식민지 지식청년의 학문, 일, 사랑, 시대적 고뇌를 함께 아우르고 있다.

5. 추방된 자들의 탈향 및 귀향 좌절: 〈고향 없는 사람들〉

이 소설의 구조도 탈향과 귀향 과정 속의 기차가 자리 잡는 '떠남 - 머묾 - (떠남)'의 여행서사이다. 총독부는 의도적으로 이주정책을 시행했는데, 이는 독차(전용기차)를 이용하여 이루어진다. 가난하지만 정이 많은 마을공동체를 형성하는 불암리 주민 아홉 가족이 400여명과 함께 고향을 떠난다. 삼룡이네와 친한 강판옥네 집에서 전별잔치가 벌어지고, 판옥은 친한 벗 삼룡에게 오원 지폐를 건넨다. 궁핍한 생활이지만 이웃사랑이 가득한 고향을 떠나는 마음은 "정들인 고향이 날 몰아내데/땅좋고 물좋아 살기좋대도/내고향 안잊혀 어이를 가리"와 같은 이민노래가 떠돌듯이 슬프고 처연한 결정이었다. 친척 혹은 이웃사촌과 이별하는 학다리 정거장에서의 장면은 그야말로 아수라장이다. 익숙한 곳을 떠나는 사람들의 마음은 불안하고 착잡하며 울음과 탄식뿐이다. 독차는 "꼬리를 늦추고 공손하게 대령하고 서 있으며" 눈물바다가 되어 "쉬지 않고 줄곳 달리기만" 한다. 불암리 - 송정리정거장 - 대전역 - 경성 - 평양정거장 - 기양정거장 - 강서까지의 긴 여정동안 이주민들은 눈물과 원망과 통곡, 한숨과 탄식으로 미지의 세계에 대한 공포로 가득하다. 전라도, 충청도, 경기도를 거쳐 평안남도 농어촌에 이르는 이주는 자유의사이자 개인의 의지라기보다는 "제국주의 체제가 지니는 내적 모순의 담지자인 농민의 이동"[39]이었던 것이다.

> 타향의 밤과 밤이 적막하게 이어져있는 그 차고 쓸쓸한 어둠을 뚫고 이민을 실은 기차는 북으로 북으로 달려가건만 그들의 가엾은 꿈은 남으로 남으로 뒷걸음을 쳤다. 아기들을 재우느라고 남녀가 번갈아서 눈을 좀 붙이느라면 귓가에서는 부모친척과 동향친지들의 통곡하는 소리가 그들의 흔들리는 꿈을 깨치고 말았다. 창밖에서는 어두움과 추움이 수레를 습격하고 한숨과 탄식의 소리가 가득

39 윤수종 외, 『일제하 한국의 사회계급과 사회변동』, 문학과지성사, 1988, 283쪽.

한 찻간에서는 고향의 두고온 환상들이 이들의 고달픈 머리를 뒤흔들었다.[40]

자신들이 태어나고 성장한 삶의 터전인 고향을 떠나는 이주민의 심리상태가 기차에 투사되어 북으로 달리지만 마음은 남으로 뒤처지는 방향감으로 애절하고 절박하게 묘사되고 있다. "산채로 죽어서 나가는" 심정으로 떠난 타향살이는 딱딱한 땅 때문에 일을 할 수도 농사를 지을 수도 없으며, 집이나 농사기계 또한 다 준다는 소문과는 달리 비싸게 깎는 등 열악한 상황이다. 삼룡이는 학다리 들판, 학다릿벌 논이 있는 고향과 마을사람들에 대한 그리움으로 고향에 반환시켜달라는 진정서를 총독부에 내서 허락을 받지만, 고향 또한 가뭄과 홍수로 살기 어려워 고향을 떠난다는 판옥의 편지를 읽고 귀향을 포기하고 만다. 강제이주자이자 고향상실자인 이주민에게 조국상실은 결국 고향상실을 가져오게 하였다. 탈향 - 귀향소망 - 귀향포기의 과정을 겪는 무산자 농민들의 불안정한 삶이 1930년대에도 지속되었기에 심리적 경제적 고통과 갈등은 이루 말할 수 없었다. 고향을 그리워하면서도 돌아오지 못한 이들은 해방이 되어서야 돌아올 수 있었을 것이다. 이 시기의 우리 민족은 고향살이든 타향살이든 기본 생계유지조차 절박했던 불안정하고 부유(浮遊)하는 디아스포라[41]적 삶을 영위했다.

6. 여성 · 교육 · 기차

이 글은 1933년부터 1936년까지 발표된 박화성 소설을 여행서사적 관점에서 재조명하였다. 식민지 시대 여행의 귀향점은 외부지향성을 특징으로 한다.

40 박화성, 『고향없는 사람들』, 푸른사상, 2008, 146쪽.

41 디아스포라(Diaspora)는 팔레스타인 땅을 떠나 세계 각지에 거주하는 이산 유대인과 그 공동체를 가리키며 이주한 땅에서 이방이자 경계인 소수자의 입장으로 살아갔다. - 서경식, 김혜신 역, 『디아스포라 기행』, 돌베개, 2006, 정은경, 『디아스포라문학』, 이룸, 2007 참조.

근대와 계몽에 대한 갈망이 컸던 이 시기의 여행지는 근대공간인 경성, 동경, 하얼빈, 미국이었다. 농토를 빼앗기고 수탈당한 농민들은 홍수나 가뭄 같은 자연재해로 인해 더 이상 고향에 뿌리 내리지 못하고 타향이나 타국으로 강제로 이주했던 고향상실자 혹은 디아스포라가 되었다. 식민지 시대 우리 민족의 방랑과 유랑, 떠돎 역시 반강제적으로 추방당한 결과이다. 독립운동이나 혁명을 위해 북국을 선택한 수많은 실향민, 유랑민은 해방 이후 돌아오게 되는데 이는 식민지 시대의 떠남이 돌아옴으로 귀결되는 과정이었다. 박화성의 여행소설에서도 유학이나 생계 혹은 관광을 위한 여행들이 다양하게 나타나고 있어 여행과 유학모티프가 주도모티프(leit-motif)로 작용하고 있다.

선진적 지식인이자 계몽적 여성투사였던 박화성은 근대에 대한 열망과 향상심으로 경성·동경을 유학했으며, 여러 유학생들과 교류하고 친분을 맺으면서 식민지 지식인으로 성장할 수 있었다. 유학체험, 독서경험과 여행이 바탕이 된 그녀의 삶이 계몽적 유학여행이나 유람과 관광으로서의 여가여행, 생계형 유랑여행 등 다양하게 소설 속에 투영되고 있다. 소설의 배경은 기차공간과 철도, 역, 플랫폼이며 일기, 전보, 편지 등이 전달매체가 되었다. 작중인물들은 동경유학생이나 교수 및 교원이 대부분이며, 철도변을 따라 궁핍한 하층민의 일상과 식민지적 착취, 기형적인 근대도시 형성 등을 고발하고 있다. 그녀의 문학은 의식적이고 도식적인 한계를 드러내지 않고 직접체험이 바탕이 됨으로써 사상성, 계급성으로만 평가받던 박화성 소설의 또다른 매력을 갖는다. 식민지 시대의 우리 민족은 전체가 부유하는 가운데 조국상실로 인한 고향상실을 가져왔다. 1930년대 전반기 문학의 한 주류를 이루는 박화성의 여행소설은 기차와 철도라는 근대성의 상징적 공간을 설정하여 학습(유학)여행, 유랑여행, 발견 및 성장여행, 관광여행 등을 통해 식민지적 삶의 질곡과 근대를 향한 열정을 효과적으로 표출하였다. 또한 일제 검열이 강화된 1930년대에 그녀의 문학이 일관되게 현실비판을 할 수 있었던 것은 '떠남-머묾-떠남'의 여행구조였기에 가능하였다.

2장 여행서사에서의 근대와 탈근대: 시대적 지향점과 서사구조

1. 여행·문학·시대

소설은 문제적 개인이 자신을 찾아가는 여행이자 선험적 고향상실성의 표현[42]이다. 정처 없음(homelessness)[43]이 특징인 현대사회에서 인간은 항상 길 위에 있으며, 삶의 여정은 여행에 비유되곤 한다. 오늘날 모든 것이 불안정하고 임시적인 것이 되어버렸기[44] 때문에 현대인은 오딧세이적 여정과 운명을 겪을 수밖에 없다. 소설이 여행이라면 소설가의 여행서사는 원초적 술화를 드러낼지도 모른다는 점에서 이 글은 출발한다. 90년대 이후 외국 공간을 배경으로 하거나 여행구조를 지닌 소설들이 대거 창작되자 탈근대 문학의 한 양상으로 여행서사가 주목받고 있다. 그 이전에도 여행서사는 우리 소설사에서 중심서사로 의미를 부여받았다. 근대소설의 첫 자리에 오는[45] 〈만세전〉이나 60년대 문학의 기수[46]인 김승옥의 〈무진기행〉 그리고 90년대 소설의 새로운 표정을 창안[47]한 윤대녕 문학에 이르기까지 정전으로 평가받는 작품들의 공통점이 여행구조를 지닌다는 점에서, 여행서사의 가능성과 의미는 크다고 할 수 있다.

90년대의 소련과 동유럽의 몰락은 방향상실을 가져왔으며, 근대국가라는 정주형 사회는 IT혁명, 세계화의 유목사회로 바뀌고 있다. 서구, 백인, 남성중심주의를 극복하려는 탈근대에 문학의 위기와 새 시대의 현상을 진단하는

---

42 게오르그 루카치, 반성완 역, 『소설의 이론』, 심설당, 1985. 30쪽.
43 크로스 로젝, 최석호 외 역, 『포스트모더니즘과 여가』, 일신사, 2002, 210쪽.
44 자끄 아탈리, 이효숙 역, 『호모노마드 유목하는 인간』, 웅진닷컴, 2005, 18쪽.
45 김윤식, 『염상섭 연구』, 서울대출판부, 1987, 208~247쪽.
46 김현 외, 「60년대 문학의 가능성」, 『현대한국문학의 이론』, 민음사, 1972, 264쪽.
47 우찬제, 「윤대녕론」, 『타자의 목소리』, 문학동네, 1996, 422쪽.

글[48]들이 쏟아져 나왔다. 탈근대 여행서사는 다양한 방식 — 소설가소설, 여성소설, 분단문제소설 등등과 연계되어 — 으로 전개되고 있으며, 여행에 관한 학술서 및 교양서뿐만 아니라 여행산문집도 출판되면서 여행과 관광에 대한 관심이 증폭되었다. 관광이 대다수 사람들의 욕구가 된 것은 근대성 특히 후기 근대성하[49]에서였다. 근대성이 지닌 양면성 중에서 부정적 측면인 존재론적 비진정성은 근대사회에서 발견되는 질병[50]으로 떠남의 원인이자 계기가 되고 있다. 90년대 현상을 바탕으로 이전의 여행서사를 살펴보는 일은 문학사회학적 측면이나 소설구조 분석에도 유의미하다고 여겨진다.

2. 여행서사에 대하여

여행서사는 '정착 - 떠남 - 정착' 혹은 '안주 - 여행 - 안주' 플롯인 원점회귀의 순환구조로 이루어진다. 인간은 누구나 가정과 집에 안주하고 정착하고자 한다. 그러나 여행자는 정착하고자 하는 절실함에도 불구하고 떠날 수밖에 없는 상황에 놓인다. 안주하고자 하는 욕망과 떠날 수밖에 없는 상황이 상충

---

48 노상래는 동구권의 체제 붕괴가 이념의 붕괴와 리얼리즘 문학의 붕괴를 가져오면서 후일담소설, 여성소설, 성의 문학, 사이버소설과 같은 90년대 소설의 초상을 보여주었다고 한다. 한점돌은 자기반영성, 일상성, 원형성의 특징이 나타났다고 하였고, 유성호는 개인으로의 회귀와 서사의 퇴행, 이미지의 부상이 특징이며 역사소설, 추리소설, 애정소설, 후일담소설과 같이 소설이 다양화해 졌다고 주장한다. 또한 조남현은 90년대 소설의 특징으로 양적 팽창, 가벼워짐, 역사에 대한 부채의식으로부터의 탈출, 작가들의 '나'이야기 서술, 스토리보다는 담론 중시라고 하였고, 우찬제는 문화형성소설, 일상성 해체소설, 여성소설, 이미지소설들이 약진하고 있다고 보았다. 황국명은 90년대의 이러한 변화는 자본주의의 전지구적 팽창, 각종 포스트증후군, 정보사회로의 진입과 영상매체의 영향력 강화, 거대자본이 지배하는 출판문화와 상업주의의 팽배가 그 원인이라고 하였다.

49 닝왕, 이진형 외 역, 『관광과 근대성』, 일신사, 1994, 83쪽.

50 마르크스의 소외alienation, 베버의 철창iron cage, 뒤르껨의 아노미anomie, 짐멜의 돈의 경제에서 소원estragement, 마르쿠제의 일차적 인간one-dimensional man, 까뮈의 부조리absurdity, 하버마스의 생활세계의 식민화colonization of lifeworld라는 진단이 근대성이 갖는 실존적 진정성의 상실을 설명하고 있다. - 위의 책, 110쪽.

하고 길항하게 되는데, 주인공은 정착, 떠남, 정착회복의 과정에서 정착을 방해하는 장애요인을 여행 중에 내면탐색과 자기반성을 통해 심리적 변화를 겪은 후에 귀환한다. 모든 여행서사는 정착－떠남－정착의 변용이고, 여행자가 떠날 수밖에 없는 시대적 내면적 요인이 핵심주제가 되며 떠남의 동기와 지향점이 시대마다 다르게 나타난다.

시대와 불화하거나 근대성이 주는 비진정성과 소통부재로 고민하는 여행자는 일상과 현실에서 벗어나고자 한다. 여행서사는 여행자의 여정을 쫓는 명시적 표면서사와 회상 혹은 새로운 만남과 같은 암시적 내면서사라는 서술적 전략을 갖는다. 작품구조의 뼈대를 형성하는 여행자는 (주로 1인칭) 여행서사체의 주인공이지만 사실은 그가 만나고 관찰하고 회상한 사람들의 이야기가 중시되므로 '떠남－회상/만남－돌아옴'의 서사로도 볼 수 있다. 여행서사는 이동 공간에서의 과거회상이나 지난 일을 추체험함으로써 자신의 삶을 반성하고 성찰하는 이야기 구조를 갖는다. 따라서 개연적 사건의 인과성이 생략되거나 단절된 채 기억과 상념으로 이야기를 가져오므로 정통소설의 플롯과는 차이를 보인다. 기차나 여행지에서의 기억이나 회상을 통한 자기고백이나 낯선 세계를 체험함으로써 사건이 연결되지 못한 채 독립적으로 구성되며 '갑자기', '문득', '우연히', '예기치 못한'과 같은 시간적 불일치를 가지게 되고 과거, 무의식, 본질적 문제를 끄집어내는 시공간을 획득한다.

《오디세이아》에는 모험을 행하는 오디세우스와 모험을 이야기하는 오디세우스가 있으며, 서술자(즉 이야기꾼)로서의 오디세우스는 이타카로의 귀환을 바라지 않는데 왜냐하면 귀환이야말로 작품의 죽음이자 끝[51]이기 때문이다. 서술자는 소설을 구상해야 하므로 귀환을 지체시키는데 많은 시간을 할애한다. 여행서사는 여행의 계기 및 여정 자체를 중시하며, 여행의 결과나 도착 이후는 중시되지 않거나 허술하게 처리[52]됨으로써 한계를 갖는다. 근대와 함

51 츠베탕 토도로프, 유제호 역, 『산문의 시학』, 예림기획, 2003, 119쪽.

52 나그네길은 떠남의 정신을 드러내며 대부분의 기행문들이 주로 떠나는 길에 치우치고 돌아옴에 허술한 이유이기도 하다. －김태준, 『한국의 여행문학』, 이화여대출판부, 2006, 13쪽.

께 출발한 여행서사는 전근대, 근대, 탈근대의 경계선을 적확하게 구별하기 어려운 한국사회의 변화과정에서 공간적 차이뿐만 아니라 시대적으로도 다양한 층위의 사회를 보여주며, 외부와 타자를 통해 내부와 자아를 들여다보는 여행자만의 독특한 시각이 나타난다.

3. 식민지 근대의 여행서사

반봉건 반제국주의적 시대정신 속에서 인습적 고통과 민족적 저항, 계몽, 근대교육과 함께 식민지 근대화는 시작되었다. 근대적 주체는 그냥 한 곳에 눌러 앉아 있지 않고 움직이며 여행하는 사람은 계몽된 사람[53]을 의미한다. 자발적이고 근대적인 여행을 통해 자신의 위치와 정체성을 확인하고 사유하고 귀환하는 여행서사는 대표적인 근대서사장르이다. 지식인으로서의 역할을 할 수 없었던 식민지 룸펜들은 방관적 유희적 때로는 혁명적 입장으로 세상을 관찰하며 정처 없이 떠돌았다. 자유를 억압당했으므로 떠남과 다님은 절실할 수밖에 없었으며 이 시대야말로 정착할 수 없음을 여행서사는 보여준다.

(정착) - 떠남 - 정착 - 떠남의 원점회귀형 여로구조인 염상섭의 〈만세전〉은 근대의 상징인 철도와 기차를 배경으로 한다. 식민지 시기의 주요 운송수단은 기차였다. 기차는 근대성의 상징으로 표상되며 침략과 지배, 수탈과 분열, 차별이라는 식민지의 모순을 실어 나르는 슬픈 기관[54]이자 신세계로 진입하는 도구였다. 동경 - 경성 - 하얼빈을 연결하는 기차 안의 여행자는 비교적 객관적인 중간의식[55]을 지닌 외부에서 온 사람[56]으로서의 시각을 갖고 있다. 이

---

53 닝왕, 앞의 책, 23쪽.
54 박천홍, 『매혹의 질주 근대의 횡단』, 산처럼, 2002, 102쪽.
55 이재선, 『한국현대소설사』, 홍성사, 1978, 278쪽.
56 김윤식, 앞의 책, 198쪽.

시기의 근대성의 징표로 기차(철도), 여급(카페), 관광(여행)을 들 수 있다. 〈만세전〉은 동경 W대학 문과에 재학 중인 '내'(이인화)가 아내가 위독하다는 전보를 받고 귀국하여 아내의 장례를 치르고 다시 일본으로 떠나는 과정을 그린다. 작품의 구조는 나의 여행 행로를 따라서 형성된다. 독자는 동경유학생인 한 여행자의 시선을 통해 1910년대 후기인 만세 운동 직전의 식민지 조선을 여행할 수 있는 것이다. 내가 처음 조선과 가정을 떠나는 계기는 "근대문명을 공부하기 위해서"이다. 그러나 이 소설에서는 동경에서 아내가 위독하다는 소식을 듣고 아내의 장례식을 치르고 동경으로 다시 떠나는 여정으로 구성된다. 이 작품은 처음에 왜 떠나게 되었는가보다는 집에 돌아오는 과정과 정착하지 못하고 다시 떠나는 과정을 그린다. 이런 서사구조를 가지게 된 이유는 조선에서 동경을 떠나는 여정을 그리는 것보다 동경의 현실에 무감각했던 내가 조선으로 돌아오면서 객관적이고 중도적인 여행자의 시각으로 식민지 조선 현실과 가정문제, 자아 등을 성찰하는 장점이 있기 때문이다. 따라서 이 소설은 '조선 - 동경 - 조선'이 아닌 '동경 - 조선 - 동경' 구조로 이루어진다. 여행의 특징은 차이를 드러내는 것인데, 과거의 조선을 기억하는 내가 유학 중인 근대도시 동경과 비교되는 조선의 면모를 효과적으로 나타낼 수 있는 것은 여행자의 시각과 여행구조 때문이다.

아내 위독이라는 급전을 받았음에도 불구하고 내가 빨리 귀국하지 않고 시간을 지연하는 이유는 궁핍하고 남루한 식민지 조선과 사랑하지도 않는 두 살 연상의 병든 아내가 기다리기 때문이지만, 여행서사이기 때문이기도 하다. 고독한 여행자이자 명민한 관찰자인 나는 발걸음을 지체시키는 동안 배안, 목욕탕, 거리, 선술집에서 만난 사람들을 숙람(熟覽)하며 이야기를 만들어 나간다. 정차하는 곳마다 이뤄지는 순사와 헌병의 심문으로 "막연한 공포와 불안에 말이 점점 어눌해"지며 피식민지민이자 전근대적인 조선인일 수밖에 없는 자신의 정체성을 확인하게 된다. 길 위의 여정에서 실명으로 거론되는 인물들은 이전부터 관계가 형성된 지인, 가족, 친척들이며, 안경잽이, 양복쟁이, 인버네스, 사십대 남짓한 신사, 기생 등은 이름조차 모른 채 여행객의 의복이나 차림새를 통해 추측하고 관찰된 사람들이다. 특히 정자, 을라, 죽은 A카페 여급, 결박당한 아이 업은 조선여자, 길을 잃을 것 같은 대구기생, 병든 아내는 훼손되고 상처받은 기표화된 타자들이다. 나는 속물주의자인 형이 실생활에 쓸모가 없는 문학을 배운다고 못마땅하게 여기자 "교육이라는 것은 사람을 만들자는 것"이라고 형의 논리에 맞서지만 소통되지 않음을 알고 고독해진다.

나는 묘지화된 조선과 타자화된 조선인을 목도함으로써 아내가 죽자 "구더기가 득시글득시글하는 무덤 속"인 조선을 탈출한다. 봉건적 식민지 조선의 초라함과 누추함에 대한 근대적 시선으로의 환멸은 나를 정착하지 못하게 한다. 침략국인 일본에는 대학과 카페가 있으며, 문학과 예술적 분위기를 느낄 수 있고 차별과 억압으로 대하지 않는 여급이 기다린다. 따라서 나의 여행은 여행 속의 여행이며 정주할 곳을 찾지 못하는 방랑의 여행이다. 늘 회의하고 자기반성에 충실한 나는 식민지 조선의 궁핍한 생활과 "공포, 경계, 미봉, 가식, 굴복, 도회, 비굴"한 조선인의 모습을 혐오하는 근대인의 입장에 서있다. 보름 정도의 여행 동안 나는 일제의 수탈정책, 조선하층민의 참상, 가족관계의 모순, 조혼이라는 구습과 근대적 사랑의 문제, 위선적이고 비도덕적인 조선중산층의 처세를 목격한다. 나의 이러한 깨달음은 전통사회와 새로운 사회의 접점지대에 놓인 의식의 공간[57]인 철로(연락선)에서 이뤄진 것이다. 조선과 일본, 전근대와 근대, 근대인과 피식민지민 사이에서 갈등하는 경계인의 시선이기에 〈만세전〉은 식민지 조선 초기의 풍경을 리얼하고 적확하게 묘사할 수 있었다.

최명익 소설에서도 정착하지 못하고 떠도는 여행자가 많이 등장한다. 식민지라는 압도적 현실에서 식민지 민족은 비정상적인 태도를 보임으로써 시대의 암울함과 기형성을 드러냈다. 〈심문〉은 동경유학생이자 예술가인 '나'의 여정과 현실인식, 카페여급과 아내 사이에서 갈등하는 사랑의 문제 그리고

---

57 김윤식, 『염상섭』, 문학과지성사, 1977, 50쪽.

정착의 실패라는 점에서 〈만세전〉과 유사하다. (정착) - 떠남 구조의 기억 회상이 전개되는 이 소설은 동경유학을 다녀온 내가 죽은 아내와 닮은 여급과의 애증으로 괴로워 하다가 친구가 있는 하얼빈을 여행하는 이야기이다. "브레이크 되고 남은 관성과 새 정력으로 피스톤이 들먹거리는" 기차는 근대 기계 문명의 힘이 느껴지는 기관차의 박진감과 정력을 나타낸다. 그러나 나의 의식은 '가로막힌 어떤 장벽', '폐허', '폐물', '조난자'와 같이 답답하며 쓸모없거나 길을 잃은 존재이다. 나는 "창 밖의 뒤로뒤로 달아나는 풍경처럼" 혼란스런 과거를 회상하며 "차바퀴에 흔들리는 몸처럼" 순서 없이 떠오르는 생각들을 통해 죽은 아내와 카페여급 여옥에 대한 회고와 성찰의 시간을 갖는다. 아내와 함께 신축했던 집을 팔아 일정한 주소가 없어지고 여관생활을 전전하며 하나뿐인 딸을 기숙사에 넣음으로써 나는 떠날 수밖에 없는 상황을 만든다. 나는 "방랑과 다름없이 떠난 여행이지만" "생활의 새 자극과 충동을 얻게" 되길 바란다. 그러나 잠깐 동안의 여흥은 차표와 명함, 여행 동기와 직업을 캐묻는 이동 경찰에 의해 다시 침울로 변하고 만다. 여옥의 자살을 목도한 채 가정을 이루는데 실패한 나의 쓸쓸한 여행기에서 30년대 후반의 암울한 사회적 분위기가 드러난다. 이는 열등감이나 트라우마가 있는 식민지 청년이 온전한 관계형성이 어렵거나 정착하지 못하고 떠돌며 사랑을 이루지도, 그림을 그리지도 못하는 이유이기도 하다.

이효석의 《벽공무한》, 〈하르빈〉에는 이국적 정취와 이국에 대한 동경으로 가득하다. 하얼빈교향악단의 경성 연주 섭외를 위해 떠나는 《벽공무한》의 출장여행은 관광과 여가를 포함한다. 여행지인 하얼빈의 백화점, 호텔, 카바레, 경마장은 국적과 인종의 진열장이며 구라파 문명의 축소판이다. 천일마는 "범연한 태도"로 일본경찰로부터 신분증을 검사받으며 서구를 대신하는 동경, 하얼빈의 문화와 예술을 적극적으로 욕망한다. 이곳에서 천일마는 복권당첨, 일의 성취, 서구미인과의 결혼과 같은 행운을 얻음으로써 '국외여행과 성취 그리고 귀환을 포함하는 보물찾기 여행'[58]의 공식인 영웅 로망스의 전형적 플롯으로 "하늘 위의 별"이 되고 싶은 이효석 말년의 유미주의적 관점과 애욕이 그려진다. 그러나 선망과 동경의 서양으로 여겼던 하얼빈이 '쭉정이들의 세상'이며 '공포의 도시'이자 '전율의 도시'임을 깨닫게 됨으로써 균열이 생긴다. 이곳이야말로 마약, 도박, 납치, 경마, 통음난무, 폭력이 자행되는 위험하고 음산한 곳이며 혁명가, 마약중독자, 여급뿐만 아니라 일본인, 만주인, 조선인, 러시아인이 모인 병든 도시였다. 〈하르빈〉의 '나'도 호텔 3층 전망을 보며 "마음에 드는 거리를 실컷 보고 입에 맞는 음식을 실컷 먹으면서 흡족할 때까지 소풍을 하면 그만이요 또 그 요량으로 떠났던 여행"이지만 마음 한 구석이 답답함을 느낀다. 나는 하얼빈 거리를 사랑하고 도시의 애수를 감상하며 카바레 여급인 유우라와 데이트를 한다. 두 편의 소설에 나오는 여급들이 러시아 및 폴란드 출신의 서구 미인이라는 점에서 이국취향과 미의식이 드러난다. 몰정치적 몰역사적 탈맥락적 낭만적 시각[59]을 견지한다는 점에서 여행자는 전형적인 관광객이다. 지적 엘리트의 여행을 일상화했던 이효석은 유목민적 주체로 살고자 했으며, 여행에서 인간탐구나 작품소재 — 이국취향과 자연풍광과 같은 — 를 찾았고[60], 유희적 현실도피적인 삶의 방향성[61]을 보였다.

이 시기의 여행자는 동경유학생, 화가, 문화전달자, 관광객으로 지식인이자 예술가이다. 근대교육을 받고 양장을 한 댄디보이, 모던보이, '도시의 아들'에게 식민지 조선은 촌스러우며 계몽되어야 할 그 무엇으로 환멸스럽거나 부정되었다. 그들에게 식민지 조선은 '묘지', '빈민굴'과 같으며, 조선인은 '구데

---

58 로버트 숄즈 외, 임병권 역, 『서사의 본질』, 예림기획, 2001, 297쪽.

59 닝왕, 앞의 책, 248쪽.

60 이효석은 일상 주위에서 못 보는 새로운 얼굴들을 눈앞에 놓이기에 여행은 즐겁고도 슬픈 것이라고 하였다. 그에게 사람은 너무 많고 천하며 대개가 쭉정이요 가난하고 추잡한 것으로 여겨지므로 사람보다 자연을, 정착지보다 여행지를, 현실보다 문학세계를 지향하고 있다. 또한 여행을 통해 인간의 천함을 보고 표현할 다양한 방식을 찾게 되길 바란다고 함으로써 여행이 창작의 근원이자 보고임을 알 수 있다. -「문학진폭 옹호의 변」, 『조광』 1940.1, 70~72쪽.

61 이경훈은 《벽공무한》을 대공아공영과 연관하여 친일의 혐의를 두고 있지만 -「하루빈의 푸른 하늘」, 『문학 속의 파시즘』, 삼인, 2001, 228~230쪽 - 역사의식이나 시대적 소명의식과 무관했던 영문학자이자 나르시시스트, 유미주의자였던 이효석의 탈근대적 인식과 하얼빈의 어둠과 모순을 지적한다는 점에서 친일/항일의 이분법적 잣대로 해석하기에는 무리가 있어 보인다.

기', '쭉정이'로 비유된다. 그러나 경찰의 심문을 받는 피식민지민이자 근대인이기에 서구(일본)와 동화될 수 없는 〈만세전〉, 〈심문〉의 이인화와 김명일은 방관적이고 냉소적인 경계인이다. 《벽공무한》, 〈하르빈〉의 천일마와 '나'는 현실을 외면하고 서구의 근대적 나르시시즘과 문화예술로 도피하는 유희적인 유목민적 주체이지만 '제국의 중심이라고 믿어온 하르빈의 한 복판에서 주변성을 느낌'[62]으로써 동화에 실패한다. 근대의 길목인 동경 - 경성 - 하얼빈으로 이어지는 기차와 철도에 몸을 실은 여행자는 일제 저항이나 독립 투쟁보다는 계몽이나 봉건성을 극복하고자 했으며 근대에 대한 열망에 경도되었고 근대인이 되고자 했다.

4. 산업화 근대의 여행서사

착종된 식민지 근대화를 체험하고 해방공간을 거쳐 전쟁과 분단, 이산의 아픔을 겪은 60년대는 식민지와 전쟁 비극을 경험했던 궁핍의 세대에겐 물질적 풍요로움을 원망(願望)하는 강렬한 욕구를 지니게 하였다. 최소한의 염치나 체면을 허락지 않는 가난과 한의 체험은 식민지 시대의 기회주의자, 친일분자, 처세주의자를 양산하였고, 약소민족의 어두운 단면을 표출하였다. 개인의 힘으로는 막을 수 없던 역사적 사건들을 경험한 우리 민족은 자발적이고 급진적인 근대화의 열망을 품게 되었고 천민자본주의 근대화는 점검해야할 부분들을 놓친 채 앞만 보고 달려온 박정희식 개발과 70년대의 산업화 · 도시화 · 물화를 가져왔다. 진정성과 삶의 본질을 다루는 작가들은 이에 대한 환멸로부터 도피하고 도망치기를 원했다. 또한 근대화 과정에서 살아남으려고 몸부림쳤으며 세속지향성, 구체적으로 말하자면 대한민국의 수도 서울을 지향하였다. 그러나 여행서사 속의 여정은 서울을 떠나는 것으로부터 출발하고

62 백지혜, 「이효석 소설에 나타난 여행의 의미 연구」, 서울대 석사학위논문, 2002, 59쪽.

있다. 도시에 정착하고자 하는 욕망에도 불구하고 근대와 문명이 낳은 비진정성과 세속성과 타협하기 위해 또다시 도시를 떠날 수밖에 없는 여행의 계기를 만들고 있다. 인공 기술 환경인 도시 못지않게 시골 또한 이전의 따뜻한 공동체적 운명을 지니지 못함으로써 환멸과 분노로 탈출했던 여행자는 있던 곳으로 되돌아가게 되는 것이다.

〈무진기행〉은 시울입성을 위해 수단과 빙법을 가리지 않는 젊은이의 욕망과, 결혼조차도 세속적 출세나 경제적 가치로 인식되는 60년대적 삶을 그린 여행서사이다. 근대시민사회가 형성되면서 생활인, 시민이 되기 위한 성숙의 통과의례를 2,30대의 여행을 통해 보여준다. 〈무진기행〉의 귀향과 〈그해 겨울〉의 방황은 근대시민이 되기 위한 성장의 의식이었으며 구체적으로는 여행이라는 형식을 띠고 있다. "무진 Mujin 10㎞"로 시작되어 팻말 "당신은 무진읍을 떠나고 있습니다"로 끝이 나는 이 소설은 4일간의 원점회귀의 여행서사이다. 승진할 시간을 벌기 위해 무진을 찾은 나는 "신경질, 공상, 불면, 수음, 독한 담배꽁초, 우편배달부를 기다리던 초조함과 같은 어둡던" 청년시절을 길 위의 풍경과 사람들을 통해 연상한다. 무진은 가난하고 폐쇄적이며 숨어 지내던 곳으로 고향이라기보다는 여행지에 가깝다.

"매일 밤 찾아오는 여귀" 같은 안개가 전부인 여행지 무진에선 준비되지 않은 만남이 이루어진다. 광주역 구내에서 만난 미친 여자는 청년 시절의 나이고, 자살한 술집여자는 "자신의 일부"이며, 미칠 것 같다면서 서울로 데려가 달라고 매달리는 하인숙은 나의 진정한 자아이다. 중학동창이자 세무서장인 조는 출세지향적이며 세속화된 나이고 중학교 후배 박선생은 순수했던 본질적인 자아이다. 여행지에서의 우연한 만남은 일종의 분신 모티프로 또 하나의 숨겨진 자아인 자기안의 타자를 발견하는 일이다. 여행자는 자신의 분신, 악마, 자신의 다른 나, 자신의 풍자화와 함께 대화[63]하면서 한 인간의 발전

---

63 M. 바흐친은 모험소설과 도스토예프스키 소설의 주인공 사이에 소설 구성상 대단히 본질적인 형식적 유사성이 존재한다고 하는데 이는 여행서사에도 적용될 수 있다. - 앞의 책, 44쪽, 152쪽, 186쪽.

단계를 극화시키며 분신들 속에서 갱생하기 위해 정화하고 자기 자신을 초월하기 위하여 죽는다(부정된다). 따라서 여행지는 자기 안의 타자를 대면하는 여성의 공간[64]이자 충동의 장소[65]이다. 징병기피 때나 하인숙을 버리고 도망치듯 상경하거나 전무승진을 위해 노력할 장인영감을 상상할 때면 나는 부끄럽고 묘 속으로 들어가고 싶지만 결국 과거의 나, 순연한 나, 미성숙한 나를 버린다. 아내의 급상경 전보로 하인숙을 버리고 상경을 결심하는 나는 무진의 촌스러움을 지적하는, 세련된 서울사람인 것이다.

최인호의 〈깊고 푸른 밤〉은 근대와 문명의 상징인 미국으로 도망치듯 떠난 여행자가 자동차로 캘리포니아 대륙을 횡단하는 여정을 그린 길 위의 소설이다. 휴식이나 여가를 허락하지 않는 근대적 삶에 지친 소설가는 "지난 십여 년 동안 한시도 제대로 쉬지 못하고 혹사한 탓에 신경이 팽팽한" 상태로 "분노의 일상생활에 도망치기" 위해 김포공항을 떠났지만 풍요로운 미국이 무슨 의미가 있느냐며 일상으로 귀환한다. 군부독재, 분단적 상황 속의 여행자는 술, 아편, 마리화나, 수면제에 의지했고 반수면 가수 상태이거나 환각 상태, 잠에 취한 경우가 많다. 수면제, 안개, 대마초로 표상되는 몽롱함은 억압적이고 파쇼적인 한국근대사회의 이면을 상징적으로 표출한 것이다. 폭발적인 감정분출을 용납하지 않으며 축제의 정서를 잃고 메마르고 개인주의적인[66] 근대적 삶을 예술가는 적응하기 어려웠다.

이문열의 〈그해 겨울〉은 "한 가정을 거느렸고, 매일매일 점잖은 복장과 성

---

64 관광지 혹은 여행지는 여성이 되는데, 성적 유혹과 에로틱한 분위기나 여성과 심미적 성적 즐거움 간에는 강력한 인습적 관련이 있다. 여가산업은 여성을 남성의 환상과 욕망의 대상으로 다루며 여성의 몸은 규제되거나 훼손된다. - 크로스 로젝, 앞의 책, 131쪽, 닝왕, 앞의 책, 255쪽 - 여성의 희생제의를 통한 통합된 남성 주체로서의 재탄생은 여행서사에서 자주 발견되고 있다.

65 긴장감과 해방감의 양가감정에 놓인 여행자는 리미노이드(Liminoid) 상태에 이름으로써 일탈과 자유로운 평형상태나 성적 무절제가 발생하기도 한다. - 윤병국 외, 『여행과 생활』, 형설출판사, 2004, 15~16쪽. - 이러한 측면에서 여행지는 충동과 욕망, 본능이 실현되는 장소가 된다.

66 박재환 외, 『근대사회의 여가문화』, 서울대출판부, 1997, 161~163쪽.

실한 표정으로 나가야 할 직장"도 있는 소시민의 시각에서 20대의 방황을 그린다. 길 위의 서사구조인 이 소설은 산맥, 바다, 길을 따라 만난 폐병쟁이, 집안누이, 칼갈이 노인, 창수령을 접하면서 동상과 굶주림, 추위 등의 육체적 시련을 거쳐 귀향길(상행열차)에 오르는 여행자의 격리 - 시련 - 재편입 과정을 보여준다. 피로와 환멸뿐인 2년 동안의 대학생활에서 벗어나 여행자는 강원도 탄광, 동해안 어촌, 산골 면소재의 여관 및 술집, 어느 마을의 회관, 대진 바다로 이동하면서 시골 역시 진정성과 순수의 영역이 아니라 자본주의화와 세속화되었음을 알게 된다. 여행자는 머물 수 없는 상황을 만들며 길 떠남을 계속하는데, 자신을 극복하기 위한 여행이 끝나면 이야기도 끝이 나기 때문이다. 이 소설은 자연, 길동무, 책으로 인한 정신세계 등 여로와 편력을 거쳐 귀향길(상행열차)에 오르는 나의 성장을 그린다. 사회와 화해하고 타협함으로써 학생, 직장인, 가장이라는 평범한 시민으로 살 수 있는 자질을 획득하게 되는 것이다.

이 시기의 여행은 외부로부터의 발견여행이라기보다는 현실도피로서의 여행이 많다. 급조해서 이뤄진 근대사회의 피로와 경직된 사회로부터 벗어나기 위한 이동이므로 지리적 여행이기보다는 내적 여행이다. 여행의 출발점과 귀환점은 서울이며 여행지는 고향, 시골, 자연과 같은 전통적인 장소이거나 예외적으로 외국이다. 산업화의 물결은 고향과 시골조차도 부정부패와 세속화를 가져옴으로써 여행자가 떠나온 곳으로부터 돌아갈 구실을 제공한다. 여행자는 비진정성의 도시적 삶과 타협할 시공간을 확보하기 위한 여정 중에 부끄러움을 느끼지만 결국 서울시민을 선택한다. 피로, 분노, 환멸의 정서를 지닌 여행자는 속물처럼 살아가는 것과 그렇게 살아서는 안 된다는 것 사이에서 길항하지만 답은 이미 제시되어 있는데 〈무진기행〉의 내가 부랴부랴 무진을 벗어나거나, 〈그해 겨울〉의 내가 방황을 끝내고 상행성 기차에 오르거나, 〈깊고 푸른 밤〉의 소설가와 가수가 가족이 있는 서울로 가고 싶어 절규하는 결말은, 더욱 공고하게 도시에 안주하고자 하는 통과의례적 여정이다. 권태와 피로, 억압이 도사리지만 또한 중심부에서 벗어날까봐 두려워하는 근대성의 양면성이 교차하는 곳이 서울이므로 있던 곳으로 되돌아가는 것이다. 따라서 생활문학이 아니라 서울로의 귀환이라는 통로를 열어놓은 외출(여행)[67]이 여행서사에 드러난다. 즉 이 시기의 여행은 무의식적으로 근대성의 긍정적 측면을 구현하고자 하는 욕망이 내재되어 있으며, 일상의 변화를 통해 현상태를 지속하고 재생산하기 위한 여정인 것이다.

5. 탈근대의 여행서사

오늘날 전세계의 10억 이상의 인구가 통행하거나 여행을 하며 노마드로서 정착하고 정착민으로서 이동[68]을 하고 있다. 황국명은 90년대 여행서사의 공간 이동이 모종의 물질적 실천이 결과한 전지구적인 공간 재편성과 무관하지 않다[69]며 창작 배경을 설명한다. 탈근대의 전환기를 배경으로 해외여행의 자유화와 함께 시장자본주의는 인문학조차도 상품화시켰고, 문학의 위기를 가져왔다. 서구적 근대성에 환멸을 느낀 탈근대는 탈식민주의, 여성주의, 생태주의를 기반으로 사유하게 되었다. 1989년 소련의 몰락으로 인한 탈이념, 탈냉전, 탈중심의 시대적 분위기 속에서 90년대 작가는 창작의 위기에 직면하며 문학적 여정을 떠났다. 소설쓰기에 대한 근원적인 질문을 던지는 소설가 자신이 주인공이나 작중화자가 되는 메타픽션[70]의 소설가소설로, 문학의 역할과 유용성에 대해 성찰하는 내용을 지닌다. 달라진 세상변화에 무엇을 주제로, 어떤 주인공을 설정할지를 잃어버린 소설가는 여행을 떠나 소재의 한계와 창작방법론을 모색한다.

---

67 유성호, 「한국현대문학에 나타난 서울 형상 연구」, 『서울학연구』 제23권, 서울시립대 서울학연구소, 2004, 222쪽.

68 자크 아탈리, 앞의 책, 493쪽.

69 황국명, 「90년대 여행소설과 공간 전위」, 『전환기 소설의 지형』, 세종출판사, 2001, 124쪽.

70 권희돈, 「1990년대 소설 연구」, 『청대학술논집』 제2권, 청주대 학술연구소, 2004, 79~80쪽.

소설 속의 소설쓰기로서의 자전적 여행서사인 양귀자의 〈숨은 꽃〉은 작가의 여정을 그린 표면서사와 3명에 대한 회상과 소설의 주인공과 조우하는 내면구조를 갖는다. 1인칭 독백체 형식으로 90년대적 상황에 당혹스러워 하는 작가의 여행 계기는 소설이 제대로 써지지 않기 때문이다. '나'는 "난생 처음 경험하는 미로인 글쓰기"를 3년 동안 하지 못한다고 고백하면서 자신이 단편을 쓰지 못하는 이유가 세상의 변화 때문이라고 한다. 투쟁의 목직이 뚜렷했던 80년대와는 다른 90년대 초기에 절필의 위기가 온 것이다. 집단의식과 현실사회주의 붕괴 앞에 놓인 개인과 이념 대안의 부재, 후기 자본주의라는 90년대 상황에서 작가는 미로를 헤맨다. "소설이 제대로 씌어지지 않는다고 해서 여행을 도모하고 실천"하는 동업자들을 의아해하고 염려했던 나는 마감날짜를 지키기에도 바쁜 70·80년대적 삶에 충실했던 생활인이자 작가였기에 출발 전부터 여행을 후회하며 서울역을 떠난다. 배신에 대한 두려움과 80년대적 신화의 부재에서 오는 환멸의 정서를 지닌 나는 여행지인 '귀신사'에서 세 명의 지인을 떠올린다. 속물이 되어버린 시인과 폐인이 되고 만 운동가, 환자를 구분해서 봉합하는 신경외과 의사를 통해 세상의 모든 것이 변하고 있으며 모순과 배신으로 가득 찼음을 깨닫는다. 그리고 여행지에서 만난 김종구와 황녀를 통해 세속적 가치나 부르주아 사회의 통념에 물들지 않은 비관습적 반자본주의적인 소설의 주인공을 발견한다. 소설가에게 여행은 관습과 가식, 교양과 지식으로 인간을 저울질하는 붙박이 삶과 편협한 시선이나 세상의 잣대가 아닌 국외자이자 아웃사이더인 김종구의 순수함과 야성을 찾는 것이었다.

90년대적인 작가로 평가받는 윤대녕과 신경숙의 소설에도 여행은 빈번하게 등장하는 주도모티프이다. 은어로 표상되는 영원(시원)회귀, 아버지(자아) 찾기는 윤대녕 소설을 여행서사로 이끌게 한다. 〈피아노와 백합의 사막〉의 여행 계기는 어린 시절의 사막에 대한 막연한 동경심에서 비롯된다. 우연과 돌발로 시작된 여행은 잃어버린 자아를 찾아가는 여정이다. 아내에게도 이해받지 못한 11박 12일의 중국 실크로드 여행 동안 나는 "미열에 들떠 겨드랑이에 식은땀을 흘리며" 사막을 방황하다 일상에 복귀한다. 피아노가 있는 사막은 순수했던 친구와의 기억 속의 공간이며, 백합의 사막은 여류화가가 준 구근으로 새로운 관계를 맺는 현재의 상황이다. 이들은 나의 분신이며 내안의 타자이다. 나는 "어딘가 모르게 시선을 끄는 얼굴"이외에 실체조차도 모르는 그녀와 관계를 맺음으로써 재탄생된다. 중산층의 도시적 삶에 안주하기까지 나는 친구와 사막을 잊음으로써 시를 쓰던 나를 잃고 현실과 타협한 채 살아가게 된 것이다. 시인친구와 낯선 여성, 피아노와 백합으로 표상되는 잃어버린 자아를 찾아 일상을 떠난 여행에서 귀환한 나는 문학에 회귀하고자 한다. 근대적으로 구획된 국가주의와 가족주의의 틀 속에서 벗어나 새로운 삶과 사랑의 방식을 찾는 근대적 경계를 방랑하고 여행하는 노마드[71]적 삶이 윤대녕의 여행서사에서 나타난다.

《눈의 여행자》는 원고 독촉을 받던 '내'가 여행을 다녀오길 권유하는 에이전시의 부탁으로 눈이 가장 많이 내린다는 니가타, 아키타로 떠나는 여행서사이다. 일본독자의 청으로 떠난 여행은 독자의 죽은 아이의 이 열 개를 차례로 묻으며 자식을 놓으려는 제의과정을 추적하는 것과 아들을 만나기 위한 즉 상처를 대면하기 위한 소설가의 이야기로 이루어진다. 천식과 치통에도 불구하고 떠난 여행의 계기는 폭행과 아이문제로 이별한 외사촌누이와 자신의 아들이 그곳에 살고 있기 때문이다. 서울에서 출발하여 다시 서울로, 니가타 '설의 음'에서 다시 '설의 음'으로 되돌아가는 원점회귀의 여행은 기이하고 몽환적이며 음산하고 때론 엽기적이다. 아이의 울음소리에 시달리고 눈사람을 보는 등 여행 내내 소설가는 환청과 환시에 시달린다. 여행지인 일본에서 여성독자의 실종된 아이를 찾는 일은 곧 자신의 아이를 찾는 일이고, 죽은 아이와 결별하지 못하고 실성한 어머니(일본독자)는 다름 아닌 소설가 자신의 분신이고 고독한 자아인 것이다. 소설가를 초빙한 독자 남편은 사람을 구원하는 게 글 쓰는 일이 아니냐며 딸아이가 들어가 살 수 있는 눈으로 만든

---

71 장시기, 『들뢰즈와 탈근대 문화연구』, 당대, 2008, 225쪽.

얼음집(가마쿠라)를 지어달라고 한다.

이 소설은 소설의 역할 및 작가적 사명에 대한 성찰을 추구하는 소설로도 읽히는데, 소설가란 주술사처럼 독자의 상처와 만나 그들이 말할 수 없는 것을 대신 말하여 상처를 치유하는 사람이다. 이러한 과정은 소설가의 체험 및 상처와 결합될 때 가능한 것인데, 문학의 위기 및 종말의 시대에 작가는 문학이야말로 인간을 구원할 수 있으며 상처를 치유해주는 역할을 하는 것이라고 역설한다. 이러한 고전적인 문학론의 회귀이자 역전이야말로 문학의 소중함과 성스러움을 잃어가는 시대에 경종을 울리는 작가의 절실하고도 깊은 울림이다. 여행서사는 〈숨은 꽃〉에서처럼 무엇을 써야할지 어떤 주인공을 설정해야 하는지에 대한 답을 찾거나 찾는 과정 자체로 소설이 되기도 하고, 〈피아노와 백합의 사막〉, 《눈의 여행자》에서처럼 진정성, 상처치유, 구원과 같은 문학의 목적을 찾거나 문학적 복원을 꾀하기도 한다. 그러나 이러한 소설의 출현은 타자화된 문학의 취약함을 자인한 것이기도 하다. 전통부활이 탈근대를 위한 대안이 될 수 있을까[72]라는 우려처럼 정체성조차도 의미가 없어지는 시대에 고전적인 문학관이 얼마나 더 유효할[73] 것인가?

신경숙의 〈깊은 숨을 쉴 때마다〉의 '나'는 J와 제주도를 여행한다. "아무런 뜻도 없이 떠났기 때문에 우연히 도착한 곳일 뿐"인 성산포의 작은 호텔에 홀로 남은 나는 가족에 대한 기억과 우연히 만난 사람들을 관찰하고 관계를 맺는다. 이유도 갈등도 없이 여행을 떠난 나는 말라깽이 소녀 때문에 성산포에 머무는 비논리적이고 무계획적인 나날을 보낸다. 나의 회상은 주로 가족과의 관계로 시작되는데, '나처럼 살지 말거라'고 당부하는 어머니와의 거리감, 오빠의 가난이자 혹이었으며 "예쁘지도, 공부를 잘하지도, 말썽을 피우지

72 한민수, 「먹고살기와 존재 찾기」, 『창작과비평』 1999.가을호, 367쪽.

73 "기도와 고백 같다던" 단편을 쓰지 못해 고민했던 양귀자는 그후 《나는 소망한다 내게 금지된 것을》(1992), 《천년의 사랑》(1995), 《모순》(1998)과 같은 장편소설을 발표하여 베스트셀러의 반열에 오름으로서 시대와의 불화를 마감하고 팔릴 수 있는 상품을 만들었으며, 윤대녕 역시 좌절과 회의에 대한 답의 부재, 리얼리즘 전망의 부재, 현실과의 거리감 등등의 비판을 받음으로써 고전적 문학주의와 신비주의의 한계를 지적받는다.

도 않았던 존재감 없던” 자신의 정체성과, 새벽 5시에 우사의 쇠똥을 치우며 관절퇴화증에 걸린 아버지에 대한 연민을 사념한다. 또한 제주공항에서 본 “창백하고 연약한, 습자지빛 얼굴을 한” 처녀와, 절름발이 오빠에게 자전거를 배우는 성산포의 말라깽이 소녀, 308호 베란다에서 누군가를 매일 기다리는 “피로하고 연약한” 처녀 투숙객, 빨리 죽어야 한다는 일출봉에서의 할머니, 유도화가 피어있는 피아노집 여자 등을 여행지에서 만난다. 그녀들은 저항능력이 없는 약자이자 상처를 지닌 타자들이다.

이 소설은 한달 정도 체류하는 여성의 여행지에서의 일상을 다루고 있지만 사실은 삶과 죽음 그리고 글쓰기의 자의식을 추적하고 있다. 서울에서 내가 쓰는 글이란 자신의 얼굴만큼이나 어디서 본 듯한, 이름을 가려도 내가 쓴 것 같은 느낌을 주는 글이다. 글을 못 쓰고 있는 나의 제주도 여행은 거주지를 떠난 새로운 곳에서 잊어버린 글쓰기에 대해 사유하는 문학적 여정이다. 여행지에서 나는 자신이 잊은 게 새로운 형식이나 새로운 문체가 아니라 죽음이었음을 알게 된다. “죽음을 잊자 일상은 무기력해졌고 가족과 멀어졌으며” 글쓰기가 되지 않았던 것이다. 작가에게 글쓰기는 죽음과 같이 절박하고 절실한 그 무엇이거나 죽음만큼 치열하고 운명적인 것이다. 이러한 사유는 목초지 속에서 묘지를 발견한다거나, 아는 선배 친구의 자살 이야기 그리고 308호 처녀의 쌍둥이 동생의 죽음으로 이어진다. 오빠의 희생을 통해 생명을 유지할 수 있는 말라깽이 소녀나, “나는 J가 되어 있었고 처녀는 내가 되어있었다”라는 말에서처럼 여행지에서 만난 모든 사람들과 동일시된다.

여행을 끝낼 즈음 사고로 죽은 쌍둥이 동생을 놓지 못하고 기다리던 308호 처녀가 첼로를 켜기 시작했고, 피를 갈러가야 하는 말라깽이 소녀가 혼자 자전거를 타게 됨으로써 상처가 치유되고 아물게 된다. 그녀들은 상처를 지닌 타자이자 글을 쓰지 못하는 작가 자신인 것이다. 여행은 타자를 통한 자신의 정체성을 확인하는 과정이며 타자는 서로의 거울 이미지(mirror image)이자 샴쌍둥이 같은 존재이다. “깊은 숨을 내 쉬는” 어머니의 삶과, 여행지에서의 일들을 쓰기 시작한 후 “깊은 숨을 내쉬는” 자신의 글쓰기가 다르지 않다는 것을 나는 빈집에서 느낀다. "정처 없이" 떠난 여행은 그대로 소설이 되고 자신의 한결같은 글쓰기 방식, 1인칭을 쓰지 않는다는 여동생의 지적, 글을 쓰는 일이란 "연약한 자가 의지하는 마지막 보루"라는 생각 등 작가의 문학관이 드러난다. 서술자와 등장인물이 거의 일치하며 인간중심주의 시점에 대한 사유를 한다는 점에서 이 소설은 탈서사적이다. 권력과 무관한 문학의 존재론적 의미와 위기를 타개하기 위한 탈근대 작가들의 문학적 어징이 90년대 문학의 특징이다. 글을 쓰지 못하는 작가에게 여행은 소재와 창작방법론을 제공하거나 소설의 주인공과 조우하거나 여정 자체가 소설이 되고 있다.

우한용의 여행소설집[74]에서는 인문학자인 여행자의 단기간의 여행이나 1년 정도 외국에서 체류하면서 일어나는 이야기를 다룬다. 이국의 낯설음과 '스플리트', '상프롱', '이니스프리'와 같이 생소한 지명이 주는 외국어에 대한 공명은 여행지를 선택하는 계기가 되며 글쓰기의 자의식을 지닌 작가의 소재와 글감을 얻는데도 효과적이다. 〈혹자를 위한 열전1〉과 〈혹자를 위한 열전2〉는 연작 형태로 프랑스 루앙에서 체류하는 부부의 일상을 보여준다. 전자에서는 도자기 공부를 하려는 아내를 이해하지 못하는 현실적인 남편과의 부부생활이 그려진다. 한없이 품어주고 담아내며 형태를 변형시키는 흙과 도자기가 자궁, 탄생, 배려와 같은 여성성을 상징한다는 사실을 남편은 알지 못한다. 도자기 제작소를 방문한 '나'(아내)는 프랑스 닭의 울음소리와 연상의 아내와 사는 프랑스 도공을 만나면서 어린 시절의 동기생 조점숙을 떠올린다. 별명이 닭대가리인 점숙은 이야기를 꾸밀 줄 모르는 아이였고 자신보다 마흔이나 더 늙은 걸인과 결혼하여 도자기를 굽고 있다. 세속과 자본의 잣대로 살지 않는 조점숙의 삶을 통해 나는 "마음의 눈을 틔우는 것이 소중함"을 깨닫는다. 〈혹자를 위한 열전2〉에서는 '우공'이라는 실명이 드러나며 작가 스스로

74 우한용의 『양들은 걸어서 하늘로 간다』(계간문예, 2008)는 11편의 여행을 모티프로 한 단편들을 모은 여행소설집이다. 이 작품집엔 남북문화교류여행, 학회참석여행, 여성의 현실도피여행, 패키지관광여행, 체류여행, 출장여행 등 다양한 형태의 여행이 등장함으로써 길 떠남이 일상화되고 있음을 알 수 있다.

소설인지 기록인지 잘 모르겠다고 함으로써 언어에 대한 불완전성, 소설과 수필, 기행문학과 여행소설의 구분이 뚜렷하지 않은 정통소설형식의 해체를 보인다. 플로베르의 고향이자 문화적 정서가 가득한 루앙에서 글을 쓰는 직업을 가진 나는 인상이 나쁜 한국인과 인도인, 프랑스인과 관계를 맺는다. 인도 출신 의사와의 대화를 통해 식민지 경험이 있는 민족적 동질감을 느끼며, 소설 쓰기란 의사가 병든 몸을 고쳐 주듯이 "인간을 연구하는 작업"으로 마음의 상처를 치유하는 일이라고 역설한다. 이와 같이 작가들은 시대의 타자인 문학의 역할과 유용성에 대해 끊임없이 답을 찾고자 하며 이는 문학의 운명처럼 여겨진다. 자연이나 이국 풍광보다는 여행지에서 만난 인간에 대한 관찰을 중심으로 전개됨으로써 소설이야말로 인간에 대한 내면탐구 및 생의 구경임을 알게 한다.

〈흰 코끼리를 꿈꾸는 그대에게〉는 남북한 문인들의 만남과 소통에 관한 이야기이다. 백두산 여행 동안 '나'는 연변 문인을 만나 문화를 교류하고 복잡하게 얽혀있는 동아시아 정세와 탈북자, 연변인에 대해 얘기하면서 분단의 거리를 확인한다. 여행지인 백두산, 연변, 삼합관문은 한민족의 분단과 이산, 주변국가와의 관계가 첨예하게 대립하는 역사적 민족적인 지역이다. 통곡을 하며 통일기원을 하는 남쪽 시인의 과장된 행동이나 냉철하게 남북한 모두를 비판하는 연변문인의 태도를 관찰하는 나는 남북한의 복잡하고도 어려운 상황을 읽어낸다. 관광지인 '삼합관문'은 세 강이 만나는 곳으로 화합과 공존을 모색하는 상징적인 곳이다. 통일은 경제 논리나 감성으로 접근하기보다는 정서적 친근함과 한민족 동질성의 바탕아래 탈근대적 의미의 상호생성적인 문화교류를 통해 이루어야 함을 제3지대인 연변에서 확인하는 것이다. 〈굴뚝〉의 아내인 '나'는 아우슈비츠 관광을 하는 내내 설사를 하거나 구역질을 하는 몸의 반응을 일으킨다. 인류의 비극을 관광하는 희극적 상황[75]에서 현기증을

---

75 근대 여행이 진정성을 추구하는 것이라면, 탈근대 여행은 진품의 진정성엔 별로 관심이 없고 재미를 추구하거나 겉모양만 즐긴다. – 닝왕, 앞의 책, 99~100쪽.

느끼고 모골이 송연해지지만 아랑곳하지 않고 코를 골며 자는 남편의 무신경에 나는 진저리를 친다. 강제수용소 관광 내내 환영에 시달린 나는 남편이 낯선 타인이나 방장같이 여겨진다. 다음 여행지인 독일 관광을 포기한 채 여행을 끝마치지 못하는 이 소설은 근대국가, 독일민족, 남성과 같은 역사적 주체 앞에 놓인 피식민지민, 유대인, 여성과 같은 소수와 약자의 불행하고도 비극적인 삶을 그린다. 예기치 않은 급변이나 갱생이 이루이지기도 하는 위기적 시간(crisis time)[76]을 대면하는 섬세한 아내는 현실적이고 무감각한 남편의 돌발행위에 당황하고 실망하지만 이를 받아들이고 화합하고자 한다.

우한용의 여행서사는 생존, 민족, 소통, 타자, 보이지 않는 것에 대한 진실 규명 등의 진지하고 지성적인 주제를 다룬다. 그에게 여행은 반복적이고 고통스러운 현실에서 벗어나는 탈출로서의 의미보다는 또 다른 일상을 통해 현실을 새롭게 해석하고자 하는 여정이다. 가족 및 정체성 해체의 시대에 가족과 생활, 분단과 민족문제가 중심에 놓이는 근대적 사유와 화합과 문화지향의 탈근대적 사유가 공존하며 상처치유야말로 문학과 삶의 궁극적인 의미임을 말하고 있다. 인문학자이자 작가인 여행자는 서구중심의 근대적 사유나 가치기준을 부정하지 않으면서 그것을 극복하여 여성, 북한, 생태에 대한 상호인정과 화합을 통한 탈근대적 미래를 제시한다. 여행지는 예술적 공간이거나, 아우슈비츠와 같이 문화산업 확장 후 발현되고 기획된 일종의 시뮬라시옹 환경[77]으로 변질된 정치적 역사적 공간이다. 윤대녕과 신경숙의 여행서사에서 보인 이쪽과 저쪽의 구분이 뚜렷한 탈현실의 공간이 아닌 사회적이고 현실적 공간이 배경이 된다는 점에서 우한용의 여행서사는 삶의 한 부분으로 여행을 인식한다. 진리와 진정성과 적이 사라진 시대에 여가(여행)가 더 이상 특수한 삶의 부분이 되지 못[78]하기 때문이다.

76 M. 바흐친, 앞의 책, 247~248쪽.

77 포스트모더니티의 중추적인 특성인 시뮬라시옹의 과거의 모습, 소리, 향취 등을 재생산하는 것으로 사뮬라시옹 환경의 급증은 포스트모던한 문화에서 허구적이고 환상적인 요소들의 현존이 강화된 것으로 해석할 수 있다. - 크로스 로젝, 앞의 책, 35쪽.

6. 여행문학의 변천과 특징

세계의 지구촌화와 신자유주의는 현대인을 더 이상 정착하지 못하고 떠도는 신유목민으로 만들었다. 90년대 이후 문학의 위기와 사회주의 몰락이 가져온 시대적 변화는 여행서사에 주목하게 했고, 이 글은 여행서사가 시대에 따라 어떤 욕망과 가치를 구현하며 플롯의 변화를 보이는지를 고찰하였다. 소설은 근대장르이며, 여행하는 사람은 자신을 성찰하고 타자를 인식함으로써 계몽하고 교양을 쌓는다는 점에서 근대인이며 여행서사는 근대중심서사이다. 식민지 근대의 여행서사에 나타난 지향점은 서구지향성으로 서구, 근대, 타국이었으며, 구체적으로는 동경과 하얼빈 같은 근대도시였다. 근대에 대한 열정과 소명이 컸던 관찰자이자 방관자로서의 여행자는 근대인이고자 했지만 피식민지민이었기에 서구와 동화되지 못하는 경계인이었다. 여행지에서 이들은 자신의 신념에 균열을 느끼지만 결국 근대인 되기가 목표였고, 근대도시를 여행한다. 산업화 근대의 지향점은 세속지향성으로 구체적으로는 대한민국 수도 서울이었으며, 여행의 출발점과 귀환점 또한 서울이다. 그러나 여행지는 시골, 자연, 고향이며, 이곳에서 타협하고 성찰하는 시공간을 확보한 후 귀환한다. 여행의 계기는 자본제적 삶과 산업화 노동에 지쳐 도피하거나 억압적인 정치상황 때문이며 길 위의 서사가 많다. 분노와 피로의 정서를 지닌 여행자는 도피자(도주자)로서 탈출하여 세속, 속물근성, 비진정성의 문제로 고민하고 방황하지만 시민 특히 서울사람이 되고자 했다.

탈근대의 여행서사는 다양하게 전개된다. 탈이념, 탈냉전, 탈낭만의 시대에 문학의 위기가 도래했고 소설의 주인공과 작품의 소재를 찾아 길을 떠나는 소설 속의 소설쓰기로서의 여행서사가 발표되었다. 절필의 위기에서 작가는 일상처럼 여행을 하며 여행 자체가 소설이 되는 탈서사적 특징을 보인다. 여행지는 바다, 절, 설국(雪國), 사막과 같은 판타지 공간이나 외국 공간이며,

78 위의 책, 35쪽.

이쪽/저쪽의 구분이 분명한 초기 여행서사와는 달리 최근에는 일상의 다른 이름으로 여행지가 제시된다. 이유도, 목적도, 정처도 없이 고백자이자 일상인의 입장에서 소설의 효용성과 본질을 고민하는 문학적 여정이 많으며 정치·경제의 근대적 관점이 아닌 탈근대적 의미의 문화, 자연, 타자에 대해 모색한다. '근대인되기', '시민되기'라는 근대의 뚜렷한 여행의 지향성과는 달리 탈근대는 여행서사가 많이 발표되있음에도 불구하고 '~되기'가 뚜렷하게 드러나지 않는데 이는 우리 사회가 여전히 탈근대의 정체를 밝히지 못하고 있으며 근대와 탈근대가 혼효되어 공존하기 때문이다.

여행/만남, 모험/안주, 일탈/정착, 노동/여가, 불완정성/ 폐쇄성 사이에서 갈등하고 길항하는 현대인은 길이 집이 되고, 집이 길이 되는 상황에 놓일 것이다. 〈만세전〉의 여행자가 고민했던 문학의 유용성과 전근대/근대에 대한 정체성 확인은 문학의 본질과 근대/탈근대의 혼돈을 겪는 탈근대 작가에게도 반복된다. 진정성을 추구하거나 정체성을 찾아 헤매던 근대의 여행과는 달리 진정성이 사라진 하나가 된 세계에서 정체성조차도 의미가 없어질 때 여행서사에서의 여행자는 무엇을 탐색하게 될 것인가 하는 의문과 함께 여행서사의 출현이 문학의 위기와 함께 온 일시적인 현상인지 계속될 것인지는 지켜봐야 할 것이다.

3장 1990년대 여행소설의 탈근대적 사유와 타자성

1. 1990년대 여행서사

1990년대는 사회주의 몰락 및 동구권 붕괴, 신자유주의로 인한 전지구적 자본의 횡행, 환경파괴 등으로 80년대와 다른 양상을 가져왔다. 노상래는 탈중심, 탈국가, 탈민족, 탈계급, 탈계몽, 탈진지(가벼움), 탈문화, 탈이데올로기 등의 단어들이 난무했던 90년대적 삶의 방식이 후일담소설, 여성소설, 멜로포르노그래피, 사이버소설의 출현[79]을 가져왔다고 진단했으며, 유성호는 개인의 회귀, 디테일로의 퇴행, 본능, 사랑 등의 미시적 움직임에 대한 천착[80]을 특징으로 들고 있다. 권희돈은 정치사회적 혹은 사회과학적 상상력의 80년대와 달리 포스트모더니즘적이고 세기말적 징후인 우울과 불안과 방황과 몽환의 삶의 방식으로 인한 후일담소설, 복고풍과 여성주의 경향, 본격소설의 쇠퇴, 메타픽션[81]을 90년대 소설의 특징으로 본다. 남진우는 탈이념, 밀실, 고독한 단자의 시대에 댄디의 미학[82]이 나타난다고 하였으며, 조남현은 민주화, 경제성장, 탈냉전 체제, 정보화, 포스트모더니즘의 유입으로 인한 가벼움과 '나'의 이야기, 담론 중심[83]을 90년대 문학의 풍경으로 제시한다. 이와 같이 90년대 소설의 다양한 현상들에서 가장 주목할 점은 여행서사가 많이 등장했다는 것이다. 숙박시설과 교통이 발달하고 여행이 자유화되면서 생활양식이 달라졌기에 여행을 단순히 몸의 이동으로 보기보다는 현대인의 의식과 삶의

79 노상래, 「1990년대 소설의 정체성과 전환기적 모색」, 『한민족어문학』 제34호, 한민족어문학회, 1999, 193쪽.

80 유성호, 「1990년대 문학의 전개와 그 특성에 관한 고찰」, 『문학과의식』 1996.겨울호, 263쪽.

81 권희돈, 「1990년대 소설 연구」, 『청대학술논집』 제2호, 청주대 학술연구소, 2004, 74쪽.

82 남진우, 「견딜 수 없이 가벼운 존재들」, 『세계의문학』 1998.봄호, 293쪽.

83 조남현, 『1990년대 문학의 담론』, 문예출판사, 1998, 21~22쪽.

방향성을 의미한다는 점에서 1990년대 여행서사에 주목하게 된다. 근대성의 구조적 비진정성에 대한 반응으로서 진정성을 추구하는 한 형태[84]인 관광이 일상화되면서 경쟁주의, 업적주의, 물질주의에 내몰린 현대인들은 떠남과 돌아옴, 익숙함과 낯섦, 정착성(폐쇄성)과 노마디즘(불안정성)과의 변주를 반복한다.

여행문학은 《오딧세이아》에서부터 시작되어, 스위프트의 《걸리버 여행기》와 다니엘 디포의 《로빈슨 크루소》와 같이 먼 곳에 대한 동경[85]을 그린 문학작품으로 전통서사를 이뤄왔다. 세르반테스의 《돈키호테》, 괴테의 《빌헬름 마이스터의 수업 시대》에서 헤르만 헤세, 파울로 코엘료에 이르기까지 순례, 모험, 탈근대적 여행서사는 소설의 한 주요장르로 지속되었다. 이국정취와 여행을 예찬[86]하는 작가들은 여행에 관한 많은 글을 남겼다. 한국문학에서도 염상섭의 〈만세전〉이나 김승옥의 〈무진기행〉처럼 문학사적 가치를 인정받거나 문학성을 평가받는 소설들이 여행서사를 특징으로 한다. 가정적 사회적 전기적 상황에 기초하지 않고 전개되는 모험과 같은 여행을 통해 여행자는 일상과 격리되어 자기탐험, 상처치유의 통과제의를 치르고 귀환한다. 작가에게 여행은 일상적 삶과 사유에서 벗어날 수 있다는 점에서 휴식과 창작의 원천이 되는 시공간을 제공한다.

또한 이 시기는 근대와 탈근대를 가로지르면서 백인·성인·남성의 다수자가 소수자를 분리 차별했던 이항대립적 사유와 근대를 비판하는 탈식민주의, 포스트모더니즘, 페미니즘, 생태주의가 주류를 이룬다. 근대적 주체의 전횡과 허구성을 비판하는 탈근대적 관점에서 들뢰즈/가타리는 노마디즘이라는 말로 이 시기를 언급하였다. 국경을 자유롭게 넘나들면서 민족이나 가족 중심

84 닝왕, 이진형 외 역, 『관광과 근대성』, 일신사, 2004, 122쪽.

85 빈프리트 뢰쉬부르크, 이민수 역, 『여행의 역사』, 효형출판, 2003, 158쪽.

86 바이런, 랭보, 레오파르디, 키츠, 플로베르, 쥘 베른 등의 수많은 엘리트 작가들이 여행을 다니고 문학작품을 남겼다. - 자크 아탈리, 이효숙 역, 『호모 노마드 유목하는 인간』, 웅진닷컴, 2005, 322쪽.

의 정서가 옮어졌고 정체성에 의문을 품게 했으며 노마디즘 시대가 형성된 것이다.

포스트주의는 차별과 불평등 속에 이루어지는 동일자이자 자의식적 주체로서의 완결된 자아인 근대 주체가 얼마나 허약한 것인가를 비판하였다. 들뢰즈/가타리는 욕망의 탈주선을 따르면서 주어진 상태나 질서에 머무는 것이 아니라 끊임없이 분열, 생성, 접속하는 소수적 주체 즉 유목적 방랑자 주체(nomadenhaftes Vagabundensubjekt)[87]를 주창하였다. 유목적 주체는 소수자의 입장이 되고자 하며 타자성을 찾기 위해 무한한 탈주의 가능성을 실험하는 주체이다. 들뢰즈/가타리가 말하는 소수자 되기는 소통과 연결의 잡종화의 변용능력을 드러내는 '무엇~되기(becoming)'[88]의 문제를 의미[89]하며 경계인, 새로운 삶과 사랑의 방식을 찾아 끊임없이 근대적 경계를 방랑하고 여행하는 노마드[90]적 삶을 말한다.

이 글은 1990년대 이후 해외를 배경으로 한 여행소설이 급증하는 현상에 유의하여 탈근대적 증후가 여행 속에 어떻게 제시되고 있는지 90년대를 앞서가는 작가[91] 최윤과 가장 90년대적 소설가로 평가[92]받는 윤대녕의 여행소설을 중심으로 살펴본다.

---

87 김겸섭, 「들뢰즈/가타리의 주체이론」, 『문예미학』 제10호, 문예미학회, 2002, 223쪽.

88 '~되기'는 '생성', '~화'로 번역될 수 있으며, '~되기'의 구도(plan)에서 사유하고 산다는 것은 영속성과 항속성, 불변성, 기초, 근본 등과 같은 서양 철학의 중심적 단어들과 처음부터 이별하는 것이고 반대로 변이와 창조, 새로운 것의 탐색과 실험을 끊임없이 추구하는 것으로서 이는 들뢰즈/가타리의 용어이다. - 이진경, 『노마디즘2』 휴머니스트, 2002, 24~34쪽.

89 신승철, 「들뢰즈/가타리의 욕망론과 신체론에 대한 고찰」, 『철학사상문화』 제1호, 동국대, 2005, 165쪽.

90 장시기, 『들뢰즈와 탈근대 문화연구』, 당대, 2008, 225쪽.

91 이태동, 「최윤의 작품세계」, 『1994 이상문학상 수상작품집』, 문학사상사, 1994, 431쪽.

92 이남호, 「은어는 없다」, 『세계의문학』 1997. 봄호, 479~484쪽.

2. 경계 해체와 여성되기: 최윤의 〈하나코는 없다〉

최윤의 〈하나코는 없다〉에는 페미니즘, 익명성, 환상성, 소통부재, 타자적 사유와 같은 탈근대적 인식이 드러나는데, 이러한 삶의 인식이 한 남성 여행자의 베네치아 여행을 중심으로 이루어진다. 방랑과 정주, 융화와 거부, 떠남과 머묾 간의 변증법적 삶에 놓인 현대인은 여정을 통해 자신을 위험과 모험의 문턱에 놓은 채 삶의 불명확성과 타자인식에 직면한다. 여행소설은 여행자의 여정을 쫓는 표면서사와 과거회상의 내면서사로 구성되는데, 〈하나코는 없다〉의 소설구조도 여정과 회상이 번갈아 가며 서술된다.

1. 여정t1 베네치아 도착 및 그 도시에 대한 첫인상 소개
2. 회상r1 별명 및 암호인 하나코와 그 자신, K와의 관계 설명
3. 여정t2 여행 동기 암시 및 지도 들고 여인숙 찾아가기
4. 회상r2 모임의 일원이었던 하나코의 신상에 대해 잘 몰랐던 사실 발견
5. 여정t3 아내와의 불화로 떠난 이탈리아 출장과 여인숙에서의 1박, 여행안내책자로 관광 일정 계획
6. 회상r3 남성 회원들의 인내와 배려가 부족했기에 타자화되었던 하나코와의 추억
7. 여정t4 도시 관광(카페 - 광장 - 수로 - 다리 건너 산책)
8. 회상r4 결혼 일주일 전에 하나코에게 구혼한 J의 에피소드
9. 여정t5 산마르코 광장의 첨탑 - 성당 - 부둣가 산책 및 이탈리아인들의 싸움 구경 - 하나코에게 전화 - 로마행 밤기차
10. 회상r5 하나코와 그녀의 여자친구 그리고 그, J, K와의 강변여행
11. 여정t6 서울 도착, 신문에 실린 하나코의 사진 확인

대학 시절부터 5,6명의 남자와 여성 1명이 모임을 갖게 되는데, 예쁜 데라고는 코 하나뿐이어서 붙여진 별명인 하나코는 진실하게 모임에 참석하지만

그, J, K, P 등의 남자들은 자신들이 고민이 있거나 분위기 쇄신을 위해서나 아쉬울 때 그녀를 찾으며 피상적으로 그녀를 대할 뿐이다. 한 번씩은 그녀와 편지를 주고받고 청혼까지 했지만 진정성이 없었으며, 하나코는 유혹받지 않은 채 늘 그 자리에서 한결같이 대하며 자신을 지킨다. 그리고 자존심을 훼손당한 강변여행에서 그녀는 더 이상 그 모임에 가지 않게 된다. 세월이 흘러 남성들은 결혼을 하고 생활인이 되었지만 그 후에도 은밀하고 비밀스럽게 이탈리아에 있는 하나코에게 일탈과 유혹의 손짓을 보낸다. 그리고 의자 디자이너로 성공한 하나코의 사진이 신문에 실리는 것을 목격하게 된다는 것이 대강의 줄거리이다.

이 소설은 폭풍, 안개의 기후 조건과 수로의 난간, 미로 같이 아슬아슬한 공간과 겨울, 저녁과 새벽의 시간적 배경을 설정한다. 불안하고 음험하며 환상적이고 위험에 놓인 여행자는 삶의 방향성을 상실한 채 안개와 미로를 헤매며 낯선 곳에 서 있다. 대표적인 관광도시 베네치아는 여행자인 '그'에게 "서른두 살의 생애에 가장 놀랍고 이상한 도시", "무거운 장식을 머리에 이고 있는 건물들이 가득 떠있는 도시"로 비춰진다. 로마 출장 겸 이틀간의 관광과 휴식을 위한 베네치아 여행은 사실 그곳에서 한 시간 정도 떨어진 옛 여자친구 하나코와의 만남을 위한 것이다.

여행지 베네치아는 중세시대의 귀족 복장과 가면을 쓴 겨울축제 카니발이 개최되는 곳으로, 카니발은 일상적 생활의 질서와 체계를 규정짓는 구속, 금기, 법칙들이 제거되어 자유롭고 스스럼없는 사람들 간의 접촉이 효력을 발생[93]한다. 야성과 축제의 정서를 잃은 채 메마르고 개인주의적인[94] 삶을 영위하는 현대인들에게 카니발이 열리는 이곳은 억압된 감정을 분출할 수 있는 곳이다. 짐멜은 중세와 현대, 개방과 폐쇄가 공존하는 베네치아에 대해 "마치 바다에 표류하는 꽃과 같이 삶의 뿌리가 없이 떠도는 모험의 도시"[95]라고 하

93 M.바흐친, 김근식 역, 『도스토예프스키 시학』, 정음사, 1988, 181쪽.

94 박재환 외, 『근대사회의 여가문화』, 서울대출판부, 1996, 162쪽.

95 김덕영, 『게오르그 짐멜의 모더니티 풍경 11가지』, 길, 2007, 572쪽.

였다. 또한 이곳은 배후가 있는 삶을 은폐하는 가면의 도시이며 땅에 속하지도 물에 속하지도 못하는 이중적 삶을 특징[96]으로 한다. 따라서 베네치아는 여행자를 위기와 혼돈으로 몰아넣는데 적합하며 고정적이지 않고 유동적인 노마드적 사유의 공간이 된다.

미로와 수로와 난간이 많아 바다에 떨어질 것만 같은, 혹은 길을 잃을 것만 같은 이 도시에서의 이틀간의 산책과 방랑은 여행자를 위기, 급진(perelomy: turning points), 문턱에 서게 한다. 산타루치아 역, 리알토 다리, 산마르코 광장, 펜치오네 알베르고 게라토 여인숙과 같이 광장, 거리, 길, 운하, 부둣가, 난간, 다리, 골목, 미로, 여관 등은 위기에 처한 혹은 방향성을 상실한 여행자의 심리를 드러내며 하나코를 상기시킨다. 환상적인 베네치아는 "타자의 복귀이자 양립할 수 없는 것들 간의 대화를 부르는"[97] 곳이다. 원주민들의 싸움이 벌어지며, 무섭도록 커다란 개를 데리고 근무하는 다리 저는 여자가 있는 여인숙은 그로테스크하고 섬뜩한 풍광을 이룬다. 긴장과 불안감과 피로에 지친 여행자에게 이 도시는 특별하고 유니크한 것들을 융합하여 몽환적인 분위기를 자아낸다.

소설의 화자인 그는 전기적 시간 속의 전기적 삶이 진행되지 않는 여행 공간에서 토박이들을 관찰하고 배회하며 주어진 이틀간의 휴식과 관광에 몰입하지 못한다. 카메라와 망원경, 안내서까지 여인숙에 놓고 나옴으로써 여행의 목적이 다른 데 있는 그는 "전세계인이 경탄해 마지않는 교회"를 구경하면서도 지루함을 느낄 뿐이다. 미로와 골목을 어슬렁거리던 그는 '움직이고 변화하며 걱정하는 감성을 담고 있는 욕망에 대한 상상적 방랑의 징표'[98]인 부둣가에 늘어선 공중전화 부스에서 하나코에게 전화를 할 것인지를 고민한다. 집에 두고 온 딸과 한 시간 거리에 있는 하나코 사이에서 그는 "바다에 빠져

96 위의 책, 571쪽.

97 황국명, 「90년대 소설의 환상성 그 상상력의 모험」, 『삶의 진실과 소설의 방법』, 문학동네, 2001, 34쪽.

98 미셸 마페졸리, 앞의 책, 120~121쪽.

들 것만 같은 느낌"과 "도시의 매력에 매혹되지 않으려고" 갈등한다. "건강식품광고에 나오는 이상적인 가족세트" 혹은 "세상에 대한 연극"으로 묘사되는, 가식적이고 권태로운 결혼생활의 냉전과 말다툼에서 벗어나기 위한 이탈리아 출장은 '갑작스럽고' '우연히' 시작된 것이다. 아내와의 불화로 '비밀스럽게' '도망치듯이' 여행을 온 그는 최소한 네 명의 사람을 거쳐 주소와 전화번호를 수소문해서 얻었음에도 불구하고 하나코와의 재회를 망설이며 그녀와의 추억을 회상한다.

유명한 관광도시에서 구경꾼이나 관광객이 되지 못한 여행자는 도시를 산보하는 산책자이기도 하다. 탐구(studien)하는 자[99]인 산책자는 자아를 탐색하는 것이 아니라 물과 안개, 가면의 도시 베네치아가 연상시키는 하나코를 탐색하는 여정이 되고 있다. 건축적인 측면에서 원형적이고 부두가 있다는 점에서 개방적이며 모태적이고 신화적인 이곳은 하나코가 지닌 포용, 인내, 의지, 초월의 특성을 지님으로써 하나코라는 인물의 사물 혹은 광경이 된다. 또한 가면의 도시인 베니치아는 '여성이야말로 가면을 쓰는 존재로서 진리 그 자체'라고 말한 니체[100]의 말이 유효한 곳이기도 하다.

신비하고 환상적이며 낯선 거리를 배회하면서 그는 자신들이 하나코를 타자화하고 익명화했음을 발견한다. 어느 누구도 그녀에게 진실한 적이 없었으며, 인내심과 배려가 부족했고 특히 장난스럽게 청혼을 했다가 일주일 후 다른 여자와 결혼한 J에 대해 "자신이 하나코의 입장이 되어 한 방 먹여 주었을 정도로 신경이 거슬린" 일들을 떠올린다. 오랜 시간을 함께 했음에도 불구하고 그녀의 생계와 전공, 형제, 혈액형, 기호조차도 몰랐던 그들에게 그녀는 그 모임에 늘 있었어도 없었던 것이다. 하나코는 "영원한 타자로 묶어두려는 집단의 욕망"[101]의 결과로서 그 모임에서 부재했다. 따라서 그의 베네치아 여

99 발터 벤야민, 조형준 역, 『도시의 산책자』, 새물결, 2008, 53~83쪽.

100 김현강, 『슬라보예 지젝』, 이룸, 2009, 187쪽.

101 양현미, 「부재 타자성 그리고 여성적 글쓰기」, 『한국문예비평연구』 제6호, 한국현대문예비평학회, 2000, 239쪽.

행은 관광이나 휴식, 만남을 목적으로 하지 않는, 발견여행이자 내적 여행이다. 그리고 흔들리는 도시와 하나코라는 존재와 지표도 지도도 목적지도 없이 떠도는 여행자의 심리는 상동성을 이룬다.

> 수로와 골목과 다리들의 무한한 변주. 그는 그 변주에 흔들리는 걸음을 내맡겼다. 한번 우연히 시신에 잡힌 거리의 팻말은 그가 리알토 다리에서 점점 멀어지고 있는 것만을 알려주는 막연한 지표가 되었을 뿐이다. 낯선 도시에서 지도 없이, 목적지도 없이 걷는 낙망한 자의 자유, 말할 수도, 이해할 수도 없는 이국의 말을 쓰는 나라에서 침묵으로 미로를 헤매는 자의 안식에 그는 음울한 미소를 지으면서 빠져들었다. 몇 번인가, 하나코, 아니 스코베니 회사 소속, 인테리어 디자이너, 장진자의 목소리가 가볍게, 이 도시의 배음처럼 울렸다. 그렇게 날 몰라요? 그렇게도? 그것은 함정이 많은 수수께끼처럼 점점 더 깊이 그를 미로투성이의 한 도시 속으로 이끌었다.[102]

베네치아에서의 카니발적 사고의 두드러진 특징은 콘트라스트(꺽다리와 난쟁이, 뚱뚱이와 홀쭉이 등)와 유사성(분신, 쌍둥이 등)에 따라 선별된 쌍쌍의 이미지들[103]인데, 하나코의 입장이 된 그에게 그녀는 분신 같은 관계가 형성된다. 그녀와의 불온한 일탈을 위해 떠나온 여행은 그를 하나코되기, 여성되기로서의 타자되기로 이끈다. 결국 그는 냉정하고 차분한 어조로 전화를 받는 그녀와 재회하지 못하고 귀국함으로써 가정을 지키게 되며 일상에 안주한다. 이 소설은 그의 시점으로 그려지지만 사실은 하나코에 대해 말하고자 하는 것이며, 남성 공모 및 결탁에 의해 한 여성이 어떻게 기표화되고 있는가를 보여준다.

여정과 회상이 교차되며 낯선 여행지에서 여행자는 정작을 위한 동과의례

---

102 최윤, 〈하나코는 없다〉, 『1994 이상문학상 수상작품집』, 문학사상사, 1994, 34쪽.
103 M.바흐친, 앞의 책, 185쪽.

적 방랑을 하는 중이다. 지루하고 권태로운 일상에서 벗어난 여행지는 전기적 일상적 체험이 아닌 격리된 공간이자 현실과 단절된 몽환의 장소이다. "침몰 직전의 거대한 유람선처럼 수로 위에서 흔들리고 있는" 도시와 같이 결혼생활이 권태와 위기를 맞게 되자 옛 여자친구와의 일탈을 꿈꾸며 갑작스레 오게 된 여행에서 그는 타자의 타자성[104]을 수용하게 된다. 여행은 정주지(일상생활권)를 이탈하여 일상에 복귀하고자 하는 심리적 부담이나 욕망이 자리해야 하는 즉 반드시 되돌아오는 것을 전제[105]로 하며, 모험 또한 삶의 전반적 맥락으로부터 떨어져 나오는 반면 다시금 삶의 맥락 속으로 들어가는 것[106]이다. 그의 이틀간의 모험과 여행은 결국 제자리를 찾는다.

이 소설에서는 또하나의 추억 속의 여행이 있는데, 물의 도시 베네치아에서 연상되는 강변여행이 그 하나이다. 하나코가 더 이상 모임에 참석하지 않게 된 이 여행에서 남성들은 그녀에게 노래를 강요하기 시작했고 그들의 객기와 무례를 참지 못하고 뒷모습을 보이며 어둠속으로 사라지면서 하나코는 그들과 단절되었다. 낙동강가로 마음과 영혼이 표류된 젊은이들의 일탈은 곧 젊음을 상실하고 결혼과 직장이라는 삶 속에 안주하게 되는 통과의례적 여행으로 하나코와 결별하는 계기가 되었다.

이 소설은 여성의 이야기를 하면서도 남성의 시점으로 여행을 통해 여성되기라는 타자의 타자성을 그린다. 의지적인 여성과 불안하고 흔들리는 남성, 하나코(본명은 장진자)라는 이름을 가진 여성과 그, J, P, K로 익명화된 남성을 통해 주체와 타자라는 이분법적 논리가 얼마나 허약한 것이고 만들어진 위계질서인가를 보여주며, 고착화되고 신화적인 인식들의 경계를 해체한다. 지배적이고 기준이 된 성인 남성의 몰적인 지각 능력으로는 볼 수 없었던[107]

---

104 레비나스에 의하면 타자의 타자성이란 동일자의 논리를 벗어나는, 있는 그대로의 타자의 모습을 말하며 타자의 타자성을 수용하는 것은 자아의 한계를 뛰어넘는 것이다. - 이종영, 『가학증 · 타자성 · 자유』, 백의, 1996, 138쪽.

105 졸저, 『우리시대의 여행소설』, 태학사, 2006, 17~18쪽.

106 김덕영, 앞의 책, 572쪽.

107 이진경, 앞의 책, 125쪽.

여성 타자를 남성 여행자는 여행지에서 지각하게 되고 사유한다. 즉 여행을 통해 여성이야말로 '주체의 부정성을 탁월하게 대표하는 존재'[108]임을 알게 되는 것이다. 길과 여행이란 "광기와 정상 사이의 무한히 가까운 거리, 숭고와 타락, 일상과 일탈, 군중과 소외의 경계가 무의미하다는 것을 가르쳐주는"[109] 매개가 된다. 이중적이고 양면적인 베네치아는 '그'와 '하나코'의 특성을 동시에 지님으로써 여행지로서의 함의가 크다. 〈하나코는 없다〉는 여행과 타자를 통해 "이분법적 경계의 와해와 다양한 차이성의 공존"[110]을 도모함으로써 탈근대적 사유와 생성을 제시한다.

3. 새로운 관계 형성 및 시인되기: 윤대녕의 〈피아노와 백합의 사막〉

독특한 소설문법으로써 90년대식 소설쓰기의 전형[111]을 보인 윤대녕은 30대 남성의 방황과 일탈을 그린 여행서사를 반복적으로 발표하였다. 그의 소설은 자기 정체성의 결핍에 유난히 시달리며 잃어버린 자아 또는 또다른 자아에 대한 집요한 추적[112]을 그린다. 은어로 표상되는 그의 소설은 존재에의 시원 혹은 모천회귀[113], 자아찾기를 위한 도정[114]이라는 평가를 받았으며, 여행

---

108 김현강, 앞의 책, 186쪽.

109 최윤, 「집 창 문 벽 들 몸 길 물」, 『문학동네』, 1994.12, 122쪽.

110 양현미, 앞의 논문, 254쪽.

111 고명철, 「포월적 소설쓰기의 현상학에 대한 시론」, 『문학과창작』 3월호, 1999.3, 182쪽.

112 이남호, 「은어는 없다」, 『세계의문학』 1997.봄호, 485쪽.

113 남진우, 「존재의 시원으로의 회귀」, 『은어낚시통신』, 문학동네, 1995, 287쪽.
이재복, 「동양적 존재의 숲」, 『소설과사상』 1996.겨울호, 219쪽.
윤숙영, 「윤대녕 소설의 원형적 이미지 연구」, 『동국어문학』 제15권, 동국어문학회, 2003, 281쪽.
장석주, 「도망가는 나와 나를 부르는 산란중인 그녀들」, 『작가세계』 제51호, 2001.겨울호, 110쪽.

114 박철화, 「역사로부터의 탈출과 역사의 부재」, 『문학적 지성』, 이룸, 2004, 223쪽.
양진오, 「여행하는 영혼과 여행의 소설」, 『작가세계』 제27호, 1995.겨울호, 83쪽.

자는 사회적 역사적 조건 때문에 갈등하는 인간형이 아니라 타자에 의해 관통되어 있는 탈중심적 존재이자 실체가 결핍된 포스트모더니즘의 주체[115]이다. 떠남과 돌아옴은 길의 서사 즉 여행서사적 구성을 갖게 되며, 모험소설, 추리소설, 성장소설적 성격을 띤다. 대부분의 여행서사가 과거회상과 현재의 여정인 이중구조를 지니며 이 소설에서도 여정과 회상이 교차된다.

1. 여정t1 상해 국제공항 대기실에서 11박 12일의 실크로드 여행을 마치고 귀환하려고 함
2. 회상r1 학창시절 사막과 친구 송갑영과의 인연을 소개
3. 회상r2 16년후 군대제대, 증권회사 직원으로서의 안정된 결혼생활을 함
   우연히 사막과 친구를 연상하고 시인이 된 그가 간경화로 입원 중임을 알게 됨
   친구와 약속했던 실크로드 여행을 하기로 함
4. 여정t2 5명의 일행과 여행 출발
   서울 김포공항 – 상해(대한민국 임시정부 건물, 홍구공원, 옥불사 관광) – 서안(진시황릉, 화청지, 병마용 관광) – 난주(백탑공원 관광) – 주천 – 유원 – 투르판(화염산, 교하고성, 고창고설, 고분 관광, 민속무용 관람)
   여류화가와 성관계, 사막에서 인민복 차림의 남성 발견
5. 여정t3 타클라마칸사막 – 쿠알라
6. 여정t4 쿠차 – 우루무치 – 상해
7. 귀환c1 원인 모를 병으로 입원, 퇴원 후 가족과 별거
8. 귀환c2 여류화가가 준 백합의 개화와 사막에 놓인 피아노의 환영을 봄

김명석, 「한국현대소설 속의 돈황」, 『현대소설연구』 제25권, 한국현대소설학회, 2005, 108쪽.

115 김현강, 앞의 책, 116~117쪽.

〈피아노와 백합의 사막〉은 실크로드 여행을 그리고 있다. 여행자는 재벌그룹 산하의 증권회사를 다니는 30대 회사원으로 두 아이와 날씬하고 세련된 아내, 서른 두 평의 아파트, 명품브랜드, 해외여행과 레저를 즐기는 중산층의 생활을 한다. 그러던 어느 날 우연히 보게 된 사막 비디오로 인해 안락하고 윤택한 일상에 균열이 생기면서 어린 시절의 친구 송갑영을 떠올린다. 사막 여행을 약속했던 친구는 시인이 되어 병원에 입원 중이고 나는 아내의 동의를 구하지 못하고 11박 12일의 실크로드 관광을 한다. 이와 같이 여행은 '우연찮게' '불쑥' '돌연하게' 시작된다.

사막 비디오 시청 - 친구 송갑영 회상 - 실크로드 관광으로 이어지는 여행에서 '나'는 "세계 팔대 기적 중의 하나"라는 병마용 앞에서도 지루하고 진부함을 느낀다. 중국의 역사나 풍광에 관심을 두지 않는 나는 단순한 관광객이나 여행가가 아니라 시대를 인식하는 징후적 주체이거나 시대의 목표나 이념에 정합성을 갖지 못하고 불화하는 떠돌이이자 아웃사이더[116]이다. 여행은 출발부터 소외감을 갖게 하는데 신문사 문화부 기자이자 불교미술사 전공 대학원생인 선배, 여류화가, 골동품상, 사진기자 등의 직업을 가진 일행들과 달리 증권회사에 다니는 나는 그들과 어울리지 못하고 서먹해 한다. 증권회사와 문화 관련 직업과의 거리는 시인이 되고자 했으며 친구와 사막을 가려고 했던 과거의 나와 증권회사 직원으로 자본주의적 풍요로운 삶을 누리는 지금의 나만큼이나 거리가 멀다.

여행을 함께 하기 위해 병원을 방문한 나는 시인이 된 친구의 '뒷모습'을 보고 "모래사막이 무너지듯이" 16년 동안 잊고 있었던 자신의 다른 나(alter ego)와 만난다. 여행 출발 전 '시인'이란 말에 감전이라도 된 듯 몸을 떨며 '시인, 시인, 시인'을 되뇌이던 나는 시인되기로서의 타자되기를 지향한다. 두 가지 멱살에서 벗어나 자신을 구하기 위해 여행 온 여류화가와 사막에서의 "비쩍 마른 체구에 검은 모자와 인민복 차림의 남자"를 대면한 나는 여행을 마친

116 졸저, 앞의 책, 35쪽.

후에도 피아노 소리(중고교 시절 쇼팽의 녹턴을 쳤던 친구 송갑영)를 듣거나 백합이 피는 장면(구근을 선물한 여류화가 이영주)을 보는 환상을 겪으면서 물질적이고 가시적인 삶을 살았던 내가 잊고 있었던 것이 보이지 않는 것들, 타자적인 것이었음을 알게 된다.

16년 동안 잊고 있었던 시, 자아, 문화, 진정성, 타자와 직면하는 사막이야말로 이러한 과정[117]을 실현하는데 적합한 장소이다. 여행지인 실크로드는 역사의 도시이자 죽음의 도시이며 '원초적인 그리움의 환상 공간'[118]이다. 공중에 떠있는 영토인 사막의 윤리란 최소한의 것들로 즐거움을 누릴 수 있고 존재가 느끼는 강렬한 것에 대한 경험[119]을 할 수 있다는 점에서 근대적 삶의 조건에서 벗어나 있다. 소비사회, 물질주의의 반발이야말로 사막의 미학이므로 자신이 누려왔던 자본주의적 삶의 피로와 권태에 직면한다. 또한 이 영토는 고착된 것이 아닌, 절대적 확실성을 거부하는, 경직된 습관과 관습을 거부하면서 모든 것의 새로운 출발점으로 기능하는 영토[120]이다. 모래의 바다인 사막은 죽음과 재생을 의미하며 물에 닿는 것(여성과의 일탈)은 부활 즉 새로운 인간의 탄생으로 인정[121]된다.

이쪽 - 저쪽, 사막 - 서울, 일탈 - 일상, 방랑(모험) - 안정(정주)이 여행자의 내면 속에서 길항하며 시인이자 어린 시절의 친구인 송갑영으로 상징되는 저쪽 세계를 갈구하고 그리워한다. 이유도 목적도 없이 즉흥적으로 떠난 여행은 떠돎을 통한 영혼의 치료로서 스스로를 다시 찾기 위한 의식이며 이는 전

---

117 잘 결정되고 판이 잘 짜여진 영토들의 놀이로 미래가 있을 뿐 생성은 없는 혼인을 견고한 분할선 또는 그램분자적 분할선이라고 하였으며, 밖에서 기다릴지도 모르는 다른 자아를 유연한 분할선 또는 분자적 분할선으로, 모든 것이 변해버린 새로운 선을 도주선으로 설명한다. 즉 절단선, 파열선, 도주선(단절선)의 과정 속에 커플, 분신, 잠행자(도주자)를 거쳐 끊임없이 생성하게 되는 것이다. - 들뢰즈 · 가타리, 김재인 역, 『천개의 고원』, 새물결, 2001, 367~382쪽.

118 김명석, 앞의 논문, 109쪽.

119 미셸 마페졸리, 앞의 책, 224쪽.

120 위의 책, 225쪽.

121 M.엘리아데, 이은봉 역, 『성과 속』, 한길사, 1998, 131~141쪽.

진과 생성을 위한 것이다. 그리고 이곳에서 '누군지도 모르는 채'[122] 여류화가와 관계를 맺는다. 이 관계는 남녀(커플)관계라기보다는 분신관계로 사막을 동경하는 사람들은 지독한 자기 근친적 사랑을 앓고 있는 사람이라는 여류화가의 말에서도 알 수 있다. 서울시민, 중산층의 안정된 생활을 위협하고 현질서를 회피하게 하는 사막 여행에서 밖에서 기다리고 있을지도 모르는 또다른 자아는 바로 자기 자신이었던 것[123]이다. 서울에 있는 아내는 흥분을 질하지 않고 한 치의 흐트러짐도 없이 나의 여행을 반대하는 이유를 조리 있게 설명하는 빈틈없고 합리적인 사람으로 일상과 가정에 흠집이 날까봐 두려워하는 커플관계이며, 여행의 동반자인 여류화가 이영주는 당돌하게 눈길을 주며 방황하는 분신관계를 이룬다. 그리고 두 여성 사이에서 잠행하는 나는 유목적 방랑자 주체이다.

이 소설에는 또하나의 여행이 나오는데, 고등학교 이학년 때 문예백일장에 참가하기 위해 서울에 갔다가 이년만에 친구와 재회한 여행이다. 부친의 파산으로 전학 간 송갑영은 생선장사를 하는 어머니와 궁핍한 생활을 하고 있었다. 나는 담배냄새가 나고 머리카락이 길며 수염까지 나서 불량학생처럼 보이는 송갑영이 낯설고 서먹하게 느껴졌고 이것이 친구와의 마지막 만남이 될 것을 예견하며 사막과 친구를 잊게 된 것이다. 송갑영은 전학을 위해 교문을 나설 때나 병실에서 늘 '뒷모습'을 보이고 있었다. 서울 여행에서 나는 과거와 단절되어 문학도 친구도 사막도 잊은 채 살아가게 된다.

여행은 현실 - 비현실(환상), 과거 - 현재를 가르며 지표를 찾는 일이자 타

---

122 윤대녕의 여행소설에서 여정 중 만나 일탈하는 여성들은 '생면부지'거나 '정체불명'으로 그려지며, 관계에 있어서도 관능과 욕정이 배제되고 있어, 현실속의 여성이라기보다는 타자로서의 자아 혹은 분신, 또다른 자아로 이해된다.

123 들뢰즈·카타리는 헨리 제임스의 「철창 안에서」를 분석하면서 아주 다른 두 유형의 관계들이 드러나는데, 하나는 잘 결정된 집합들 또는 원소들을 작동시키는 커플들의 내부적 관계들이고, 다른 하나는 항상 자기 자신의 외부에 있으며 국지화하기 힘든 관계들로 사회계급, 남자와 여자, 이런저런 인물들을 벗어나는 흐름과 관련되어 있다고 보았다. - 들뢰즈·가타리, 앞의 책, 374쪽.

자와 대면하는 여정이다. 나의 여행은 관광도 답사도 아닌 무관심과 피로로 일정을 채우며 몸살과 고열, 공복의 상태에서 환상을 경험한다. 윤대녕 소설에는 가족의 부재나 가족해체, 부부간의 불화가 자주 제시됨으로써 가족적 사회적 국가적 관계의 고착화에서 벗어나기를 바라고 있다. 그리하여 항상 새로운 친구관계나 연인관계를 맺을 수 있는 경계인[124] 즉 여행하는 노마드적 주인공이 등장한다. 가족으로부터의 탈출을 자주 드러내는 윤대녕 소설은 정형화된 가족 관계에서 탈피해 새로운 관계를 모색하는 탈근대적 사유를 제시한다. 또한 이 시기의 여행은 상처치유, 정체성 찾기라는 고전적인 이유라기보다는 근대성이 작동했던 기간 동안 은폐되었던 문제들을 끄집어내며, 명확한 정체성과 제도적 안정성을 중시하던 시대를 넘어서 불명확성이라는 것에 대한 새로운 모험을 감행하기 시작하는 대규모의 탈출이 주류를 차지하는 시대가 왔음[125]을 보여준다.

> 사월 중순에야 나는 병원에서 나왔다. 이불 보따리를 들고 아파트로 돌아오자 모든 게 전과 달라져 있었다. 나를 대하는 아내와 아이들의 서먹한 태도, 왜 와 있는지 모르지만 처갓집 식구가 두엇, 회사에서 걸려오는 야릇한 내용의 전화, 그리고 무엇보다도 나라는 존재의 이 낯섦…… 사막으로 가기전의 내 흔적은 거기서 찾아보기 힘들었다, 나 자신도 받아들이기 힘든 변화였다. 그것을 내가 원하고 있었는가에 대해서도 나는 대답할 자신이 없었다. 어쩌다 이렇게 돼버린거지? 라고 되뇌이며 나는 다시 살아야 하겠지, 라는 말로 자신을 추스르기에 급급해하고 있었다.[126]

여행을 마친 후 나는 극심한 쇼크 상태에 빠져 입원을 하였고 시인 친구는 죽었으며, 여류화가와의 관계를 의심하는 아내와는 별거함으로써 모든 게 달

124 장시기, 앞의 책, 225쪽.

125 미셸 마페졸리, 앞의 책, 129쪽.

126 윤대녕, 〈피아노와 백합의 사막〉, 『남쪽계단을 보라』, 세계사, 1995, 303쪽.

라졌음을 깨닫는다. 그리고 홀로 있게 된 아파트에서 여류화가가 황하에서 사서 준 백합이 피어오르는 광경과 황량한 사막의 한가운데에서 피아노를 치는 친구의 환영을 본다. 이러한 일상의 변화는 "우연이란 복면을 쓰고 슬쩍 옆구리를 찌르며 다가오거나" "순식간에 현실 속으로 침입해 들어온"다. 밖에서 문을 두드리는 또다른 자아인 분신은 여행을 통해 정체가 드러나며, 돌아온 후 현실적 관계로서 아내와의 결혼생활이 지탱될 것이지만 달을 끌어안음으로써 여행 이전의 나가 아닌 자신이 낯설게 느껴진다.

현대인들은 때때로 문밖에 서있는 또다른 자아와 대면하는 위기에 처하는데 그 사건은 일상을 파괴하기 때문이다. 서울의 아내와 여행에서 만난 미지의 여성, 서울의 사막과 여행지의 환상적인 사막 사이에서 "팽팽하게 지속되고 있는 긴장의 끈이 한순간에 끊어지고 그리하여 아득한 거리로 서로 밀려나면서 그 사이에 황량한 모래벌판이 가로 놓이게 되는" 탈근대 남성 여행자의 분열과 생성이 그려진다. 이미지로 글을 쓰는 윤대녕 소설은 반복모티프인 여성, 여행, 사막, 문화를 통해 타자되기와 새로운 관계 형성의 탈근대적 사유와 삶을 제시한다.

4. 최윤과 윤대녕 문학의 여행

1990년대 여행의 자유화 이후 여행소설이 급증하였는데, 여행서사는 경계인이자 노마드인 여행자의 탈주와 생성을 보여줌으로써 탈근대적 사유가 나타난다. 노마디즘적 삶과 소수적 주체 즉 유목적 방랑자 주체의 탄생은 타자성과 소수성의 입장이 되고자 하는 것이다.

최윤의 〈하나코는 없다〉와 윤대녕의 〈피아노와 백합의 사막〉은 90년대적 특성을 보여준 여행소설이다. 여행자는 '우연하게' '불쑥' '갑작스럽게' '느닷없이' '돌연' 여행을 함으로써 여행 동기나 목적이 분명하지 않으며, 여정을 바꾸기도 한다. 여행자는 안개, 비, 폭풍의 기후 조건을 배경으로 우울하고 피로하며 위험에 노출된 상태이다. 여행지인 물과 안개와 가면의 도시 베네치아와 떠있는 영토인 사막은 역사의 도시이자 죽음의 도시로 타자와 대면하는 장소로 적합하다. 또한 그곳은 옛 친구들을 불러내고 잃어버린 것들을 사유하고 회상하는 공간이기도 하다. 〈하나코는 없다〉에서는 남성들이 기표화했던 하나코와의 일들을 회상하면서 여성되기로서의 타자되기를 실현한다. 〈피아노와 백합의 사막〉에서는 오랫동안 잊고 있었던 사막과 친구를 회상하고 분신으로서의 또다른 자아(여류화가)와 만남으로써 시인되기로서의 타자되기를 겪는다. 이 소설에서는 서울/아내(커플관계) - 사막/여류화가(분신관계) - 잠행자로서의 노마드적 과정을 보여준다. 옛 친구인 여성(하나코)과 시인(송갑영)은 타자들이며 뒷모습으로만 각인됨으로써 화려하고 물질적인 근대적 삶의 이면에 드리워진 또다른 자아들이다. 문밖에서 기다리는 그들은 일상을 흔들어 놓음으로써 자신에게 낯설어지며 새로운 관계를 형성한다.

또 이 두 편의 소설에서는 여행 속에 과거의 여행이 나오는데 이 여행들은 진정성 혹은 과거와 절연하는 계기가 됨으로써 여행이란 전환, 생성, 변화의 의미를 지닌다. 무력감, 정례화 등으로 스트레스가 많고 소통부재나 통신두절로 인한 인간관계로 일탈과 탈주를 꿈꾸는 현대인은 근대의 이면인 비전정성으로 인한 피로감을 느끼며 분신과 대면한다. 이 두 편의 여행소설은 '여행', '우연', '환상', '떠있는 영토(베네치아와 사막)'를 공통점으로 유동적이고 불완전한 탈근대적 조건 속에서 유목민, 경계인으로서의 여행자의 방황을 보여준다. 전기적 가정적 시공간에서 벗어나는 여행은 민족, 가족 관계 같은 고착화에서 벗어나 새로운 관계형성을 지향하는 생성을 추구하고 타자성과 소수성을 천착하는 탈근대적 사유와 삶을 갖게 하며 모든 것이 불안정한 시대에 노마드적 삶을 살 수밖에 없음을 제시하고 있다.

4장 2000년대 여행서사 속의 근대극복과 타자적 사유: 우한용, 해이수 소설

1. 2000년대 여행서사의 특징

20세기와 달리 21세기는 유목주의 시대로서 노마드(nomad)와 디아스포라(diaspora)의 일반화 현상이 사회 전반에 깔리게[127] 되었다. 근대적 유동성은 보보스(bobos)[128]와 같이 상류층의 특권적 생활을 하는 이동부류가 있는가 하면 난민이나 탈북자, 외국인 노동자, 제3세계 국제결혼 이주자와 같이 극빈층의 삶을 영위하기 위한 경우도 있다. 물질적 향유를 누리는 상류층의 여행이든 노동, 결혼, 생존을 위한 반(半)강제이주로서의 여행이든 21세기는 탈민족적 초국가적 전지구적인 탈경계 상황에 놓인다. 현대사회는 강박적이리만큼 정착성을 지녔음에도 불구하고 그 유목적 성격의 효과는 나날이 확대[129]되고 있다. 교통의 발달이나 편리한 숙박시설과 같은 물리적 환경이 조성되고, 정주와 문명으로 정체성을 확인하던 근대사회로부터 유목적 이동과 다문화주의 특징을 지닌 탈근대사회로 진입하면서 '근대성의 구조적 비진정성에 대한 반응으로서 진정성을 추구하는 한 형태'[130]인 여행과 관광이 일상이 되었다. 근대와 탈근대가 혼효된 21세기 한국사회 역시 외국인의 유입과 자국민의 해외이동으로 급변하고 있다.

---

127 임헌영, 「한국문화와 다문화주의」, 세계한국어문학회 추계 학술대회 발표문, 2009.11.7, 2쪽.

128 부르주아의 특성과 자아의 확장을 목표로 하며 예술을 중시하는 보헤미안의 영역을 합친 Bourgeois Bohemian 즉 보보스는 세련되고 도회적이며 지적인 도시민 여행자로 포스트모던 문화적 공간과 기호 속에서 소비하고 생활하는 디지털 시대의 엘리트를 말한다. - 데이비드 브룩스, 형선호 역, 『보보스』, 동방미디어, 2001, 67쪽.

129 자크 데리다, 남수인 역, 『환대에 대하여』, 동문선, 2004, 40쪽.

130 닝왕, 이진형 외 역, 『관광과 근대성』 일신사, 2004, 122쪽.

최근 문학적 경향의 하나로 여행·탈국경 서사를 들 수 있다. 1990년대 이후 해외여행이 자유화되고 세계화된 지구촌 사회는 출장, 연수, 휴식, 유학, 이산, 탈북, 관광 등으로 월경(越境)이 빈번해지게 되었고 이러한 현실의 변화를 가장 잘 반영하는 문학적 장르가 여행·탈국경 서사이다. 여행소설은 전기적이고 일상적인 삶과 관계가 진행되지 않은 시공간에 놓여 길, 만남, 문턱의 크로노토프(chronotope)[131]를 형성하며 정착-여행-정착의 원점회귀형 구조로 이루어진다. 여행이란 특정한 공간에서 다시 특정공간으로의 이동을 뜻하므로 타문화와 대면하는 다문화적 특징을 갖게 되며, 타자와의 만남 혹은 과거회상을 내용으로 한다. 여행소설 속의 여행자는 단순한 관광객이나 여행가가 아니라 시대와의 불화를 겪고 있거나 시대의 목표나 이념에 대한 정합성을 갖지 못해 늘 불안한 상태이거나 잃어버린 것을 찾아나서는 떠돌이이자 아웃사이더[132]이다. 오늘날 모든 것이 불안정하고 암시적인 것이 되어버렸기 때문에 불안정한 정착민들은 다양한 형태의 여행으로 일상에서 벗어나고자[133] 한다. 이들은 상처받은 자이자 타자들이다. 여행 중 이들은 우연한 맞닥뜨림을 경험하게 되며 표상될 수 없는 자극으로서의 트라우마를 만남으로써 타자적 사유를 하게 된다.

1990년대의 대표적인 작가로 평가받는 윤대녕과 신경숙 여행소설 속의 여행자는 이쪽과 저쪽, 현실과 환상, 일상과 상상, 차안과 피안, 여행지와 정주지 중 후자를 지향하며, 존재의 시원이나 정체성 탐색, 현실도피로서의 여행의 의미를 천착하였다. 집단의식과 현실사회주의 붕괴로 세계재편의 역사적 전환기에 작가들은 무엇을 어떻게 써야할지 모른 채 시대에 대한 이해를 위

---

131 크로노토프는 문학작품 속에 예술적으로 표현된 시간과 공간의 내적 연관을 지칭하며 장르를 규정하는 기능을 담당한다. 특히 시련의 모험소설이나 여행소설은 낯선 세계라는 공간의 추상성, '갑자기', '바로 그 순간', '우연히', '예기치 못한'과 같은 만남의 모티프, 우연의 지배 등의 특징을 지닌 공간소를 형성하고 있다. - 미하일 바흐친, 전승희 외 역, 『장편소설과 민중언어』, 창작과비평사, 1988, 260~291쪽 참조.

132 졸저, 『우리시대의 여행소설』, 태학사, 2006, 35쪽.

133 자끄 아탈리, 이효숙 역, 『호모 노마드 유목하는 인간』, 웅진닷컴, 2005, 18~32쪽, 442쪽.

해 정처 없이 길을 떠났다.[134] 이 시기의 여행소설은 몽환적이고 환상적이며 비현실적인 여행지에서 과거회상과 새로운 인물과의 만남을 통해 '다른 사람이 되거나'[135] 삶의 방향성을 찾는다. 그러나 1990년대 여행서사는 먹고 살기보다는 존재 찾기에 기울었고[136] 탈사회적 탈정치적이고 신화적이며[137] 역사로부터의 탈출과 도피[138] 그리고 현실과 거리를 둔 리얼리즘 전망의 부재[139]라는 비판을 받았다.

2000년대의 여행서사에서는 여가와 일의 구분이 모호해지고 경계가 해체되는 양상 속에서 또 다른 일상으로서의 여행이 제시된다. 현실과 불화하거나 현실에 대해 환멸을 느껴 정주지를 떠났지만 여행을 세상과의 단절과 일탈로 그리기보다는 근대, 민족, 역사, 자본, 생존, 취업, 사랑과 같은 현실적이고 본질적인 문제를 사유하는 시공간으로 인식한다. 이 글은 최근 여행소설집을 발간한 우한용의 『양들은 걸어서 하늘로 간다』(계간문예, 2008)와 해이수의 『캥거루가 있는 사막』(문학동네, 2006), 『젤리 피쉬』(이룸, 2009)를 대상으로 여행의 의미와 그 특징을 살펴본다. 이들의 여행서사를 통해 근대 넘어서기, 다문화주의 경향과 함께 후기 자본주의 사회가 작동하는 현시대를 진단할 수 있다.

---

134 양귀자의 〈숨은 꽃〉은 사회주의 대변혁과 자본주의 승리로 인한 세상의 변화로 소설의 주인공을 찾지 못해 출구가 막힌 작가인 여행자가 길을 떠나는 여행소설로, 1980년대적 삶에 익숙한 소설가의 고민과 그 해결방식을 여행을 통해 제시하였다.

135 시몬느 비에른느는 준비-피안으로의 여행-새로운 탄생이라는 통과제의를 거침으로써 여행이라는 통과제의의 목적을 '다른 사람이 된다는 것' 즉 신분을 바꾸는 것, 지금까지와는 다른 사람으로 다시 태어나는 것을 의미한다고 하였다. -『통과제의와 문학』, 문학동네, 1996, 19쪽.

136 한만수, 「먹고살기와 존재찾기」, 『창작과 비평』 1999.가을호.

137 서영채, 「냉소주의 죽음 마조히즘: 1990년대 소설에 대한 한 성찰」, 『문학의 윤리』, 문학동네, 2005.

138 박철화, 「역사로부터의 탈출과 역사의 도피」, 『문학적 지성』, 이룸, 2004, 223쪽.

139 김경수, 「윤대녕 소설을 비판한다」, 『소설과 사상』 1996.봄호.

2. 우한용 여행서사의 타자적 사유와 생존문제

우한용의 『양들은 걸어서 하늘로 간다』에는 11편의 여행소설이 수록되어 있다. 문인, 소설가, 교수, 학자 등의 직업에 종사하는 여행자는 부부관광이나 학술모임을 위해 여행을 한다. 여행자의 시각이란 잠깐 동안의 체류에서 느껴지는 인상으로 인식하기 때문에 리얼리티가 결여될 수도 있으나 외부에서 온 경계인의 입장이므로 객관적이고 중도적으로 현실을 파악할 수 있다. 이국의 낯설음과 생소한 외국어는 글쓰기의 자의식을 지닌 작가의 소재와 글감을 얻는데 효과적이다. 여행서사는 이국정서나 자연풍광에 경도되거나 감상적 일시적으로 받아들일 수 있어 역사나 생활의 리얼리즘에서 벗어날 수 있으나 우한용 소설의 경우 가족과 민족을 중심으로 생존과 사회에 대한 사유 및 성찰로 귀결된다는 점에서 여행서사는 플롯의 골격이 될 뿐이다. 즉 가족애와 민족의식, 먹고살기를 바탕으로 삶의 의미를 성찰하기 때문에 여행은 생활과 현실의 연장이자 타국의 역사, 문화 체험을 통해 한민족의 정체성을 확인하고 사유하는 도정이 된다. 또한 떠남과 되돌아옴의 여로를 그리기보다는 여행지에서의 만남과 과거회상, 사건 체험이 소설의 핵심을 이룬다.

부부의 여행[140]을 그린 〈굴뚝〉의 '나'는 아우슈비츠 관광을 하는 내내 설사나 구역질을 하는 몸의 반응이 일어난다. 나는 인류의 비극적인 장소를 돈들이고 고생하여 관광하는 희극적 상황에서 현기증을 느끼고 환영에 시달린다. 여행지인 아우슈비츠는 문화산업 확장 후 발현되고 기획된 일종의 시뮬라시옹 환경이다. 강제수용소는 이제 박물관이라는 이름으로 포장되어 있는 문화상품으로서 진짜와 가짜, 관광과 비극적 역사체험의 시뮬레이션의 전형[141]이

---

140 소설집 『양들은 걸어서 하늘로 간다』에는 부부가 함께 한 여행 중에 일어난 에피소드를 그리거나 연수 혹은 출장으로 일년 정도 이국생활을 다룬 소설이 6편으로 〈혹자를 위한 열전1〉, 〈혹자를 위한 열전2〉, 〈굴뚝〉, 〈메아리〉, 〈아카디아의 결인들〉, 〈양들은 걸어서 하늘로 간다〉 등이 이에 해당한다.

141 닝왕, 앞의 책, 94~99쪽.

되고 있으며 여행자는 인류 최대의 고통을 구경하는 아이러니를 겪는다. 아우슈비츠는 윤리와 인권[142]에 대해 성찰하게 하며 인문학자나 작가들에게 서구이성중심의 근대주체철학에 의문을 던지게 했다. 이 관광지야말로 자기모멸, 자기훼손 속에 '인간이란 무엇인가?'를 탐색하게 하는 곳이다. 연기로밖에는 빠져나올 수 없는 인간의 참상과 절규를 고스란히 간직한 강제수용소의 굴뚝을 보며 나는 6.25때 인민군들이 처녀들을 토막쳤다는 선생의 훈화와 광주항쟁에 연루된 삼촌의 죽음을 떠올리는 동시에 제2차세계대전과 나치의 유대인학살 만행에서 한국전쟁, 독재정권의 광주학살 만행이 되살아난다. 이러한 과거의 상처 때문에 내가 "밤새 잠 못 이루고 뒤척이며 몸뚱이가 분해되고 기름이 짜이고 하는" 것을 전혀 모르는 남편과의 사이에서 단절과 소통의 부재가 드러난다.

이 소설은 여성화자인 아내의 시점으로 서술된다. 20세기 인류사를 반성하는 시간을 위한 유럽여행이라는 거창한 설명을 하면서도 코를 골며 자는 무신경한 남편에 비해 수용소 관광 내내 환영에 시달리는 나는 유대인의 절망과 고통을 몸으로 받아들이며 고통스러워한다. 수용소 굴뚝을 보면서 몸의 진액이 빠져나간 채 말라비틀어지는 육체를 연상하는 나는 비릿하고 노리끼한 냄새로 구역질을 하며 괴로워한다. 구역질, 구토, 진액을 흘리는 나[143]는 주체가 아닌 비체[144]이기 때문이다. 여성의 몸에서의 분비물은 근대 이후 확

---

142 인권이란 생명과 관련하여(살해와 처형의 공포), 몸과 관련하여(고문, 가혹행위, 기아의 공포), 문화적 정체성과 관련하여(여자들과 소수자들에 대한 모욕의 공포) 공격받지 않고 학대받지 않을 권리를 말한다. - 알랭 바디우, 이종영 역, 『윤리학』 동문선, 2001, 16쪽. - 400만 명의 유대인학살 현장에서 고문실, 생체실험실, 가스실 등을 전시해 놓은 아우슈비츠를 관광하는 여성여행자에게 이곳은 타자의 윤리와 인권을 성찰하는 장소가 되고 있다.

143 "아무튼 나는 그 굴뚝 앞에서 아이설 때처럼 구역질이 나는 것을 억지로 참았다." (85쪽)
"비누 만진 손을 코에 대보다가 구토감이 울컥하고 올라왔다." (86쪽)
"내 몸뚱이의 진액이 모두 화장실로 빠져나가고 푸석푸석하게 말라비틀어지는 육체……" (87쪽)
"나의 몸이 서서히 해체되기 시작했다. 팔은 팔대로 다리는 다리대로 사지가 잘려나가고 내 몸통은 나를 눌러 기름을 짜는 압착기 속에 들어갔다." (92쪽)

144 크리스테바는 상징계에 들어가기 위한 통합된 주체가 되기 위해서 우리 몸에서의 더럽고

립된 문명제도를 위협하는 더러움을 대표[145]한다. 타자이자 비체인 난 남성주체인 남편과는 달리 여행 내내 유대인의 아픔과 동질감을 형성한다. 법 이전의 아브젝트인 나(여성)와 법에서 제외된 호모 사케르[146]로서의 수용소 수감자(유대인)는 벌거벗은 생명들이다. 남편에게 버려질 지도 모른다는 불안감으로 살아온 나는 발가벗은 채 성의 구분 없이 말라비틀어지거나 구두 닦는 왁스가 되어버린 유대인의 고통을 온몸으로 느낀다. 법의 보호조차 받지 못했던 호모 사케르인 유대인 학살 현장에서 잊고 있었던 어린 시절 옆집 조산원의 사체 태우는 냄새와 6.25때 인민군에 의해 죽임을 당했던 처녀들과 삼촌 죽음의 트라우마와 맞닥뜨린 것이다.

아우슈비츠는 기억되지도 않으면서 또 잊혀지지도 않는 모순된 얼굴을 지닌 프로이트의 트라우마를 대면하게 하는 각인[147]의 장소이며 이곳에서 여성이자 한국인인 나는 아픈 사람이자 환자(patient)로서 타자적 사유를 하는 사유자[148]이다. 폴란드에서 몸의 고통을 느끼며 환영에 시달린 나는 다음 여행지인 독일여행을 포기한다. 나의 여행은 미도착, 미완성의 여행이 되고 만다. '방장', '타인', '로마의 황제', '서바이벌 생활인'으로 인식되는 남편도 미술관을 보기 위해 유럽까지 왔지만 그림들이 현재 한국에 대여되었다는 말을 듣고 여행을 그만두기로 한다. 결국 모든 문제는 자기 안에 있으므로 왔던 곳으로 되돌아가는 것이다. 악몽과 구토, 좌절 속에서 제의를 치르듯 나에게 여행

끈적거리는 것은 비천하게 되는데 이를 비체화 abjcetion라고 말하고 있다. 여성인 비천체(卑賤體) abject는 전정체성(前正體性), 전주체(前主體), 전객체(前客體)로서 주체와 객체 사이의 미결정체이다. - 켈리 올리버, 박재영 역, 『크리스테바 읽기』 시와반시, 1997, 94쪽.

145 태혜숙, 『한국의 탈식민 페미니즘과 지식생산』, 문학과학사, 2004, 70쪽.

146 호모 사케르 Homo sacer는 벌거벗은 생명으로 인간의 동물적 생물학적 생명을 지칭하는 그리스어 '조에'의 의미를 지니며 재판에 회부되지 않는 어떤 유형의 범죄자들로 나치 수용소의 수감자들의 지위를 집약적으로 포함한 말이다. 벌거벗은 생명의 예로는 난민, 수용소 수감자, VP(인간 모르모트), 사형수, 안락사, 낙태, 심층 코마 상태인 자 등인데 이들은 생명정치적 경계선에 놓여있다. - 조르조 아감벤, 박진우 역, 『호모 사케르』, 새물결, 2008, 25쪽.

147 라캉의 각인 개념을 들뢰즈는 상형문자, 레비나스는 흔적이라고 설명하고 있다. - 서동욱, 『차이와 타자』, 문학과지성사, 2000, 109쪽.

148 위의 책, 101쪽.

은 상처를 치유하는 제의과정이자 타자적 사유의 시공간 되고 있다.

이 소설은 근대국가, 독일민족, 남성과 같은 역사적 주체 앞에 표상된 피식민지민, 유대인, 여성의 타자성을 여행지에서 대면하며 아우슈비츠의 비극과 불행이 그들만의 것이 아니라 전쟁과 광주항쟁을 겪은 한국인의 상처이자 전 인류의 고통임을 말한다. 전쟁이나 계엄령 선포, 낙태, 수용소 상황은 법의 취약성을 드러낸 채 빌거벗은 생명이라는 타자성을 되새기게 하는 환경들이다. 홀로코스트의 테러는 말할 수 없는 트라우마이기 때문에 그것을 언급하거나 재현할 수 없는 침묵뿐[149]인 여행지를 방문한 아내는 여성의 언어이자 타자의 언어인 몸의 반응이나 침묵으로 재현된다.

사실과 모사, 비극과 희극, 무거움과 가벼움의 경계가 해체된 아우슈비츠 관광지는 인류역사상 가장 끔찍한 인종청소가 자행되던 곳으로 근대인들에게 인간주체에 대한 회의와 반성을 가져오게 했다. 부부 여행자는 휴식을 위한 관광을 시작했지만 여행 내내 역사, 민족, 타자, 생명에 대한 본질적이고 근원적인 화두에 직면한다. 이 여행은 인간과 삶에 대한 철학적 의문을 갖게 한 일종의 역사교훈여행인 다크 투어리즘(Dark Tourism)[150]이다. 정주지에서는 표출되지 않던 문제들이 여행지에서 되살아나 삶의 근원을 성찰하게 되는 것이다. 이데올로기나 이념을 앞서는 것이 생명, 생계와 같은 생존과 인권문제임을 작가는 말하고 있다. 제목이 상징하는 것처럼 "독재의 본질과 언로의 일방통행"을 드러내는 굴뚝의 상징성처럼 국제사회뿐만 아니라 한국에서도 만연한 생존 위협에 놓인 타자를 만나는 여행이 되고 있다. 그러나 돌출행동을 하는 남편의 일탈로 난처하고 부끄럽게 느끼는 아내가 한국사회에서의 남성의 삶 역시 그리 녹록치 않음을 이해하고 받아들이고자 함으로써 화합과 소통으로 결말을 맺는 마지막 부분은 근원적인 해결이 되지 못한다는 점에서 남성작가의 한계를 드러낸다.

---

149 리차드 커니, 이지영 역, 『이방인·신·괴물』, 개마고원, 2004, 172쪽.

150 아우슈비츠 수용소, 캄보디아의 킬링필드와 같은 역사의 참상 지역을 관광하며 교훈을 얻는 여행을 말한다. - John Lennon & Foley, 『Dark Tourism』, Cengage Learning, 2001.

〈잔치〉의 노르망디국립대 교수인 한 박사는 한국어세계화 추진을 위한 학회에 발표 요청을 받고 한국을 방문한다. 50여년을 프랑스에서 살아온 한 박사에게 한국은 낯설고 많이 달라졌다는 생각을 하게 하는 곳이다. 학회에서 "프랑스의 한국어교육 현황과 그 전망"이라는 제목으로 발표하는 한박사는 재미있는 얘기를 해도 웃지 않거나 마뜩지 않은 얼굴을 하는 청중들을 보며 위축된다. 한 박사는 한국어 교육이 프랑스에서 활성화된 배경에 프랑스로 팔려온 한국입양아라는 역사적 배경이 있었다고 설명한다. 프랑스에서의 한국어교육은 말썽을 피우는 전쟁고아를 입양한 양부모들의 고통에서 시작한 입양아 치다꺼리에서 비롯된 것이다.

한 박사는 여중생 촛불시위 때문에 교통이 마비되는 것을 목도하고, 장갑차로 여학생을 죽이고도 사과하지 않는 미국인의 태도를 비난하는 석 원장과의 논쟁에서 한국의 현 상황을 직시한다. 석 원장은 미군장갑차 사건을 예로 미국의 일방주의적이고 패권주의적 태도로 국제사회의 약자들이 고통당하고 있음을 비판한다. 문화의 상호적 교류나 국제 협력이 구걸이나 시혜와 같은 일방적 협력으로 이루어질 때 평등하고 차별없는 다자주의, 다문화주의 사회는 실현되기 어렵다는 사실을 경계인이자 이방인의 시각으로 바라본다.

여행자는 프랑스나 미국과 같은 선진국의 시혜적 입장이나 신식민주의적 발상을 꼬집으며 한국 내에서 격앙되거나 감상적으로 받아들였던 탈북자, 통일, 한국어, 민족 문제를 가슴뿐만 아니라 머리를 동반한 사유와 냉철한 자세로 해결해야 함을 조국에서 확인한다. 시대적인 변모는 삶의 양식을 바꿨지만 타자와의 소통, 진정성의 추구, 먹고살기, 구원과 상처치유 같은 근본적인 문제는 21세기에도 해결되지 않으며, 또한 드러난 것이 전부나 진실이 아니라는 사실을 먼 이국땅에서 체득하는데, 프랑스에서 한국어에 대한 관심이 왜 생겼는시에 내해 이성적이고 현실직인 시각이 필요힘을 역설한다. 미군탱크에 압사를 당한 여중생들을 추모하는 촛불집회를 보는 여행자는 프랑스의 동화주의(포용) 역시 만인평등으로 이해되기보다는 제국의 기만적인 행위일 뿐임을 지적한다. 고국을 떠나 오랜 타국생활을 한 여행자의 시각은 방관적이고 객관적이며, 미국과 프랑스 같은 제국의 시혜적이고 예속적인 패권주의, 신식민주의, 서양중심주의의 문제점과 함께 한국사회의 경직됨을 꼬집고 있다.

〈흰 코끼리를 꿈꾸는 그대에게〉는 남북한 문인들의 만남과 소통에 관한 이야기이다. 백두산 여행 동안 여행자는 연변 문인을 만나 문화를 교류하고 복잡하게 얽힌 동아시아 정세와 탈북자, 연변인에 대해 이야기를 나누면서 분단의 거리를 확인한다. 여행지인 백두산, 연변, 삼합관문은 한민족의 분단과 이산, 주변 국가와의 관계가 첨예하게 대립하는 역사적 민족적인 지역이다. 통곡을 하며 통일을 위해 기도하는 남쪽 시인 한산국의 과장된 행동이나 냉철하게 남북을 비판하는 연변 문인 조광생의 태도를 방관적으로 관찰하는 '나'는 남북한의 복잡하고도 어려운 상황을 읽어낸다.

관광지로서의 '삼합관문'은 세 강이 만나는 곳으로 "회령을 가운데 두고 팔을천과 회령천이 합쳐지는" 세 강이 만나기에 붙여진 이름이다. 중국, 한국과 북한, 연변과의 쉽지 않은 관계 속에서 삼합이란 지명은 서로 다른 각자가 만나 화합하고 민족애를 확인하는 상징성을 지닌 장소이다. 민둥산과 뿌연 회색 건물로 이루어져 삶의 윤기나 생활의 활기가 전혀 없는 회령이 건너다 보이는 전망대에서 비애감을 느끼는 여행자들은 분단과 이산의 트라우마를 지닌 한민족의 비극적 운명을 확인한다. 조광생은 제3세계 노동자나 연변인을 타자화하는 한국과 20년 전에 선물한 블라우스를 입고 나온 숙모의 지치고 까맣게 탄 얼굴을 보며 북한을 모두 비판한다. 자본과 물질의 위세를 떨며 연변인을 소외시키거나 멸시하는 남쪽의 배타적이고 이중적인 자세나 이십년 전의 옷을 입게 하는 북한주민의 참상을 비난하는 조광생의 말에서 통일은 경제논리나 감성으로 접근하기보다는 문화교류나 정서적 친근함과 한민족 동질성을 갖고 꾸준하게 노력해야 할 것을 제시한다. 여행자들은 남북관계의 어려움과 통일 후의 영토문제, 먹고살기, 연변조선족 자치주의 위기를 체득하며 탈북자, 국제결혼이주여성, 연변노동자, 중국 연변자치주에서 살고 있는 소수민족으로서의 연변인 등 타자의 인권을 성찰하는 여정을 밟는다.

연변은 우리의 유민이 정착한 지역이면서 남북한 인사들 모두가 오갈 수 있는 중립지역으로 일종의 완충지역[151]이다. 정치적 상상력에 입각한 이들의 여행은 198,90년대[152]와는 다르게 학술교류나 문인들의 모임, 이산가족상봉으로 활발해졌지만 여전히 북한땅을 밟지 못하고 제3세계로 멀리 돌아가거나 국경에 있는 북한땅 회령이 건너다보이는 전망대에서 바라볼 뿐이다. 분단국가로서 이산가족의 비극을 겪는 한국사회는 영토문제, 한민족 정체성, 주변국과의 이해문제로 교류가 쉽지 않다. 여행 출발 전 하얀 코끼리 한 쌍이 백두산을 넘는 꿈을 꾼 여행자가 마지막에 물을 건너는 코끼리를 환영으로 보면서 소설은 끝을 맺는다. 흰 코끼리는 상상 속의 동물로 석가모니의 모친인 마야부인의 태몽에 나타났으며, 불교에서는 깨달음의 경지에 이른다는 의미를 지닌다. 여행자는 남북한 관계나 통일, 분단문제는 국가와 민족의 이익과 이념의 잣대가 아니라 순수한 핏줄 찾기로 이루어져야 함을 깨닫기를 소망한다.

문학과 예술의 산실이자 정치적 역사적인 이슈가 첨예한 여행지를 다니면서 여행자는 인생과 역사의 진실과 본질을 규명한다. 자신이 만난 사람들의 상처와 동일시되면서 화합과 치유를 갈망하는 여행자는 이국땅에서 우연히 만난 사람들과의 대화를 통해 자기 안의 타자를 찾아간다. 여행자는 원주민과의 접촉이나 과거의 기억을 회상함으로써 중도적인 관점으로 자신과 민족문제를 탐색한다. 인간에 대한 사랑과 연민의 정서[153]를 바탕으로 하는 우한

---

151 김경수, 「소설의 공간과 정치적 상상력」, 『현대소설연구』 제5호, 한국현대소설학회, 1996, 46~47쪽.

152 정소성의 〈아테네 가는 배〉 (문학사상, 1985.3월호)에서는 프랑스 유학생인 주하가 북한에 살고 있는 아버지를 만나기 위해 테살로니키로 가는 여정을, 이순원의 〈혜산가는 길〉 (작가세계 제10호, 1991.9)에서는 이복태가 어머니를 만나기 위해 길림까지 가서 압록강 너머에 있는 사촌집을 바라보는 여정을, 이문열의 〈아우와의 만남〉 (상상, 1994.여름호)은 국립대학 교수인 내가 세상을 떠난 아버지 대신 이복동생을 만나기 위해 연길을 중간기지로 삼는 7박 8일의 백두산 관광 여정을 그린다. 한국에서가 아닌 먼 이국땅에서 서로를 그리워하며 상봉하는 여행기들로 한국이 아닌 백두산, 연변 혹은 제3국을 통해서 만남이 이뤄진다.

153 김영민, 「먼곳으로의 여행 인간에 대한 사랑과 연민」, 『양들은 걸어서 하늘로 간다』, 계간문예, 2008. 330쪽.

용 소설은 근대극복을 지향하면서도 한민족 정체성에 골몰함으로써 근대가 창안한 민족과 가족이라는 근대적 가치를 포기하지 않는다. 인문학자인 작가이자 여행자의 시선은 근대이성적 사유로 통일이나 분단, 근대문제를 피상적인 현상만으로 탐색해서는 안될 것임을 지적하면서도 화합과 상생이라는 타자적 사유를 바탕으로 한다. 따라서 여행지인 이국땅에서 민족정체성을 확인하고 탐색하는 여행은 인문학적 사유의 여정[154]이자 교양여행[155]이다. 그의 소설은 여행을 통해 생존, 민족, 소통, 타자, 보이지 않는 것에 대한 진실 규명 등의 무거운 주제를 다루며 "여행이라는 매개물을 통해 인간의 본성 탐구에 깊숙이 들어가는 일"[156]에 성공함으로써 반복적이고 고통스러운 현실에서 벗어나는 탈출로서의 의미보다는 또 다른 일상을 통해 현실을 새롭게 해석한다. 가족 및 정체성 해체의 시대에 근대적 가치를 되새기고 타자와의 소통 및 공존과 화합이야말로 삶의 궁극적 의미임을 말한다. (정착) - 여행 - (정착)의 여행지 자체의 경험을 중시하는 그의 소설은 방관적 객관적 입장의 여행자를 통해 우리 삶에 은폐되어 있는 진실을 드러내고자 하며 감성이 아닌, 지성적 사유의 통찰력을 주창한다. 여행지의 역사와 언어, 문화 체험을 통해 자신의 뿌리인 한민족 정체성을 탐색하면서도 정체성과 이데올로기를 넘어서는 생존과 인권에 대한 타자적 입장에 서있다. 그의 여행서사는 휴가로서의 관광여행과 작가나 학자들의 학술대회 및 학회 참석, 국제교류모임이 많은 현실을 반영한다. 그러나 대화나 강연을 통한 사변적 서술이 많고 화합과 공존을 위한 구체적 대안이 미흡하다는 점에서 근대와 탈근대의 혼효 속에 놓인 현대인의 고민이 나타난다.

---

154 작가는 대부분 자신의 여행이 학술여행이거나 최소한 지역문화를 탐방하는 일정이라고 고백하고 있다. - 우한용 외, 앞의 책, 85쪽.

155 교양여행은 여행지의 문화, 풍습, 정치, 역사 등을 체화하려는 목적의식이 매우 강한 여행이다. - 빈프리트 뢰쉬부르크, 이민수 역, 『여행의 역사』, 효형출판, 2003, 226쪽.

156 김영민, 앞의 글, 346쪽.

3. 해이수 여행서사의 다문화적 사유와 실존문제

해이수 소설[157]의 여행지는 유학, 연수, 이민의 적지로 주목받고 있는 호주와 네팔, 아프리카와 같이 문명화되지 않은 천혜자연의 보고이다. 지구상에 얼마 남지 않은 원시적 공간이 최근 여행자들의 목적지가 되는 이유는 근대사회에 대한 실존적 진정성의 상실로 현대인들이 피로와 스트레스를 느꼈기 때문이다. 〈캥거루가 있는 사막〉의 여행자는 취업 걱정이 태산 같은 삼류지방 사립대학의 영문학과 사학년생으로 막노동을 해서 번 돈으로 호주배낭여행 중인 '가련한 청춘'이다. 시드니, 캔버라, 멜버른, 애들레이드, 엘리스스프링스를 거쳐 에어스록 리조트에 도착한 '나'는 여자친구 아영이 있는 '이곳'과 '그곳'의 거리를 확인하며 선택의 기로에서 방황하는 중이다. 사막의 첫 관문이자 그레이트 빅토리아 사막과 스터젤러키 사막의 중간에 위치한 작은 모래도시인 쿠버페디에서 나는 일본인 여행자 코바(고바야시 이사오)를 만나 동행한다. 10개월을 여행하면서 아무 것도 하지 않았다고 대답하는 코바의 말에 "이십대 후반의 사지 멀쩡한 청년이 아무 것도 하지 않는 경우가 거의 없는" 한국인인 나는 그의 말에 의아해 한다. 근대사회는 아무 것도 하지 않거나 그저 노는 인간형을 용납하지 않는 사회이기 때문이다.

여정 중 나는 복학하여 알게 된 아영이 임신을 했으며, 그녀와 동성동본이기에 근친상간 금지라는 법과 윤리에 부딪쳤고 그녀가 아이를 지우고 다른 사람을 만나서 행복하게 잘 살길 바랄 정도로 그녀와의 관계가 버거워 여행을 떠났음을 회상한다. 관광은 현실을 멀리하는 일종의 사회적 행위로 희망, 약속, 구원의 세계 혹은 '이 세상'(This World)과 일정한 거리에 있는 다른 세

---

157 해이수의 두 권의 소설집은 주로 여행을 중심으로 서사가 그려지는데 『캥거루가 있는 사막』에는 〈캥거루가 있는 사막〉, 〈돌베개 위의 나날〉, 〈어느 서늘한 하오의 빈집털이〉, 〈우리 전통 무용단〉 등 네 편이 호주를 배경으로 하고 있으며, 『젤리피쉬』에는 7편 중 6편이 외국을 배경으로 한다. 그중 네팔 삼부작이 〈고산병 입문〉, 〈루클라 공항〉, 〈아웃 오브 룸비니〉이며, 아프리카를 배경으로 한 〈나의 케냐 이야기〉, 호주 배경의 〈젤리피쉬〉, 〈마른 꽃을 불에 던져 넣었다〉 등이 있다.

계를 창출[158]한다. 코바와 에어스록(Ayers Rock)에 도착한 난 "특별하고 신성한 정신의 성역"인 바위 앞에서 "무엇 때문에 이곳을 오고 싶어했는가? 도대체 무엇 때문에 나는 이곳을 그토록 열망했는가?"를 자문한다. 사방으로 꽉꽉 막힌 모래벌판의 한가운데 솟은 바위는 결혼고민과 취업문제로 미래가 보이지 않은 20대 후반 젊은이의 고립되고 불안한 자아이기도 하고 성스러운 장소이자 지금의 상황에서 탈출하고자 하는 출구이기도 하다. 이곳은 지상과 천상을 연결하는 성전으로 세계의 중심을 향하여 가는 엑스터시(沒我)의 여행[159]의 목적지이기도 하다. 여행이 끝난 뒤 한국에 돌아가서도 뭘 해야 할지 모를까 봐 두렵다고 내가 말하자 코바는 알 때까지 다시 여행을 떠나라고 답한다. 그와 헤어지고 마그네틱 섬에 도착한 나는 아영의 선물로 부메랑을 사는데, 이 물건은 그녀에게 돌아갈 수밖에 없는 운명을 상징하며 사막에서 만난 캥거루는 절대 후진을 모르는 동물로 달리다가 죽을 캥거루를 낳는 일이 자신의 운명이며, 우리 삶도 캥거루와 다를 바 없는 실존문제를 사유하는 매개체가 되고 있다. 이곳에서 나는 서른두 살의 우미코를 만나 관계를 맺고 그녀와 헤어진 후 귀국을 서두른다. 여행이 끝났는데도 나는 취업과 양육과 결혼에 대한 고민에서 벗어나지 못한다. 그리고 우미코 역시 친동생과의 근친상간으로 방황 중이며 그가 바로 얼마 전 만난 코바라는 사실을 알게 된다.

이 소설은 정착 - 여행 - 정착의 원점회귀형의 잘 짜여진 여행소설이다. 여행자가 여행 중에 만난 자들은 자기 안의 타자들이다. 죽을 줄 알면서도 달려가는 캥거루나 운명을 극복하려는 코바, 여행처럼 회귀하는 부메랑, 그리고 자신과 같은 고통을 겪는 우미코는 바로 여행자 자신의 모습이자 지로자(指路者)이다. 사막과 바다를 횡단하면서 여행자는 일상생활과 정상상태로부터 거

---

158 닝왕, 앞의 책, 11~12쪽.

159 해이수 소설의 여행지인 호주의 에어스록이나 히말라야 설산 등은 성스러운 장소로 공간의 균질성의 단절을 가져오는 장소이자 하나의 우주 영역에서 다른 우주 영역으로 이행할 수 있게 하는 출구로 상징되는 세계의 중심이다. - M.엘리아데, 이은봉 역 ,『성과 속』, 한길그레이트북스, 1998, 66~67쪽.

리두기(distancing action)를 통해 삶의 의미를 되새겨[160] 본다. 자신을 객관화하고 타자화할 때 실존적 문제의 단서를 제공받으며 여행이란 상황은 이에 적합한 문학적 장치이다.

수험서나 기출문제집을 달달 외며 바글거리는 대학 도서관의 각종 자격증 준비생들과 똑같이 된다는 것이 끔찍해 한국을 탈출한 여행자는 여행지에서 만난 코바가 "대학을 어영부영 다니다가 군복무를 마친 뒤 육 개월 혹은 일 년 정도 어학연수를 마치고 지금은 귀국 전에 잠시 여행 중"인 사람이 대부분인 한국인이 아니라는 사실에 안도한다. 존재를 잊어버린 현대문명의 상징인 서울을 탈출한 나는 신자유주의의 무한경쟁에 내몰린 질서에 적응하거나 타협하지 못하는 이방인이자 경계인이다. 여행 내내 현실적 고민에서 벗어날 수 없음을 깨닫고 여행자는 귀환한다. 여행은 그 어떤 해결책도 제시해주지 않지만 부메랑과 캥거루, 코바, 우미코와의 만남을 통해 삶의 본질을 깨닫고 운명을 극복할 수 있으며 지침(지표)를 획득한다. 제목이 암시하듯이 사막의 캥거루나 에어스록의 바위는 하이데거가 말한 세계에 내던져진 인간의 실존성을 상징한다.

〈고산병 입문〉의 여행자인 '나'는 외국계 보험회사의 유능한 과장 아내를 둔 백수이다. 결혼 후 사년 가까이 가사를 담당하며 곰인형 발바닥을 붙여 270만원을 벌어들인 나는 아내로부터 포상여행선물을 받는다. "존재감이 바닥을 치는 놈들일수록 마음 속에 설산을 품고 산다는 진실"을 지닌 나는 한번쯤 세상을 발밑에 두고 싶기에 네팔 히말라야를 여행한다. 그러나 여행준비과정에서 등산장비 가게 주인아저씨의 장사수완에 넘어가 아내의 크레디트 카드로 과도하게 지출하게 되어 심적으로 위축해진다. 여행의 출발부터 돈, 카드, 기능성 등산용품, 자본의 영향 하에 놓이게 되는 것이다.

네팔의 수도 카트만두의 타멜에 도착한 나는 에베레스트 트레킹을 위해 루클라까지 아슬아슬한 비행기 여행을 한다. 무기력증과 두려움이 엄습하는

160 닝왕, 앞의 책, 12쪽.

가운데 트레킹을 시작한 나는 등산 실력이 상당하지만 병에 걸린 스코트의 고산병을 치유하고자 네팔할머니의 의식을 흉내 내며 주문을 외운다. 그러나 크레디트 카드에서 3000달러 결제를 확인하는 순간 헬리콥터가 이륙한다는 사실을 알게 되며 생명보다 앞서는 무소불위의 돈의 위력에 놀란다. 크레디트 카드야말로 "일종의 부적인 동시에 생사의 갈림길을 결정하는 필수품"인 것이다. 가장 성스러운 공간이자 빈문명, 비자본의 자연공간에서조차도 돈과 카드만이 신과 의술을 대신하고 있다. 전지구적 자본주의 질서가 재배치되고 이에 종속되면서 자본의 영향에서 벗어나는 영역이란 없었다. 오염되지 않은 설산에서조차 신의 위치에 카드가 대체된 셈이다. 이 소설은 직장도 없고 돈도 못 버는 남편이 생계를 담당하는 아내의 눈치를 보며, 일상에서 탈출하여 대자연의 설산을 탐험하는 이야기로, 아내가 준 카드에 이백만 원밖에 없음을 아는 순간 현기증을 느끼면서 끝이 난다. 실직과 비정규직을 양산한 후기 자본주의 시대에 출근을 하지 못하거나 노동을 할 수 없는 남성의 자존심 훼손[161]은 이루 말할 수 없이 고통스러운 것이므로, 일상의 탈출을 시도했지만 오히려 설산에서 돈이 곧 생명을 보존하는 일임을 확인한다. 여행 내내 엉덩이를 배기게 하며 불편하게 했던 크레디트 카드는 그것 없이는 집을 나서지 못하는 현실을 반영하며, 카드야말로 일상생활에서 맞닥뜨리는 온갖 문제를 해결해주는 긍정적 수단이자 예상치 못한 해외여행을 할 때 구세주와 같다는 신용홍보회사가 홍보한 이미지[162]를 재확인할 뿐이다.

〈나의 케냐 이야기〉는 귀국 후에도 말라리아약을 먹고 황열병 주사를 맞기 때문에 케냐에 대한 기억이 남는다는 프롤로그로 시작된다. 9일간의 여행은 국제환경심포지엄 동행 제의 때문이었다. 왕복 항공료와 체류비용 그리고 두

161 실업은 개인으로 하여금 사회적 가치에 대한 신뢰를 훼손하게 하는데, 유급노동을 함으로써 돈, 활동, 다양성, 일상생활(일의 리듬), 사회적 접촉, 자아 정체감을 얻기 때문이다. 특히 남성에게 있어서 자존심은 경제적 공헌을 통해 가족을 부양한다는 정체의식과 연결되어 있다. - 앤서니 기든스, 김미숙 외 역, 『현대사회학』, 을유문화사, 1992, 506쪽.

162 로버트 D 매닝, 강남규 역, 『신용카드 제국』, 참솔, 2002, 13쪽.

달간의 연재 기회 조건은 실업대란의 29세의 백수청년에겐 행운이었다. 이러한 기회는 인도, 네팔 배낭여행 기행문을 여행사이트에 올린 덕분이며 그야말로 여행이 가져다준 선물 같은 것이었다. '나'는 떠나기 전 부모의 치킨가게를 돕는 희준을 만난 후 여행을 떠난다. 아프리카 케냐의 나이로비 공항엔 한국심포지엄팀 30명과 함께 사파리 차량에 5명씩 탑승을 하는데, 나의 팀은 대회협력팀 박이사, 윤간사, 대학 2학년생 철수 그리고 시인으로 구성된다.

첫 일정은 야생국립공원인 마사이 미라와 마사이족을 방문하는 것이다. 시인은 아무도 보지 못한 기린과의 대면을 카이로스의 시간[163]이라고 설명한다. 이는 어떤 특정한 사건이 그때를 준비한 듯 절묘하게 일어나서 체험자의 뇌리 속에 영원히 각인되는 찰나적 순간이다. 악어떼와 하마의 주요서식지인 마라강에서 만난 한국인 포토그래퍼는 누떼의 도강장면을 촬영해 국제콘테스트에 출품하는 것이 여행의 목적이다. 그러나 기회를 놓쳐 우울한 표정을 짓고 있는 그와 헤어진 후 나는 암보셀리 초원에서 요의를 느껴 금기사항을 어기고 차에서 내리는데 "굶주린 맹수가 먹잇감을 노리고 초식동물은 늘 경계를 늦추지 않는 생존의 각축장 안에 내가 서 있"음으로써 나야말로 가장 연약한 짐승인 타자임을 인식하게 된다. 작가는 불안의 상태에서 생을 가장 정확히 볼 수 있으며 이러한 상황이 여행[164]이라고 말한다. 익숙한 시공간이 아닌 낯설고 탈일상적일 때 의외의 순간을 맞이할 수 있는 것이다. 타인의 지배 아래에 놓여 있는 일상세계로부터 떨어져 나온 유한하고 고독하며 불안으로 가득 찬 세계 그곳이야말로 우리의 본디적인 세계이며 그곳에서 비로소 존재 의미를 밝힐 수 있다는[165] 하이데거의 말처럼 작가에게 해외여행은 불안한 상황 속에서 참된 자기, 본디적 자기를 찾을 수 있는 상황으로 선택된 문학

---

163 카이로스(kairos)는 사람이 결단을 해야 하는 중대한 상황 혹은 사람이 숙명적으로 이끌려 들어가는 상황을 나타낸다. 따라서 카이로스는 때때로 튀케(운명)과 관련되며, 위기의 시간, 적합한 시간, 좋은 기회라는 의미를 지닌다. 이와 반대로는 크로노스가 있다.

164 해이수, 「작가의 변」, 『젤리피쉬』, 이룸, 2009, 346쪽.

165 마르틴 하이데거, 전양범 역, 『존재와 시간』, 동서문화사, 1992, 579쪽.

적 장치이다. 따라서 이 소설은 취업, 방황, 사랑이라는 표면적 주제와 함께 타자로서의 자아 찾기라는 이면적 주제를 함의하고 있다.

나이로비 호텔에서의 "야생동물 구호를 위한 국제환경 심포지엄"에서 케냐의 여성작가 마타시아의 발표를 감명 있게 듣고 여행을 마친다. 그녀는 아프리카를 미지의 탐험 장소로, 서구 열강의 착취의 대상으로, 원시의 공간으로 인식함으로써 일방적으로 다자를 길들이고 개별성을 존중하지 않는 신식민주의적 태도가 여전하다는 것을 비판한다. 검은 대륙과 흑인을 바라보는 타자성을 지적하며, 오리엔탈리즘적 사고 속에서 백인과 서구의 잣대로 재단되고 표상되는 현실을 비판하는 여성학자의 발표에 나는 감명을 받는다. 그리고 이러한 나의 시각은 고정관념 속에 매사 퀴즈로 정답을 찾아내고 이상해 하고 지적하는 윤 간사와의 대화에서도 드러난다. 나는 각자의 태생과 습성이 있는 것이므로 기린이 왜 목이 긴지 대학생이 왜 만년설이 보고 싶은지 묻지 말라고 그녀에게 충고한다. 여행자는 이러한 무조건적이고 절대적 환대[166]와 "행동과 지성의 통일된 모델을 부과하는 것에 반대하는 다문화주의적 관점으로서의 관용(tolerance)"[167]의 자세를 수용하고자 한다.

에필로그에서는 귀국 3개월 후 동행했던 동반자들의 소식을 듣는데, 시인은 시집 두 권을 출간했고, 윤 간사는 모방송사의 퀴즈선정위원으로 위촉되었으며, 우연히 만난 포토그래퍼는 국제사진콘테스트 우수상을 수상했다. 대학생 철수는 히말라야 여행의 꿈을 이루고 박 이사는 협회 부회장으로 승진을 했으며, 나 역시 북극 두 달을 체류한 후 단행본을 출간할 예정이다. 여행 이후 여행의 동반자들이 모두 소원을 이룬다는 설정을 통해 젊은이들의 소망이 담겨있다는 점에서 발랄하고 신세대 작가의 재치와 기지가 느껴진다.

이 소설의 여행자도 비정규직의 프리랜서이다. 먹고사는 일이 절실한 20대 후반의 백수인 나는 근근이 여행과 관련된 일거리를 인곤 한다. 여행지 역시

---

166 자크 데리다, 앞의 책, 71쪽.

167 알랭 바디우, 앞의 책, 29쪽.

문명의 이기와 무관한 아프리카이지만 이곳에서도 생존경쟁과 타자적 삶이 존재함을 여실히 느낀다. 인도의 사막, 네팔의 설산, 케냐의 초원 그리고 앞으로 가게 될 북극의 빙하를 여행하는 나만큼이나 한국땅에서 오토바이를 몰고 동네의 골목과 빌딩숲 사이로 배달하는 친구에겐 그곳이 아프리카의 정글인 것이다. 친한 벗 희준을 만난 나는 열심히 치킨배달을 하는 그의 모습에서 "녀석에겐 그곳이 생존의 각축장이자 평원이었다"라고 느낀다.

해이수 여행소설의 주인공은 실직을 하거나 미래가 불안정한 2,30대 백수 청년이다. 해외여행 자유화 1세대[168]인 작가와 1990년대 대학생들은 어학연수, 배낭여행, 워킹홀리데이 프로그램 등이 활성화되어 하나의 문화로 자리잡은 세대이다. 이들은 근대적 조건과 무한경쟁의 치열함에서 벗어나기 위해 국경을 넘거나 문명의 영향권 밖으로 탈출하지만 지구상에 자본의 영향을 받지 않는 곳은 없다는 것을 확인할 뿐이다. 해이수 소설의 여행은 불안한 상황에 놓일 때 자아를 가장 잘 볼 수 있고 바로 그 상황이 낯선 외국이므로 해외여행서사구조를 활용한다. 이 플롯은 인간을 노출시키고 도발시키는 특수한 상황에다 인간을 세워놓고 관념을 가진 인간, 다시 말해 '인간 속의 인간'을 생소하고 예기치 않은 상황 속에서 타인과 만나게 하여 충돌[169]시킨다. 여행자가 여행한 낯선 여행지인 사막, 설산, 바다는 고산병, 무기력증, 호흡곤란, 비행기 추락사고, 도둑 및 납치, 말라리아, 황열병, 동물 공격의 위협이 도사리는 곳이며 인간의 실존성을 탐색하기에 적합한 장소이다. 고향이나 첫사랑의 장소 혹은 젊은 시절에 처음으로 방문한 외국 도시의 특정한 장소란 그 사람의 개인적 우주의 성지(聖地)로서의 의미를 지니며 종교적 공간 체험에 고유한 비균질성을 어느 정도 상기시키는 가치를 내포[170]한다.

---

168 1992년에 대학생이 된 작가는 대학 졸업후 호주 시드니에서 5년간 언어학을 공부하고 횡문화 소통(cross cultural communication) 분야 석사학위를 획득했다. 그에게 이종문화간 접촉이라는 주제는 자연스럽게 소설적 자양분이 됐다. - 이왕구, 「낯선 땅에 던져진 불안이 제 소설의 화두」, 한국일보 문화면, 2009.9.28.

169 바흐친은 모험소설의 플롯이 도스토예프스키의 소설을 이해하는데 유효하다고 설명한다. - M. 바흐친, 김근식 역, 『도스토예프스키 시학』, 정음사, 1988, 156쪽.

여행자는 세상에서 가장 평등하다는 히말라야에서 고산병에 시달리거나 아프리카에서의 요의로 밀림 한가운데 놓인 위태로운 상황 속에서 자신의 하찮음과 보잘 것 없음을 확인한다. 전세계는 신식민주의와 신자유주의하에 놓여있으며 이에 대한 저항으로의 탈식민주의와 다문화주의, 타자인식을 여행자를 통해 제시한다. 아프리카라는 타자적 대륙과 일본인, 네팔인, 호주민과의 만남은 다문화적 교류와 접촉의 경험이 되고 있다.

4. 21세기 타자적 다문화적 삶

인구이동이 가져온 사회적 변화에 가장 민감하게 반응하는 소설장르가 여행·탈국경 서사이다. 일상과 현실도피로서 환상, 저쪽, 여행지를 지향한 1990년대의 여행서사와 달리 2000년대 여행서사는 일상의 연장이나 위기와 불안의 상황 속에서 인간과 역사를 잘 볼 수 있다는 측면에서 여행서사가 활용된다. 우한용 여행서사는 생명과 생존의 문제를 근대극복 속에서 사유하는 여정을 담는다. 중국 연변과 유럽의 아우슈비츠를 방문한 여행자는 한민족 정체성, 독일나치의 유대인 학살 현장에서 한국의 6.25전쟁과 광주학살을 떠올리며 고통스러워 한다. 여행자는 벌거벗은 생명인 유대인과 여성, 탈북자, 소수민족, 연변노동자와 같은 타자의 윤리와 인권을 성찰한다. 또한 제국의 패권주의와 시혜적 태도를 비판하며, 타자적 사유를 지향하면서도 민족과 가족 같은 근대적 가치를 인정하는 양가적 태도를 지닌다.

해이수 여행서사에는 민족이나 역사 같은 거대담론보다는 실직, 취업, 사랑의 문제가 절실하게 드러난다. 비정규직 운명을 타고난 젊은이들은 신자유주의 무한경쟁에 내몰리며 정처 없이 떠돈다. 자존심을 훼손당한 여행자는 사막, 설산, 바다로 도피하지만 반문명, 비자본의 공간에서조차도 크레디트

170 M.엘리아데, 앞의 책, 57쪽.

카드와 자본의 위력을 실감한다. 해이수 소설 속의 여행은 불안과 위기의 순간에 자신을 가장 잘 볼 수 있는 장치로 본디적 자아를 찾아가는 여정의 의미를 지니면서도 현실문제에서도 벗어나지 않는다.

우한용의 여행서사는 (정착) - 여행 - (정착) 구조의 출발점과 도착점이 생략된 채 여행지에서의 사건과 체험을 바탕으로 하며 이방인 여행자의 입장에서 타자에 대한 총체적이고 합리적인 시각을 갖는 반면 해이수의 경우 정착 - 여행 - 정착의 원점회귀형 구조로 다문화적 접촉과 실존적 자아찾기를 주제로 한다. 이러한 소설구조와 주제적 차이에도 불구하고 우리 삶의 가장 중요한 이슈란 이념이나 근대적 가치를 뛰어넘는 인간의 생존과 실존문제임을 인식하고 있다는 점에서 두 작가는 공통점을 갖는다. 1990년대부터 하나의 문학적 특징으로 자리 잡은 여행서사는 다문화주의, 노마드, 디아스포라적 현상의 결과로 소설장르의 핵심서사로서 지속되리라고 전망된다.

5장 《토지》에 나타난 유희하는 노마드와 이동하는 삶

1. 주류 인물형상과 '주갑'

《토지》 연구는 플롯, 시공간, 인물유형, 디아스포라, 역사, 민중, 생명사상 등 형식미학과 주제의식 등을 총망라해 방대하게 축적되었다. 1897년부터 1945년까지의 시간성과 하동 평사리, 지리산, 진주, 부산, 경성, 간도, 일본, 연해주 등의 공간성을 배경으로 한 《토지》에는 육칠백 명의 인물들이 존재한다. 《토지》는 동학운동, 민중운동, 의병운동 등을 기반으로 한 민족독립운동이라는 거대담론과 최참판댁 여성 3대 서사와 평사리 마을사람들의 한과 이별, 슬픔의 정동이 교차하는 남녀 간의 사랑, 연애, 결혼이라는 두 줄기로 이뤄진다. 《토지》의 작중인물 연구는 부수적이고 주변부적 인물보다는 중심인물 위주로 분석되었다.

이 글은 작품 속에서 분량이 많지 않지만 기존질서 및 공동체에서 벗어나 방랑하고 부유하며 여행하는 '주갑'이라는 유희적 노마드에 주목하여 작가가 지향하고자 하는 삶의 이면과 의미를 살피고자 한다. 《토지》의 인물들은 식민지지식인과 신여성의 방황과 고뇌, 신분 차이로 인한 혼사장애와 낙혼/앙혼으로 인한 고통, 양반 체통, 권위의 유지, 최참판댁의 가문과 재산 보호 등을 중심으로 펼쳐진다. 신분에서 자본으로, 전통사회에서 근대사회로 진입했다고는 하나 여전히 개인자아보다 가족자아가 중시되고, 가문, 신분, 토지, 혈통, 집의 소속은 정착민의 고유한 속성이자 삶의 자질로 인식되었다. 전근대성과 근대성이 혼효된 역사적 진환기 반상의 구분은 지속적으로 일상생활과 인간관계에 영향을 끼쳤다. 망국적 설움보다 등장인물들이 절망하고 슬퍼하며 한 맺힌 이유는 대부분 사랑의 불화 및 갈등 양상[171] 때문에 발생한다.

《토지》의 최참판댁 가문과 평사리 마을사람들은 유교이념 공동체 질서와 평화를 유지한다. 주류인물들은 대체로 국가공동체의 유교적 부권적 신념과 도리에서 벗어나지 못하며, 조선독립과 최서희의 가문재탈환은 사건을 추동하는 《토지》의 핵심서사이다. 《토지》의 인물들은 가문, 전통, 윤리, 명분, 도리, 체면, 명예를 수호하거나 재산, 땅. 집, 돈의 욕망에 집착한다. 양반 출신인 김평산은 지체 낮은 아내를 구박하며, 몰락한 양반 김훈장은 유교에 대한 신념과 대를 잇기 위한 양자 찾기에 골몰한다. 개화파 민족주의자인 이동진의 명분 역시 양반제 신분의 유지, 가문 잇기[172]의 다름 아니다. 최서희는 소실한 집과 땅을 되찾아 멸문을 회복하고 부흥시키기 위해 살아간다. 이들에게 가문 잇기 - 대잇기는 평생 삶을 지배하는 가치관으로 작용[173]한다. 마을사람들도 공동체가 지배하는 반상간의 지배질서에 순응하고 운명적으로 받아들인다. 집합적 감성을 드러내는 관습 속에서 나날의 삶을 수놓는 술잔치, 잡담, 평범한 대화는 자아로부터의 탈출을 가능하게 해주며 부족주의에 연결시키는 특별한 아우라를 창조하기에[174] 농민들은 관습의 총체와 상호부조의 전통적 촌락과 공동체 속에서 살아간다. 국가라 불리는 제도권의 고착된 규칙에 순응하는 정착민의 삶의 방식인 것이다.

들뢰즈와 가타리는 수목적 체계와 리좀적 체계 사유를 구분[175]하면서, 하나의 중심으로 귀착하는 위계적 체계를 지니는 정착민의 삶의 방식이 수목적

171 귀녀는 신분상승을 목적으로 살인을 저지르고, 월선은 무당의 딸이기에 용이와 제도적 법적으로 결합하지 못하며, 하녀의 딸로서 기생이 된 봉순 역시 부인의 반열에 오르지 못한다. 길상은 양반댁 서희와 결혼했음에도 불구하고 신분적 차이를 의식한 채 불행한 결혼생활을 하며, 백정의 딸과 결혼한 독립운동가 송관수와 신분을 극복하지 못하고 세 여자를 불행하게 하고 자신도 떠돌이 약사를 하는 송영광, 존경받는 지사 이동진과 시대의 이행기에 적응하지 못하고 비겁한 자신을 자학하는 이상현, 길상과 최서희의 아들 환국과 윤국, 상현과 기생 기화의 딸 양현 역시 신분 갈등으로 고통스러워 한다. 이와 같이 《토지》는 전근대적 유교적 가부장적 세계관을 극복하지 못하고 사회변화에 적응하지 못하는 다수의 인물들이 등장한다.

172 박혜원, 「박경리 〈토지〉의 인물 연구」, 이화여대 박사학위논문, 2002, 78쪽.

173 위의 논문, 80쪽.

174 미셸 마페졸리, 박정호·신지은 역, 『부족의 시대』, 문학동네, 2017, 74쪽.

175 마이클 하트, 김상운·양창렬 역, 『들뢰즈 사상의 진화』, 갈무리, 2004, 372~373쪽.

삶이라면, 유목민, 여행자, 고아, 이방인, 이주자, 독신, 혈혈단신 등은 하나인 중심, 하나인 일자로 소급되지 않는 리좀적 삶의 태도로 본다. 신분, 가문, 귀속, 지배-복종 체계 안에서 영토화하는 삶과 달리 리좀적 사유는 끊임없이 탈영토화와 재영토화를 통해 뿌리내리지 않는 삶의 패턴으로 나아간다. 《토지》의 인물들이 고통 받는 것은 국가, 민족공동체, 최참판댁으로 표상되는 하나의 중심인 일자, 독재자로 향해 있고 영토화된 삶을 욕망하고 지향하기 때문이다.

그러나 《토지》에는 전통적 삶의 방식에 속박되어 자유를 획득하지 못하는 공동체에서 벗어나 유희하고 여행하는 리좀형의 삶을 영위하는 비주류인물[176]들을 찾을 수 있다. 최참판댁과 평사리 마을사람들을 중심으로 하는 핵심서사의 한 축을 담당하거나 주요인물과 접촉하지는 않지만 강렬하게 독자에게 부각되는 인물이 '주갑'이다. 여류작가라는 말을 굉장히 싫어하고 여자중심으로 작품을 쓰지 않았다고 강변하는 박경리는 《토지》에서 '완전한 자유인'인 주갑이를 제일 좋아한다고[177] 고백한다. 작가는 애착을 가질 때 인물창조[178]에 실패하는데 길상이가 그런 예이고, 주갑이는 자연스럽게 썼는데 성공한 인물[179]이라고 말한다. 무욕의 상태에서 부담없이 창조할 때 그 이상의 효과를 보여준 인물이 주갑이다. 최참판네 가정만 여자이지 가지가 뻗어나가는 데는 전부, 비율이 남자가 훨씬 많다고[180] 강조하는 박경리는 실패한 길상과

---

176 식민지 조선 여인이자 독립운동가를 사랑한 세계주의자 오가다 지로, 신분을 극복하지 못하고 떠돌이악사로 살아가는 송영광, 농민이 아닌 목수일을 하는 허윤보 등이 있다.

177 박경리, 『가설을 위한 망상』, 나남, 2007, 281쪽.

178 어떠한 동물보다 포악하고 파괴와 살육을 일삼는 동물이 인간이라고 여기는 작가는 인간혐오와 인간에 대한 모든 생명에 대한 연민이라는 양가적인 인간이해 속에서 인물들을 창조했다. 그녀는 악인은 형상화하기 쉬운데 아름다운 사람을 그리는 일은 매우 어렵다는 말을 한바 이 또한 현실에서 많이 볼 수 없기 때문으로 유추할 수 있다. 작가는 애착을 가지니까 실패한다며 그 사례로 길상을 들고, 용이는 성공한 편이라고 말한다. 그리고 주갑이 말고 제일 애착이 가는 인물에 대한 질문에 답변하지 않음으로써 주갑에 대해 각별한 의미를 부여하고 있음을 알 수 있다.

179 박경리, 『가설을 위한 망상』, 나남, 2007, 290쪽.

180 위의 책, 281쪽.

성공한 캐릭터인 용이와 주갑에 애정과 공감을 갖는 듯하다.

전라도 출신의 간도를 떠도는 나그네이자 길손인 주갑은 최참판댁 중심으로 살아가는 평사리 공동체의 신념, 문화, 전통, 관습에서 자유롭다. 양반과 상민, 농민계층으로 분화된 신분과 계급에 자유롭지 못한 마을사람들이 서로 얽혀 주종적 억압적 관계를 이루고, 고통과 슬픔, 한과 죽음을 통해 인간의 끈질긴 생명력과 집착, 저주, 복수, 인내, 원한, 희생, 원망의 감정을 드러내는 《토지》 속 주갑은 남도 사투리를 구사하고 부친이 동학운동을 했다는 정보만을 제공하며, 집도 처자식도 재산도 없는 최하층민으로 부권적 유교문화에 기반한 향촌공동체의 외부이자 바깥에 놓인다. 태생의 기록이 부재하고 행방불명 혹은 실종으로 처리되는 주갑의 삶은 시작도 끝도 없으며 고정되거나 안정되지 않은 중간지대이자 유목민적 사유, 노마디즘의 모습이다. 일종의 언제나 중간에 있으며 사이-존재이고 간주곡이며, 혈통관계인 나무와 달리 결연관계[181]로 이루어지는 일종의 반계보이자 반기억인 리좀적 삶을 주갑은 영위한다. 따라서 우연히 만난 길 위의 동반자를 따라가는 주갑의 여행에서 여정, 도착지, 여행의 목적 따위는 중요하지 않다.

그가 도보여행 중 만난 사람들과의 동행은 작품의 활력을 넣으며 생동감 있는 분위기를 연출한다. 예술가, 자유인, 유희적 노마드인 주갑은 작가의 트라우마와 억압된 요소들로 빚어진 그림자인 더블[182]로 투영된다.

> …예술가가 어디에 소속되기를 원한다면 절대로 좋은 예술가가 될 수가 없어요, 그것이 이데올로기든 또는 권력이든 돈이든 명예든, 어디 소속될 때는, 이것은 자기의 창조능력도 저당을 잡히는 거예요. 절대자유 속에서만 창조할 수가 있는데, 그런데 자유라는 것은, 모든 일반 사회인들은 '자유를 찾아서', '자유롭고 싶다', … '어떤 생명의 보호 속에서 자유를 위하여'…'인류의 역사도

181 질 들뢰즈·펠릭스 가타리, 김재인 역, 『천개의 고원』, 새물결, 2001, 47쪽, 54쪽.

182 더블은 짝패, 이중체, 분신, 상블랑(semblance), 도플갱어라는 명칭으로도 번역된다. - 최정은, 『트릭스터: 영원한 방랑자』, 휴머니스트, 2005, 233쪽.

> 자유를 위해서 끊임없이 투쟁해왔다' 하는데, 사실 자유라는 것은 그야말로 가시밭길이에요. 왜냐하면 사람들이 고독을 굉장히 두려워하잖아요. 외로운 것을 두려워하지요. 그런데 자유라는 것은 외로워야 자유로운 거예요. 누군가가 이렇게 끄나풀이 매어져 있을 때는 자유롭지 못해요. 만일 자식이라든지 아내라든지 또는 사회적 지위라든지…이런 끈이 묶여 있을 때는 절대 자유롭지 않아요. 그 끈을 다 끊어버릴 때는 자기 혼자인 거예요. 자기 혼자라는 인식을 할 때 그것은 고행이에요.[183]

소속감과 정체성을 지우는 예술가는 '편안한 길을 버리고 자기 안의 숨은 가능성과 창조성을 끊임없이 발견하는'[184] 방랑자, 노마드와 겹쳐진다. 정주성은 아주 잠깐 인류 역사에 끼어들었을 뿐으로 인간이라는 종을 탄생시킨, 생물체들의 그 엄청난 뒤얽힘은 이동성, 미끄러짐, 이주, 도약, 여행으로[185] 이루어졌다. 일제강점기 식민지 조선인은 외부지향성을 보였으며, 불안정한 상황에 놓인 사람들은 모두 결국 노마드가 되고야[186] 만다. 인간은 안전하고 모체를 가지고 있는 그리고 또한 제약이 있고 정적인 가정적인 것에 대한 향수가 그 하나이며, 또다른 하나는 고통과 위험을 포함하고 있는 모험적이고 요동하는 삶인 동시에 무한정적인 개방된 삶이라는 두 가지 삶을 항상 갈구[187]한다. 사랑이자 권력지향일 수 있는 소속감은 외로움에서 탈출하려는 소망으로서 의무와 자기희생을 치러야만 하며, 반대로 자유에 대한 갈망인 해방에 대한 욕구는 외톨이의 고통을 감수해야 하는 자유의 함정과 고독의 숙명을[188] 감내해야 한다고 작가는 말한다.

짐멜은 유랑과 정착이라는 이항대립적인 공간개념을 통해 불안한 잠재적

183 박경리, 『가설을 위한 망상』, 나남, 2007, 291~292쪽.
184 장윤수, 『노마디즘과 코리안 디아스포라 문학』, 북코리아, 2011, 36쪽.
185 자크 아탈리, 이효숙 역, 『호모 노마드 유목하는 인간』, 웅진닷컴, 2005, 18~19쪽.
186 위의 책, 2005, 32쪽.
187 미셸 마페졸리, 최원기·최항섭 역, 『노마디즘』, 일신사, 2008, 185쪽.
188 박경리, 『생명의 아픔』, 마로니에북스, 2016, 22쪽.

유랑자인 이방인의 특성을 혈연적 지연적 직업적으로 얽매이지 않기에 객관적인 사람이자 고정관념에 얽매이지 않는 자유자이고 질문을 던지는 자로[189] 규정한다. 여행하는 인간인 호모 비아토르(Homo Viator)는 부족적 테두리 밖에 있으며 신분, 자산, 부인, 아이들과 같이 자기 자신에 얽매인 부르주아적 영웅들과는 달리 방랑을 통해 미천한 존재인 인간들이 서로 얽혀 살아야 한다는 것을 깨닫게[190] 해준다. 《토지》에는 수백 명의 등장인물로 구성되어 중심 역할을 맡기도 하고 슬며시 사라지기도 한다. 평사리공동체 인물의 가족사적 서사, 애정갈등서사, 최서희중심서사, 항일운동서사[191]나 우리 민족의 독보적 유교서사[192]와 무관한 주갑에 주목하며, 이 글은 유희적 노마드이자 자유인, 놀이하는 인간으로서 주갑의 인물형상을 통해 작가가 추구하고 지향하는 바를 고찰한다.

2. 노마드의 무욕, 긍정, 능동의 삶

《토지》의 인물들이 평사리 마을의 반상적 질서 범주 안에서 최참판댁의 명령에 복종하거나 연관된 삶을 보인다는 점에서 주갑[193]은 자유롭다. 영팔의

189 이용일, 「다문화시대 고전으로서 짐멜의 이방인 새로 읽기」, 『독일연구』 18, 한국독일사학회, 2009, 191~192쪽.

190 위의 논문, 148쪽.

191 김은경, 「박경리 〈토지〉의 유기적 인물 관계와 '리좀적' 서사구성」, 『관악어문연구』 제31권, 서울대 국어국문학과, 2006, 355쪽.

192 박상민, 「박경리의 〈토지〉에 나타난 근대사회와 유교적 이상의 균열」, 『문학과 종교』 제8권 3호, 한국문학과종교학회, 2013, 120쪽.

193 주갑에 대한 선행연구에서, 최유찬은 소목장 조병수, 목수 윤보와 함께 자유인의 기상을 지니고 예술을 노니는 인물로 보았고, 김연숙은 낙관적이고 긍정적인 극소수인물로 윤보, 주갑, 몽치를 언급하였다. 이승윤은 세속적 제도와 관습을 벗어나 자유롭게 방랑하는 인물로, 서현주는 해학적이며 가장 인간적인 매력을 보여주는 인물로, 이태희는 상당한 거리가 있지만 떠돌고 구속됨이 없이 자유로운 몸과 영혼을 가졌고 노래와 춤을 잘하고 외형도 닮았다는 점에서 그리스인 조르바에 비유하였다.

지인인 전라도 출신의 타고난 소리꾼인 주갑은 일자리를 찾아 떠도는 이방인으로 평사리, 최참판댁과는 무관한 인물이다.

아낙네들이 떠날 차비를 하는 사내들을 위해 주먹밥을 만드는 장면으로 시작되는 제2편 2장 '남도 사내'에서는 박경리 문학의 키워드인 연민, 한, 고통, 비극에서 벗어나지 못하는 용이와 주갑과의 만남이 그려진다.

> 홀로 걷는, 굽이져, 뻗어가는 이 타관의 외줄기 길이 새삼스레 서러운 까닭이야 없겠는데 가도가도 황토의 남도길, 등짐장수가 맨발로 갔으며, 액병과 보리 흉년에는 집안에, 길바닥에 송장이 썩던 그 고국의 산천, 척박한 땅에선들 아니 서러울 날이 있었을까마는, 기름지다고 찾아온 간도 땅위의 사위는 어찌 이다지도 삭막한 가고 용이는 생각한다. 헤어질 무렵 뼈가 빠지는 한이 있어도 돈 모아 고향 가야제 하던 영팔의 말이 가슴에 맺힌 때문인가.[194]

역병, 흉년, 죽음, 빈궁으로 점철된 고국 조선을 떠나 타국 간도로 왔건만 평사리 마을사람들의 한은 지속되고 있다. 신을 신지 못하는 등짐장수의 가난과 생명보존은 연민과 사랑을 불러일으키는 작가의 주제정신을 표상한다. 벌목일을 하기 위해 영팔이와 함께 길 떠나는 농부 용이는 통포슬에서 용정으로 가는 두 갈래길인 넓은 국자가길이 아닌 두도구를 선택하며, 40리길의 언덕과 평지를 걷다가 또다시 나타난 강줄기와 외줄기 중 후자의 길을 걷는다. 두 갈래 길을 두 번 선택한 용이는 남도 사투리로 말을 거는 주갑과 처음 대면한다. "머슴아이처럼 코를 들이마시고 겨드랑이에 낀 때묻은 괴나리봇짐을 추스르는" 사내는 "늘어난 목덜미 살가죽이 불럭불럭 흔들리고 먼지 낀 눈시울도 자주 흔들리는" 그야말로 지체 낮고 볼품없는 몰골의 사나이이다. "담뱃진에 쩔어 시꺼먼 이빨을 한 그는 몹시 수줍어하며", "말라비틀어지고 검버섯이 얼룩덜룩 핀 얼굴", "형편없이 여위고 빈약한 체구", "워낙 여위어서

194 박경리, 『토지』 4, 삼성출판사, 1988, 230쪽.

가랑잎처럼 흔들리는 몸", "헐렁하지만 풀기가 없이 축 늘어진 삼베적삼 앞섶을 무심결인 듯 자꾸 잡아당기는 주갑이", "가죽과 뼈뿐인. 그러나 뼈마디가 굵은 손이 익숙하게 비누질을 하고, 주무르고 비비며 빨래하는", "수숫대같이 비쩍 마른 몸집은 옛날과 별 다름이 없었고 흰머리도 눈에 잘 띄지 않아 주름진 얼굴을 가까이서 보지 않는다면 그의 육십 가까운 나이를 헤아리기 어려웠다."와 같이 주갑의 외형은 반복적이고 구체적으로 그려진다.

흐느적거리고 흔들리는 그의 몸은 비정형, 비형상, 미완성으로 표상되며 살이 없어 사라질 위기에 처한다. 낯설고 불쾌하고 추한 몸은 그로테스크의 미학으로 정적인 질서공간이 아니라 역동적인 축제의 공간, 혼란과 무질서를 반기고 환영하는 변화생성의 공간으로 위와 아래, 우월과 열등의 위계가 전복되면서 웃음의 해학과 익살을[195] 만든다. 젊어서나 늙어서나 군살이 없어 깡마른 그의 몸은 굶주리고 무력하고 여성적이며 식민지인의 열등성을 지니는 타자의 표식을 띤다. 매력자본[196]을 갖지 않은 주갑은 품위나 교양, 체면 따위를 찾을 수 없는 말투와 자세로 타인을 대한다. 길에서 만나는 노동자, 의사, 스님, 아이들과도 잘 어울리는 주갑은 안락한 공간에서의 정착한 삶이 아니라 노마드의 고단하고 배고픈 인생을 영위한다. 첫 만남에서 주먹밥과 담배를 요구하는 거침없는 뻔뻔함에 인심을 베풀자 아이처럼 좋아서 어쩔 줄 모르고 행복해 하는 주갑과의 조우에서 용이는 이방인에 대한 무조건적이고 절대적인 환대의 윤리를 요청받는다. 주갑의 구걸에는 굴욕감이나 열패감이 드러나지 않으며, 감사 - 의무, 친족 - 부족 사회의 호혜성의 스펙트럼에서 벗어남으로써 '답례나 의무를 강제하지 않고 관대함 속에서 주고받는 선물을 이상화하고, 궁극적으로 아무것도 바라지 않고 오로지 주기만 하며 결코 고갈되지 않은 충만한 무상의 선물이 지속되는'[197] 관계가 형성된다.

195 몸문화연구소 편, 『그로테스크의 몸』, 건국대출판부, 2010, 7쪽.

196 아름다운 외모, 성적 매력, 활력, 옷 잘 입는 능력, 매력과 사회적 기술, 성적 능력을 모두 아우르며, 신체적 매력과 사회적 매력이 혼합된 것을 말한다. - 캐서린 하킴, 이현주 역, 『매력자본』, 민음사, 2013, 20쪽.

식구가 있었다면 되놈에게 팔아먹었을 것이고 조상 주천자를 찾아왔다는 객쩍은 소리를 하는 주갑은 우울하고 점잖은 용이를 웃게 만든다. 주먹밥에 행복해하는 주갑은 용이를 "사귄지 오랜 사람 같았고 여러 해 동안 풀어보지 못한 어둠과 긴장이 풀어지면서 옛날처럼 농치던 버릇마저" 나오게 변화시킨다. 유교적 전통적 사회질서에 내상을 입은 채 운명을 극복하지 못하고 부평초인생이자 사내 되기를 어려워하는 용이를 무장 해제케 하는 주갑의 해맑고 천진난만한 태도와 호탕한 웃음소리는 주변을 위로하고 세상을 밝힌다. 땅과 여자와 부족과 신분에 얽혀 일생이 고통스러운 자신과 다른 노마드 주갑의 방랑은 모든 고정된 선입견과 가치관, 경계와 구분, 정체와 지도를 거부하는 위반의 실천으로서 유목성을 획득[198]한다.

용이도 주갑 앞에서는 농을 하고 대담한 척 걱정이 없는 듯 행동한다. 그러나 자식 낳은 계집을 절대 버릴 수 없다고 포효하면서 월선의 주막에 눌러앉으면 개새끼라고 자학하는 용이의 회한과 슬픔이 담긴 주정을 주갑은 받아준다. 엄숙하고 뻣뻣하며 도덕적으로 살아가는 용이의 불행은 웃고 즐기고 긍정적인 주갑 앞에선 우스꽝스럽고 조롱의 대상이 된다.

옆에 있으면 마음이 태평해지는 용이뿐만 아니라 모든 사람이 주갑을 좋아한다. 외모, 신분, 권력, 금전에서 열등한 주갑은 재밌고 무욕적이고 자유로우며 스스로 만족하는 사람이다. 용이의 아들인 홍이도 주갑을 따르고 좋아한다. 아버지처럼 무섭지도 않고 눈치를 봐야하는 엄마들과 달리 그의 말이 우습고 재미있으며 친구같기 때문이다. 주갑의 유목주의와 방랑성은 이기주의나 자기 존재 내면으로의 침잠이 아니라 타인과 함께 나아갈 수 있는 공동체주의로의 길을[199] 열어준다. 배워야 나라를 찾을 수 있고 크면 총 들고 독립운동을 하겠다는 홍이에게 주갑은 동학 난리에 참여한 경험을 말하며 세상 이치는 지식에 있지 않고 하늘, 땅, 질기를 알면 된다고 말해준다. 이는 히식이

197 나탈리 제먼 데이비스, 김복미 역, 『선물의 역사』, 서해문집, 2004, 14쪽.
198 장윤수, 『노마디즘과 코리안 디아스포라 문학』, 북코리아, 2011, 17쪽.
199 위의 책, 36쪽.

많고 인간에 대한 본질적 신뢰가 빠져있는 지식과 지식인에 대한 작가의 불신[200]이 반영된 것이다. 자신을 내세우지 않고 아이, 여성, 빈자, 떠돌이 입장에서 평등하고 편견 없이 세상을 살아가는 주갑은 그들의 환대를 받는다.

벤야민도 생산만을 위해 달려가는 삶의 리듬에 대항하는 일종의 저항으로서 유유자적한 삶을 설명하는바, 유유자적하는 사람은 가장 개방적인 삶을 살고자 하며 절대 지배받지 않고자 하고 모험에 대한 애수를 지니고 있는 사람[201]이다. "옆에 있으면 웬지 마음이 태평"해지는 용이는 유유자적하고 느긋한 주갑의 영향을 받는다. 호기심과 두려움, 필로제니아와 제노포비아, 환대와 적의가 복잡하게 얽혀있는 모든 새로움과 만남은 좋은 쪽이든 나쁜 쪽이든 상황을 변화시킬 가능성이 있으며, 미묘한 의례의 춤, 장난, 농담, 다과와 음료 권하기는 신뢰를 쌓는 가술[202]이다. 자본주의적 욕망과 공동체의 바깥에 머무는 주갑의 무소유와 무욕은 그를 당당하고 초월적으로 만들며, 내면의 매력과 특이성으로 인식된다.

주갑의 능동적이고 긍정적인 태도는 '안 댕기본 데가 없인께로 보고 듣고 무식혀도 알만치는 안단 말씨'라고 스스로 말하듯이 지식이나 교육에 바탕을 두지 않고 체화된 노마드적 삶에 기인한다. 유목주의란 특정한 가치와 삶의 방식에 얽매이지 않고 끊임없이 자기를 부정하면서 새로운 자아를 찾아가는[203] 차이의 철학이다. 그의 능동적인 특성은 작가가 지향하는 삶의 방식이자 생명 개념과 연결된다. 박경리는 에세이집 『가설을 위한 망상』에서 '능동적 상태야말로 지고지순한 가치'이며, '생명이 없는 것은 모두 피동적이고 능동적인 것은 다 생명'이기에 '능동성이 없다는 것은 생명이 없다는 것으로 황량하고 무서운 것'이라고 표명한다. 또한 『생명의 아픔』에서도 '능동성은 생명의 본질'이며 '감성이 희박하고 이성이 약화된 기능적 인간은 피동적 인간'

---

200 박경리, 『가설을 위한 망상』, 나남, 2007, 324쪽.

201 위의 책, 40쪽.

202 윌 버킹검, 김하현 역, 『타인이라는 가능성』, 에크로스, 2022, 19쪽, 88쪽.

203 장윤수, 앞의 책, 18쪽.

이라 여긴다. 이는 니체의 노예적 인간이 아닌 스스로 입법하고 초극하는 인간, 스피노자의 자기 자신을 원인으로 자기를 결정하는 역량으로 살아가는 인간의 모습과 닮아있다. 실제로 작가는 수필집에서[204] 범신론을 주장하는 스피노자가 유태교회에서 파문 선고를 받은 후 렌즈 닦는 업으로 입에 풀칠을 하며 고독한 삶을 이어가면서 그의 철학 체계를 세웠고, 이러한 인물유형으로 사마천, 도스토예프스키, 프루스트, 다산 정약용, 고산 윤선도를 언급하였다. 이들은 모두 수동적인 고통에서 능동적으로 자유를 거머잡고 훌륭한 업적을 남긴 인물들이다. 《토지》[205]의 만주에서 조우한 무라가미와 오가다의 대화에서도 '초인, 초인사상, 니체, 권력의지의 화신' 등의 이야기를 나눈다. 주갑의 무소유와 능동성, 긍정성은 호모 노마드에게서 나타나는 특질이며, 박경리 문학의 핵심이념이자 주제의식으로 표상된다.

3. 새의 형상과 트릭스터(영원한 방랑자)

'기쁨을 주는 사람'이라는 뜻의 트릭스터(trickster)는 오랜 문헌 속에 등장하는 모순되고 역설적인 인간형이자 신화적 유물유형이며 그림자의 형태로 모든 인간의 내면에 잠재된 심리적 원형[206]이다. 규칙을 깨어가는 방식으로 새로운 규칙을 정립하며 장을 확장해가는 태고의 장난꾼 트릭스터라는 '인간'은 웃음과 기쁨을 가져오는, 왕이자 광대이며, 사도이자 매개자이고, 웅변가이자 운둔자이고, 현인이자 바보이며, 늙었으나 젊었고, 방랑자이자 혁명가이고, 이미 있었고 앞으로 도래할 존재이고, 한계에 선 유목민[207]이다.

길 위에서 만난 사람들과 스스럼없이 말을 걸고 규칙, 기준, 규범, 데코름

---

204 박경리, 『가설을 위한 망상』, 나남, 2007, 38쪽.
205 박경리, 『토지』 12, 삼성출판사, 1988, 346~351쪽.
206 최정은, 『트릭스터: 영원한 방랑자』, 휴머니스트, 2005, 19쪽.
207 위의 책, 2005, 19쪽.

(decorum)[208]에 속박되지 않으며 능동적으로 살아가는 주갑은 영원한 방랑자인 트릭스터이다. '트릭'에는 유희, 장난, 사기라는 의미가 포함되며, 주갑은 자연스럽게 사람들과 어울리고 농담을 하면서 긴장감을 풀고 친화력을 보인다. 그는 남자어른 즉 가부장으로서 손상될 명예와 위엄, 체면을 따지지 않고 자신을 드러냄으로써 외모나 지위, 세속적 가치가 아닌 초월적이고 내면적인 매력을 지니고 있다. 신분적 서열과 자본주의적 욕망에 자유롭지 못하기 때문에 아무나 할 수 없는 주갑의 형상은 인간의 내면에 잠재된 분신이며 괴물 같은 짝패이자 그림자 존재이다.

초라하고 불결하며 웃음과 눈물, 땀, 콧물, 트림, 방귀를 분출하는 비체 형상의 주갑은 용이, 월선, 혜관의 독백, 송장환과 이상현의 대화 속에서 '소년', '학', '새', '어린애', '구랭이', '여성적인 것', '지혜로운 인물', '좋은 사람', '귀한 존재', '예쁜 모습'으로 인식[209]된다.

> ① 먼저 길켠으로 올라선 주갑이는 <u>아이처럼</u> 몸을 빼 돌리며 건너오는 용이를 쳐다보며 또 빙글빙글 웃는다. 담배 한 쌈지 얻은 게 그에게는 그렇게 행복했던 모양이다. (토지4, 235쪽)
>
> ② 마찬가지로 지금 <u>학같이 슬기롭게 보이는 주갑이</u> 아제, 웬지 가슴이 찐해진다. (토지4, 312쪽)
>
> ③ '건들건들하고 실없는 소릴 해싸이서 그렇지 주서방, 그 사람 좋네라.' '예, <u>좋은 사람 같아서요.</u>'
>
> ④ '허허허 참, 저 사내는 <u>전생에 새였을까?</u> 노송 위에 홀로 앉은 <u>한 마리 학이었을까?</u> 혜관은 용정 올 때 구름을 뚫고 이동해가는 철새 생각을 한다. '저 사내

208 서구의 문명화 과정을 이끌어 왔고, 서구의 역사를 조망할 수 있는 지표가 되는 핵심 이념으로, 키케로에 따르면 "해야 할 일과 하지 않아야 할 일"에 대한 지식이라 할 수 있으며, '적절함', '적합함'으로 번역된다. - 위의 책, 18쪽.

209 졸고, 「여행과 디아스포라 관점에서 본 〈토지〉의 인물 양상」, 『한국문학논총』 제67집, 한국문학회, 2014, 341쪽.

는 어느 구석에 저리 귀한 곳이 있었던고? 반하게 예뻐 보이는군 그래. 소리 공부 안 해도 명창이다. 허 참.' (토지9, 219쪽)

⑤ "주서방은 용정 갔지요?" "그 고집쟁이가 안 가고 배기겠어요?" "좀 묘한 인물이요." "좀 묘하다는 정도가 아니지요. 아주 교활하거든요." "교활해요?"상현은 어리둥절해서 반문했다. "지혜롭다 해야겠지만 하도 능청스러워서." 송장환은 껄껄 웃는다. "이렇게 보면 주서방 그 사람은 모든 인간적인 요소를 다 갖추었다고나 할까요? 욕심만 빼고, 그런데 조금도 위대하진 않단 말입니다. 비극적인 요소를 낙천적으로 발산하기 때문에 그런지 모르지만, 어린애같이 무심한가 하면 수천 년 묵은 구랭이 같고," "좋으면 화를 내고 싸움할 때 존대를 쓰고," "네, 맞아요, 하하핫핫…… 염치 바르고 마음이 여리고 소심하면서 자존심은 하늘을 찌르지요." "뭐라 할까, 여자들한텐 좀처럼 없는 성질한데 여성적인 걸 느끼거든," "소설가라 그런지 관점이 매우 예리하오." (토지9, 219쪽)

새에게서 특히 해방과 자유와 생존이 하나로 통합되는 것을 느낀다는[210] 작가의 말처럼 '새'나 '학'은 경계를 짓지 않고 하늘을 날면서 꿈, 소망, 미래로 나아간다. 《토지》에는 철새의 풍경이 꽤 여러 번 나오고[211] 작가 스스로도 《토지》에 도요새에 대해 몇차례 쓴 일이 있다고[212] 한다. 박경리는 인생의 시작도 끝도 없이 떠도는 주갑을 '나비 같은 사람'[213]이라고 한바 '유충이 변화한 결과인 나비는 낡은 것으로부터 새로운 것으로의 변화를 상징하는 가장 뛰어난 이미지'[214]이자 정체성 혼돈, 비상, 연약한 타자의 의미를 지닌 이주자를 표상[215]한다. 사향가를 부르려고 소리를 지르자 "밭둑에 내려앉았던 까마귀 몇

210 박경리, 『생명의 아픔』, 마로니에북스, 2016, 49쪽.
211 김연숙, 『박경리의 말』, 천년의상상, 2020, 143쪽.
212 박경리, 『원주통신』, 지식산업사. 1985, 51쪽.
213 박경리, 『가설을 위한 망상』, 나남, 2007, 297쪽.
214 양승권, 『니체와 장자는 이렇게 말했다』, 페이퍼로드, 2020, 238쪽.
215 졸고, 「다문화 서사구조와 문학적 특징」, 『현대소설연구』 제61호, 한국현대소설학회, 2016, 165쪽.

마리 후두둑 날개를 털며 날아" 오르고 "학의 날갯짓처럼" 몸을 흔드는 주갑의 자태를 보며 혜관은 그가 전생에 새였다고 생각한다.

작가의 새에 대한 명상은 정릉집 뒷산에서 온 날지 못하는 꾀꼬리 새끼에게 지렁이, 여치를 먹이며 느꼈던 아픔이자 사랑인[216] 생명에 대한 사색과, 연세대 원주캠퍼스 매지리 호수에서 먹이를 지키기 위해 날개로 천둥소리를 내며 얼음을 치는 철새들의 생존본능에서 생명의 존엄과 신비를 느끼는 일화에도 드러난다. 텃새가 아닌 철새는 이주, 방랑, 고난, 생존의 의미를 띤 생명사상과도 연관되는바 시에서도 여린 날갯짓을 하며 길 떠나는 새의 형상에서 생명, 연민, 자유라는 핵심 키워드가 나타난다.

> 갈대 꺾어 지붕 얹고/새들과 함께 살고 싶어/수만 리 장천/작은 날개 하나로 날아온 철새들//보리 심고 밀 심어서/새들과 나누며 살고 싶어/수많은 준령 넘어 넘어/어미와 새끼가 날아 앉은 강가//밀렵꾼 손목 부러트리고/새들 지켜주며 살고 싶어/전선에 앉아 한숨 돌리면서/물 한 모금 밀알 하나 꿈꾸는 새야[217]

〈여행〉이라는 시에서 여행을 다니진 않지만 "나도 남 못지 않은 나그네"이자 고향에서 자신은 이방인이라고 말하는 작가는 주갑과 새의 형상을 통해 자유롭고 싶은 자신의 욕망을 드러낸다.

주갑은 어른들뿐만 아니라 마을아이들에게도 인기가 많다. 그는 아이의 시선으로 놀고 선물을 안기며 진심으로 그들을 사랑하고 귀여워한다. 홍이는 '단정하게 빗어 올린 상투를 하고 흰 베옷을 입은' 아버지 용이에게서 학을 연상할 뿐만 아니라 주갑 또한 학과 같다고 여긴다. 작가가 그린 조준구, 서희, 임이네, 귀녀 등 악랄하고 악독한 인물창조 속에서 용이와 주갑은 작가가 각별하게 애징과 연민을 견지한 가닌하고 무욕의 인물이다. 인물이 출중해

216 박경리, 『가설을 위한 망상』, 나남, 2007, 83~84쪽.

217 박경리, 〈연민〉, 『버리고 갈 것만 남아서 참 홀가분하다』, 마로니에북스, 2008, 108쪽.

여성들의 사랑을 받지만 한평생 고통스러웠던 용이와, 기화를 짝사랑하고 고백조차 못했지만 자유롭고 자족하는 주갑은 우리 삶의 양가적 특성을 드러낸다. 대체로 용이처럼 고통스럽게 살면서 주갑의 자유와 초월을 선망하기 때문이다. 작가는 떠돌이, 남루한 행색, 보잘 것 없는 외모로 무시와 차별, 치욕과 굴욕을 감내하며 살아온 주갑을 아름다운 사람으로 그린다. 인간에 대해 혐오를 느낄 때가 많았고 고향에 가면 더욱 이방인이 될 것이기에 그곳을 찾지 않고 서울, 원주에서의 뜨내기 생활을 한다는[218] 작가에게 주갑 형상은 위로이자 자신에게 주는 선물이며 이상적 삶의 모델이다.

제2부 제2권 제4편 8장 '낭패한 주갑이'에서는 기생이 된 봉순이가 용정 통포슬에 찾아왔을 때 부엌 바닥에 주질러 앉아서 정신없이 고깃덩이를 먹다가 들킨 주갑이 묘사된다. 천사같이 아름다운 여인에게 들짐승 같은 모습을 보인 것이 창피한 주갑은 절망적이고 비관적인 기화를 배를 잡으며 웃게 한다. 그는 천진난만한 홍이를 자기편으로 만들고 고지식하고 재미없는 성격의 용이를 휘어잡으며 자신의 팔자를 서러워하는 기화를 웃게 만든다. 체면이나 명분을 따지지 않고 감정에 솔직하며 늘 웃는 주갑의 명랑성은 주위를 웃게 하고 순수하게 전염시킨다. 상사병으로 인한 급체를 치료한 강의사와의 대화에서 왜국, 청국, 조선에 대한 주갑의 날카로운 분석에 강의원은 놀라워한다. "순결한 마음 순박한 열정만이 저어 수만 리 장천을 나는 철새처럼 목적한 곳에 당도할 수 있기에" 한 마음으로 빼앗긴 조국을 찾아야한다고 강변하며 동가식서가숙하는 독립투사인 강의사의 해삼위 여정에 주갑은 서슴지 않고 동반한다.

용이, 기화에게서 '좋은 사람'으로 평가되는 주갑은 송장환, 이상현과의 만남과 대화에서 공노인댁 할머니의 부음 소식에 닭똥 같은 눈물을 흘리며 강의사의 죽음, 기화의 자살 소식에도 슬픔의 감정을 표출한다. 기쁘고 슬퍼하고 수줍어하는 실수투성이의 주갑은 용이, 월선, 환과 더불어 휴머니티를 열

218 박경리, 『원주통신』, 지식산업사, 1985, 84쪽, 124쪽.

망했다는[219] 작가의 의도처럼 가장 인간적으로 재현되는 동시에 고정된 확실성에서 벗어난 초연한 모습으로 기억된다.

주갑은 사람들의 곤란한 질문에도 기분 나빠하지 않고 능청스럽게 받아들이며 농담으로 대응한다. 그의 수치심과 부끄러움은 냉소와 경멸을 바탕으로 하지 않으며[220], 욕설과 거친 태도, 해학과 익살 또한 인간에 대한 연민과 애정, 다정함에 기반한다. 남루한 벌목꾼 차림의 외양으로 일부러 '조갑'이라 부르거나 스님에게만 인사하는 사내에게 무시와 능멸을 당하는 주갑은 관대하고 여유로우며, 아들이 있냐고 묻는 홍이에게 전생에는 기와집에서 마누라, 아들, 딸과 살았다고 대답을 해준다. 남의 눈치를 보지 않는 배짱과 농담으로 대응하는 주갑은 유희하고 놀이하며 우연히 만난 사람들을 솔직하고 차등 없이 대하는 타자지향성을 보인다.

잘 속고 무시당하고 광적으로 노래하는 주갑은 바보, 광기, 욕망, 분열자, 그림자, 배제되거나 폭력의 대상이었던 인간 속의 인간, 합리적 계산에 의해 위험을 피하지 않고 동물로부터 자신을 극복하여 초인, 천재, 신으로까지 상승한 인간, 가장 순수한 인간이란 언제나 비분화된 존재였으며, 적대하는 집단 모두를 구원하겠다고 나서서 주어진 장의 규범의 경계를 넘고자 했던 트릭스터[221]이다. 바보스럽고 어리석은 트릭스터는 영원한 방랑자이자 경계를 넘는 자이면서 자기 자신이 문제를 만들고 해결하는 자[222]이다.

용이와 강의원과 함께 주갑과 여행을 한 또 다른 동반자는 혜관스님이다. 망망한 대륙, 아득한 지평선과 모래바람이 이는 4월 중턱 혜관과 주갑은 왕청으로 가기 위해 마차를 기다리다가 '서둘러야 할 것도 없는' 여정이기에 걷기로 한다. 수숫대같이 비쩍 마른 몸집으로 건들건들 몸을 흔드는 주갑과 풍치가 가라앉아 비대하고 늘어진 살가죽을 한 혜관은 꼿꼿한 자세로 걸어가며

219 위의 책, 98쪽.
220 김연숙, 『박경리의 말』, 천년의상상, 2020, 372쪽.
221 최정은, 앞의 책, 195쪽.
222 위의 책, 156쪽.

뜨내기로서의 생애, 쇳덩이같이 다져진 다리로 힘차게 땅을 밟고 걷는다.

> 망망한 지평선이다. 야트막한 구릉(丘陵)이 없었던 것은 아니지만 환하게 트인 시야, 얼굴을 치는 것은 모래바람뿐이다. 이따금 밭둑에, 강가에 우뚝 선 고목(古木)이 유랑민의 심사를 산란하게 한다. 움은 트고 있었겠지만 멀리서는 죽은 나무같이 가지는 엉성하고 이역 벌판에 수없이 쓰러진 실향민들의 고혼, 마지막 순간 뭔가를 움켜쥐려는 손짓과도 같이 엉성한 나뭇가지. 이곳에서 죽음과 같은 땅 시베리아의 벌판은 어디메쯤인가, 북쪽으로 북쪽으로 치올라가면 비옥한 농경지와 넘치는 물고기와 풍부한 수렵지가 있다는 흑룡강 유역, 그 강을 넘으면 시베리아인가, 거대한 빙산이 무너져내리는 소리, 흰곰이 느물대고 끝없이 끝없이 살육당하는 해마며, 물개며, 제 새끼를 기르기 위해 남의 새끼를 먹이로 하는 잔혹한 생존의 투쟁이 그곳 빙산에서도 벌어지고 있는 알래스카는 어디메쯤이며, 일찍이 동방에의 길을 찾아 대상(隊商)들이 사막을 건너서 오던 돈황(燉煌), 그 실크로드는 이곳에서 어디메쯤 있는 것일까. (중략) 고목 한 그루, 경우 두 마리, 해빙한 가야호의 물살. 망망한 벌판을 수숫대 같은 사내가 건들건들 몸을 흔들 듯 가고 늙은 중은 법의를 펄럭이며 간다. 토지(소유)하고는 관계없는 두 사내가 땅을 밟고 가는 것이다. 평생이 운수요, 평생이 뜨내기, 바랑과 보따리 하나면 족하고 그것조차 잃는다면, 그래도 그만인 것이다.[223]

두 여행자에게 펼쳐진 대륙의 지도는 시베리아, 흑룡강 유역, 돈황, 실크로드, 신강 밖 중아지대, 몽고, 중국의 역사, 문화, 전쟁, 생존 문제까지 기술되고 있다. 고국, 고향을 떠난 디아스포라인 유랑민, 실향민 앞에 전개된 망망한 지평선과 막막한 방랑의 심리 속에 고목, 죽음의 땅, 동물들의 살육, 서구열강의 침략, 냉혹한 자연의 비극적이고 야만적 현실이 펼쳐진다. 방랑자가 이동하는 중국은 사막, 설원, 빙산, 소유부재의 토지를 지닌 대륙이다. 들뢰즈는

223 박경리, 『토지』 9, 삼성출판사, 1988, 212~213쪽.

정착민과 유목민, 홈패인 것과 매끄러운 것, 국가장치와 전쟁기계라는 용어로[224] 구분한 후 사막, 바다, 스텝(초원), 빙산, 고원을 리좀적 사유가 생성되는 공간으로 설명한다. 일자적 중심을 제거하고 내재성으로 나아가는 리좀은 소유의 공간이 아닌 변용태의 공간으로서의 매끈한 공간에서 발생되며, 전쟁기계는 예술가 역할로 이방인의 유목적 삶이 투영된다. 이들의 거처는 항상 스텝이나 사막이며 이들은 사유의 이미지를 파괴[225]하는바 유목적 사유는 보편적인 사유 주체를 요청하거나 모든 것을 포괄하는 총체성에 근거하기보다는 스텝, 사막, 바다 같은 매끈한 공간, 지평선이 없는 환경 속에서 전개[226]된다.

최소한의 짐과 가벼운 신체, 무소유의 정신을 지닌 주갑과 스님의 노마디즘적 삶은 비물질적인 것에 대한 가치를 열어주며, 타인과의 관계 그리고 타인과의 책임성을 강조[227]한다. 티격태격하고 농담하고 욕설을 퍼부으면서 인생무상을 느끼며 함께 웃는 두 사람은 '목적 없이 떠나온 여행'에서 섬진강물에 빠져죽은 명창 봉순이와 김환의 죽음을 이야기하고 슬픈 노랫가락을 불러제낀다. 길동무인 주갑은 왕청에서 송 선생을 만나러 연추로 가고, 혜관은 흑룡강을 따라가다 못 가면 용정으로 돌아가기에 미련 없이 헤어진다. 정주성으로 부패한 민족에게 주어지는 새로운 기회인 구원을 위한 정화작용[228]을 하는 노마디즘에서 선은 노마드적이고 악은 정착민적인 바 아벨은 목자이고 카인은 농부[229]였다. 주갑의 욕망이란 선녀 같은 기화(봉순)를 몰래 짝사랑하며 배앓이하거나 주막의 여인의 손을 한번 잡아보는 정도에 불과했다.

224 이진경, 『노마디즘』 1, 휴머니스트, 2002, 117쪽, 120쪽.
225 질 들뢰즈 · 펠릭스 가타리, 김재인 역, 『천개의 고원』, 새물결, 2001, 723쪽.
226 위의 책, 727쪽.
227 미셸 마페졸리, 최원기 · 최항섭 역, 『노마디즘』, 일신사, 2008, 192~193쪽.
228 자크 아탈리, 이효숙 역, 『호모 노마드 유목하는 인간』, 웅진닷컴, 2005, 121쪽.
229 위의 책, 118쪽, 122쪽.

4. 어린아이, 위버멘쉬로서의 놀이, 웃음, 유희

마른 몸과 못난 외모가 지속적으로 묘사되는 주갑의 외양은 웃음 역시 지나치게 부각되면서 이미지가 완성된다. 주갑은 기쁠 때나 슬플 때나 항상 웃음소리를 동반하며, 긍정적으로 세상을 본다. 용이를 처음 대면할 때나 이틀을 굶어 고생을 할 때나 주갑은 "허허허, 이거 반갑소." "하하핫…… 나 이틀을 굶었당게로."로 응수한다. 주천자 농담을 할 때도 태평스럽게 유쾌한 웃음을 터뜨리는 주갑으로 인해 월선 또한 깜짝 놀랄 정도로 호탕한 웃음소리를 낸다. 그의 웃음기는 슬픈 사랑을 하는 용이와 월선에게까지 전파된다. '하늘을 쳐다보며 빙글빙글 웃는' '킬킬 웃는' '힐쭉 웃는' '허허헛헛', '헤헤거리는 웃음소리' 등 주갑의 일상은 웃음과 함께 한다. 가난하고 설움이 많고 가진 것이 없는 그는 삶을 하나의 유희로 받아들이고, 아무런 목적이 없는 영원회귀의 삶을 긍정하며, 장자가 말하는 어디에도 얽매이지 않고 자연적 본성에 충실한 사람을 살아가는 신인(神人)과 같은 존재[230]이다. 웃음의 힘은 고대로부터 시작되는 민속적인 근원을 가지며 생성력과 재생력의 힘을 지니고 삶의 현실을 왜곡시키는 모든 것들로부터 인간 자신을 해방[231]시킨다. 비봉건적 비공식적 진리의 또 다른 전달자인[232] 어릿광대나 음유시인으로서 주갑이 등장하는 장면의 카니발적 분위기는 그리스적 명랑성, 엄숙함과 성스러움도 유쾌한 상대성으로 변하게 함으로써 타자에 대한 배려이자 타자의 입장으로 나를 전이시키는 상호주관적 인식의 태도로[233] 나아가게 한다.

천진난만하고 슬픔과 기쁨을 숨기지 않고 웃거나 울고 통곡하며, 긍정적으로 세상을 바라보는 주갑은 어린아이로 비유되곤 한다. 홍이를 비롯한 마을

---

230 양승권, 『니체와 장자는 이렇게 말했다』, 페이퍼로드, 2020, 40~41쪽.

231 미하일 바흐친, 이덕형·최건영 역, 『프랑수아 라블레의 작품과 중세 및 르네상스의 민중문화』, 아카넷, 2001, 727쪽.

232 위의 책, 154쪽.

233 위의 책, 728쪽.

아이들은 먼 길 떠난 주갑을 기다리고 그리워한다. 주갑은 아이의 시선으로 함께 놀고 사탕을 나눠주며 눈높이를 맞춘다. 강두메와 옥이 사이에 낳은 두 딸의 남치마 분홍저고리도 홍이가 주는 용돈을 모은 주갑이 사주었기에 그의 소식을 궁금해 하고 걱정한다. 주갑의 다양한 행보에선 아이들과의 친연성이 선명하게 그려진다. 이미 앞에서도 홍이의 주갑에 대한 사랑을 확인한바 있지만 마을아이들은 다정하게 자신들을 챙겨주고 놀아주는 주갑을 친구처럼 여긴다.

> "할아부지 이번엔 일찍 왔네?" "암 숙이가 보고 접어서 한달음에 갔다왔제잉." "이번엔 얼마나 오래 계실 거예요?" 사내아이가 묻는다. "금매, 할아버지도 오래 있고 접는디, 일이 생기면 또 가야 안허겄남?" "할아버지 없음 심심해." "그려, 종훈이는 핵교 갔다왔냐?" "네!" 아이들은 주갑을 좋아한다. 동무들보다 주갑이 더 잘 놀아주었고, 또 긴 겨울엔 밖에 나갈 수 없기 때문에, 주갑은 다정한 할아버지면서 동무였다. 피리며 탈이며 연을 만들어주었고 노래도 불러주었고 들판에 나가면 뜀박질도 함께 했다. 할아버지가 없음 심심하다 했는데 주갑이 역시 아이들이 없으면 쓸쓸해 한다. 그러나 아이들은 주갑이 길 떠난 뒤 눈이 빠지게 그를 기다리는 것은 망태 속에 넣어오는 사탕이며 과자 때문이다. 명절을 앞두었을 때는 더욱 초조하게 아이들은 그를 기다리는데, 그때는 때묻은 망태 속에 아이들의 옷이며 신발 같은 것을 마치 보물처럼 넣어가지고 주갑은 돌아오는 것이다.[234]

진정성 있게 아이들을 사랑하고 눈높이를 맞추며 대하는 주갑의 태도는 스스로 어린아이가 되어야만 가능하다. 모든 인간에게 힘에의 의지를 발견한 니체는 사람을 짐승과 위버멘쉬[235] 사이를 잇는 밧줄[236]로 본다. 이는 인간정

---

234 박경리, 『토지』 9, 삼성출판사, 1988, 238쪽.

235 Űbermensch, superman은 신이 사라진 시대에 신을 대체하는 인간, 인간을 초월한 인간을 말한다. 니체의 이 존재를 김정현은 '극복인'으로 이진우는 '초인'으로 번역한 바 이 글에서는

신의 3단계인 동물 - 인간 - 위버멘쉬, 낙타 - 사자 - 어린아이[237]와 연결되는 바, 남의 짐을 진 낙타는 투쟁 대신 외부와 타인의 명령에 복종하는 노예적 태도를 선택하는 나약한 인간, 동물과도 같은 존재이고, 사자는 주권적 인간으로 볼 수 있는 주인 도덕의 소유자이자 자기입법자이며, 어린아이는 끝없이 더 큰 힘을 향해 더 높은 곳으로 가기 위해 자기 관점을 파괴하고 재창조할 수 있는 유희하는 인간으로서의 위버멘쉬[238]이다. 정해진 규칙대로 움직이지 않고 지치지 않고 자신의 세계를 창조하는 아이의 모습과 주갑은 유사하다.

아이처럼 놀고 노래하고 춤을 추며, 실수하고 수줍어하며 울고 웃는 주갑에겐 남성주체, 가부장의 체통, 권위, 교양이 나타나지 않으며 일상의 관습이나 의례에 벗어나 있다. 주갑을 만난 사람들은 그를 어린아이 같다고 말하며 육십이 다 된 마른 몸집과 주름진 얼굴에도 나이가 들어 보이지 않는다. 천연덕스럽고 천진난만하며, 만나는 사람에게 자신을 맞추는 타자지향적인 주갑은 어린아이와 동일시된다. 순진무구요 망각이며, 새로운 시작, 놀이, 제 힘으로 돌아가는 바퀴이며 최초의 운동이자 거룩한 긍정인 어린아이에겐 창조의 놀이를 위해 거룩한 긍정이 필요[239]하다. 아이들은 울고 투정부리고 나서도 짧은 기억으로 금방 웃고 창의적으로 논다.

주갑의 춤과 노래는 많은 사람들을 감동시키고 삶의 의미를 조망케 한다. 홍이와 함께 강가에서 부르는 새타령은 쩌렁쩌렁 산천을 울리고 애연하게 올라가고 침통하게 내려오는 노랫가락에 어깨를 들썩이며, 지나가는 나룻배 사공과 선객들은 추임새를 넣는다. 주위를 의식하지 않고 하고 싶은 대로 하는 그는 어린아이이자 자유인이다. 이러한 장면은 용정 술집에서 조우한 엿장수 홍서방과의 술자리에서도 재현된다. 주름진 얼굴 위로 눈물이 흘러내리며 부

위버멘쉬로 쓰고자 한다. - 고명섭, 『니체극장』, 김영사, 2012, 361쪽.
236 프리드리히 니체, 정동호 역, 『차라투스트라는 이렇게 말했다』, 책세상, 2000, 20쪽.
237 위의 책, 38쪽.
238 이승은, 「니체의 관점주의적 도덕」, 고려대 석사학위논문, 2022, 1쪽.
239 프리드리히 니체, 정동호 역, 『차라투스트라는 이렇게 말했다』, 책세상, 2000, 40~41쪽.

르는 새타령은 주변을 압도한다. 그의 한 맺힌 목소리는 변함없이 청아하고 보잘 것 없는 한 인간이 홀연 고귀한 모습으로 인식되기에 주모는 연신 행주치마로 눈물을 닦는다. 본시부터 사람도 재물도 없는 혈혈단신인 주갑의 고행과 떠돌이 생활에 '음악은 여행의 풍경을 보여주며 고독의 진정한 보상으로서 모든 여행에 동반'[240]된다. 낭만주의 예술가는 영토를 살아 가지만 영토를 필연적으로 잃어버린 것처럼 살며 추방되어 여행 중에 있는 자로, 탈영토화하고, 환경들의 중심으로 되돌아온 사람처럼 인생을 살아[241]간다. 변화를 싫어하는 보수성의 한계를 가졌지만 유교적 질서 안에서 도리와 인간의 존엄성을 유지코자 했던 전통적인 농민계급의 표상[242]인 용이가 죽을 때 부럽다고 고백한 두 인물이 평사리 노래꾼인 서금돌과 주갑이라고 한바, 토지, 농사, 가족에 묶인 정착민이자 농부이자 지아비였던 용이는 예인, 자유인을 꿈꾸며 살아왔던 것이다.

목적 없이 여행 중인 혜관과 주갑은 푼수 없이 좋아했던 기화(봉순)가 섬진강물에 빠져 죽은 소식과 김환의 죽음을 이야기하며 회한에 젖는다. 직업과 생각이 다른 동행자는 서로 놀리고 욕하고 무례하게 굴어도 화나지 않는 관계를 형성하며 무욕의 동반적 여정을 한다.

> 악을 쓰듯 사향가(思鄕歌)를 불러 젖힌다. 그러나 목에 핏대를 세우며 고함을 질러대듯 하던 주갑의 소리는 차츰 본래의 노래로 가라앉기 시작했다. 혜관의 눈이 둥그래진다. 주갑은 보따리 안 든 편의 팔을 학의 날갯짓처럼 펼치며 몸부림치듯 몸을 흔든다. 곽산만리 찬바람은/낙매곡이 서러워라/운무에 싸인 달은 상심빛을 띠여 있고/원포의 여울소리/단장성 화답헌다아 - '허허어 참, 저 사내는 전생에 새였을까? 노송 위에 홀로 앉은 한 마리 학이었을까?' 혜관은 승경 올 때 구름을 뚫고 이동해가는 현세 생각을 한다. '저 사내 어느 구석에

240 자크 아탈리, 이효숙 역, 『호모 노마드 유목하는 인간』, 웅진닷컴, 2005, 447쪽.
241 질 들뢰즈·펠릭스 가타리, 김재인 역, 『천개의 고원』, 새물결, 2001, 644쪽.
242 토지학회 편저, 『토지인물열전』, 마로니에북스, 2019, 242쪽.

저리 귀한 곳이 있었던고? 반하게 예뻐 보이는군 그래. 소리 공부 안 해도 명창이다. 허 참,'[243]

그로테스크한 몸을 한 주갑은 '아름답고' '예쁜' 사람으로 인식된다. 농부 용이, 독립투사 강의사와의 동행이나 스님 혜관과의 여정에서 서로 놀리고 욕하고 무례해도 노마드는 화내지 않고 농담과 해학을 모두 받아들인다. 공식언어가 아닌 사투리를 구사하며 욕설, 상소리, 해학, 농담 같은 광장언어는 축제의 분위기를 고취시키며 경계를 해체하고 완성된 형태의 윤곽을[244] 지운다. 거리에서든 주막이든 주갑이 있는 공간에선 웃음, 조롱, 해학, 실수가 함께 하는 카니발적 상황이 그려지는데, 축제는 생성과 변화 갱생을 의미하고 모든 사람들을 평등한 것으로 간주하며 미래를 응시[245]한다. 주갑의 유희는 웃음의 원인인 규범의 일탈을 의미하며 위험한 풍자로 나아가지 않는 우스꽝스러움의 무해성[246]을 지니면서 세계를 새롭게 드러낸다.

주갑의 노랫소리와 스님의 염불소리가 자연과 함께 어우러지며 길위의 노마드는 유희하고 이별하고 조우하며 자신을 확장시킨다. 박경리는 모든 생명의 원형질로서 예술가는 그것에 대한 그리움을 전제로 본질을 탐구하고 표현하는 사람이자 자유에의 갈망을 지닌 우스꽝스러운 모습은 무구한 자의 슬픔을 지닌 광인이라고[247] 표현한다. 해삼위, 연추로 가는 강의원과 동가식서가숙의 삶을 이행하는 주갑의 놀이에 몰두하는 어린아이의 모습에서 진정한 창조자의 이미지를 발견하며, 어린아이는 언제든지 삶을 긍정[248]하는 삶의 양태를 보인다.

---

243 박경리, 『토지』 9, 삼성출판사, 1988, 219쪽.

244 미하일 바흐친, 앞의 책, 33쪽.

245 미하일 바흐친, 이덕형·최건영 역, 『프랑수아 라블레의 작품과 중세 및 르네상스의 민중문화』, 아카넷, 2001, 32~33쪽.

246 류종영, 『웃음의 미학』. 유로, 2005, 38쪽.

247 박경리, 『생명의 아픔』, 마로니에북스. 2016, 49쪽.

248 고명섭, 『니체극장』, 김영사, 2012, 393쪽.

5. 《토지》와 '주갑'

이 글은 《토지》의 수많은 인물 중 주갑의 인물형상을 통해 작가가 지향하고자 하는 삶의 모습을 들여다보았다. 노마드, 자유인, 트릭스터인 주갑은 무욕적 능동적 긍정적 관점으로 세상을 바라보는바 그의 순수하고 타자지향적이며 인간적인 모습은 주변을 밝히고 선하게 하며 웃음을 자아낸다. 작가는 자유의 이면에 드리워진 고독의 어려움을 토로하며, 제도권의 규칙에 순응하는 정착민과 달리 자신 스스로 삶을 결정하는 주갑을 지향한다. 농부, 가족구성원과 정주민으로서의 도리와 의무와 제도에 묶여 일생 고통스러웠던 용이의 입을 빌려 작가는 완전한 자유인이자 예인인 주갑의 삶을 소망한다.

작품 속 분량이 많지 않고 핵심서사나 평사리공동체, 최참판댁과는 무관한 주갑의 존재는 역사대하소설 16부작 《토지》 안에서 없어도 중심서사에 지장이 없지만 없어서는 안 되는 존재이다. 박경리는 용이와 주갑을 통해 인간연민/인간혐오, 자유/고독, 정착/방랑, 한/생명, 노동/유희, 집착/해탈 등 인간이 지닌 양가적이고 충돌하는 삶의 원리를 보여준다. 모두가 주갑처럼 살아갈 수 없기에 '용이'처럼 산 작가는 새, 예인, 나그네, 자유인인 '주갑'을 원망(願望)했다. 볼품없는 외모, 그로테스크한 신체, 초라한 세속적 잣대에도 불구하고 어린아이 같은 행복하고 사심 없는 명랑성을 지닌 순수한 인간형으로 창조된 주갑은 적은 분량에도 강렬한 인상을 남긴다.

나그네이자 길손이며 떠돌이고 뜨내기인 주갑은 무욕의 삶 속에서 새처럼 가볍게 삶을 유희하고 긍정하는 노마드이다. 영원한 이방인인 그는 자유롭게 비상하는 새(철새)에 비유되며, 해학적이고 인간적인 인물에 머물지 않고 니체가 인간정신의 궁극적인 모습으로 상정한 어린아이, 위버멘쉬이다. 인간은 고통, 비극, 한을 지닌 존재이지만 니체의 운명애와 같은 긍정의 철학이 주갑의 삶에서 나타난다. 자유의 이면에 드리워진 고독의 삶을 극복하기 어려운 인간에게 주갑의 삶은 박경리가 지향하는 이상적인 인간의 모습으로 형상화되었다.

선하고 아름다운 인물인 길상의 창조는 실패했고, 비교적 용이는 성공한 인물이라고 밝힌 작가는 자신이 가장 좋아하는 인물이 주갑이라고 말한바 있다. 처음에는 봇짐장수 같은 길손으로 스쳐지나가는 인물로 주갑을 설정했으나 무심하고 무욕의 창작태도로 그려진 주갑은 노마드, 트릭스터, 예술가, 어린아이, 위버멘쉬로 창조된다. 따라서 주갑이라는 존재엔 단지 해학적이거나 능동적 인물만으로 단순하게 평할 수 없는 작가의 심오한 주제의식이 담겨있다.

6장 윤후명 소설의 여행·여담으로서의 서사구조적 특질

1. 내러티브 서술전략과 모티프

최근 전집이 출간되었고[249] 수많은 문학상을 수상한[250] 중견작가 윤후명에 대한 선행연구[251]가 많지 않다. 장·단편소설뿐만 아니라 시집과 산문집을 공백 없이 발표해온 질적 양적 축적에도 불구하고 본격적인 연구가 미흡하다. 중년남성이 떠돌면서 여행지에서 만난 인물과 조우하고 별다른 사건 없이 진행되는 윤후명 소설은 자아반영적이고 존재론적인 사유와 정체성 탐색이라는 주제의식과 탈리얼리즘, 반서사적인 형식미학을 특징으로 한다. 이국공간에서 타자와의 만남을 통해 정체성을 확립하고 인간 본연의 불안과 삶의 비의를 규명하는 그의 문학은 낯설고 이질적이며, 재현방식과 전통적 서사구조의 틀을 해체함으로써 가독력을 낮춘다. 현학적인 교양지식의 나열, 시와 삽화 삽입, 자전적 소재, 에세이적 전개의 메타픽션적 요소는 이야기와 담론을 혼돈케 하며 시공간과 정통서사를 해체한다. 이 글은 1967년 시로 등단해 12년간 시인으로 활동하다가 1979년 《한국일보》 신춘문예에 〈산역〉이 당선되어

---

249 작가는 2016년 자신의 문학전집 6권을 출간하였다. 그중 1권의 제목이 『강릉』(은행나무, 2016)인데, 일반적으로 단편집 제목은 수록된 소설 중 하나를 선정하기 마련이지만 '나의 처음이자 마지막에 놓이는 어떤 것'이라는 작가의 고백처럼 자신의 고향인 지명 '강릉'으로 채택한 것이 특이하다.

250 윤후명은 〈돈황의 사랑〉으로 녹원문학상(1983), 〈누란의 사랑〉으로 소설문학작품상(1984), 〈엉겅퀴꽃〉으로 한국창작문학상(1985), 〈별을 사랑하는 마음으로〉로 현대문학상(1994), 〈하얀배〉로 이상문학상(1995), 〈나비의 전설〉로 이수문학상(2002), 〈촛불 랩소디〉로 현대불교문학상을, 〈둔황의 사랑〉으로 고양행주문학상(2012), 〈쇠물닭의 책〉으로 만해'님'작품상(2013) 등을 수상하였다.

251 현재 석사학위논문 5편이고 박사학위논문은 없으며, 학술지 논문도 많지 않고, 대부분 전집, 소설집 뒤에 실린 작품해설이나 평론들이다.

소설가로 전환한 윤후명 문학의 서사구조와 내러티브 전략을 고찰한다.

기존연구로는 자아발견과 근원적 탐색에 대한 주제적 접근으로, 자아탐색과 반사회적 경향[252]을 드러낸다는 평가가 일반적이지만, 한국정치현실 속에서의 존재에 대한 문제의식이기에 탈사회적 맥락으로만 보면 안된다는[253] 해석도 있다. 구조적 연구로는 '나'소설(사소설, 자전적 소재)[254], 여행구조[255], 연상과 회상의 시간구조[256] 등으로, 떠남의 의미를 진정한 가치를 찾아 떠나는 것으로 현재에서 벗어나 더 성숙한 나의 모습을 발견하기 위한 하나의 과정[257], 시간성에 의존하는 전통적인 서사구조가 아닌, 작품을 하나의 공간적 구성체로 보는 새로운 서사기법[258]으로 분석한다. 이외에도 환상성[259], 서정성[260], 공간성[261]의 관점에서 윤후명 소설의 특질을 고찰한다.

이 글은 윤후명의 문학적 특질을 여행과 여담 모티프에서 찾는다. 여행서사구조는 개인적이고 사회적 맥락 속에서 형성된, 분열되고 자아를 상실한 유목민적 삶과 불안한 현대사회를 재현하는데 적합한 구성방식이다. 이탈 혹

---

252 강은정, 「윤후명 소설 속에 나타나는 현상학적 존재의식」, 부산대 석사학위논문, 2003, 최현주, 「윤후명 소설의 정체성 탐색 양상」, 『한국문학이론과 비평』 제8권, 한국문학이론과비평학회, 2000, 최영자, 「윤후명 소설에 나타난 반영적 사유와 존재론적 인식」, 『한성어문학』 제29권, 한성대 한성어문학회, 2015.

253 고명철, 「시대고를 견디는 몽환의 비의성과 자기존재의 정립」, 『한민족문화연구』 제38권, 한민족문화학회, 2011, 161쪽.

254 김만수, 「사소설의 한국적 변용과 그 의미」, 『작가세계』 제27호, 1995.겨울, 김윤식, 「환각의 울림과 공명관: 협궤열차 윤후명의 헤매기와 그 벗어나기론」, 『가장 멀리 있는 나』, 문학과지성사, 2001.

255 양진오, 「여행하는 영혼과 여행의 소설」, 『작가세계』 제27호, 1995.겨울, 이미영, 「윤후명 소설 연구: 여로형 서사구조를 중심으로」, 한국교원대 석사학위논문, 2003, 졸고, 「자전적 소재로 본 윤후명 여행판타지의 함의」, 『한민족어문학』 제69집, 한민족어문학회, 2015.

256 김정은, 「윤후명 소설의 공간 연구」, 중앙대 석사학위논문, 2009.

257 이미영, 「윤후명 소설 연구: 여로형 서사구조를 중심으로」, 한국교원대 석사학위논문, 2003, 3~4쪽.

258 김정은, 앞의 논문, 2009, 77쪽.

259 방금단, 「윤후명 소설의 환상성 연구」, 성신여대 석사학위논문, 2004.

260 이지은, 「윤후명 소설의 서정성 연구」, 한국교원대 석사학위논문, 2001.

261 김정은, 앞의 논문.

은 불필요한 잉여, 사족이 되느냐 주제로 나아가기 위한 문학적 장치로 귀결되느냐가 관건인 여담도 서술전략 중의 하나이다. 앙티로망과 누보로망 계열의 작가들과 의식의 흐름을 추구했던 작가들에게 영향을 받았으며[262] 기존의 전쟁소설과 달리 '새로운 감각을 보여주고 싶기에 6.25라는 말이 나오지 않고 오직 아름다운 이야기로서만 그날의 비극을 말하겠다'[263]는 작가의 고백에서 서술전략의 단서를 포착할 수 있다. 고통스럽고 잔혹한 6.25체험을 재현이나 반영의 서사보다 모더니즘의 형식미학에 치중한 작가는 전쟁의 폭력성과 외상을 전면에 내세우지 않음으로써 독창적인 문학세계를 구축[264]하며 현실을 그리되 상징과 연상, 비유를 통해 삶과 사랑, 관계형성의 어려움을 예술적으로 형상화한다. 또한 단순한 사건과 반복되는 서사, 인물정보의 미흡 등 누보로망 작가에게서 나타나는 '사건 서술 위주의 전통적 서사방식과 다른 다양한 글쓰기 스타일'[265]이 엿보인다. 6.25 재난과 상처, 4.19, 5.16, 197,80년대 군부독재로 인한 억압과 공포, 1990년대 IMF 경제위기로 인한 빈곤과 생존문제가 원경화된 것은 '자기 바깥의 실제대상을 재현하지 않고 자기 스스로를 들여다보며 반성하는 것 즉 자기 자신으로 되돌아가는'[266] 비재현주의적 서술방식에 기인한다. 존재론적이고 자기반영적인 윤후명 문학이 정치경제적 현실을 배경으로 함에도 불구하고 반서사적 시적 관념적인 이유는 시인으로 출발하였고 대학에서 철학을 전공했다는 점도 작용했을 것이다. 또한 이러한 서술방식 때문에 그의 문학은 탈사회적 반역사적 현실도피적으로 평가받게 하고 있다.

작가의 원체험[267]인 6.25 소재와 떠돎과 헤맴의 서사는 '삶의 주체로 서지

---

262 우찬제·권성우, 「산업화시대의 낭만적 예술가의 초상」, 『문학정신』, 1990.7. 30쪽.

263 윤후명, 『곰취처럼 살고 싶다』, 민족사, 1997, 62~63쪽.

264 졸고, 앞의 논문, 672쪽.

265 김종기, 「예술작품에서의 지시성의 문제」, 『철학논총』 제76집, 새한철학회, 2014, 326쪽.

266 위의 논문, 327쪽.

267 1946년생인 작가가 다섯 살 때 겪은 전쟁은 홍역 때문에 피란을 가지 못해 어머니와 홀로 고향에 남은 외로움과 기다림의 정서가 그의 문학 속에 지배적으로 배여 있다. '텅빈 마을',

못하고 공동체에서 밀려나는 소외감과 불안의식을 야기한 1990년대적 상황'[268]을 대변한다. 자전적 체험을 바탕으로 한 1970년대 초기작인 〈산역〉, 〈높새의 집〉으로 출발한 그의 문학은 80년대의 〈돈황의 사랑〉, 〈누란의 사랑〉에서 중국 서역과 사막공간의 상상력에 기반한 환상문학을 구축하며 소설가로서의 존재감을 알린다. 90년대의 《협궤열차》, 〈하얀 배〉에서는 자아인식이 확장되어 한민족 정체성, 북방문화로 나아가며, 2000년대 작품에서는 강릉의 설화소재가 차용되어 고향으로 귀환한다. 이러한 문학적 변모에도 불구하고 지속적으로 나타나는 주도모티프를 통해 윤후명 문학의 기법적 특징을 도출할 수 있다. 자기지시적인 윤후명 소설은 '재현적 서사 즉 인물과 행위와 플롯을 제거하고 그저 기호화된 언어를 통한 단순한 묘사만으로 소설을 전개하거나 실제의 장면과 상상의 장면을 뒤섞어 버려 현실과 환상의 경계'[269]를 허물어 버린다.

이 글은 윤후명 소설에 일관되게 나타나는 여행구조 속에 '여행하고 방랑하는 것이자 폭력적이고 위반적인 것으로 방향을 잃게 하는'[270] 여담의 미장아빔[271]과 내러티브 서술전략을 살펴보고 주제의식과의 관련성을 고찰한다. 윤후명 소설은 태작과 수작의 차이가 크지 않기에 시대별로 작품을 선정한바, 연구대상작품은 〈돈황의 사랑〉(1982), 《협궤열차》(1992), 〈나비의 전설〉(2002), 《삼국유사 읽는 호텔》(2005), 〈눈 속의 시인학교〉(2016) 등이다.

'하얀 길'의 고향 이미지, 아버지 죽음의 원인, '변소구멍으로 들어가 숨으려다 죽은 꽃다운 나이의 청년'에 대한 죽음 이미지, 열아홉의 어여쁜 얼굴을 지닌 청상의 어머니의 재혼과 소꿉친구인 옆집 소녀 세화 이미지는 초기작부터 현재의 작품 속에서도 변형되어 등장한다.

268 민혜숙, 『한국문학 속에 내재된 서사의 불안』, 예림기획, 2003, 255쪽.

269 김종기, 앞의 논문, 327쪽.

270 린다 사브리, 이충민 역, 『담화의 놀이들』, 새물결, 2003, 35쪽.

271 mise en abyme은 소설에서는 액자소설 즉 이야기 속의 이야기, 연극에서는 셰익스피어의 〈햄릿〉을 비롯한 여러 작품에서 나타나는 액자구성 또는 극중극, 회화에서는 여러 화가들이 그림 속에서 나타나는 그림 속의 그림 등의 형식을 말한다. 이 미장아빔은 작가의 자기성찰의 이미지, 예술가의 성찰적 자기인식을 보여준다. - 김종기, 앞의 논문, 337쪽.

2. 여행의 서사구조: 시공의 해체와 자아인식의 확장

비정규직·임시직 일을 하거나 무직 혹은 실직한 주인공은 늘 여행 중이며, 안정된 직장과 기거할 집, 가족을 형성하지 못한, 상식적이고 패턴적인 삶에서 벗어난 인물이다. 1인칭 시점으로 그려지는 '나'는 전쟁체험, 군부독재와 언론탄압, IMF로 표상되는 빈곤과 경제적 이유로부터 탈주하며 쫓기는 망명자 내지 도망자의 심정으로 살아감으로써 '세계를 향한 즐거운 편력으로 모든 소망이 충족되는 기쁨의 경험에 해당되는 떠돎이라기보다는 강요되는 떠돎인 동시에 정처 없이 헤매는 편력인 고뇌의 경험으로서의 떠돎'[272]으로서의 여행이 일상화된다.

여행은 불안정하고 안주할 수 없는 한국근현대사적 상황과 현대인의 불안과 공포, 인간소외라는 실존적 주제를 담는데 적합한 서사구조이다. 작가는 정치경제적 현실뿐만 아니라 작중인물의 나이, 직업, 이름, 가족, 거주지에 대해 간략하게 제공함으로써 리얼리티와 거리를 두고 환상성을 부각시킨다. 등장인물은 많지 않으며 서술자인 '나'의 의식과 시점으로 관찰될 뿐 자신의 목소리와 표정을 갖고 있지 않다. 40대 중년남성은 '그녀', '한 여자', '내가 사귀던 여자', '문학여행을 따라온 여자', '옆의 여자', '죽은 여자', '주인 여자', '술집 여자', '옛 여자', '고향을 도망쳐온 여자', '헤어진 여자'로 묘사되거나 이니셜 A, N, M, '류', 'ㅎ'으로 불리는 여성과 대면한다. 이름을 갖지 못했다는 것은 정체성의 불안정성 혹은 열등한 자존감을 뜻하며, 풀네임을 획득하지 못한 그녀들은 호출되지 않음으로써 사회와 단절되고 존재를 인정받지 못한다. 화자의 관념이 만들어낸 추상적 여자[273]인 그녀들은 자아의 타자성을 의미한다. 떠나거나 죽거나 다른 남자와 결혼한 여성들은 자기동일성을 이루지 못하고 자신과 일치하지 못한 자아로 다양하게 변형되어 지속적으로 등장한다.

---

272 이재선, 『현대소설의 서사주제학』, 문학과지성사, 2007, 415쪽.

273 최영자, 「윤후명 소설에 나타난 반영적 사유와 존재론적 인식」, 『한성어문학』 제29권, 한성대 한성어문학회, 2015, 171쪽.

속화된 현실과 작중인물의 정보를 구체적으로 제공하지 않으며 잘 짜여진 서사구조가 아니라 비선형적이고 역전된 구조는 재현과 모방의 리얼리즘서사에서 비껴가기 위함이다. 시간의 역순, 공간의 넘나듦의 여행이 교차되는 낯설고 몽환적인 서사는 상처와 고통, 그리움과 기다림의 정서, 혼란스럽고 무질서한 내면을 반영한다. 낯선 공간(여행지)에서의 이국적이고 진귀한 풍물이 두서없이 소개되고 의외의 조우나 뜻밖의 만남으로 이끄는 여행은 삶이란 논리정연하거나 인과적인 것이 아니라 우연적이고 우발적임을 성찰하는 여정임을 말해 준다. 일정한 체류나 머묾, 관계 형성을 전제로 할 때 서사가 성립되는데 한곳에 정주하지 못한 여행자는 서사를 갖지 못한 채 파편화되고 불완전한 삶을 영위한다. 윤후명 소설은 집, 가족, 직장을 바탕으로 한 생활패턴이 드러나지 않으며, 길위나 여행지에서 무책임한 만남으로 이어지고 열린 결말구조로 구성된다.

여행지인 서역과 사막을 배경으로 황량하고 황폐한 내면의식을 투영하는 〈돈황의 사랑〉은 〈누란의 사랑〉으로 이어지는 실크로드 상상력에 기반을 둔다. '나'는 주간지 근무 중 만난 16,7살 소녀의 노랫소리에서 여옥의 〈공후인〉과 비천의 〈공후인〉을 연상하며, 신문에서 돈황기사를 읽는다. 혜초의 〈왕오천축국전〉을 중국 서역 고대불교유적지에서 발견한 나는 대학탈춤반에서 알게 된 봉산탈춤의 사자에서 돈황 벽화의 사자를 떠올린다. "훨씬 오래전부터 거슬러 올라간" 놀이가 북청사자이고 사자놀이의 전래 및 유래가 신라 오기 중 산예의 탈춤이라는 사실을 알게 된 나는 시공을 초월하여 사물의 기원과 뿌리를 탐색한다. 또한 서울의 소녀, 미라가 된 누란의 소녀를 동일시함으로써 유한한 시공을 초월하여 우주론적이고 근원적인 사유와 삶에 대해 성찰한다. 《협궤열차》의 '나'는 시를 쓰거나 취재여행을 다니는 이혼남으로 삼천포 여행에서 본 공룡발사국에서 승냥이똥으로 이어지며 협궤열차를 공룡과 동일시한다. 유구한 역사 속에서 소멸되었거나 곧 사라질 공룡과 열차는 "굼벵이처럼 사는, 하루하루가 지겨운 날의 연속"인 자신만큼이나 존재감이 없다. 류는 다른 남자와 결혼하고, 처음 만난 한 여자에게 버려지며, 낯선 여자와 즉흥적으로 여행을 떠나는, 불안하고 미완된 관계는 "수수께끼, 숨바꼭질 같은 관계"로서 타자와 합일할 수 없는 비극적 상황을 말해 준다. 미지의 동경 때문에 자신의 위치를 잃어버리곤 하는 주인공은 미로 같은 삶에 대한 절망과 고단함을 느끼는 여행자이다. 방랑하는 삶과 비정상적인 관계는 사회와 가정 안에 안주할 수 없는 정체성의 불확실함과 부재를 나타낸다. 주인공이 안주하지 못하고 떠날 수밖에 없는 시대적 내면적 요인이 주제가 되며, 정착하려는 욕망과 정착하지 못하게 하는 욕망 사이의 갈등을 그린[274] 여행소설에서 '나'가 아니라 '나라는 인물', '나라는 인간'으로 서술되는 주인공은 자신을 확신하거나 타인에게 확인받지 못하기에 "인간과 짐승 두 얼굴 형상의 가면을" 쓴 분열된 자아이다. 수지타산이 맞지 않아 퇴출될 협궤열차는 오래전 사라졌던 류이기도 하고, 도태되어 버려지는 자신이기도 하다. 강시, 유령이나 '굼벵이', '괴로운 유충'(협궤열차), '강시들과 좀비들의 축제'(눈속의 시인학교)나 소설에 삽입된 시에서 묘사되듯이 나는 동물, 벌레, 귀신 정체성을 갖는다.

> 저놈의 협궤열차가 아직도 다녀/어느 날 새벽/아니면 저녁/협궤열차에 흔들리는 삶/꼭 유령 같다니까 아니 강시 같다니까/금방 무덤에서 나온 듯/도시에 나타나 어 저게 저게 하는 동안/뒤뚱뛰뚱 아마 고대공룡전으로 사라진다니까/거무튀튀한 몸통뼈 안에 그러나/흔들리는 삶/아직 살아서 뒤척이는 꿈/날품팔이 아낙네의 질긴 사랑/나도 그래야 한다 삶 찢기도록/사랑해야 한다/살아 있음의 질긴 몸뚱이들을[275]

〈나비의 전설〉의 여행은 주민등록증을 재발급하기 위해 떠난 여정이다. 신분증의 분실은 자신을 증명할 수 없는 타자이자 이방인을 표상한다. 용문사

274 졸저, 『우리시대의 여행소설』, 태학사, 2006, 30~31쪽.

275 윤후명, 《협궤열차》, 『한국소설문학대계78』, 동아출판사, 1995, 66쪽.

사나사 골짜기에서 나비떼를 발견하고 가든식당에서 검은 나비떼의 환영을 본 후 서울로 귀환한 '나'는 일년 후 면사무소를 재방문한다. 절에 버려졌다가 식당주인에게 입양된 소녀 나빌레는 몽골여행에서 말을 끌던 몽골초원의 소녀와 이웃집 어린 소녀, 헤어진 어떤 여자를 닮았다. 건강악화와 지인의 죽음은 자신의 삶도 위태롭게 하는 아슬아슬한 일상 속에서 환각과 공상에 함몰되며 나비의 형상을 통해 존재의 기원을 탐색한다. 이디든 떠날 수밖에 없던 몽골여행은 외환사태 때 부도를 내거나 사회가 돌아가는 꼴에 역겨움을 느끼는 상황에서 이뤄지며, 경제가 엉망진창이 되어 직장에서 물러나 음식점을 차린 식당주인의 사연도 시대적 어려움을 반영한다. IMF와 국가권력에 의한 정치경제적 압박과 공포, 시련은 간단하게 기술되는데 이는 삶의 고통이나 사랑의 결여, 존재감의 위기, 존재의 근원과 같은 철학적 존재론적 주제에 집중하고 몽환적 시적인 어조를 유지하기 위해서이다. 주민등록증의 부재는 존재증명의 위기이고 몽골행 역시 한국과 고향으로부터 멀어지는 여행으로 여행자는 자아, 민족, 고향 정체성이 불안하고 위태로운 상황에 놓여있다.

> 하늘에 돌이 날고 죽은 승냥이들이 떼를 지어 우짖는 사막, 과벽탄이라 불리는 사막, 거기서 물고기 되어 바싹 말라간 것도 나였다. 나는 내가 꿈꾸었던 모든 인물이 되었다. 손기정 같은 마라토너가 되어 우주를 살별처럼 달리다가 별똥별이 되어 불에 탄 것도 나였고, 우장춘 같은 식물 육종학자가 되어 커다란 바오밥나무의 자궁 속으로 기어들어가 몇백만 톤의 씨없는 옥수수를 꺼낸 것도 나였다. 나는 스님이자 손오공이었고, 날쌘돌이였고, 태권 V였고, 동방삭이었고, 홍길동이었고, 엉뚱하게도 가톨릭 사제였다. 주몽이었고, 테무진이었고, 무당이었고, 이순신의 부장이었고, 처용이었고, 마침내 비렁뱅이였다. 그리하여 시화호의 썩어가는 갯벌을 마지막으로 기진맥진 기어가는 말뚝망둥이 같은 물고기로 환생하는지도 몰랐다.[276]

276 윤후명, 〈나비의 전설〉, 『제9회 이수문학상 수상작품집』, 이수, 2002, 37쪽.

나는 식물학자를 소망하기도 하고 역사속의 인물이기도 하며 스님, 사제, 무당처럼 종교를 초월한 집합체이거나 배려의 화신인 처용 혹은 현실 속의 가난한 타자도 될 수 있다. 관념들 또는 이미지들의 모임 또는 다발이며 실체가 따로 있는 게 아니라 관념들이 모인[277] 자아는 자기동일성을 갖지 못하고 아무 것도 규정지어지지 않기에 무한생성되는 기관 없는 신체[278]이다. 외적인 지리적 여행과 내적인 역사적 여행, 관념적인 내면여행을 통해 '현실 이상인 것을 뽑아내고, 편집증적 고통과 독신의 영광 속에 있는 보물을 형성하며'[279] 끊임없이 생성되는 다양체 내지 리좀적 삶이 전개된다. 주인공은 홀로 있고 싶고 사랑을 이루지 못하며 자신과 멀어지는데 이는 자기 자신을 지각할 수 없게 되기, 사랑할 수 있게 되기 위해 사랑을 해체해 버리기, 마침내 홀로되기 위해 그리고 선의 다른쪽 끝에서 참된 분신을 만나기 위해 자기 자신의 자아를 해체해 버리기, 움직이지 않는 여행을 하는 은밀한 나그네, 모든 사람들처럼 되기, 하지만 그것은 바로 아무도 아닌 자가 되는 법을 아는 자, 더 이상 아무도 아닌 자를 위한 생성[280]을 추구한다.

《삼국유사 읽는 호텔》의 3박4일 동안 북한여행을 하는 '나'는 비무장지대, 도라산역, 개성을 거쳐 평양에 도착한 후 양각도 호텔에서 리상호 번역의 『삼국유사』를 읽으며 시간을 보낸다. "무엇이 되기를 정하지도 못하고 살아온 30년의 시간이 인생이라는 이름으로 기진맥진하여 널브러져" 온 주인공은 자신, 국민, 민족과 같은 주체나 동일자가 되지 못한다. 이 여행에서 나는 역사

---

277 김재인, 『혁명의 거리에서 들뢰즈를 읽자』, 느티나무책방, 2016, 63쪽.

278 들뢰즈의 용어로, 욕망이 신체 위에 등록되지 않은 상태를 말하며, 각 체계가 가득찬 신체 위에 영토화하고 유기체화하는 등록을 할 때마다 그 반대로 비-표식을 향한 탈영토화하는 도주선이 그려진다. 랭은 분열화 과정을 통과의례의 여행 즉 자아상실의 초월론적 경험이라고 규정한다. 질 들뢰즈·펠릭스 가타리, 김재인 역, 『안티 오이디푸스: 자본주의와 분열증』, 민음사, 2013, 156쪽, 아르노 빌라니, 로베르 싸소, 신지영 역, 『들뢰즈 개념어 사전』, 갈무리, 2012, 74쪽.

279 질 들뢰즈·펠릭스 가타리, 앞의 책, 162쪽.

280 질 들뢰즈·펠릭스 가타리, 김재인 역, 『천개의 고원: 자본주의와 분열증2』, 새물결, 2003, 377쪽.

책과 고구려벽화를 통해 남북한 정체성과 유구한 한민족 역사를 공유하며 자신의 실체를 확인한다.

> 게다가 그것은 솟대였다. '씨름무덤'의 벽화에는 '나뭇가지에 앉아 경기를 주시하듯 목을 길게 뽑은 새'라고 설명되어 있는 새 세 마리가 그려져 있었다. 이 세 마리 새린 흔히 솟대 위에 앉아있는 새가 틀림없었다. 아아, 나는 깊이 탄식했다. 까막눈으로 이 그림을 건성 보아왔던 나는 이제야 살아있는 신성함을 눈으로 확인한 것이었다. 나무 아래 씨름하는 사람들이 달리 보였다. 고구려 사람들이 달리 보였다. 내가 달리 보였다.[281]

"멀리 아득한 막북(莫北)의 변방에 유배된 사람"인 나는 고려인, 조선족, 탈북자, 북한사람과 조우하면서 고조선, 신라, 고려 등의 한 역사를 공유하고 있고 북쪽가수 리경숙의 노래 '다시 만납시다'를 들으며 한민족의식과 뿌리를 확인한다. 벽화 속에 부조된 고구려인의 후예임을 자각하며 선명하게 자신의 모습을 찾게 되는 것이다. 4일간의 북한여행은 호텔에서 읽은 『삼국유사』에 나오는 고조선과 삼국시대를 거쳐 고려의 등장에 이르는 기나긴 역사여행이자 M과의 관계를 정리하는 여행이다.

> M. 나는 무척 오랜 여행을 끝내고 돌아가는 길이야. 하늘에서 내려온 임금들과 알에서 태어난 임금들이 다스리던 나라를 지나, 전쟁의 상흔이 아직 아물지 않은 폐허를 지나오는 길이야. 우리는 어느 쪽이나 다 '부서지고 눈 가려진 나라'임을 새삼 깨닫는 여행이었어. …나는 언젠가 돌아올 너를 기다리기 위해 지금 서울로 가고 있다고 굳게 믿어. 기다림이야말로 그 노래들이 우리에게 가르치주는 가장 빛나는 뜻. 사랑의 진정한 뜻이니까. M, 기다림의 땅 서울이 멀지 않았어.[282]

281 윤후명, 『삼국유사 읽는 호텔』, 랜덤하우스중앙, 2005, 92쪽.

이 소설에서도 과거나 역사 속으로 도피한 듯하지만 "미국과 소련 사이에서 작은 반도는 갈라져 희대의 이별이 계속"되고 있다거나 "나라 돌아가는 꼴은 뒤죽박죽"이라고 말함으로써 독재와 남북문제를 꼬집는다. 4일간의 평양방문이 중심서사이지만 러시아에서 보낸 겨울 여행, 김해 운하사 여행, 쿠바 아바나 여행, 둔황 여행, M과의 경주여행, 실크로드 여행들이 반복적으로 회상되며, 러시아에 머물고 있는 M과 자신과의 어긋난 관계를 복원하기를 바란다. '뒤죽박죽', '엉망진창'인 주인공의 의식은 가족, 국가 공동체로부터 배척되어 조각나고 분열된 상태이다. 자아와 사회로부터의 배제는 강제성을 지니는 동시에 스스로를 소외시키는 자발성도 내포된 이중적인 탈주이다. 주인공은 집단기억을 공유한 조선족, 고려인, 탈북자, 북한사람과의 접촉으로 개인의 서사에서 집단의 서사로 나아간다. 역사책 속의 선조들, 일제강점기에 강제로 이주당한 디아스포라, 분단으로 헤어진 북한사람과의 만남은 한민족 정체성을 확인시켜줌으로써 공감과 보편성을 획득한다.

〈눈 속의 시인학교〉는 윤후명 문학전집 1권인 『강릉』의 첫 번째에 수록된 최신작이다. 60대의 노년기에 들어선 '나'는 문학관에 들렀다가 과거에 만나 사랑하고 동거했던 여자와 조우한다. "삼십 몇 년 전에 이미 어디로 간 여자", "내가 소설가가 되어서 살아간다고 알려주지 않아도 되는 여자"로 무심하게 등장하는 그녀는 소설 전반에 걸쳐 인연과 운명의 열쇠를 쥔 인물이다. 그녀는 드뷔시 작곡의 〈아마색 머리의 소녀〉, 김수영의 〈만주의 여자〉, 백석의 〈나와 나타샤와 흰 당나귀〉의 나타샤, 〈헌화가〉의 수로부인, 강릉 단오제의 호랑이의 아내가 된 소녀로 둔갑 혹은 변신한다. 이 소설에서도 인천 아트플랫폼 행사 때문에 묵은 백령도의 옛 면장님의 집 여행, 터키 이즈미르 호텔방, 여름 시인학교 행사가 개최되는 강릉행 등의 다양한 여행들이 무질서하게 펼쳐진다. 점진적이고 발전적인 서사가 아닌 윤후명 문학은 '이야기의 진행과 정보의 지연이라는 모순적 목표를 이루기 위해 역설적이게도 선로이탈, 분기(分

---

282 위의 소설, 276쪽.

岐), 교차, 감속, 플래쉬백 등을 통해 연속성을 만들어내는 소설 텍스트'[283] 속에 여행 모티프를 적절하게 배치해 놓고 있다.

여행은 윤후명 문학을 해명하는 서술방식이자 주제의식과 연결되는 모티프로, 존재의 근원이나 자아탐색뿐만 아니라 현실문제와 현대인의 소통부재를 드러낸다. 또다른 자아인 여성과의 만남은 21세기의 타자인 한민족 이주자와의 조우를 통해 민족 정체성과 북방문화의식으로 확장된다. 따라서 주인공의 탈주를 자아탐색과 존재론적 사유로만 해석하는 기존연구에서 벗어나 '그 사회와 사회의 특수한 악(惡) 즉 전쟁, 불의의 개인적인 감성에의 침해와 제약 등으로부터 벗어나는 것, 이전의 순진한 자아로부터의 달아남이며 새로운 현실의 발견, 이전의 가치와 삶에 대한 의식적인 거절이거나 부정인 도시에 성숙과 새로운 삶, 새로운 정체성을 향한 지향적인 도주 등의 의미[284]를 내포하는 포괄적인 여행으로 보아야 한다. 자아와 존재론적 탐구를 위한 탈주는 〈돈황의 사랑〉의 "셋방의 좁은 고물 쇳침대", 《협궤열차》의 "싸구려 지하실 방", "가난뱅이 여학생의 자취방", "황폐하고 외로운 공간인 그녀의 셋방"과 같이 불안하고 불편한 현실상황이 배경이 되며, 〈눈속의 시인학교〉에서의 "내 안의 길로 찾아들기", "나만의 공간을 갖고 싶은 열망"을 갖는다.

지배문화에 대한 저항과 반대로의 망명[285]이라는 현실비판적 의미를 담으며, 자신의 출생문화에 거리를 두고 새로운 관계를 모색[286]하고자 하는 여행은 윤후명 문학의 핵심서사이다. 여행은 자아정립과 부조리한 한국적 상황으로부터의 탈주를 의미하며, 자아의 타자와 합일하지 못함으로서 동일자에 이르지 못하는 분열된 여행자는 후기소설에서 한민족 이주자와의 조우를 통해 민족 정체성을 깨닫고 여성과도 화해의 가능성을 드러낸다. 내면으로의 여정

283 이춘민, 「프루스트의 소설은 여담적인가?」, 『불어불문학연구』 제104권, 불어불문학회, 2015, 293~294쪽.

284 이재선, 앞의 책, 387쪽.

285 심상옥, 「헨리 제임스의 소설실험과 사이드의 여행이론」, 『헨리 제임스 연구』 제1호, 한국헨리제임스학회, 1996, 9쪽.

286 위의 논문, 10쪽.

으로 이해되었던 윤후명 소설의 여행은 집단적 서사와 '시대고(時代苦)의 질곡'[287]까지도 포괄하고 있다는 점에서 재고되어야 한다.

3. 여담의 서사구조: 서사의 해체와 주제의식으로의 귀환

여담은 텍스트 내의 타자로서 동질성과 일관성으로 다스려야할 서술 속에 이질성과 무질서를 집어놓고 서술의 엄격한 구성과 정체성을 조롱하며 파편성의 화신이 되어 가독성을 파괴하는 일종의 반수사학을 구축하는 중심 줄거리나 논지에 대한 이탈[288]을 말한다. 윤후명 문학의 특징 중의 하나가 여담의 빈번한 사용인데, 이는 픽션과 현실, 에세이와 서사의 경계를 혼란스럽게 하면서 리얼리즘 서사를 파괴한다. 윤후명 서사구조에서 여담이 차지하는 비중은 매우 높다. 그의 문학이 파편화되고 자기반영적인 에세이적 구성, 창작방법론을 고민하는 메타픽션적 요소, 연상과 회상, 기억의 소환으로 이야기단위의 유기적인 맥락을 연결하지 못하는 이유는 잦은 여담의 출몰 때문이다. 조남현은 "윤후명은 기회만 있으면 메인 스토리의 진행에서 곁가지를 치려하고 옆길로 빠져버리고 일탈작용이 빈번하며 가지치기와 전문지식 소개와 환상에의 유혹을 동반하고 있는 서술방법"이 부정적인 결과를 낳고 있다[289]고 비판한다. 서사를 방해하는 설화소개와 일화의 나열, 현학적인 지식과 교양에 대한 해설과 시 삽입, 신문기사, 백과사전적인 잡사나 팻말, 이메일 내용, 뜬금없는 인물 소개는 총체적이고 잘 짜인 서사구조를 만들지 못한다. 한 사물에 대한 직관과 성찰은 레미니상스[290]와 같이 회상과 기억, 연상과 우연의 논

287 윤후명, 「문학의 변빛」, 『제9회 이수문학상 수상작품집』, 이수, 2002, 18쪽.
288 린다 사브리, 앞의 책, 2~3쪽.
289 조남현, 「작품해설: 환상과 현실의 상조」, 『우리시대 우리작가 윤후명』 28, 동아출판사, 1987, 403~404쪽.
290 프루스트의 《잃어버린 시간을 찾아서》의 마들렌 과자의 일화처럼 감각 인상의 충격으로 과거의 일들이 떠오르는 갑작스런 기억의 소생을 경험하는 것을 말한다. – 린다 사브리, 앞

리로 이뤄지며 역사, 설화, 신화, 사물에 대한 유례와 기원의 고고학적 고증학적 태도는 자신의 뿌리와 자아를 확인하는 주제와 연관된다.

〈돈황의 사랑〉에서는 물고기 생태, 삼척군 민속 처녀, 돈황, 누란에서 발견된 여자 미라에 관한 신문기사, 시지프스 신화, 인디언족, 봉산탈춤, 금옥이야기 등이 전개된다. 여담 속 여성들은 결혼을 이루지 못하거나 죽어서 발견된 '누란의 소녀' 미라이거나 〈공후인〉의 여옥, 길위의 어린 여자, 몸을 파는 동식이네 누나들, 서울의 소녀들로 이름이나 인격을 거세당한 타자들이다. 맥락없이 혹은 뜬금없이 펼쳐지는 여담은 사실상 치밀한 의도하에 서술된 것으로 존재론적 철학적 주제에 몰입하기 위해 현실과 거리를 둔 서술전략이다. 여담 내용은 이질적이고 이국적인 소재들로 가득하며, 돈황, 누란, 몽골, 멕시코, 쿠바, 실크로드, 북한, 동남아시아 같은 이국공간과 고대, 원시시대, 역사 속으로 회귀하는 시간을 배경으로 한다. 작가 자신과 서술자와의 구분이 모호한 자전적 체험[291]과 실제인물이나 작품의 실명이 거론되며 서술방식을 고민하는 소설가소설로서의 메타픽션적 경향을 띤다.

《협궤열차》에서는 삼천포 취재여행때 본 공룡발자국에게서 승냥이똥을 연상하며, 협궤열차를 공룡, 사우루스와 동일시한다. 협궤열차, 상어, 고래, 공룡, 개승냥이, 코끼리새, 그리핀, 엄나무, 바오밥나무, 엉겅퀴, 부겐빌레아꽃, 망루, 솟대, 공후, 미라, 사자춤과 같이 생소하고 낯선 소재들과 성황제, 북청사자춤 단오제, 남근숭배설화, 혜초스님이나 공후인 이야기 등의 맥락 없는 나열은 리얼리즘의 틀을 파괴하고 해체한다. 기존의 익숙함을 위협하며 재현적 관습들로부터 벗어나 새로운 감각들과의 마주침을 조직하는[292] 방식은 의외성을 띠고 낯설며 비재현적이다. 중심줄거리에서 벗어난 세네카의 귀에서

의 책, 596쪽.

291 소설 속 화자는 40대(1990년대 소설) 혹은 60대(2010년대 소설)로 출판사를 근무하며 취재여행을 하거나 시를 쓰며 글쓰기에 대한 고민을 하며, 고향인 강릉에서의 문학강연이나 행사에 참여하는 등 작가의 자전적 소재가 그대로 나타난다.

292 채운, 『재현이란 무엇인가』, 그린비, 2009, 150쪽.

연상된 화가 고흐의 귀자른 이야기, 창작동화, 코끼리새와 낯선 여자와 관련된 꿈 이야기, 화가 후배의 망루 이야기, 성황제 행사장, 수로부인 이야기 등 첨가된 여담은 소멸된 것, 사라진 것, 잊혀진 것을 은유하는 열차, 공룡 이미지와 더불어 정체성에 대한 불안과 두려움, 존재감의 미약함을 표상한다. 그녀의 방에 걸린 세네카의 귀에서 불행했던 고흐의 귀를 떠올리고 "미로 같은" 자신의 삶을 은유하며, '솟대', '새', '수로부인' 등은 작가의 고향인 강릉을 기억해 냄으로써 그립고 돌아 가야할 곳이지만 상처가 있기에 '가장 멀리 있는' 자신의 근원으로 환원된다. 고향과 고국, 자아로부터 거리를 두는 주인공의 분열되고 해체된 자의식은 여행/여담 서사구조로 표면화되며, 사람과 사물에 대한 근원을 성찰하고 사유한다.

7개의 연작으로 구성된 《협궤열차》는 '류'와의 이야기라고 서두에서 설명하지만 각각 개별적이고 단독적인 내용을 담는다. 다채로운 여행과 여담으로 구성된 각각의 장들은 리좀적[293]으로 전개되는데 순서를 바꾸어도 상관없으며 열린 결말 구조 속에서 반복된다. 표면적으로는 한 여성과의 만남, 사랑, 섹스, 동거, 사라짐, 조우, 반복되는 이별을 그리지만 이면적으로는 존재론적 성찰과 부조리하고 억압적이며 궁핍한 현실을 반영한다. 1장에서는 개승냥이와 공룡을, 2장에서는 세네카의 귀와 고흐의 귀를, 3장에서는 협궤열차를, 4장에서는 아내를 찾는 사내를, 5장에서는 엄나무를, 6장에서는 모래강, 고비사막을, 7장에서는 코끼리새를, 8장에서는 그리핀이라는 화두를 던지면서 자신의 처지와 연결시킨다. 고향 바닷가 마을에 서 있는 솟대 위의 새를 스키타이의 새, 금관의 새와 연관시키는 그의 소설은 닮지 않은 방식으로 닮게 함으로써 '삼라만상은 어떤 서열도 없이 서로를 닮고, 닮으면서 변화시키는 모방관계가 아니라 상응관계 속의 유사성'[294]을 드러낸다. 생소하고 비일상적인

---

293 리좀은 계층도 중심도 없고 초월적인 통일도 또한 이항대립이나 대칭성의 규칙도 없으며 단지 끝없이 연결되고 도약하여 일탈하는 요소의 연쇄로 반대는 나무적이다. - 질 들뢰즈 · 펠릭스 가타리, 김재인 역, 『천개의 고원』, 새물결, 2002, 981쪽.

294 위의 책, 166쪽.

사물의 기호와 이미지 속에는 날카로운 현실인식이 동반되는바, 2장의 '너의 귀 나의 귀'에선 세 명의 장군 출신 대통령의 30년간 군사독재와 언론통폐합, 광주민주화운동을 거론하며 "나는 나를 되찾아야 한다"는 다짐 속에서 부조리한 사회에 수긍하지 않고 일탈과 소극적 저항으로 맞서고자 한다. 술집에서 일하다가 자살한 아내를 찾아 헤매는 사내는 떠나간 여자를 잊지 못하는 '나'이고, 협궤열차나 공룡은 생존하지 못하고 소멸된 자아와 교체되며, 이자와 멕시코 혁명을 상징하는 화려한 색채를 지녔지만 물을 주지 않아 말라죽은 부겐빌레아꽃은 객관적 상관물로, 각 장의 기호와 이미지들이 주인공의 의식과 자아정립에 연결된다. 몸이 둔중하고 커서 공중에 뜰 수 없는 인도네시아섬 셀레베스에 사는 코끼리새, 황금을 지키는 괴조로 여러 짐승과 합친 형상을 띤 그리핀(황금새)도 남루하고 비좁은 지하에서 머물며 지상과 비상을 꿈꾸는 또다른 자아이다. 생소하고 낯설고 소멸된 동식물에 대한 여담은 자아 정체성과 연계됨으로써 주제의식으로 귀환한다.

〈나비의 전설〉에서는 나비에 대한 정보와 지식을 나열하며 앙가라강 신화에 대해서 소개한다. 여행지에서의 나비의 출몰은 "이것들은 무슨 나비이며, 어디서 왔는가"라는 존재의 기원에 대한 물음으로 이어지고, 몽골사막 게르에서는 환각과 환생 속에 타자되기를 실현한다. 결혼을 반대하는 부모에게 살해당한 딸의 눈물이 강을 이뤄 강과 합류했다는 몽골 신화는 고통과 슬픔을 감내하는 인간의 비극적 운명을 그린다. 신화와 전설, 민담은 그리움과 기다림, 고향과 근원에 대한 탐색, 타자적 존재의 고통 등을 제시하는데 차용된다. 책이나 역사 속 인물이나 여정 중 만난 지인들에 대한 이야기도 열등하고 타자화된 자아의 그림자(shadow)를 상징한다. 불규칙적이고 즉흥적인 여담은 주인공의 자아탐색에 기여하며 새롭고 독특한 분위기를 형성하면서 전작품 속에 배치된다. 장자몽 우화는 빈번하게 등장하는 모티프로 나비는 환생, 변태, 영원회귀, 비상, 자유 등을 상징한다. 심신이 피폐된 주인공의 정체성 혼돈을 표상하는[295] 나비와 식당에 업동이로 들어온 나빌레라는 소녀의 환생과 운명을 설명해주는 매개가 되고 있다.

《삼국유사 읽는 호텔》은 리상호 번역의 『삼국유사』 내용이 대부분을 차지하는 여담소설이자 실험적인 소설이다. 소설 목차인 양각도 첫째날(〈구지가〉를 읽다), 둘째날(동식물의 시간), 셋째날(불교의 발자취), 넷째날(노래여, 영원한 노래여)에서 나타나듯이 4일간의 여정은 북한 호텔에서 『삼국유사』를 읽는 내면적 역사적인 여행이다. 수로왕과 허황옥, 탈해, 칠불사, 불교전래설, 김유신과 태종무열왕, 문희 이야기. 탈해왕, 박혁거세, 금와 주몽, 비류, 온조, 견훤, 선덕, 진덕, 진성, 아도, 이차돈, 원효, 의상, 자장, 의자왕 등의 역사 속 인물에 대한 황당하고 신비스러운 이야기뿐만 아니라 구지가, 헌화가, 황조가, 공무도하, 서동요, 원왕생가, 제망매가, 도솔가, 풍요, 우적가, 도솔가, 혜성가 등의 직접 인용, 〈운주사 가을비〉, 서정주의 〈머리에 석남꽃을 꽂고〉 등의 시 삽입, 북한노래 수록 등 인물이나 사찰, 순교, 사랑에 대한 이야기가 전개된다. 강릉 가는 길에 벌어진 헌화가 속의 여인, 아유타국 공주 허황옥, 해모수를 만나 주몽을 얻은 유화, 진성여왕의 꽃다운 이야기, 〈대동운부군옥〉의 최항과 혼령 여인 이야기는 역사 속 여성타자의 그리움과 기다림과 연관된다. 구약성경 시편, 브리태니커 사전의 세계지도가 그대로 차용되는 이 소설은 유구한 역사를 소개하는 독서여행이자 시간회귀서사이다.

〈눈속의 시인학교〉에서도 드뷔시의 〈아마색 머리의 소녀〉 이야기, 〈만주의 여자〉, 프로스트, 백석의 〈나와 나타샤와 흰 당나귀〉, 자신의 창작시, 〈채프먼이 번역한 호머를 읽고〉 소네트 삽입, 여동생의 이메일, 강릉단오제 호랑이에게 물려간 소녀의 머리통 설화 등의 여담으로 구성된다. 시와 문학과 역사와 설화 속 인물들은 주인공의 내면의식을 표상한다. "날지 못하는 거위, 날갯짓 우스운 거위"로 은유되는 나는 30대에 만나 동거했던 여자와 30년만에 재회한다. 자신의 시를 훑다가 금세 돌려준 김수영과의 만남은 "끝까지 붙들고 놓지 못할 시를 써야 한다고 되새기는" 시인으로서의 다짐을 갖게 하며, 김수

295 한점돌, 「한국현대소설에 나타난 '나비'의 표상체계 연구」, 『국어교육』 제113권, 한국어교육학회, 2004, 709쪽.

영과 닮은 카뮈 일화를 소개하면서 소설장르의 경계를 고민하는 창작방식을 사유한다. 자전적 에세이적인 것과 여담적인 것은 윤후명 문학의 서술전략적 특징이다.

여담은 반드시 본래 주제로 귀환해야 하는 알레고리이자 은유적 형상[296]으로 작품에 활력을 주며 의외성과 낯설게 하기에 효과적이다. 〈돈황의 사랑〉의 '길모로로 가는 길', 《협궤열차》의 딸아이를 위해 지은 창작동화, 〈나비의 진설〉의 앙가라강 몽골신화, 《삼국유사 읽는 호텔》의 수많은 신화와 전설들, 〈눈속의 시인학교〉의 강릉 호랑이설화 등은 주인공의 성찰적 자기인식이 내포된 여담들이다. 작품의 한 부분으로 그 전체를 요약하거나 비추는[297] 미장아빔 기법을 통해 이질적이고 파편화된 여담들은 주제의식으로 환원된다. 여담은 가장 멀리 있는 공간이나 거슬러 올라가는 시간 속에서 이질적인 것들을 소환하는 원심적인 원리로 구성되면서 인디언 이야기에서 인디언족의 뿌리가 몽골족이며 우리민족과도 유관함을 밝힘으로써 구심적 지향을 한다. 윤후명 소설에서 줄거리 진행과 무관한 이질적인 여담들은 은유적 환유적으로 주제로 수렴되면서 본연의 역할을 수행한다.

4. 윤후명 소설의 특징

이 글은 윤후명 소설의 서사구조와 서술방식을 여행서사와 여담모티프에서 찾고자 했다. 여행서사는 헤매고 떠돌 수밖에 없는 상황을 통해 존재의 불안과 인간소외, 실존적 공포뿐만 아니라 정치경제적 억압과 빈곤을 제시하는데 적합한 문학적 장치이다. 떠남과 헤맴의 요인인 한국근현대사적 사건이 원경화되고 작중인물에 대한 정보도 구체적으로 제시되지 않는 서술방식은

296 린다 사브리, 앞의 책, 40쪽.

297 위의 책, 577쪽.

시적 은유적으로 형상화하고 몽환적 환상적 분위기를 갖기 위한 내러티브 전략이다. 시공을 초월하여 반복되는 여행은 일탈과 탈주 그리고 주인공의 분열된 삶을 상징한다. 여행지에서 만난 여성과의 일탈을 통해 타자의 자아와 대면하는 주인공은 후기로 올수록 조선족, 고려인, 탈북자, 북한사람과 조우하며 민족 정체성으로 이어진다. 여행지에서 만난 인물이나 역사 속 인물과의 동질감을 통해 주인공은 자신의 기원과 정체성을 탐색한다. 여성과의 섹스나 동거생활은 타자성을 의미하는 관념적 장치이며, 설화, 역사, 이야기 속 여성들의 삶은 윤후명 문학의 특징인 그리움과 기다림의 정서를 대변한다. 존재론적 성찰과 근원적 모색은 이주 및 다문화현상과 결합됨으로써 집단기억을 공유하는 한민족 정체성과 북방문화로 확장되어 공감과 보편성을 획득한다. 여행서사는 윤후명 문학의 핵심서사이자 유동하는 노마디즘 시대에 적합한 서술방식으로 고향과 가족, 역사적 사건 때문에 상처받은 영혼이 해체되고 분열된 주체를 극복하고 통합되어가는 과정을 드러내는데 효과적이다.

문학의 노마드이자 텍스트내의 타자인 여담은 중심 줄거리에서 이탈되어 정통서사를 파괴하지만 본래의 주제로 귀환하는 알레고리이자 은유적 형상으로 예술성과 도발적 독창성에 기여한다. 자기 자신으로부터 멀어지려는 자아는 고대, 원시, 역사나 신화, 설화 속의 이야기들을 파편적으로 제시하거나 여행지에서 만난 사람들의 사연을 통해 존재론적 철학적 성찰을 한다. 갑작스런 기억의 소생을 통해 회상되는 인물이나 연상되는 사물과 동일시됨으로써 여담은 주인공의 그림자(shadow)이자 퍼소나(persona)와의 대면에 기여한다. 여담모티프는 샛길로 접어든 일종의 여행으로, 주체로 귀환하고 통일된 자아로 나아가는 본래주제에 대한 알레고리이자 은유적 형상으로 형상화된다. 여행 및 여담 서사구조는 삶이란 우연과 우발의 연속이자 반복이며 파편화되고 분열적이라는 성찰적 주제를 반영한다. 낯설고 이질적인 동식물과 역사 속의 인물들의 나열, 즉흥적인 여담은 자의식으로 귀환됨으로써 낯설게하기와 문학성을 확보한다. 또한 죽음, 사라짐, 낯섦은 작품구조와 어조의 특징을 이룬다.

윤후명 소설에서 반복적이고 다채롭게 등장하는 여행과 여담은 유사성 내에서 다양성과 환상성을 추구하는 서사기법으로 주제의식을 표출한다. 파편화되고 무질서하며 분열적인 현실과 자아에 대한 탐색을 담아내는 여행/여담 모티프는 자전적 에세이적 비재현적 자기반영적인 요소를 내포한다. 낯설고 생경한 이야기를 기호와 이미지로 풀어내는 윤후명 문학은 탈리얼리즘 서사방식으로 자아와 민족, 근원을 탐색하고 부조리하고 궁핍하며 독재적인 현실을 비판하며 실험적이고 리좀적인 특징을 지닌다.

7장 〈나비의 전설〉의 유동하는 정체성과 유목적 사유

1. 정통서사의 해체 및 노마드의 출현

이분법적 사유로 인한 위계적 질서와 억압이 작동된 근대사회와 달리 노마디즘을 지향하는 여행, 디아스포라, 다문화 서사가 2000년대 문학적 특징 중 하나이다. 21세기는 근대 자본주의 체계와 동일자의 타자에 대한 횡포, 정주적인 삶의 항구성을 비판하고 폭력적 권위주의적 속성에 저항하며 국가권력의 질서와 규칙, 제도로의 탈피를 시도한다. 국가, 국경, 국민, 국적의 단일성과 정체성을 초월하고, 국가장치, 가부장, 대타자, 동일자라는 이름으로 위계화된 분위기에서 벗어나려는 다문화적 관점을 강력하게 요구하고 있는 것이다. 여행판타지소설엔 '국경 너머의 타자와의 연대를 통한 새로운 주체성의 구성과 관계맺음의 윤리에 대한 모색'[298]이 나타나며, 적극적인 현실 대응 능력을 잃어버린 주체의 무력함을 드러내는 2000년대 소설의 강력한 키워드인 환상 모티프[299]가 작동된다.

전통적인 서사의 해체나 시공의 초월성, 현실과 환상의 넘나듦, 복합적 정체성 탐색 등 모더니즘 기법과 노마디즘 사유를 바탕으로 하는 윤후명 소설은 일상생활에서 벗어난 여행자가 타인과 관계 맺고 헤어지는 여정 속에서 안정적인 삶이나 정착을 추구하지 않고 탈영토화하는 분열적 노마드를 상정한다. 여행은 정주화되고 고착화된 사유체계에서 벗어나 끊임없이 생성하는 유목적 체계를 지향하며 불만스럽고 피로한 일상으로부터 벗어나려는 의미를 담는다. 자본주의와 문명의 발달이 야기한 인간소외, 내면의 황폐화, 타자

---

298 장성규, 「트랜스내셔널의 징후들」, 『키워드로 읽는 2000년대 문학』, 작가와비평, 2011, 16쪽.
299 박진, 「환상과 현실의 다층적 관계」, 위의 책, 120쪽.

의 고통, 억압된 욕망으로부터 여행자는 저항하고자 한다. 소설에 등장하는 3,40대 중년남성의 방황과 부유는 노마디즘적 유목적 리좀적 사유에 기반함으로써 근대사회가 지닌 피로, 억압, 차별적 삶을 거부한다. 이러한 소설구조는 매끈한 공간과 홈이 패인 공간, 유목적 공간과 정주적 공간, 전쟁기계가 전개되는 공간과 국가장치에 의해 설정되는 공간에서 형성되는 리좀적 삶과 수목적 삶에서[300] 전자를 지향한다.

2002년 제9회 이수문학상 수상작인 윤후명의 〈나비의 전설〉은 대표작인 〈돈황의 사랑〉, 〈하얀 배〉, 《협궤열차》와 최근작에 나타난 문학적 기법과 주제의식을 총체적으로 보여주는바 자아찾기라는 입문과 치유 성격을 지닌 여행뿐만 아니라 타자되기를 통한 유동하는 정체성의 재구성과 노마디즘적 사유와 삶 추구, 트랜스내셔널의 징후가 드러난다. 〈나비의 전설〉은 이러한 주제의식을 담고 있는 잘 짜인 완결된 단편소설로 상징과 비유, 이미지로 점철된 소설미학적 특질을 보여준다. 〈나비의 전설〉 분석을 통해 우리 시대의 문학적 경향과 윤후명의 문학적 특징을 파악할 수 있다.

2. 반복되는 여행과 여행지의 함의

대부분 여행구조를 지닌 윤후명 소설에 있어 반복적인 방랑과 이동, 여행에 대한 함의를 파악하는 것은 윤후명 문학의 핵심적 요소이다. '길 위의 글쓰기'[301], '나를 재발견하는 여행'[302], '자아탐구'[303] 등으로 해석되는 여행은 산업화, 자본주의로부터의 탈주를 통한 반복적인 자아찾기로 귀결된다.

〈나비의 전설〉에는 세 번의 여행이 등장한다. 주민등록증 발급을 위해 도착

300 질 들뢰즈·펠릭스 가타리, 김재인 역, 『천개의 고원』, 새물결, 2003, 907쪽.
301 김경수, 「존재의 확산을 향한 여정의 소설」, 『작가세계』 제27호, 1995.겨울.
302 양진오, 「여행하는 영혼과 여행의 소설」, 위의 책,
303 이미영, 「윤후명 소설 연구: 여로형 서사구조를 중심으로」, 한국교원대 석사학위논문, 2003.

한 면사무소에서 '나'는 뜻하지 않은 나비떼의 출몰을 보고 현실과 환상을 혼동하며 가든 음식점에서 식사를 하고 용문산 사나사를 관광한 후 귀환한다. 몽환적인 나비에 대한 관심으로 전문서적을 읽기도 하고 나비와 얽힌 추억을 회상한 후 곧 그 일을 잊어버리지만 일 년이 지난 후 같은 지역을 재방문한다. 같은 여정이 반복되지만 자신을 기억하는 식당 주인과 그가 입양한 고아소녀와의 만남은 몽골소녀를 연상케 하며 몽골여행을 환기시키는 차이나는 반복이다. 여행의 순서는 중요하지 않으며 주인공은 한곳에 머물지 못하고 여행을 한다. 지속적으로 여행하는 주인공은 시대와 불화하고 방황과 방랑이 점철된 고단한 삶을 영위한다. 나비떼가 출몰한 골짜기와 사찰이 있는 여행지는 주민등록증 발급과 본인 확인을 위한 목적지로서 국민을 억압하고 감시하고 통제하는 국가 내부에 귀속되기 위한 '증'을 얻기 위한 곳이다. 중심과 본질적 가치를 지닌 국가의 외부에 머문 여행자는 절대성과 동일성의 바깥에서 사유한다. 여행지인 골짜기, 절, 몽골의 사막과 초원은 반자본주의적이고 비문명적인 공간으로 물리적 시간을 초월하는 지역이다.

… 나는 지난해보다 훨씬 더 환상 속으로 빠져든 것만 같았다. 아무것도 가늠할 수가 없었다.

여기가 어디이며, 나는 왜 여기에 있는가.

아득한 물음 속에 나는 휘청거리는 걸음을 간신히 옮겨놓고 있었다. 몇천, 몇만의 나비들이 눈앞을 가리며 가맣게 날아오르곤 날아오르곤 했다. 나는 사나사의 일주문을 지났다. 사나사에서 나누어준 전단에 의하면, 생전예수재는 살아 생전에 수행과 공덕을 닦아 다음 생의 길에 잘못됨이 없게 준비하는 의식이며, 산스크리트말의 'homa'의 소리를 그대로 옮겨온 낱말인 '호마'는 진리의 불로 번뇌의 나무를 태워버린다는 뜻이라고 했다. 보리수나무는 또 한 번 꽃을 피웠고, 보우 스님의 부도탑은 묵묵히 그 자리에 앉아 풍화되고 있었다.

나는 지난해처럼 나비떼 속에서 절의 경내를 둘러보고 '가든' 음식점으로 내려왔다, 변한 것은 아무 것도 없었다. 지난해에는 눈여겨보지 못 했는데 그 옆

카페의 이름 '애니 타임'이 새삼스럽게 눈에 들어왔다.[304]

존재증명을 위해 두 번 방문하는 여행지는 양평 인근 면사무소와 사나사라는 절이다. 관공서는 국가장치에 귀속되어 국민, 시민으로 사는 정착민을 확인하기 위한 공간이고, 사원은 탈현실의 공간으로 현실의 법칙에 종속되지 않는 지율적인 공간이지 욕망이 발휘되는 영역으로 현실원칙이 부과된 검열로부터 면제된 진정한 리비도의 산물의 모습을 띤다. 사원에 오르는 것은 엑스터시(몰아, 沒我)의 여행과 같으며 순수한 영역으로 진입하는 것[305]이다. 같은 장소를 두 번 반복하는 여정은 닮아있지만 미세한 차이를 드러낸다. 작년과 마찬가지로 같은 식당에 들른 나는 자신을 기억하는 식당주인과 대화를 나누고, 잔심부름을 하는 어린 소녀를 만난다. 환각 속에 보았던 나비는 재방문때 만난 음식점 소녀와 세화[306] 및 여러 소녀들을 연상시키며 초원의 구릉을 넘으면서 몽골여행으로 이어진다.

> 나는 말 위에 앉아 몽골의 광활한 산야를 바라보았다. 역겨운 속을 비로소 게워내고, 흐린 눈을 말끔히 닦아낸 것 같았다. 눈부신 뭉게구름이 떠 있는 하늘 밑으로 먼 산들이 안겨들었다. 골짜기를 흐르는 맑은 강을 건너 아득하게 말발굽 소리가 귓전을 울리는 초원이 펼쳐졌다. 세계 제국의 흔적은 어디에서든 찾아보기 어렵다 하더라도, 광활한 자연에 스며들어 있는 위대한 역사의 숨결은 가까웠다. 어디선가 모린 호르라는 현악기를 타는 소리가 들려왔다. 그 악기는 공명상자 위 자루 끝에 말 대가리를 새겨 달고 네 줄의 현을 맨 것이었다. 길거리의 장사치가 그걸 들고 다가왔을 때 나는 이게 바로 그 마두금(馬頭

304 윤후명, 〈나비의 전설〉, 『2002 제9회 이수문학상 수상작품집』, 이수, 2002, 31쪽.

305 졸저, 『우리 시대의 여행소설』, 태학사, 2006, 39쪽.

306 윤후명 소설에 자주 등장하는 어린 시절의 옆집 소녀로 6.25 때 피란을 가지 못하고 함께 지냈으나 죽음을 맞이하여 작가에게 근원적 죄의식과 삶의 비의를 갖게 한다. 대부분 소설에서 익명성으로 처리되는 여성들 중 유일하게 실명으로 등장하는 세화는 윤후명 소설의 원형적 탐색의 대상 중 한 명으로 여러 작품 속에 지속적으로 등장한다.

> 琴)이라는 거였군, 하고 어느 책에서 읽은 기억을 되살려냈었다. 현에 활이 그어지고, 그리고 사람이 말을 부르는 소리인지 바람이 대지를 울리는 소리인지 분간하기 어려운 구음 노래인 호미(Khomi)의 절절한 울림이 흘러 퍼졌다. 말과 나와 소녀는 혼연일체가 되어 초원 속으로 묻히고 있었다.[307]

윤회와 환생은 또다른 변신과 재생, 창조로서 본질적인 것은 없고 반복적으로 영원회귀하는 삶의 비의를 사유케 한다. 이 공간에서 깨닫는 장자의 나비와의 혼동, 불교의 윤회와 무아(無我)는 들뢰즈의 모든 사람되기(Becoming everybody)와 유사[308]하다. 비현실적이고 반세속적인 사원에서 여행자는 같은 자리에서 수없이 꽃을 피우는 보리수나무, 풍화되고 있는 부도탑과 지난 해에 눈여겨보지 않은 '애니 타임' 카페를 발견한다. '언제든지', '언제나'의 의미를 지닌 카페명은 시간이 하나의 차원 안에 공간의 공유를 타고 흐름을 말해준다. 시간의 변이를 통해 절은 몽골사막을 타고 흐른다. 작년의 사나사와 올해의 사나사와 과거의 몽골초원은 하나의 공간으로 인식되며, '단순히 행위의 배경이나 장소가 아니라, 작가의 내적 세계를 반영하는 하나의 인식체계'[309]인 소설 공간이 사막, 고원, 사원, 초원으로 상정된다. 시간의 순차적 흐름은 무시되며, 서울에서 양평의 절과 몽골 사막 공간으로 수렴되는 것이다.

주된 여행지[310]인 몽골은 유동하는 게르에서 사는 유목민의 삶이 실현되는 공간으로 일상생활로부터 유리되거나 국가권력이 만든 홈 패인 공간에서 벗어나 있다. 시각적이고 등질적이며 유클리드적인 홈이 패인 공간과 달리 매끈한 공간에선 '보편적인 사유 주체를 요청하는 대신 독자적인 인종을 요청

---

307 위의 책, 34쪽.

308 정형철, 「들뢰즈와 가타리의 노마디즘과 동양적 사유의 방식」, 『비교문학』 제38권, 한국비교문학회, 2006, 86쪽.

309 김정은, 「윤후명 소설의 공간 연구」, 중앙대 석사학위논문, 2009, 79쪽.

310 윤후명의 〈돈황의 사랑〉, 〈누란의 사랑〉 등 중국 실크로드나 윤대녕의 〈피아노와 백합의 사막〉에서처럼 원초적이고 비문명적 반자본주의적 공간으로 진정성 추구를 위한 장소로서 적합하다.

하는 유목적 사유'[311]가 이루어진다. 유목적 사유는 모든 것을 포괄하는 총체성에 근거하기보다는 반대로 스텝(온대 초원지대), 사막(모래의 바다), 바다 같은 매끈한 공간, 지평선 없는 환경 속에서 전개[312]된다. 벽, 울타리, 담, 그리고 이 담들을 연결하는 도로들에 의해 홈이 파이는 정주민적 공간과 달리 유목민적 공간은 매끈한 공간으로서 경로와 함께 지워지고 이동해나가는 특징선에 의해서만 구분[313]된다.

사막이나 초원, 고원 같은 유목적 공간은 시각에 근거한 정교한 투시법에 의해 인식되는 공간이 아니라 바람, 모래의 형태, 물결, 온도 그리고 자연의 질감에 감응하는 촉지적 공간으로 욕망을 끊임없이 생성하는 리좀적 사유를 자극[314]한다. 시각적이라기보다는 오히려 음향적이고 촉각적 또는 촉지적인[315] 사막은 고정점으로서의 오아시스만이 아니라 국지적인 우량에 따라 이동하는 일시적인 리좀적 식물군도 포함한다. 이들은 유목민들의 행로 변경을 규정하며, 여행을 반복하면서 차례대로 여정을 병치해나가는 방법으로 파편적인 방식으로 파악[316]한다. 모래가 흐트러지는 불모의 사막은 유목적 리좀적 사유를 이끌어내는 공간으로 매우 적합하다. 들뢰즈와 가타리에게 공간은 전혀 헤아리지 않고 점유되는 매끈한 공간(백터적 투영적 위상학적 공간)과 공간이 점유되기 위해 헤아려지는 홈이 패인 공간(계량적 공간)[317]으로 구분되며, 여행지인 나비가 출몰한 골짜기와 몽골사막은 전자에 해당된다. 윤후명 소설의 빈번한 여행공간인 중국 실크로드 돈황과 몽골 사막은 '메커니즘(유기체주의)에서 벗어나 끊임없이 이질적인 것들과 대화하고 상호침투하면서

311 질 들뢰즈·펠릭스 가타리, 김재원 역, 『천개의 고원』, 새물결, 2001, 727쪽.

312 위의 책, 727쪽.

313 위의 책, 731쪽.

314 변찬복, 「노마디즘 관점에서 본 진정성 추구 여행」, 『인문학논총』 제33집, 경성대 인문과학연구소, 2013, 222쪽.

315 질 들뢰즈·펠릭스 가타리, 앞의 책, 734쪽.

316 위의 책, 733쪽.

317 위의 책, 693쪽.

천 개의 고원지대를 가로 질러가는 역동적으로 생성하는 시공간[318]이다.

사막의 얇은 막들은 상대방 위로 흘러내리면서 도저히 모방할 수 없는 소리[319]를 낸다. 울림, 공명이 명징한 초원과 사막에서는 말발굽 소리, 모린 호르라는 현악기 타는 소리, 소녀의 여릿여릿한 목소리, 세상의 하늘 궁륭에 메아리쳐 울리는 소리, 구음 노래인 호미 등의 소리들과 산야, 구름, 하늘, 바람, 대지 등의 배경이 조화를 이루어 근원적이고 진정성 있게 다가온다. '으으으으…'와 같이 미분화된 몽골 소녀의 목소리에서는 의미, 내용은 아무런 문제가 되지 않으며 고통을 내포하는 접속사, 감탄사, 부사들로 된 비문법적인 말들로 표현[320]된다. 비문명적이고 반자본주의적인 오지에서는 원초적이고 근원적인 사유가 가능하며, 정주적 일상성에 매몰된 여행자가 타자와의 접속을 통해 새롭게 생성된다. 중년남성의 몽골 배치는 동물(말)되기, 소녀되기와 같은 타자되기로 이끈다. '말과 나와 소녀의 혼연일체'는 동질성과 배제를 근간으로 하는 계통수적 모델과 달리 이질성과 포용성을 근간으로 하는 유목민적 사고 속에 이루어진다. 경계선이 없고 방향성도 상실되는 사막은 통감각이 활발해지는 죽음과 고독의 장소이자 여행지로 자주 상정된다.

서울에서 불과 한 시간 거리이지만 낯선 여행지의 나비 출몰 광경을 보고 정착민인 택시 기사는 '신기하기보다는 귀찮아하는 눈치'를 보이지만 이방인에게 '그것들은 무슨 나비이며, 어디서 왔으며, 어디로 가는가'라는 철학적 사유와 종교적 구도에 이르게 한다. 원주민에겐 매년 나타나는 현상이지만 여행자에겐 구도와 성찰의 순간이 되기 때문이다. 폭음으로 인한 수첩 분실은 주민등록지를 방문하게 하고, 건강을 해침으로써 몽골 여행을 가는 계기를 마련한다. 지인의 죽음, 실직, 질병의 위협 등 극한 상황에서 한국을 떠난 여

---

318 탈영토화하고 광활하며 끝이 없어 보이는 텅 빈 공간인 시베리아, 툰드라, 몽골 사막과 초원 등은 환상적 사건 발생의 이상적인 환경이며 철학적 정치적 성찰의 기회를 주는 자연 그대로의 순수 상태를 의미하는 문화와 담론에 침윤되지 않는 공간이다. – 위의 책, 195쪽, 390쪽.

319 질 들뢰즈· 펠릭스 가타리, 앞의 책, 731쪽.

320 정정호 편, 앞의 책, 139쪽.

행자는 몽골 오지에서 자신과 대면하고 말과 자신과 소녀를 일체시키는 타자되기(동물되기, 여성되기)를 실현한다. 이러한 공간에서는 되기, 다질성, 무한소, 극한으로의 이행, 연속적 변주 등 역동적이고 유목적인[321] 삶이 구성된다.

시공을 초월하여 서울 - 양평 면사무소, 골짜기, 사나사(절) - 우주 - 시화호 - 몽골사막과 초원으로 이끄는 여정은 신분과 기억을 상실한 나를 무한히 변주시키고 다양체를 형성시킨다. 진정성을 추구하는 여행자는 국가권력이 만든 홈 패인 공간에서 벗어나 매끈한 공간으로 탈주하며, 긴 기억(가족, 인종, 사회, 문명)보다는 망각을 과정으로서 포함하는 짧은 기억[322]만을 갖는다. 〈나비의 전설〉에서도 '불현듯 깨달아졌다', '순간 나는 깨달았다', '퍼뜩 떠오를 뿐이었다', '어느 순간', '순간 나는 나비 하고 생각을 멈추었다'와 같이 '갑자기, 문득, 바로 그 순간, 히뜩, 불쑥, 우연히, 예기치 못한'과 같은 임의의 시간적 불일치와 낯선 공간의 재구성으로 과거로 회귀하거나 연상되는 경우[323]가 많다. 타자와 접속하는 사막과 초원 지역은 인과적이고 진화론적인 시간개념이 부정되며 국가로부터 탈주한 공간이다.

〈나비의 전설〉은 나중에 〈나비의 소녀〉로 제목이 바뀌었는데, 약간의 문장 수정[324]만을 했을뿐 줄거리는 거의 달라지지 않았다. 그러나 '전설'에서 '소녀'로 제목이 변했으며 마지막 문장의 차이에서 공간과 타자의 의미가 부각되었음을 알 수 있다.

---

321 질 들뢰즈·펠릭스 가타리, 앞의 책, 696쪽.

322 신경학자와 정신생리학자는 긴 기억과 짧은 기억을 구분한다. 짧은 기억은 리좀 유형, 도표 유형인데 반해, 긴 기억은 나무 유형이며 중심화되어 있다. 짧은 기억은 결코 인접성이나 직접성의 법칙에 따라 대상에 대응하지 않으며, 불연속, 단절, 다양체를 전제한다. 짧은 기억은 순간과 뒤섞이는 것이 아니라 집단적이고 시간적이고 신경적인 리좀과 뒤섞인다. - 위의 책, 36~37쪽.

323 졸저, 『우리시대의 여행소설』, 태학사, 2006, 33쪽.

324 두 편의 소설에서 내용적인 큰 차이는 없으며 부분적인 단어나 문장이 수정되었다. 예를 들어 '1만원', '3층'은 '일만원', '삼층'으로, '어떤 환상이 그야말로 어떤 환상인지는 나도 몰랐다'와 같은 문장은 없어졌으며, '주인 사내에 비해 내 기억력이 못지않다는 반증일 터이기도 했다'는 '내 기억력도 못지 않다는' 등으로 고친 정도이다.

> 한국과 몽골의 두 소녀이자 한 소녀인 나빌레…… 나는 소녀의 이름을 부르며 초원의 나비떼 속으로 묻혀 들어가고 있었다.[325]

> 한국과 몽골의 두 소녀이자 한 소녀인 나빌레…… 나는 소녀의 이름을 부르며 사나사 골짜기이기도 하고 몽골 초원이기도 한 아득한 풍경 가운데의 나비떼 속으로 가뭇없이 묻혀 들어가고 있었다.[326]

시간의 순차적 흐름이 무시되고 하나의 공간으로 수렴되는 윤후명 여행서사는 연상과 회상, 기억과 망각이 중첩되며, 나비의 출몰지, 골짜기, 절, 몽골 사막 등 리좀공간을 배경으로 한다. 중간에 있지 시작이나 끝에 있지 않은[327] 고원을 배경으로 하는 〈나비의 전설〉은 '나비'와 '소녀' 표상과 여행지의 함의를 통해 위계화, 서열화, 고착화, 획일화된 현실을 비판하며 노마디즘을 지향한다.

3. 만인되기를 통한 유동하는 정체성

오랜 문학의 주제인 정체성 찾기는 오히려 차별과 배제의 기준이 되어왔다. 한 사람의 정체성을 종교, 인종, 민족 등 단 하나의 소속으로 환원시킴으로써 사람들에게 편파적이고 타당적이고 불관용적이고 남을 지배하려고 하는 '살인적인(사람잡는)' 정체성[328]이 되고 있는 것이다. 이데올로기적 경제적 정체성의 갈등이 야기하는 문제야말로 자본주의 근대사회가 해결해야 하는 갈등요소이다. 다문화주의에 대한 요구가 강력한 오늘날 세계는 혼종화되고

---

325 윤후명, 〈나비의 전설〉, 앞의 책, 41쪽.
326 윤후명, 〈나비의 소녀〉, 『한국어의 시간』, 은행나무, 2016, 352쪽.
327 질 들뢰즈 · 펠릭스 가타리, 앞의 책, 48쪽.
328 아민 말루프, 박창호 역, 『사람잡는 정체성』, 이론과 실천, 2006, 43쪽.

있으며 국적이나 문화 공동체, 종교의 경계를 초월[329]한다. 하나의 정체성에 의거해 타자를 배척하고 배제했던 태도는 다양성과 다문화성을 지닌 인간의 존재를 축소시킨다.

〈나비의 전설〉의 '잃어버린 수첩'은 지나온 삶을 분실했음을 의미하는 동시에 새로운 공간, 사물, 사람과의 접속을 통해 새로운 정체성을 변형시킬 수 있음을 뜻한다. 신분증 제도는 정착민과 노마드를 구분하고 이주민을 감시하는 역할을 했다는 사실에서도 알 수 있듯이 주인공에게 있어 그와 관련된 기록의 소멸은 노마드로서의 삶을 시작하는 전제 조건[330]이 된다. 작중인물은 과거, 안정된 주거지, 이름, 직업, 나이, 소속이 불분명한 중년사내, 직장생활을 하다가 음식점을 차린 식당주인, 고아소녀, 이주자, 몽골소녀 등 주변부이자 타자이다. 획일적이며 상수화된 정착민이 아니라 유목민적 인물로 아무것도 아닌 자이지만 무엇도 될 수 있는 자이다. 이들에겐 끝없이 접속하고 생성하기 위해 짧은 기억, 망각, 환상이 제시된다.

국민, 시민으로서의 존재증명이 불가능해진 '나'는 분실 신고를 하고 주민등록증을 재발급하기 위해 한 시간 거리의 목적지를 향해 서울을 떠난다. 청량리에서 열차를 타고 도착한 면사무소에서 일을 마친 나는 귀환을 지연시킨다. 주변을 둘러보는 중 골짜기를 지날 때 한무더기의 나비가 출몰한 풍광에 놀라고 의아해 하는 나는 나비를 매개로 하여 현실과 환상의 경계에 서게 되고 삶의 근원을 사유한다. 도착지인 용문산 사나사의 스님에게 나비떼에 대해 문의하자 산에 사는 나비로 며칠 동안 몰려들었다가 사라진다는 답을 듣는다. 나비는 무려 93여회 등장하는 핵심적인 심상을 지닌 단어로 44여회의 소녀와 더불어 이 소설의 키워드이다. 나비가 출몰하는 광경을 목도하면서 나는 고교 시절 '나비'라는 제목으로 시를 써 상장을 받은 일과 대학교 때 〈장자〉 시간에 배운 장사의 꿈 이야기를 연상하면서 과서의 기억을 소환한다.

329 아마르티아 센, 이상환 외 역, 『정체성과 폭력』, 바이북스, 2009, 205쪽.
330 박아르마, 「미셸 투르니에 소설에 나타난 정주성과 유목성」, 『불어불문학연구』 제100집, 2014.겨울호, 127쪽.

나비의 등장으로 나는 식별할 수 없는 현실과 환상, 주체와 타자의 경계에 서있는 정신착란과 카오스을 경험한다. 이곳에서는 혼돈과 무질서, 우연성과 변화, 탈-편집증적의 영역으로 실체는 드러낼 수 없는 것이며 단지 그것을 드러내는 과정만이 있을 뿐[331]이다. 일반적으로 봄의 시작을 알리는 나비는 불가(佛家)에서는 지혜와 길상을 상징하고, 설화에서는 좋은 사람의 영혼이 나비로 환생한다는 이야기가 전해오며, 카오스이론에서는 작은 일이 인과관계가 되어 나중에는 큰일이 된다는 나비효과(butterfly effect) 현상과 연관된다. 또한 문학작품에서는 궁극적 꿈, 미약한 존재, 자유로운 비상, 정체성 혼돈을 내포[332]하거나 유교문화의 합리성에 대비되는 초월의지를 상징하는 도구로 사용[333]되며 최근에는 이주자[334]를 비유하기도 한다. 나비는 변신 혹은 생성(나방, 번데기), 환상(몽유, 꿈꾸는 세계), 부유(여행 및 이산) 등을 나타내는 노마디즘적 존재이다. 이 소설의 키워드인 '나비'는 소녀와 나에 이르는 변신과 생성으로서의 타자되기를 가져온다.

가든 음식점에서 심부름을 하는 소녀는 절에 버려졌다가 식당주인에게 입양된 고아로 과거의 기록이 부재하며 팔랑거리는 걸음걸이에서 나풀거리는 나비를 연상케 한다. 이 소녀는 이웃집 어린 소녀 세화[335]를 떠올리게 하고 초원에서 말고삐를 끌어주었던 몽골소녀까지 이어짐으로써 음식점 소녀, 세화, 몽골초원의 소녀 그리고 자신의 일생에 나타났던 이름 모를 소녀들까지 닮아있다. 아장아장, 나풀나풀, 팔랑팔랑, 으으으으 등의 목소리와 자태로 다

331 정정호 편, 앞의 책, 25쪽.

332 한점돌, 「한국현대소설에 나타난 '나비'의 표상체계 연구」, 『국어교육』 제113호, 한국국어교육학회, 2004, 692쪽.

333 최민성, 「문화콘텐츠 주제학 시론: '나비' 상징을 중심으로」, 『인문콘텐츠』 제8권, 인문콘텐츠학회, 2006, 151쪽.

334 〈바다와 나비〉, 〈아홉개의 푸른 쏘냐〉, 《누가 나비의 집을 보았을까》 등 다문화소설에 등장하는 조선족여성, 러시아여성들이 나비로 그려지고 있다. - 졸고, 「다문화 서사구조와 문학적 특징」, 『현대소설연구』 제61호, 한국현대소설학회, 2016, 155쪽.

335 이름을 갖지 않는 윤후명 소설에서 세화는 유년기 옆집소녀로 유일하게 이름이 드러나 있는 작가의 트라우마이자 원형적 인물이다.

가오는 대여섯 살의 식당고아소녀와 몽골소녀는 자신의 눈짓, 손짓, 인사말로써 나를 대면하고 괴롭히면서 정언명령처럼 나에게 호소하는 고통의 표면으로서 노출[336]된다. 소녀는 특정한 성에 속하지 않는다는 점에서 사이 존재이며 여성되기의 특성[337]을 지닌다. 소녀들은 특정한 연령, 성, 질서, 권역에 속하지 않으며 질서들, 행위들, 연령들, 성들 사이에서 미끄러진다. 여행 중 여성과의 만남과 일탈은 여성되기를 통해 가부장제의 해체와 여성억압의 구도를 해체[338]시킨다. 이원론을 빠져나가는 유일한 방법은 사이에 존재하기(étre-entre), 사이를 지나가기, 간주곡[339]으로, 소녀는 중간자이자 경계인이다.

나비와 고아소녀는 몽골소녀 그리고 몽골 앙가라강 신화에 나오는 아버지에 의해 죽임을 당한 딸 앙가라로 이어진다. 국가와 아버지가 배치하는 가부장제에 희생된 전설 속 앙가라가 흘린 눈물과 합류된 예니세이강에서 나는 몽골족의 일원인 우리 민족의 뿌리를 확인한다. 이러한 소녀되기는 만인되기로 이어진다.

> … 내가 환생을 하든말든, 내가 죽은 다음 일어날 일은 이미 그 환각 속에 다 있었다. 하늘에 돌이 날고 죽은 승냥이들이 떼를 지어 우짖는 사막, 과벽탄(戈壁灘)이라 불리는 사막, 거기서 물고기 되어 바싹 말라간 것도 나였다. 나는 내가 꿈꾸었던 모든 인물이 되었다. 손기정 같은 마라토너가 되어 우주를 살별처럼 달리다가 별똥별이 되어 불에 탄 것도 나였고, 우장춘 같은 식물 육종학자가 되어 커다란 바오밥나무의 자궁 속으로 기어들어가 몇백만 톤의 씨없는 옥수수를 꺼낸 것도 나였다. 나는 스님이자 손오공이었고, 날쌘돌이였고, 태권V였고, 동방삭이었고, 홍길동이었고, 엉뚱하게도 가톨릭 사제였다. 주몽이었고, 테무진이었고, 무당이었고, 이순신의 부장(副將)이었고, 처용이었고, 마침

336 알폰소 링기스, 김성균 역, 『아무 것도/공유하지 않은/자들의/공동체』, 바다출판사, 2013, 64쪽.
337 조애리·김진옥, 「들뢰즈와 가따리의 여성-되기와 전복성」, 『페미니즘연구』 제16권, 한국여성연구소, 2016, 278쪽.
338 위의 논문, 280쪽.
339 질 들뢰즈·펠릭스 가타리, 앞의 책, 525쪽.

> 내 비렁뱅이였다. 그리하여 시화호의 썩어가는 갯벌을 마지막으로 기진맥진 기어가는 말뚝방둥이 같은 물고기로 환생하는지도 몰랐다. 그런데 그만, 우리 죽어서 도라지꽃으로 다시 태어나자는 여자에게 이끌려 서울땅으로 올라온 것이었다. 환생의 의미는 그럼으로써 뜻하는 바와는 전혀 다른 데 있다고 해도 달리 할 말은 없겠다.[340]

온갖 종류의 변형, 변환, 극한으로의 이행을 포함하는 되기는 다양한 변신을 가져온다. 어린이되기, 여성되기, 비백인되기, 동물되기 등 타자되기는 타자적 상상력을 통한 영혼, 연민 공감을 통한 "사랑"의 실현[341]이다. 또한 되기는 유기체화와 주체화의 이분법, 정체화에서 벗어나는 방법[342]으로서 나는 사막에서 말라가는 물고기나 불에 탄 별똥별과 비렁뱅이 같이 불행하고 비극적 존재이기도 하지만 신성한 성직자, 유명한 학자이자 문학작품 속 주인공이기도 하다. 정체성과 동일성을 갖지 않고 다양하고 이질적으로 생성되는 기상천외하고 기이한 존재가 되는 것이다. 역사 속의 저명한 인물들과 하찮은 동식물이 하나가 되고, 스님과 가톨릭 사제, 무당 등 종교의 경계가 해체되는 환상과 환각, 환영의 순간을 맞이한다. 여행자는 참된 분신을 만나기 위해 자기 자신의 자아를 해체해 버리기, 움직이지 않는 여행을 하는 은밀한 나그네, 모든 사람들처럼 되기 하지만 그것은 바로 아무도 아닌 자가 되는 법을 아는 자, 더 이상 아무도 아닌 자를 위한 생성[343]을 한다. 주인공은 남성과 여성, 인간과 동물, 하위계층과 상위계층, 성직자와 세속인 간의 위계적 대립을 해체한다. 몽골사막에서의 '말과 나와 소녀의 혼연일체'에서 나타나는 동물-되기와 여성-되기는 인간/동물, 문화/자연의 이분법을 넘어, 동물도 도구화되지

---

340 윤후명, 〈나비의 전설〉, 앞의 책, 36~37쪽.

341 정정호 편, 앞의 책, 63쪽.

342 홍지영, 「들뢰즈의 '되기' 개념을 통해 재고하는 섹슈얼리티의 문제」, 이화여대 석사학위논문, 84쪽.

343 질 들뢰즈· 펠릭스 가타리, 앞의 책, 377쪽.

않고 인간도 자본의 노예가 되지 않는 방식으로 함께 행위 역량을 기르는 공생의 방식을 모색[344]하는 주제의식을 반영한다. 제집을 찾아다니지 않으며 알, 애벌레, 번데기에서 탈바꿈하는 나비의 형상과 사이 존재인 소녀되기를 통해 주인공은 단일하고 고착화된 정체성과 동일성에서 벗어난다. 관계론적 입장에서 인간을 타자들과 잠재적으로 결합된 복수적인 존재[345]로 이해하는 작가는 단일하고 통합적인 자아로서의 인간이해를 부정하며 유동하는 복합적인 정체성을 지향한다.

4. 유목적 사유와 클리나멘적 삶

여행자는 정신적 육체적 여행과 고행을 통해 고원, 사원, 초원, 사막, 골짜기와 같이 비현실적이고 탈세속적인 리좀적 공간에서 노마디즘적으로 사유한다. '되기'는 생성을 의미하는 것으로 고정된 동일성을 깨뜨리고 무규정화, 미확정성을 통해 끊임없는 '다른 무엇 되기'에 주목하는 사유 방식의 하나[346]이다. 자기동일적인 어떤 상태에서 벗어나 다른 것이 되는 것이며 어떤 확고한 것에 뿌리박거나 확실한 뿌리를 찾는 것이 아니라 거기서 벗어나는 것[347]으로서 다른 내가 되거나 새로운 존재가 되는 태도는 예술가나 작가에게 필요한 덕목이다. 이러한 되기는 동양적 사유와 연결되는데 노자는 도(道)를 다양한 개체들이 관계를 맺는 원리로 보며, 장자도 미리 존재하는 것이 아니라 만들어지는 것[348]으로 이해한다. 들뢰즈 또한 다양한 계기들 사이의 마주침과

344 위의 논문, 85쪽.

345 오현숙, 「들뢰즈와 불교의 관계론」, 『동서비교문학저널』 제14호, 한국동서비교문학학회, 2006. 봄/여름호, 85쪽.

346 이원숙, 「권진규 조각에 표현된 변형과 들뢰즈의 '되기' 이론」, 『동양예술』 제26호, 한국동양예술학회, 2014, 346쪽.

347 이진경, 『노마디즘』 2, 휴머니스트, 2006, 33쪽.

348 이원숙, 앞의 논문, 352쪽.

연결, 우발적 마주침에 의한 생성, 되기를 강조[349]하는바 〈나비의 전설〉은 장자의 나비의 꿈 우화, 사나사에서의 불교적 메시지가 깔려있으며, 이는 들뢰즈가 제시한 리좀적 노마디즘의 사유와 유사하다.

정착민이 애초부터 될 수 없는 주인공의 불안한 실존적 여행은 차라리 유랑에 가까운데, 유랑은 근거지를 떠나 부유하는 삶이며 사회의 제도적 장치와 타자의 욕망에 종속된 삶에 대한 저항이다. 따라서 유랑자가 안전한 거처를 거부하고 삶의 조건이 배제된 장소로 떠나는 것이나 실존형 여행자가 존재적 물음에 해답을 얻기 위해 일상성과의 단절을 선택하는 것은 중심화 획일화된 세계를 부정하고 다양성의 삶에서 미래의 희망을 기대하는 들뢰즈, 가타리의 노마디즘 사상과 일맥상통[350]한다. 여행은 고정된 공간으로서의 점과 또 다른 점 사이를 연결시키는 통과라는 점에서 유목민적 사고가 나타나며 정체와 동일화에 빠지는 안정과 정착에의 희구와 갈구에서 벗어나기 때문에 생성이 연출[351]된다. 일상적이고 반복적이며 규칙적인 생활에서 벗어난다는 것은 파격적이고 비일상적이며 뜻하지 않은 사물과 사람, 사건과의 접속을 가져온다는 점에서 클리나멘[352]을 통한 창조와 생성을 지향하는 삶이다. 그러나 여기서의 이탈은 도피적이라기보다는 자유와 생성을 지향하는 생산적이고 창조적인 이탈이다. 클리나멘은 강요된 흐름을 거부하는 소용돌이 그 자체로서 과학적인 이론에서 또는 치수 책임자에게는 불가해한 것[353]이다. 반복되는 일상 속의 매너리즘에 빠진 삶으로부터 일탈하고 탈주하는 클리나멘적 삶을 작가는 여행으로 제시한다. 들뢰즈와 가타리는 이를 억압되고 코드화되며 차단당하는 삶의 흐름을 해방시키는 탈주선이라고 명명하는데, 탈주선은 약호화, 정착, 구조, 조직화 등에 대한 거부와 친숙한 것들의 해체를 기

349 위의 논문, 352쪽.
350 변찬복, 앞의 논문, 209쪽.
351 정정호 편, 앞의 책, 49쪽.
352 클리나멘(dinamen)은 관성적인 운동과 중력으로부터 벗어나려는 물리학적 용어로서 철학적으로는 타성과 관성에 맞서 기성을 벗어나려는 이탈을 의미한다.
353 질 들뢰즈·펠릭스 가타리, 앞의 책, 697쪽.

반으로 새로운 삶의 형태와 새로운 무엇인가를 창조하는 긍정적이고 혁신적이고 전복적인 흐름[354]을 말한다.

〈나비의 전설〉은 두 번의 양평여행 중 겪게 된 골짜기의 나비와 사나사 방문을 통해 장자와 불교사상을 언급한다. 나비떼의 출몰은 삶의 기원과 비의에 대해 탐색하게 하면서 대학수업에서 배운 장자의 호접몽을 기억하게 한다. 나비가 내가 되고 내가 나비가 되는 '몽유' 경험은 '지각불가능, 식별불가능, 비개성 등과 모든 사람/사물 되기'와 같은 무아(無我)의 경지 같은 종교적 체험과 유사[355]하다. 귀환할 열차 시간이 남아 방문한 사나사 절 경내의 3층 석탑과 부도탑, 일주문을 돌아본 나는 살아 생전에 수행과 공덕을 닦아 다음 생의 길에 잘못됨이 없게 준비하는 의식인 생전예수재를 보면서 환생과 윤회에 대해 생각한다. 소설의 배경이 되는 장자와 불교의 무아되기, 붓다되기는 존재와 대상의 하나-되기를 주장하지 않는 들뢰즈적 사유이다.

획일적이고 일률적인 한국사회와 자기동일적인 국가장치로부터의 탈주는 주인공을 늘 여행하게 한다. 여행서사로 구성되는 윤후명 소설은 노마디즘 사유와 리좀적 삶을 지향한다. 여행은 육체적 이동을 의미하지만 '체계화·정주화되어 있는 사유체계에서 벗어나 끊임없이 생성하는 유목적 사유체계'[356]로 나아가고자 하는 정신적인 여행도 포함한다. 사회병리현상을 두드러지게 표출하지 않는 윤후명 문학은 자아의 내면적 의식에 몰두하고 심상과 이미지로 파편화되고 있지만 여행자의 이동의 계기엔 실존적 탐색과 더불어 정치경제적 억압과 폭력이 내재되어 있다. 주인공은 '사회적 장치와 규범에 의해 억압된 욕망을 타자와의 접속을 통해 혁명적 욕망으로 전환할 수 있는 계기를 제공'[357]하기 위한 여행을 단행한다. 국가라는 홈 패인 공간을 휩쓸어 버리고

354 정형철, 「들뢰즈와 가타리의 노마디즘과 동양적 사유의 방식」, 『비교문학』 제38권, 한국비교학회, 2006, 187~188쪽.

355 위의 논문, 186쪽.

356 변찬복, 앞의 논문, 210쪽.

357 위의 논문, 211쪽.

지나가서 전혀 흔적조차 찾아볼 수 없는 매끈한 공간을 만드는 탈중심적 반위계적 리좀적 사유를 통해 새로운 영토, 해방의 공간이 만들어지는[358] 것이다.

5. 여행구조와 타자되기

윤후명 소설은 재현적인 서술방식보다는 상징과 비의, 이미지, 심상으로 점철된 모더니즘적 기법을 구사한다. 2000년대 문학의 한 경향과 작가의 문학적 특질을 파악할 수 있는 완결성과 문학성을 확보한 〈나비의 전설〉엔 환영, 환각, 환생, 환상 등의 단어들이 빈번하게 등장한다. 대부분 여행서사로 이루어진 그의 문학은 중년남성의 방랑과 여행 그리고 여성과의 만남을 통해 이분법적 사유에서 벗어나고자 하는 리좀적 노마디즘 사유라는 주제의식을 담는다. 자아탐색, 정체성 확인, 자아찾기에 주목한 기존 연구에서 벗어나 이 글은 소녀되기, 동물되기, 만인되기 등의 타자되기를 통해 단일하고 동일적인 정체성에서 벗어나려는 내면적 의미에 주목하였다. 국가와 가부장, 동일한 종교, 민족, 국민이라는 이름으로 차별받고 억압받으며 배제되었던 이분법적 잣대와 동일성에서 탈주하여 주인공은 골짜기, 사원, 초원과 사막 같은 여행공간으로 떠난다. 세 번의 여행에서 시간의 순차적 흐름은 무시된 채 하나의 공간으로 인식되며, 국가장치에 포획되지 않은 매끈한 공간에서 노마디즘 사유와 성찰을 한다. 자신을 확인하는 신분증과 수첩을 상실하여 떠난 여행지에서 환상적인 나비떼의 출몰 광경을 목도하게 되고 다음 해 재방문해 음식점 소녀와 나비의 닮음을 확인함으로써 여행은 차이나는 반복이다. 자유, 변신, 영혼, 생성, 부유를 상징하는 나비는 사이 존재인 소녀와 동일시되고 몽골

358 조애리 · 김진옥, 「들뢰즈와 가따리의 여성-되기와 전복성」, 『페미니즘연구』 제16권, 한국여성연구소, 2016, 277쪽.

소녀와 세화 그리고 자신이 만났던 여성들 그리고 한민족과 하나가 된다. 이들은 짧은 기억, 망각, 기록의 부재라는 공통점을 지닌 타자이자 주변부로서 아무도 아닌 자이지만 만인이 될 수 있는 자이다. 신분, 과거, 이름, 직업, 주소, 소속을 갖지 못한 여행자는 노마디즘 사유와 클리나멘적 삶을 추구한다. 국가장치나 정착민, 주체의 타자에 대한 억압과 폭력에 저항하고 거부하는 여행자는 탈영토화를 위한 탈주를 통해 기존 질서와 권위, 이분법적 논리를 비판한다. 〈나비의 전설〉은 소설미학적 측면뿐만 아니라 철학적이고 사회학적 주제를 담고 있어 2000년대 우리 문학의 한 경향과 윤후명 소설의 특질을 잘 보여준다.

3부

—

다문화

1장 다문화 서사구조와 문학적 특징

1. 다문화시대와 사회

1990년대 이후 한국사회는 다문화사회화되고 있다. 출산과 생산을 담당하기 위해 입국한 외국인노동자, 결혼이주여성, 다문화가정 2세, 조선족, 고려인과 같은 한민족이주자, 북한이탈주민, 해외입양인, 본국의 박해로부터 도피하여 귀화를 신청한 외국인난민이 공존한다. 결혼이주여성 15만 명, 탈북자 2만 8천 명, 다문화가정 2세 20만 명, 다문화가족 82만 명, 조선족 60만 명, 외국인노동자 62만 명 등 2015년 6월까지 한국에 체류하는 외국인은 180만 명으로 전체인구의 3.6%를 차지한다. 한민족으로 형성된 20세기 근대민족국가를 정립한 우리에게 낯선 이방인의 출현은 복합적인 문제를 야기한다. '우리'끼리 문제시되지 않았던 인권, 윤리, 환대, 세계시민의식의 결핍이 드러나면서 불편한 진실이 표출된 것이다. 한국의 역사적 발전단계는 유럽과 달리 '전근대를 온존시킨 채, 근대에 들어가고, 근대를 완성하지 못한 채 탈근대에 들어가는 비동시성 현상'[1] 속에서 혈통과 가문을 중시하는 보수적 가부장적인 특징이 내재되며, 식민지와 분단의 역사가 야기한 민족주의적 애국주의적 색채가 강해 갈등과 부조화를 낳는다.

국민을 결속하고 구속하는 국가는 단일하고 동질적인 민족적 정체성을 바탕으로 하며, '민족적 소속'에 어긋나는 민족적 소수집단은 '적법하지' 않은 거주자[2]가 된다. 국민은 자신이 허상이라는 것을 잊기 위해 외국인이라는 허구를 창출하며, 국민이란 외국인을 명명하고 그에게 주변적인 정체성을 부여

---

1 임혁백, 『비동시성의 동시성』, 고려대학교출판부, 2014, 24쪽.

2 주디스 버틀러·가야트리 스피박, 주해연 역, 『누가 민족국가를 노래하는가』, 산책자, 2008, 36쪽.

해야만 존재할 수 있는 주체[3]이다. 타자의 모습으로 문학 속에 재현되는 이주자의 '목숨뿐인 벌거벗은 삶'은 정치공동체 밖으로 내던져져서 아무런 보호도 받지 못한 채 국가권력에 노출되어[4] 자유와 귀속권리와 삶의 터전을 가질 권리를 봉쇄당한다.

최근의 키워드가 된 이주와 다문화 현상에 대한 방대한 연구업적이 축적되었다. 이주자가 등장하는 작품들이 잇달아 발표되었고, 각 분야에서 다문화논문이 쏟아져 나왔다. 문학에서도 이주노동자[5], 결혼이주여성[6], 조선족[7], 북한이탈주민[8]을 대상으로 재현양상이나 대응방법이 연구되었고, 개별적인 작품

---

3 기욤 르 블랑, 박영옥 역, 『안과 밖: 외국인의 조건』, 글항아리, 2014, 67~68쪽.

4 주디스 버틀러·가야트리 스피박, 앞의 책, 40~41쪽.

5 천연희, 「현대소설을 통해본 이주노동자에 대한 한국인의 태도」, 전북대 석사학위논문, 2003, 강진구, 「한국소설에 나타난 이주노동자의 재현 양상」, 『어문논집』 제41호, 2009, 최진희, 「다문화시대 문학교육을 위한 이주노동자의 타자성 연구」, 서강대 석사학위논문, 2009, 홍원경, 「〈나마스테〉에 나타난 외국인 노동자의 재현양상」, 『다문화콘텐츠연구』 제7권, 2009, 고명철, 「한국문학의 '복수의 근대성' 아시아적 타자의 새 발견」, 『비평문학』 제38권, 2010, 박진, 「박범신 장편소설 〈나마스테〉에 나타난 이주노동자의 재현 이미지와 국민국가의 문제」, 『현대문학이론연구』 제40권, 2010, 졸고, 「2000년대 다문화소설에 나타난 이주노동자의 재현양상」, 『우리문학연구』 제35집, 2012.

6 연남경, 「다문화소설과 여성의 몸 구현 양상」, 『한국문학이론과 비평』 제14권, 2010, 강진구, 「한국소설에 나타난 결혼이주여성의 재현양상」, 『다문화콘텐츠연구』 제11권, 2011, 송명희, 『다문화소설에 재현된 결혼이주여성』, 『한어문교육』 제25집, 2011, 엄미옥, 「현대소설에 나타난 이주여성의 재현양상」,『여성문학연구』 제29회, 2013, 서성란, 「한국현대소설에 형상화된 결혼이주여성」, 『한국문예창작』 제12권, 2013, 구번일, 「우리소설에 나타난 하위주체로서의 결혼이주여성 연구」, 『한민족문화연구』 제48권, 2015.

7 강진구, 「모국체험이 조선족 정체성에 미친 영향 연구」, 『다문화콘텐츠연구』 제2권, 2009, 졸고, 「2000년대 소설에 나타난 조선족 이주여성의 타자적 정체성」, 『현대소설연구』 제48집, 2011, 김세령, 「2000년대 이후 한국소설에 재현된 조선족 이주민」, 『우리문학연구』 제37집, 2012, 엄숙희, 「2000년대 한국소설에 나타난 조선족의 담론화 양상과 그 의미」, 『한국문학이론과 비평』 제67집, 2015.

8 이성희, 「탈북자소설에 드러난 한국자본주의의 문제점 연구」, 『한국문학논총』 제51집, 2009, 김효석, 「경계의 보편성과 특수성」, 『다문화콘텐츠연구』 제7권, 2009, 「'거울'의 서사와 '탈북'을 둘러싼 다양한 시선들」, 『문예운동』 제105권, 2010, 홍용희, 「통일시대를 향한 탈북자 문제의 소설적 인식 연구」, 『한국언어문화』 제40집, 2009, 김은하, 「탈북여성 디아스포라 재현의 성별 정치학」, 『한국문학논총』 제55집, 2010, 고인환, 「탈북디아스포라문학의 새로운 양상 연구」, 『한민족문화연구』 제39집, 2012, 권세영, 「소수집단문학으로서의 북한이탈주민 창작소설 연구」, 『한중인문학연구』 제35집, 2012, 김자영, 「이대환의 〈큰돈과 콘돔〉으로 본 탈

론[9]이나 주제의식의 특징들이 모색[10]되었다. 인물서사유형을 다룬 송현호는 주변인과 타자, 이주노동자, 외국인이주민 2세, 다문화가정을 분석하면서 다문화·다인종의 독립성 인정과 수평적 관계를 제시했으며, 최병우도 인물유형 분석을 통해 이분법적 대립의 편향성 반성, 이주민들의 내밀한 세계에 대한 성찰, 인간학적 관점에서의 의미 해명이 이루어져야 한다고 주창하였다. 오윤호는 경제적 디아스포라, 혼종적 공동체, 가족의 해체, 이방인으로서의 혼혈아동으로 구분한 후 연민과 동정의 시선을 지적하였고, 이경재는 이주민의 타자화와 한국인화, 한국인과 이주민의 연대가능성, 이주민의 고유성과 보편성에 대한 인정 등 이주자 유형과 재현양상을 고찰하였다. 이주와 다문화 키워드는 일시적인 현상에 머물지 않고 우리 사회를 반영하고 불편한 진실을 고발하는 핵심주제로 지속될 것이다. 2006년 기점 다문화정책이 시작된 지 10년이 되는 해[11]로 점검과 진단이 필요하다는 점에서 문학 속의 이주(다문화) 현상과 문학적 특징을 총체적으로 살펴보는 일은 유의미하다. 이 글은 기존연구를 바탕으로 서사구조와 상징적 기법 및 문학적 수사를 통해 다문화문학의 지향점을 고찰한다.

북여성 이주민의 주체화에 관한 고찰」, 『이화어문논집』 제31권, 2013, 이덕화, 「탈북여성 이수 소설에 나타난 혼종적 정체성」, 『현대소설연구』 제52권, 2011, 이성희, 「탈북여성을 중심으로 살펴본 남한정착과정의 타자정체성 연구」, 『여성학연구』 제23권, 2013, 김효석, 「탈북 디아스포라 소설의 현황과 가능성 고찰」, 『어문논집』 제57집, 2014.

9 송현호는 이주담론의 인문학적 관점에서 〈코끼리〉, 〈이무기 사냥꾼〉, 〈잘 가라, 서커스〉, 〈조동욱, 파비안느〉, 〈가리봉 양꼬치〉, 〈완득이〉 등의 작품들을 분석하는 논문들을 지속적으로 발표해 왔다.

10 오윤호, 「디아스포라의 플롯」, 『시학과 언어학』 제17호, 2009, 송현호, 「다문화사회의 서사유형과 서사전략에 관한 연구」, 『현대소설연구』 제44집, 2010, 윤영옥, 「21세기 다문화소설에 나타난 국민개념의 재구성과 탈식민성」, 『한국문학이론과 비평』 제56집, 2012, 최병우, 「한국현대소설에 나타난 이주의 인간학」, 『현대소설연구』 제51집, 2012, 이경재, 「2000년대 다문화소설 연구」, 『한국현대문학연구』 제40권, 2013.

11 다문화관련 정책이 수립된 결혼이민자 지원법이 2006년에 채택되어 10년을 맞이하게 되었다. 그 이후 출입국관리법, 재한외국인 처우 기본법, 결혼중개업의 관리에 관한 법률, 재외동포의 출입국과 법적 지위에 관한 법률, 북한이탈주민의 보호 및 정착지원에 관한 법률, 국적법 등이 만들어졌다. - 한국다문화학회, 숙명여대 다문화통합연구소, 「다문화 한국 10년의 정책과 실천방안」, 2015.8.24, 26쪽.

2. 다문화서사구조

정착 - 떠남 - 정착의 순환적 서사를 지닌 1990년대 여행서사[12]와 정착 - 떠남 플롯으로 거주를 목적으로 하는 여행으로서의 이주인 2000년대 다문화서사[13]의 출현은 우리 사회가 노마디즘 시대임을 증명한다. 반드시 돌아옴을 전제로 하는 자발적 유희적 근대적인 여행서사와 달리 이주서사는 정치경제적 압박에 의한 비자발적 강제적 탈근대적인 특징을 지닌다. 경계가 분명한 영역에서 다른 영역으로 이동하는 망명서사는 떠남과 도착이 필연적으로 이어지며, 동화와 소외가 그 중심주제[14]를 이루는 '디스토피아적 여행서사'[15]이다.

다문화서사는 《리나》, 《찔레꽃》, 《누가 나비의 집을 보았을까》와 같이 목적지에 도착하기까지의 과정을 그린 월경(탈북)루트에 초점이 맞춰지지만 대개는 이주국에서의 신산하고 고단한 이주생활을 그린 소설이 주조를 이룬다. 생존문제에 직면한 이주자는 보다 나은 삶을 위해 국경을 넘지만 이들에겐 디스토피아의 현실이 놓여있다. 외국인으로 산다는 것은 '국가 없음'을 의미하며 국가가 없다는 것은 법의 보호에서 벗어난다는 것이다. 법적 지위에 따라 인간대접이 다른 사회에서 이주자는 이동 중 브로커의 개입으로 인권을 유린당한다. 접경지대인 국경을 넘은 후 이주국에 당도한다고 해도 주변부이자 타자로 인식되는 이주자는 이주 이전의 삶을 회상하면서 과거를 그리워하고 현실의 고통을 견딘다.

탈북디아스포라여성의 경우 불법, 육체적 훼손, 거짓과 사기, 폭력에 노출되고 입국 후에도 의심스러운 시선을 받음으로써 이주생활이 고통스럽다.

---

12 졸저, 『우리시대의 여행소설』, 태학사, 2006, 32쪽.

13 졸저, 『21세기 한국소설의 다문화와 이방인들』, 푸른사상사, 2014, 122쪽.

14 주디스 버틀러·가야트리 스피박, 앞의 책, 25쪽.

15 주디스 버틀러는 아렌트가 국가 없는 자인 난민, 망명자들이 도착한 곳이야말로 국가권력이 주민들의 영토를 통제하고 공포에 떨게 하는 쿠바의 관타나모수용소일 수도 있고, '돌아다닐 수 있는 감옥'이라 묘사되는 팔레스타인의 가자지구일 수도 있다고 말한다. - 위의 책, 16쪽.

《찔레꽃》, 《리나》, 《바리데기》, 《청춘연가》, 《누가 나비의 집을 보았을까》, 〈그곳의 밤 여기의 노래〉에서는 극도의 긴장과 공포 상태가 처절하게 나타나며 입국허가를 받지 못해 바다에 던져지거나 수장되기도 한다. 타자성을 대표하는 이주여성은 인신매매와 강제결혼, 성노동, 브로커의 협박에 직면하며 몸과 성이 훼손된다. 압록강을 넘으면서부터 매매되어 물건으로 취급되는 《찔레꽃》의 10대 소녀 충심과 미향은 중국농촌남자에게 팔려 지옥 같은 결혼생활을 한다. 미향은 남편과 시부에게 밤낮으로 시달리다가 정신착란으로 죽고, 충심은 도망쳐 몽골사막을 넘어 입국하지만 노래방 도우미로 시작하여 성매매까지 한다. 〈리나〉의 탈북소녀 리나는 국경지역을 떠돌다가 살인과 범죄를 저지르며, 《바리데기》, 《누가 나비의 집을 보았을까》, 〈그곳의 밤 여기의 노래〉의 밀항선을 탄 여성들은 강간당하거나 견딜 수 없는 모멸감을 느낀다. 《청춘연가》의 주인공 정선화와 하나원 동기들은 강제수용소, 인신매매, 중국오지마을에서의 끔찍한 결혼생활과 사막행군을 거쳐 한국에 도착하지만 악몽과 정신장애, 질병, 부적응으로 불행한 이주생활[16]을 한다.

> ① "우루무치를 지나 국경으로 접근해서 안내원이 일러준 길을 따라 큰 산을 넘으면 몽골이야. 그 산을 넘는 것도 얼마나 힘들었는지 몰라. 산을 넘자마자 끝없는 초원이 펼쳐지는데, 기 지옥을 건너면 고비사막이라는 모래지옥이 또 앞을 가로막는 거야. 사막이라고 해서 처음엔 겁을 잔뜩 집어먹었는데 다행히 하루 만에 건널 수 있었어. 사막을 건너면 또 다시 초원이야. 초원이 얼마나 지겨운 줄 알아? 죽은 낙타를 뜯어먹는 늑대를 봤는데 죽었다 싶더라. 천신만고 끝에 유목민들을 만나도 겨우 양고기나 먹을 수 있는데, 그걸 먹으면 하루 종일 설사를 죽죽 해대는 거야. 말이 다르기 때문에 길을 알려달라고 하지도 못해. 초원에서 두 사람이나 얼어 죽었어.[17]

---

16 졸저, 『21세기 한국소설의 다문화와 이방인들』, 앞의 책, 248~249쪽.

17 정도상, 『찔레꽃』, 창비, 2008, 127쪽.

②담배를 한 대씩 나누어 피우고 나서 선원들이 샹 언니를 통로 쪽으로 끌고 나가 옷을 벗긴다. 샹 언니가 허우적거리며 저항하자 남자들은 아무렇지도 않게 주먹으로 얼굴을 몇 대 후려치고 언니가 축 늘어진다. 다른 선원들이 내려온다. 그들은 서로 잡담을 하면서 발가벗긴 언니를 돌려세우기도 하고 눕히기도 하면서 여러 짓을 벌인다. 선원들이 완전히 실신해버린 샹 언니를 내버려두고 사라진다. 파번의 중년 아주머니는 죽었는지 모로 넘어져서 움직이지 않는다. 선원들이 투덜거리며 그녀의 팔과 다리를 잡고 통로를 지나고 수없이 많은 철제 계단을 오르고 층계참에서 다시 욕질을 해대며 한참이나 쉬었다가 어두운 갑판으로 나간다. 배의 끝으로 나아가 두 사람이 시신을 좌우로 몇 번 흔들며 숫자를 헤아리다가 휙 내던진다. 검은 파도와 가끔씩 흰 물결의 이랑.[18]

③배가 바다에서 정박해 있은 지 벌써 이틀째다. 그동안 한국배는 아무 소식도 없다. 한국쪽 단속이 심해졌지 않으면 약속한 사람한테 무슨 문제가 생긴 것이 분명했다. 밀항하는 사람들에게 약속은 목숨같은 것이었다. 그런데 이틀씩이나 아무 소식도 없다는 것은 이미 약속이 무효라는 소리가 된다. 그렇다고 돌아갈 수도 없다. 이미 돌아갈 배의 기름도 다 떨어지고 먹이와 식수도 다 떨어졌는데 어찌 다시 일주일을 갈 수 있단 말인가.[19]

밀항선에서의 참혹한 이주여정을 그린 《누가 나비의 집을 보았을까》의 허술한 나뭇배는 '국가(민족) 경계가 만들어놓은 억압되고 밀폐된 공간, 일상적 장소감을 제공할 물리적 공간을 지니지 못한 부유공간'[20]이다. 산 채로 밀입국자는 바다에 내던져지고, 항구에 닿아도 입국허가를 받지 못해 배에 떠있는 상태에서 죽어간다. 압록강/두만강 도강, 몽골사막 경유, 중국 농촌마을에서의 매매혼 생활, 선상에서의 강간과 성적 모멸, 제3국 잠입 등의 이동루트를 거쳐 도착한 이주국은 차별과 배척뿐인 세계이다. 불법이주한 이들은 자

18 황석영, 『바리데기』, 창비, 2007, 140쪽.

19 허련순, 『누가 나비의 집을 보았을까』, 온북스, 2007, 334쪽.

20 부산대 한국민족문화연구소, 『이주와 로컬리티의 재구성』, 소명출판, 2013, 263쪽.

신의 존재증명이 불가능한 '증' 없는 인간들로 신분노출을 꺼린 채 불이익을 감수하며 유령처럼 살아간다. 탈북디아스포라여성서사는 도강→중국불법체류→사막, 제3국, 밀항선 밀입국→하나원 교육→이주 부적응→재이주의 과정으로 인신매매·이주매춘서사를 특징으로 한다.

《나마스테》, 〈이무기 사냥꾼〉, 〈동거인〉, 〈물 한 모금〉, 〈가리봉 양꼬치〉의 노동자는 폭력과 폭언, 임금체불, 신체훼손, 거주제한 등 열악한 노동환경 하에 한국경제의 3D업종을 담당한다. 〈아홉개의 푸른 쏘냐〉의 쏘냐, 《찔레꽃》의 충심, 《잘 가라, 서커스》의 해화, 〈그곳의 밤 여기의 노래〉의 명화, 〈가리봉 연가〉의 명화는 돌봄 가사 노동이나 성산업에 종사하는 젠더화된 직종에 근무하며 성폭력의 위협에 직면한다. 남성이주노동자가 폭행, 욕설, 임금강탈, 신체불구의 고통을 겪는 반면 이주여성은 성희롱, 강간, 변태적 요구에 시달린다. 에스닉노동서사는 일반노동서사와 다르지 않지만 계급갈등과 더불어 자국민/외국인이라는 차별적 요소가 덧씌어진 제노포비아서사이다.

신분이 불안하고 제한된 노동이주보다 합법적인 국제결혼은 '국민'이 될 가능성이 높기에 선호하는 입국방식이므로 결혼이주여성의 삶을 재현한 작품들이 많이 발표되었다. 국가와 지방자치단체가 주도한 농촌총각 결혼 및 다문화가족 만들기 프로젝트는 빈곤국 출신 여성의 욕망과 맞닿아 성사된 한국 특유의 현상이다. 매매혼적인 국제결혼은 신붓감을 구하지 못한 한국남성과 친정에 도움을 주려는 이주여성 간 결합이다. 남성의 성적 욕망과 여성의 친정을 도우려는 경제적 이유가 뚜렷한 결혼생활은 의심과 무책임, 소외와 고립을 동반한다. 남편들은 나이가 많거나(파프리카, 그곳의 밤 여기의 노래, 쁘이거나 쯔이거나), 불구이거나(벙어리 및 언어장애 《잘 가라, 서커스》, 〈나선의 방향〉, 하반신 마비 〈꽃가마배〉, 정신지체자 《사랑을 묻다》), 폭력적 가학적이거나(나의 이복형제들, 그 여자가 사는 곳, 그녀의 나무 핑궈리), 노름꾼(지질시대를 헤엄치는 물고기), 무능력(가리봉 연가, 나의 이복형제들, 그녀의 나무 핑궈리) 등 신체, 경제력, 계급에서 열등하다. 외국인아내는 가족으로 인정받지 못하며 의심과 감시의 눈총을 받는다. 《나의 이복형제들》의 중국여성과 《그녀의 나무 핑궈리》의 조선족 출신인 만자는 주민등록증을 받기 위해 남편의 외도와 폭행을 견뎌내며 다방과 공장에서 번돈을 빼앗기고, 조선족 출신인 《잘 가라, 서커스》의 림해화와 《사랑을 묻다》의 최부용은 장애인 남편의 간병인 같은 아내로 성적으로 학대받고 가문의 수단으로 인식된다. 베트남 출신인 〈파프리카〉의 츄옌과 〈핏줄〉의 쑤언은 출산 강요와 시부모의 욕설, 피부색에 대한 지적을 받으며, 〈열대야에서 온 무지개〉의 사이란은 남편과 별거하는 비정상적인 생활 속에 아이를 욕망한다. 사기결혼을 당한 후 남편의 발길질과 폭행, 혼음을 강요받는 〈그 여자가 사는 곳〉의 리엔, 시부의 욕설과 남편의 묵인 하에 시아주버니에게 희롱당하는 〈장미화분〉의 태국 출신 보파, 트인 벌판에서 관계를 요구하는 변태 남편의 폭행으로 가출한 〈나선의 방향〉의 이집트 출신 마리암, 무능한 노름꾼 남편을 피해 도망 중인 〈지질시대를 헤엄치는 물고기〉의 탈북여성 등 결혼이주여성의 이주는 비극적 결말로 끝난다. 결혼이주여성 서사구조는 관광맞선여행 → 입국 → 정착(결혼생활) → 가출(소외, 고립, 저항, 타자화) → 정착실패 및 비극적 결말(자살, 이혼, 살해, 강간 및 성희롱, 출국, 사고, 범죄)로 구성된다.

다문화가정 2세가 등장하는 작품에서는 이주부모의 아픔과 고통을 보고 자라는 소년의 성장기를 다룬다. 《완득이》, 〈코끼리〉, 《플루토의 지붕》, 《아오자이에 핀 무궁화》, 《시선》, 〈영영 여름〉에 등장하는 혼혈아이들은 냉대받는 부모를 지켜보는 냉혹한 현실을 목도함으로써 성숙의 문턱을 가혹하게 넘어선다. 《완득이》의 반항적인 완득이는 자신을 홀로 키운 불구 아버지와 가출할 수밖에 없었던 외국인 어머니의 삶을 이해하고, 《플루토의 지붕》의 민수는 이혼한 필리핀 출신 어머니의 재혼을 유쾌하게 받아들이며, 《아오자이에 핀 무궁화》의 어린 '나'도 자신의 주어진 환경에 수긍한다. 《시선》과 〈코끼리〉의 아이들은 가장 핍진하고 리얼하게 재현되는데, 《시선》의 가출한 베트남 엄마와 폭력적인 아버지 사이에서 태어나 학창시절, 군대시절, 사회시절 동안 학대받고 차별적 시선에 노출됨으로써 연쇄살인마가 된 배남의 극단적 삶이 제시되며, 〈코끼리〉의 아카스도 너무 일찍 어른들의 부패와 타락, 폭력과 슬픔을 알게 되며 범죄사건을 목도함으로써 비밀을 간직한다. 〈영영 여름〉의 일본인 아버지와 한국인 어머니를 둔 12살 리에는 어른들의 위선과 속물근성을 간파하는 조숙한 아이로 '부타메(돼지)'라고 놀림 받으며 소외되지만 북조선에서 온 친구와의 공감대 형성과 이별을 통해 성숙의 문턱을 넘는다. 일반적인 성장소설과 같이 성장의 계기가 되는 사건을 통해 어른의 세계로 진입하는 성숙의 구조를 지닌 다문화성장서사는 정체성 혼란과 억압받는 부모를 지켜보며 성장하기에 부정적으로 한국사회를 인식하거나 과잉애국이라는 극단적 모습이 나타난다.

이주자가 등장하는 서사구조는 이동루트를 거쳐 이주국 정착 과정에서 비참하고 남루하며 타자적인 이주생활을 그린 디스토피아적 여행서사이다. 이주여성서사는 인신매매·이주매춘서사로, 결혼이주여성서사는 여성수난(잔혹)서사로, 이주노동자서사는 에스닉노동·제노포비아서사로, 다문화가정 2세서사는 다문화성장서사로 전개됨으로써 이주와 다문화 현상은 여러 소설장르를 배태시키며 21세기 한국문학의 한 경향으로 자리 잡는다. 또한 고국과 타국이라는 공간성과 이주 이전과 이후라는 시간성이 대비되어 성스러움과 세속적임, 순수와 자본, 행복함과 비참함이라는 이분법적 원리가 작동되며, 고단한 이주생활 속에서 가족, 이웃을 그리워하는 디아스포라의 회상장면이 작품 속에 개입한다.

3. 자국민/이주자 갈등양상

집단화 타자화 동화된 이주자는 이방인 정체성으로 고난을 겪는다. 이주자는 집단적으로 인식되며 범죄나 폭력사건이 발생하면 자국민의 외국인혐오증에 노출되어 위험에 직면한다. 타자화는 인식의 주체가 자의적으로 휘두르는 폭력과 다름없으며[21] 외국인에 대한 차별적 시선이야말로 이주생활을 어렵게 하는 요소 중의 하나이다. 오랜 세월 '우리'끼리 살아왔던 한국사회는 피부색과 외모가 다른 이들을 야릇하고 경멸적으로 바라보며 돈 벌러 온 대상으로 취급한다. 눈은 실제로 '봄'으로부터 연원하는 라틴어 '힘'이라는 단어로서 '폭력', '적대 세력'이라는 의미로 사용되며 차이나 구별도 '본 바'를 타자화하는 인식작용의 파편화 즉 개념화의 착란으로 여러 형태의 폭력을 행사하는 위험한 감각[22]이다. 백색신화에 대한 옹호와 가족(국가)중심주의적인 우리 사회는 가난한 제3세계 이방인을 포용하지 않으며, 이주자 역시 자국민에 대해 부정적 비판적 시선을 가짐으로써 불화와 갈등을 내포한다. 《나마스테》의 이주여성 사비나는 회사직원들로부터 네팔에도 해와 달이 뜨며 여자들도 애를 낳냐는 황당한 질문을 받으며, 카밀을 사랑하는 신우조차도 "네팔 여자들은 다 그런 식으로 살아요?"라고 물어 그녀에게 상처를 준다.

> ① 말이 안 통해야 도망도 못 가는 거라고. 한 이년 살살거리다가 재산 홀랑 집어들고 도망가는 년들이 어디 한둘이야. 친척들 불러다가 일자리 마련해줘, 다 소용없다니까. 조선족들은 하나같이 어떻게 등쳐먹을까 어떻게 하면 돈이나 많이 벌어갈까. 그 궁리만 한다구.[23]
> ② 연변여자들은 믿을 수 없는 사람들이 많지만 베트남 여자들은 백프로 숫처녀에다가 연변여자들처럼 도망치려야 도망칠 데도 없고 얼굴도 우리하고 비슷해서 아를 낳아도 전혀 혼혈인 같지 않다고.[24]
> ③ 조선족은 발랑 까져서 안 되고, 필리핀 여자는 게으르고 둔해서 안 되고, 베트남 여자들이 눈치도 빠르고 순진해서 좋다는 말에 찬밥 더운 밥 가릴 형편이 아닌 충국은 장 속에 꿍쳐 두었던 오백만 원을 서둘러 꺼내 놓았던 것이다.[25]
> ④ 동정심 많은 부인이나 장사꾼들은 외국인 색시한테 더러 친절하게 말을 걸

21 임철규, 『눈의 역사 눈의 미학』, 한길사, 2004, 39쪽.
22 위의 책, 38쪽.
23 천운영, 『잘 가라 서커스』, 문학동네, 2005, 10쪽.
24 이순원, 〈미안해요, 호 아저씨〉, 『첫눈』, 뿔, 2009, 109쪽.
25 이시백, 〈개값〉, 『누가 말을 죽였을까』, 삶이보이는 창, 2008, 82쪽.

었지만, 그들 역시 뒤돌아서면 돈에 팔려온 색시라고 조롱하거나 험담을 늘어놓곤 했다.[26]

⑤ 당장 택배회사나 이삿집센터라도 들어가 밥을 벌어먹어야 하는데 당신네들처럼 개 같은 코리안 드림을 안고 온 작자들 때문에 내 먹고살 자리가 자꾸 없어져.[27]

⑥ 좆민한 새끼야, 여기가 어디라고 뭉개고 있어? 니희 나라로 꺼저, 개새끼들아. 밤샘작업은 힘은 들망정 이틀치 일당을 쳐주기 때문에 누구나 바라는 일이었다. 허나 외국인 노동자들은 하루치 일당만 쳐줘도 묵묵히 밤샘작업을 했다. 그 탓에 한국인 노동자들은 찬밥신세였다.[28]

①~④에서는 풍문으로 형성된 조선족, 베트남인을 왜곡하고 불쌍히 여김으로써 타자화하는 자국민의 자의적이고 주관적인 시각이 드러나며, ⑤,⑥은 외국인노동자 때문에 노동조건이 불리해지는 자국민노동자의 피해의식을 담고 있다. 돈을 밝히고 가출을 일삼으며 폭력적인 범죄조직에 노출된 조선족, 탈북과정 중 온갖 고초와 몸의 훼손이 이루어지고 남북한 이데올로기 대결구도로 인해 취업이 어렵고 야릇한 시선을 받는 탈북자, 하층민자국노동자와 경쟁함으로써 혐오의 대상이 되는 외국인이주자는 차별적이고 집단적이며 부정적으로 인식된다. 〈동거인〉의 대학 출신의 청년백수인 '나'는 3D업종을 두고 이주노동자와 경쟁함으로써 일자리 감소를 걱정하며, 〈이무기사냥꾼〉에서도 임금이 적은 이주자를 선호하는 것에 대해 반발하는 자국민의 불만이 표출되고 있다.

결혼이주여성의 경우 낭만적 사랑을 바탕으로 한 결합이 아니라 성적 수단이나 경제적 기준으로 선택되어진다. 에스닉 섹슈얼리티를 지닌 이주여성은 전시되고 관찰되며 성적으로 공모되고 전유된다. 〈꽃가마배〉에서 하반신 불

26 김재영, 〈꽃가마배〉, 『폭식』, 창비, 2009, 26쪽.
27 홍양순, 〈동거인〉, 『자두』, 문이당, 2005, 63쪽.
28 손홍규, 〈이무기 사냥꾼〉, 『봉섭이 가라사대』, 창비, 2008, 93쪽.

구의 오빠를 국제결혼시키려는 여동생은 '파출부 부르는 거보다 색시 들이는 게 훨씬 싸다니까. 월급 안 주고 밥만 먹여주면 되니까.' 라고 설득하며, 〈핏줄〉의 노총각과 그의 아비는 가문의 혈통을 위해 연변여자, 태국여자, 필리핀 여자를 거쳐 베트남여자를 가족으로 맞이하고, 《잘 가라, 서커스》의 중국으로 선보러온 남자들은 러시아여자의 몸매가 최고라며 경비까지 계산해도 열 번 이상 잘 수 있는 결혼이 남는 장사라고 숙덕거린다. 〈쁘이거나 쯔이거나〉의 남편은 베트남, 중국, 우즈베키스탄 원정 선을 본 후 택한 아내에게 들인 돈 때문에 성교에 집착하며, 《찔레꽃》, 《잘 가라, 서커스》, 〈장미화분〉에서는 시동생, 시부, 시아주버니의 성희롱과 성적 공유 같은 인권유린이 자행된다. 결혼 후에도 변태나 혼음, 성적 학대를 받거나 생활비를 받지 못하며 외출을 금지당한다.

한국에 거주하는 이주자들의 한국인 인식도 매우 부정적이고 비판적이다.

> ① "한국사람들은 단일민족이라 외국인한테 거부감을 갖는다고? 그래서 이주노동자들한테 불친절한 거라고? 웃기는 소리 마. 미국사람 앞에서는 안 그래. 친절하다 못해 비굴할 정도지.[29]
> ② 남조선은 사람이 사는 곳이 아니라고 했다. 짐승도 이보단 낫지 않갔어? 우리는 배가 고파도 사람을 그렇게 짐승 취급은 안해.[30]
> ③ 그치만 어떤 한국남자들, 못 사는 나라에서 돈 벌러 온 여자, 자기 맘대로 해도 상관없다고 생각해. 옛날 미국사람들이 흑인 노예 보듯 보는 거지.[31]
> ④ 까만 머리칼에 까만 눈, 까무잡잡한 피부. 나는 여기서 태어났는데도 아무튼 다른 아이들과 어딘가 조금 달랐다. 어딜 가나 나의 국적을 의심하며 놀리는 녀석이 꼭 있었고 그때마다 나는 내 주먹이 내 국적이라는 걸 보여주었다.[32]

---

29 김재영, 〈코끼리〉, 『코끼리』, 실천문학사, 2005, 17쪽.
30 손홍규, 〈이무기 사냥꾼〉, 『봉섭이 가라사대』, 창비, 2008, 89쪽.
31 박범신, 『나마스테』, 한겨레문학사, 2005, 374쪽.
32 한수영, 『플루토의 지붕』, 문학동네, 2010, 43쪽.

제일 먼저 질문하는 사람 또는 문제의 물음으로-된-존재[33]이자 친족적 지역적 끈으로 결합되어져 있지 않기에 객관적이라는 평가를[34] 받는 이방인은 불편한 진실을 고발하고 폭로함으로써 한국사회에 균열을 내고 부끄러움을 갖게 한다. 위의 인용에서는 외국인에 대한 이중적 잣대, 경제/외모 우선주의, 백색피부 선호, 반인륜적 비인간적 태도, 가부장적 여성혐오적 시각 등 이주자에 의해 우리 사회가 자본/민족중심직임이 나타난다. 〈코끼리〉에서는 백인 출신과 제3세계 유색인종을 구분하여 외국인을 대우하는 이중잣대를 고발하며, 〈안녕 라자드〉의 대학교수 아버지와 약사 어머니는 식탁에서 소수자의 권리와 사회적 편견에 대해 토론하지만 검은흙색깔의 방글라데시 출신 노동자와 교제하는 딸을 반대하는 위선과 가식을 드러낸다. 자국민의 시선에 노출된 이주자는 연민의 대상이자 일방적 희생자로서 재현되며, 이주자의 순종적이고 비폭력적 태도 속에 숨겨진 불만과 분노는 조화로운 공생을 방해한다. 정주민과 이주자의 갈등은 타문화를 포용하지 않는 데서도 드러난다.

> ① 어제 오후 집으로 돌아오는데 6학년 소영이 오빠가 다짜고짜 내 멱살을 잡았다. 그러고는 똥 닦는 냄새나는 손으로 왜 소영이를 만졌느냐고 다그쳤다. 늬들은 손으로 밥 먹고 손으로 밑 닦는다면서 우엑, 더러워. 놀려대는 반아이들 목소리가 들리는 듯하다.[35]
> ② 쇠고기 고명까지 얹어 정성 들여 만든 꿰띠오를 한입 물던 치덕의 형은 구정물을 마신 것처럼 우웩하는 소리까지 지르며 화장실로 달려갔다. 마치 동물들에게나 던져줄 이따위 음식을 사람이 어떻게 먹느냐 하는 태도를 보였다. 정작 음식보다 내 존재 자체를 부정하는 뜻으로 여겨져 마음이 복잡했다.[36]

---

33 자크 데리다, 『환대에 대하여』, 동문선, 2004, 57쪽.

34 이용일, 「다문화시대 고전으로서 짐멜의 이방인 새로 읽기」, 『독일연구』 제18호, 한국독일사학회, 2009, 191쪽.

35 김재영, 〈코끼리〉, 앞의 책, 13쪽.

36 김현, 〈장미화분〉, 『장미화분』, 산지니, 2012, 21쪽.

③ 난 태국의 낯선 음식을 먹지 않았다. 그럴 땐 여자 혼자 다 먹었다. 여자 역시 우리 김치와 된장을 잘 먹지 못했다. 우리는 한 밥상에서 각자 다른 음식을 먹었다. 아버지만이 두 가지를 다 먹었다.[37]

④ 쑤언이 부침개 쌈을 싸서 그에게 내밀었다. 그는 인상을 찌푸리며 휘휘 손사래를 쳤다. 기름진 것도 기름진 것이지만 무슨 부침개를 쌈에 싸 먹는단 말인가.[38]

⑤ 퇴근하는 나를 맞으러 아기작거리며 다가온 아이가 뜻밖에 '짜(아빠)'라며 매달렸다. 순간, 나도 모르게 그만 아이를 밀치고 말았다. 아이가 말문을 연 것은 반갑고 신기했으나 내 나라 말이 아닌 타국의 말을 뱉으며 쫓아오는 아이가 그렇게 낯설 수가 없었다.[39]

⑥ 쯧쯧, 이게 글자야 벌레야, 뭐가 뭔지 통 모르겠네. 엽서를 빼앗아 한참을 들여다보던 고모는 안절부절못하는 여자에게 내던지듯 되돌려주며 강하게 쏘아붙였다. 자네, 우리 모르게 수작부리다간 큰코 다쳐.[40]

⑦ 그래서 어찌할 바를 모르고 가만히 서서 이 편잡 친구를, 이 야한 빛깔의 핑크빛 터번을, 이 까맣게 젖은 두 개의 눈망울을, 얼굴의 절반을 뒤덮고 있는 턱수염을 바라보고 있는데, 이 친구가 "저는 매일 터번 쓰지 못하겠어요. 한국 사람들 안 좋아합니다. 공장에서 한 시간 버스 타야 합니다. 버스에서 술 취한 사람들, 알카에다 말합니다. 버스에서 개새끼들 있습니다. 그치?[41]

①은 타문화의 생활습관을, ②~④는 타국음식을, ⑤⑥은 타국말과 문자를, ⑦은 타국의상에 대한 멸시를 드러낸다. 정주민은 타국의 문화, 언어, 음식 등에 대해 경계하고 터부시함으로써 상처를 주며 모멸감을 느끼게 한다. 〈코

37 김재영, 〈꽃가마배〉, 앞의 책, 20쪽.
38 정지아, 〈핏줄〉, 『숲의 대화』, 은행나무, 2013, 172쪽.
39 정인, 〈타인과의 시간〉, 『그 여자가 사는 곳』, 문학수첩, 2009, 95쪽.
40 김재영, 〈꽃가마배〉, 앞의 책, 19쪽.
41 김연수, 〈모두에게 복된 새해〉, 『세계의 끝 여자친구』, 문학동네, 2009, 120쪽.

끼리〉에서는 네팔인의 손사용법을 모르는 데서 비롯되는 따돌림 때문에 13살 소년의 마음이 다치며, 〈모두에게 복된 새해〉의 인도 출신의 시크교도도 알카에다라고 오해받아 터번을 쓰기 어렵고, 〈핏줄〉의 시부, 〈꽃가마배〉의 딸, 〈타인과의 시간〉의 시아주버니는 타국음식을 수용하지 않음으로써 식구(食口)이기를 거부한다. 최근의 다문화소설에서는 외국인과의 연대 및 우리 사회에 균열을 내는 진일보한 주제[42]를 담아내지만 여전히 미미한 수준이다. 이주사와 정주민의 부정적이고 차별적인 시선의 교착은 사회통합을 어렵게 함으로써 반편견자세나 다문화의식이 절실하다.

4. 인물형상의 비유적 특징

남루하고 비참하며 슬픈 타자로 재현[43]되는 이주자는 내부에 존재하는 외부이자 포함되면서도 배제되는 벌거벗은 생명으로서 목숨뿐인 삶을 영위한다. 이주자는 떠돎과 이동, 섞임과 혼종성, 공동체 바깥을 의미하는 동물, 외래종 식물, 비현실 속의 존재로 은유된다. 나비, 새, 물고기 이미지는 살던 곳을 떠나 여리고 찢겨질 듯한 날개짓을 하며 바다와 하늘을 건너 장소 이동을 한다는 점에서 이주자와 동일시된다. 〈바다와 나비〉의 조선족여성은 바다를 건너기 위해 팔과 다리를 계속 펄럭이는 여린 나비처럼 고통스럽고 아슬아슬한 존재이며, 〈아홉 개의 푸른 쏘냐〉에서도 '멀리 시베리아에서 살다가 빙하기 추위를 견디지 못해 남방으로 내려왔다는 녹색 모시나비', '방향감각을 잃은 나비'로 그려진다. 《누가 나비의 집을 보았을까》에서는 세화와 유섭의 대

42 〈모두에게 복된 새해〉에서는 한국인 아내와 인도 출신 노동자 사트비르 싱의 우정을, 《로기완을 만났다》의 김작가인 '나'와 탈북청년 '로'와의 공감대가, 〈갈색 눈물방울〉에서는 실연한 '나'와 동남아여자와의 교감이, 〈밤의 짜이왕, 예스비 구룽〉의 '나'도 호텔 경비원 예스비 구룽과 인간적 교류를 갖는 등의 내용을 담고 있다.

43 졸저, 『21세기 한국소설의 다문화와 이방인들』, 앞의 책, 21쪽.

화에서 선창위에 떨어진 나비를 보며 집이 없는 나비는 제집을 찾아다니지 않으며 생명력이 강해 나방에서 나비로 진화되었다고 함으로써 디아스포라의 특성과 운명을 상징한다. 궁극적 꿈, 미약한 존재, 자유로운 비상, 정체성 혼돈[44]의 의미를 지닌 나비 형상은 이주자를 표상한다.

〈발해풍의 정원〉의 고려인 3세 알료나는 '한 마리 푸른 새', '원시의 소녀', '신비한 나라에서 온 소녀', '붉은 토기 속의 여인'으로 묘사됨으로써 전근대적이고 연약하며 신비하고 야만적인 오리엔탈리즘적 특성을 갖는다. 《찔레꽃》의 충심은 '7만 위안의 몸뚱어리 물건', '상품화된 새가이', '비에 젖은 작은 새'와 같이 새, 상품, 물건으로 그려지며, 〈아홉개의 푸른 쏘냐〉의 쏘냐는 '민달팽이', '밀랍인형', '해파리', '모시나비', '시체', '짐', '먼로' 등으로 파편화되고 분열된 젠더경험, 이주경험, 불법경험을 통한 여성수난[45]을 대변한다. 위장결혼으로 입국한 〈지질시대를 헤엄치는 물고기〉의 탈북여성은 두만강에서 어항으로 또다시 천변으로 옮겨지는 북한어종인 자그사니처럼 "뜰채에 뜨인 물고기 같은 느낌"으로 영원히 발에 땅을 딛지 못하는 불법체류자의 위치를 말하고 있다.

《잘 가라 서커스》, 《그녀의 나무 핑궈리》에서의 연변지역 특산물인 사과배, 핑궈리는 자신이 살던 곳을 그리워하는 노스탤지어와 혼종적인 교배로 탄생된 이주여성을 상징한다. 조선의 사과묘목과 연변의 참배나무를 접목하여 용정의 특산물로 살아남은 사과배는 조선족의 디아스포라적 삶과 유사하다. 〈파프리카〉와 《그녀의 나무 핑궈리》에서는 핑궈리나 파프리카처럼 자신을 수입품으로 이해하며, 〈파프리카〉의 온실 안의 습도와 산소와 햇빛을 조절해주고 꼼꼼하게 관리해주어야 하는[46] 외국품종 파프리카와 〈지질시대를 헤엄치는 물고기〉의 '어항의 물을 조금씩 갈아줘서 충격을 받지 않도록 해야 하는

44 한점돌, 「한국현대소설에 나타난 '나비'의 표상체계 연구」, 『국어교육』 제113권, 한국어교육학회, 2004, 691쪽.

45 졸저, 앞의 책, 207~208쪽.

46 위의 책, 300쪽.

자그사니'[47]를 정성들여 돌보듯이 이주자를 대해야 한다고 비유적으로 말한다. 〈꽃가마배〉의 룽 르타이는 인도 아유타 지역에 발견되는 문양인 '성스러운 물고기' 곧 '신어(神魚)'를 의미하는 물고기를 자주 요리하며, 〈열대야에서 온 무지개〉의 사이란은 주민등록증을 받아도 결코 한우가 될 수 없는 국내산이므로 영원한 이방인일 수밖에 없는 현실을 깨닫는다.

국가 없음의 정치적 삶에서 벗어나 보호받지 못하는 이주자는 동물로 표상된다. 〈아홉개의 푸른 쏘냐〉의 쏘냐는 민달팽이의 시점으로, 《그녀의 나무 핑궈리》의 만자는 개의 시점으로 관찰된다. 폭력과 외도, 무능력한 남편에 의해 일방적으로 폭행당하는 개와 이주여성은 자기의지로 살지 못하고 언어를 가지지 못했다는 점에서 동일하다. 개값을 둘러싼 일화를 바탕으로 하는 〈개값〉에서도 폭언과 폭력에 시달리는 이주노동자는 개만도 못한 존재이며, 〈파프리카〉의 불임의 베트남 며느리는 새끼를 출산한 개와 비교되어 시모에게 냉대 받는다. 정체를 알 수 없는 이주자는 〈새끼야 슈퍼〉의 동산슈퍼주인인 평식의 말처럼 "시커먼 얼굴에 뒤통수라도 치면 금세 쏟아낼 것처럼 큼지막한 눈방울을 뒤룩거릴 때면, 저게 같은 사람이라기보다는 집에서 기르는 소나 돼지 같은 짐승"으로 인식된다. 〈타인과의 시간〉의 외국인아내는 언어문제로 갈등하다가 결국 한국을 떠난다. 애견센터에서 본 강아지의 슬픈 눈과 닮았다고 생각하는 그녀는 자신의 고향 '하노이'를 따와서 '하노'라고 이름을 지은 후 모국어로 개와 수다를 풀어놓으며 불통하는 결혼생활을 참아낸다. 그녀의 출국과 하노의 죽음은 쌍방이 소통하는 사회통합의 다문화사회가 실현되기 어려움을 말해주며, 결혼파탄이 남편과 시모로 표상되는 한국인의 편견과 우월주의 때문임을 보여준다.

노래방도우미로 일하는 《찔레꽃》의 충심은 이주생활의 고단함과 외로움을 달래기 위해 찔레꽃을 키운다. 힘홍음악학교에서 배운 노래이사 원나라 때 공녀로 끌려간 찔레꽃전설을 표상하는 찔레화분을 정성스레 돌보면서 그녀

47 이경재, 앞의 논문, 269쪽.

는 훼손된 자신의 영혼을 치유[48]한다. 〈장미화분〉의 보파는 남편과 시댁의 반인권적 행위와 친정의 금전적 지원에 대한 시달림을 참아내며 고국에서 가져온 크로아티아 장미 씨앗을 싹틔운다. 혹독한 추위를 견디는 장미가 가장 어둡고 추운 새벽에 최상의 향기를 내는 것처럼 딸 수지를 당당하게 키워내기 위해 더 이상 돈을 보내지 않을 것이라고 친정엄마에게 말하고 독립을 결심하는 보파의 불굴의 의지를 나타낸다. 《로기완을 만났다》, 《유령》에서는 '증' 없는 인간들로 자신의 존재증명이 불가능한 불법체류자를 유령으로 나타내며, 〈이무기 사냥꾼〉과 같이 인간의 몸에 기생하는 사면발이로 표상되기도 한다. 《잘 가라, 서커스》에서는 줄에 기대어 아슬아슬하게 지탱하는 서커스여인과 맞선 본 조선족 여성을 동일시한다.

이주자는 떠돌고 이동하거나 연약하고 아슬아슬한 약자의 모습으로, 혼종적이고 뒤섞인 특징을 지니거나 인형, 유령, 시체, 벌레같은 비인간적인 모습이나 '토기 속의 여인', 지질시대 혹은 발해로 거슬러 올라가는 비역사적 비현실적 존재 혹은 에스닉한 호기심의 대상으로 그려진다. 이주자 정체성은 사회적 약자, 불쌍하고 동정적인 모습, 폭행과 강간의 대상, 인간과 동물의 중간자적 위치, 희생양 이미지와 같은 문학적 수사를 특징으로 한다. 이주자 재현양상은 대체적으로 3인칭으로 서술되어 제3자인 자국민의 시선에 관찰됨으로써 이주자의 생각이나 목소리는 들리지 않는다. 따라서 이주자 출신 작가[49]가 더 많이 등장해야 하며, 고착화된 시점과 단순한 서술구조, 희생적이고 부정적 이미지에서 벗어나 디테일하고 심층적인 묘사가 이루어져야 한다.

---

48 졸고, 「유동하는 시대의 여행과 이주」, 『한어문교육』 제32집, 한국언어문학교육학회, 2015, 279쪽.

49 조선족 출신 작가 허련순이나 탈북작가 김유경과 같이 이주자 출신 작가가 배출된 것에 비해 동남아 출신 작가는 언어문제로 등장하지 않고 있어 베트남, 태국, 캄보디아 등의 소설 속 이주여성의 묘사는 피상적으로 그려진다.

5. 다문화공간의 함의

다문화공간은 자국민과 어우러지는 생활공간이 아니라 구역화하여 경계를 이루며 균열과 불화, 문화적 차이를 통한 차별을 초래하는 지역으로 그려진다. 이주자의 일터는 공장이 몰려있는 공단지역으로 남루하고 더러우며 비위생적이다. 구체적인 지역으로는 부천(잘 가라 서커스, 나마스테)같은 위성도시와 가리봉동(가리봉 연가, 가리봉 양꼬치), 영등포 쪽방촌(나의 이복형제들) 등이다. 이주남성은 주로 공장에서 노동을 하며 이주여성은 식당, 여관, 나이트클럽, 다방, 단란주점과 같은 유흥업소에서 일하고 있다. 이들의 주거환경은 축사(코끼리), 여인숙, 벌집, 쪽방(가리봉 양꼬치, 가리봉연가), 옥탑방, 시장통(나의 이복형제들), 컨테이너박스(모두에게 복된 새해, 나마스테), 재개발지역(갈색 눈물방울, 플루토의 지붕) 등 값싸고 허름한 하층민 지역이다. 이 지역들은 서울 주변부라는 위계적 지역체계라는 위치성을 나타내며 우리 사회와 연결되지 못한 채 각각의 문화와 언어를 유지함으로서 자국민에게 갈등과 혐오감, 위험과 낙후성, 공포를 전달하며 로컬=에스닉=주변부=타자적 공간[50]으로 인식된다.

〈가리봉연가〉의 장명화는 전라도 농촌으로 시집왔지만 가출하여 가리봉동에 있는 노래방, 중국집, 여인숙, 단란점, 식당을 전전하며, 〈가리봉 양꼬치〉의 식당일을 하는 임파는 집세가 싼 쪽방에 거주한다. 가리봉동은 주변의 비다문화지역과 교류나 접촉이 없으며 과거의 구로공단 한국노동자가 나간 자리를 이주노동자가 채움으로써 빈곤층의 기표로 작동하고 있다. 결혼이주여성의 재현공간은 '행복한 이주민센터', 한글학교, 불교학당(열대야에서 온 무지개), 한글교실(그 여자가 사는 곳), 문화센터, 목욕탕(파프리카) 등으로 같은 처지의 여성들이 정보를 교환하며 한국어를 배우는 곳이지만 남편들은 그녀들의 출입을 탐탐치 않게 여기며 구속한다. 도망갈 거라는 의심 때문에 소통

---

50 졸저, 앞의 책, 197쪽.

을 위한 한글공부에 소극적이며 사회활동보다는 전적으로 자신에게 의지하게 함으로서 외국인아내들을 고립시킨다.

환상적이고 이국적인 〈그 여자가 사는 곳〉의 월남국수전문집인 '씨클로'와 《잘가라 서커스》의 모텔 '샹그리라'는 남편의 성학대와 폭력으로 가출하여 취직한 곳으로 사장으로부터 성희롱과 강간을 당함으로써 가정과 집을 떠난 이주여성이 도달한 곳이란 비극적이고 참혹한 공간임을 상징한다. 고국이 연상되는 씨클로에서는 지속적으로 강간이 발생되며 "환상적이고 아름다운 골짜기를 연상케 하는" 샹그리라 역시 성희롱이 자행되는 곳으로 밀항하고 여권을 위조하면서까지 들어오길 원했던 한국이야말로 "잠시 쉬었다가는, 자고 일어나면 사라져버릴" 코리안 드림의 허상을 대변하는 이름이다.

탈북디아스포라서사에서는 접경지대인 국경, 수용소, 난민보호소, 하나원이 배경이 되거나 유럽(로기완을 만났다, 바리데기)이 설정되는데 이는 남한에 적응하지 못한 탈북자들이 제1세계로의 재이주를 시도하는 탈남현상을 반영하는 것이다. 우리 사회의 다문화공간은 다문화시대를 조각하며 자본과 욕망, 이주가 결합된 현상들을 재현한다. 전지구적 탈국경 이주는 국내뿐만 아니라 문학적 공간을 확장시키는 동시에 정착의 어려움을 말해 준다. 〈가리봉 연가〉의 조선족 명화는 흑룡강 해림 - 전라도 농촌 - 서울 가리봉동으로 이동하며, 《로기완을 만났다》의 '로'는 북한 - 중국 연길 - 칭따오 공항 - 홍콩 - 독일 베를린 - 벨기에 브뤼셀 - 영국 런던으로, 《찔레꽃》의 충심도 북한 함흥 - 남양 - 중국 헤이룽장성 태양촌 - 션양 - 몽골사막 - 한국으로의 긴 여정을 거친다. 이주서사는 새롭게 형성된 공간들이 창출되거나 문학공간을 해외로 폭넓게 확장시킨다.

6. 다문화문학의 특질

다문화서사구조는 '디스토피아적 여행서사'로서 이주자는 구성원으로 인정받지 못하는 내부의 바깥에 머물며 코리안 드림은 좌절된다. 떠남과 도착구조, 동화와 소외, 차별과 억압이 중심주제인 다문화서사는 고국과 이주국이라는 공간성과 이주 이전과 이후라는 시간성을 중심으로 과거회상과 노스탤지어가 나타난다. 또한 피해자=이주자, 가해자=자국민이라는 이분법적 재현과 고국=순수, 향수, 행복, 이주국=타락, 자본, 불행이라는 이분법적 구조와 오리엔탈리즘적인 시선이 드러나는 단순구도로 설정된다. 3인칭 시점이 대부분인 다문화소설은 제3자인 자국민 관찰자에 의해 피상적이고 외형적으로 그려지고 있어 이주자의 생각과 목소리는 들리지 않는다. 불법입국의 경우 이들의 이동루트는 목숨을 담보하고 인권유린을 당하며 입국후에도 차별적이고 배제적인 이주생활에 직면한다. 다문화서사는 인신매매·이주매춘서사, 여성수난(잔혹)서사, 다문화성장서사, 에스닉노동·제노포비아서사 등 다채로운 소설지형을 보인다.

갈등양상에 있어서 자국민이 바라보는 이주자는 편견과 풍문에 의한 차별적 배제적 시선으로, 이주자가 바라보는 자국민은 부정적 비판적인 시선으로 교착됨으로서 불화와 사회불통합을 야기한다. 한국사회는 이주자에 의해 반인권, 반윤리, 반다문화, 반관용사회임을 표출함으로서 불편한 진실에 직면하고 부끄러움을 느낀다. 타자적 경계적 정체성을 지닌 이주자는 인간과 동물, 유령 사이에서 위치 지어지며 나비, 새, 개, 사면발이, 자그사니, 민달팽이 등으로 표상되고, 파프리카, 핑궈리(사과배), 장미화분, 찔레꽃 등 혼종성과 이국적 특징을 갖는다. 이외에도 유령, 인형, 시체, 짐, 토기 속의 여인 등으로 상정된다. 전지구적 탈국경 이주는 새롭게 창출된 다문화공간과 여행서사와 더불어 국내 밖으로 지리적 배경을 폭넓게 확장한다. 이분법적 구도에서 벗어나지 못하고 도식화된 다문화문학은 문화혼종성 및 다문화를 수용하고, 일방적인 동화가 아니라 합의를 통한 쌍방형의 사회통합을 실현해야 하며 동정하고 불쌍히게 여기기보다는 타자되기를 통한 공감과 동일시가 형성되어야 한다. 구체적으로는 이주자의 섬세한 이주생활과 복잡한 내면심리가 제시되어야 하며 이를 위해서는 이주자 출신 작가가 배출됨으로써 풍부하고 내밀한 다문화문학이 생산되어야 할 것이다.

2장 이주여성의 에스닉 섹슈얼리티와 식민화된 몸: 2000년대 다문화소설

1. 다문화사회와 이동성

21세기 한국사회는 다문화주의, 다문화가정, 다문화사회라는 말과 함께 시작되었다고 해도 과언이 아니다. 준비되지 않은 채 맞이한 외국인 이주자들이 낯설고 어색한 우리의 이웃이 된 것이다. 농촌총각의 신붓감과 3D업종의 노동력 부족 현상은 심각한 사회문제가 되었고, 빈곤국 출신의 이주여성이 유입되었다. 신문과 뉴스에 등장한 결혼이주여성 및 이주여성 노동자에 대한 사건사고는 외국인혐오증[51], 여성혐오증[52], 흑인혐오증[53]이 결합된 결과이다.

2019년 12월 통계[54]에 따르면 한국인구 구성원의 외국인 숫자가 250만 명을 돌파했다. 이는 전체 인구의 4.9%에 해당되는바 5%가 넘으면 다문화사회로 분류된다. 이 중 중국국적이 110만 명인 43.6%로 가장 많은데 이는 모국을 찾아온 80만 명의 조선족 유입 때문이며, 베트남, 태국, 미국, 일본, 우즈베키스탄, 필리핀, 러시아, 인도네시아, 몽골, 캄보디아 순으로 명실상부 다문화사회가 도래한 것이다. 같은 민족과 국민끼리도 세대, 젠더, 이념, 지역, 가치관의 갈등으로 화합이 어려운데 국경, 국적, 국가, 국민의 경계를 넘어선 이들과

---

51 Xenophobia, 제노포비아는 이방인이나 외국인에 대한 혐오를 말하며, 공동체의 정체성 유지나 자기보존을 위해 타자를 배제하는 것을 말한다. - 김세균, 『유럽의 제노포비아』, 문학과학사, 2006, 17쪽.

52 misogyny, 미소지니는 여성혐오증, 여성혐오감으로 번역되며, 여자를 성적 도구로밖에 보지 않는 여성멸시를 뜻한다. - 우에노 치즈코, 나일등 역, 『여성 혐오를 혐오한다』, 은행나무, 2012, 12쪽.

53 Negrophobia는 흑인에 대한 백인의 두려움이나 혐오를 말하며, 백인은 흑인을 두려움의 대상인 동시에 성적 욕망과 환상의 대상으로 여긴다. - 이경원, 『파농』, 한길사, 2015, 481쪽.

54 국가지표체계 사이트 http://www.index.go.kr의 외국인 현황 결과이다.

의 공존과 상생은 정치적 성원권[55]이나 환대[56], 세계시민권[57] 없이는 사회적 통합이 실현되기 어렵다. 지난 20여년은 다문화 다민족 다국가 다종교 다언어 상황에서의 시행착오와 오해를 낳으며 다문화와 통합보다는 동화와 불통합을 가져왔다. 가라타니 고진은 윤리와 도덕의 차이[58]를 통해 국민/비국민(세계시민)으로서의 삶이라는 지구촌시대의 두 가지 의무를 요구했다. 칸트도 타자를 수단으로서만이 아니라 동시에 목적으로 대하라는 것을 보편적인 도덕법칙으로 간주[59]했다. 국민과 세계시민의 삶의 길항 속에서 우리 국민은 갈등하며 논쟁해왔다.

모빌리티란 이동이 중심이 된 광범위한 프로젝트로 이때의 이동은 물리적 이동만이 아니라 잠재적 이동과 봉쇄된 이동을 포함[60]한다고 존 어리는 말한다. 전지구적인 이동성은 타자인 여성의 성적 착취와 자국민 남성의 성적 욕구를 해소시키기 위한 이동이었다. 개인은 더 이상 사회(국가) 구조라는 틀 속에 갇힌 상태에서 주어진 규칙과 역할에 따라 행동하는 소극적인 행위자가

---

55 정치적 성원권은 현존하는 정치체제에 외국인과 이방인, 이민자, 신입자, 난민, 망명객 등이 어떻게 편입되는가를 다루는 원칙과 관행을 뜻한다. 정치적 경계는 어떤 사람을 내부구성원으로, 또다른 사람은 외국인으로 분류하는데 성원권은 입국, 접근, 귀속, 특권 등의 위례를 수반할 때 의미를 갖는다. - 세일라 벤하비브, 이상훈 역, 『타자의 권리』, 철학과현실사, 2008, 23쪽.

56 환대는 레비나스, 데리다, 칸트 이론으로 이주나 난민을 설명하는데 유효한 개념이다. 벤하비브는 환대는 모든 인류가 가져야 할 권리로서 다른 나라의 땅에 도착한 이방인이 적으로 간주되지 않을 권리를 뜻하며, 그가 평화적으로 머물러 있는 한, 그를 적대적으로 대할 이유가 없다. 이것은 영영 머물고자 하는 영주권이 아니라 모든 사람들이 가져야 하는 임시체류권이자 친교권이며 지구표면에 대한 공동소유권이다. - 위의 책, 51~52쪽.

57 세계정부, 세계연방을 주창한 칸트의 용어로, 세계시민권은 모든 사람들이 공통적 인류임을 기초하고 있고 또한 그들의 자유의지에 기초하고 있는 만큼 분명히 하나의 권리이며, 그런 한에서 어떤 한 문화나 종교 그리고 인종적 장벽이라는 제약을 넘어 여행할 수 있는 자유를 포함한다. - 위의 책, 65쪽.

58 가라타니 고진은 도덕은 사회나 공동체의 도덕을, 윤리는 세계시민으로서의 도덕으로 구분하였다. 윤리적으로 행동하는 것은 힘들고 어려운 일인데 윤리적으로 행동하면 그 사회나 공동체 내에서 곤란한 처지에 빠지는 경우가 많기 때문이다. - 가라타니 고진, 송태욱 역, 『윤리21』, 사회평론, 2001, 9쪽.

59 위의 책, 119쪽.

60 존 어리, 강현수 외 역, 『모빌리티』, 아카넷, 2014.

아니라 자기내러티브를 구성하고 전개하는 적극적인 행위자가 되는[61] 시대가 도래한 것이다. 그러나 이 사회는 세계 단위의 불평등과 이주, 세계경제 위기, 가족의 세계화, 국가폭력에 대한 도전 등 초국화 경향을 띤 세계위험사회(world risk communities)[62]이다.

이주의 여성화[63]로 인해 가족을 두고 많은 여성들이 혼자 한국으로 입국했다. 그녀들은 한국여성들이 기피하는 성노동이나 농촌신부 대상자로 편입되었으며, '빈궁', '이주', '젠더' 등 삼중의 열악한 조건으로 성적으로 대상화되거나 타자화되었다. 여성타자는 오랜 가부장적 역사와 설화, 문학 속에서 인신공양[64], 팔려가는 여성[65], 심청(바리) 모티프[66]의 희생하는 역할로 재현되었다. 여성수난과 여성착취는 늘 있어왔으며 21세기 지구화시대엔 월경(越境)하는 이주여성으로 표상되었다. 이주여성은 고국, 고향을 떠나 타국에서 여성으로서 감내하기 힘든 이주생활을 영위했다. 유교적인 남성중심사회에서 여성타자는 인종적 민족적 차별까지 겹쳐 가족과 친정 없이 누구의 도움이나 보호를 받지 못한 채 성적 서비스나 돌봄노동 같은 성별화된 직종에 종사하면서 고초를 겪었다.

다문화문학연구는 많이 진척되었지만 비슷한 방식으로 재생산되고 있다. 이주여성연구는 결혼이주여성 중심으로 이루어졌다. 그녀들은 대체적으로 타자이자 피해자의 입장에서 재현[67]되며, 단일하고 전형적인 재현체계 안에

---

61 이희상, 『존 어리, 모빌리티』, 커뮤니케이션북스, 2016, 96쪽.

62 홍찬숙, 『울리히 벡』, 커뮤니케이션북스, 2016, 79쪽.

63 국가간 노동인구의 50% 이상이 여성이주자에 의해 이루어지고 있는 현상으로 남성보다는 여성들이 성적 서비스나 돌봄노동 등의 취업진출이 많음을 의미한다.

64 인신공양(人身供養), 인신공희(人身供犧)는 신이나 원귀(怨鬼)에게 산 몸을 희생시켜 제물로 한다는 것으로 동서양 설화에 모두 나타난다. 효나 결혼과 결부된 순결한 여성의 희생은 《심청전》의 근원설화에도 나타난다. - 최영희, 「한국인신공희설화의 연구」, 『국어국문학』 제17권, 부산대 국어국문학과, 1980, 137쪽.

65 아버지의 무능으로 부양자 역할을 대신하는 딸, 아내는 채무첩으로 시집을 강제로 가거나 일제강점기 카페여급, 카바레댄서 등 성적으로 대상화되는 직종에서 일했다.

66 효 이데올로기와 가부장제로 강요된 희생을 해야하는 한국여성들의 원형인 《심청전》의 심청과 《바리데기》의 바리가 대표적인 인물이다.

갇혀있을 뿐 다양한 목소리가 들리지 않는다거나[68] 소재의 편향성을 지적하며 차별보다는 문화적 간극 차이를 인식해야한다고[69] 문제를 제기하였다. 이주여성의 몸과 섹슈얼리티 관점으로는 〈파프리카〉를 대상으로 단일민족의 신화와 가부장제 사회의 견고한 시선에 의해 타민족 여성에게 가해지는 이중의 폭력에 대해 지적하며[70], 《잘 가라, 서커스》에 나타난 돈 주고 사온 신부라는 통제 이미지의 핵심은 이주여성의 섹슈얼리티에 있다는[71] 해석 등이 있다.

이 글은 2000년대 소설에 재현된 이주여성을 향한 페미사이드[72]와 여성혐오에 기반한 타자적 정체성과 성애화된 몸의 재현 그리고 에스닉 섹슈얼리티에 대한 관음증적 응시와 호기심을 통한 타자화와 성적 대상화를 고찰한다.

2. 젠더화된 노동과 몸의 훼손

이주여성은 한국여성이 기피하는 성노동[73] 그리고 요리, 재봉, 세공 분야나

---

67 강진구, 「한국소설에 나타난 결혼이주여성의 재현양상」, 『다문화콘텐츠연구』 제11권, 중앙대 문화콘텐츠기술연구원, 2011, 졸고, 「2000년대 소설에 나타난 조선족 이주여성의 타자적 정체성」, 『현대소설연구』 제48호, 한국현대소설학회, 2011, 엄미옥, 「현대소설에 나타난 이주여성의 재현 양상」, 『여성문학연구』 제29호, 한국여성문학학회, 2013, 이경재, 「결혼이주여성 제재 소설의 문화변용 양상에 따른 유형 분류」, 『한국현대문학연구』 제46권, 한국현대문학회, 2015 등의 논문이 있다.

68 구번일, 「우리 소설에 나타난 하위주체로서의 결혼이주여성 연구」, 『한민족문화연구』 제48권, 한민족문화학회, 2014, 201쪽.

69 박덕규·유영억, 「결혼이주여성의 소설적 형상화 양상」, 『한국문예창작』 제15권, 한국문예창작학회, 2016, 138쪽.

70 연남경, 「다문화소설과 여성의 몸 구현 양상」, 『한국문학이론과 비평』 제48집, 한국문학이론과비평학회, 2010, 169쪽.

71 임지연, 「결혼이주여성의 몸과 교차적 정치성」, 『겨레어문학』 제62집, 겨레어문학회, 2019, 127~128쪽.

72 femicide는 남성에 의한 여성혐오적 여성살해를 말하며 명예살인 등이 해당한다. - 다이애나 E. H. 러셀·질 래드퍼드, 전경훈 역, 『페미사이드』, 책세상, 2018, 11쪽.

73 성노동은 성별노동과 성애노동을 대표하는 개념으로, 성적 생산관계를 인간/쾌락/상품생산으로 놓았을 때 성과 관련된 인간생산노동, 쾌락생산노동, 가사노동 그리고 상품생산노동이

간호, 가사 및 돌봄도우미 등 젠더화된 3D 업종에 종사한다. 이주여성 노동자는 법외체류라는 불법적 상황에 놓이거나 범죄에 빠질 위험에 처하며 그로 인해 협박과 억압에서 자유롭지 못하다. 외국인여성에 대한 호기심과 무책임으로 응시되는 그녀들은 다방, 노래방, 나이트클럽의 무희, 매춘녀가 되거나 식당, 여관, 호텔 등에서 설거지, 청소, 세탁, 요리, 간병 도우미 등 성별화된 저임금의 특정업종에 종사한다. 가족을 두고 홀몸으로 이주한 그녀들은 한국어에 능숙하지 못하고 한국문화에 익숙하지 못해 어려운 위기에 처해도 네트워크가 형성되지 않아 도움을 받을 수 없다. 《나의 이복형제들》의 중국인아내는 다방에, 《중국색시》의 조선족과 한족의 혼혈 아내는 티켓다방에, 〈가리봉 연가〉의 조선족아내와 《찔레꽃》의 탈북여성은 노래방 도우미로, 《나마스테》의 사비나는 단란주점에, 〈아홉개의 푸른 쏘냐〉의 러시아여성은 나이트클럽에, 《열대야에 온 무지개》의 사이란은 출산도우미로, 《그녀의 나무 핑궈리》의 조선족아내 만자와 〈장미화분〉의 보파는 미싱 봉제일을 한다. 모국을 떠나 한국사회로 이주한 여성들은 몸일(body work)[74]이나 감정노동[75] 등의 성별화 성애화된 노동에 종사하면서 육체적 고통과 차별을 당했다.

《나마스테》의 사비나는 일곱 명의 동생들을 위해 네팔 카트만두에서 한국으로 와 낮에는 회사에서, 밤에는 단란주점에서 악착같이 일해 가난한 집에 돈을 보내는 착한 언니이다. 그녀는 네팔에도 해와 달이 뜨고 애를 낳느냐는 반문화상대주의적 질문에 담긴 문화적 차별을 일상적으로 받는다. 외국인 노동자는 피부색, 빈부에 대한 차별과 민족에 대한 한국인의 우월의식에 상처

성노동이다. 구체적으로 말하면 모성노동(임신, 출산, 수유, 육아)과 성산업의 매춘과 다른 성노동 그리고 상품생산 외부의 가사노동과 내부의 성별-성애적 임금노동을 말한다. - 고정갑희, 『성이론』, 여이연, 2011, 164쪽.

74 몸일이란 노동자의 몸을 활용해 타인의 몸의 돌봄, 치장(adornment), 쾌락, 훈육 등을 포함한 지불된 일(paid work)을 말한다. - 이상화 외, 『지구화 시대의 현장 여성주의』, 이화여대출판부, 2007, 168쪽.

75 감정노동이란 업무상 요구되는 특정한 감정 상태를 연출하거나 유지하기 위해 행하는 일체의 감정 관리 활동이 직무의 일정 부분을 차지하는 노동 유형이다. - 위의 책, 169쪽.

를 받는다. 자신을 찾아 한국으로 온 연인 카밀을 그녀가 받아들이지 못하는 이유는 자신이 더이상 카트만두에서의 사비나가 아니기 때문이다.

> "…나는 ……망가질 대로 망가져 있었어. 내가 한국에 가서 처음 당한 일이 뭔지 알아?" "……" "강간이야. 첫 직장 과, 과장이 날 환영한다면서 술을 먹이고, 가불해 준다면서 얼르고, 카트만두로 돌려보낸다고 협박하고 …… 그게 시작이야. 여권을 빼앗겨서 도망갈 수도 없었어. 얼마 후엔 또 부장이 불러. 물론 좋은 한국 남자 많아. 그치만 어떤 한국 남자들, 못사는 나라에서 돈 벌러 온 여자. 자기 맘대로 해도 상관없다고 생각해. 옛날 미국 사람들이 흑인 노예 보듯 보는 거지. 한번 당하면 한번에서 끝나지 않아. 죽을까 생각한 적 많았어. 거울 앞에서 내 얼굴, 내가 손톱으로 긁은 일도 있었어. 차라리 더 밉거나 더 흉측하게 태어났더라면 얼마나 좋을까 하고. 그렇게 1년인가 2년인가 보냈는데, 카밀이 내 앞에 나타난 거야. 내가 어떻게 옛날처럼……카밀을 받아들일 수 있었겠어?"[76]

이주여성 노동자는 업무뿐만 아니라 성적 희롱과 폭행까지 감수해야 하는 노동현실을 감내하며 막장인생으로 전락한다. 신자유주의, 전지구화가 추동하는 젠더화된 신체의 착취 작업에서 여성이 열악한 노동과 거주조건에서 자본과 남성의 감시와 성희롱 및 폭력에 시달리는 현실이 작용[77]하는 것이다. 이국적 외모에 대한 호기심과 에스닉 섹슈얼리티에 대한 성적 환상, 함부로 대해도 된다는 왜곡된 남성중심적 자세가 드러나는 대목이다. 〈아홉 개의 푸른 쏘냐〉의 러시아여성 쏘냐도 이태원 나이트클럽에서 반라의 몸으로 남성고객의 욕망의 대상이 되며 브로커에 의해 헤로인주사를 강제로 맞고 강간당할 위기에 처해 살인을 저지른다. 살해, 밑바닥으로 떨어지는 것, 강간 그리고

---

76 박범신, 『나마스테』, 한겨레신문사, 2005, 374쪽.

77 장세룡 외, 『젠더와 로컬리티』, 소명출판, 2017, 202~203쪽.

매매춘 자체는 비인간화된 섹슈얼리티의 결과이고 억압의 조건[78]이다.

《나의 이복형제들》의 영등포에 사는 중국여자는 장미다방의 레지로 일하며 '머저리'로 불린다. 얼굴 한번 본 적 없는 한국남자와 결혼한 머저리는 주민등록증 발급을 위해 남편의 외도와 폭행과 돈 갈취 등의 만행을 참아낸다. 다방에서 성적 서비스를 하며 학대와 냉대를 받는 그녀는 인도 깜뎅이와 함께 자신들이 인도나 아프리카에서 잡혀온 노예같다고 여긴다. 이 동네엔 이주여성뿐만 아니라 17살의 가출소녀와 불구자인 춘미언니, 외국인노동자인 인도남자 등이 폭력과 겁탈의 위협에 놓인다. 여성, 이주자, 외국인, 가출소녀, 장애인이 공동체의 주체가 되지 못하고 자기의지와 상관없이 신체를 훼손시키는 위험에 노출되며 서로를 위로한다.

> 머저리는 아무것도 걸치지 않은 맨몸이었다. 그러나 나는 그녀가 몸을 한껏 옹송그리고 있는 이유가 과연 벗은 몸이 부끄러워서인지, 아니면 더 이상의 새로운 멍자국은 만들지 않으려고 이미 맞은 곳만 계속 맞기 위해 그러고 있는 것인지 분간하기 힘들었다. 남편이 머저리의 머리채를 움켜잡았다. 머리채를 움켜쥔 손에 힘이 가해지자 머저리는 두발로 일어섰다. 머리채를 잡고 있는 손이 머리채를 잡아 흔들 때마다 머저리는 사지를 부르르 떨었다. 머저리는 끈에 묶인 인형이었다. 질긴 끈에 묶인 이 인형은 끈을 쥐고 흔드는 손의 지시에 따라 고개를 들었다. 두 팔을 등뒤로 빼고 두 손을 허리 뒤에서 마주 잡았다. 인형의 그, 마주 쥔 손을, 끈을 쥐고 있는 손이 비틀어 쥐었다.[79]

끈을 쥔 남편에 의해 인형의 눈, 코, 입이 흔들리며 입꼬리가 올라가고 가슴이 봉긋하게 솟아오르고 웃음소리가 들리는 그로테스크한 상황에서 여성신체는 절단되고 파편화되며 또 조립되고 해체되기를 반복하는데 이때 신체

---

78 캐슬린 배리, 정금나 · 김은정 역, 『섹슈얼리티의 매춘화』, 삼인, 2002, 72쪽.

79 이명랑, 『나의 이복형제들』, 실천문학사, 2004, 158쪽.

는 가부장제에 숨어있는 여성에 대한 공포스러운 환상과 유희를[80] 그대로 보여준다. 그녀는 섹슈얼리티의 자기결정권과 생사여탈권이 없는 인형처럼 괴기스럽고 흉측한 모습으로 마을, 거리, 다방, 집안에서 구경거리가 된다. 마을 남자들에게 공유된 그녀는 남편의 학대와 노동착취로 인해 인권을 침해당해도 국적취득을 위해 견딘다. 결혼이주여성은 몸과 인격이 상품화된 채 아내, 며느리라기보다는 임신과 출산의 방편, 장애남편 간호 및 가사노동, 성노동의 수단으로 인식된다.

《잘 가라, 서커스》의 관광맞선여행을 온 남성들은 서커스를 관람한 후 다가올 맞선에 대해 이야기를 나누는데 사랑을 바탕으로 한 가족구성원으로 신부를 맞이하기보다는 성적 대상으로 인식한다.

> "요즘엔 베트남으로들 많이 간다 하대여." "오른쪽 볼에 커다란 붉은 점이 있는 남자가 얼굴을 바싹 들이대며 말했다. "베트남 아가씨들이 훨씬 더 순종적이다 아입니까. 라이따이한이 얼마나 많응교. 우리가 아버지 나라라 이말임더" (중략) "말이 안 통해야 도망도 못 가는 거라고. 한 이년 살살거리다가 재산 홀랑 집어들고 도망가는 년들이 어디 한둘이야? 친척들 불러다가 일자리 마련해줘. 뭐 해줘. 다 소용없다니까. 조선족들은 하나같이 어떻게 등쳐먹을까. 어떻게 하면 돈이나 많이 벌어갈까. 그 궁리만 한다구. (중략) "여자들이야 러시아 여자들이 최고지. 몸매 하나는 죽이잖아. 한국에선 한번 데리고 자려면 그게 얼만데. 경비까지 계산한다고 쳐도 열 번만 자면 남는 장사잖아. 근데 부부가 어디 열 번만 자? 여기서 괜찮은 여자 없으면 우리 러시아로 한번 더 가자구 어때 응?"[81]

중국으로 맞선보러간 한국남성들의 대화에서 각 나라를 탐방하며 무책임

80 몸문화연구소 편, 『그로테스크의 몸』, 건국대출판부, 2010, 55쪽.

81 천운영, 『잘 가라, 서커스』, 문학동네, 2005, 9~10쪽.

하고 가벼운 마음으로 매춘녀를 고르듯이 아내를 선택하는 태도가 드러난다. 이는 쾌락적이고 일시적이며 일탈적인 관광이 주는 여흥과 결혼이 성사될 때까지 수십 명의 소녀들을 만나게 하는 결혼중개소의 이윤추구 목적이라는 맞선형식 때문이다. 맞선대상인 외국인여성은 남성의 성적 희열을 위해 고용된 육체로 간주되며 여성 이하의 존재가 되어 마음대로 처리되거나 쉽게 대체될 수 있는 대상이 되는 것[82]이다. 조선족 림해화는 시모에게서 "아가는 어디 도망갈 생각 안 하지야? 거짓부렁으로 결혼해서 금세 도망가고 그러는 사람들하고 다르지야?"라는 소리를 듣는다. 이는 풍문으로 형성된 조선족 이미지가 부정적이기 때문이다. 어린 외국인신부들은 결혼생활에서도 소외되고 방치되거나 부적응되었다.

〈꽃가마배〉의 태국여성은 중3의 사춘기 딸을 둔 하반신이 마비된 남자와 결혼한다. 국제결혼을 권하는 고모는 파출부보다 싼 가격에 월급 안주고 밥만 먹여주면 돌봄을 받을 수 있다고 설득해 남동생의 국제결혼을 성사시킨 후 올케를 끊임없이 의심하며, 의붓딸은 친구에게 외국인 새엄마를 식모라고 소개한다. 불구남편의 돌봄과 가사를 목적으로 하는 결혼생활엔 가족의 기본적인 조건인 사랑이나 친밀감이 보이지 않는다. 《사랑을 묻다》의 조선족 출신 최부용은 지능지수가 낮은 정신지체자와 삼천만원을 받고 결혼한다. 아픈 언니를 돌보는 할머니와 농사짓는 아버지, 무능한 오빠를 둔 부용은 친정생각에 앞날이 암담하고 자신이 팔려왔다는 자격지심을 갖는다. 지방문화재로 지정된 하백당의 유서깊은 집안으로 시집온 그녀는 조모 간호와 바보남편 뒷바라지를 하며 살아간다. 그러나 부용은 다양한 출신의 결혼이주여성이 모이는 이주민여성광주센터에서 만난 그녀들이 결코 텃새가 될 수 없는 철새 같다고 생각한다. 형식만 가족일 뿐 수단이자 방편으로 소비되는 이주여성의 아내, 며느리, 국민되기가 쉽지 않은 것이다.

〈파프리카〉의 농촌마을에 마흔을 훌쩍 넘긴 중일에게 시집온 츄옌은 일방

82 다이애나 E. H. 러셀 · 질 래드퍼드, 앞의 책, 26쪽.

적으로 수연으로 이름이 바뀌며 출산을 강요하는 시모의 욕설과 남편의 가부장적 태도에 눌려 지낸다. 시모는 총알처럼 빠른 말로 여시같은 년, 요살을 떤다, 육시럴 따위의 욕을 하며 출산을 압박한다. 농사일과 임신의 의무만을 부여하는 시모와 남편에게 그녀는 성적 대상과 출산의 수단일 뿐이다. 〈핏줄〉의 쑤언은 한산 이씨 27대 종부로 시부의 심통을 받으며 시집살이를 한다. 햇빛을 가리는 며느리에게 더 탈 것이 어딨냐고 타박하는 시아버지는 까맣고 오종종한 쑤언을 꼭 빼닮은 손자가 마땅치 않다. 수백 년 순결하게 지켜온 한산 이씨 핏줄에 외국피가 섞이는 것만은 두고 볼 수 없는 시아버지는 한산 이씨 28대손을 출산한 외국인며느리에게 외모와 피부색을 비난한다. 《그녀의 나무 핑궈리》의 연변에서 온 만자는 병든 친정아버지 치료비를 대려고 동배와 결혼한다. 그녀는 주먹을 날리며 돈을 달라는 남편의 화풀이인 샌드백 역할을 한다. 다방마담과 외도를 하고 아내를 내쫓는 파렴치한 남편에게 일급 미싱사인 만자는 돈을 모두 뺏기고 얻어맞아도 초청장을 기다리는 동생과 친정어머니를 위해 결혼생활을 이어나간다.

주민등록증, 초청장을 획득하기 위해 성적 학대, 모진 시집살이, 무시와 조롱, 폭행을 참아내는 이주여성은 임신, 출산, 양육, 가사노동에 예속될 뿐만 아니라 시집살이, 농사일 그리고 성적으로 착취당하며, 한국여성들이 더 이상 하지 않는 한국전통문화까지 연기해야 한다. 정착사회, 주류사회로부터의 인정을 갈구 혹은 요구하는 타자에게 인정이란 그들의 정치적 사회적 문화적 참여를 허용받는 것, 동등한 사회구성원으로서 그들의 문화적 사회적 권리를 얻는 것과 그들의 존재성과 업적을 제대로 평가받는 것 그리고 그들의 다름과 문화적 차이를 존경받는 것 등을 의미[83]한다. 그녀들은 자신의 역할과 의무를 다하지 못하면 폐기처분되거나 죽음, 자살, 질병에 노출된다. '빈곤', '젠더', '이주'라는 다중적 타자성을 지닌 이주여성은 정치경제적 예속뿐만 아니

83 이용일, 「다문화 시대 고전으로서 짐멜의 이방인 새로 읽기」, 『독일연구』 제18호, 한국독일사학회, 2009, 180쪽.

라 성적 예속의 이중적 억압과 구속 상태에 놓여있다.

3. 보이는 대상, 권력의 시선

이주여성은 집안과 집밖, 가정과 직장에서 인식의 주체가 자의적으로 휘두르는 폭력으로 타자화되며, 힘과 동일시되는 시각의 차별화는 타자를 욕망이나 억압 아니면 지배대상으로 삼는 인식의 제국주의 놀이[84]에 동원된다. 타자가 아시아와 '극동'일 때 유럽은 이 타자를 도저히 이해할 수 없고 두렵고 매혹적인 구경거리로 만들어[85] 버린다. 나홀로 타국살이를 하는 법외체류자인 이주여성은 비틀린 욕망의 성적 대상으로 간주되었다.

《잘 가라, 서커스》의 림해화는 중국중매관광여행을 온 벙어리 장애인 인호와 형을 대변하는 남동생과 함께 맞선을 본다. 첫 만남부터 대화에 참여하는 시동생이 될 남자는 결국 형수에 대한 욕정과 죄의식 때문에 집을 떠난다. 시모의 죽음과 시동생의 가출, 남편의 성적 학대로 결혼생활을 포기한 해화는 길에서 만나 의탁하게 된 조선족 식당 아줌마에게서 주인남자에게 겁탈당한 사연을 듣는다. 중국사람들은 독한 술 많이 먹지 않느냐며 원샷을 강요받는 문화적 편견과 자의적이고 남성중심적인 태도에 그녀들은 괴로운 이주생활을 한다. 형수를 사랑하는 시동생은 '연약한 꽃대, 손만 대면 부러질 듯한 부러지자마자 시들어버릴 여린 꽃 같은' 형수의 몸을 틈만 나면 쓰다듬고 탐한다. 형의 입이자 발노릇을 했던 동생의 일을 형수가 대신함으로써 동질감을 갖게 된 시동생의 불경한 욕망과 패륜적인 근친상간은 여성을 공유하는 오랜 관습이 남아있기 때문이다.

〈파프리카〉의 츄엔은 21살 차이의 남편과 파프리카 재배를 하며 산다. 시모

84 임철규, 『눈의 역사 눈의 미학』, 한길사, 2004, 37쪽, 39쪽.
85 레이 초우, 장수현·김우영 역, 『디아스포라의 지식인』, 이산, 2005, 58쪽.

의 욕설과 남편의 고함이 무서운 그녀는 외출이 금지되고 돈과 가계부를 맡기지 않아 소외감을 느낀다. "갸름한 얼굴, 큰 눈, 오뚝한 코, 얇고 붉은 입술은 순종적으로 보이지만 고집과 강단이 느껴지는" 츄옌은 베트남 호치민 시의 호텔 객실에서 15명의 베트남 처녀와 선을 본 중일에게 선택된다. 한결같이 예쁘고 날씬하고 어린 여자들 사이에서 맞선남은 "몸에 꽉 끼는 병아리색 아오자이의 허벅지 아래 터진 틈 사이로 흰색 바지 속 미끈하고 탱탱한 종아리와 가느다란 발목을" 상상하며 츄옌으로 결정한다. 여성은 동물처럼 가슴, 엉덩이, 다리 등 부위별로 분절되고 파편화된 이미지로 성적으로 대상화되며 과일이나 고기를 먹는 행위로 이미지화된다. 일꾼과 주부로서 힘겹게 시집살이하는 그녀의 유일한 행복은 베트남 기후를 느끼게 하는 목욕탕을 가는 것이지만 이마저도 자유롭지 않다.

> 가지에 매달려 있는 붉은 열매는 손끝으로 건드리기만 해도 진저리치며 떨어진다. 중일은 제풀에 떨어진 과실 하나를 집어 굳은살 박인 손가락으로 쓰다듬고 코에 대고 향을 맡아본다. 파프리카는 수연의 속살처럼 탱탱하고 반질반질 윤기가 흐른다. 수연이 처음 수줍게 제 몸을 열어주던 날 중일은 농익은 파프리카 열매를 욕심껏 베어 먹었고 단단하지만 부드럽고 입안에서 아삭하게 씹히는 파프리카의 육질과 향기에 취해 황홀한 절정을 맛보았다. 중일은 틈만 나면 수연의 몸속으로 파고들어갔다. 그녀는 여전히 수줍어하면서도 중일이 요구하는 대로 몸을 움직여주었고 그때마다 단맛과 신맛이 어우러진 달콤한 향기를 내뿜었다. 도톰한 껍질 안에 숨어 있는 속살은 솜사탕처럼 부드러웠다. 틈 없이 꽉 차 있을 것 같던 과실 안쪽에는 작은 구멍 하나가 비밀스럽게 숨어 있었다. 몸을 움직일 때마다 단물이 고였다. 씨앗을 쏟아낼 때 그는 이를 악물고 행여 소리가 방 밖으로 새어나갈까 두려워 몸도 마음도 나급해졌다.[86]

---

86 서성란, 〈파프리카〉, 『파프리카』, 화남, 2009, 37~38쪽.

부부관계로 시작되는 이 소설은 츄옌을 외래종 수입채소인 파프리카의 향기, 질감, 특질로 비유한다. 남편은 아내가 추위, 노동, 고향에 대한 그리움으로 단맛과 향기를 잃을까 조바심을 내며 성적 만족감에 집착한다. 사르트르는 애무를 타자의 신체를 사유화하여 자신의 욕망에 종속시킴으로서 그 자유를 빼앗는다고 정의[87]한다. 에로틱한 정사장면은 '아름다운 사랑행위에 도취된 동등한 두 남녀가 아니라 오로지 츄옌의 육체에 탐닉하는 한국 남자와 단지 관능적 성적 대상으로 여겨지는 베트남 여자'[88]로 서술되는 일방적인 쾌락일 뿐이다. 타자의 은유인 여성은 수줍음, 다소곳함, 도피, 감춤의 속성을 부여[89]받지만, 외부로부터 도래한 낯선 이방인이자 이주자의 속성인 알지 못함, 공포와 위협으로서 츄옌은 숨겨진 분노로 인한 욕설을 몰래 내뱉곤 한다.

시집살이, 파프리카 재배, 빈번한 성행위에 지친 츄옌의 유일한 기쁨은 베트남의 기후와 유사한 고향을 느낄 수 있는 목욕탕에 가는 것이다. 산자락 아래 농촌마을에서 남편과 농사일을 하는 츄옌은 어디를 가든 타자적 응시에 노출된다. 발을 접질려 한의원에 들렀을 때도 중년의 한의사는 츄옌의 발목보다 그녀가 외국인 신부라는 사실에 더 관심을 갖는다. 젊은 병사들의 호기심 가득한 시선이나 흘깃거리는 마을여자들의 눈빛을 견뎌야 하는 베트남신부의 일상은 불편하고 불안하며 매순간 차별과 소외를 확인하는 삶이다.

〈타인과의 시간〉의 베트남 출신 아내 쑤언은 가족으로부터 소외되어 개에게 의지하며 지낸다. 남편이 순진해 보이는 얼굴에 겁먹은 듯 큰 눈을 가진 쑤언을 만난 건 대학교정에서이다.

> 야자수가 길게 늘어선 교정에 들어섰을 때, 그녀는 자전거를 타고 학교를 막 빠져나오고 있었다. 뉘엿해지는 해를 등지고 흰 아오자이 차림에 긴 머리를 날리며 달려오는 그녀를 본 순간, 조금 전에 맛본 망고스틴의 속살 같은 상큼

---

87 스티브 컨, 이성동 역, 『욕망의 문화사』, 의암출판, 1996, 74쪽.

88 연남경, 앞의 논문, 157쪽.

89 김애령, 『여성, 타자의 은유』, 그린비, 2012, 101쪽.

> 함이 뭉클하게 가슴에 와 닿았다. 느닷없는 감동에 사로잡힌 나는 그녀가 막 곁을 지나치려는 순간, 나도 모르게 그녀를 불러 세웠다. 그녀는 급브레이크를 밟으며 뜨악한 눈길로 나를 쳐다보았다. 나는 얼굴을 붉히며 친구의 연구실을 물어보았다. 그녀가 서툰 내 말을 알아듣지 못하고 자전거에서 내려서더니 가까이 다가왔다. 내곁에 다가선 그녀에게선 열대 과일의 풋향기가 났다. 나는 그 향기에 취해, 친구의 연구실은 잊어버리고 엉뚱하게도 몇 학년이냐고 물어보았다. 그녀가 어이없어 하는 낯빛으로 나를 빤히 쳐다보았다. 그 눈에 어린 의혹과 호기심이 얼마나 순수해 보이던지 나는 그만 마음을 온전히 빼앗기고 말았다.[90]

부부의 첫 만남은 에로틱한 몸매, 속살, 과일향기로 인지되는 베트남 여대생을 탐닉하고 전유하려는 한국남성의 시선 속에서 시작된다. 대학강사인 아들이 무엇이 부족해서 신부를 구하기 어려운 시골에서나 하는 결혼을 하냐는 부모를 간신히 설득해서 쑤언과의 결혼이 성사된다. 그러나 텔레비전에서 외국인 며느리에 대한 프로그램이 나오면 그들이 모두 빈한한 집안에서 태어나 팔려오는 거라는 말을 아내 앞에서 공공연하게 한다. 아내와 교외로 나갔다가 '베트남 여자는 도망가지 않습니다'라는 현수막에 쓰인 베트남 여성과의 결혼 안내 문구를 보고 아내는 예민해지고 상처를 받는다. 손자를 보러올 때에도 시모는 못마땅한 눈길로 며느리를 흘기며 야멸차고 노골적인 불쾌감을 드러낸다. 유일하게 개와 소통하는 쑤언은 한국사람들이 얼마나 외국인을 무시하고 무례한지 모를 것이라고 남편에게 말한다. 〈파프리카〉의 파프리카향이나 〈타인과의 시간〉의 망고스틴의 이국적인 향기는 아오자이 전통의상에 드러나는 몸매와 함께 성적 흥분과 자극으로 작동된다.

〈쁘이거나 쯔이거나〉의 시동생 기종은 화장실 창문 틈으로 샤워를 하고 있는 어린 형수의 몸을 엿보곤 한다. '가무잡잡한 피부와 작은 몸, 잘록한 허리

---

90 정인, 〈타인과의 시간〉, 『그 여자가 사는 곳』, 문학수첩, 2009, 88~89쪽.

에서 엉덩이로 이어지는 아름다운 곡선, 몸에 비해 제법 큰 가슴에 정신과 혼을 빼앗긴' 그는 인륜을 저버린 채 그녀를 범하고 임신시킴으로서 베트남 신부는 성적 착취라는 폭력에 노출된다.

결혼이주여성과 이주여성 노동자는 가부장적 사회와 자본주의적 욕망에 희생된다. 가족을 위해 몸과 인격을 상품화하는 그녀들은 비극적 상품으로 전락하며 신체를 훼손하고 영혼은 고갈된다. 이주체험은 디아스포라여성이 감내하기 어려운 성별화(性別化), 성화(性化)된 현실과 마주하게 했다. 남성고객이나 시댁식구에게 이주여성은 훈육과 계몽과 처벌의 대상이다. 일방적으로 한국어를 배우고 한국문화를 익혀야 하는 반다문화적 반여성주의적 신식민주의적 시선에 그녀들은 놓인다. 자국민과 다르게 유니크하고 그로테스크하며 에스닉한 외국여성의 신체는 쪼개지고 파편화되거나 부위별로 인식되며 에로틱하게 전시되었다.

근대 권력의 시선뿐 아니라 남성주체의 시각에 내재화된 관음증의[91] 대상인 이주여성은 다방에서 손님에게, 거리에서 나체로 남편에게 폭행을 당하며 목욕탕에서 시숙에게 관음되는 구경거리로 전락한다. 타인을 복종으로 유인하는 매혹의 매체이자 통제의 매체인 시선은[92] 이주여성을 보임의 존재로 만들며 그녀들을 억압하고 굴종시킨다. 보는 것은 권력의 한 형식이며 보여지는 것은 권력없음의 한 형식으로[93], 한국남성의 이주여성에 대한 응시는 관객과 전시물, 지배와 종속, 다스림과 통제, 규율과 처벌을 내포한다. 타자는 집단적으로 인식되므로 주관적 경험이 부인되고 단독자가 되지 못한 채 가난한 나라에서 돈벌기 위해 팔려온 여성으로 고착화된다.

---

91 천정환, 「관음증과 재현의 윤리」, 『사회와 역사』 제8권, 한국사회사학회, 2009, 43쪽.

92 슬라보예 지젝·레나타 살레츨, 라깡정신분석학회 역, 『사랑의 대상으로서 시선과 목소리』, 인간사랑, 2010, 10쪽.

93 레이 초우, 정재서 역, 『원시적 열정』, 이산, 2004, 32쪽.

4. 성의 공유 및 윤리의 부재

낯설고 이질적인 이주여성은 금기의 위반이자 문명의 억압인 에로티즘으로 연상되었다. 육체의 에로티즘은 폐쇄적인 몸을 뒤흔들고 파괴하는 일종의 폭력이자 대상을 범하는 살해행위에[94] 가깝다. 이주여성에 대한 무책임하고 비도덕적인 정주민의 시선은 변태적이고 가학적이며 근친상간적인 행위와 폭행으로 이어진다. 《찔레꽃》의 어린 소녀 충심과 미향은 조선족 아낙네의 꾀임으로 두만강을 건너는 순간 '물건'으로 불리면서 흥정된다. 섹스가 가질 수 있는 물건으로 취급될 때 인간은 사물화되며 성적 대상화는 인권을 침해할 뿐만 아니라 인권의 근본전제조건인 인간의 존엄성을 파괴[95]한다. 숫처녀이기 때문에 오만 위안을 받아야 한다고 값이 정해진 그녀들은 중국 산골로 강제로 시집간다. 경제적 교환관계뿐만 아니라 인간의 상호관계까지 교환의 개념을 적용시켜 성과 권력까지도 상품으로 간주하는 시각은[96] 일종의 네크로필리아[97]이다. 시체가 된 미향은 밤낮으로 늙은 시아버지와 젊은 남편에게 성적으로 유린되고 공유되며 악몽, 환각, 정신착란을 일으킨다. 충심 역시 힘든 결혼생활을 하며 남편과의 합방 직전에 탈출한다. 미향이 죽고 함흥에서 중국, 한국을 경유하는 동안 충심, 메이, 소소, 은미로 이름이 바뀐 충심은 타인의 즐거운 노래에 장단을 맞추는 노래방 도우미를 하면서 결국 몸까지 팔게 된다. "탈북자년들은 대가리가 졸라 이상해"라는 노래방 총각의 말에 모멸감과 수치심을 느끼지만 한국에 오기까지 중국에서 몸을 버릴 만큼 버린 탈북여성들의 성적 유린과 신체훼손이 이루어졌다. 무산여자 성희는 불고깃집 일이 힘들다며 뛰쳐나오고, 홍단은 툭하면 남성과 동거하지만 석달을 넘기지

94 정항균, 『메두사의 저주: 시각의 문학사』, 문학동네, 2014, 249쪽.
95 캐슬린 배리, 앞의 책, 54쪽.
96 H. 마르크제, 김인환 역, 『에로스와 문명』, 나남출판, 2004, 12쪽.
97 necrophilia, 사체애호증은 에리히 프롬이 만든 범죄심리학 용어로 시신, 유골 애착증 환자를 말한다.

못하며, 영희는 호프집에서 만난 남자와 동거를 하는 등 성적 일탈에 무심해지면서 한국에서의 삶이 평탄치 않다.

〈쁘이거나 쯔이거나〉의 베트남 결혼이주여성 '쯔이'는 남편조차 '쁘이'로 불러 정체성이 지워지는 무성의한 대접을 받는다. 한국에 도착한 쯔이는 코리안 드림을 꿈꾸며 화려한 대도시를 선망했지만 인천공항에서도 너무 먼 외진 마을 동안리에서 쉰이 넘은 노총각 시종과 시모, 시동생과 생활한다. 남편은 베트남에만 두 번째이고 중국과 우즈베키스탄도 한번 다녀와 2천만 원 가량의 돈을 없애 48살의 동생 기종의 장가 밑천까지 탕진해 버렸다. 남성이 비용 전액을 지불하고 여성을 마치 상품처럼 구매하는 중개업체의 상업화된 국제결혼의 비인간적인 측면 때문에 돈을 지불한 남성은 여성의 몸에 대한 전면적인 통제권을 주장[98]하게 된다. 고비용 결혼프로젝트로 들인 돈 때문에 시종은 성교에 집착하는데 그냥 내버려두는 것이 왠지 뭔가를 손해보는 느낌이 들어서이다. 남동생의 결혼비용까지 써버린 형 시종은 정 못 참겠으면 형수를 빌려준다는 농담을 하며, 형수의 목욕장면을 훔쳐본 동생 기종은 패륜을 저지른다.

낮에는 시동생을 상대하고 밤에는 남편을 상대해야 하는 쯔이는 아버지뻘되는 두 남자를 왜소한 몸으로 견뎌낸다. 시동생이 아이를 임신시켰다는 사실을 협박하여 집을 탈출한 그녀는 군산의 미군클럽에 취업하지만 또다시 집으로 끌려와 셋이 살아보자는 형제의 공모와 시모의 묵인으로 변태적인 결혼생활을 한다. 시집온 지 반년만에 자살한 쯔이는 화장해서 성황당 근처에 뿌려지고 신문의 한 토막기사에 여전히 '쁘이'로 잘못 나옴으로써 마지막까지 틀린 이름으로 인식된다. 여성살해는 권력행사적 폭력이 젠더화되고 인종화된 신체를 물신화된 소모품으로 치부하고 자행하는 죽음의 폭력을 사회통제용으로 자연화시킨 정치적 동기를 지닌 성적 폭력[99]이다. 아내의 유골을 뿌리

98 이상화 외, 『지구화 시대의 현장 여성주의』, 이화여대출판부, 2016, 211쪽.

99 장세롱 외, 앞의 책, 203쪽.

고 산에서 내려오는 형은 동생에게 늘씬하고 아주 괜찮은 우즈베키스탄 여자에게 장가가라고 말한다. 이들에게 아내는 쯔이든 쁘이든 누구라도 상관없는 성적 도구이자 살림의 수단일 뿐 가족이 될 수 없었다.

> 쯔이는 며느리도, 부인도, 형수도, 아무것도 아니었다. 형제는 그녀를 공유했다. 노모도 그 사실을 알고 있었다. 나무라기는커녕, 여전히 우애 좋은 형제로 남은 것을 다행히 여겼다. 형제는 번갈아가며 시도 때도 없이 그녀를 탐했다. 축사에서 키우는 젖소만큼의 사랑과 배려도 쯔이는 받지 못했다. 쯔이는 모든 것을 포기했다. 그녀의 코리안 드림은 거기까지였다. 방의 자물쇠를 풀고 쯔이를 꺼내준 것은 낮에도 일을 시키기 위해서였다. 형제들은 노모의 일이 줄어들게 된 것이 기뻤다. 효도하는 기분이 들었다. 쯔이가 성황당 후박나무에 목을 맨 것은 방에서 풀려난 다음날이었다, 그녀가 한국으로 시집온 지 반년이 지났다.[100]

한국의 신인 아이돌을 좋아하는 어린 베트남신부는 시모의 구박과 형제와의 성교와 감금 그리고 중노동에 지쳐 죽음을 선택한다. 피부가 까맣다며 아이를 낳으면 튀기 표시가 날 것이고 몸이 작아 밭일을 잘 하겠냐는 시모는 아들들의 성적 공유를 묵인하는 잔인하고 비정한 여성이다. 결혼이주여성은 상품이거나 소만도 못한 대우를 받으며 마지막까지 자기존재를 증명받지 못한다.

〈나선의 방향〉의 한국으로 유학 온 사촌의 말에 속아 농가로 시집온 이집트 출신 미리암은 트인 벌판에서 관계를 요구하는 변태 남편의 폭행으로 이주여성쉼터를 전전하며 도피생활을 하고,《잘 가라, 서커스》의 림해화는 의처증인 남편의 학대로 가출한 후 취업한 호텔 사장의 성희롱에 일을 그만둠으로써 집안과 집밖 어느 곳에서도 안식처와 정주공간을 찾지 못한다. 불구에 대한 열등감과 남동생에 대한 적대는 시모가 죽고 시동생이 집을 떠나자 아

---

100 백가흠, 〈쁘이거나 쯔이거나〉, 『힌트는 도련님』, 문학과지성사, 2011, 222~223쪽.

내에게로 향하며 의심과 감시와 고문으로 이어진다. 손목과 발목에는 붉은 생채기가 가실 날이 없고 한순간도 시야에서 벗어날 수 없는 감금과 고문이 자행된 변태적 가학적인 결혼생활인 것이다.

> 그런데 넌 누구지? 나는 거울 속에 대고 물었다. 거울 속 낯선 여자는 아무 대답도 하지 않고 그저 물끄러미 내 쪽을 쳐다보고 있었다. 거울에서 눈을 떼고 내 몸을 내려다보았다. 앙상하게 드러난 쇄골과 자그마한 가슴, 일자로 길게 늘어진 배꼽, 납작한 불두덩과 결이 고른 거웃. 동그란 무릎뼈에서부터 뻗어난 가느다란 종아리. 그러다 문득 가슴패기에 난 푸른 멍에 시선을 붙잡혔다. 그리고 발목과 손목에 남은 붉은 전선 자국도 보았다. 가슴에 손을 올려놓았다. 따뜻했다. 내 몸은 피가 흐르고 숨을 쉬는 육체였다. 묶이고 갇혀야 할 고깃덩어리가 아니었다. 나는 수건에 거품을 가득 묻혀 몸을 닦기 시작했다. 가능한 부드럽고 정성스럽게, 거품이 일면서 내 몸이 조금씩 살아나는 것도 같았다. 딱딱해진 복사뼈가, 욱신거리는 손목이, 생채기 난 발목이, 고통을 잊고 발그라니 달아올랐다. 배꼽이 찌릿찌릿해왔다. 나는 다시 거울 앞에 섰다. 그리고 거울 속 얼굴을 바라보며 이름을 불렀다. "해화야!" 내 이름은 해화야. 림. 해. 화. 나는 계속해서 내 이름을 불렀다.[101]

섹스화된 몸에 대한 성적 착취가 이루어질 때 여성들은 스스로를 열등한 사람으로, 타자로, 결국 종속된 자로 취급[102]한다. 해화는 자기 자신을 구하기 위해 자신으로부터 떨어져 나오는 거리두기, 이탈하기에[103] 이른다. 거울 속의 자신과 동일시하지 못하는 해화는 이름을 상실한 채 자신이 한갓 고깃덩어리의 삶을 살았다고 느낀다. 변태적 행위에 사용되는 도구인 전선줄은 동물을 대상으로 한 통제를 암시하며, 여성이 폭력의 희생자라고 할 때 이 말은 여성

101 천운영, 『잘 가라 서커스』, 문학동네, 2005, 119쪽.

102 캐슬린 배리, 앞의 책, 44쪽.

103 위의 책, 51~52쪽.

이 동물하고 똑같은 취급을 받는다는 사실을 환기[104]한다. 고기는 서구문화에서 여성억압의 은유로 오랫동안 사용되었으며, 성폭행 피해자나 구타당한 여성은 자신을 고깃덩어리 같다고[105] 여긴다. 인간과 동물의 모호한 영역에 위치한 그녀는 부재하는 지시대상이다.

〈그 여자가 사는 곳〉의 베트남 출신 아내 리엔은 친정가족의 생계와 동생 공부에 도움을 주기 위해 한국행을 선택한다. 그러나 주먹과 발길질을 해내는 남편은 변태행위를 강요하고 친구들에게 장난감처럼 내돌리며 그들과의 혼음을 요구한다. "짐승도 그런 짓은 하지 않아요." 라고 말하는 리엔은 자의식이 강하고 똑똑한 여자였기에 견딜 수 없는 모욕감을 느끼며 가출한다. 다낭의 바다를 그리워하는 리엔은 고향을 연상케 하는 '씨클로'라는 월남국수전문집 사장으로부터 여권을 강탈당하고 지속적인 강간으로 그를 살해하는 비극적 결말로 끝이 난다. 가정 안에서 보호나 사랑을 받지 못하는 그녀들의 가출은 또다른 성희롱, 성폭력으로 이어지며 이주국의 정착이 불가능함을 말해 준다.

〈열대에서 온 무지개〉의 사이란은 실연의 상처를 지닌 재석과 살며 산후도우미 일을 한다. 그녀는 불분명한 첫사랑과의 상처와 가족에게 부담을 주지 않기 위해 국제결혼을 선택한다. 마트에선 "이제 30년만 있어봐라. 우리나라도 완전 잡종 세상이 될테니. 피가 다 섞여서 말이지, 거 어디야 거기 인도네시아, 베트남, 중국…"이라고 자조하는 남자손님의 말에서 '잡종'인 다문화가정 2세에 대한 차별적이고 폭력적인 시각을 엿볼 수 있다. 이 땅에 태어나서 자란 소들이 한우라면 수입해서 3년간 기르면 국내산으로 표기할 수 있다는 말에 사이란은 국내산 소인 자신의 처지를 인식하며 자신을 방치하는 남편에게 "한우를 낳고 싶어요."라고 말하며 '국민'이 되길 갈망한다.

〈장미화분〉의 보파는 친정에서 가지온 씨앗으로 키운 장미화분에 의지하

---

104 캐럴제이 애덤스, 류현 역, 『육식의 성정치』, 이매진, 2018, 107쪽.

105 위의 책, 105쪽, 107쪽.

며 힘든 결혼생활을 지탱한다. 아내에게 치킨을 사주지도 돈을 주지도 않는 남편 치덕은 아파트 경비일을 하는 15살 많은 작은 키에 심한 대머리의 볼품없는 외모를 지니고 있다. 보파는 홀시아버지와 시아주버님의 노골적 희롱으로 지옥 같은 생활을 한다. 둘만 있으면 치근덕거리는 형이 시큼한 술냄새를 풍기며 보파의 몸위에 올라타고 이를 본 남편은 "네가 먼저 유혹했다면서?"라며 형의 편을 든다. 기독교 전파에서 야기된 반여성적인 태도로 인해 여성들이란 원래 천성이 나쁘고 남자들을 유혹하는 사악한 존재로[106] 보기 때문이다. 가정폭력이란 여성들이 촉발하는 사적인 문제이며 여성은 남편의 소유물이라는 생각은 페미사이드가 만연하는데 기여[107]한다. 별 볼일 없는 자신과 같은 한국남자와 결혼한 이유를 안다며 남편은 자신의 열등감을 풀기 위해 아내를 학대한다.

> 치덕은 밤이면 나를 발가벗겨 세워 두고 비아냥거렸다. 어처구니없는 치덕의 추궁을 받고 있으면 나에게 벌어지는 있는 일이 현실같지 않았다. 마치 잔인한 영화를 보고 있는 기분이었다. "이렇게 되면 지금 네 뱃속에 든 아이가 형 자식일 수도 있다는 거잖아!" 치덕은 마치 이런 순간을 기다려 왔다는 듯, 집요하게 나를 괴롭혔다. "어떻게 그런 말을 해요? 그날 일은 몇 번이나 말했지만 형이 강제로 한 짓이에요. 당신이 본 대로 나는 저항했고 아무 일도 일어나지 않았어요. 정말이에요. 나는 당신 형이 싫어요. 죽이고 싶어요." "하긴, 너를 처음 봤을 때 어느 정도는 짐작했어. 하지만 이렇게 빨리 확인시켜줄 줄은 몰랐어." 첫날밤, 치덕은 방에 들어서자마자 불도 끄지 않고 나를 침대로 몰았다. 남자와 잠자리를 하는 것이 처음이었던 나는, 미처 숨도 고르기 전에 조급하게 몰아치는 치덕의 행동이 무섭고 당황스러웠다.[108]

---

106 스티븐 테일러, 우태영 역, 『자아폭발』, 다른세상, 2011, 94쪽.
107 다이애나 E. H. 러셀 · 질 래드퍼드, 앞의 책, 38~39쪽.
108 김현, 〈장미화분〉, 『장미화분』, 산지니, 2012, 28쪽.

한 여자를 여러 남자가 공유하는 비도덕적이고 패륜적이며 변태적인 결혼생활은 근대문명의 가족이기를 포기하고 인간/동물의 경계를 모호하게 한다. 이주여성들은 성차별적이며 비민주적인 '전통'으로 자주 풍자되는 사회에 살고 있는 욕망의 대상이나 불쌍한 존재, 이중의 희생자로[109] 그려지며, 서구에 거주하는 디아스포라 아시아 여성은 전형화[110]되었다. 그녀의 친구 썸낭은 지하철을 타고 다니며 행상을 하는 남편을 싫어하는데 전처와의 사이에 자식이 두 명이나 두었다는 사실을 숨긴 채 결혼했기 때문이고, 19살에 인도네시아에서 시집온 메이는 결혼하면 매달 삼십만 원을 친정에게 보내준다는 약속을 지키지 않아 임신한 채 가출을 하는 등 결혼생활이 원만치 않다.

인권상황이 가장 열악한 탈북여성은 한국에 오기까지 몸의 훼손으로 잠재적 성매매 여성으로 간주되며 자국민으로부터 달갑지 않은 사회복지 수혜자로 바라보는 배타적 시선까지 감당해야 한다. 2010년 여성탈북자 비율이 크게 높아져 70%를 넘어서기에 여성 탈북자 문제는 곧 탈북자 문제[111]인 것이다. 중국, 태국, 캄보디아, 몽골 등 제3국에서 인신매매, 매매혼, 강간의 위험에 마주한 월경 여정에서 탈북여성의 인권침해와 부정적 이미지는 한국사회에 편입되어 적응하는데도 지장을 주어 조선족으로 위장하기도 한다.

《청춘연가》의 탈북여성 정선화는 대학교수 아버지 밑에서 중학교 교사 생활을 한 엘리트이지만 자기의 입으로 과거를 말할 용기가 없는 수치심과 모멸감과 자격지심을 갖고 있다. 아버지가 죽고 어머니가 결핵에 걸리자 약값을 마련하려고 중국남자에게 팔려온 그녀는 '북조선 거지년'이란 노골적 멸시와 물건취급을 당한다. 돈과 밭이 아무리 많아도 깊은 산골에 시집오는 한족

109 비린더 S. 칼라·라민더 카우르·존 허트닉, 정영주 역, 『디아스포라와 혼종성』, 에코리브르, 2014, 110쪽.

110 그녀들은 1. 고분고분한 여승무원들을 보여주는 항공사의 선전에서 전령적으로 그려지는 '감각적이고 유혹적이며 동양의 약속으로 가득한 이국적인 오리엔트 여성', 2. '더럽고 못생기고 기름진 머리를 한' 남아시아 여성, 3. 미쳐 날뛰는 '성적으로 방종한' 남아시아 여성으로 인식되었다. - 위의 책.

111 이로사 기자, 「인권위 "탈북여성 극심한 인권침해"」, 경향신문, 2010.2.23.

여자가 흔치 않기 때문에 어쩔 수 없이 결혼한 남편은 북조선여자와 사는 걸 커다란 수치로 여긴다. 남편과 시형, 시모는 혐오스럽게 그녀를 흘겨보고 흉측한 상말을 내뱉으며 순종을 요구한다. 남편과 홀아비인 시형은 마작 도박을 걸고 형에게 아내를 데리고 놀도록 허락함으로써 선화는 형제에게 윤간을 당한다. 도망가다가 붙잡히고 혹독해진 학대를 반복하다가 가까스로 한국에 온 그녀는 중국에서의 상처와 두고 온 아이에 대한 그리움으로 밤마다 악몽을 꾸며 외상후 스트레스장애와 암에 걸린다.

> 지난 세월 그녀가 죽도록 괴로웠던 것은 육체적 파괴와 더불어 자신의 정체성이 사라져 버렸기 때문이다. 자신이 선화가 아닌 이상한 괴물로 추하게 변한 것 같아 괴로웠다. 지난날 그녀의 육체만 치욕을 당한 것이 아니라 정신도 마음도 다 이지러졌다. 늘 독기를 품고 살아야했고 스스로를 학대했다. 중국에서의 생활은 북한에서 입은 상처에 더러운 물을 푹푹 썩게 하는 오물의 늪과 같았다. 자신의 영혼이 다시 부활한다는 것을 느낄 수 있었다.[112]

괴물이란 낯설고 이질적인 존재, 사전적인 이름을 부여할 수 없는 미지의 존재를 말하며 성적으로 유린당한 여성은 자기 자신과 동일시되지 못한다. 중국땅에 팔려온 정선화는 모든 이력이 지워진 채 기피와 혐오의 대상인 괴물이자 걸어 다니는 생식기일 뿐 교양을 갖춘 인격적 주체가 되지 못한 채[113] 학대와 절망의 나날을 보낸다.

하나원에서 만난 온성여자 복녀는 온전치 못한 남편에게 팔려가 2년간의 결혼생활을 한다. '북한여자들은 며느린 게 아니라 씨받이이고 노예'라고 스스로 여기는 복녀는 연변 조선족이라고 정체를 숨기며 아이를 낳고 함께 탈출하지만 북한여자를 팔아먹는 뚜장이에게 속아 1000위안(20만원)에 중국남

112 김유경, 『청춘연가』, 웅진지식하우스, 2012, 226쪽.

113 몸문화연구소 편, 앞의 책, 21면, 28쪽.

자에게 다시 팔려가는 고초를 겪은 후에나 한국땅을 밟을 수 있었다. 경옥은 16살에 중국 노래방에 팔려가 3년동안 노래방을 전전하면서 상대한 남자의 숫자조차 모를 정도로 몸을 훼손한다. 온성군 산골농장에서 태어난 농민의 딸인 그녀는 고난의 행군으로 온 가족이 굶어죽어 꽃제비가 되었다가 인신매매꾼에게 걸려들었다. 회령여자 강화영은 한국남자와 결혼했으나 석 달 동안의 동거는 악몽으로 바뀌었고 사기결혼으로 고통을 겪는다. 식민화된 몸이 된 이주여성은 지배자의 이데올로기를 스스로 내면화하여 자신을 열등하고 야만적인 존재로 생각하면서 지배자를 선망하고 모방하는 정신적 노예상태[114]에 이른다. 여성에 대한 집단성폭행은 동물에게 가하는 도살과 다를 바 없어 자족성, 의지, 정서 등을 지닌 생명이기보다는 여성으로서 죽었다가 살아나 육체의 일부 기능이 재생되어 뭔가에 홀린 듯 움직이는 생명체인 좀비[115]가 되어버린다. 시아버지, 시동생, 남편친구와 성이 공유된 그녀들은 실성, 정신착란, 광기에 이르면서 영혼을 완전히 상실한다. 이주여성은 소유하고 사용하고 소비하는 대상, 상품, '물건'으로 바라보는 시각을 유포하는[116] 포르노그래피의 대상이 되고 있다. 국경을 넘는다는 것은 국가와 가정으로부터 보호가 차단되는 것이고 문명과 금기, 근친상간의 억제로부터 동물성이 해제된 정주국 남성들의 욕망의 대상이 되는 것이다. 국제결혼의 부부생활은 자유로운 주체를 예속시키고 하나의 물체로 취급하는 사디즘적 관계로서 자유로운 신체의 우아한 동작과 대조적으로 외설이라고 부르는 특별한 종류의 육체로[117] 만들었다.

돈이 작동되고 불신을 바탕으로 하는 국제결혼이기에 《나의 이복형제들》의 남편은 중국 출신 아내에게 한국어를 못하게 하고, 《잘 가라 서커스》의 맞선남도 '말이 안 통해야 도망도 못 가는 거라고' 말하며, 〈파프리카〉의 남편

114 이경원, 앞의 책, 471쪽.
115 몸문화연구소 편, 앞의 책, 67쪽, 69쪽.
116 다이애나 E. H. 러셀·질 래드퍼드, 앞의 책, 52쪽.
117 스티브 컨, 앞의 책, 321쪽.

도 츄옌이 다문화센터에서 한글을 배우거나 비슷한 처지의 동족여성을 만나는 것을 꺼린다. 〈장미화분〉의 보파는 남편과 시댁식구가 한글교실에 가는 것을 싫어해 출석률이 낮다. 《청춘연가》의 중국남편은 도망갈까봐 탈북자 아내에게 중국어를 가르쳐 주지 않는다. 이로 인해 적응도 동화도 불가능한 이주여성은 가족 안에서도 사회 속에서도 소외되고 배척당한다. 국제결혼여성들은 한국의 가부장제의 필요에 의해 유입되고 가부장제적 가족질서를 재생산하는 것으로 간주되었으며, 가족 내에 고립, 감금되어 자신의 노동과 섹슈얼리티를 착취당하고 이를 거부할 경우에 폭력적인 통제의 대상으로 재현[118] 되었다. 자아와 언어와 사회로 형성된 3차원의 질서 속에서만 개별성을 획득하는[119] 아이 같은 이주여성은 사회구성원이나 가족, 국민이 되기 위해 관습과 문화와 언어를 습득해야 상징계의 질서로 편입되지만 가족의 협조 없이는 불가능하다.

제노사이드[120]와 페미사이드가 결합된 이주여성을 향한 혐오는 타자화, 배제, 차별로 나타난다. 모든 의미화의 방식은 객관적이고 중립적인 것처럼 보이지만 사실은 남성적인 관점에서 남성적인 것을 보편적인 것인 양 일반화하면서 당연시하는[121] 가부장제 사회에서 소수자인 여성의 권리는 말살되고 동물, 인형, 괴물, 좀비, 시체의 영역에 머문다. 이주국에서 짓기와 거주하기가 힘든 이주여성에게 우리 사회는 여전히 빗장공동체[122]이다. 다문화시대에 야만과 미개사회로 회귀하는 여성수난과 성착취는 지구화, 가부장제, 자본주의가 공모하고 단합한 결과였다.

---

118 이상화 외, 앞의 책, 216쪽.

119 H. 마르쿠제, 앞의 책, 8쪽.

120 genocide는 집단학살, 집단살해, 외국인살해를 말한다.

121 주디스 버틀러, 조현준 역, 『젠더 트러블』, 문학동네, 2008, 6쪽.

122 gated community, 출입구가 있고 차량과 보행자의 출입이 엄격하게 통제되는 주택단지로 주로 중산층 이상이 거주한다. - 리처드 세넷, 김병화 역, 『짓기와 거주하기』, 김영사, 2020, 11쪽.

5. 영원한 타자, 이주여성

2000년대 한국현대소설의 특징 중 하나는 다문화문학이다. 우리 사회가 다문화사회가 되면서 낯설고 익숙지 않은 외국인들이 국내에 유입되고 이를 반영한 소설의 작중인물로 등장하였다. 이 글은 결혼이주여성, 이주여성 노동자의 식민화된 몸의 훼손과 에스닉 섹슈얼리티가 어떻게 차별화되고 싱애화되는지 살펴보았다. 다중적 타자적 정체성을 지닌 그녀들은 젠더화된 성노동, 돌봄노동, 감정노동에 종사하면서 성희롱, 성폭행에 노출되었다.

집안/집밖, 가정/직장 그 어느 곳에서도 보호받지 못하는 이주여성은 보이는 존재, 전시된 몸으로 늘 호기심이 가득하고 흘깃거리는 타자적 시선에 노출되면서 불편하고 고통스러운 이주생활을 했다. 주관적 경험이 부인되고 자의적인 판단으로 집단화되는 이주여성은 유니크한 에스닉 섹슈얼리티의 대상이자 이동하는 신체였다. 그녀들은 남편과 직장상사로부터 소유물이나 물건, 동물로 인식됨으로서 성적 유린과 인권침해를 당했다. 제노사이드와 페미사이드가 결합된 그녀들은 법, 제도, 도덕, 윤리, 관습 너머에 위치한 비국민, 경계인, 인간과 동물의 경계, 인형이나 괴물, 좀비로 다뤄졌다.

시부, 시형, 남편 친구와 공유되는 이주여성은 아내라기보다는 성적 대상, 매춘부, 팔려온 여성으로 취급되었다. 피부색, 이질적이고 매혹적인 얼굴, 순종적이고 순진하다는 자의적 편견 등으로 전유되고 소비되는 그녀들은 네트워크가 없는 나홀로 이주라는 외적 환경과 빈곤국 출신 여성이라는 이유로 인간과 문명을 넘어서는 동물의 경계에 머물렀다. 21세기 다문화소설에 재현된 이주여성은 인간존엄마저 상실한 극단적인 타자였다.

3장 유동하는 시대의 여행과 이주 양상: 정도상의 《찔레꽃》

1. 다문화시대의 우울과 소외

1990년대 여행의 자유화와 탈국경 다문화적 상황을 배경으로 여행과 디아스포라서사가 우리 문학의 한 특징으로 자리 잡는다. 전지구화, 시공의 응축, 국제노동분업은 여행자와 이주자의 출현을 가져왔고 70억 지구촌인구 중 2억이 늘 이동 중이다. 유동하는 근대는 항상 움직이기 때문에 심지어 우리가 움직이지 않고 한곳에 머물러 있으려 해도 끊임없이 여행[123]으로 내몰린다. 그러나 이주자는 21세기 가장 비극적이고 남루한 호모 사케르인 조에[124]로서의 생존에 머문 삶을 영위한다. 비법월경자, 미등록이주자, 불법체류자가 대부분인 이주자는 시민권이 없고 국민의 테두리 밖에 놓임으로써 법과 제도의 보호를 받지 못한 채 '어디에도 없는 곳(nowhere)'[125]에서 존재감 없이 떠돈다. 이들은 새로운 종류의 추방자이자 버림받은 자들이며 지구화의 산물이고 지구화에 따라 마치 변경 지역에 있는 것처럼 바뀌게 된 시대정신의 가장 충실한 축도이자 구현자들[126]이다.

1990년대 여행소설은 2000년대 다문화소설, 디아스포라소설과 접속되어

---

123 지그문트 바우만, 조은평 외 역, 『고독을 잃어버린 시간』, 동녘, 2012, 18쪽.

124 아감벤은 세계 안에서 가치있는 삶을 영위하는 비오스(bios)와 단지 살아있음의 생물학적 존재에 불과한 조에(zoe)를 구분하여 후자를 벌거벗은 생명 즉 호모 사케르(homo sacar)로 명명한다. - 조르조 아감벤, 박진우 역, 『호모 사케르』, 새물결, 2008, 33쪽.

125 바우만은 난민들의 불안정성과 역외성을 오제의 비 장소, 기로의 역외지대, 미셸 푸코의 바보들의 배로 설명하며, 이곳이야말로 홀로 존재하며 자체 내로 닫혀있으며 동시에 무한한 바다에 내맡겨진 채 이리저리 떠도는 장소로 내던져진 것이라 한다. - 지그문트 바우만, 권태우 외 역, 『리퀴드 러브』, 새물결, 2013, 302쪽.

126 지그문트 바우만, 정일준 역, 『쓰레기가 되는 삶들: 모더니티와 그 추방자들』, 새물결, 2008, 141쪽.

유동하는 시대의 호모 노마드적 특성으로 나타난다. 한국인 여행자와 한민족 이주자는 서로 조우하면서 민족 정체성을 확인하고, 이방인의식과 타자적 정체성이라는 동질감을 형성한다. 소설 속의 여행자는 한민족 이주자를 만남으로써 다문화적 상황과 한민족 정체성에 대해 성찰하고 생존을 위해 탈국경하는 경계인의 삶을 목도한다. 일제강점기 북간도, 러시아, 일본, 하와이 등으로 떠나 역사 속에서 사라졌던 조신족, 고려인, 자이니치 등의 한국계 이주사 2,3세들이 21세기에 타자의 모습으로 의무로서의 환대를 요구하며 한국사회에 균열을 내고 자본주의 모순과 신자유주의 문제를 제기한다. 빈민, 이방인, 과부, 고아의 얼굴인 타자의 얼굴은 나의 중심성을 파괴하고 나의 유죄성과 죄책감을 부여하는 책임의 주체, 윤리적 주체[127]라는 화두를 던진다. 여행자와 이주자는 타자의식과 한민족 동질감, 이방성을 확인한다.

이 글은 탈북디아스포라여성이 등장하는 정도상의 연작소설집 《찔레꽃》을 살펴본다. 이 소설은 강영숙의 《리나》, 황석영의 《바리데기》와 함께 이주여성의 관점에서 분석되거나[128] 이대환의 《큰돈과 콘돔》, 권리의 《왼손잡이 미스터리》와 같이 남한적응에 초점을 맞추거나[129] 탈북 출신 작가 김유경의 《청춘연가》와 비교되어[130] 연구되었다. 《찔레꽃》은 주인공 '충심'으로 대표되는 이

127 서용순, 「탈경계의 주체성과 이방인의 문제」, 『인문연구』 제58권, 영남대 인문과학연구소, 2009, 107쪽.

128 이길연, 「북한탈북자들의 유랑과 디아스포라공간: 정도상의 연작소설집 《찔레꽃》을 중심으로」, 한국평화연구학회 학술회의, 2008, 김효석, 「경계의 보편성과 특수성: 탈북자를 대상으로 한 최근의 소설을 중심으로」, 『다문화콘텐츠연구』 제7권, 중앙대 문화콘텐츠기술연구원, 2009, 김은정, 「디아스포라여성의 다지적 정체성 연구: 《리나》와 《찔레꽃》을 중심으로」, 『세계한국어문학』 제3권, 세계한국어문학회, 2010, 문재원, 「경계넘기의 서사적 재현: 국경을 가로지르는 여성의 서사 《바리데기》, 《리나》, 《찔레꽃》」, 『현대문학이론연구』 제41집, 현대문학이론학회, 2010.

129 홍용희, 「통일시대와 탈북자 문제의 소설적 인식: 정도상 《찔레꽃》, 이대환 《큰돈과 콘돔》을 중심으로」, 『한국언어문화』 제40권, 한국언어문화학회, 2009, 이성희, 「탈북여성을 중심으로 살펴본 남한정착과정의 타자정체성연구: 이대환의 《큰돈과 콘돔》과 정도상의 《찔레꽃》을 중심으로」, 『여성학연구』 제23권, 부산대 여성연구소, 2013.

130 이영미, 「현대소설교육에서의 또 하나의 다문화성: 탈북자소설에 나타난 북한문학정체성의 의미화와 관련하여」, 『평화학연구』 제15권, 한국평화통일학회, 2014, 권세영, 「탈북작가의

주여성의 탈주과정에서 겪는 몸의 훼손과 고단하고 신산한 삶에 맞춰져 있다. 자식을 상실한 '나(작가)'의 힐링여행으로 시작되는 이 소설은 아들을 잃고 방황하는 여행자의 시선이 간과된 채 탈북여성 '충심(미나)' 위주로 읽혀졌다는 점에서 재해석이 요구된다. 《찔레꽃》은 한국인 여행자와 한민족 이주자와의 조우를 통해 호모 노마드의 타자적 삶이 리얼하게 재현된다. 이 글은 이주자뿐만 아니라 여행자의 관점을 함께 살펴봄으로써 개인의 비극적 체험이 한민족의 비극적인 상황과 만나 상처를 치유하고 삶의 온전성을 파괴하는 인권문제[131]를 고찰한다. 또한 유동하고 표류하는 노마디즘 현실과 다문화적 상황의 문제점을 생생하게 표출하는 《찔레꽃》에 나타난 여행과 이주 양상을 살펴본다.

2. 타자대면과 상처치유로서의 여행

7개의 단편으로 연결된 《찔레꽃》은 각각의 독립적인 연작소설로서 발표순서가 장편으로 묶인 목차와 일치하지[132] 않는다. 시점도 제각각인데 첫 번째 목차가 작가인 내가 중국여행 중 인연을 맺은 탈북여성과의 동반과 그 이전에 만난 '그 여자'에 대한 이야기를 서술하고, 단원2에서 단원6까지는 탈북소녀들과 탈북고아의 탈출과정이 북한, 중국, 몽골의 국경지대를 배경으로 그려지며 단원7은 한국이산생활을 묘사한다. 단원1은 충심의 파란만장한 사연을

장편소설 연구」, 아주대 박사학위논문, 2014.

131 작가는 인신매매와 기획입국의 악순환의 중단을 위해 이 작업을 시작했고 북한인권을 정치적으로 이용하는 서방의 미디어와 정치집단의 반인권적이고 반평화적인 행위를 규탄한다. - 정도상, 「작가의 말」, 『찔레꽃』, 창비, 2008, 242쪽.

132 단편의 발표시기는 〈소소, 눈사람 되다〉(창작과비평, 2006.봄호), 〈함흥 · 2001 · 안개〉(문학수첩, 2006.여름호), 〈늪지〉(문학사상, 2007.6월호), 〈찔레꽃〉(창작과비평, 2007.가을호), 〈겨울 압록강〉(문장 2008.2월호), 〈얼룩말〉(아시아, 2008.봄호), 〈풍풍우우〉(미발표 신작)이지만 장편 《찔레꽃》의 순서는 이와 다르게 엮어졌다.

내가 듣고 소설화하는 액자형식으로 구성되어 작가인 여행자의 시선이 드러난다.

단원1인 '겨울 압록강'의 제목에서 나타나는 시공간이 말해주듯이 영하 25도의 만주 봉천의 칼바람이 부는 외국에서 '나'는 집안 출신의 키작고 가녀린 조선족처녀 안마사 미나와 함께 '그 여자'를 찾아 나선다. 압록강의 짙은 안개는 단원2에서도 또다시 묘사되어 예측불가능하며 긴잡을 수 없는 탈북디아스포라의 미래를 암시한다. 그 여자는 2005년 국제고구려학회 중 고구려 유적답사 문제로 언쟁한 후 낯선 중국땅에 홀로 남겨지게 되었을 때 우연히 만나 도움을 받은 아낙네이다. 세 번의 낙태와 임신을 했고 남편의 바람과 폭력으로 헤어진 그녀는 심양으로 가는 안내를 받은 사이로 쉰에 가까운 외모이지만 사실은 38살로 이미 재혼한 못된 남편을 증오하지 않으며, 식당에서 허드렛일을 해서 모은 돈으로 새끼들과 어머니를 만나는 것이 낙으로 자신의 운명을 원망하지 않기에 나는 깊은 인상을 받는다.

노숙자 차림의 남편과 작별인사를 하고 올라탄 버스 안에서의 언청이 아내와 동상의 흔적이 있는 아이도 타자의 얼굴로 표상되어 내게 다가온다. 나와 동행중인 미나의 가난하고 고달픈 삶도 나의 슬픔과 맞닿아 있다. 내가 만났던 버스 안의 언청이 아낙네, 그 여자, 미나는 조선족, 한족, 탈북자로서 타자성을 지닌 서벌턴이다. 그녀들은 단일한 정체성을 지니지 못하는데, '조선족이 아닌 북조선 출신의 화교'(그 여자)이거나 조선족이 아닌 북한 출신(미나)으로 신분을 위장하는 등 복합적인 정체성을 갖고 있다. 잠재적이거나 다양한 정체성을 부여받거나 복잡한 소속으로 이뤄진 정체성을 가졌다고 인정하는 사람은 누구든지 그 사회의 변두리 계층으로 소외되기 마련[133]이다. 가난, 이주, 여성이라는 조건을 지닌 그녀들은 21세기의 가장 남루하고 비참하며 슬픈 타자로 재현[134]되며, 아들을 잃은 상실감 속에서 삶을 시행할 수 없는

---

133 아민 말루프, 박창호 역, 『사람잡는 정체성』, 이론과실천, 2006, 7쪽.
134 졸저, 『21세기 한국소설의 다문화와 이방인들』, 푸른사상, 2014, 21쪽.

여행자인 나와 동질감을 형성한다. 국경 주변의 디아스포라는 자신이 타자로 위치 지어지는 부정적인 경험을 통해 자신과 비슷한 처지의 주변인들과 동병상련을 느끼고 연대의식에[135] 눈뜬다. 21세기 탈국경 다문화사회는 신자유주의 경제체제 속에서 고향과 고국에서 살지 못하고 타향과 타국을 떠도는 새로운 유목민 즉 신이주자들과의 대면 속에서 슬프고 아픈 여행자의 자아성찰과 자아확인의 여정을 보여준다. 정체를 알 수 없는 동아시아여성의 타자적 삶이 자식을 잃은 여행자의 고통과 공감대를 형성함으로써 작가는 따뜻하고 관용적인 시선을 갖는다.

여행서사는 여행자의 내면심리와 현실인식이 여정 중에 어떻게 표출되는지가 분석기준이 되며,[136] 이 시선은 작가의 시선과도 중첩된다. 아들을 상실하고 이국땅을 떠도는 여행자는 괴롭고 아픈 상태에서 헤매는 중이다. 식당에서 시킨 음식을 보고 두부를 광적으로 좋아했던 아들에 대한 기억이 기습적으로 덮치거나 자식에 대한 부모애로 가득한 언청이 부부를 만날 때나 남편에게 맡겨진 아이들에 대한 모성애로 가득한 그 여자를 회상할 때도 가슴이 뭉클하고 아픈 나는 아들이 죽은 한국땅을 떠났지만 한순간도 벗어나지 못한다. 자식을 잃은 여행자의 여행은 고통스럽고 극한의 슬픔을 지닌 애도와 치유의 여정이다.

> ① 내게도 한때는 자식의 똥이 전혀 더럽지 않던 시절이 있었다. 가슴 깊은 곳에 묻혀 있는 아들의 얼굴이 떠올랐다. 나는 무간지옥 속으로 빠져들었다. (12쪽)
>
> ② 미나가 노래를 부르는 동안, 나는 노래에 집중하지 못했다. 무엇을 하든 즐겁지 않았고 자주 허탈해지곤 했다. 노래방의 휘황한 조명을 보면서, 깊은 어둠 속을 달려오던 하얀빛이 생각나 괴롭고 아팠다, 나를, 버리고 싶었다. (13~14쪽)

135 이선주, 『경계인들의 목소리』, 그린비, 2013, 10쪽.

136 졸저, 『우리 시대의 여행소설』, 태학사, 2006, 34쪽.

③ 아직 온기가 남아있는 항문으로 작은 들쥐들이 들락거리며 내장을 파먹고, 늑대며 독수리가 달려와 머리통고 뼈만 남기고 모두 헤치우고 나면, 바람이 내 슬픔의 뼈를 하얗게 표백해주기를…… 그것을 나는 벽제의 화장터에서 자식의 뼈를 만지며 간절히 소망했었다. (14쪽)

④ 먹을 때는 몰랐는데 밥을 다 먹고 나니 슬픔이 목구멍까지 가득 차 있었다. 잠시 수저를 들고 먹다 남은 두부를 물끄러미 바라보고 있는데 찌개그릇으로 눈물이 후드득 떨어졌다. 요즘 들어 눈물이 너무 헤펐다. (23쪽)

⑤ 미나의 이야기를 듣는 내 마음은 지옥이었다. (26쪽)

⑥ 저 건너 아파트의 창문마다 사람이 살고 있겠지, 라고 생각을 하니 콧등이 시큰하게 울렸다. (27쪽)

이 소설의 화자인 여행자의 감정은 참척의 고통으로 과잉되어 있고, 슬픔과 절망과 아픔이 빈번하게 서술된다. 마음이 지옥인 나는 "나를, 버리고 싶었다"와 "사는 게, 참, 그랬다"로 요약되며, 삶을 견뎌내기 힘든 극단적인 심리상태에 놓여 있다. 사랑했던 대상과 자아는 동일시되는데, 그 대상이 떠난다면 연민을 느끼는 동시에 분노를 느끼게 되고 외적인 대상으로 향해야 할 분노가 자신에게 돌아오게 되는 자살 충동과 자살행위[137]로 이어질 수 있다. 자살한 아들을 애도하고 기억하는 나의 여행은 위로와 치유가 절실하다. 나는 그 여자의 이야기를 듣거나 미나의 디아스포라 체험을 듣는 구술자의 위치에서 지옥을 느끼며 그녀들의 상처와 자신의 상처를 포갠다. 그 여자, 버스 안 언청이 여인, 미나는 여성타자로서 아들을 잃은 자신과 슬픔을 공유한다.

나의 상처의 근원은 너무 일찍 세상을 떠나버린 아들의 죽음 때문이다. 물안개가 피어오르는 압록강처럼 '가지마'라는 환청과 환시에 시달리는 나의 여행판다지는 상실감과 절망감 속에서 아들의 영혼과 떠났던 몽골사막[138]여행

137 백인립 외, 「사회적 타살의 사회경제적 의미」, 『비판사회정책』 제44호, 사회복지학회, 2014, 330쪽.

138 2005년 11월 꿈이 화가였던 중학생 작가의 아들은 '단테의 신곡을 따라 여행하고 싶다'는

을 떠올리며 자신을 해체하고 버려지기를 바란다. 결핍과 상실의 마음은 슬픈 이야기도 웃을 줄 아는 과거의 그 여자를 찾는 계기가 되지만 이름도 주소도 모르는 그녀 대신에 한성안마사를 다니는 탈북여성 미나의 절박하고 여자로서 감내하기 힘든 탈출이야기를 전해듣는다. 미나와 나의 연대와 공감은 이방인의식[139]이다.

자신이 사는 서울시 사당동에서 멀리 떨어진 이 낯선 이역만리에서도 아들은 느닷없이 치밀어 오르는 추억으로 어느새 곁에 와 있다. 이 소설은 탈북디아스포라여성인 미나에 관한 이야기이지만 아들을 상실한 나의 이야기이기도 하다. 자식을 잃은 나와 고국과 가족을 잃은 미나의 고통과 슬픔을 통해 과거의 식민지 상황과 분단현실이 21세기 탈국경 다문화 시대의 화두가 된다. 작가이자 소설 속 화자인 여행자는 타자의 아픈 사연을 듣고 구술하는 글쓰기를 통해 문학치료적 효과를 얻고 상처를 치유한다. 이 소설은 한국을 떠나 중국을 방랑하는 여행자가 북조선을 떠나 중국과 남한에서 이산생활을 하는 이주자와 타자성과 이방성의 동질감으로 온정과 공감의 시각이 드러난다.

3. 표류·탈국경·여성수난 속의 이주

단원2부터 단원7까지는 여행자가 탈북 안마사인 미나의 사연을 소설로 구성한 이야기로 액자형식을 취한다.

1. 겨울 압록강: 아들을 상실한 여행자의 상처와 방황: 여행자의 시선

유서를 남기고 자살했다. 9년 후 작가는 죽은 아들의 영혼과 함께 몽골을 떠나 자식의 죽음을 애도하고 상처를 치유하는 여행판타지소설 《낙타》 (문학동네, 2010)를 발표한다.

139 ①차장한테 돈을 치르고 버스에 올랐더니 공중변소에 들어온 듯한, 퀴퀴한 구린내가 코를 찔렀다. 하지만 나는 이방인이었다. 드러내놓고 냄새를 탓할 수는 없었다. (9쪽) ②그러나 하나원에 나오자마자 기다리고 있는 것은 탈북자는 이방인에 불과하다는 사실이었다. 같은 민족이지었지만 외국인 노동자보다도 차별이 더 심했다. (202쪽)

2. 함흥·2001·안개: 17살 꿈많은 충심의 북한생활: 충심의 시선
3. 늪지: 충심과 미향의 반강제적 탈북과 인신매매: 춘구의 시선
4. 풍풍우우: 탈북여성들의 지옥 같은 중국결혼생활: 미향과 충심의 시선
5. 소소, 눈사람 되다: 불법체류자이자 안마사로서의 불안한 삶: 소소, 미나, 메이나가 된 충심의 시선
6. 얼루말: 탈북고아 8살 영수의 몽골 단국경 과정과 생사의 탈출: 영수의 시선
7. 찔레꽃: 노래방 도우미로 살아가는 남한이주생활의 신선함: 은미가 된 충심의 시선

함흥에서 음악학교를 다니는 충심은 재춘오빠와 충성오빠 사이에서 순수한 사랑의 감정을 느끼고 미래를 궁금해 하는 평범한 10대 소녀이다. 이모가 있는 남양에 간 그녀는 거리에서 만난 조선족 아낙네에게 돈을 벌 수 있다는 꼬임과 도문에 가보고 싶은 호기심으로 이종사촌 미향과 함께 두만강을 건넌다. 그러나 그 순간 7만 위안의 몸뚱어리 '물건'으로 치부되며 여성으로서 감내하기 어려운 이주생활이 전개된다. 국경지대를 도강하자마자 그녀들은 외국인으로 지시되며, 이는 착취와 지배를 지지하는 적의적인 기표이자 타자집단에서 동일자집단으로, 피지배자집단에서 주인집단으로 이동할 가능성이 거부된다는 것[140]을 의미한다. '늪지'와 '풍풍우우'라는 제목이 말해주듯이 두 개의 단원에서는 충심과 미향의 매매와 강제된 결혼생활이 그려진다. 중국땅에서 그녀들은 갑봉, 삼식, 춘구로 불리는 사람장사꾼 즉 인신매매범에게 건네져 감금과 폭행을 당한다. 이윤추구에 포획되어 상품화된 '새가이'(처녀, 아가씨)들은 중국 오지농촌에서 결혼을 하지 못한 한족, 조선족 농촌총각이나 홀애비에게 팔려진다. "비에 젖은 작은 새"로 묘사되는 충심과 미향은 자신의 의지와 상관없이 홍정의 대상이지 구매-판매되는 물건 취급을 받는 것이다.

결혼생활을 하지 않으면 창녀가 될 뿐이라는 협박과 공갈 때문에 중국시골

140 기욤 르 블랑, 박영옥 역, 『안과 밖: 외국인의 조건』, 글항아리, 2010, 32쪽.

인 태양촌과 광명촌에서 목숨을 부지하는데, 충심은 춘구에 의해 구출되고, 시아버지와 남편에게 번갈아 성욕구의 대상이 되었던 미향은 현실을 부정하며 미쳐버리고 만다. 국경을 넘자마자 탈북소녀들이 만난 사람들은 사기꾼 아낙네나 비정하고 악랄한 인신매매범이었다. 사람장사뿐만아니라 걸리면 총살형을 당하는 얼음(마약)장사까지 하는 가해자 춘구 자신도 한국에 있는 어머니가 자신의 비자와 비행기값을 위해 2년 동안 뼈빠지게 일한 돈을 모두 사기당한 피해자이다. 코리안 드림을 꿈꾸며 한국 국경을 넘기 위해 조선족과 탈북자들은 불법과 사기, 범죄에 노출되며 취약한 이들을 상대로 하는 목사, 선교사, 브로커, 인신매매범에 포획되어 성과 몸과 돈을 강탈당한다. 안마소, 양고기 꾐집, 노래방, 다방의 간판이 즐비한 채 불빛을 뿜어내는 연길에서 동아시아여성을 상대로 매매와 매춘과 협박이 자행된다. 북한 - 연길 - 한국의 지리적 위치 속에서 비자발적이고 반강제적으로 국경을 넘은 여성들은 동물이나 물건처럼 다루어진다.

미향은 해림 광명촌에 팔려가 시아버지와 남편에게 성학대를 당한다. 돈을 주고 사온 그녀는 구경거리의 에로티시즘의 대상으로 전시되고 인용되며 폭력의 기로로서의 여성신체[141]일 뿐으로 가부장들에게 이용되고 착취당한다. 언어가 통하지 않는 미향은 까치나 까마귀, 바람, 구름, 개, 길섶의 풀과 꽃, 메뚜기와 말을 주고받는다. 집에서는 밤에 남편에게, 옥수수밭에서는 낮에 '메기수염의 늙은 남자'인 시아버지에게 성을 제공해야 하는 미향은 악몽과 정신착란, 환청과 환시에 시달리며 비정상적으로 변한다. 말도 언어도 문화도 공유하지 못한 결혼 상태는 다른 몸이 아니라 그저 섹스화된 몸일 뿐이며, 이에 대한 성적 착취가 이루어질 때 그녀는 열등한 사람으로, 타자로, 결국 종속된 자로 취급[142]된다. 이렇게 종속된 자는 인간성의 잠재성과 온전함을 박탈당하게[143] 되며, 거리두기와 이탈하기와 같이 자신을 분리하지 않으면 생

141 레이 초우, 정재서 역, 『원시적 열정』, 이산, 2004, 253쪽.
142 캐슬린 베리, 정금나 외 역, 『섹슈얼리티의 매춘화』, 삼인, 2002, 44쪽.
143 위의 책, 45쪽.

존할 수 없게 되는 것이다. 인간과 그의 고향 사이에, 한 개인과 그의 진정한 원천 사이에 팬 영원한 균열[144]인 이주는 미향의 정신을 파괴하고 해체시킨다. 충심에 의해 구출된 미향은 결국 고향땅을 밟지 못하고 죽음에 이른다. 조선족 여자들이 한국이나 북경, 청도, 연태로 떠난 자리를 북조선여자들이 메우는 것이다. 주변부에서 주변부로의 이동은 탈북여성을 최악의 생존상태에 놓이게 한다. 국경을 사이에 두고 이주여성의 방랑과 이주와 탈주과정은 성적 훼손과 몸의 폭력을 감수하는 일이다. 지구 전역을 떠돌아다니며 먹고살 것이 있는 곳에 정착하기 위해 기를 쓰고 있는 이들은 사방에 만연해 있는 사회적 잉여에 대한 두려움에 의해 촉발된 불안감을 해소시킬 수 있는 편리한 표적[145]이 되고 만다.

미향과 함께 팔린 충심도 고단하고 힘든 여정을 체험한다. '미나, 메이나, 소소'로 이름이 바뀐 채 안마를 해서 악착같이 모은 전재산 이만위안을 언니라 부르며 따르던 조선족 최옥화와 그의 애인 김화동에게 빼앗기고 불법체류라는 약점 때문에 협박까지 당하는 충심은 인간에 대해 불신한다. 성과 돈과 남자에 시달린 충심은 자신에게 호감을 보이는 인신매매꾼 춘구, 연변 안마사생활 때 관심을 표명한 23살의 총각 호룡, 남한에서 노래방을 다닐 때 주변을 돌던 35살의 노총각 최에게도 마음을 주지 못하고 피폐해지고 타자화된다. 다정하고 꿈 많던 소녀에게 견디기 힘든 고초와 수모는 이제 "세상을 저주하고픈 마음이 들"거나 "필요한 것은 사랑이 아니라 신분증"일 뿐이라고 할 만큼 목숨부지와 생계유지를 위한 혹독한 이산생활 속에서 불안한 잠과 불길한 꿈이 계속되는 긴장되고 복원될 수 없는 상처로 점철된다.

가족과 애인이 있는 고향 함흥을 떠나 남양, 중국 헤이룽장성 태양촌, 션양, 몽골사막, 한국으로의 여정까지 그녀가 머문 곳은 중국 농촌 오지마을, 마사지숍, 노래방과 같은 섹슈얼리티화된 공간이며, 동수자의 부인이 되어 아들까

144 기욤 르 블랑, 앞의 책, 47쪽.

145 지그문트 바우만, 정일준 역, 『쓰레기가 되는 삶들: 모더니티와 그 추방자들』, 새물결, 2008, 119쪽.

지 낳아준 후에야 생명수를 들고 귀환하는 바리공주와 같은 결혼생활뿐만 아니라 목숨을 담보하는 몽골여정까지 겪어야하는 것[146]이었다. 중국 오지농촌에서의 감금된 결혼생활, 한국행을 위해 한성안마의 단골인 나이 많은 남자와의 동거생활 그리고 남한에서의 매춘생활까지 동아시아 소녀의 몸과 성은 권력과 자본과 남성에 의해 짓밟히고 허여된다. 간신히 구출한 미향과 탈북고아 영수의 죽음 이후 도착한 한국생활에서도 여전히 브로커에게 돈을 강탈당하고 성을 파는 노래방 도우미로 살아가는 충심의 불행과 비극은 계속된다. 북한에 있는 엄마와 이모에게 돈을 보내기 위해 성매매를 하는 충심은 브로커의 횡포와 욕설, 폭행과 협박 속에서 함흥을 떠난 이후 한번도 땅에 발을 붙여보지 못한 아슬아슬한 삶을 영위한다. 외국인이 되는 것은 아무 곳에도 존재하지 않는 것이며 일정한 거처 없이 머무는 것으로, 국가에의 소속과 참여의 결핍에서 산출된, 거의 지각되지 않는 일종의 중간지대 즉 이차적인 영역의 정체성만을 가질 뿐[147]이다. 그녀는 또다시 영국으로의 난민신청이나 사기결혼을 생각하며 정착하지 못한 나날을 가족에 대한 그리움으로 지탱한다. 지역이 바뀔 때마다 바뀌는 이름처럼 자기 의지로 살지 못하는 미나는 제자리에 있지 않은 모든 곳 즉 '어느 곳도 아닌 장소'에 있는 절대적 외부인[148]일 뿐이며, 그녀에게 여행의 목적지(도착지 혹은 귀환지)는 영원히 불확실하며, '최종적'이라고 말할 수 있는 장소에 영원히 닿을 수[149] 없다. 호모 사케르이자 서벌턴인 이주자는 불법체류나 미등록자인 국가의 외부, 국민의 바깥에 위치지어져 법, 제도, 복지, 윤리의 보호를 받지 못한 채 신산하고 고통스러운 탈국경과정과 이주생활을 감내한다. 원시적이고 이국적으로 간주되는 탈북소녀들의 사물화된 몸은 동아시아를 부유하는 아시아적 신체로서 훼손된다.

146 졸고, 「표류하는 동아시아여성의 타자적 삶」, 『문명연지』 제34호, 한국문명학회, 2014, 91~92쪽.

147 기욤 르 블랑, 앞의 책, 47쪽.

148 지그문트 바우만, 정일준 역, 앞의 책, 148쪽.

149 위의 책, 141쪽.

4. 이주와 타자의 메타포

소설의 배경이 되는 안개는 이주자와 여행자의 심경을 대변하고 사건의 전조가 되는 복선 역할을 한다. 여행자의 여정이나 충심의 고향인 항구도시 함흥의 배경인 안개는 이방인의식을 갖는 나와 충심에게 동질감을 이어주는 매개체이다. 단원1과 단원2의 제목인 '겨울, 압록강', '함흥 · 2001 · 안개'에서 드러나듯이 안개는 시공간과 디아스포라의 미래를 암시한다. 삶의 비의가 감추어진 듯하며 미래를 알 수 없는 불확정성과 남루하고 비극적인 인간의 운명을 품고 있는 것이 안개이다.

> 겨울, 압록강, 강물에는 물안개가 끊임없이 피어올랐다. 영하 삼십도의 허공으로 올라와 자욱하게 퍼진 물안개는 즉시 얼어 안개눈이 되어 펑펑 쏟아져내렸다. 강가에 줄지어 선 느티나무 가지마다 눈꽃이 하얗게 피어올랐다. 바람이 불면 하얀 느티나무가 미친 듯이 가지를 흔들며 춤을 추었다. 압록강은 안개눈 속에서 조용히 흘렀다. 압록강으로 나온 이후 미나는 일절 입을 열지 않았다, 집안이 고향이라면서 집에 가보겠다는 말도 꺼내지 않았다, 나는 그 여자를 찾겠다는 생각에 빠져있었다.[150]

> 안개는 도시의 아침을 완벽하게 점령하고 있었다. 안개 속에서 사람들은 속수무책이었다. 바다에서 항구도시로 올라온 지독한 해무였다. 언제나 같은 자리에 완고하게 서 있던 거무튀튀한 건물과 늙고 삭아버린 아빠트가 안개바다 위에서 섬처럼 떠 있었다. 안개 속에서는 사람도 작은 섬처럼 느껴졌다. 도무지 측량할 수 없는 사람과 사람 사이의 거리를 안개가 더 멀리 벌리고 있었다. 바람이 불면 첩첩하던 안개가 한쪽으로 몰려갔고, 먼바다에 오롭게 떠 있는 섬처럼 보이는 모든 것들이 자꾸 흔들렸다. 환시이고 착각이었을까 (중략) 안

150 정도상, 《찔레꽃》, 창비, 2008, 21~22쪽,

> 개가 도시를 떠나지 않았으면 좋겠다고 충심은 혼자 중얼거렸다. 안개가 사흘만 계속된다면 뭔가 색다른 소문들이 한 여름의 방울나무처럼 무성하게 자랄 것만 같았다. 안개가 불러올지 모를 어떤 돌연한 일들이 심심하기 짝이 없는 이 도시의 거리와 골목과 창문들을 종이비행기처럼 떠다닌다면…… 문득 소풍을 앞둔 소학교 아동처럼 충심의 가슴이 풍선처럼 부풀어 올랐다.[151]

매 단원마다 그려지는 안개는 정착과 이산, 감춤과 드러냄, 운명의 비의와 예측불가능성, 허망함과 명료함을 드러낸다. 압록강에 피어오르는 물안개는 아들을 상실한 허무함을 대변하며, 10대 소녀들의 예측할 수 없는 미래를 표상한다. 안개는 한국과 북한과 중국 사이를 맴도는 탈북자, 조선족, 한족, 한국인과의 관계나 다문화적 상황 속 디아스포라의 선명하지 않은 정체성과 위치성, 탈국경 다문화 시대의 문제점을 표상한다. 자본의 전지구화와 신자유주의로 정착하지 못하고 표류하는 이주여성의 삶을 안개라는 환상적 배경을 설정함으로써 초기 다문화소설이 지니는 고발과 증언문학으로서의 경직성을 다소 완화시키는 기능을 한다.

이 소설에서는 의인화도 자주 보임으로써 동물과 인간의 경계를 해체시키거나 약육강식의 정글사회를 알레고리화한다. 산주검, 노바디, 비국민으로 상징되는 이주자는 국경을 넘는 순간 상품으로 매겨져 사물화된다. 상품이 되어버린 이주여성은 인간과 소통할 수 없고 현실이 비현실이 되는 과정 속에서 동물과 교류하고 소통한다. 부자에게 성적으로 시달리고 학대받는 미향은 까치에게 인사하며 어머니가 보낸 편지를 까마귀가 물어갔다고 생각하고 옥수수밭에 불을 지르고 싶어[152] 한다.

---

151 위의 소설, 30~31쪽.

152 이는 1920년대 현진건의 〈불〉을 연상케 한다. 남편의 성적 욕구에 시달린 소녀는 섹스의 공간인 방에 불을 지르는데, 밤에는 남편에게, 옥수수밭에서는 시아버지에게 당하는 미향도 이러한 감정이 분출되고 있다.

> 세상의 바람과 구름, 전봇대에 다리를 걸치고 오줌을 갈기는 개, 길섶의 풀과 꽃, 혹은 메뚜기와도 미향은 말을 주고 받았다. 그들은 미향의 말에 친절히 대꾸해주었다.[153]

> 까마귀를 잡아주세요. 자꾸만 내 편지를 가져가요. 까치가 말했어요. 까마귀가 기져갔다고요. 음, 음, 으음, 내 미리에 까치집을 지어주세요. 까치가 불쌍해요. 머리에 까치집을 이고 다니면 정말 예쁠 것 같지 않아요? 만일 메기수염이 말을 들어주지 않으면, 거위한테 부탁해야지. 으음, 거위가 싫어하면 닭한테 말을 해볼까?[154]

> 미향은 구름을 향해 손을 흔들어주었다. 구름도 미향을 향해 하얀 손을 내밀었다. 미향은 구름이 내민 손을 잡으려 했지만 손가락 사이로 모래가 빠져나가듯 사라졌다. 오래지않아 그는 바지를 치켜올린 뒤 떠났고 미향은 밭고랑에서 잠이 들었다.[155]

안개와 비와 바람과 눈은 시리고 미래가 보이지 않는 이주여성의 내면과 여행자의 슬픔을 상징한다. 자신을 전개할 수 있는 주요한 성질이 이미 금지되었거나 손상되었기 때문에, 상실된 삶의 형식 안에서, 또 이전의 삶으로도 되돌아갈 수 없는 불가능성 안에서 이중적으로 비인간화된 존재[156]인 이주자는 어둡고 몽환적이며 흩트러지는 기후 속에서 슬프고 아련한 분위기를 형성한다. 메기수염을 한 시아버지에게 당하는 끔찍하고 패륜적인 결혼생활을 하면서 어머니에 대한 그리움과 충심과의 이별을 기억하는 미향은 동식물 혹은 무생물과 대화를 하며 지낸다. 원치 않는 섹스는 거리두기와 이탈하기로서의

153 정도상, 앞의 소설, 103쪽.
154 위의 소설, 106쪽.
155 위의 소설, 107쪽.
156 기욤 르 블랑, 앞의 책, 43쪽.

생존전략을 가지는데, 미항은 결국 자아분열과 정신착란에까지 이른다.

> 영수는 사자며 치타, 표범, 하이에나가 미웠다. 배가 고프면 얼룩말처럼 풀을 뜯어먹으면 되는데, 그 못된 놈들은 가젤이나 영양 심지어 얼룩말까지 잡아먹었다. 사자들이 길고 누런 송곳니로 얼룩말의 목을 물어뜯어 숨통을 끊는 장면을 보면 마음이 아파서 소리를 꽥꽥 질러댔다. 사자가 얼룩말의 엉덩이를 덮칠 때가 영수가 제일 싫었다. 사자가 얼룩말의 뒤를 덮치는 것을 보면, 어떤 아저씨가 엄마를 발가벗겨놓고 주먹질하던 모습이 떠올랐다. 그때 영수는 엄마가 사자에게 물려죽은 얼룩말처럼 생각되어 "안돼!"라고 소리쳤다. 그러자 아저씨가 불같이 화를 내며 영수를 발로 찼고 엄마도 마구 두들겨팼다. 영수는 피흘리는 엄마를 구해줄 수가 없었다. 아저씨는 밤마다 술을 마셨고 엄마는 지저분한 걸레처럼 구석에 앉아 눈치를 보았다.[157]

TV프로그램 "동물의 왕국"을 시청하는 탈북소년고아 영수는 얼룩말을 가장 좋아한다. 근대화와 신자유주의화는 지구촌을 정글사회로 만들었고, 국경을 전전하는 이주자들을 포획하고 매매하는 정글의 법칙 속에 놓이게 했다. 폭행당하는 자신과 엄마의 처지를 사자에게 죽음을 당하는 얼룩말의 처지와 동일시하는 영수의 탈국경 경험은 상처받고 훼손 받은 상태이다. 영수는 몽골초원 사막을 탈북자와 함께 통과하다가 죽음을 맞이한다.

여행자가 만난 탈북자들은 신분증에 대한 갈망과 결핍을 보이며 인간답게 살고자 한다. 다문화사회는 '증'없는 인간들을 사회적 좀비나 괴물로 취급하며 투명인간화한다. 국경를 넘는 순간 그들은 '외국인', '무국적인', '경계인', '불법체류자'로서 등록이 되어 있지 않으며 자신을 증명할 서류를 갖지 못한 자들이다. 증서를 잃기까지 이주자는 협박과 사기, 성폭력, 위험에 노출되며 벌거벗은 생명으로 도망과 축출, 잔여, 폐기되는 처지에 놓인 채 자신의 존재

157 정도상, 앞의 소설, 171~172쪽.

를 증명할 수가 없다.

> 사람답게, 나이에 어울리고 살고 싶었다. 좋은 남자를 만나 사랑을 하고, 가족들과 함께 즐겁게 저녁을 먹고, 예쁜 옷을 입고, 곱게 화장하고, 동무들과 밤마실을 다니며 수다 떨고 남의 흉도 보면서, 어린시절부터 꿈꾸던 것들을 위해 열심히 살며, 무엇보다도 신분증 없이 떠돌지 않으며, 아무리 늦이도 돌아갈 집이 있는 삶을 간절히 소망했다. 그러나 충심의 그 작은 소망은 모조리 금기에 속했다.[158]

한 소녀의 평범한 삶은 여러 남자를 전전하며 정착하지 못하고 '이리저리 떠도는 장소 없는 장소'[159]에서 자체 내로 고립된다. 더 이상 욕망의 주체가 되지 못하는 결핍의 주체인 그녀는 한국에서조차 정형화된다. 외국인 노동자나 조선족보다도 차별을 더 느끼는 탈북여성은 자신을 바라보는 야릇하고 의심스러운 시선에 노출되며 탈북자들의 나쁜 소문과 행실로 주눅들고 적응하기 힘들어 한다. 어머니에게 돈을 보내기 위해 모텔에서 빽빽한 콘돔의 느낌을 이겨내려고 이를 악무는 은미의 삶이야말로 국가의 훌륭한 행위들의 코드 중심에서 점점 멀어지는 찢겨진 사지이며, 위성처럼 방황하는 삶들이며 괴물 같은 괴상한 삶[160]이다.

이 소설은 여행자인 나와 탈북디아스포라여성인 미나와의 만남과 대화를 바탕으로 은미의 고단한 남한생활로 마무리되는데 이는 현실을 있는 그대로 재현하고자 하는 작가의 의도로 보인다. 열린 결말의 구성방식은 작위적이지 않고 자연스럽지만 한편으로는 미적 구조적 측면에서 완결성이 떨어진다. 나의 여행과 미나의 이주는 힐링이나 정착으로 이어지지 못하고 현재진행 중이다.

---

158 위의 소설, 157쪽.

159 지그문트 바우만, 권태우 외 역, 『리퀴드 러브: 사랑하지 않을 권리』, 새물결, 2013, 302쪽.

160 기욤 르 블랑, 앞의 책, 144쪽.

연작장편소설과 단편 제목인 '찔레꽃'은 충심, 미나, 메이나, 소소에서 어린 시절 음악학교의 단짝친구인 은실과 이종사촌 미향의 이름을 본따 만든 은미로 변한 남한에서의 자신을 상징한다. 탈북과정의 수모와 치욕과 인권유린 속에서 이주생활을 시작한 은미는 노래방 도우미를 하며 브로커의 협박에 시달리고 가족에게 돈을 부치기 위해 성매매를 하는 고단하고 불행한 생활을 영위한다. 함흥음악학교에서 배운 '찔레꽃' 노래는 노래방에서 손님들을 위해 부르는 십팔번이 되었고, 그녀는 이 노래를 흥얼거릴 때마다 가족을 생각한다. 고향을 상기하는 함흥냉면은 은미의 소울음식이자 힐링요리로서 노래로 치유가 안 될 때 사먹곤 한다.

여자인 것이 슬프고 부르고 싶지 않은 노래를 불러야 하며 낯선 손님 앞에서 옷을 벗는 자신이 가여운 은미는 찔레화분을 정성스레 돌본다. 잎이 다 떨어져 가시만 남을까봐 두려운 은미에게 찔레꽃은 박제된 자신처럼 거칠고 말라있다. 원나라 때 공녀로 끌려간 찔레와 고려에 남은 달래와 병든 아버지의 이야기를 담은 찔레꽃전설은 이주여성인 자신의 이야기이다. 북조선이나 중국에서처럼 비루하게 살고싶지 않았으나 한국에서의 은미의 삶은 전혀 나아지지 않는다. 가난했던 북한이나 불법적으로 체류했던 중국 그리고 한국에서조차 그녀의 실존은 부유하며 거의 지각되지 않는다.

《바리데기》의 '바리공주', 《심청전》의 '청이', 《탁류》의 '초봉이', 《인간문제》의 '선비' 같이 21세기 다문화소설 속에 재현되는 딸들은 효도 이데올로기, 순결 이데올로기에서 벗어나지 못한다. 국경을 넘는 동아시아소녀들은 상품화되고 자본주의에 노출되어 성노동에 종사함으로써 자신의 주체성과 정체성을 상실하고 죽음, 자살, 살해, 정신착란으로 귀결되거나 범죄의 유혹 혹은 그 대상이 되는 사회적 타살[161]의 조건하에 놓인다. '가난', '소녀', '이주', '북한'

161 개인심리적 요인보다는 사회경제적 요인이 자살의 주요하고 직접적인 원인으로 작용한 경우로 1998년 이후 급격히 증가한 실업, 저임금, 빈곤, 불평등 등 사회구조적 모순들이 개인과 가정에 농충되고 결국 스트레스, 절망, 우울과 같은 개인수준의 매개요인들과 결합되면서 나타나는 자살의 형태를 의미한다. - 백인립, 앞의 논문, 332쪽.

이라는 한국사회에서의 다층적인 타자성을 지닌 탈북디아스포라여성에게 이주현실은 가혹하고 폭력적이다. 한국사회에 공존하는 3만여 명의 탈북자에 대한 차별적이고 배타적인 시선이 계속되는 한 탈북디아스포라여성은 공동체 안에서 배제되고 축출당하는 이방인과 비국민으로 남는다.

5. 정도상의 시대인식

1990년대 여행의 자유화, 자본의 전지구화 이후 우리 문학의 경향 중 하나는 여행-정착-여행 구조로 이루어진 여행소설이다. 이는 2000년대 디아스포라문학의 형성과 더불어 지구촌 사회가 명실상부 유동성의 시대임을 말해준다. 여행소설의 여행자는 다문화소설의 한민족 이주자와 조우 혹은 대면하면서 우리 역사의 상처이자 아픔인 식민지 상황과 분단적 현실에서 벗어나지 못함을 깨닫는다. 이주 2,3세대인 고려인, 조선족, 자이니치와 더불어 탈북자는 한국계 이주자로서 독특한 타자적 정체성을 지닌다. 이들은 거주국에서는 소수민족으로, 한국에서는 주변부 내지 이등국민으로 취급되면서 신산하고 혹독한 이산생활을 경험한다. 탈북디아스포라여성은 몸과 성과 돈을 강탈당하거나 범죄, 사기, 폭력의 대상이 된다. 이 글은 정도상의 《찔레꽃》을 연구대상으로 여행자와 이주자의 이방인의식과 타자적 정체성을 고찰했다. 기존의 《찔레꽃》 연구에서는 탈북여성 충심(미나, 소소, 메이나, 은미)을 중심으로 분석되었으나, 이 소설은 아들을 잃고 중국을 방황하는 여행자인 '내'가 거리를 헤매는 디아스포라여성들 — 조선족, 한족, 탈북자 — 과의 만남을 통해 서로의 슬픔과 고통을 공유하고 힐링하는 관점에서 살펴보았다. 참척의 고통 속에 방랑하는 여행사는 여성으로서 견딜 수 없는 절망과 몸의 훼손을 당하고 생존을 위한 삶을 영위하는 탈북디아스포라여성의 탈북과정과 이산생활을 들으면서 상처를 치유하고 자아상실에서 민족 정체성까지 나아간다. 탈국경 다문화 시대에 동아시아여성의 성적 훼손과 이산수난과 인권유린은 윤리 문제를 제기하는바, 북한과 한국과 중국 국경의 경계에 머무는 이방인은 반윤리적이고 비인간적인 대우를 받으며 공동체에서 배척당하고 있다. 특히 '이주', '10대 소녀', '동아시아', '탈북', '가난'이라는 다중적 타자성을 지닌 탈북디아스포라여성에게 21세기 다문화적 상황은 험난하고 배제된 조건하에 놓이는 것이다. 국경을 넘는 순간 짐승이나 물건 취급을 당하며 인권을 유린당하는 미나와 자식을 잃은 나와의 조우는 우리 시대가 여행자와 이주자가 많은 호모 노마드의 시대임을 상징하며, 유동하는 이방인의 출현은 다문화사회인 우리 문학 속에서 앞으로도 지속적으로 발표되리라 예측된다.

4장 김재영 소설의 이주와 다문화적 양상: 『코끼리』(2005), 『폭소』(2009)

1. 다문화사회와 김재영

2000년대 한국문학의 특징 중의 하나가 이주와 다문화이다. 다문화 소설장르는 전지구화된 지구촌사회를 배경으로 한다. 국경 너머 타자와의 연대를 지향하는 급격한 트랜스내셔널 징후에는 자본의 세계화[162]가 놓인다. 다문화사회로 진입 중인 한국사회에서 외국인노동자, 결혼이주여성, 다문화가정 2세는 가장 남루하고 비참하며 슬픈 타자로 소설 속에 재현[163]된다. 이들은 이방인, 괴물로 다가와 낯익음과 낯섦의 충돌을 가져온다. 더 나은 삶을 위해 고국을 떠나 탈국경을 감행한 이들은 동남아시아에서 한국으로, 한국에서 미국으로 이주하며 코리안 드림, 아메리칸 드림을 실현하고자 하지만 '디스토피아적 여행서사'[164]가 되고 만다. 모든 친근함을 지움으로써 보상받지 못할 상실을 창출하며 고국과의 격리, 모국어와의 단절 또 그가 살던 곳과의 지리적 단절을 낳는, 결국 주체적인 모든 삶의 형식, 일상적 삶 전체가 멀어지고 상실[165]되는 국제이주는 반다문화주의적 인종차별적 신식민주의적 계급주의적 시련과 고통에 직면한다. 다문화라는 용어의 이면에는 동화주의적이고 자민족중심주의적이며 반문화상대주의적인 측면이 내재되어 있다. 21세기의 새로운 타자인 이주자는 WASP문화/한민족문화/동남아문화, 영어/한국어/동남

162 작가와비평편집동인 엮음, 『키워드로 읽는 2000년대 문학』, 작가와비평, 2011, 17쪽.

163 졸저, 『21세기 한국소설의 다문화와 이방인들』, 푸른사상, 2014, 21쪽.

164 주디스 버틀러·가야트리 스피박, 주해연 역, 『누가 민족국가를 노래하는가』, 산책자, 2008, 16쪽.

165 기욤 르 블랑, 박영옥 역, 『안과 밖: 외국인의 조건』, 글항아리, 2014, 83쪽.

아언어, 흰 피부/노란 피부/까만 피부, 서구/한국/동남아와 같은 오리엔탈리즘적 편견을 배경으로 주류문화 속에 비주류문화가 용광로처럼 녹아내리길 바란다. 다문화국가인 미국과 단일민족국가인 한국사회는 '다양한 문화의 평화로운 공존이 아니라, 우리의 입장은 고수하면서 다른 문화를 포섭하여 수렴하겠다는 동화주의적 인식'[166]이 강하다.

'전 세계의 하녀(global servants)'(페러네스), '현대판 노예'(자렘브카), '지구화가 생산한 쓰레기 혹은 유령이자 제물'(지그문트 바우만), '나머지'(존 베벌리), '벌거벗은 생명'(조르조 아감벤)으로 명명되는 이주자는 제7의 인간이나 이등국민으로 취급받는 '모든 권리가 배제된 호모 사케르'[167]이다. 외국인으로서의 이주자는 국가, 국민의 바깥에서 인권유린적이고 차별적인 삶의 질곡 속에 놓인다. 이는 자기동일성을 근거로 공동체를 구성하는 20세기 근대국가가 21세기에도 이어져 비유럽세계의 인종적 민족적 타자를 차별하고 추방하기 때문이다. 국가/민족은 대부분의 자기 동료들을 알지도 만나지도 못하지만 구성원 각자의 마음에 서로 친교의 이미지가 살아있기 때문에 상상된 상상의 공동체[168]이듯이 국민은 자신이 허상이라는 것을 잊기 위해 외국인이라는 허구를 창출한다. 국민정체성은 외국인을 명명하고 그에게 주변적인 정체성을 부여해야만 존재할 수 있는 주체[169]인 것이다.

트랜스내셔널하고 코스모폴리탄한 이주자는 지구촌사회에 적합한 글로벌 인재이자 세계시민이지만 자국민/주류문화 중심, 영어 위주, 백인/순혈 선호, 단일민족신화, 인종차별, 기독교적 가치는 디아스포라에게 가혹하고 비판적이다. 최근의 다문화담론 및 철학적 사유는 타자의 권리 및 윤리에 집중하는

---

166 김호연, 「미국의 동화주의적 이민자 정책과 다문화주의」, 『인문과학연구』 제28권, 강원대 인문과학연구소, 2011, 263쪽.

167 슬라보예 지젝·레니타 실레츨, 라깡정신분석연구회 역, 『사랑의 대상으로서 시선의 목소리』, 인간사랑, 2010, 75쪽.

168 베네딕트 앤더슨, 윤형숙 역, 『상상의 공동체: 민족주의의 기원과 전파에 대한 성찰』, 나남, 2002, 24쪽.

169 기욤 르 블랑, 앞의 책, 67~68쪽.

데, 레비나스는 타인을 수용하고 환대하는 윤리적 주체[170]됨을, 데리다도 무조건적 환대[171]를 요구한다. 가라타니 고진은 사회나 공동체의 도덕과 세계시민으로서의 윤리를 구분하여 윤리적으로 행동하면 사회공동체로서 곤란한 처지에 빠지는 경우가 많다고[172] 한다. 국가와 국민, 국적의 경계가 유연해지는 상황에서 알폰소 링기스가 지향하는 타자공동체는 아무 것도 공유하지 않는 공동체이며, 아감벤은 임의적 특이성을 도래하는 공동체로, 블랑쇼는 부정의 공동체, 장-뤽 낭시는 마주한 공동체로 귀속성 없는 공동체를 상정[173]한다. 타자가 상처받지 않는 공동체를 지향하는 최근의 담론에도 불구하고 다문화사회, 다문화국가 그리고 이를 재현하는 다문화문학 속 이주자의 삶은 가혹하고 비극적이다. 국가의 보호 아래서 국민의 권리를 보장받지 않으면 언제든지 축출될 수 있는 유동성의 시대에 국민, 영주권자, 시민권자, 난민, 불법체류자에 따라 인권을 유린당하는 이주자는 법적 제도적 심정적 타자이다.

이러한 문학적 경향에 주목하는 작가가 김재영이다. 2000년에 〈또 다른 계절〉이 '내일을 여는 작가' 신인상을 수상하여 등단한 작가는 '2005년 올해의 문제소설'에 수록된 단편 〈코끼리〉가 다문화소설로 가장 많이 회자되었다. 월경하는 21세기 노마드에 지속적으로 관심을 표명한 작가는 신자유주의 체제하에 정착하지 못하고 배제된 파리아[174]의 타자적 정체성을 고찰한다. 그녀의 문학에 대해 정호웅은 외국인 노동자의 현실을 연민과 인간중심주의를 넘어서 핍진하게 묘사[175]하는 작가로, 홍기돈은 제국의 논리 속으로 순순히 포섭되어버리는 자발적인 무장해제에 대한 경고와 환기[176]를 특징으로 보았으며,

---

170 강영안, 『타인의 얼굴』, 문학과지성사, 2005, 74~75쪽.

171 자크 데리다, 남수인 역, 『환대에 대하여』, 동문선, 2004, 29쪽.

172 가라타니 고진, 송태욱 역, 『윤리21』, 사회평론, 2001, 221~222쪽.

173 졸지, 앞의 책, 36~39쪽 참조.

174 파리아 paria는 본래 인도의 카스트제도 밖에 존재하는 개인 혹은 집단(천민)을 지시하던 말이나, 이제는 한 제도 혹은 한 사회에서 어디에도 속하지 않는 자 혹은 집단을 의미한다. - 기욤 르 블랑, 앞의 책, 16쪽.

175 정호웅, 「해설: 절망과 고통의 현실, 연민의 마음」, 『코끼리』, 실천문학사, 2005, 352~254쪽.

176 홍기돈, 「해설: 작고 작은 은빛 물고기 한쌍을 찾아서」, 『폭소』, 창비, 2009, 232쪽.

송현호는 이주민이란 존재의 인간성을 다시 생각하게 함으로써 주목[177]받기에 충분한 작가로, 연남경은 현실의 사실적 재현에 치중하는 작가[178]로 본다. 장성규는 추상적 심급에서의 타자가 아닌 우리의 일상을 위협하는 구체적 실체로서의 타자를 인식[179]한다고 하였고, 박산향은 출구 없는 막다른 절망과 상황 속에 놓인 인물을 묘사[180]한다고 평가한다. 기존연구는 평론적 성격이 강하거나 〈코끼리〉에 치우친 해석이 대부분이라는 점에서 한계를 지닌다.

단편집 『코끼리』(실천문학사, 2005)와 『폭소』(창비, 2009)는 한국으로 이주한 동남아시아 출신 외국인과 재미한인의 이산생활을 그린 작품들을 수록함으로써 다문화주의적 관점뿐만 아니라 탈식민주의적 관점에서 지구촌 사회의 이동성과 다문화성을 재현한다. 인종적 계급적 공간적 타자인 이주자에게 관심을 표명하는 김재영은 타자적 정체성과 차별적인 이산생활을 냉철하게 그릴 뿐만 아니라 인종, 계급, 젠더, 탈식민의 관점까지도 묘파하며 한국 안에서의 이주자뿐만 아니라 재외한인의 모습을 그리고 있기에 바깥에서 우리 사회의 모순을 꼬집는다.

이 글은 21세기 노마디즘과 이주 양상을 그린 그녀의 소설 중 코리안 드림을 꿈꾸며 네팔, 러시아, 태국에서 이주한 이방인의 폭력적이고 고통스러운 삶을 그린 작품(코끼리, 아홉 개의 푸른 쏘냐, 꽃가마배)과, 아메리칸 드림을 꿈꾸며 더 나은 삶을 위해 맨해튼 주변에서 살아가는 한인들의 자기소외적인 이산생활을 그린 작품(앵초, M역의 나비, 롱아일랜드의 꽃게잡이, 폭식)을 살펴본다. 2007년을 기점으로 한국이주에서 미국이주의 삶을 재현한 작품들은

177 송현호, 「〈코끼리〉에 나타난 이주 담론의 인문학적 연구」, 『현대소설연구』 제42권, 한국현대소설학회, 2009, 232쪽.

178 연남경, 「이주민 서사에 재현된 '내필' 표상과 시사의 욕망」, 『한국언어문학』 제82권, 한국언어문학회, 2012, 416쪽.

179 장성규, 「2000년대 한국소설에 나타난 타자 형상화 방식의 변화 과정 연구」, 『어문논집』 제54권, 중앙어문학회, 2013, 33쪽.

180 박산향, 「김재영의 〈코끼리〉에 나타난 흉내 내기와 이주민의 정체성」, 『한어문교육』 제27권, 한국언어문학교육학회, 2012, 276쪽.

타자-되기를 통해 타자의 집단과 커뮤니티, 문화를 동등하게 대하고 다문화주의를 실현하는 동시에 한국사회에서의 이주자 문제가 바로 우리 자신의 문제임을 자각하려는 다문화의식이 확장된 결과이다. 풍성한 다문화담론에 비해 작품들의 수준이 높거나 다채롭지 못한 가운데 김재영은 타자의 재현뿐만 아니라 이주자 정체성을 밀도 있게 그린 문제작을 지속적으로 발표하였다. 따라서 21세기 다문화소설의 키워드인 불안, 소외, 생존문제를 다문화적 관점에서 다채롭게 보여주는 김재영 문학에 대한 본격적이고 총체적인 연구가 이뤄져야한다.

2. 한국이주서사에 나타난 차별과 배제 -〈코끼리〉, 〈아홉개의 푸른 쏘냐〉, 〈꽃가마배〉

2004년부터 2007년까지 발표된 소설에는 외국인 노동자, 다문화가정 2세, 결혼이주여성이 등장한다. 노동과 결혼을 목적으로 월경하는 이주자는 네팔, 러시아, 태국에서 코리안 드림을 꿈꾸며 경제적으로 윤택한 한국으로 이동한다. 그러나 이민국가가 아닌 한국의 이주정책과 다문화적 인식은 차별적이고 자민족중심적이다. 산업예비군 단계부터 현재까지 불합리하고 모순되게 진행된 이주정책은 국민이 될 가능성이 높은 결혼이민자와 다문화가정 위주로 혜택을 주어 이주국의 이해관계에 따라 차별적으로 시행되며, 속인주의를 채택하는 한국의 국적법은 지나친 민족의 경계틀 속에서 매우 폐쇄적이고 배타적[181]이다. 이주자는 노동수요에 따라 불법일지라도 묵인되고 허용되지만 불필요할 경우 단속과 추방이 자행되기에 포함되면서도 동시에 배제되는 주변부이다. 자국민의 타자적 배타적 시각과 우월적 태도고 인해 법적 지위가 나은 결혼이주여성의 고통도 이주노동자 못지않다.

---

181 이선주, 『경계인들의 목소리: 시민과 디아스포라 사이』, 그린비, 2013, 171쪽.

〈코끼리〉의 네팔에서는 천문학자였으나 지금은 가구공단의 후미진 곳에서 폐가 너덜너덜할 정도로 일을 하는 아버지 어루준과 집나간 조선족 어머니를 둔 13살 소년 아카스는 돼지축사를 개조한 쪽방촌에서 파키스탄 청년 알리, 비재아저씨, 방글라데시 아주머니, 러시아 아가씨 마리나, 미얀마 아저씨들과 함께 생활한다. 비교육적 반인권적 비위생적 선정적 폭력적인 공간에서 자라는 아카스는 미국사람 흉내를 내는 쿤 형을 따라하며 표백제로 세수하다가 아버지에게 혼이 난다. 피부색에 따라 처우가 다른 한국사회는 서구 출신들에게 친절하며 영어를 잘 하는지에 따라 학부모에게 간식을 얻어먹을 수 있다. 한국은 피부색이 검거나 가난한 나라 출신, 영어 이외의 언어를 포용하지 않는 반다문화적 정서와 인종차별적 태도가 가득한 나라이다. 사춘기 소년에 의해 관찰된 마을주민은 가난과 불행과 슬픔이 발에 치일 정도로 비극적이며, 한국사회는 모순과 부조리와 범죄와 불합리로 만연해 있다.

> 미래슈퍼에는 평소처럼 텔레비전이 크게 틀어져 있다. 며칠째 텔레비전 방송은 외국인 노동자에 관한 뉴스를 되풀이해 들려줬다. 내 고향 특산물 따위를 소개한 뒤 불법 체류 외국인을 강제 추방하겠다는 정부의 방침을 내보냈고, 시트콤을 통해 폭소를 퍼붓고 나서 방글라데시 출신 노동자가 열차에 몸을 던지는 소식을 전했으며, 드라마와 토크쇼까지 끝난 자정 무렵에는 출국하는 외국인 노동자들로 붐비는 공항을 보여주었다. 너무 많이 듣다 보니 남의 일처럼 따분하게 느껴진다[182].

외국인의 자살과 추방 소식과 무관하게 드라마와 쇼와 개그프로가 동시에 방영되는 한국사회는 기괴스럽고 반인권적이다. 축출에 대한 공포, 폭력성과 쾌락, 유희, 선정성이 공존하는 현실에서 인권이 유린되고 인간성이 파괴되는 상황을 무감각해지고 무덤덤하게 목도하는 것이다. 아카스는 미국인인 척하

182 김재영, 『코끼리』, 실천문학사, 2005, 24쪽.

는 청년 쿤, 도둑질을 하는 알리와 비재아저씨, 반라의 몸으로 성을 상품화하는 러시아 아가씨, 추방당한 남편을 기다리는 토야 엄마, 인색한 인도 출신 노동자 노랭이, 가짜결혼 대가로 돈을 받는 아주머니 등 범죄와 폭력과 욕설과 사기, 거짓말, 강도짓이 만연한 환경에서 상처받으며 조숙하게 성장한다. 이들의 삶 속에서 섹슈얼리티화된 이주여성과 홀로 입국하는 이주노동자의 외로움이 드러나며, 피부색, 언어, 빈부의 잣대로 외국인을 일관성 있게 인식하지 않는 편향된 시각이 노출된다. 윤리문제는 자신이 속한 공동체 내의 사고에 대해 의심해보는 데서 시작[183]하는데, 아카스는 폭력적이고 선정적이며 사기와 범죄가 난무하는 주거지와 여자아이의 손을 만졌다는 오해로 집단폭행을 당하는 학교에서의 경험을 통해 이중적인 위선과 차별이 자행되는 우리 사회를 폭로한다. 네팔문화를 지향하는 아버지와 한국인이 되려는 아들은 욕설과 폭력을 당하며 공동체 내에서 배제된다. 이주노동자끼리 돈을 서로 훔치는 범죄장면을 지켜보며 아카스는 이 모두가 이주상황 속에 놓여있기 때문이라고 여긴다.

> ……나는 눈을 질끈 감는다. 눈꺼풀 안쪽으로 은색 코끼리 한 마리가 나타난다. 구덩이에 발이 빠진 코끼리는 큰 귀를 펄럭이며 빠져나오려고 안간힘을 쓰고 있다. 하지만 발버둥 칠수록 뒷다리는 점점 더 깊이 빨려 들어간다. 구덩이는 삽시간에 시커먼 늪으로 변하더니 뭐든 집어삼킬 태세로 거세게 휘돌아간다. 아, '외'다. 현기증이 일도록 빠르게 소용돌이치는 '외…….' 코끼리는 맥없이 빨려들어 간다. 미처 비명을 지르지 못하고 눈을 부릅뜬 채. 눈 앞이 온통 까맣다.[184]

네팔 힌두교의 성스러운 상징인 코끼리가 늪에 빠져드는 상황이 이주의

183 가라타니 고진, 송태욱 역, 앞의 책, 221쪽.
184 김재영, 앞의 소설, 37~38쪽.

삶인 것이다. 가난 때문에 떠나와 몸의 훼손과 정신적 상처를 입은 어루준은 네팔을 그리워하며 힘들게 생활한다. 이 소설은 구름보다 높은 히말라야에서 태어나 후미진 공장지대까지 이동하여 짐승냄새를 풍기면서 죽도록 일만 하는 이주노동자의 비애와 슬픔을 소년의 시선으로 묘사한다. 보다 나은 삶을 위해 이주했지만 학대당하는 이주국에서 외국인 노동자와 아들은 분열되고 몸이 훼손되는 짐승 이하의 삶을 살고 있다.

〈아홉 개의 푸른 쏘냐〉의 쏘냐는 옥탑방에 살며 클럽으로 출근한다. 가족이 있는 러시아를 등지고 이태원의 작고 허름한 방에 거주한 그녀는 남성고객의 욕망의 대상이 되어 유린당하고 인권을 강탈당하며 여성으로서 견디기 힘든 고초를 겪는다. 헤로인 주사를 맞히고 강제로 강간하려는 브로커를 칼로 찌르고 거리에 쓰러진 쏘냐는 함부로 다뤄지며 무연고의 불법체류자로 존재를 확인받지 못한 채 버려진다. 외할머니, 엄마의 낭만적인 사랑이야기와 인텔리겐차인 외조부, 근로영웅 칭호를 얻은 아버지 표도르를 회상하고 엄마 체취가 묻은 샤리프 냄새를 맡으며 러시아를 그리워하는 쏘냐를 보살피는 윤경과 '나'는 "이토록 아름다운 러시아 아가씨가 왜 여기까지 흘러들어와 죽어가고 있는 건지, 어쩌다 그들은 자본주의 찌꺼기가 쌓이고 쌓여 냄새를 풍기며 썩어가는 이 사창가로 소중한 딸을 내몰게 된 건지…" 안타까워한다. 반라의 몸으로 웃음을 팔고 욕설과 매질을 당하며 매춘까지 하는 쏘냐는 배척당하는 이주노동자이다.

〈꽃가마배〉의 '나'는 이복동생을 찾아 방콕으로 가는 중이다. 중3 때 시집온 다섯 살 많은 외국인 계모와의 인연은 상처로 기억된다. 하반신이 마비된 아버지는 고모의 재혼 권유로 다문화가정을 형성한다. 결혼이주여성은 고모의 간섭과 의심을 받고, 나 역시 그녀를 무시하고 경멸한다. 고모는 결혼정보회사 안내책자를 가져와 파출부보다 싼 가격에 월급 안주고 밥만 먹여주면 돌봄을 받을 수 있다고 여기며 아버지에게 국제결혼을 권유한다. 태국공주일지도 모르는 그녀를 하녀 취급하고 태국문화와 문자를 조롱하면서 친구에게 식모라고 소개하는 나는 그녀를 가족으로 인정하지 않으면서 감시하고 타자화한다. 가난하거나 비정상적인 집안의 상징인 그녀의 존재는 어린 내게 사춘기의 오욕이자 정체성을 훼손하는 존재이기 때문이다. "나 이 집 식구야. 나 팔려온 거 아니고, 시집온 거 맞잖아. 그런데 이게 뭐야. 당신들 다 미쳤어. 나 길거리 고향사람 만났어. 그게 죄야? 그거 우리나라에선 죄 아냐. 당신들 나라 이상해."라며 울부짖는 외국인 아내의 절규에서 힘들고 외로운 결혼생활이 나다닌다. 아버지가 죽고 그녀마저 가죽공장에서 불에 타 사망하자 혼혈 혈육을 찾으러 태국여행 중인 나는 영어학원 강사 마이클로부터 부모님의 결혼반대 소식을 접함으로써 외국인 계모와 동일한 체험을 한다.

세 편의 소설에 등장하는 네팔 이주노동자 어루준, 러시아 출신의 클럽무희 쏘냐, 태국에서 시집온 능 르타이는 한국이주생활에서 인권유린적인 대우를 받는다. 국가 주도의 산업화 또한 자본주의, 시장, 중산층이 동시에 만들어지는 압축 성장으로 애국주의, 집단주의, 민족주의 동력에 의존했던 우리 사회는 순혈주의적 정체성과 강한 민족의식을 형성했기에 인종적 서열화와 사회적 배제[185]를 보인다. 가난한 이주자는 아름답고 성스러운 자신의 공간을 떠나 한국땅을 밟지만 열악하고 반인권적이며 배타적인 노동조건과 동화주의적인 환경에 처한다. 계급적 인종적 문화적 타자인 이들은 공동체 구성원으로 인정받지 못한 채 냉정하고 차가운 눈총을 받으며 험담과 풍문으로 인해 돈에 팔려온 색시, 3D업종이나 성노동에 종사하는 육체노동자로 인식되어 인간의 권리를 향유하지 못한다. 이들의 등장은 다문화사회로 진입하는 한국의 문제점과 모순을 부각하며 상식적이고 당연시했던 일상에 균열을 내고 화두를 던진다.

185 이제봉, 「한국의 민족주의와 다문화주의」, 『다문화교육연구』 제5권, 한국다문화교육학회, 2012, 205쪽.

3. 미국이주서사에 나타난 소외와 고립
– 〈앵초〉, 〈M역의 나비〉, 〈롱아일랜드의 꽃게잡이〉, 〈폭식〉

뉴욕은 전세계인이 가장 살고 싶어 하고 열망하는 다문화도시이다. 2007년부터 발표된 소설들은 이민의 나라이자 다문화국가인 미국에서 살아가는 한인들의 고단하고 소외된 삶을 보여준다. 한국 바깥에서 내부를 들여다볼 때 그 사회의 모순과 문제점을 예리하게 포착할 수 있기에 작가는 재미한인교포의 삶을 재현한다. 김재영 문학은 다문화적 탈식민주의적 관점에서 이주와 정주의 문제뿐만 아니라 인종, 계급, 민족, 젠더 등의 차별적 요소를 고발한다.

〈앵초〉는 미국으로 이민 온 하윤 가족의 삶을 그린다. 9.11테러사건으로 남편이 죽고 혼자 남은 하윤은 반항하는 아들, 치매 증상을 보이는 노모를 돌보며 힘겨운 이민생활을 견딘다. 학력과 사무경력을 인정받지 못하며 의사소통능력이 부재하기에 싸구려 불법체류노동자로 전락한 하윤은 하층민의 나락으로 떨어진다. 한국에서는 전문직 또는 사무직에 종사했으나 대다수 이민자는 직업 지위의 하향 이동을 경험하며 높은 교육 수준에도 불구하고 단순노동이나 간단한 장사이외에 약간의 숙련된 기술을 요하는 직업에 종사하는데, 이는 '오늘날에도 사라지지 않고 있는 미국의 더러운 비밀(dirty secret)인 인종차별주의 사상 때문'[186]으로 재미한인사회에도 널리 드리워져 있다. 하루 열세시간이 넘도록 미용실에서 일하느라 구역질이 나고 너덜너덜해진 몸뚱이로 귀가하는 하윤은 겨우 영주권을 얻고 가게를 마련한다. 〈코끼리〉의 한국이주노동자 어루준의 폐가 너덜너덜하고 구역질이 나듯이 이주생활이란 '너덜너덜한 몸'과 '헛구역질'로 표상되는 삶이다. 한국에서의 이주여성(조선족)이 '식당에서 일하는 한국말이 이눌한 중년여성' 이미지로 각인되듯이, 미국에서의 한인여성은 〈앵초〉의 하윤이나 〈M역의 나비〉의 미란, 〈롱아일랜드의 꽃게

186 최협, 『다민족사회, 소수민족, 코리안 아메리칸』, 전남대출판부, 2011, 169쪽, 204쪽.

잡이〉의 싸브리나처럼 네일 가게에서 일하거나 미장원 종업원으로 손님에게 굴욕을 당하는 서비스 종사자로 재현된다. 백인들이 하지 않는 3D업종을 흑인, 아시아인, 히스패닉계 노동자들이 담당함으로써 미국사회는 유지되지만 한인과 멕시코인 등의 소수민족에 대한 착취와 인권유린은 광범위하게 형성[187]된다. 타국에서 남편을 잃은 이주여성의 고달프고 힘든 나날을 통해 〈앵초〉는 남편도, 지존심도, 온전한 정신마지도 잃게 하는 아메리칸 드림의 허상을 보여준다.

〈M역의 나비〉는 뉴욕 맨해튼 한인거리에서 곰탕집을 운영하는 이모를 돕는 이주 2세대인 '나'의 시점으로 그려진다. 불법체류자인 이모부가 검거를 피하다가 교통사고로 사망한 후 홀로 남은 이모는 심한 불안증과 자살충동을 느끼며 짐승 같은 비명을 지르다가 생을 마감한다. 남편을 잃은 〈앵초〉의 하윤과 치매에 걸린 노모, 〈M역의 나비〉의 이모는 이주국에서 가족 상실과 이민 부적응으로 치매, 자살, 우울증, 정신이상 등의 증상이 나타나는 늙은 이주여성이다. 미치거나 정신을 잃거나 자살하는 삶을 통해 자아와 자존감을 상실한 이주생활이 극단적으로 표출된다. '브루클린에 가는 마지막 출구'라는 영화 속 주인공처럼 달려오는 기차에 몸을 던진 미란의 행동도 이민 2세들의 방향성을 상실한 비극적인 삶을 대변한다. 가난을 견디지 못하고 이탈리아계 노인의 아이를 임신하고 진짜 나비를 붙여만든 목걸이를 파는 그녀에게 "죽은 나비를 몸에 걸치고 다니는 더러운 돈벌레"라고 폭언한 나는 험하고 독했던 말들을 후회한다. 이모나 미란과 같이 우울과 절망과 고독을 극복하지 못하고 자살하거나 죽어가는 한인여성의 고단하고 희망 없는 미국이민생활을 그림으로써 한국사회에서의 반다문화적이고 차별적인 동남아 출신 이주여성의 삶과 대비시킨다.

〈롱아일랜드의 꽃게잡이〉의 뉴욕에 파견된 수는 아내와의 사별과 애인으로부터 이별 통보 후 딸 아이와 함께 미국으로 와, 브루클린의 허름한 아파트

187 위의 책, 215쪽.

에서 노모와 아이와 함께 살아가는 37살의 이혼녀인 싸브리나와 조우한다. 백인아내가 필요하다는 아일랜드계 남편에게 이혼당하고 백인손님의 손톱을 정리해주고 비위를 맞추는 싸브리나는 팁을 받기 위해 굴욕을 참아내야만 하는 인종차별과 계급의식이 만연한 사회에서 상처를 받는다.

> 얼마 전에도 싸브리나는 손님과 한바탕 충돌하고 말았다. 어이없게도 신문이 문제였다. 그날따라 손님이 별로 없어 싸브리나는 『뉴욕타임즈』를 보고 있었다. 그녀가 맡은 손님은 매니큐어를 드라이어로 말리는 중이었다. 유독 코가 큰 여자는 싸브리나 또래의 백인이었는데, 갑자기 싸브리나에게 "너 영어로 된 신문도 읽을 줄 알아? 그것도 정치면을?"하며 놀랍다는 듯 말했다. 싸브리나는 그렇다고 대답했다. 그러자 여자가 "너 정치는 알아 뭐 하게?"라며 입술을 비틀며 실소했다. 순간 화가 난 싸브리나가 "뭐 하게? 야, 나도 너랑 똑같이 미국 고등학교에서 공부했어. 그리고 나도 시민권자야!"라고 소리쳤다. 그러자 여자는 싸브리나를 노려보더니 두 시간 공들여 일한 댓가로 이십오 센트를 팁이라며 던졌다.[188]

오만과 편견으로 가득한 백인에게 모욕당한 날 싸브리나는 유학생 환송파티에서 수를 만나 다시 희망을 갖는다. 13살 때 가족과의 서해안 피서 기억을 간직한 수는 중학교 국어선생이던 아버지가 반정부적인 말 때문에 감옥에 가 힘든 성장기를 겪는다. 광주시민군으로 활동한 삼촌은 밀항선을 타고 미국으로 건너가 싸브리나 집에서 숨어 지내다가 롱아일랜드 바닷가에서 시신으로 발견되고 싸브리나의 아버지마저 타국땅에서 쓸쓸히 죽음을 맞이한다. 삼촌과의 인연으로 맺어진 수와 싸브리나(순이)는 기약 없는 롱아일랜드 데이트 약속을 하지만 소외된 이방인들로 가득한 뉴욕시의 매일 반복되는 교통사고, 테러, 자살사건은 두남녀의 미래를 불안하고 어긋나게 한다. 〈앵초〉의 민욱,

188 김재영, 앞의 소설, 128쪽.

〈M역의 나비〉의 이모부, 〈롱아일랜드의 꽃게잡이〉의 삼촌과 순이 아버지의 죽음에서처럼 남성들은 대부분 사망으로 귀결되고 홀로 남은 여성들은 이국땅에서 고군분투하는 이민생활을 한다.

〈폭식〉의 민팀장인 '나'는 아엠에프 시절 매형의 사업실패로 타격을 받고 회사까지 정리해고에 들어가게 되면서 해직된다. 가까스로 일본 중소기업에 취업한 후 전세계를 떠도는 동안 지속된 폭식의 습관은 영국 체셔 출장시 린도우인 미라를 본 충격으로 거식증에 걸리면서 사라진다. 서툴고 어눌한 일본말을 하는 자신을 하대하는 놀이공원 입장권 판매원과의 실랑이를 지켜본 가족들이 침울해지고 최하층 생활을 하는 재일교포에 대한 배척이 심하기에 민팀장은 미국으로 재이주하지만 가족과 떨어져 해외출장을 다니며 불안한 육체가 영혼을 갉아먹는 국경을 떠도는 생활을 반복한다. 마약에 손을 대는 아이 때문에 우울증 치료를 받던 아내가 이탈리아 출신의 음악치료사와 바람이 나자 이혼을 요구하고 양육권마저 가져감으로서 가족은 해체된다. 가족과 고국을 잃은 민팀장은 '나는 누구일까, 민지환인가 토머스 민인가. 나는 어디에 소속된 자일까, 한국인가 미국인가'라고 독백하는 불안정한 정체성을 드러낸다.

차별적인 미국이민생활에서 한민족 정체성의 인식 차이로 인한 세대갈등도 표출된다. 〈코끼리〉의 아카스와 〈앵초〉의 보람, 〈폭식〉의 아이들은 고국을 그리워하고 자신의 문화를 잊지 않으며 언젠가는 귀국하려는 부모들과 마찰을 일으킨다. 네팔에서의 평화로운 삶을 그리워하는 〈코끼리〉의 아버지의 히말라야 얘기를 어린 아들은 지긋지긋하다며 거부한다. 고국에 대한 향수로 가득한 아버지와 달리 아카스는 한국사람으로 인정받는 게 더 중요하기 때문이다. 〈앵초〉의 보람도 시민권을 포기한 어머니에게 자신의 인생을 방해했다며 반항한다. 철저하게 미국인이 되려는 보람에게 한국전통문화란 경멸의 대상이자 추상적인 기호이며 "참는데 익숙한 한국인 특유의 표정, 사방을 살피고 경계하는, 어딘가 초조하고 답답해 보이는, 그러면서도 내면을 드러내지 않는 완강한 폐쇄성"은 열등함의 표상으로 느껴질 뿐이다. 미군이 되어 이

나라를 테러로 지켜 내리라고 다짐하는 보람은 거짓으로라도 애국심을 드러내야만 살아남을 수 있는 과잉애국적 자세를 표출한다. 자신의 뿌리와 근본을 지우는 것이야말로 이민 2세대가 이주국에서 인정받을 수 있기 때문이다. 자신의 의지와 상관없이 이주생활을 선택한 2세들은 고국 정체성을 포기하지 않는 부모에게 반항하고 경계인의 삶에 갈등함으로서 1세대와는 또다른 아픔과 정체성 혼란을 겪는다.

〈폭식〉의 아이들은 일본이민생활에서 서툴고 어눌한 말씨로 차별과 봉변을 당한 아버지가 학부모행사에 오길 꺼리며 집에서도 영어로 말하길 원한다. 권력언어, 제국의 언어로 이등시민이란 열등감에서 벗어나길 원하는 이민 2세대의 상처와 고통은 깊어 동화주의적 자세를 취하지 않으면 차별받는 상황이 디아스포라적 삶이기 때문이다. 스스로 타자가 되어 자신을 불안정한 위치에 갖다놓고 항상 전전긍긍하며 버림받을 준비를 하는 이 증상은 신비롭게 여겨지는 집단(백인)에서 인정받고 거기에 편입되려는 몸부림인 동시에 자신의 개체성으로부터 도망치고 자신의 존재를 소멸시키려는 지속적인 노력[189]에서 비롯된다. 자기소외 및 자기타자화를 겪는 보람의 불안증세는 흑인이나 피식민자에게서 나타나며 이주자 경험과 유사하다. 한국계 미국인(Korean-American)인 2세들은 영어가 서툰 부모를 경시하고 한국적인 것은 무조건 열등한 것으로 생각하기에 자아 존경심(self-respect) 형성에 지장[190]을 준다. 이주는 2세대들의 정체성 분열과 혼란을 가져오며 부모세대와 갈등을 일으킨다.

탈식민 시대(post-colonial)가 진정 탈식민화(decolonized)된 시대가 아니라는 역사인식을[191] 작가는 피력한다. 경제의 식민 후기에 놓인 지구촌사회에서 이주자는 피식민자가 갖는 정체성의 혼란과 분열을 겪는다. 자신을 혐오하고 백인을 선망하는 피식민자의 이중소외와 열등의식을 이주자도 느끼는 것이다. 백인사회의 인종주의적 시선을 의식하고 인종주의를 스스로 내면화함으

189 이경원, 『파농』, 한길사, 2015, 141쪽.

190 최협, 앞의 책, 185쪽.

191 이경원, 앞의 책, 27쪽.

로써 비롯된 불안감과 씨름[192]해야 하며 외국인의 삶을 살아내야 한다. 미국뿐만 아니라 한국에서도 백색신화는 이주자에 의해 곳곳에서 지적된다. 동대문 시장에서 산 짝퉁인 리바이스 청바지에 나이키 점퍼를 입고 미국사람처럼 보이려고 노력하는 〈코끼리〉의 이주노동자 쿤은 "한국사람들은 단일민족이라 외국인한테 거부감을 갖는다고? 그래서 이주노동자들에게 불친절한 거라고? 웃기는 소리 마. 미국 사람 앞에서는 안 그래. 친절하다 못해 비굴할 정도지."라며 우리 사회의 모순을 일갈한다. 〈앵초〉의 뉴욕시는 I♥NY, 성조기가 상징하듯이 아름다운 인권옹호의 나라라고 홍보하지만 9.11테러 희생자들에게 국적별로 차별하며 외국인들을 위해 어떤 마음도 쓰지 않는 이중적이고 이기적인 나라일 뿐이다. 인권국가임을 자랑하는 미국은 선주민들을 대량학살하고 강제이주시켰으며 1865년까지 노예제도가 남아있었고 인종분리정책이 1960년대까지도 법제화되어있는 나라로 인종차별문제가 사회 깊숙이 뿌리내린 나라[193]인 것이다. 〈M역의 나비〉의 이모부는 무자비한 불법체류 단속을 피하다가 죽으며, 〈앵초〉, 〈롱아일랜드의 꽃게잡이〉의 네일가게나 미장원에서 종업원으로 일하는 한인여성은 멸시와 조롱을 당하며 계급적 인종적 타자임을 확인한다.

작가는 한국과 미국의 배타적인 이주 인식과 자민족중심적 경향이 닮아있음을 폭로한다. 동남아 출신의 한국이주가 가족의 질병이나 가난의 문제로 인한 것이라면 한인의 미국이주엔 빨치산 태생 혹은 반정부 발언으로 감옥간 아버지와 광주시민군 삼촌의 활동이 문제되거나 좁은 땅에서 편가르며 사는 게 싫어 국경을 넘는 등 한국사회의 억압과 폐쇄, 반민주, 독재, 편향성이 드리워져 있다. 김재영 문학은 자본의 특권으로 세계를 제패하는 미국제국과 이를 닮은 한국사회의 반다문화주의적이고 신식민주의적 태도를 비판함으로써 진보적이고 탈식민주의적인 작가의식을 반영한다.

---

192 위의 책, 140쪽.

193 최협, 앞의 책, 187쪽.

4. 타자적 시점과 이주의 상징성

자신의 박사학위논문 주제로 '소설의 서술시점'을 삼았을 만큼 창작에서 부딪치는 첫 번째 고민이 서술시점의 문제[194]라고 고백하는 작가는 초점을 중시한다. 아이, 동물, 여성, 유령, 이주자와 같은 타자적 시선은 공감과 연대의식의 효과를 가져 오며 타자의 목소리와 입장을 나타낼 수 있다. 〈코끼리〉는 13살 소년 아카스의 시선으로, 〈꽃가마배〉는 외국인 계모를 관찰하는 중3 딸의 시선으로, 〈앵초〉, 〈M역의 나비〉에서도 이민 2세인 아들의 시선으로 서술된다. 소년소녀 시점은 슬픔과 아픔을 희석하며 객관적이고 우회적으로 그려지기에 미적 형상화에도 유효하며, 제3자인 자국민의 시선으로 피상적으로 관찰되었던 기존의 다문화서사와도 다르다.

〈아홉개의 푸른 쏘냐〉의 단원 1,3,5,6,8,10은 '달팽이'의 시선으로, 2,4,7,9,11은 '그'의 시선이 교차되는 복합적 시점으로 서술된다. 샤리프에 옮겨 이태원 옥탑방까지 오게 된 달팽이의 시선은 러시아 처녀 쏘냐의 이주체험을 슬프고 처연하게 관찰한다. 쏘냐는 달팽이와 동일시되어 '고유하지 않은/부적합한 이름'을 지닌 증오와 배척의 순수한 대상[195]이자 존재감을 확인받지 못하는 자로 은유된다. 달팽이는 자웅동체의 무정형인 기관 없는 신체로서의 분열자 형상이다. 〈꽃가마배〉의 불구 아버지와 어린 태국 출신 계모와 혼혈동생까지 둔 나는 남자친구 마이클의 결혼반대 소식을 접하면서 한국과 미국에서 반복되는 차별과 배제의 악순환이 지구촌사회에서 자행되는 현실에 직면한다. 나와 마이클과의 관계는 능 르타이와 한국인 아버지와 맺는 관계와 평행하게 놓이며, 나의 현재 처지에 대한 설명은 곧 작중인물인 능 르타이의 내면[196]이

194 김재영, 「소설의 서술 시점과 아이러니의 상관관계 고찰: 첨부작품을 중심으로」, 중앙대 문예창작학과 박사학위논문, 2013.

195 자크 랑시에르, 양창렬 역, 『정치적인 것의 가장자리에서』, 길, 2008, 124쪽.

196 김진희 외, 「대중매체에 나타난 타자 재현 양상 연구」, 『탈경계 인문학』 제3권, 이화여대 이화인문과학원, 2010, 101~102쪽.

다. 여행을 통해 배 다른 동생을 포용하는 나는 미국비자를 거절당하고 미국인과의 결혼장애를 통해 외국인 계모의 타자적 경험을 답습하면서 타자되기를 통한 공감대를 형성한다.

〈앵초〉의 단원1은 이주여성 하윤, 2는 그녀의 지인 우창, 3은 아들 보람, 4는 죽은 남편 민욱, 5는 우창의 복합적 시선으로 미국이민생활의 신산하고 고딘한 삶을 진개한다. 9.11테러 사긴으로 죽은 민욱의 시짐은 아이나 동물뿐만 아니라 사자(死者)까지도 동원하여 객관적으로 재현한다. 미국에서 남편을 잃고 고단한 생활을 하는 하윤과 미국시민이 되려는 아들 보람, 곰을 남편으로 착각하는 노모, 저승에서 가족을 바라보는 남편 민욱 그리고 하윤을 사랑하는 우창의 시선으로 이민가족의 삶이 얼마나 불안하고 소외되며 고통스러운지를 그려나간다. 아이, 과부, 노모, 동물, 유령, 이주자의 시선은 타자의 고통과 증상과 동일시하는 입장을 나타낸다.

타자의 시선으로 그려진 소설들은 이주와 결손, 생존의 문제에 당면함으로써 아이들의 피폐하고 가혹한 성장으로 이어진다. 〈코끼리〉에서는 조선족 출신 어머니가 최하층 삶을 견디지 못하고 바람이 나 가출하며, 〈꽃가마배〉, 〈앵초〉, 〈M역의 나비〉, 〈롱아일랜드의 꽃게잡이〉, 〈폭식〉에서는 아버지들이 죽거나 이혼함으로써 결손가족이 형성되거나 가족이 해체된다. 정착이 쉽지 않은 이주국에서 가장을 잃은 이주여성은 치매에 걸린 노모나 반항적인 아이와의 갈등 속에서 부양자 역할을 하며, 정체성이 혼란스러운 이민 2세는 차별과 소외, 공동체로부터의 배척이 느껴지는 이주와 결핍 등 이중적 고난 속에서 이주사회가 갖는 모순을 비판한다. 소설의 서술양태와 미학적 효과뿐 아니라 소설의 담론에게까지 영향을 주는 중요한 요소로서 적절한 서술자의 선택이 소설의 성패를 결정[197]하는 소설시점을 복합적 타자적 시점을 택함으로써 이주와 타자에 대한 날카로운 현실인식이 드러난다.

또하나의 특징은 다양한 비유와 상징을 통한 이주자 표상과, 생활양식뿐만

197 김재영, 앞의 논문, 80쪽.

아니라 타국의 문화와 전통이 소재적 차원을 넘어 작품 속에 포괄적으로 그려짐으로써 문화다양성을 인정하고자 한다. 〈코끼리〉의 이주자는 미얀마말로 '소용돌이'란 뜻의 '외'로 비유되는데, 짐승처럼 다루어지는 외국인노동자는 소용돌이에 빠져 벗어나지도 못하고 그 안에서 허우적거리며 괴로운 나날을 보낸다. 스스로를 '새끼 외', '반쪽 외'라고 여기는 아카스는 '외(外)'라는 말처럼 국가, 국민밖에 위치 지어진 채 호적도 국적도 없이 태어난 적이 없다고 되어 있는 아이로 존재감을 확인받지 못한다. 한국의 후미진 공장지대에서 일하는 아버지는 벌 받아 하늘에서 내려온 코끼리에 비유된다. 신들의 왕 인드라를 태우는 구름이었으나 세계의 알을 깨뜨리면서 격이 낮아져 우주를 떠받치는 기둥이 된 코끼리처럼 이주국에서 '임마', '씨발놈'이라는 이름으로 바뀌어 건강을 해치면서까지 노동을 하는 형벌을 아버지는 받고 있다. 이 소설은 창문에 남자들이 몸에 걸치는 직사각형의 천인 퍼체우라에 수놓인 코끼리 신화와 티알축제, 야크, 달(콩 스프), 바트(밥), 시바신, 더르가리(야채반찬), 거럼메살라(양념가루), 카르마, 퍼체우라, 히말라야, 민요 러섬피리리, 안나푸르나 등 네팔의 음식, 의상, 축제, 종교 문화를 소개함으로써 서구문화에 경사된 우리 사회의 편향성을 보여준다.

〈아홉 개의 푸른 쏘냐〉의 외부에 어떠한 보호막도 없이 폭력적인 환경에 노출되어 있는 러시아 무용수 쏘냐는 연약한 민달팽이로 묘사[198]된다. 껍데기가 없어 위험에 노출된 민달팽이는 욕설, 매질, 매춘, 협박 속에서 인형처럼 버려지는 이주여성이다. 또한 '녹색 모시나비', '방향감각을 잃은 나비'와 같이 나비는 이주자를 상징[199]하는데, 마지막 부분에서 "멀리 시베리아에서 살다가 빙하기 추위를 견디지 못해 남방으로 내려왔다는 모시나비, 새로운 삶의 터

198 김지혜, 「다문화소설에 나타난 이중적 환대와 교육의 문제」, 『문학교육학』 제44권, 한국문학교육학회, 2014, 254쪽.

199 조선족 이주여성 모녀가 등장하는 김인숙의 〈바다와 나비〉에서도 바다를 건너기 위해 팔과 다리를 계속 날갯짓하는 여린 나비처럼 국경(바다)을 넘은 이주여성의 존재란 고통스럽고 아슬아슬한 것임을 나비에 빗대어 나타낸다. - 졸고, 「집시와 심청(바리)의 환생, 21세기 이주여성」, 『한중인문학연구』 제35집, 한중인문학회, 2012, 316쪽.

전을 찾아 대륙을 건너온 아름다운 생명체들에게 이 땅의 바람과 구름과 별과 태양은 얼마나 따뜻했던가."라는 독백은 한없이 짓밟히고 몸과 영혼을 훼손당한 이주여성을 향한 자국민의 반성적 성찰이다. 이 소설에서도 한국과 대비되는 쏘냐의 고향인 러시아의 민속풍습과 생활양식이 그려진다. 바이칼호수, 샤리프, 보르쉬, 올리비에, 께삐르, 흘레쁘(빵), 보드카, 마로제노예(아이스크림)와 같은 소울음식, 샤쁘까(털모자), 사빠(징화), 시베리아, 소비에트, 블라디보스또끄, 뜨베리광장, 인터걸 등의 용어들을 통해 사회주의국가이기에 생소한 러시아문화와 생활양식이 작품 속에 녹아있다. 〈코끼리〉의 페체우라, 〈아홉개의 푸른 쏘냐〉의 샤리프는 모든 것을 포용하는 일종의 강보천, 보자기로서 안온하고 따뜻한 숨결이 배인 고국과 가족을 내포하는 동시에 다문화주의적 자세를 의미한다.

〈꽃가마배〉의 이복동생을 만나기 위해 방콕 후알람퐁역에서 출발해 아유타야로 가는 열차에서 읽은 책에 등장하는 '삼국유사'의 아유타국 공주 이야기는 고향 아유타야와 이름이 비슷한 외국인 계모에 대입된다. 꽃가마배를 타고 낙동강 어귀에 모습을 드러낸 아유타 공주처럼 귀한 대접을 받아야함에도 불구하고 능 르타이는 돈에 팔려온 색시라고 조롱, 험담, 차별적 시선을 받으며 불행한 결혼생활을 하다 불타 죽는다. 낡고 조그만 가방 하나 들고 와서 낯선 타국살이를 시작했던 가난한 처녀는 예쁘고 행복한 신부이고 싶었으나 하녀나 종, 돌봄 노동자로 전락한다. 이 소설에서도 태국에 관한 신화와 민속, 생활양식을 바탕으로 태국처녀의 과거와 정체성이 복원된다. 친정아버지의 편지에 쓰인 라마야나 이야기 속의 시따는 정절을 인정받기 위해 화장 나뭇더미에 뛰어들었다가 구제되지만 현실 속의 릉 르타이는 구원받지 못하고 불타 버린다. 〈앵초〉의 잘 가꾸어진 정원의 앵초꽃은 행복하고 안온한 미래를 기대하는 하윤을 대변하지만 곰에 의해 참혹하게 짓이겨짐으로써 고단하고 비극적으로 전개될 이주생활을 암시한다. 기세등등한 성조기가 하늘을 뒤덮이며 나부끼고 국가가 고막을 찢을 듯이 울려 퍼지는 JFK공항, 맨해튼 WTC역, 스타벅스와 맥도날드, 뮤지컬과 영화, 뉴욕이 팔고 있는 문화상품 광고들과 어디서나 볼 수 있는 I♥NY이란 기호는 거대한 자본과 권력으로 미국이 가장 살기 좋은 나라임을 끊임없이 세뇌시키지만 이주자에겐 차별적이고 배타적이며 가혹한 이민국일 뿐이다.

이주자의 표상인 나비 이미지는 〈M역의 나비〉에서 기차에 몸을 던지는 미란의 삶을 비유한다. 기관차에 부딪혀 죽어가는 온갖 빛깔의 나비떼처럼 미란도 기차에 뛰어들어 피를 뿌리며 쓰러진다. 또한 이모의 자살 시도와 죽음은 '이주', '젠더', '가난', '결핍', '소외', '상실'이라는 다중적 타자성을 지닌 이주여성의 비극적 결말이다. 산 나비를 붙여 목걸이를 만들어 파는 미란의 불안하고 궁핍한 삶은 기차에 달려들거나 산채로 목걸이에 갇힌 나비의 삶과 다르지 않다. 번데기에서 나비가 되었으나 화려하지도 아름답지도 않은 이주환경에 처한 여성은 자살, 질병, 치매, 죽음의 결말에 도달한다. 나비 형상은 정착하지 못하고 부유하는 이주자를 표상한다. 남편을 잃고 투병 중인 이모가 지하실에서 만든 "악어 머리에 사람의 몸통을 한 인형, 얼룩말 엉덩이와 여우 가슴을 한 처녀, 소머리에 하이에나 몸통을 한 자"는 분열되고 비정상적인 괴물 같은 이방인을 형상화한다. 이런 비유는 인간심리의 심연에 존재하는 균열의 증거들로 이방인, 신, 괴물에 해당되며 의식과 무의식, 친숙한 것과 낯선 것, 같은 것과 다른 것 사이에 어떻게 분열[200]되는지 말해 준다.

〈롱아일랜드의 꽃게잡이〉와 〈폭식〉에서의 폭식은 값싼 고열량 음식으로 살이 찌는 하층민의 애환과 아무리 먹어도 채워지지 않는 이국생활의 갈증과 허기를 상징한다. 롱아일랜드의 바닷가는 서해안과 병치되며 수와의 데이트를 기대하는 싸브리나는 그가 자신을 한국의 바닷가까지 데려가줄 사람인지를 궁금해 함으로써 고국으로의 귀환을 소망한다. 〈폭식〉의 '초목의 신을 달래기 위해 바쳐진 제물'인 린도우인 미라는 옷이 벗겨진 상태로 묶여 있고 머리는 몽둥이로 맞아 함몰된 데다 밧줄에 목을 졸린 흔적이 있는 흑갈색으로 바짝 말라버린 몸뚱이로 남아있다. 그 미라는 10여 년 전 쫓겨나다시피

---

200 리처드 커니, 이지영 역, 『이방인, 신, 괴물』, 개마고원, 2004, 15쪽.

조국을 떠난 '대신기업의 제물', '도망칠 수 없는 한 마리 상처 입은 영양', '아이엠에프의 제물'인 자신의 처지와 닮아있다. '외국인은 향수의 멜랑콜리에 의해 죽음에 이를 수도 있는 격렬한 고통에 이미 노출된 환원 불가능한 신체'[201]인 것이다. 작가는 이주와 타자에 대한 다채로운 상징적 묘사를 통해 삭막하고 비정한 현실묘사를 미학적이고 객관적으로 형상화한다.

5. 정주와 이주의 변증법

2000년대 이주와 다문화 현상은 우리 사회와 문학의 핵심적인 키워드이다. 가장 남루하고 비참하며 슬픈 타자로 재현되는 이주자 문제에 지속적으로 천착하는 작가가 김재영이다. 그녀는 한국이주와 미국이주 속의 이방인을 다문화주의적 탈식민주의적 관점에서 타자적 정체성과 신산한 이주생활을 묘사한다. 자본과 노동이 유연해 짐에 따라 동남아에서 한국으로 그리고 미국으로 재이주하는 이주자는 인권유린과 반다문화적 상황에 놓인다. 작가는 한국에 거주하는 이주노동자, 결혼이주여성, 다문화가정 2세의 고통스러운 호모사케르적 삶과 재미한인의 소외된 삶을 동시에 그림으로써 국가 바깥에서 우리 사회의 모순과 이중적 잣대를 들여다본다. 한국의 이주자 차별과 배척이 우리 자신의 문제임을 작가는 부각시킨다. 자국민과 외국인, 낯익음과 낯섦, 정주와 이주 사이에는 다문화적인 측면뿐만 아니라 탈식민적 인종차별적 계급적 젠더적 관점까지 아우르는 매우 복잡한 문제가 놓여 있다. 국가와 국민의 이익에 따라 이주자를 대하는 글로벌 사회를 비정하고 냉철하게 진단하는 김재영은 국제이주 상황을 재현함으로써 연민과 동정의 자세보다는 타자되기를 통해 이주자의 고통과 상처에 공감하고 동일시를 형성해야 한다고 주장한다. 문학적 특징으로는 아이, 여성, 동물, 유령, 이주자와 같은 복합적 타자

---

201 기욤 르 블랑, 앞의 책, 82쪽.

적 시점으로 그려지며, 코끼리, 달팽이, 나비, 앵초, 공주, 괴물 형상으로 이주자의 모습을 상징한다. 또한 전통생활양식, 의상, 음식, 전설과 같은 외국문화를 작품 전체에 내포시킴으로써 문화다양성을 포용하고 인정하고자 한다. 핍진하고 비참한 주제의식을 복합적 시점과 다채로운 상징적 비유로 미학적으로 형상화한 김재영 소설은 이주민의 삶이 전세계 어디를 가든 마찬가지라는 사실을 그려냄으로써 세계시민의 윤리와 다문화적 자세를 요구한다. 문화다양성 인정, 타자되기를 통한 공감능력과 동일시 형성, 이주현상에 나타나는 인권과 자국민 중심의 모순을 날카롭게 비판함으로써 그녀의 문학은 다문화적 관점에서 유의미하고 시의적절하다.

5장 허련순 장편소설의 이주체험과 정주실패: 《바람꽃》 삼부작

1. 조선족문학의 등장

글로벌리즘의 확장과 교통, 숙박의 발전은 시공간의 일일생활권 지구촌을 형성했다. 77억 2천만 명 중 지구촌 이민자 2억 5천만 명인 세계인구의 3.4%가 타국살이를[202] 한다. 21세기 다문화사회의 진입[203]으로 한국사회에도 변화를 가져왔다. 동포이지만 낯선 이웃인 80만 명의 조선족이 일제강점기 독립운동이나 생활의 곤궁함으로 만주로 이주했다가 모국을 찾아온 것이다. 북한과의 관계 속에서 특수성을 지닌 자이니치(재일한인)나 스탈린 정권하에 한국어를 상실한 고려인(재러한인)에 비해 지역적으로 가깝고 언어와 전통문화를 간직한 조선족(재중한인)은 개혁개방, 1992년 한중수교, 1994년부터 불기 시작한 '한국바람'으로 한국사회에 편입되었다. 그러나 오랫동안 교류없이 지낸 한민족의 상봉과 재회는 체제적 문화적 충돌을 야기하며 오해와 갈등을 드러냈다.

이주의 여성화, 성별적 이주와 개혁개방은 연변조선족자치구 지역이 해체되는 사회문제를 야기했다. 노동과 결혼을 위해 이동한 조선족은 양꼬치, 핑궈리(사과배) 등의 이국음식을 통한 혼종적인 에스닉 문화를 형성하고 한편으로는 범죄와 사기 등에 연루되어 자국민을 불안과 공포에 빠지게 했다. 빨

---

202 박대한 기자, 「지구촌 이민자 2억 5천만 시대」, 연합뉴스, 2017.12.19.

203 2019년 12월 통계에 따르면 한국인구 구성원의 외국인 숫자가 250만명을 돌파해 전체 인구의 4.9%를 차지했다. 일반적으로 5%가 넘으면 다문화사회로 분류되며, 이중 중국 국적이 110만명으로 43.6%에 해당되어 가장 많은데 이는 조선족이 포함되었기 때문이다. - 국가지표사이트 http://www.index.go.kr의 외국인 현황 결과이다.

간색의 한자 상호명 간판이 즐비한 가리봉동, 대림동, 신림동, 광명, 안산 지역의 한국 속 옌볜거리 및 신차이나타운이 조성되며 조선족 네트워크가 형성되었다. 그러나 이들의 기대와 달리 조선족은 한국에서 주변부로 위치 지어지며 신산하고 고단한 디아스포라 상황에 놓였다. 오원춘, 박춘풍 사건[204]이나 코로나19 현상과 같은 재난이나 경제위기가 발생할 경우 제노포비아[205]가 확산됨으로써 조선족은 혐오와 공포의 대상으로 낙인찍혔다.

허련순은 유학생활을 하며 한국을 자주 오갔기에 양국의 문화나 사회적 분위기를 직접 체험했다. 그녀는 디아스포라 정체성으로 분열된 조선족의 고통스러운 삶을 작품 속에 재현하였다. 1954년 중국 연길시에서 출생한 허련순은 1980년 연변대학 공농병학원에서 3년간 수학했고 1999년부터 광운대학교 대학원 석사과정을 수료했으며, 한국과 중국출판사 양쪽에서 작품집을 출간했다. 중국작가협회회원, 연변작가협회이사, 연변여성문인협회 회장을 역임한 그녀는 다수의 문학상을 수상한[206] 대표적인 중국조선족 중견여성작가이다.

허련순 문학 연구에서, 강진구는 《바람꽃》을 대상으로 한국이 조선족 2세와는 아무 관련이 없는 아버지의 고향일 뿐이라는 인식과 자신의 모국체험을 통한 혼란과 불안에 대한 책임을 한국정부와 한국인에게 전가하고 있다고[207]

---

204 2012년 경기도 수원시 지동을 지나가는 20대 여성을 납치 살해한 오원춘은 여성의 시신을 수백조각으로 자른 것으로 드러나 시신 훼손의 목적에 의구심이 일었다. 2014년 같은 지역에서 조선족 박춘풍이 동거녀 김씨를 토막살인해 4개의 비닐봉지에 넣어 유기했는데, 콩팥을 제외한 장기가 모두 사라진 채로 발견되어 장기매매 가능성이 제기되며 한국사회에 큰 충격을 주었다. 두 사건은 단순히 납치, 강간, 살해사건이 아니라 인육과 장기를 적출해 중국에 밀매할 목적으로 젊은 여성을 대상으로 자행한 연쇄 범행의 하나일 가능성이 높다는 주장이 제기되었다. 이 사건들은 조선족을 인육, 장기밀매, 범죄라는 이미지를 갖게 했다.

205 Xenophobia, 이방인이나 외국인에 대한 혐오를 말하며, 공동체의 정체성 유지나 자기보존을 위해 타자를 배제하는 것을 말한다. - 김세균, 『유럽의 제노포비아』, 문학과학사, 2006, 17쪽.

206 전국소수민족문학상, 길림성소수민족문학상, 윤동주문학상, 진달래문학상, 장백산문학상, 도라지문학상, 동북3성금호상, 흑룡강신문 신춘문예상(바람꽃), 천지문학상(투명한 어둠), 만석문학상(도라지, 흔들리는 섬), 제1회 김학철문학상, 단군문학상 소설상(누가 나비의 집을 보았을까), 한송문학상(중국색시), 제12회 준마상(춤추는 꼭두), 신생활컵 보고문학상(사랑주의) 등을 받았다.

비판하며, 이광재는 농촌여성조선족에게 중국은 그 존재의 구체적 의미를 상실한 현재적 존재이며 한국은 부재하는 환상 혹은 허상이라고[208] 진단함으로써 조선족 출신 작가의 입장에서 모국에 대한 환상과 지나친 의무를 지적하였다.

디아스포라문학의 가능성을 언급한 차성연은 세계문학이라는 보편적 질서로의 편입을 욕망하는[209] 디아스포라문학을 지향한다고 보지만 허련순 문학의 본질이 민족 정체성에서 벗어날 수 없다는 점에서 보편적인 주제를 획득했다거나 세계문학으로 나아갔다고 보기에는 다소 무리가 있다. 김정웅은 디아스포라문학 주제를 끈질기게 천착했다고[210] 의미를 부여했고 김미란은《중국색시》를 연구대상으로 조선족디아스포라문학에서의 새로운 이정표이자 나아갈 방향을 제시했다고[211] 평가했다. 세 작품을 연구대상으로 삼은 최병우는《바람꽃》은 여성/가족/혼혈/장애 정체성의 외연을 확장하고,《누가 나비의 집을 보았을까》는 정체성 혼란으로 파멸에 이른 인물이 유년의 기억을 제시하며,《중국색시》에서는 정체성의 갈등으로 겪는 인간관계 파탄을 극복하는 대안으로 사랑을 제시하고[212] 있어 젠더보다는 정체성에 초점을 맞춘다.

조선족은 한중수교 이후 정치적 경제적 문화적 교류가 빈번해짐에 따라 인적 교류도 활발해져 친척방문, 약장사, 노무수출, 유학 등의 과정을 거치면서 희망찬 코리안 드림을 키우게[213] 되었다. 이를 배경으로 이 글은 조선족작

---

207 강진구, 「모국체험이 조선족 정체성에 미친 영향 연구」, 『다문화콘텐츠연구』 제2권, 중앙대 문화콘텐츠기술연구원, 2009, 101쪽.

208 이광재·지해연, 「조선족 농촌여성의 실존적 특징」, 『한중인문하연구』 제32권, 한중인문학회, 2011, 16쪽.

209 차성연, 「중국조선족문학에 재현된 '한국'과 '디아스포라' 정체성」, 『한중인문학연구』 제31호, 한중인문학회, 2010, 94쪽.

210 김정웅, 「일본 이양지와 중국 허련순의 소설 비교 연구」, 『한국문학논총』 제64집, 한국문학회, 2013, 231쪽.

211 김미란, 「허련순의《중국색시》에 나타난 디아스포라의 치유 양상」, 『현대소설연구』 제60호, 한국현대소설학회, 2015, 170쪽.

212 최병우, 「조선족 정체성의 변화양상: 허련순론」, 『조선족 소설 연구』, 푸른사상, 2019, 310쪽.

213 인하대 한국학연구소, 『연변조선족의 역사와 현실』, 소명출판, 2013, 172쪽.

가이자 여성작가인 허련순이 10년 단위로 출간[214]한 《바람꽃》(1996), 《누가 나비의 집을 보았을까》(2007), 《중국색시》(2016) 등의 장편소설에 나타난 이주와 젠더 양상과 작가의식의 변모과정을 고찰한다.

2. 모국탐방과 이방인의 시선: 《바람꽃》

양국의 교류가 활발하게 시작된 모색단계인 1990년대 중반기에 발표된 《바람꽃》은 이민이나 정주보다는 귀환을 전제로 하며 적극적인 이주욕망보다는 한민족 정체성 확인과 뿌리 찾기에 기반한 일시적 방문의 여행서사구조[215]로 이루어진다. 고향땅에 부친의 유골을 묻고 할아버지를 찾기 위해 한국에 온 홍지하는 자신이 3년 동안 징역살이를 대신 해준 최인규 부부와 조우한다. 그는 건설현장에서 고공작업을 하다 떨어져 입원해 있고 아내 지혜경은 남편의 치료비용을 위해 씨받이가 되어 성적으로 유린당하며 자살한다. 최인규도 불법체류자 신세로 국경절(중국인민창립일, 10월1일) 전날 퇴원수속을 하고 실종 후 죽음을 선택한다. 코리안 드림을 꿈꾸고 모국땅을 밟은 최인규 부부의 비참한 결말은 이주와 정착과정이 얼마나 힘든지를 보여준다. 홍지하의 한국탐방은 동족으로 인정받지 못하고 자신들이 주변적 타자적 존재임을 확인케 했다.

---

214 《바람꽃》은 흑룡강출판사에서 출간된 후 1996년 한국 범우사에서 재판되었고, 《누가 나비의 집을 보았을까》는 『장백산』 잡지에 연재되다가 2005년 12월 연변인민출판사에서 출간되고, 2015년에 중국어 번역으로 작가출판사에서 출판되었다. 《중국색시》는 2014년 『연변문학』에 연재되고, 2015년 중국 연변인민출판사, 2016년 한국 북치는마을에서 출간되었다.

215 정착-떠남-정착의 순환식 서사를 지닌 1990년대 여행서사와 정착 떠남 플롯으로 거주를 목적으로 하는 여행으로서의 이주인 2000년대 다문화서사의 출현은 우리 사회가 노마디즘 시대임을 증명한다. 반드시 돌아옴을 전제로 하는 자발적 유희적 근대적인 여행서사와 달리 이주서사는 정치경제적 압박에 의한 비자발적 강제적 탈근대적인 특징을 지닌다. 조선족의 초기 이주는 일시적 방문의 성격을 지니고 2000년대 들어서는 이주양상을 보인다. - 졸고, 「다문화서사구조와 문학적 특징」, 『현대소설연구』 제61호, 한국현대소설학회, 2016, 142쪽.

성해장 여관에서 청량리 환락가의 창녀 서은미와 우연히 대면한 홍지하는 수원건설현장에서 일하고 고깃배를 타면서 조선족노동자에게 가해지는 차별과 폭력을 목도한다. '되놈'이라 호명하고 선물 받은 중국약을 가짜라고 버리거나 영어단어를 몰라 실수하는 중국동포의 에피소드를 늘어놓으며 비웃는 선원과 갑판장으로부터 홍지하는 모멸감을 느낀다. 또한 조부의 가족인 홍씨와 홍성표를 만나지만 유산상속권 분배가 두려워 냉담한 태도를 보이자 낙담한다. 그를 따르고 숭배하는 작가지망생 윤미연과는 20살 나이차가 나기 때문에 홍지하는 거리를 두며, 자신이 감옥에 있는 동안 중국에서 함사장과 불륜을 저질러 이혼한 아내 고애자와도 한국에서 조우한다. 그녀의 '탁한 연변 말씨'는 한국인의 언어와는 다르며, 같은 뿌리의 한민족이지만 민족적 정체성을 확인받지 못한다.

3D업종에 종사하는 조선족 이주자의 비참한 생활상을 본 홍지하는 한국이야말로 돈이라면 핏줄도 도덕도 인권도 내팽개치는 사회라고 인식한다. 자신의 아내와 치정관계를 맺은 함사장, 돈을 미끼로 인규처를 능욕하는 강사장 등 '사장'으로 지칭되는 한국남성들의 성적 타락과 끝없는 탐욕 그리고 가난한 이주여성을 향한 몸의 훼손과 학대가 자행되는 모국을 발견한다. 외국인 노동자나 한민족디아스포라에 대한 인권유린, 폭행, 무시와 멸시에 대해 분노하며 홍지하는 이를 고발한다. 불법체류 중국동포 5명을 수갑을 채워 배에 싣는 TV 뉴스 장면과 이들을 적발 신고하면 포상을 받는 시민과 승진하는 경찰시스템을 지켜보면서 '동족을 박대하는 민족'이라는 제목으로 신문에 대서특필한 것이다.

조선족노동자의 가짜 출국수속 바람은 사취(詐取)행위가 아니냐는 기자의 질문에 이는 한국측 법률사무소의 인증이 있어야 가능한 것이기에 일방적인 한쪽만의 잘못은 아니라고 반박하며, 한국총각들과 결혼한 중국교포 아가씨들의 가출 및 도망 때문에 국민들이 분노한다는 말 역시 불구자임을 속이는 사기국제결혼를 통해 이 또한 이주여성에게만 책임을 전가하는 것으로 도망가는 경우는 극소수에 불과하다고 조목조목 항변한다. 그는 인터뷰에서 한국사회의 모순과 불평등, 재미/재일동포와는 달리 중국동포의 출입을 제한하는 한국정부의 차별대우를 지적하고, 한국에서의 조선족 범죄만 보지 말고 중국에서 한국인이 저지르는 사기나 협잡 등의 범죄도 더불어 봐야 한다며 자국민중심주의적 태도를 힐책한다.

2000년대 초기 외국인, 이주자를 대하는 세계시민의식이나 다문화자세를 갖지 못한 우리 사회는 피부색이나 빈부, 젠더 등의 차별을 드러내었다. 결혼, 출산과 노동력 등 필요에 의해 입국시켰으면서도 돈벌러 왔다고 무시하며, 독립운동가의 후예인 자신들의 인권을 유린한다고 항의하는 홍지하의 입을 통해 작가는 불만을 토로한다. 경제대국 일본의 자본주의를 배경으로 한 부자(졸부) 이미지를 지닌[216] 자이니치나 아메리칸 드림을 꿈꾸며 자발적으로 이주한 재미교포와 가난한 중국동포를 차별적으로 대하는 이중잣대를 지적한다.

이방인은 끊임없이 문제를 제기하고 던지는 자로서 자국민이 보지 못하는 것을 본다. 그는 근대국민국가를 넘어선 짐멜식 이방인의 눈과 디아스포라의 시선으로 자본주의적 환락과 금전만능을 꼬집는다. 뿌리를 찾아 방한한 홍지하는 조국과 모국이 일치하지 않고 분열된 디아스포라임을 깨닫는다. 최인규 부부의 불행과 비극적 현실에 망연자실하고 조부의 며느리와 손자가 자신을 대하는 싸늘한 경계와 노골적인 저의에서 핏줄에 대한 반가움보다는 재산축적을 우선하는 태도는 주인공을 중국으로 내몬다.

인규의 처 지혜경, 매춘녀인 서은미, 소설가지망생으로 중노동을 하는 윤미연, 치정에 얽혀 남편과 자식을 버린 아내 고애자 등 조선족 이주여성이 주로 담당하는 성노동[217]과 돌봄노동 등의 젠더적 노동현실은 식민화된 이주여성의 몸을 훼손시키고 조선족가정을 해체한다. 지혜경은 아들을 낳아주는

---

216 권혁태, 「재일조선인과 한국사회」, 『역사비평』 제78호, 2007, 234쪽.

217 성관계적 노동인 성노동에는 인간생산노동, 쾌락생산노동, 가사노동, 상품생산노동 등이 있다. 구체적으로는 모성노동(임신, 출산, 수유, 육아), 성산업의 매춘과 다른 성노동 그리고 상품생산 외부의 가사노동과 내부의 성별-성애적 임금노동을 말한다. - 고정갑희, 『성이론: 성관계 성노동 성장치』, 여이연, 2011, 164쪽.

대가로 성적 유린을 당하며, 윤미연과 고애자는 고된 육체노동을 하고 있다.

일자리를 찾느라 붐비는 인력시장의 조선족노동자들 사이에서 홍지하는 화려한 상품이 즐비하게 늘어선 번화가의 가겟방, 지하철 입구 층계에서 구걸하는 여인을 보면서 천국과 지옥이 병존하는 자본주의체제에 통증을 느낀다. 유서를 남기고 잠적한 인규로 인해 처절하게 울부짖는 홍지하는 승용차가 질주하고 빌딩에서 쏟아져 나오는 불빛, 심야유흥업체에서 흘러나오는 웃음소리와 노랫소리의 분주한 서울의 비정함과 냉정함과 마주한다.

동생 등록금을 위해 창녀가 된 서은미를 야유하고 빈정거리지만 홍지하는 그녀야말로 양지에서 피는 아름다운 선의 꽃이면서도 음침한 음지에서 자라는 추한 양극식물이라고 생각한다. 동생을 위해 희생하는 착한 누이와 환락가에서 나뒹구는 창녀라는 양극단의 삶을 영위하는 은미에게 홍지하는 돈봉투를 건넨다. 아내는 결혼소식을 알리고, 배표를 예약한 그는 복잡하고 양가적인 마음으로 한국을 떠난다. 서은미가 지닌 양면적이고 다층적인 모습에 홍지하는 혼란스럽고 적응하지 못한다.

최인규, 지혜경 부부의 죽음, 재회하기 직전에 돌아가신 조부와 친척의 냉대, 아내의 재혼소식, 청량리 창녀 서은미의 고단한 삶과 소설가지망생 윤미연과의 결별과 마주한 홍지하는 한국과 중국 어느 곳에서도 귀속하지 못하고 뜰채에 매달린 고아 같은 삶이 디아스포라 운명임을 느끼며 귀환한다. 자신은 여기에도 저기에도, 그때에도 지금에도 속하지 않고 이중으로 소외되는 본질적으로 뿌리 없는 코즈모폴리턴[218]이기 때문이다.

이 소설은 홍지하 부부와 최인규 부부가 한국땅에서 겪는 고초와 고통스러운 사건을 중심으로 한국인은 가해자, 이주자는 피해자라는 초기 다문화소설의 특징을 지닌다. 양국의 통치이념과 정부체제의 차이와 오랜 세월 교류하지 않았던 한국인과 조선족의 괴리와 오해, 편견은 사회통합을 이루지 못하는 갈등의 원인이다. 실망과 좌절만을 느낀 모국탐방을 통해 한민족 동질감

---

218 리처드 세넷, 김병화 역, 『짓기와 거주하기』, 김영사, 2020, 11쪽.

을 획득하지 못한 홍지하는 객관적이고 냉철한 이방인의 시각으로 한국사회를 성찰한다. 일관성 없이 국적차별, 인종차별을 하고 돈의 위력이 막강한 나라에선 다른 나라의 땅에 도착한 외국인과 이방인이 적으로 간주되지 않을 권리 즉 모든 인류가 가져야 할 권리[219]인 환대[220]와 세계시민권[221]이 결여되고 있다. 국민정체성을 확인하고 떠나는 홍지하를 통해 작가는 동질감 형성을 위해서는 시간이 필요하다고 진단한다. 한민족 정체성을 획득하지 못한 홍지하는 "한국이란 여기에서 한시바삐 떠나고 싶었던 그렇게 역겹고 지겨운 곳"으로 더 이상 머물지 않기로 결심하지만 한편으론 "영문 모를 그리움과 그 어떤 미련으로 외로움"이라는 양가적 감정을 갖는다. 작가는 '서문'에서 자신의 디아스포라 정체성을 바람꽃으로 표상한다.

높은 산지에서 자라는 야생화인 바람꽃은 덧없는 사랑이나 기다림의 꽃말을 갖고 있다. 정처없이 중국과 한국을 떠돌며 안식처이자 휴식공간인 집을 찾는 것은 디아스포라의 운명이다. 그리움, 외로움, 기다림으로 표상되는 바람꽃은 자신을 기다리는 아내 고애자에게 "모르겠어. 원래 바람꽃 같은 사람이니까."라고 답함으로써 방황하는 조선족의 민족 정체성과 국가 정체성의 경계에 서있는 존재임을 드러내지만 서은미와의 대화에선 "난 중국 사람이야!"라고 단호하게 말함으로써 이 시기의 작가의식이 드러난다.

《바람꽃》의 공간적 배경은 대동장, 성해장 같은 여관, 여인숙, 합숙소, 병원, 다락집, 단칸방, 호프집, 커피숍, 구치소, 경찰서, 서울역, 지하도와 같이 저지대나 범죄를 연상시키는 공간이다. 조선족이 거주하는 지리적 위치는 타자적이고 주변적인 정체성을 표상한다. 어눌하고 거친 조선어를 쓰며 가사도우미,

---

219 세일라 벤하비브, 이상호 역, 『타자의 권리』, 철학과현실사, 2008, 51쪽.

220 칸트는 환대권은 거부할 수 없는 권리로서 본국민의 생명과 복지를 해치지 않는 가운데 평화롭게 일정한 지역과 그 자원을 향유할 수 있는 권리를 부정하는 것은 정당하지 못하다고 말한다. - 위의 책, 54쪽.

221 모든 사람이 공통적 인류임에 기초하고 있고 또한 그런 그들의 자유의지에 기초하고 있는 만큼 분명히 하나의 권리이며, 그러 한에서 어떤 한 문화나 종교 그리고 인종적 장벽이라는 제약을 넘어 여행할 수 있는 자유를 포함한다. - 위의 책, 65쪽.

건설현장, 배타는 일과 같은 험한 노동이나 성산업에 종사하는 조선족은 한국사회에서 부정적이고 배타적으로 재현된다.

한국탐방의 첫 만남이 창녀 서은미라는 사실은 돈과 성적 자본을 교환하고 에리식톤 콤플렉스[222]에 빠진 한국 자본주의사회의 특징을 단적으로 드러내준다. 이동성, 객관성, 자유자를 의미하는 짐멜의 이방인 시선을 지닌 홍지하는 조부 가족이나 자국민에게 사회구성원으로 환대받지 못한다. 짐멜의 이방인은 유랑과 정착의 요소를 모두 내재하고 있는 존재 즉 이민을 통해 어떤 사회에 머물게 되었지만 완전한 정착을 하지 못한 채 이민자의 속성을 완전히 극복하지 못한 불안한 잠재적 유랑자[223]이다. 최인규 부부의 죽음, 아내의 재혼과 결별, 조부 가족의 차가운 태도, 윤미연과의 동행 등은 홍지하로 하여금 정착하지 못하고 떠날 수밖에 없는 필연적인 이유를 만든다.

혈연적 지연적 직업적으로 얽매이지 않기에 객관적이고 어떤 고정관념에 얽매이지 않은 이방인으로서 한국사회의 부패와 타락, 물질만능, 성욕과잉, 차별적 배타적 태도를 고발하는 홍지하의 시선은 작가 허련순의 시선이다. 홍지하는 불편한 진실과 모순을 고발함으로서 우리 사회에 균열과 부끄러움이라는 정동과 반성적 사유를 갖게 하는 이방인이다. 한중교류 초창기 막연한 설렘으로 코리안 드림을 꿈꾸었던 재한조선족은 부적응과 소외, 차별과 마주했다. 작가는 조선족을 대하는 한국사회에 대해 섭섭함과 억울함을 표출하며 빗장공동체[224]인 한국사회가 이주자와 연대하는 배려와 공존의 자세가 부재하다고 성찰한다. 한민족, 중국인이라는 이중적 정체성을 지닌 홍지하는

222 돈과 물질적 재화에 대한 무한한 욕망을 말하며, 아무리 먹어도 허기를 느끼는 저주를 받아 끊임없이 먹어치우는 그리스 신화의 에리식톤(Erysichthon)에서 차용했다. 김덕영은 근대 한국 자본주의의 정신이 에리식톤이 지배하는 세계라고 주장한다. - 김덕영, 『에리식톤 콤플렉스』, 길, 2019, 245쪽.

223 이용일, 「다문화시대 고전으로서 짐멜의 이방인 새로 읽기」, 『독일연구』 제18호, 한국독일사학회, 2009, 186쪽.

224 gated community, 출입구가 있고 차량과 보행자의 출입이 엄격하게 통제되는 주택단지로 주로 중산층 이상이 거주한다. - 리처드 세넷, 앞의 책, 11쪽.

뿌리와 조상을 탐색한 한국에서 자신이 중국인임을 확인할 뿐이다. 허련순은 중국 공민이라는 국민 정체성과 한민족이라는 민족 정체성 사이에서 길항하고 갈등하는 홍지하의 입을 빌려 조선족 문제는 한국의 책임이 더 크다고 인식하며 모국으로서의 의무를 요구한다. 그러나 작가의 비판은 바람꽃으로 표상되는 사랑과 기다림이 전제되어 있다.

3. 밀항선의 위치성과 소수민족의 타자성: 《누가 나비의 집을 보았을까》

《누가 나비의 집을 보았을까》는 전형적인 디아스포라문학으로 '나의 육체적 정신적 고향은 어디인가?', '나는 누구인가?'라는 질문을 디아스포라의 시선으로 탐구한 작품[225]이라는 평가를 받았다. 재일동포, 재소동포와 달리 조선족은 한국어와 한국문화를 간직했으며 거리상으로도 멀지 않아 한국유입과 적응에 유리했다. 그러나 중국 국적인 이들이 합법적으로 들어오기 쉽지 않아 밀항과 같은 불법적 방식을 택했고, 브로커에게 사기를 당하거나 빚을 지게 되어 이주 후에도 성적 물질적 착취를 지속적으로 당했다.

이주자를 상징하는 '나비'에 빗댄 이 소설은 허름하고 낡은 폐선을 탄 조선족들이 강간과 폭력에 노출되고 바다에 표류하여 오도가도 못하는 상황을 처절하고 리얼하게 그린다. 각자의 사연을 갖고 목숨을 건 이주자는 보다 나은 미래를 위해 한국행을 선택하지만 한국땅을 밟지 못하고 죽거나 바다에 수장된다. 《누가 나비의 집을 보았을까》는 밀항선에서 시작되어 이주국에 도착하지 못하는 비극적 결말 사이에 안세희와 송유섭, 쌍희, 왕청여자 말숙, 안도부부, 채숙, 미자의 사연을 삽입한다. 중국사회에 안주하지 못하는 삼십여 명의 밀항자는 신산하고 불안하며 미래에 대한 두려움으로 배에 올라탄다.

---

225 김관웅, 「대상 수상작 선정 이유서」, 《누가 나비의 집을 보았을까》, 온북스, 2007, 380~381쪽.

그 바람에는 비 냄새가 섞여있었다. 빛바랜 청바지에 아이보리색 면스웨터를 입은 세희는 손에 종이쇼핑백 하나를 들고 쫓기는 사람처럼 한껏 몸을 웅크린 채 일행의 맨 꼬리에 붙어서서 종종걸음으로 앞사람의 뒤통수만 보면서 쫓아갔다. 굴비두름처럼 다만 앞사람에 이끌리어 갈 뿐이었다. 살갗에 스치는 바다 바람의 느낌도 밀물에 신발이 젖어드는 느낌도 모른 채 모든 것을 자기 뜻이 이닌 남의 뜻으로 움직이고 있었다. 숨통이 조이는 듯한 긴장감에 아래 다리가 후둘거려 제것 같지를 않았다.

그들의 앞에는 할퀼대로 할퀴운 돼지구유를 연상시키는 허수름한 나무배가 기다리고 있었다. 색칠은 씻겨나가서 없는건지 아니면 원래부터 페인트 신세를 져보지 못한건지 칠이라곤 한곳도 없었다.

고물쪽에 미진하게 서 있는 조타실은 허약한 몸을 뒤로 비스듬히 젖히고 스러지는 서양을 바라보는 노인네를 방불케 하였다. 나무배에서는 퀴퀴한 냄새가 코를 찔렀다. 해묵어 쌓이고 쌓인 시간의 냄새였다. 잔인하고 처절한 역사를 들여다볼 때 맡아지는 환멸의 냄새였다.[226]

비좁은 배에 탄 밀항자들은 언제 바다로 내쳐질지도 모르는 불안과 공포 속에 놓인다. 불안정성과 역외성의 난민 상황 속의 그들이 머문 이동공간과 타국(여행의 목적지)이야말로 비-장소(오제), 역외지대(가로), 바보들의 배(미셸 푸코) 같은 어디에도 없는 곳으로 홀로 존재하며, 자체 내로 닫혀 있으며 동시에 무한한 바다에 내맡겨진 채 이리저리 떠도는 장소 없는 장소로 내던져진 것[227]이다. '돼지구유같은' 배라는 은유는 '굴비두름처럼' 먹잇감이 되었거나 가축 같은 존재로 떨어졌음을 예고한다.

밀항자금을 쏟아부은 이들은 열악한 선박조건에서 폭력적이고 신경질적인 밀항조직자 이풍언의 명령에 복종하며 어둡고 답답한 지하실에 모여 있다.

---

226 허련순, 《누가 나비의 집을 보았을까》, 온북스, 2007, 13쪽.

227 지그문트 바우만, 권태우 역, 『리퀴드 러브』, 새물결, 2013, 302쪽.

가난 때문에 부당하게 아들을 잃고 세 번째 밀항선을 탄다는 말숙, 손톱에 보라색 매니큐어를 바른 요녕 철녕에서 온 54살의 김채숙, 위장결혼 수속 중 돈만 날리고 실패를 거듭한 오미자는 브로커나 밀항조직자 남성에게 겁탈의 위험에 놓인다. 배위의 최상위포식자 이풍언은 밀항자의 생사여탈권과 섹슈얼리티의 자기결정권을 거머쥔 권력자로서 성과 목숨을 전유한다.

이풍언의 지속적인 강간행위에 말숙은 "그 놈이 또 왔댔소"라며 발작과 정신질환을 일으키며 소리를 질러댄다. 배에서 배를 타는 것에 대한 원망과 공포증에서 오는 공상과 환각현상을 보이는 것이다. 남자들 곁에서 용변을 해결하는 열악한 배안에서 자신을 벌레처럼 느끼는 세희의 심정에 나타나듯이 인간존엄마저도 포기하는 두려움과 수치심을 동반하는 극한의 월경여정이다. 강간과 배설행위 등 최소한의 인간 품격이 허락되지 않는 밀항자는 가치있는 삶을 영위하는 비오스가 아니라 단지 살아있음의 생물학적 존재에 불과한 조에로서의 벌거벗은 생명 즉 호모 사케르[228]이다. 안도 부부는 서로의 배우자가 한국에 돈 벌러 간지 오년이 넘어도 돌아오지 않자 두 사람이 서로 의지하며 살게 된 가짜부부이다. 아들 없는 조선집에 입양된 한족 출신의 쌍희는 "씨베"라는 욕설과 매질을 당하며 자랐고 누나가 시집을 가자 15살에 가출하여 결혼했지만 아내가 도망가자 밀항을 결심했다. 정체성과 존재감에 대한 결여와 배신, 상처와 고통을 갖고 있는 이들의 절박하고 절실한 사연이 목숨을 건 밀항과 이주를 선택한 이유이다.

중국을 휩쓸던 문화대혁명시기에 신문사에서 일하던 부모가 반혁명이라는 누명을 쓰고 감옥에 갇히면서 6살 세희는 큰아버지댁과 이모댁을 전전하며 성장한다. 동네아이들에게 반혁명분자 자식이라고 놀림을 받은 세희는 홍위병조직에 가입하려는 사촌오빠들에게 성추행을 당한다. 홍위병이 됨으로서 중국인보다 더 중국인이 되기 위한 과잉애국적 자세야말로 제2국민, 소수민족의 생존을 위한 본능적인 태도이다. 처음엔 조선인이었으나 중국 국민이

---

228 조르조 아감벤, 박진우 역, 『호모 사케르』, 새물결, 2008, 33쪽.

되고 다시 소수민족적 위치에 머문 조선족으로서의 변화가 소녀의 삶에 영향을 끼친다. 이모네로 옮겨진 세희는 이모부에게 강간을 당하고 어머니의 불륜사실에 충격을 받는다. 힘들고 상처뿐인 유년기와 사춘기를 보낸 그녀는 성이 다른 두 아들을 얻지만 세 남자와의 사랑이 파탄난 채 한국행 배를 탄다.

양자로 입양된 송유섭은 새어머니가 자신의 죽은 아들 이름을 부름으로써 대티인생을 살게 된다. 문화대혁명시 목사인 아비지 때문에 홍위병이나 중국공청단 단원이 불가한 그는 신분을 숨기고 중국인민해방군 전사가 되지만 발각되어 귀향한다. 자살시도 후 결혼했지만 아내가 죽고 아이를 둔 채 한국행을 결정한 것이다. 신분이 불분명하거나 소수민족적 조건은 떠날 수밖에 없는 계기를 만든다. 조선족 아이들의 홍위병이 되려는 심리와 이를 방해하는 장애물적 조건은 중국에서 뿌리내리기의 어려움울 말해준다. 파농의 말처럼 모방은 경멸과 비하의 대상인 '짝퉁'을 만들뿐이기[229] 때문에 주류가 될 수 없다. 고아, 소수민족, 잊혀진 이들은 살던 곳을 벗어나 이주, 밀항을 선택한다.

단일한 정체성을 갖지 못한 태생부터 타자인 세희, 유섭, 쌍희는 목적지에 도착했으나 입국허가가 나지 않아 이틀째 정박한 채 찜통 같은 선창 안에서 빈사상태에 놓인다. 밀항자 사이에서 안도 부부, 말숙, 유섭이 죽어가고 세희도 의식을 잃는다. 새로운 삶을 위해 탈국경, 도강, 밀입국을 하는 이주자는 법이나 정치적 관습에 의해 보호받지 못하며 지구상에 발을 디딜 수 없는 유령이거나 자신을 확인받을 수 없는 사회적 좀비이자 비인간, 산주검, 노바디[230]이다.

한국땅을 밟지 못한 채 죽음을 예감하는 세희와 유섭은 밀항선 밑창으로 들어온 나비를 발견하는데 세화와 유섭의 대화에서 집이 없는 나비는 제집을 찾아다니지 않으며 생명력이 강해 나방에서 나비로 진화되었다고 함으로써 디아스포라의 특성과 운명을 상징한다. 한편 '나비'는 세회의 친구가 준 개의

229 이경원, 『파농』, 한길사, 2015, 122쪽.

230 졸저, 『21세기 한국소설의 다문화와 이방인들』, 푸른사상사, 2014, 24~25쪽.

이름으로 세화 가족에게 또다시 버려지며, 아비를 알 수 없다는 점에서 아들과 동일시되기도 한다. 애벌레에서 탈피하고 변태하는 나비 형상은 현재의 모습에서 다른 모습으로 변하는 존재이다. 밀폐된 곳에서 죽어가는 세희에게 날아든 휘파람새는 희망을 상징하며 여름철새로 중국에서 날아온다는 점에서 그녀와 동일시된다.

갑판문을 열어달라고 아우성치는 광란의 이주과정은 죽음을 담보로 한 비참하고 절망적인 밀항[231]이다. 하이데거는 '현존재'를 '거주'라는 의미로 사용한바 인간은 지구위에 던져져서 우리가 속하지 않는 곳을 헤매면서 스스로를 정착하기 위해 분투하는 존재로서 거주의 어려움을 성찰[232]했다. 태어나고 교육받고 성장한 곳을 떠나는 디아스포라에게 집이라 부를 수 있는 항구를 찾아 헤매는 이주와 정주의 힘든 과정이 밀항자이자 이주자에게서 치열하고 절실하게 나타난다. 이 소설에서 사이의 존재인 조선족은 물위에 떠있는 '배'라는 공간으로 위치 지어지며 집이 없고 연약하지만 바다를 건너는 강인함을 지닌 나비의 형상으로 그려진다.

4. 결혼이주여성의 정주장애와 (불)가능성: 《중국색시》

〈하수구에 돌을 던져라〉, 〈텅빈 사막〉 등에서 개혁개방 후 한국 혹은 중국 대도시로 이동하는 이주여성의 여권신장, 사회진출, 자아실현, 가부장제 모순을 제시한 허련순은 《중국색시》에서 결혼이주여성이 겪는 불행과 고통을 그리며 정착의 가능성을 타진한다. 《바람꽃》의 탐방과 회귀, 《누가 나비의 집을

231 이 소설은 2001년 10월 전라남도 여수로 밀입국 시도를 하다가 질식사하자 26명을 바다에 버린 태창호사건을 연상시킨다. 합법적인 이주가 까다로워 중국인과 조선족이 배를 경유해 불법 입국하는 일들이 빈번하게 일어났고, 이 사건은 한국사회에 충격을 주며 연극과 영화 〈해무〉로 만들어지기도 했다. 작가가 이 사건을 차용했는지는 알 수 없지만 이 사건을 알고 있었을 것이라 추측된다.

232 리처드 세넷, 앞의 책, 184쪽.

보았을까》의 월경과 불시착을 통해 조선족의 위치와 정체성을 드러냈다면 《중국색시》에서는 연대와 공감 그리고 정착의 가능성을 모색한다.

《중국색시》는 국가가 주도하는 한국농촌총각 신부 만들기 프로젝트로 인해 급증한 국제결혼의 맞선, 유입, 이주 및 정주과정을 재현한다. 국제결혼은 맞선과정의 인권유린, 매매혼적 특성, 다문화가정 2세의 상처와 혼종성, 국적 취득 이후의 가출 등의 문제를 야기했다. 한국에서 선호하는 신붓감은 소통이 가능하고 한민족 핏줄로서 외모가 다르지 않아 이질감을 느낄 수 없는 조선족이었으나 사기 및 위장결혼이 사회문제가 되고 풍문과 매체로 인한 이미지[233]가 나빠지면서 결혼생활은 열악하고 힘들어졌다.

젠더문제를 지속적으로 성찰한 작가는 앞의 두 작품에서도 식민화된 여성 신체의 훼손이나 젠더 불평등을 지속적으로 제기한바 《중국색시》에서도 국경을 넘어 위험을 무릅쓰고 이주를 결심한 결혼이주여성의 고단하고 신산한 이주체험을 본격적으로 그린다. '중국'이라는 재한조선족, '색시'라는 기혼여성은 조선족 출신 여성작가 허련순에겐 민족과 젠더 소재로 매우 적합한 작중인물이다. 《바람꽃》에서 잠시 한국을 탐색하고 돌아갔고, 《누가 나비의 집을 보았을까》가 바다 한가운데 밀항선을 경계적인 공간으로 설정했다면 《중국색시》에서는 이주국에서 겪는 디아스포라적 고난을 여성의 눈으로 응시한다. 앞의 소설들이 중국의 삶과 월경과정을 그렸다면 《중국색시》는 정주국, 중간단계, 이주국을 공간으로 이주 - 월경 - 재이주의 삶을 총체적으로 보여준다.

한족 아버지와 조선족 어머니 사이에서 태어난 다문화가정 이세인 조단은 한족 아이들에게서는 '꼬리빵즈', '얼찬즈'라는 이름으로, 조선족 아이들에게

233 조선족 여성은 '식당에서 일하는 한국말이 어눌한 중년여성' 이미지로 각인되거나 영상매체에서 부정적이고 난폭한 조폭 내지 남루한 거지 이미지로 드러난다. 〔황해〕, 〔신세계〕, 〔범죄도시1〕, 〔청년경찰〕, 〔해무〕 속 조선족은 장기매매를 하거나 살인청부업자, 밀항자, 한국여성을 납치해 난자를 체취하는 조폭, '옌벤거지들'로 형상화되어 대림동, 가리봉동에 모여사는 조선족들의 항의와 법정소송을 받기도 하였다. 또한 〔우상〕, 〔미씽〕, 〔악녀〕에 등장하는 결혼이주여성, 킬러, 보모들도 살인, 아이 납치 등 범죄에 공모하거나 과거를 알 수 없는 여성들로 구현된다.

는 '산동빵즈', '짜구배'라는 '잡종'의 뜻을 지닌 말로 불리어진다. 경계인 정체성을 지닌 소녀는 단일성과 통일성을 지닌 동일자가 되지 못함으로써 특권적 지위를 누리지 못하고 양쪽 모두에서 배제된 채 놀림받고 자존감을 훼손한다. 타자에게 자리를 주는 사회 안에 있는 행위 혹은 그의 자리를 인정하는 환대[234]를 받지 못한 유소년기의 트라우마와 콤플렉스는 훗날 단이를 떠나게 하는 명분을 제공한다. 상처로 점철된 성장과정은 늘 거주의 어려움과 월경을 선택하는 배경이 되는 것이다.

남아선호가 강한 사회에서 아들이 없다는 이유로 밖으로만 돌던 아버지와의 결혼생활동안 독수공방을 했던 어머니는 체육선생과 불륜을 저지르고, 아버지는 아내에게 '꼬리빵즈', '초샌주'라는 고려년(놈), 조선인을 비하하는 말로 아픔을 남긴다. 조상욕을 최고의 욕이라고 여기는 한족 아버지에게 어머니도 '찌질한 산동빵즈', '더러운 되놈아!'라고 맞받아치는 부모의 불화를 보며 한족우월주의를 과시하고 민족적 콤플렉스를 건드리며 한평생 씻기지 않을 모욕을 아내에게 내뱉는 가정에서 단이는 성장한다. 그리고 어머니의 자살과 아버지의 외도로 집에 들어온 산동여자와 이복동생 장애아인 찬이와의 불편한 가족이 형성된다. 단이의 가정은 한족중심주의, 소수민족 차별화, 성불평등, 가문과 핏줄의 유교문화 등 민족적 성적 문제를 지닌다.

중국의 문호가 개방되면서 국제결혼이 중국사회에서도 유행이었으며, 유치업소들끼리 결탁하여 맞선을 보게 하고 결혼이 성사되면 이윤을 남기는 방식으로 운영이 된다. 남성 위주의 일방적인 맞선은 중매업체의 이윤창출과 가부장적 인식을 토대로 구축되어 출발부터 사랑과 친밀감이 허약한 매매혼적인 성격을 갖는다. 수청 드는 기생을 선발하는 변사또에 비유하는 맞선방식은 결혼생활에도 영향을 끼쳐 차별과 소외로 이어졌다. 학창시절 놀림 받고 성장한 단이와 교통사고로 부모를 잃은 맞선남 김도균은 상처를 공유하고 동질감을 형성하며 결합한다. 여관을 운영하는 도균은 '중국색시', '중국샥시'

234 김현경, 『사람, 장소, 환대』, 문학과지성사, 2015, 207쪽.

라고 부른 외숙모의 말에 불편함과 부끄러움을 느끼며 '한국색시'를 얻지 못한 열등감에 빠진다.

자신의 불구를 숨긴 사기결혼이 발각된 첫날밤 남편은 강제로 성관계를 하고 단이는 능욕의 고통을 느끼면서 결혼생활은 파국으로 치닫는다. 자신의 치부가 발각되고 자존심을 훼손한 남편은 아내를 능멸하며 '더러운 짱깨'인 주제에 자신을 괴물 취급한다고 말한다. 단이는 어미니를 '더러운 꼬리빵즈'라고 했던 아버지를 떠올리며 죽음을 선택한 어머니를 반복하는 자신의 운명을 자각한다. 문화대혁명시 고문으로 자살을 시도했던 외조모, 불륜으로 자결한 모친에 이어지는 여성 3대의 운명은 훗날 단이의 자살시도로 이어진다. 상처받은 사람끼리의 결합은 서로에게 씻을 수 없는 수치와 모멸감으로 회복할 수 없는 고통을 남긴다.

부부 사이에 신뢰가 깨져 가정을 이루려는 소망이 불가능하자 가출한 단이는 또다시 길을 잃은 공포를 느낀다. 조선족 중년여성의 안내로 수원의 한 티켓다방에서 만난 마사장에게 이름 모를 무덤 앞에서 성폭행을 당한 단이는 '중국아가씨'로 불리며 '감각적이고 유혹적이며 동양의 약속으로 가득한 이국적인 오리엔트 여성'[235]의 기호가 표식된 욕망의 대상이자 불쌍한 존재로서 함부로 대해진다. 남편과의 정사에 이어 또 속았다는 생각을 하며 자신의 육신을 살아있는 육체가 아니라 이미 죽은 몸, 썩고 부식되고 말라버린 미이라라고 생각한다. 남편과 다방고객과의 성적 권력관계는 여성의 인간존엄성과 인권침해를 영속화하는 억압[236]이며, 살아남기 위해 자아와 거리두기, 이탈하기를 하는 시체, 산주검이 되고 만다. '사장'이라 불리는 자본주의적인 남성권력은 가난한 이주여성을 성적 쾌락과 관음증의 대상으로 삼는다.

몸을 훼손한 단이는 식당에서 불판을 닦고 서빙을 하다가 함께 선본 화연과 조우하지만 그녀때문에 곤욕을 치른다. 단이네 여관에 머문 화연은 남편

---

235 비린더 S. 칼라·라민더 카우르·존 허트닉, 정영주 역, 『디아스포라와 혼종성』, 에코리브르, 2014, 110쪽.

236 캐슬린 배리, 정금나·김은정 역, 『섹슈얼리티의 매춘화』, 삼인, 2002, 351쪽.

과 의심스러운 행동을 하는가 하면, 여관손님 양사장이나 다른 손님방에 화대를 벌기 위해 매춘을 한다. 아버지의 위독 통보로 중국으로 돌아가 장례를 치르고 거동이 불편한 동생을 복지원에 맡긴 단이에게 몸을 비틀며 입이 한쪽으로 돌아가는 찬이의 "누나 어디가?"라는 질문은 존재의 의미를 묻는 자신을 향한 물음이다. 집짓기와 거주하기가 어려운 다문화가정 2세인 단이는 일종의 자격이자 타인의 인정을 필요로 하는 도덕적 공동체[237]를 만나지 못한다. 양국 모두 사람으로서 이름을 불러주고 자리를 만들어주는 사회가 아니기에 찬이의 질문은 자신의 불안한 근원적 삶의 의문인 것이다. 한쪽 다리가 없는 남편 도균, 뇌성마비이자 정신지체아인 이복동생 찬이는 정신적 불구상태인 단이의 정체성이다.

단이를 돕는 남편친구 경석은 '중국색시'라는 타이틀로 사진전시회를 열지만 이를 질투한 아내의 신고로 감금된다. 이를 계기로 위장결혼에다가 결혼을 빙자해 불법매음을 하다 강제출국당하는 범죄자로 낙인찍힐 위기에 처할 때 실종된 남편이 나타나 구해지고 단이는 중국으로 귀환한다. 단이를 찍은 사진제목을 패랭이꽃이라고 붙인 친구 경석과 남편 도균은 그녀에게서 패랭이의 모습을 발견한다. 패랭이꽃은 '순결한 사랑'이라는 꽃말을 지닌 석죽화로 산허리나 바위틈과 같이 메마르고 척박한 곳에서도 싹을 틔우고 아름다운 꽃을 피우는 한민족에게 사랑을 받는 꽃이다. 이 소설에서 패랭이꽃은 배려와 보살핌이 필요한 '저만치 멀리 있는' 주변적 타자적 위치성과 나비처럼 연약하지만 강인한 존재로서 이주자를 표상한다. 두 나라의 경계선을 넘으려는 사슴을 지키려다가 총 맞아 죽은 단이의 첫사랑 룡이가 죽는 장면에서도 이주하려는 단이와 사슴을 동일시하듯이 작가는 새, 꽃, 나비, 사슴, 개 등 동식물을 빗대어 이주자를 묘사하고 있다.

수면제를 먹고 죽으려는 단이는 외조모, 모친의 삶을 운명적으로 반복하며, 중국으로 돌아가 동생 찬이, 아들 아지와 사는 중 5년 만에 도균의 방문을

---

237 김현경, 앞의 책, 51쪽.

받는다. 결혼, 이주, 불화, 가출, 재이주, 출산을 거쳐 여전히 불안하지만 다문화가정의 탄생과 정주의 가능성을 남겨놓는다. 정착사회 내지 주류사회로부터의 인정이란 주류사회 안에서 그들의 정치적 사회적 문화적 참여를 허용받는 것, 동등한 사회구성원으로서 그들의 문화적 사회적 권리를 얻는 것과 그들의 존재, 성과 업적을 제대로 평가받는 것 그리고 그들의 다름과 문화적 차이를 존중받는 것 등을 의미[238]한다. 동포작가 허련순은 한국사회가 좀더 유연하고 전향적으로 조선족을 배려하고 환대하기를 바란다. 도균과 단이의 다문화가정의 갈등과 불화와 재결합의 가능성은 한국인과 조선족의 불안하고 불완전한 관계를 알레고리화한다.

5. 조선족 출신 작가의 한국비판

이 글은 조선족작가이자 여성작가인 허련순의 장편소설을 통해 이주와 젠더 양상과 작가의식의 변모과정을 살펴보았다. 과경민족, 이민민족의 후예인 조선족은 중국과 한국공간을 오가며 태생적 실존적인 삶의 의문을 갖는다. 《바람꽃》은 한국이 초기 다문화사회로 진입하고 한중수교 이후인 1996년에 발표되었다. 조부를 만나러 모국을 방문한 소설가 홍지하의 눈을 통해 자본주의적인 한국사회에서 냉대와 멸시를 받는 조선족의 위치를 알게 되고 모국이 좀더 포용하고 환대해야 함을 작가는 주창한다. 중국 공민과 한민족 사이에서 자신이 머물 곳이 중국임을 확인한 주인공은 있던 곳으로 되돌아가는 여행서사구조로 자신을 새, 바람꽃으로 빗대고 있다. 작가의 분신인 홍지하에게 관찰된 지인의 처 지혜경, 창녀 서은미, 아내 고애자, 작가지망생 윤미연의 척박하고 신산한 삶을 통해 '사장'으로 불리는 권력과 자본에 희생되는 여성타자의 젠더의식을 표출한다.

238 이용일, 앞의 논문, 180쪽.

2007년에 발표된 《누가 나비의 집을 보았을까》는 한국과 중국의 중간지대인 밀항선을 배경으로 태생적으로 타자인 이주자들의 기구한 운명과 밀항과정을 그린다. 생명과 전재산을 담보한 이주는 불법과 위험과 강간을 감수해야하는 지난한 여정이고 이주국에서 행복을 보장받을 수도 없는 디아스포라적 운명에 처하는 것이다. 작가는 물위에 떠있는 '배'라는 공간을 상정하여 지구상에 버려진 디아스포라의 위치성을 표상하며, 불시착하는 월경서사구조와 이주자를 나비, 휘파람새로 비유하고 있다.

2016년에 발표된 《중국색시》는 결혼이주여성의 한국입국을 통한 이주와 젠더 문제를 포괄적으로 다룬다. 패랭이꽃, 중국색시로 그려지는 조단의 성적 훼손과 신산한 삶은 이주정착서사구조 속에서 중국귀환으로 끝나지만 남편의 방문으로 정주의 가능성을 열어둔다. 이 소설은 문화와 언어, 체제가 다른 사람끼리 결합하고 통합하는 일이 얼마나 어려운지를 보여주며 한국인과 조선족의 결혼을 통해 서로 인정하고 편견 없이 환대해야한다는 작가의식이 드러난다.

민족정체성과 젠더문제에 지속적으로 천착하는 허련순은 모국과 이주국에 대한 곡진하고 치열한 시선으로 정체성과 젠더문제를 성찰한다. 그의 문학은 조선족 이주자의 입을 통해 부정적이고 비판적으로 한국사회를 인식하며 동족으로서의 환대와 배려를 요구하지만 후기로 오면서 연대의 가능성과 희망을 드러내는 작가의식의 변모를 보인다.

6장 《이슬람 정육점》의 리좀적 사유와 타자의 공간

1. 손홍규와 들뢰즈

정읍 출신의 손홍규는 동국대학교 국어국문학과를 졸업하고 2001년 단편 〈바람 속에 눕다〉로 『작가세계』 신인상을 수상하며 등단했다. 4편의 단편소설집과 5편의 장편소설을 출간[239]하고 제비꽃서민소설상(2008), 노근리평화문학상(2010), 백신애문학상(2013), 오영수문학상(2013), 채만식문학상(2016)을 수상하며 존재감을 알린 작가는 2018년 〈꿈을 꾸었다고 말했다〉로 제42회 이상문학상을 수상함으로써 중진작가로서의 위상을 구축했다. 자신의 소설이 '대중성이 희박하지만' '문학이 작품을 통해 인간의 아픔과 고통을 위무해 줄 수 있어야 한다는, 이 시대 문학하는 사람으로서의 소박한 마음'[240]을 갖는다고 작가는 말한다. 그의 문학적 키워드인 흙터, 고통, 위무, 비인(非人)은 지속적으로 작품 속에 나타난다.

손홍규문학 선행연구로는 유토피아[241], 다문화서사 및 이주담론[242], 비인[243] 등으로 분석되었다. 가장 많이 회자된 작품이 《이슬람 정육점》인데 이는 다문화사회의 진입과 외국인의 등장이 현대소설 속에 수용된 21세기 문학현상과

---

239 단편집으로는 『사람의 신화』(2005), 『봉섭이 가라사대』(2008), 『톰은 톰과 잤다』(2012), 『그 남자의 가출』(2014) 등이, 장편소설로는 『귀신의 시대』(2006), 『청년의사 장기려』(2008). 『이슬람 정육점』(2010), 『파르티잔 극장』(2013), 『서울』(2014) 등이 있다.

240 손홍규, 「"귀신의 시대는 끝났다" - 그저 과잉과 결핍이 반복될 뿐」, 『민족21』 제66권, 2006, 145.

241 유예원, 「손홍규 소설의 유토피아 의식 연구」, 『이화어문논집』 제30권, 이화어문학회, 2012.

242 송현호, 「이무기사냥꾼에 나타난 이주 담론 연구」, 『한중인문학연구』 제29권, 한중인문학회, 2010.

243 신형철, 「비인의 인간학, 신생의 윤리학」, 『사람의 신화』, 양진오, 「한국소설, 비인(非人)의 인간학을 위하여」, 『실천문학』 2008.겨울호.

연계되기 때문이다. 가족서사[244]와 성장소설적[245] 다문화적 관점[246]으로 해석된《이슬람 정육점》을 이 글에서는 전쟁재난으로 인한 흉터 모티프와 새로이 도래하는 공동체 실현에 주목한다. 기원과 뿌리를 배제하고 공감과 소통을 주창하는 이 소설은 리좀, 얼굴성, ~되기(생성), 국가-포획장치, 다양체, 배치 및 접촉 등 들뢰즈의 사유를 바탕으로 한다.

국가권력의 횡포와 국민(민족) 공동체의 한계, 단일한 정체성의 폐해, 국경의 넘나듦 등 21세기는 삶의 형태와 가치관의 변화를 가져왔다. 다양체들은 바깥, 즉 추상적인 선, 도주선 또는 탈영토화의 선에 의거해 정의되며, 다양체들은 이 선에 따라 다른 다양체들과 연결접속하면서 본성상의 변화를 겪는다. 손홍규는 후기근대사회의 지속불가능한 자본주의의 폐해와 난제를 비인(非人)으로 표상한다. 억압적이고 차별적인 세계질서 속에서 상처받고 훼손된 군상들을 뱀, 원숭이, 소, 사면발이 등과 결합된 인간으로 창조함으로써 '기형적인 비인들의 반어적 진실로 한국사회와 당대 한국인들의 가벼운 세태를 야유하고 조롱'[247]한다.《이슬람 정육점》의 등장인물 역시 주체의 폭력이나 억압으로 고통 받는 타자들이 등장하며 상처를 치유하는 과정을 동화적이고 환상적으로 그린다. 기관 없는 신체가 접속됨으로써 다양체를 형성하고 생성은 모멸과 능멸을 당하며 세상에 대해 증오와 분노를 가진 고아가 이방인의 양자

---

244 박산향, 「이슬람 정육점으로 본 가족의 해체와 재구성」, 『인문사회과학연구』 제17권, 부경대 인문사회과학연구소, 2016, 이남정, 「한국다문화소설에 나타난 가족과 이웃의 재발견」, 『인문학연구』 제61호, 조선대 인문학연구원, 2021.

245 선주원, 「다문화청소년소설에 형상화된 청소년 인물의 성장이해」, 『독서연구』 제39호, 한국독서학회, 2016, 정은주, 「다문화성장소설을 통한 도덕교육의 가능성」, 『학습자중심교과교육연구』 제20권, 학습자중심교과교육연구학회, 2020, 이은경, 「다문화소설에 나타난 가족서사 양상 연구」, 『우리어문연구』 제73집, 우리어문학회, 2022.

246 박정숙, 「한국현대소설에 나타난 다문화주의」, 『광신논단』 제24권, 광신대출판부, 2014, 조명기, 「다문화소설에 나타난 국가자본의 폭력과 윤리효과 그리고 로컬의 위상」, 『현대문학이론연구』 제59호, 현대문학이론학회, 2014, 임지연, 「공감 개념의 확장과 다문화적 공감서사」, 『문학치료연구』 제47권, 한국문학치료학회, 2018, 신영헌, 「다문화소설로서의 〈이슬람 정육점〉 연구」, 『이주사학』 제26권, 이주사학회, 2022.

247 양진오, 앞의 글, 306쪽.

로 입적됨으로써 사랑과 보호, 인정을 알아가고 세상과 부친을 받아들이는 과정에서 나타난다.

들뢰즈는 수목적 체계를 정착민의 삶으로, 리좀적 사유를 유목민, 여행자, 고아, 이방인, 이주자, 독신, 혈혈단신의 삶으로 본다. 리좀은 일종의 반(反)계보이자 짧은 기억 또는 반기억[248]이고, 시작도 끝도 없는 중간에 있으며 나무는 혈통관계이지만 리좀은 결연관계인 사이-존재이고 간주곡[249]이다. 손홍규 소설은 뿌리도 기원도 알 수 없는 인물들이 등장하며 사람 잡는 정체성[250]의 폭력에 대한 문제제기와 장-뤽 낭시의 무위의 공동체, 모리스 블랑쇼의 밝힐 수 없는(마주한) 공동체를 추구한다. 이는 포획정치, 생명정치를 행하는 국가권력으로부터 벗어날 때에 실현된다. 인간의 축소화가 가져오는 끔찍한 영향과 경제의 세계화, 정치적 다문화주의, 역사적 탈식민주의, 사회적 민족성, 종교 근본주의, 세계적 테러리즘를 재검토[251]하는《이슬람 정육점》은 전쟁재난의 흉터와 다문화적 요소를 바탕으로 행복하고 상처받지 않은 타자의 공간에 대한 소설이다.

2. 타자의 흉터, 타자의 언어, 타자들

작중인물들은 흉터라는 공통점으로 공감하고 연대한다. 얼굴에 버짐이 피고 머리에는 기계총이 난 못생긴 고아인 '나'는 후락한 산동네의 다세대주택 일층으로 이주한다. 머리가 나빠 중학교에 보내지 않았다는 고아원 원장의

248 질 들뢰즈·펠릭스 가타리, 김재인 역, 『천개의 고원』, 새물결, 2001, 47쪽.

249 위의 책, 54쪽.

250 살인적인(사람 잡는) 정체성으로 규정짓는 한 사람의 정체성은 단 하나의 소속으로 환원시키는 것으로, 사람들에게 편파적이고 파당적이고 불관용적이고 남을 지배하려고 하고 때에 따라서는 자살적이기도 한 태도를 심어놓는 과격한 개념이다. - 아민 말루프, 박창호 역, 『사람 잡는 정체성』, 이론과실천, 2006, 43쪽.

251 아마르티아 센, 이상환·김지현 역, 『정체성과 폭력: 운명이라는 환영』, 바이북스, 2009, 22쪽.

모욕과 잠재적 범죄자 취급을 받으며 자란 아이는 자신을 입양한 하산 아저씨와 가족이 된다. 어떻게 유기되었는지조차 모른 채 모멸과 학대, 편견과 차가운 시선 속에서 자란 나는 하산과 안나, 마을동무들과 접속되면서 착하고 바르고자 하는 잠재성을 드러낸다.

정육점을 운영하지만 '순종'이라는 의미의 '이슬람'과는 거리가 먼 이국적인 외모를 지닌 하산을 마을사람들은 괴물로 인식한다. 이방인에 대해 폭력적이고 냄새가 날 것 같다거나 연쇄살인마 취급을 하는 것이다. 세상과 인간에 대한 불신으로 가득 찬 입양된 아이도 "고아들만 잡아먹는 괴물이 있다면 아마 저런 모습일 거라고 생각"하며 그를 경계하고 마음을 열지 않는다. 6.25 전쟁 참전 후 한국에 머문 하산은 뭉개지고 짓이겨진 귀와 상처투성이의 손을 가졌으며, 세상에 대한 분노와 절망으로 가득한 내게 "세상에 흉터 없는 사람은 없단다. 이 세상은 사람들로 이뤄진 가시덤불이라서 지상에 단 일초를 머물더라도 상처 입지 않을 수가 없단다"고 위로한다. 덩치 큰 튀르키예인 늙은이의 품에 안겨 엄마라 부르며 우는 이들은 고아, 외국인이라는 타자성, 흉터라는 공감대를 형성한다. 다르다는 이유로 불쾌감과 공포로 인식되는 그는 사실 따뜻하고 배려심이 많으며 한국고아를 데려와 학교를 보내려는 온정적인 사람이다. 그는 고아에게 사랑과 모성과 보호받음을 느끼게 하고 죽는다. 전쟁, 이주, 외국인, 무슬림, 직업 등의 이유로 타자화되고 멸시의 대상인 하산은 정의와 평화를 위해 남의 나라 전쟁을 돕고 자국민이 버리고 학대한 아이를 위해 헌신하는 선량하고 순수한 영혼의 소유자이다.

새처럼 하늘을 나는 것이 꿈인 아모스는 그리스 내전 때 작은 아버지, 어머니, 조카 등 일가족을 몰살해 도망치듯 한국전쟁에 참전한다. '신이 없는 땅'인 한국에 온 그도 전쟁후유증에 시달리며 하산과 티격태격하며 어울린다. 종합병원 세탁실일이나 장의사를 하는 그에게도 왼쪽턱에 새끼손가락 길이의 흉터가 있다. 1951년 전쟁 중 불법적 처형장면을 목격한 트라우마와 가족, 친족을 살해한 그는 정상적인 삶을 영위하기 어렵다. 튀르키예인 하산과 그리스인 아모스는 가장 낮은 위치에서 국민으로 보호받지 못한 채 차별과 배제 속에 이국땅에서 살아간다. “정육점에서 돼지고기를 난도질하는 유일한 무슬림”인 하산은 한국사회에서 혐오와 공포의 요소인 ‘이슬람교도’, ‘정육점’, ‘외국인’, ‘이주자’라는 타자성을 지닌다.

시체를 처리하거나 청소를 하는 아모스와 같이 더티 워커가 지는 부담에는 낙인, 죄의식, 존엄성 상실, 자존감 저하 등이 존재하며, 외상 후 스트레스 장애나 도덕적 외상도 종종 발생[252]한다. 3D업종이나 더티 워크는 누가 그 일을 맡을지 결정하는 구조적 차별이 은폐되며, 주로 대학에 진학하지 못한 시골 지역 주민, 미등록 이주자, 여성, 유대인에게[253] 주로 배정된다. 낡은 옷을 입은 성직자인 이맘은 ‘유령’, ‘그림자’, ‘산귀신’, ‘투명인간’으로 묘사된다. 산주검(undead), 노바디(nobody)와 같이 존재감이 부재한 모습은 전형적인 타자의 특징이다. 가난한 광산 노동자의 아들로 태어나 고아에게 유일하게 모성을 불러일으킨 사내인 신부는 말을 못하는 벙어리이다.

새벽마다 군가를 불러 미친 사람 취급을 받는 대머리는 상이군인도 용감한 군인도 아니지만 늘 공포에 질린 얼굴을 한 채 기억을 잃었다. 과거가 불분명한 그 역시 전쟁과 관련된 사람으로 여전히 전쟁 중이다. 마을사람들이 서로 으르렁거리면서도 연대하는 이유는 상처를 공유했기 때문이다. 대량학살이나 전쟁은 인간이 인간에게 가하는 가장 참혹한 재난이자 대형화재나 핵발전소 폭발과 같은 재난보다 훨씬 더 직접적인 재난으로 인간이 인간에 의해 타자화되고 사물화되는 데서 비롯[254]된다. 고아를 입양해 다문화가정을 이룬 하산은 전쟁 중 살점을 뜯어먹은 체험 때문에 트라우마에 시달린다. 증오, 적대심, 갈등, 무력이 표출되는 전쟁은 물질적 파괴와 살생뿐만 아니라 영혼을 갉아먹는 상흔과 무고한 희생이 뒤따르는 가장 잔혹하고 폭력적이며 반생태적인 사건이다.

이 마을에 사는 아이들의 삶도 녹녹치 않다. ‘나’는 고아원, 보호소, 성당을

---

252 이얼 프레스, 오윤성 역, 『더티 워크』, 한겨레출판, 2023, 24쪽.

253 위의 책, 26쪽.

254 김성철 편, 『전쟁과 평화』, 아카넷, 2015, 41쪽.

전전하며 수모와 학대 속에서 삐딱하게 자란다. 아이에게 학교는 구역질나도록 바른 시민을 일률적으로 육성하는 착실한 바보를 만들어내는 곳일 뿐이다. 위문품을 전달하러 온 사람들의 훌륭한 인재가 될거라는 위선적이고 가식적인 사탕발림이나 순종하지 않으면 언제라도 철회할 수 있는 싸구려 애정과 동정뿐인 어른들의 이중적 태도를 보며 아이는 인간에 대한 환멸과 증오를 간직한다. 슬픔의 기원, 공포의 대상을 모르는 아이는 사람은 싫고 육식공룡이 되고 싶다고 말한다. 핏줄의식, 민족주의가 강한 우리 사회에서 고아에 대한 편견과 폭력에 노출되어 양육된 아이는 하산의 마을로 오면서 서서히 마음의 빗장을 연다.

동물과 대화하는 능력을 지닌 유정은 가난한 연탄장수 부모를 두었으며 어머니가 가출해 가정불화를 겪고 있다. 말을 더듬고 상상력을 자극하며 소설가가 되고 싶은 유정은 1930년대 춘천 실레마을 출신 작가 김유정에 대한 오마주이다. 《이슬람 정육점》의 마을사람들은 김유정 소설에 등장하는 가난하고 핍박받지만 명랑하고 생동감 있는 점순, 덕순, 덕돌, 덕만, 복만, 뭉태, 꽁보, 돌쇠 등 시골처녀총각이나 만무방, 따라지, 들병이, 얼간이, 욕필이, 수전노, 바보, 얼짜, 배내병신, 숙맥, 맹꽁이, 쭈그렁밤송이 등의 재탄생이다. 빈궁, 압제, 폭력, 고통이 난무하는 삶 속에서도 지속되는 일상성엔 사랑과 유머, 연대, 명랑성이 존재하는 것이다. 손홍규는 일제강점기의 선배작가인 김유정과 이름이 같은 소년 유정의 입을 빌려 작가의 사명과 역할을 이야기한다.

> "소, 소설가 김유정 아, 알지? 그, 그 사람도 마, 말더듬이였대. 그, 그니까 나도 소, 소설가가 될 거야." 애꾸눈은 죄다 하룩 선장이고 머리가 길면 메텔이고 부전만 있으면 마린린 먼로다. 말더듬이는 소설가의 필요조건이다. 녀석의 믿음이냐 어떻든 간에 소설이 천대받고 학대받고 어리석은 자들을 다루는 거라면 유정과 나는 위대한 소설가는 말고 위대한 소설의 주인공은 될 수 있을 거였다.[255]

유정이 학교에 다니는 이유가 궁금해서 물은 적이 있다. "넌 왜 교육을 받는 거지?" "나, 난 소설가가가 될 거니까. 소, 소설가는 특권을 지, 지닌 사람이야. 대, 대신 그는 하, 한 가지 일을 해. 해야 돼. 사, 사람들이 증언하길 꺼, 꺼리는 걸 세상의 버, 법정에서 대, 대신 증언해야 하, 하거든. 화, 환자의 종기에 이, 입을 대고 피, 피고름을 빨아주는 의, 의원처럼, 소, 소설가는 사람의 여, 영혼에 흐르는 피, 피고름을 닦아줘야 해. 니, 다, 다른 사람의 가래침이나 코, 코딱지를 먹을 수 있어?" 나는 단호하게 고개를 저었다. "거봐, 소, 소설가는 그걸, 머, 먹는 사람들이야." "더러운 사람들이군." 나는 그렇게 대꾸했다.[256]

고통받는 타자의 입장에 서야하고 위험에도 불구하고 진실을 말할 수 있는 파레시아를 실천하는[257] 작가의 말은 수다스러운 말더듬이다. 또한 육체의 질병을 고치듯 소설가는 현대인의 병든 영혼을 고치는 일을 하는 의사라고 말한다. 작가는 불합리, 불평등, 부정의한 일에 대해 타인들 앞에서 공공연하고 용기 있게 발언하는 사람인 파레시아스트[258]이다. 세상의 불결하고 비윤리적인 것들을 의사나 파레시아스트처럼 고발하고 비판하며 치유하는 일이 소설가의 역할인 것이다.

유정은 가장 알아듣기 어려운 동물이 사람이라고 함으로써 나와 공감대를 형성한다. 상처 입은 짐승처럼 쪼그린 자세와 초점 없는 눈을 지닌 맹랑한 녀석은 대머리, 노란 줄무늬 고양이와 함께 다니면서 실연의 아픔을 치유한다. 돼지를 후리는 무슬림과 함께 사는 키 작고 못생긴 나, 동물의 말을 알아듣는다는 말더듬이 유정, 기회만 주면 하루종일 투덜댈 수도 있는 맹랑한 녀석은 우연히 한 마을에서 만나 친구가 된다. 일반적이지 않은 이들의 언어는 타자의 언어이다. 고아 출신인 나의 말은 늘 묵살되거나 목소리를 갖지 못한

255 손홍규, 《이슬람 정육점》, 문학과지성사, 2010, 29쪽.

256 위의 소설, 180~181쪽.

257 미셸 푸코, 심세광·전혜리 역, 『담론과 진실: 파레시아』, 동녘, 2017, 9쪽.

258 위의 책, 18쪽.

다. 사람과의 대화보다는 동물과의 대화가 더 편한 유정은 말을 더듬거리며 자기 세계 속에 빠져있다.

> 유정네 식구는 이 마을에 이사 오기 전, 동물원 근처에 살았다. 유정은 날마다 개구멍으로 들어가 동물들을 보았다. "너, 개 두, 두 마 리가 부, 붙은 거 봐, 봤지? 근데 코, 코끼리가 그런 건, 모, 못봤을걸?" 유정은 상상력을 자극하는 능력을 지녔다. 이 땅에 서식하지 않는 온갖 짐승들과 벌레들의 습성과 생태를 줄줄이 - 물론 더듬거리며 - 늘어놓았다. 유정이 콘도르, 알바트로스, 군함새라면 충분히 자신을 태우고 날 수 있을 거라고 말했을 때 나 역시 새를 타고 날아다니는 상상을 했다. "오, 오 년이나 그렇게 다, 다녔어. 그사이 주, 죽거나 병들어서 가, 가버린 것들도 이, 있고, 새로 태, 태어나거나 드, 들어온 녀, 녀석도 있었어."[259]

동물의 말을 알아들으며 박학다식한 지식을 늘어놓는 유정의 '달콤한 거짓말'을 믿어주는 나는 친구관계를 형성한다. 보물이 없고 비밀마저도 남루하고 궁핍한 동네에서 아이들은 비인간동물과 교류하고 친교를 나눈다. 존중받지 못했기에 투덜거리고 반항적인 나의 말투나 사람과의 대화가 가장 어려워 동물과 얘기하는 유정의 말더듬은 사실 사랑받고 싶고 보호와 관심이 필요하다는 말이다. 빈한하고 불화한 가족을 둔 유정과 외국인 양부를 둔 나는 서로를 신뢰하며 우정을 쌓는다. 맹랑한 녀석의 언어는 비관적이고 반복적이다. 자신이 여러 곳에서 태어났다고 여기며 왕자나 공주로 태어날 수 있다는 희망을 갖는 맹랑한 녀석의 허무맹랑한 이야기와 상상력을 나는 유정 이야기만큼이나 이해하며 친구가 된다.

> "저 아래 위그드라실이라 불러도 좋을 거대한 물푸레나무가 있어. 그곳에

259 손홍규, 앞의 소설, 29쪽.

가면 너에게 지혜를 건네줄 현자를 만날 수 있을 거야." "죽을 건데 뭐." "유정이 신기한 동물을 발견했대. 눈이 하나야. 아마 한가운데 박혀있대. 몸이 줄어드는 마법에 당한 키클롭스가 분명해. 보고 싶지 않니?" "죽을 건데 뭐." "운동화 뒤축을 그렇게 구겨 신으면 오래 신지 못해." "죽을 건데 뭐." "이 책 좀 봐, 멋지지 않니?" "죽을 건데 뭐." "이따 밥 먹고 보자." "죽을 건데 뭐." "젠장 죽을 때 죽더라도 할 건 하고 죽어라." "죽을 건데 뭐."[260]

한국어에 서툰 하산, 아모스, 이맘도 타자의 언어를 구사한다. 하산은 침묵으로 일관하며, 외국어 같은 한국어를 구사하는 아모스와 이맘에게도 언어는 서툴고 어렵다. 이방인이 혈통이 순수한 도시에 가게 되면, 이름만 시민이지, 그들의 말은 노예의 말이고, 그들에게는 발언의 자유가[261] 없기 때문이다. 하산, 아모스, 이맘 등 외국인은 국가, 언어, 거주의 결핍이기에 손상된 삶으로 세워지며 의심스러운 공중에 대한 지울 수 없는 의혹이[262] 가해진다. 그들의 목소리는 거짓 목소리로 의심받고[263] 지워진다. 호모처럼 여자흉내를 내며 징징거리는 아모스와 하산은 그리스 터키 전쟁이 말해주듯이 앙숙이지만 상처를 안고 타국에서 살아간다는 점에서 깊은 신뢰와 공감대가 깔려있다. 허리가 많이 굽었고 비칠비칠 걸으며 수전증이 심한 술주정뱅이 열쇠장이의 말을 안나는 헛소리라고 비난한다.

"제가 누군지 아세요?"
"코끼리"
"어떤 코끼리요?"
"분홍색 코끼리."

---

260 위의 소설, 87쪽.
261 미셸 푸코, 앞의 책, 32쪽.
262 기욤 르 블랑, 박영옥 역, 『안과 밖: 외국인의 조건』, 글항아리, 2014, 74쪽.
263 위의 책, 12쪽.

"뭐 하고 있어요?"

"지나가고 있어."

"어디로 가고 있어요?"

"……."[264]

툭 불거진 손마디를 떨고 주름이 깊은 모습에서 불운한 삶이 드러나며 알 수 없는 말을 주절대는 열쇠장이는 똑같이 '분홍색 코끼리'로 인식한다는 점에서 공평하고 차별 없이 모든 사람을 대한다. 그의 내면의식은 이 단어 하나만으로도 표현이 가능한 세계이다. 그에겐 젠더, 외모, 학벌, 빈부, 나이 따위가 존재하지 않는다. 소설에서 반복적으로 등장하는 이 대화는 언어의 불완전성과 불안정함을 통한 언어적 한계를 뜻한다. 하루 종일 헛소리를 지껄이는 열쇠장이 영감의 반복적인 대화와 말투는 타자의 언어이다.

미친 사람으로 취급받는 대머리도 동네를 어슬렁거리며 기억과 언어를 잃었다. 소설은 자기 이름도 모르고 자기가 찾는 것과 행하는 것도 모르는 인물들, 즉 기억상실증, 운동조실증, 긴장증에 걸린 길잃은 인물들의 모험에 의해 끊임없이 자신을 정의[265]해왔다. 걸어 다니는 비속어사전인 쌀집 김씨는 고성과 욕설과 드잡이가 그치지 않는 말투를 쓰며, 가이아이자 아프로디테로 칭송받지만 가이아를 가시낸지 개새낀지 구분 못하는 안나는 무식한 발언을 일삼는다.

고아소년인 나, 정육점을 운영하는 하산, 동물과 교감하는 유정, 도망자이자 살인마인 아모스, 홀아비이자 정신질환자인 대머리, 남편에게 폭행당해 숨어 지내는 안나 등 마을사람들은 한국사회에서 존재감이 없는 자들이다. 뿌리나 고향, 과거가 불분명한 사람들의 급성우울증, 편집증, 히스테리적 증세, 육체의 기괴함과 불구성 그리고 동물-되기, 여성-되기를 실현하는 유목적 리

264 손홍규, 앞의 소설, 36쪽.

265 질 들뢰즈 · 펠릭스 가타리, 앞의 책, 332쪽.

종적 사유를 바탕으로 하는 《이슬람 정육점》의 마을에는 고아, 이주자, 외국인 노동자, 노인, 빈자, 과부가 모여 산다. 이들이 구사하는 언어는 수다, 반복, 아양, 주저, 더듬거림, 욕, 신음, 딸꾹질, 히스테리, 피진어, 침묵, 괴성, 몸언어 등으로 표현되는 비체계적이고 비정형적이며 비문법적인 타자의 언어이다. 외국인들, 벙어리신부, 말더듬이 유정 등 이들은 한 집단의 세련된 말로 이야기를 나누지 못하는 자, 외국인의 더듬거림으로 문 두드리는 자, 이실석인, 바로 타자[266]이다. 비표상적이고 미분화된 언어체계를 지닌 타자의 목소리는 우리 사회에 침묵을 강요당하거나 들리지 않는 그들만의 언어이다. 모스크가 있는 후락한 산동네 사람들은 타자의 언어를 구사하는 타자들이다.

3. 타자의 공간, 다문화공동체

《이슬람 정육점》의 작중인물은 과거나 외적 정보를 상세하게 설명하지 않는다. 간단하게 언급된 인물에 대해 추측할 뿐으로 고아소년이 어떻게 유기되어 고아원에 왔는지 온몸의 흉터는 왜 생긴 건지 구체화되지 않으며, 식당에서 여신으로 칭송받는 안나도 왜 가족을 버리고 도망을 왔는지 몸의 상처는 무엇 때문인지 막연하게나마 제시될 뿐이다. 하산, 아모스, 이맘이 모국을 떠나 한국에 오게 된 사연이나 대머리의 외상후 스트레스 장애도 구체적으로 밝혀지지 않는다. 직업, 젠더, 나이, 출신, 신분, 신체, 외모, 종교, 언어로 갖게 되는 편견과 선입관을 배제하고 있는 그대로의 모습으로 인식하고 사유하는 작가의식이 반영되기 때문이다. 손홍규는 정체성과 공동체에 대한 기존의 폭력적이고 배제적인 사유에서 벗어나고자 한다.

하나의 소속이 아니라 복잡한 소속으로 이루어진 정체성을 가졌다고 인정하는 사람은 누구든지 그 사회의 변두리 계층으로 소외되기 마련[267]이다. 그

266 서동욱, 『타자철학』, 반비, 2022, 580~581쪽.

러나 정체성이란 단 한 번에 완전한 형태로 주어지지 않으며 한 사람의 일생 동안에 걸쳐서 형성[268]된다. 《이슬람 정육점》의 등장인물은 유기, 전쟁, 살인, 폭력, 이주 등 삶의 여정 속에서 자신의 신분적인 다양성을 지니며 서로 다른 다양한 공동체와 문화 사이를 '중계'하는데 봉사하고 그들이 살고 있는 사회 속에서 일종의 '시멘트'(유대) 역할[269]을 통해 공동체를 구현한다. 하산이 일하는 정육점은 '이슬람', '돼지고기'라는 도저히 어우러질 수 없는 이질적인 요소를 연결하는 이쪽 세계와 저쪽 세계의 문턱이다. 찾아오는 무슬림이 없기에 하산은 같은 민족에게 소외되며, 한국인에게도 이슬람종교와 도축일이란 천하고 생경하며 부정적으로 인식된다. 작가는 가장 극단적이고 이질적인 것을 접속하며 편견과 경계를 해체한다. 고아소년은 벙어리신부와 외국인 하산에게 모성을 느낌으로써 성별, 민족, 나이의 경계를 넘어서며 자신의 얼굴스크랩을 통해 차이는 유사성의 그림자일 뿐이라고 여긴다.

이 소설에는 한국, 튀르키예, 그리스 등 다민족·다인종과, 이슬람, 가톨릭, 기독교, 불교용어인 이슬람(순종), 전도사, 신부, 옴마니밧메훔(연꽃 속의 보석), 꾸란, 성경 등의 다종교, 케밥, 타베르나(식당), 게제콘두(튀르키예의 슬럼, 빈민가), 모스크, 아테네와 스파르타, 올림푸스와 제우스 에스타, 올리브, 아타튀르크, 페브지 착크마, 터키식 미트볼, 일부다처제 등의 다양한 관습과 음식, 지역 등의 다문화가 그려진다. 낙후되고 후락한 지역에 모인 동네사람들은 으르렁대며 아픈 상처를 표현하지만 사실은 서로 사랑하고 챙겨주며 아파하고 포용한다.

정신적이든 육체적이든 흉터가 표식된 이들을 품는 공간은 안나가 운영하는 충남식당이다. 안나 아주머니는 치유능력을 지닌 대지의 여신으로 자신의 공간을 제공하고 밥을 먹이거나 어루만져주는 행위로 상처받은 이들을 돌본다. 안나는 사실 자신을 때리는 남편을 피해 충북, 강원, 제주, 호남식당을 경

267 아민 말루프, 앞의 책, 7쪽.

268 위의 책, 34쪽.

269 위의 책, 51쪽.

영하며 전국을 떠돌다가 이 동네로 온 가정폭력피해자일 뿐이다. 하산을 난봉꾼이라 단정하고 아모스를 몰염치한 작자라고 하거나 열쇠장이영감을 헛소리를 하는 놈이라고 야유와 욕설을 퍼붓지만 그녀는 이곳에서 아프로디테이자 가이아로 칭송을 받는다. 그녀는 고아가 부끄러워 할까봐 자신도 흉터가 있다고 말하는 포용과 환대와 관용을 지닌 영혼이 아름다운 여성이다. 가난하고 배고프며 고통 받는 고아, 외국인, 환자, 노인, 이방인을 받아들이는 그녀는 맛깔스럽게 김치를 담그고 식당을 공유하는 예언자이자 치유자이다. 못생긴 고아가 사랑스러운 아이로 변화되듯이 보잘 것 없이 불행한 여인은 가난하고 병든 마을사람들과 접속됨으로써 여신으로 등극한다.

> 나는 식당의 차분한 소란이 좋았다. 여기서는 아무도 누추하지 않았다. 신이 굽어보지 않아도 괜찮았고 행운이 찾아오지 않아도 상관없었다. 악마가 온대도 겁나지 않았고 불운이 습격한대도 두렵지 않았다. 식당 앞으로 어둠과 하나가 된 이맘이 지나갔고 고뇌에 찬 맹랑한 녀석이 지나갔다. 전도사가 성경을 외며 지나갔고 유정이 유리문에 얼굴을 대고 안을 들여다보다 갔다. 주정뱅이 열쇠장이가 안나 아주머니에게 술을 받아 갔고 대머리와 야모스 아저씨가 한참을 문 앞에 쭈그리고 앉았다가 갔다. 그 사이 달이 한뼘 서쪽으로 이동했고 몇 개의 별이 사라지고 몇 개의 별이 나타났다. 사육장에서 불어온 바람이 문을 두드리다 갔고 모스크의 하얀 몸뚱이에서 반사된 달빛이 식당 앞 가로등 불빛에 섞여들며 사그라졌다. 더럽고 작은 식당에 앉은 채로도 세계를 볼 수 있었다.[270]

충남식당은 빈부, 국적, 인종, 피부색, 종교 따위로 차별하거나 배척하지 않는 장소이자 장애자, 노인, 알콜중독자, 외국인들을 환대하는 타자의 공간이다. 기원, 뿌리, 출신을 알 수 없는 타자들이 모인 공동체('우리'의 공동체,

---

270 손홍규, 앞의 소설, 152~153쪽.

무위의 공동체, 공동체 없는 공동체)는 사회로부터 벗어난 특별한 사람들의 예외적 공동체가 전혀 아니고 사회 내에 있지만 사회로 통합되지 않고, 사회 한가운데로 도래하는, 하지만 언제나 사회와의 차이로서 주어지는 공동체[271]이다. 파시즘적이고 지배적인 남성, 어른, 백인, 인간과 대비되는 여성, 아이, 유색인, 동물, 빈자는 창조적이고 특색있으며 풍성한 능산적 공동체를 구현하는 소수자이다.

옆에서 돌봐주는 부모가 없으면 아이는 표류[272]한다(장소를 잃어버린다). 친숙한 환경이자 안식처이며 만족감의 근원인[273] 어머니가 부재한 고아에게 하산의 다세대주택과 안나의 충남식당은 안전, 안정을 주는 장소감을 갖게 한다. 고아는 하산을 따라나설 때 유일하게 얼굴을 스크랩한 노트만 챙겨 고아원을 나온다. 얼굴에 대한 사유는 소설 전반에 걸쳐 서술되는데 들뢰즈의 기표화, 주체화로부터의 탈영토화하는 얼굴론과 레비나스의 얼굴의 호소와 무한책임으로 해석된다. 얼굴로 이루어진 세계지도를 만들 계획을 가진 소년은 자신의 지도에서 한국인은 중국인이 되기도 아랍인이 되기도 하며 대륙을 넘어 아프리카인이나 유럽인이 된다고 말한다. 이웃들에게 얼굴 맞추기를 요청해도 대부분 정답을 말하지 못한다는 것이다. 이는 민족, 인종, 피부색, 외양에 대한 선별이 자의적인 편견의 결과인지를 입증한다. 콧수염이 있다거나 눈이 깊고 그윽하다는 차이나는 외모 때문에 불쾌감과 공포, 두려움과 혐오감을 조성한다는 하산은 사실 자국민이 버리고 입양하지 않은 고아에게 가족을 만들어주고 학교를 보내려고 노력하는 외국인이다. 하산의 모국인 튀르키예는 아시아와 유럽, 동양과 서양을 가로지르는 중동국가로 6.25때 UN파병 4번째인 2만명의 병력을 파병한 혈맹의 우방국이자 형제의 나라이다. 하산이 일하는 정육점이 경계의 문턱이듯 하산이 지닌 잠재성은 다문화성, 다양성을 포괄하며 보편적 권력의 배치를 부정하고 해체한다. 이슬람의 상징성 역시

---

271 장-뤽 낭시, 박준상 역, 『무위의 공동체』, 인간사랑, 2010, 277쪽.
272 이-푸 투안, 구동회·심승희 역, 『공간과 장소』, 대윤, 1995, 54쪽.
273 위의 책, 55쪽.

서구, 백인, 남성 얼굴화인 기독교화에 대한 저항이자 탈주를 의미한다.

들뢰즈는 권력의 메커니즘과 사회적 코드가 새겨지는 얼굴 해체를 주장하는바 이는 인간을 지배적인 사회 질서 안에 고착, 고정시키는 의미화와 주체로부터 벗어나는 것, 또다른 체제로 진입하는 것을[274] 의미한다. 유정이 동물-되기를 실천하거나 친구인 나를 인간으로 보지 않는 것 역시 지각불가능하고 환원불가능하게 되기의 구현이다. 다문화주의의 핵심인 차이와 차별을 되짚는 작가는 얼굴의 의미를 되새긴다. 전세계인의 얼굴을 모은 노트가 보물인 나는 안나 아주머니의 잠든 얼굴이 영락없이 한국여인으로 여겨지다가도 베트남계, 인도네시아계, 중국계, 일본계, 히스패닉계로도 보이며 하산, 야모스 아저씨의 외양 또한 그렇다고 생각한다. 이 소설은 지배적 통념과 주체화에서 벗어나 끊임없이 특이성과 다양성을 산출함으로써 공동체를 풍부하게 생성하는 세상을 지향한다.

고아원을 전전하며 고통과 슬픔으로 점철된 아이는 이 마을에 와서야 안전과 보호를 느끼며 소꿉놀이를 한다. 흉터투성이인 아이가 부끄러워할까봐 먼저 상처를 내미는 안나에게 나는 말 안 드는 멍청한 자식이고 하산은 게으름뱅이 시아버지이며 야모스는 빈털터리 남편이다. 남편사망소식을 전한 시부의 방문으로 잠복했던 고통이 흉터를 출구 삼아 나오는 흉터의 여왕 안나에게 충남식당은 '세상에서 가장 가난한 왕국'이며 식당 안 사람들은 그녀를 위로하기 위해 머나먼 나라에서, 똑같이 가난한 나라에서 달려온 사절들이다. 소풍을 마치고 하산은 세상을 떠나며 아이는 비로소 의붓아버지의 피가 몸속으로 흘러 들어옴을 느끼며 세계를 입양하기로 마음먹는다. 세상을 향해 분노가 가득했던 고아는 따뜻하고 아름다운 동네에서 타자지향적이고 환대하는 사람들과 조우하며 삶을 긍정하고 포용하는 존재론적 변화를 가져온다.

레비나스 윤리학이 말하는 타자는 고아, 과부, 나그네인 '무력한 자', '약한 자', '보잘것없는 자' 혹은 '작은 자'[275]로서 얼굴로 현현한다. 빈자, 이방인, 과

274 한의정, 「소멸하는 얼굴의 표현」, 『현대미술사연구』 제41호, 현대미술사학회, 2017, 103~104쪽.

부, 고아의 얼굴로 호소하며 무한책임을 요구하는 타자의 존재에 대해 무조건적 절대적 환대와 윤리적 태도를 요청받는 내게 얼굴은 타자가 나타나는 방식이다. 충남식당으로 표상되는 가족공동체는 혈통이나 지연, 국적, 가문으로 구성되지 않는 대안가족이자 착취적이거나 파괴적이지 않은 유토피아이다. 튀르키예 출신인 외국인이 아버지가 되고, 식당에서 만난 아주머니가 엄마가 되는 이 소설은 이성애 결혼과 성별분업에 기반을 둔 근대적 가족형태로 불리는 평균적 가족, 이상적 가족[276]을 지향하지 않는다. 혈연중심적 가족주의, 지연이나 학연으로 얽힌 지역 연고주의 정실주의 등은 이기적 개인주의의 연장선상에 있거나[277] 가족이기주의를 낳기 때문이다. 이는 가족, 국가공동체가 옅어지고 해체되는 시대를 반영하는 동시에 혈연적 지역적 친근성의 경계를 넘어섬으로서 폭력적 압제에서 벗어날 수 있다. 안나의 식당은 혈연, 국적, 인종, 언어, 문화, 젠더를 초월한 사람들이 모여 서로 위무하고 환대하는 공동체 없는 공동체이다.

4. 우리 시대의 타자들

《이슬람 정육점》은 성장소설이자 다문화소설이며 상흔소설로서 전쟁, 유기, 질병, 이주, 흉터와 상처라는 키워드를 중심으로 유동하는 정체성과 다양체, 다문화성을 그린다. 세상과 어른에게 마음이 닫힌 고아소년이 외국인 양부를 받아들이면서 세상을 수용하는 존재의 변화를 드러내는 이 소설은 다문화적 타자지향적 생태적 특징을 지닌다. 불평등·불공정하고 부정의한 우리 사회의 고통과 아픔을 해부하고 군대, 사회, 국가, 학교, 인간 등 기존질서와 체계를 비판하는 이 소설은 동화적이고 유니크하며 판타지와 해학, 풍자, 유

275 강영안 외, 『레비나스 철학의 맥락들』, 그린비, 2017, 226쪽.
276 미셸 바렛·메리 맥킨토시, 조정민 외 역, 『반사회적 가족』, 나름북스, 2019, 332쪽.
277 박정원 외, 『공동체 없는 공동체』, 알렙, 2020, 44쪽.

며, 조소를 동반한다. 또한 기원, 뿌리, 출신, 고향 등에 기초한 차별과 혐오, 배제를 경계하며 사람 사이의 관계는 은밀하고 내재적인 흉터를 공유할 때 이뤄진다. 멸시와 차별경험을 하며 양육되어 입과 마음을 굳게 닫힌 고아소년은 하산과 야모스, 안나의 흉터가 지닌 동일한 몸의 표식에 공감하며 수치심, 고독, 소외, 죄의식을 치유하고 세상을 포용하게 된다. 기존질서나 규율을 해체하는 해체주의, 지언과 돼지가 목격자인 시선은 인간중심의 오만함을 상기하는 생태주의, 비백인이 갖는 타자성을 되새기게 하는 탈식민주의, 차이는 유사성의 그림자일뿐인 다문화주의 등의 작가의식이 드러난다. 이 소설은 이질적이고 낯설고 타자적인 것들의 접속과 결합을 주창한다. 인간과 비인간동물, 정상과 비정상, 단일성과 다문화성, 국민과 비국민을 가르는 경계인에 대한 포용과 환대를 그린 이 소설은 글로벌 다문화 시대를 반영한다. 그러나 정통서사체계를 방해하는 잠언이나 격언 같은 논평자의 빈번한 언급과 세상의 모든 이치를 터득한 소년시점의 서술방식은 지나치게 조숙한지라 리얼리티가 떨어진다. 최근 소설에서 유령, 사자(死者)나 동물의 시점으로 서술되기도 하지만 소년소녀의 시점이 지닌 한계를 이 소설도 보여준다. 2010년에 출간된《이슬람 정육점》은 들뢰즈의 사유에 기반하며 손홍규의 문제의식이 총체적으로 드러난다.

4부

—

디아스포라

1장 『싹트는 대지』의 위만주국과 디아스포라적 삶

1. 일제 말기와 만주공간

1940년대 암흑기, 침묵(절필)기, 공백기, 친일문학기는 한국문학의 부재와 결핍을 초래했다. 이 시기의 작가들은 대부분 절필하거나 숨어들었고, 글을 남긴 경우 국책문학, 국민문학, 친일문학이라는 의심을 받았지만 최근의 연구에선 이를 메울 대안을 제시하고 있다. 전반기의 암흑시대와 후반기 해방공간인 1940년대 우리 문학은 질적 양적으로 가장 빈곤한 문학적 성취의 시기였다. 만주, 연변, 간도, 북방, 북국, 마도강[1]이라는 지역에서 소수민족, 제2국민의 타자적 정체성으로 우리 민족의 디아스포라적 삶을 재현한 만주배경 작품들은 문학사 공백을 메울 수 있는 소중한 자료로서 재인식되고 있다.

민족협화(民族協和)와 왕도주의(王道主義), 낙토건설(樂土建設)이라는 슬로건을 걸고 일제가 건설한 위만주국, 괴뢰만주국(1932~1945)은 조선인, 중국인, 일본인, 백계 러시아인들이 만주어, 중국어, 일본어, 몽골어, 러시아어로 소통하는 다민족, 다인종, 다문화 공동체였다. 훗날 2차대전 후 등장하는 위성국, 꼭두각시나라의 원형인 만주국 체제는 근대적 도시와 공장을 건설하고 위생과 복지사업을 펼치기도 하지만 전쟁기계의 면모를 보인바 군인과 관료들의 훈련소, 총력전 체제, 통제경제, 산업, 건축, 도시계획, 박물관 경영 등에서 일본의 실험장인 이중성[2]을 지녔다. 1930,40년대 만주는 '만주낭만', '모던만주', '매혹만주', '명랑만주', '건설만주'라는 복합적이고 다층적인 의미를 내포했다.

---

1 만주간도지역을 지칭하는 순우리말로 일본의 가혹한 압제로 절필한 김창걸의 소설 〈암야〉의 도입부에 등장한다. - 오양호, 『만주이민문학개관』, 문예출판사, 2007, 141쪽.

2 한석정, 『만주국 건국의 재해석』, 동아대출판부, 2009, 4~15쪽.

일제강점기는 토지조사사업으로 도시빈민이 된 농민들이 생계유지와 항일 독립운동을 위해 반강제적으로 이주하는 외부지향성을 보였다. 국권상실과 토지박탈로 고국, 고향을 떠날 수밖에 없는 망국민이자 피식민지민인 우리 민족은 유랑민이 되어 개척하고 정착해야 하는 타국에서 엄청난 고통과 멸시를 당했다. 대동아공영권의 신개척지로 생각한 일제의 책동[3]에 의해 우리 민족은 만주로 이동했고, 만주는 주로 민족의 이름으로 겪은 가난과 억압, 이주와 개척, 독립과 귀환, 탈출과 고토(故土)의 욕망이 얽힌 서사적 무대, 즉 민족의 외연 혹은 민족 고난의 시험장[4]으로 재현되었다. 왕국낙토로서 선전된 만주는 만주사변 이후 비적이 자주 출몰하여 치안이 극도로 불안정한 땅이었지만 누구나 재기를 꿈꿀 수 있는 기회의 땅으로 인식[5]되었다. 최서해, 안수길, 강경애, 김창걸은 디아스포라 조선인의 신산하고 고통스러운 일상을 그린 대표적인 만주이주작가였다.

내선일치와 황민화를 강요하고 한국어를 말살한 식민지 조선과 달리 오족협화(五族協和) 지배이데올로기를 채택한 간접적 식민지였던 만주공간은 자신의 이야기를 할 수 있고 다른 목소리를 낼 수 있었던 다성성[6]을 우리글로 그나마 드러낼 수 있었다. 이 시기 이 지역의 문학에 대한 명칭도 재만한국문학, 간도문학, 연변문학, 마도강문학, 1940년대 재만조선족문학, 만주이민문학, 만주조선인문학 등으로 불리며 학술적 논의가 이뤄지지 않았다. 1940년대 만주에서 발표된 대표적인 창작집은 1941년 발간된 수필집 『만주조선문예

---

3 조선총독부의 만주이주정책 추진 이유는 세계대공황으로 인한 제국의 위기와 식민통치 위기가 배경이다. 조선쌀의 과잉, 조선인의 과잉문제는 사회불안으로 이어졌고 격렬한 소작쟁의와 공산주의 확대로 표출되었다. 이를 해결하기 위한 만주농업이민의 구체적 이유로는 ①과잉된 조선농촌 인구가 일본본국으로 가서 일본노동시장과 사회보장에 있어 일본인과 경쟁하게 된 상황을 막고, ②조선농민의 과잉분을 만주로 배출시켜 조선통치의 안정을 확보하기 위해서였다. - 조정우, 「1930년대 제국일본의 식민지 인구재배치와 선만척식회사」, 서울대 박사학위논문, 2014, 1쪽.

4 한석정, 『만주모던』, 문학과지성사, 2016, 131쪽.

5 조은주, 『디아스포라 정체성과 탈식민주의 시학』, 국학자료원, 2015, 47쪽.

6 김재용 외 엮음, 『만주국 속의 동아시아 문학』, 소명출판, 2018, 4~5쪽.

선』, 소설집 『싹트는 대지』, 1942년 발간된 시집 『만주시인집』, 『재만조선시인집』과 1944년의 안수길 작품집 『북원』, 『북향보』 등 6권이다. 이 글은 7편의 단편소설이 수록된 『싹트는 대지』를 연구대상으로 삼는다. 이는 1940년대 한국문학의 공백과 결여를 메우는 의미를 지니는 동시에 오늘날 중국 조선족문학의 전사로서 기록된다는 점에서 유의미한 연구주제라고 할 수 있다. 김창걸, 박영준, 신서야, 안수길, 한찬숙, 현경준, 황건의 7개의 단편소설이 실린 소설집에는 염상섭의 서문과 신영철의 후기가 수록되어 작품집의 의도가 드러난다.

『만선일보』 편집국장인 염상섭은 이 작품들의 성격을 '호미와 바가지와 피땀 이외에 아무 것도 가진 것 없는 '간민(懇民)' 속에서 자라난 것으로 그곳에서 호흡하고 그속에서 살찌고 기름진 시혼(詩魂)이 나올 수 있는 만주조선인의 문학, 일망무애의 황막한 수수밭에서 진흙구뎅이를 후벼파고 돌아나온 개척민의 문학'으로 규정하며, '전기간민(前期墾民)'의 참담한 생활상을 회두추억(回頭追憶)하는 일종의 '이민수난기'라고 설명한다. 작품집 뒷면에는 신영철이 7작품을 선정하는 과정과 많은 소설을 수용치 못한 것에 대한 아쉬움을 토로하면서 힘들게 나온 『싹트는 대지』에 이어 꽃피는 대지, 여름여는 대지가 나와야할 것을 축원하며 간도문학의 지속성과 확장성을 바라는 글을 남겼다.

그러나 4편(암야, 밀림의 여인, 추석, 새벽)의 소설이 친일성향의 『만선일보』[7]를 통해 발표되었기에 이 시기에 한국어로 쓰인 유일한 신문으로서 민족문학을 유지 승계한다는 측면과 일제지배논리에 이용되었다는 점에서 복합적이고 양가적인 디아스포라문학으로 여겨진다. 만주이주소설은 디아스포라문학의 선구적 의미를 지니며 민족수난과 만주현실을 리얼하게 재현하였다.

채훈과 오양호는 재만문학연구의 선구적인 역할을 했다. 채훈은 『싹트는 대지』의 자료를 정리하면서 재만작품 연구의 발판을 마련했다. 그는 만주징

7 『만선일보』는 1937년 일본제국의 언론통제정책으로 『만몽일보(滿蒙日報)』와 『간도일보(間島日報)』를 통합하여 창간한 친일성향의 신문이기 때문이다. 만주국 건국이념인 오족협화를 구현하고 일제정책을 선전하는 수단이 된 이 신문은 일제자금지원으로 발간되었다.

착을 위한 이주민의 생활상을 그린 작품으로 〈새벽〉, 〈암야〉, 〈추석〉을, 도시 혹은 특수·특이한 작품으로 〈유맹〉, 〈밀림의 여인〉, 〈초원〉, 〈제화〉라고 분류하며 친일적 색채가 있다고 보았는데[8] 이 평가는 『싹트는 대지』 연구의 작품 유형 선정 기준이 되었다. 오양호는 망명 혹은 여행 및 이주한 작가들이 문단을 형성하고 잡지를 발행하며 창작을 지속했던 만주이민문학이 1940년대 초기 한국문학을 대체할만한 문학적 성취를 획득[9]했으므로 문학사 연속이 가능함을 주창했다. 최서해, 강경애, 안수길, 김창걸 중심의 재만문학연구가 많은데 비해 『싹트는 대지』를 대상으로 한 선행연구는 많지 않다. 김진아와 장내우의 연구에서는 채훈의 분류와 평가를 반복하며 〈새벽〉, 〈추석〉, 〈암야〉는 이주민들의 수난사를, 〈밀림의 여인〉, 〈초원〉, 〈유맹〉은 일제국책과 통치이념을 그대로 반영했다고 보았다. 김진아는 만주를 수난의 공간, 욕망의 공간, 절망과 혼돈의 공간[10]으로, 장내우는 수난의 공간, 오족협화의 공간, 이데올로기의 선전장, 지식인의 도피의 공간[11]으로 친일적 국책문학적 성향이 드러난다고 평가했다. 그러나 만주배경소설연구는 '협력과 저항의 틈새에서 고민하면서 자신의 문학적 가치를 보존하고자 했으며 협력적인 포즈에 이면에는 만만치 않은 문제의식이 담겨 있다는'[12] 긍정적 시각인 해석도 있다.

디아스포라는 트라우마를 지닌 채 본토에서 뿔뿔이 흩어졌다는 점과 강제로 흩어진 사람들에게 본토에 대한 집단기억이 강하게 남았다는 것[13]이 일반적인 특징으로, 사프란은 디아스포라구성원들은 조상의 고향을 이상화시키고 본국의 재건을 위해 헌신하며 다양한 방식으로 본국과 지속적인 관계를

8 채훈, 「재만작품집 『싹트는 대지』고」, 『재만한국문학연구』, 깊은샘, 1990, 137~146쪽.

9 오양호, 『『만주시인집』의 문학사 자리와 실체』, 역락, 2013, 11쪽.

10 김진아, 「재만조선인문학연구: 『싹트는 대지』 수록 작품을 중심으로」, 『한민족어문학』 제46호, 한민족어문학회, 2005, 350~351쪽.

11 장내우, 「재만조선인 중단편소설에 나타난 '만주' 표상 연구」, 『현대소설연구』 제66호, 한국현대소설학회, 2017, 445쪽.

12 방민호, 「일제 말기 문학인들의 대일협력 유형과 의미」, 『한국현대문학연구』 제22집, 한국현대문학회, 2007, 276쪽.

13 로빈 코헨, 유영민 역, 『글로벌 디아스포라』, 민속원, 2017, 24쪽.

맺는다고[14] 주창한다. 디아스포라 또는 추방된 작가로서 타국에서 디아스포라 관점에서 생성된 문학은 강제된 이동의 결과 그리고/또는 이주 환경들로 인해 소속의 범주와 현재가 불안전해져버린 사람들의 창작물[15]로서, 『싹트는 대지』는 이주수난뿐만 아니라 다양한 인물군상을 통한 디아스포라문학의 선구적인 의미를 지닌다. 이 글은 193,40년대 일제 말기 한민족이주자의 신산하고 고단힌 생활상과 만주공간의 소설적 형상화를 고찰힌다.

2. 지팡살이와 마적·군경의 횡포

안수길의 〈새벽〉의 시공간은 만주국 건국 이전 장작림정권시대 M골 두만강 상류의 산골짜기 마을이다. 청진에서 배를 내려 회령까지 기차를 타고 두만강을 건넌 다음 오랑캐령을 넘고 명동을 지나 용정으로 오는 고단하고 힘겨운 월경 여정이다. 배, 기차, 도보로 고개를 넘어온 M골은 삼면이 산으로 둘러싸였고 두만강이 트인 아늑한 마을이다. 냇가 쪽의 호가네 지팡[16], 산옆의 윤가네 지팡이 있는 마을로 이주한 창복 가족은 지팡주 호씨를 대신해 농장을 관리하는 조선인 박치만의 악랄하고 못된 행위에 고통을 당한다. 만주지팡살이는 식민지조선에서 친일지주와 마름의 횡포로 힘겨웠던 소작농생활에 민족적 차별까지 겹쳐 온갖 박해와 설움을 갖게 한 이주적 삶이었다. 지팡관리인 박치만은 소출이 적다고 작인들에게 말썽부리기 일쑤이고 주민들을 위협공갈하여 자기 이익만 취하며 부녀자를 농락하는 사람이다.

불안하고 위태로운 타국살이를 하는 창복은 미역감기와 명태잡이를 했던 고향 함경남도 H읍 S포구에서의 기억을 소환한다. 평화롭고 행복했던 성(聖)

14 위의 책, 25쪽.

15 비린더 S. 칼라·라민더 카우르·존 허트닉, 정영주 역, 『디아스포라와 혼종성』, 에코리브르, 2014, 92쪽,

16 지팡(地方)은 농장을 뜻하며 '띠팡'이 원발음이나 조선농민들은 보통 '지팡'이라 불렀다

의 세계와 폭력적이고 고단한 속(俗)의 세계로 회상되는 이원화된 공간[17]은 디아스포라문학의 특징이다. 중국인 농장주보다 더 악랄한 조선족 출신 관리인뿐만 아니라 이주자를 괴롭히는 건 마적으로부터 주민을 보호해야할 육군과 순경이다. 장작림부대의 잔당인 육군은 복장, 식량, 용돈 수급이 어려워 농촌을 다니며 법이 허락하는 약탈과 횡포를 부리며 아편을 요구하거나 여성을 겁탈하는 등 농촌을 황폐하게 하고 조선농민을 괴롭혔다. 지팡주, 지팡관리인, 마적, 군인, 순경 등 삼중 사중으로 힘든 이주농민들의 만주개척과 정착과정은 지난하고 신산한 삶이었다. 일본인 첩자로 오해받는 외국인은 '유일하게 모욕적인 지시의 대상이 됨으로써 타자가 된 하층민'[18]이자 공동체 안의 바깥인 호모 사케르[19]이다.

신서야의 〈추석〉의 김서방과 큰딸 봉적은 작년 추석에 아내와 어미를 잃는다. 김서방은 벼이삭이 탐스럽게 익었지만 늘어나는 빚과 굶는 가족을 위해 신곡출회기를 기다리지 못하고 불법인 사미(私米)매매를 위해 비밀스럽게 나락을 쌀로 만든다. 자신들이 지은 쌀을 몰래 내다파는 모순 속에서 동네아낙네와 함께 쌀자루를 등에 업고 장가둔에서 십리 남짓한 S시로 들어가 팔다가 감시원에 발각된 김서방 아내는 시름시름 앓다가 죽는다. 사미매매의 성행은 아무리 농사를 해도 생계를 유지하기 어려운 실정을 말해 준다. 어미 없이 자란 딸자식에게 인조견 한 벌을 입히고 죽은 아내의 영혼에 쓸 제찬을 위해 공설시장 어물전과 포목전에서 옷감과 어물을 사느라 우차를 대로에 두었다고 정복한 순사에게 혼이 난 김서방은 "춘강화월야(春江花月夜)인데 추창풍우석(秋窗風雨夕)이라…"는 시조 한 곡조를 읊으며 훈장생활을 했었던 자신의 처지에 눈물을 흘린다. 아내를 잃고 순사의 눈치를 보며 살아야하는 자신의 신

---

17 졸고, 「다문화공간에 나타난 기피적 타자성」, 『한국문학논총』 제63집, 한국문학회, 2013, 293쪽

18 기욤 르 블랑, 박영옥 역, 『안과 밖: 외국인의 조건』, 글항아리, 2014, 128쪽.

19 아감벤의 용어로 벌거벗은 생명/정치적 존재, 조에/비오스, 배제/포함의 범주쌍을 통해 전자는 무조건적인 살해의 가능성에 노출되어 있는 존재로서 정치질서 속에 포함시키는 근원적인 예외이자 배제된 자로 경계영역에 놓인다. – 조르조 아감벤, 박진우 역, 『호모 사케르』, 새물결, 2008, 180쪽.

세가 처량하고 슬프기 때문이다. 집단적인 배급제도로 운영되는 지팡살이를 하는 일본인이라는 편견과 외국인 정체성이 결합된 조선이주농민은 '한 삶이 자기와 분리되어 자기 자신과 일치하지 않는 낯선 삶'[20]을 경험한다. 이 소설은 가족이 모여 행복해야할 명절에 아내를 잃은 슬픔과 순사를 보고 지레 겁먹는 자신의 왜소함과 초라함이 유이민의 현주소임을 페이소스와 리얼리티를 통해 드러낸다.

식민지조선을 탈출하여 만주로 왔으나 소작농시절 지주와 마름의 횡포보다 더 심한 지팡살이는 중국인 지팡주와 조선인 지팡관리인에게 또다시 노동착취, 성착취, 인권침해로 이어진다. 망국민은 타국에서 외국인으로서 보호받지 못하고 일본인, 중국인뿐만 아니라 마적, 군경, 순사 모두의 적이 되어 견딜 수 없는 고통 속에 자살과 죽음, 아편중독, 도박에 빠졌다. 비적으로부터 보호받아야할 군인에게 약탈 및 겁탈을 당하고 일본인 국적의 국민이면서 억압과 감시하에 놓이며 외국인이기에 고통과 박해를 당했다. 〈새벽〉과 〈추석〉은 합법과 불법, 국민과 비국민, 포함과 배제, 안과 밖의 경계가 모호하고 무질서하게 뒤엉킨 타국살이를 지팡살이를 통해 예리하게 포착한다. 월경과정과 소금밀수, 쌀매매, 아편판매와 같은 불법적 상황 속에서 발각위험의 가슴졸임, 충격, 수치심, 불안감으로 질병과 죽음에 처하는 현실을 핍진하게 재현한다.

외국인은 향수의 멜랑꼬리에 의해 죽음에 이를 수도 있는 격렬한 고통에 이미 노출된 환원불가능한 신체이자 이동은 고국에서 불가능해진 방화의 권리를 국가 밖에서 지속하는 것을[21] 의미한다. 국경, 국민, 국적의 경계에 있는 이주자는 법이나 정치적 관습에 의해 보호받지 못하며, 무국적 상태의 비인간, 산주검(undead), 노바디(nobody)로서의 이방인 정체성을 지닌 채 인권을 유린[22]당했나. 빈주공간은 비적이변서 군경인 상하림부대, 일본인 국석이지

---

20 기욤 르 블랑, 앞의 책, 84쪽.

21 위의 책, 82쪽.

22 졸저, 『21세기 한국소설의 다문화와 이방인들』, 푸른사상사, 2014, 24~25쪽.

만 국가의 보호를 받기는커녕 이용만 당하며 중국인에게도 핍박과 설움을 받는 무질서하고 혼란스러우며 경계가 모호한 아노미상태였다.

3. 소금과 아편으로 표상되는 비정상적인 삶

소금은 매우 중요한 만주의 생활용품이기에 작품 소재로 자주 차용[23]되며 일상화된 마약 또한 불법적이고 의식을 마비시키는 중국사회의 문제였다. 〈새벽〉은 장작림정권 시대 한 가족의 생활을 기록한 청년의 수기라는 설명으로 시작한다. 이 소설은 중국인 소유 농장에서 소작하는 지팡살이만으로는 생계가 어려워 소금밀수를 하지만 빚이 늘어나 결국 딸은 자살하고 아내는 정신착란을 일으키고 아버지와 아들은 죽도록 맞으며 한 가정이 무너지는 현실을 소년의 시점으로 그린다. 장작림(張作霖, 장쭤린)은 중화민국 국민정부 만저우 지방 베이양 군벌 계파의 봉천군벌이자 정치인으로 1927년 장개석이 지휘하는 국민혁명군의 북벌운동으로 압박받기 이전까지 만주를 통치 지배했다. 영국과의 아편전쟁에서 패배한 중국은 굴욕적인 강화조약으로 막대한 배상금을 지불하고 강제개항되었으며 홍콩을 이양함으로써 역사적 치욕의 원인인 아편에 대한 트라우마가 있다. 그럼에도 불구하고 단속을 하지 않아 아편중독자가 지속적으로 증가했다. 육군조차 마을에 들어와서 닭을 빼앗고 마을여자를 겁탈하고 아편을 가져오라고 협박하는 등 마약중독이 일반화된 현실을 보여준다. 창복 가족은 아무리 농사를 지어도 늘어나는 빚을 갚기 위해 소금을 밀수한다. 소금이 귀한 간도이기에 M골에서 두만강까지 이십리길을 다니면서 명동, 용정, 국자가(연길)에 판매하지만 관염이 아닌 사염밀수는 불법이어서 적발된 벌금 백원은 가난한 이주생활을 더욱 곤궁하게 한다. 소금사건의 결과는 곱게 키운 딸을 지팡관리인의 첩으로 보내는 것이다.

---

23 강경애의 〈소금〉, 김창걸의 〈어머니의 반생〉 등 만주배경소설에서 자주 등장하는 모티프이다.

박영준의 〈밀림의 여인〉의 김순이는 10년간 산속에서 생활하다가 다리에 총을 맞고 포로로 잡혀 마을로 내려온다. 공산주의에 의식화되어 부락을 습격하고 금반지를 훔치는 등 거칠고 힘든 마적생활을 한 그녀는 무산자의 편을 들고 산속만이 진실과 진리가 있다는 믿음으로 마을생활에 적응하지 못한다. 그녀를 정화시키려는 정선생은 아내와 불화하고 마을과의 통합이 어려운 그녀를 아버지에게 돌려보낸다. 이 소설에서도 소금에 관한 대화 속에서 소금이 차지하는 비중이 드러난다. 소금이 떨어진 것을 걱정하는 아내를 위해 정선생과 귀순한 순이는 상점에서 식염 다섯 근을 산다.

> 놀라지 않을 수도 없다. 그들의 생활에서 가장 귀한 것이 소금이였으니까. 마을에 내려와 소를 잡아다 구워먹을 때도 소근이 없어 간을 맞추지 못하고 먹었다 한다. 간을 맞추지 못하고 먹는 음식에 맛이 있을리 없다. 쌀과 고기는 구할 수 있으나 소금을 구할 수 없으니 쌀 보다도 무엇보다도 귀한 것이 소금이였다는 것을 넉넉히 짐작할 수 있다.[24]

현경준의 〈류망〉은 일종의 부락보고서로 만주국 건국 뒤 범죄자를 갱생시키고자 설치한 보도소와 부락마을을 배경으로 한다. 이곳에는 밀수업자, 도박상습범, 사기횡령범, 부로커, 중독자 등이 감금되어 있으며 탈주사건이 일어날 때마다 보도소장은 일장 훈계를 한다.

> "언제나 하는 말이지만 우리 만주국에서 전 만오개소에다가 이러한 특수부락을 설치한 것은 무슨 까닭인줄 아시우? 삐뚜루 인생의 행로에서 탈선하여나간 여러분을 바른 길루 다시금 인도하여주려는 것이 그 제일 본의라는 것은 자초부터 알 수 있은 일이 이니우? 왕도락토를 건설하려는 만주국이 아니고는

---

24 박영준, 〈밀림의 여인〉, 501쪽. (인용 저서는 『중국조선족문학사료전집』 제5권, 연변인민출판사, 2001이며 다음부터는 생략하기로 한다).

> 꿈에두 상상할 수 없는 이런 고마운 혜택을 모르구 여전히 삐뚜루만 나가려는 여러분을 대할 때 나는 참말 세상사가 슬퍼나서 견딜 수가 없소. 여러분! 여러분은 모두가 쓰라린 과거를 가지고 있습니다. 그렇기 때문에 우리는 이렇게 여러분과 고락을 같이하며 여러분의 그 쓰라린 과거를 여러분의 기억에서 흔적없이 씻어버리구 새로운 광명의 길을 밝게 하자는 것이 아닙니까? 그러나 여러분! 여러분은 그것을 몰라주십니다. 아니 알고도 일부러 모르는 체합니다. 여러분 우리는 여러분께 장래의 은혜를 지워서 그 갚음을 받으려구 이러는 것두 아니구 내 배속을 채우려는 것두 아닙니다. 만약 그런 속으루 온 것이라면 왜 하필 이런 곳으로 왔겠습니까?" 보도소장의 말소리는 떨리기까지 하며 점점 울음조로 변해갔다. 그러나 그것을 듣고 있는 군중의 표정은 너무나 평범하다.[25]

부락이 설치된 것은 강덕 4년(1937) 역사적인 치외법권 철폐 이후이다. 불안정한 여건 속에서 이중국적과 치외법권의 존재는 한인들을 범죄의 유혹에 빠뜨렸는데, 적발되더라도 치외법권으로 인해 중국관헌의 단속을 면할 수 있기[26] 때문이다. 1937년 10월 치외법권 폐지를 앞둔 만주국은 대대적으로 아편마약 부정업자 검거가 이루어졌고[27] 특수부락이 만들어졌다. 영사관경찰서를 거쳐 집단부락에 배치된 폐인들은 사기, 도박, 횡령 등 밑바닥인생을 경험한 낙오자이다. 한때의 과오로 사회에서 배제된 이들 중 기술자, 정치운동가, 종교가, 의술가, 교육자, 어학능통자들을 갱생시켜 신흥국가의 바른 국민 및 부족한 인재를 양성하는 것이 목적이다. 그러나 소장의 연설을 무시하는 수감자 병철은 어느 회사사장도 도문개척시 밀수로 회사를 취득했다며 소장의 말이 달콤한 거짓이라고 비웃는다. 불법과 밀수가 만연한 만주공간에서 법제도

---

25 현경준, 〈류망〉, 619쪽.

26 박강, 「'만주국'의 아편마약 밀매 대책과 재만 한인」, 『한중인문학연구』 제19집, 한중인문학회, 2006, 464쪽.

27 위의 논문, 487쪽.

하의 부의 축적은 불가능하기 때문이다. 보도소장이 말하는 '장래'란 결국 대동아공영의 이념적 환상에 근거한 것이며 '희망' 역시 빈농구제의 명분을 내세우면서 아편재배를 장려하는 일본국가의 계획을 자기화할 때에만 환각되는[28] 것이다. 소장의 연설과 이를 듣는 군중의 시큰둥한 반응을 통해 창작시기의 복합적 맥락이 담겨있음을 알게 한다.

> 그러나 한번 인생의 로선에서 탈선한 그들을 다시금 정궤(正軌)로 끌어들이는 것은 참말로 어려운 일이였다. 무엇보다도 아편중독자가 문제다. 다른 무리들과 달라서 이 아편중독자들은 마약과 격절시킨다는 것은 사형을 선고하는 것과 마찬가지다. 그 마약과 격절된 그들은 하루의 대부분의 시간을 혼동상태에 빠져서 지난다. 그리고 더구나 문제되는 것은 이때까지 마약의 힘으로 눌러워있던 년래의 숙아(宿痾)가 머리를 치밀게 되는 그것이다. 이 때문에 당국은 골머리를 앓으며 여러 가지로 애를 썼으나 결국은 하는 수가 없이 된다.[29]

중독자들의 머리에는 오색무지개의 꿈으로 가득차 있고 마약의 유혹에서 벗어나지 못해 아내나 딸을 팔아먹기까지 한다. 알콜중독자인 명보는 아편을 빨기 위해 아내를 되놈에게 넘겨 목을 매게 한 악랄한 남편이자 자식들도 내팽겨치는 비정한 아버지이다. 명보는 득수와 성오네에서 마약을 흡입하고 득수와 성오처가 음탕한 행위를 해도 쾌락에 취하여 이를 묵인하는 비도덕적인 마비상태가 된다. 명보는 득수와 결탁하여 자고 있는 자신의 딸을 업어가 백원에 매매하려다가 실패한다. 패륜적인 아버지 때문에 주림에 시달리는 12살의 순동은 세탁소 심부름을 하거나 거리를 전전하며 여동생 순녀와 겨우 생계를 유지했기에 어머니를 팔아넘겨 결국 자결케 한 부친에 대해 증오로 가득차 있다.

28 이경호, 「아편의 시대, 아편쟁이의 시대」, 『사이』 제4권, 국제한국문학문화학회, 2008, 284쪽.
29 현경준, 앞의 소설, 626쪽.

> 명보는 아들의 앞에 성큼 다가들더니 두말없이 철썩 아들의 뺨을 후려갈긴다. "이 새끼 나는 네 애비다. 애비보구 그런 말 따위가 어디 있느냐. 응? 이 새끼 애비는 애비구 보초는 보초지." 순동이는 얻어맞은 뺨을 붙잡고 한동안 말을 못한다. 그러다가 애비의 주먹이 다시금 날려들 때에야 비로소 선뜻 옆으로 비껴서며 "뭐요?" 하고 버럭 소리를 지른다. "애비? 애비? 흥 대체 그런 말이 어디서 나와요? 애비라구 하기가 부끄럽지 않아요? 걸핏하면 애비라구 하면서 이때까지 자식들에게 애비의 노릇을 한게 뭐요? 난 이때까지 스무살이나 먹는 동안 애비의 신세를 제본 일은 한번두 없소. 되려 어린 것이 푼푼히 얻어오는 돈으로 양관(阿片吸烟所)에나 댕기면서 아편만 빤건 누구요? 애비라구 자칭하면서 자식들에게 옷 한 벌 지어줬소? 언제 한번 먹구싶어하는 음식을 먹여본 일이 있소? 그리고 또 내 어미를 되놈한테 팔아버리구 어린 자식들을 길가에서 헤매게 한 건 누구요? 애비? 애비? … 그런 뻰뻰스런 말이 어디서 그렇게 나오오? 내가 못생긴 놈이라문 애비구 뭐구 벌써 개굴창에라두 차버린지가 오랬을 거요." "뭐? …엑 개자식." 명보는 참다가 못해 아들의 모가지를 틀어잡는다.[30]

잔인하고 비열한 아버지는 무책임하고 비도덕적인 태도를 보이며 가족을 매매하고 폭력을 휘두르기에 아들 순동의 눈에서는 참고 있던 눈물이 쏟아진다.

밀수업자의 일확천금과 아편중독자의 현실도피는 정신개조가 어려워 보초막의 경비가 엄중함에도 탈주가 반복된다. 배급된 쌀을 아편으로 바꾸기 위해 규선, 성오, 병철은 탈주계획을 세우고 도망치다가 자위단에게 발각되고 규선처는 버드나무가지에 목메고 만다. 이 소설은 감시와 경계 속에 집단적 삶을 사는 보호소에서 마약, 아편중독이 갱생조차 불가능하기에 가족들에게 끼치는 불행과 피폐함을 보여준다. 또한 사회에서 배제된 이들을 분리하여 교육한 후 부족한 인재를 신생국인 만주국에 활용하려는 목적으로 보호소가

30 위의 소설, 629쪽.

설립된 당대의 만주 상황을 그리고 있다. 갱생하여 보도소장의 양딸 순녀와 결혼하는 명우와 한때의 투사였지만 개심하지 못하고 아내마저 자살한 규선을 대비함으로써 계몽적인 주제의식이 엿보인다. 중국사회에서 아편과 마약이 얼마나 일반화되고 널리 퍼졌는가는 국가적 차원에서 큰 사회문제를 일으켰다. 또한 규범, 가치가 상실되고 비윤리적이며 무질서와 방종이 만연한 만주공간에선 정상적이고 미래지향적인 삶이 불가능하며 불안하고 평온하지 않기에 밀수를 통한 일확천금의 꿈이나 마약, 아편을 통한 무지개 같은 환각을 추구했다.

4. 팔려가는 딸(아내)과 희생제의

집안의 생계유지를 위해 딸과 아내들이 성노동에 종사하거나 채무첩으로 팔려가는 현상은 당대의 삶의 질곡을 단적으로 드러낸다. 재산이나 가축으로 치부되어 삶의 수단이나 경제적 가치로 환원되는 여성의 운명은 가부장적 남성중심적인 사회분위기 때문이다. 가족의 부양자 역할을 하는 그녀들은 원치 않는 결혼을 하거나 부모에 의해서 팔려간다.

〈새벽〉의 지팡관리인 박치만은 아편중독인 만인 출신 아내와의 결혼생활이 불가능해 마을처녀 복동녀를 탐한다. 그는 계획적으로 그녀의 아버지를 빚지게 하고 딸을 볼모로 돈을 갚아준다. 젊은 처녀나 아낙을 담보로 계약하는 방식은 만주의 전통적인 괴습(怪習)이다. 마을의 지식인인 삼손을 사랑하는 그녀를 책망하며 그래도 되사람보다는 조선사람인 박가가 나으며 배는 곯지 않으리라고 당부하는 아버지는 딸을 달래지만 흐느껴 울 뿐이다. 딸을 팔아버리려는 남편에게 아내는 악다구니를 하며 부당함을 역설한다.

> "잔치랑이?" 어머니는 어떤 예감에 가슴을 떨었다. "이 돈은 무슨 돈이요? 그래 딸자식 한 목숨이 기껏 자래워서 그래 그런 얼되놈한테 팔아먹겠소? 난

> 싫소. 난 싫어…” 어머니는 발악을 하였다. “이런 되놈땅에 끄을구 와서 죽을 고사앙 다 시키다가 나중에는 딸까지 팔아먹겠소? 렴치없소! 데럽소! 그게 애비노릇이요? 사철가야 몸에 걸 헝겊 한 오래기 안사입히문서 뻔뻔하게 애비누라구 그 얼되놈한테 체 - 딸아를 팔아먹었궁… 그게 나를 못잡아먹어하는 직이랑이. 그러지 말구 나를 잡아먹소… 잡아서 고기까지 뜯어먹소… 어려서 최문집에 들어와서 지금까지 별의별 종노릇을 다했소. 범같은 시에미 천대두 받을대루 받았다우. 배두 곯을대루 곯아봤다우. 사난 매두 맞을대루 맞았다오. 되놈땅에 오장이 순순히 따라와서 손톱이 무지러지두룩 일을 했다오. 이우에 무시게 모자라서 내 고기까지 뜯어먹자구하오? 옛소. 죽이오! 죽여… 복동녀야. 늬 애비한테 한몽치에 맞아죽자… 죽여라… 죽여라…” 어머니의 포악은 보통 히스테리라고 말할 성질의 것이 아니었다. 그것은 마치 함정에 든 맹수가 최후의 발악을 하는데나 비길 수 있을가.[31]

딸을 지팡관리자에게 시집보내려는 위기에 처하자 어머니는 종노릇, 시집살이, 중노동, 폭행 등 자신의 모진 삶과 딸을 지키지 못한 회한을 늘어놓는다. 고단하고 신산하게 살아온 어머니는 결혼식날 딸의 시체를 보고 정신줄을 놓아버린다. 동리아낙들의 곡성이 난무하고 어머니는 미쳐 돌아가며 신랑 박치만에게 아버지는 구타당하며 누이를 잃은 남동생은 그를 물어뜯으려다가 발길에 채여 나자빠진다. 딸을 저당 잡아 돈을 얻는 만주의 악습과 가난 때문에 한 이주가정이 몰락하고 죽음과 광기와 폭력으로 끝이 나는 이 소설은 지팡살이, 이주체험, 여성수난을 총체적으로 보여주며 이주국 정착이 얼마나 어려운지를 실감나게 재현한다.

딸의 강제결혼을 막고 지팡관리자의 횡포를 알리기 위해 지팡주 호씨와 친구 손씨를 만났지만 희망이 보이지 않자 서럽고 초조해진 아비지는 늪에서 미역감다가 빠져죽을 뻔했던 일을 떠올린다. 늪에 빠지지 않으려고 애를 쓰

31 안수길, 〈새벽〉, 554쪽.

면 쓸수록 밀려들어가다가 기진한 어린 시절의 모습이 지금 자신이 처한 상황과 같기 때문이다. 청소(靑沼)에는 지킴구렁이가 있어 매년 숫처녀를 바치고 풍년을 기원하였는데 백 번째 바친 순결하지 못한 처녀 때문에 용이 되지 못한 전설로 매년 사람이 하나씩 빠져죽는 것이다. 정결한 여성의 대속제의는 오랜 전통으로 인간의 무의식 속에 여전히 남아 있는 가부장적 반여성주의적 인습이다.

〈류망〉의 알콜중독자 명보는 아편을 빨기 위해 아내와 딸을 매매하고자 하며, 한때의 정치가였으나 갱생하지 못한 아편중독자 규선의 아내도 자살한다. 김창걸의 〈암야〉의 최영감네 하녀인 고분이는 아버지보다 3,4살 많은 윤주사에게 200원에 팔려가 씨받이가 될 위기에 처한다. 나이 50세에 아들이 없고 방탕하여 과부, 이혼녀 등 5,6명의 여성을 바꾸는 등 밑천을 털어먹고 지팡살이를 하더라도 장가는 가고 말겠다고 벼르는 윤주사는 고분을 흥정해서 데리고 오고자 한다. 고분의 몸값을 두고 이백 원을 치르면 남는 것이 없는 가난뱅이 남가, 아들을 원하는 늙은 윤주사 그리고 고분을 사랑하는 명손이 흥정하는 장면에서 여성은 재산축적과 빚탕감이나 물물교환의 대상으로 사물화되고 타자화된다. 최영감의 빚 80원이 변리까지 합해 150원이 되자 빚독촉에 시달린 고분아버지 김유사는 윤주사에게 딸을 팔고 22살의 노총각인 명손은 고분이와 함께 마을을 떠난다. 명손, 김유사, 최영감의 대화에서 딸자식을 매매하는 전통적 관습과 돈이 부족해 연인을 잃을 위기에 처한 젊은이의 안타까움이 그려진다.

> "빚이 바쁘니 딸을 팜둥? 팔아 빚을 물자구 딸을 낳았슴둥?" 나의 눈에는 열이 올랐기때문인가? 웃구석천정에 거미줄 친것도 빙빙 도는 것 같다. "그런 소릴 말게. 자네네 사는 남도에서는 왜 게집애를 색주가에 파는가? 임만 그래두 색주가보다는 낫능이!" 그도 그럴듯한 소리다. 그러나 고분이만은 못놓겠다. "그러문 제가 이백원을 내겠습고마. 다른데 팔지 맙소." 내게는 이백원이 없다. 그러나 흥정은 시키지 말아야 되겠다. "허, 이 사람 명손이, 미쳤는가, 자네에게

> 무슨 돈이 이백원이나 있는가?" 이렇게 하다가는 일이 점점 벌어질 모양이다. 무엇보담 윤주사령 감태기를 쫓아 돌려보내고 봐야겠다. "령감, 꼭 이 집으로 서방을 오겠습둥? 와두 첫아이는 저를 줍소. 그래두 꼭 기어코 오겠습둥?" "음, 재수없다. 음, 퉤퉤!" 윤주사는 돌아가기는 했으나 나는 왜 그 말을 했는지 후회된다. 그 때문에 고분이는 그후에 부모한테 뚜들겨맞고 추입도 자유롭지 못하게 된 것이 아닌가! 이 몇해어간에는 매혼하는 일이 점점 즈물어가지만 그전만해도 퍽 심했던 것을 나는 간도에 들어와서 듣기도 했고 보기도 했다. 그 때문에 부자된 사람도 있지만 쫄딱 녹은 사람이 더 많다.[32]

회령에서 이주한 최영감은 아들 하나, 딸이 다섯인데 이,삼백원을 받고 딸들을 팔아넘긴다. 웃마을 절뚝발이에게 후실로 간 넷째딸을 사백 원에 매매하고 오십여 경의 밭을 획득한 그는 딸매매로 재산을 축적한다. 풋나물 장돌뱅이이고 열심히 나무를 해도 가난뱅이인 22살의 '나'와 자신을 좋아하는 18살 고분이와의 연분은 맺어질 수 없는데, 그녀가 50살 된 윤주사에게 팔려가는 이유는 돈 때문이다. 색주가에 파는 것보다는 낫다는 김유사는 딸을 팔아 땅을 마련한 최영감에게 자신도 딸을 팔아 빚을 갚는 악순환이 반복된다. 여성을 재산축적이나 생계유지 혹은 가축이나 토지로 인식하는 남성중심적 분위기와 매매대상으로 여기는 만주의 풍속이 결합된 반여성주의적 태도는 시대와 공동체를 초월해 여전히 심청과 바리[33]의 효 이데올로기가 강요되는 현실을 반영한다. 자기의지나 성적 자기결정권을 갖지 못하고 가족을 위해 희

32 김창걸, 〈암야〉, 487~488쪽.

33 고전문학의 주인공인 심청과 바리는 자식의 도리를 다하기 위해 목숨을 버리거나 생명수를 찾아가는 가부장제의 희생양이다. 가족부양이나 생계를 꾸리기 위한 강요된 효를 실천하는 그녀들은 국가의 위기의 순간마다 희생되었는데 고려시대 조공으로 중국으로 간 환향녀(還鄕女)나 식민지시대 아버지의 무능으로 인한 채무첩, 기생, 카페여급, 카바레댄서, 1950년대 기지촌여성, 1970년대 일본기생 등의 가부장적 사회에서 가족과 국가를 위해 몸을 바치고 훼손하는 관습이 21세기에도 여전히 유효하다. - 졸고, 「집시와 심청(바리)의 환생, 21세기 이주여성」『한중인문학연구』 제35집, 한중인문학회, 2012.

생되는 현실이 일제강점기 이주여성의 현주소이다.

〈밀림의 여인〉의 김순이는 땅을 팔아 첩을 얻고 딸을 구박하는 지주인 아버지를 증오한다. 아버지에 의해 13살에 결혼해 집에서 쫓겨나 공산비에 잡혀 산속생활을 한 순이는 마을에서의 일상생활에 적응하지 못해 또다시 자신을 배반한 부모를 찾아가며 기차에서 눈물을 흘린다. 이 소설에서도 정상적으로 살지 못하고 부모로부터 학대받고 비려짐으로써 총을 들고 강성의 사회주의자가 된 여성을 '밀림의 여인'으로 그려진다. 한찬숙의 〈초원〉의 마루도는 부처님 제삿날 양복을 입고 구경갔다가 파잉콜이 낳은 미인이라는 소문이 난다. 북몽골 일대에서 제일 크고 이름난 절간인 간쥬루묘의 활불(活佛)은 그녀를 노리고 그녀가 사는 파잉콜 동리에 농장구경을 오려고 한다. 몽골풍습에서 활불은 몽골천지를 마음대로 휘두를 수 있는 세력을 가졌으며 처녀나 부녀자의 집에서 하루밤을 자게 되면 정조를 바쳐야 한다. 활불에게 정조를 바치는 것이 오히려 광영이자 성의 서비스를 한가지 봉사라 여기는 풍속을 알고 있는 마루도는 능구렁이 같은 늙은 활불의 하룻밤 노리개가 될 바에야 차라리 독약을 마시는 것이 낫다고 여기며 사랑하는 조선남자를 찾아 길을 떠난다.

〈새벽〉의 용에게 숫처녀를 바치는 조선전설과 딸을 매매하는 만주괴습, 〈초원〉의 활불에게 부녀자의 성을 바치는 몽골풍습 등 동아시아관습에는 여성희생제의가 자행되며 순결한 처녀는 제물이 된다. 신이나 원귀(寃鬼)에게 산 몸을 희생시켜 제물로 삼는 인신공희(人身供犧)[34]는 효나 결혼과 결부된 인신매매로서 인신공양결혼으로 나타난다. 그녀들은 버려지고 바쳐지고 팔려가고 바다에 던져지는 제물이 됨으로써 마을과 가족공동체가 유지되었다. 처녀성의 시련과 위기상태는 가난한 집안의 처녀에게 더 쉽게[35] 찾아오는 것이다. 여성은 항상 자기자신으로부터 온전하게 타자화되어 있으며 남에 의해

34 장덕순, 『설화문학개설』, 삼우사, 1976, 192~197쪽.

35 이혜령, 『한국 근대소설과 섹슈얼리티의 서사학』, 소명출판, 2007, 151쪽.

규정되어온 존재이자 시대와 역사가 요구하는 남성권력의 재현물로서 존재[36]했다. 자식들은 어머니의 부재 속에서 결핍과 슬픔과 한을 갖고 성장하며, 어머니는 가난과 빚, 갖은 고생으로 정신착란, 질병, 자결이라는 비극적 결과에 이른다. 어머니들의 광기, 중환, 죽음은 보호해줄 국가 부재를 알레고리화하는 동시에 가부장적 보수적 사회에서 성착취, 노동착취로 고통받은 여성희생, 여성수난을 상징한다. 여성은 가부장적 통념과 여성혐오, 정절 및 효 이데올로기에서 자유롭지 못한 타자였다. 남성이데올로기의 표현인 성처녀(聖處女)는 아무도 들어가지 않았던 '처녀지', '처녀림'으로 손을 대지 않은 순수함과 깨끗함을 느끼는[37] 신개척국 위만주국과 함께 연상되었다.

5. 오족협화로 본 다문화와 갱생의 시대

〈새벽〉의 지팡관리인 박치만은 어색한 만주어를 자랑으로 여기듯이 사용하고 항상 만주복을 입고 스스로 호씨의 양아들이라고 떠벌리며, 만인여성과 결혼해 조선인임을 지운다. 중국인 지팡주보다 더 악랄하고 동족에게 잔인하게 구는 그는 중국사람으로 보이기 위해 의상, 언어, 만인아내와의 결합 등 조선 태생임을 티내지 않지만 주민을 욕할 때 튀어나오는 러시아말이나 함경북도 사투리 욕지거리로 인해 마을사람들에게 '얼되놈'이라는 말을 들으며 조롱과 경멸를 받는다. 닮고자 하지만 똑같아질 수 없는 혼종적 양가적 특성은 피식민지민, 이주자 정체성이다. 모방은 위장과 같은 것으로 차이를 억누르는 조화가 아니라 현존을 부분적 환유적으로 드러내어 현존을 지키면서 그와 구분되는 닮음의 형식으로 '부분적인' 닮음의 반복만이 존재[38]하며 박치만의 중국인되기는 비열한 모습으로 재현된다. 이주자이자 식민지 피지배자는 그들

36 정재서 엮음, 『동아시아여성의 기원』, 이화여대출판부, 2002, 62~63쪽.

37 김화경, 『세계신화 속의 여성들』, 도원미디어, 2003, 63쪽.

38 호미 바바, 나병철 역, 『문화의 위치』, 소명출판, 2012, 206~207쪽.

의 이데올로기를 스스로 내면화하여 자신을 열등하고 야만적인 존재로 생각하면서 지배자를 선망하고 모방하는 정신적 노예상태[39]에 빠진다. 모방하기, 흉내내기의 불완전하고 불안한 박치만의 자기소외와 열등의식은 자신과 똑같은 한민족이주자에게 가학적이고 폭력적인 자세로 나타난다. 이는 제국과 식민지, 원주민과 이주자, 국민과 비국민, 정착민과 이방인의 탈식민주의 관점에서 복잡한 양상을 띤다. 바바는 모방이 식민지 지배자와 피지배자 사이의 경계선을 흐트러뜨림으로써 지배자의 권위와 정체성을 불안하게 하는 요인이라고 해석하며, 파농에게 모방은 경멸과 비하의 대상인 '짝퉁'을 만들 뿐[40]이다.

박치만의 첩이 될 처지인 복동녀는 암캐처럼 수캐엉덩이를 따라다닌다는 둥 아이를 배었다는 등 동네의 소문이 나쁘게 퍼진다. 그녀의 애인 삼손은 보통학교를 졸업하고 기독교청년회 강습소에서 수학한 M골의 유일한 선각자이자 지식인으로 무지하고 보수적인 마을사람들과 다르다. 함경남북도 출신이 대부분인 M골 사람들은 삼년전 가족과 함께 유입된 삼손이 자신들과 같은 말을 쓰지 않는다며 경원시하고 어울리지 않는다. 야학을 개설해도 아이들을 보내지 않고 축구를 알려줘도 아이들이 버려진다며 비난하는 마을사람들은 두 남녀의 연애에 대해서도 호의적이지 않다. 언어를 소유한 사람은 그 언어가 표현하고 내포하는 세계를 소유[41]하므로 이질적이고 우월한 삼손 가족은 공동체에서 배제되고 소외된다.

아편을 피워대는 만인아내와 정상적인 결혼생활이 불가능한 박치만은 자신이 관리하는 지팡살이 가정의 딸을 첩으로 맞으려고 한다. 그가 지팡주 호씨에게 전적으로 관리를 맡게 된 이유는 길림에 있을 때 자신을 포함한 비적들이 호씨를 노렸으나 일당을 배신하고 그에게 알려 생명의 은인이 되었기 때문이다. 온화하고 인자한 호씨가 자신의 지팡을 못된 박치만에게 권리를

39 이경원, 『파농』, 한길사, 2015, 471쪽.
40 위의 책, 122쪽.
41 위의 책, 120쪽.

양도함으로써 마을사람들은 고통을 당하며, 의리도 민족감정도 도덕성도 없는 박치만의 행실은 진짜가 될 수 없는 자신이 중국인이 되기 위해 더한 충성을 보이는 이주자의 초라한 모습이다.

한찬숙의 〈초원〉의 하이라루, 파잉콜, 후룬벨, 흑정자, 커르징 등의 이국적인 마을이름이 배경인 파잉콜 동리구장의 딸 마루도는 출장 온 기공서 축산주임 임봉익을 사랑한다. 봉익은 원시적 유목민족의 습성을 지닌 미개한 마을사람을 위해 가축에 예방주사를 놓고 염병을 방역하고 사람들까지 간호하며 축구를 가르치기도 해 칭송을 받는다. 구세주이자 존경받는 선생님인 봉익 역시 어여쁜 자태의 마루도를 사랑하지만 맡은바 임무에 대한 책임의식이 크다.

> 약대를 타고 한없이 넓은 들판을 걸어갈 때나 달 뜨는 밤 버드나무아래서 피리를 불 때면 반드시 마루도의 어여쁜 자태가 사뿐사뿐 달려와서 앞에 앉는듯이 눈앞에 나타나군 하였다. 이것을 가리켜 연애라고 한다. 연애에는 국경이 없다더니 나는 마루도의 애인이 되고 마루도는 내가 사랑하여주어야 될 여자인가. 몽골사람이 되고 말려는 결심까지 한 나이거든 몽골처녀를 사랑하는 것이 무슨 잘못이 있을가. 그러나 아니다. 절대로 아니다. 나는 몽골천지에서 미개한 민족을 위하여 온갖 고통과 곤난과 번민을 물리치고 씩씩하게 싸워나가야 될 관리가 아니냐.
>
> 나는 언제나 나 하나만으로 해석하면 안된다. 만주국내 흥안사성에 있어서 원시적 생활을 계속하고 있는 몽골민족을 위하여 내 한 몸을 아낌없이 던질 마음엔 이러한 연애의 감정에 붙들린다는 것처럼 맹랑한 것이 없다고까지 결론을 붙이기 위하여 머리를 좌우로 흔들어 보았다.[42]

만주국의 지배이데올로기인 민족협화(民族協和)는 한족(漢), 만주족(滿), 몽

---

42 한찬숙, 〈초원〉, 587쪽.

골족(蒙), 일본인(日), 조선인(朝) 등 다섯 민족이 서로 평등하게 화합하고 협력 및 통합하여 공존공영을 이루자는 다문화주의적인 슬로건이다. 임봉익의 개선활동과 다문화연애는 작가 이력[43]에서도 알 수 있듯이 만주국 이념에 순응하고 장려하고자 하는 의도를 내포하지만 이주국이 지닌 다문화적 갈등과 혼종성을 리얼하게 재현했다는 점에서 동시대적 의미를 지닌다. 몽골인의 미개하고 원시적인 생활을 도와주고 이끌어주면서 보람을 느끼며 몽골인이 되고 싶은 다문화의식보다 국가의 의무를 앞세우는 태도는 양가적이고 복합적인 작가의식을 드러낸다. 한 여인에 대한 사랑보다는 인류애적 봉사와 일을 선택한 봉익 때문에 어머니 없이 슬프게 자란 마루도는 위기에 처한다. 담배를 건네는 행위는 사랑의 표식이라는 몽골관습에 무지한 봉익과 마루도의 다문화적 관계는 국제연애의 어려움을 말해 준다. 이 소설은 계몽과 교육, 개척과 건설이라는 신생국의 소명의식이 절실하게 표출되는 만주국의 시대적 사명감이 강조된다.

황건의 〈제화〉는 영화제작소가 있는 만주국 수도인 장춘이 공간적 배경이다. 중풍으로 앓아누운 어머니 간호와 힘든 결혼생활로 주름살이 가득한 누이를 둔 '나'는 문화청년회 예회 문화부에 소속되어 젊은 회원들과 치열한 논쟁을 벌이곤 한다. 의견이 맞지 않아 회원 필수와 태규가 싸움을 하게 되고 K, P, 기주 등이 말리면서 문화청년회는 처참한 결말로 치닫는다. 삼년전 현해탄, 촌, 서울 등에서 흩어져 살며 방황하다가 태규의 주선으로 만든 이 모임에서 예술에 대한 열정을 지닌 이들에게 문화건설, 이성, 양심의 미명이 사라진 시대의 예술은 불가능한 꿈일 뿐이다.

> 한때는 나도 영웅시대를 가졌었다. 미래만을 알았었다. 현재라는 것도 미래

43 작가는 도만 후 간도 일본총영사관에서 2년간 근무하고 만주국 관리생활을 8년간 했으며, 작품 발표 당시 간도성 왕청현실업과장의 이력을 지니고 있다. 신영철의 후기에서는 '출판의 경비에 적지 않은 주선과 원조 내지 편의를 보아주신 왕청의 한찬숙씨'에게 충심으로 고마워한다고 적혀있어 창작 외적 기여도가 있음을 알 수 있다.

> 에 통하여 있었기 때문에 모든 것은 힘과 보람에 차 밝았었다. 허나 나는 그로부터 심년 가까운 세월을 보내였다. 그 사이에 나는 이제껏 몰랐던 너무나 많은 경악과 회의를 포태하게 되었던 것이니 아름다웁고 진실하려던 모든 성곽은 아찔하여 갔다. 그래도 나는 마치 사람에게 쫓기우는 고기와도 같이 막히는 곳에서마다 다른 성곽 다른 길을 찾아 헤매였었다. 허나 스산하고도 어두운 오래인 밤뒤 나는 드디여 자신이 온갖 것에서 배반당하고 말았음을 알았다. 웅장하고 화려한 온갖 속은 가장 중요한 무엇이 빠져 없다는 것, 모든 것이 진실로 아름다운 것에서는 멀다는 것 그리고 그 아름다운 것은 우리들 머리와 가슴속에 밖에는 없다는 것 그때부터 나는 이러한 것을 골똘히 생각하게 되었었다. 나중에는 그 어떤 인간을 넘은 힘의 일만이 자꾸 되살려졌고 아무리 화려한 것을 가져온다 한들 이제는 너무나한 공허를 메울 수가 없겠다는 것을 알게 되었고 그리하여 나는 드디여 량팔을 힘없이 놓고말았던 것이다. 이곳에는 말하자면 사회와 인류력사와 인간성에의 모든 나다운 결산이 엉켜있었다고 하겠다.[44]

무대와 관중, 관중의 박수가 그리운 회원들은 영웅이 되거나 영웅의 꿈을 이룰 수 없는 시대와 사회의 어둠에 실패하고 파행하게 된 것이다. 무거운 첫인상에 그늘진 형용의 파문을 지닌 고독한 기주와 사귀게 된 '나'는 재산가 집으로 시집을 가 항상 웃는 모습을 한 언니와 대조적으로 남다른 슬픔으로 말이 적은 기주 등 판이한 두 자매의 삶을 본다. 세속과 타협한 자본주의적인 풍요로움을 누리는 언니와 예술을 지향하는 동생 기주의 삶이 대비된다. 거리와 공원엔 만인복 입은 중늙은이와 소년, 흰저고리에 검은 치마를 입은 조선여자 등 다문화적인 도시풍경이 그려진다. 조선에서 양심적인 예술극단으로 평가받는 백성좌(白星座)공연을 보러 만철사원구락부(滿鐵社員俱樂部)로 구경을 간 두 남녀는 치열하게 작품에 대해 토론한다. '나'의 시선으로 그려진

44 황건, 〈제화〉, 691~692쪽.

도시는 전등불에 얼룩진 길위의 초불단 마차가 지나가고 다양한 복장을 한 사람들이 걸어다니며, 만철사원구락부, 보산백화점, 대동공원, 길야정 다방, 우정국, 대경로, ××그릴, 장춘대가, 일본교, 오뎅집 '죠바' 등의 거리로 이루어진다. 어머니의 병환이 심해지자 나는 기주에게 조선으로 갈 것을 종용하며 그녀가 떠나간 거리를 다니며 미래의 불확실성을 느낀다.

『싹드는 대지』 수록작품들은 다민족과의 조화와 통합, 처녀지, 신개척지인 신흥국에 필요한 인재양성과 국가건설을 위한 교육과 갱생, 정화와 계몽의 필요성을 강조한다. 〈밀림의 여인〉의 정선생은 산속의 공산비였던 김순이를 교화시키는 인물이며, 〈초원〉의 임봉익은 미개하고 야만적이며 원시적인 몽골지역을 순회하면서 위생과 방역, 근대생활을 지도하고, 〈류망〉의 보도소 소장은 중독자, 사기꾼, 부정업자, 밀수꾼 등 낙오된 폐인들을 갱생시키고 정신개조를 위한 연설을 자주 하여 바른 국민을 만들려고 노력한다. 소장에 감화한 명우는 현실에 적응하여 결혼에 이르지만 마약탈주를 하는 왕년의 정치운동가인 규선은 정신개조에 실패한다. 명우가 왕도낙토와 갱생의 실험에서의 성공을 예비한다면 동시에 규선은 만주국의 이데올로기와 명랑성으로 봉합되지 않는 병든 환부[45]인 것이다. 이러한 요소 또한 친일적 혐의에 자유롭지 않으나 다양한 인물들을 통해 일방적 주장이 아닌 숨겨진 맥락 속에 숨겨진 다양성을 독해할 때 만주공간의 다채로움이 발견될 수 있다.

6. 디아스포라적 삶·만주공간·위만주국

암흑기이자 해방공간인 1940년대 우리 문학은 문학적 문학사적으로 빈곤하고 취약한 시기였다. 위만주국의 건국이데올로기에 순응하는 친일적 색채

45 정종현, 「근대문학에 나타난 '만주' 표상」, 『한국문학연구』 제28집, 동국대 한국문학연구소, 2005, 14쪽.

가 농후하다는 편견으로 외면되거나 부정적 평가를 받는 해방전 재만문학은 틈새와 맥락 속에 기입된 문제의식을 해석할 때 의미를 부여할 수 있다. 이 글은 친일과 반일, 협력과 저항이라는 이분법적 사유에서 벗어나 작품 자체의 면밀한 분석을 통해 『싹트는 대지』의 이주체험과 만주공간의 특수성을 고찰하였다.

고단하고 신산한 식민지조선을 떠나 보다 나은 삶을 위해 만주로 향한 한민족이주자는 지팡살이의 고달픔과 집단적 배급제로 이루어진 소금, 쌀 보급만으로는 생계유지가 어려워 소금, 쌀, 아편 밀수같은 불법을 저지르거나 마약중독과 같이 정신을 마비시킨 채 희망없이 살아간다. 일본인 국적으로 외국인으로 살아가는 이들은 중국인 지팡주와 조선인 지팡관리인으로부터 박해당하고 보호받지 못하는 디아스포라의 운명을 지닌다. 일본인, 중국인, 마적, 군인, 순사로부터의 횡포와 겁탈의 위협으로 여성타자는 자결, 정신착란, 질병, 겁탈에 노출되었다. 팔려가는 딸(아내), 심청(바리) 모티프로 표상되는 대속제의적 관습과 남성중심적 전설, 동아시아 전통문화 때문에 여성타자는 희생되고 수난을 겪었다. 그녀들은 가축과 토지라는 매매대상과 빚탕감, 생계수단으로 인식되었다. 〈새벽〉의 복동녀, 〈암야〉의 고분, 〈초원〉의 마루도, 〈밀림의 여인〉의 김순이는 아버지로부터 강제결혼 혹은 매매되어 늙은 남자의 채무첩이 되거나 성불에게 바쳐지는 상황에 놓이며, 여성으로서 감내하기 힘든 운명에 처한다. 무능한 아버지는 마약을 위해 아내나 딸을 팔아 자결케 하고, 효 이데올로기를 강요당하며 부양자 역할을 해야 했다. 이 시기 젊은이들의 사랑과 결혼은 불가능한바, 〈새벽〉의 삼손과 복동녀, 〈암야〉의 명손과 고분이, 〈초원〉의 임봉익과 마루도, 〈제화〉의 '나'와 기주처럼 이별 혹은 자살하거나 늙은 남자에게 강제로 시집을 가거나 활불에게 성을 바쳐야 했다.

또한 7편의 소설에는 어머니 부재 및 불행이 많은데, 〈추석〉에는 행복할 명절에 어머니를 잃고, 〈새벽〉의 어머니는 딸의 시체를 보고 광기와 정신착란을 일으키며, 〈초원〉의 동리구장의 딸 마루도도 어머니 없이 자라 늘 슬픔에 잠겨있고, 〈류망〉의 순동이, 순녀 남매도 되놈에게 팔려간 어머니가 목을 메는 비극을 겪게 되고, 〈제화〉의 모친은 중병으로 누워있다. 자식에게 모친의 사망과 결여는 자신을 보호해줄 울타리가 없음을 의미하며 이는 곧 국가부재의 망국민이자 이주자의 설움을 대변한다. 여성희생과 여성착취는 만주괴습, 몽골풍습, 조선전설 등의 아시아적 전통관습과 전설과 정절/효 이데올로기가 낳은 가부장적 문화 때문이며, 이 시기 이 지역이야말로 온전한 가정을 이룰 수 없는 극단적이고 극한적 상태를 말해준다.

등장인물의 특징 중 하나인 지도자적 남성인물은 교화, 설교, 계몽을 통한 인재양성과 사회질서를 확립하려는 신생국의 의지를 대변한다. 〈밀림의 여인〉의 정선생은 산속의 공산비였던 김순이를 교화시키는 인물이며, 〈초원〉의 임봉익은 미개하고 야만적이며 원시적인 몽골지역을 순회하며 위생과 방역, 근대생활을 지도하는 인물로 사랑보다는 일에 대한 사명감을 갖고 있다. 〈류망〉의 보도소 소장은 중독자, 사기꾼, 부정업자, 밀수꾼 등 낙오된 폐인들을 갱생시키고 정신개조를 위한 연설을 자주 하여 바른 국민을 만들려고 노력한다. 이는 처녀지, 신개척지로서 신흥국가를 건설하기 위한 인재의 필요성과 민족협화, 정신개조가 요구되었기 때문으로 만주국의 정착과 친일성향을 반영한다. 이 작품집에선 인간을 정화, 계몽, 교육, 정신개조하거나 땅을 개간, 개척, 건설, 갱생하고자 하는 주제의식이 강하게 드러난다.

소설의 결말은 대체로 비극적이고 불행하며 미래가 불투명하게 그려진다. 〈암야〉의 고분이와 명손은 십년동안 살았던 마을을 도망치듯 떠나고, 〈밀림의 여인〉의 순이는 자신을 구박하고 배반한 부모에게 가는 기차 속에서 눈물을 흘리며, 〈추석〉의 아버지는 순사 앞에서 떨던 자신의 왜소함과 초라함에 눈물을 짓고, 〈새벽〉의 한 가족은 결혼식날 딸의 자살, 어머니의 실성, 아버지와 아들의 폭행 등 처참한 장면으로 끝이 난다. 〈초원〉의 마루도는 활불을 피해 사랑하는 남자를 찾아 힘든 여정을 떠나며, 〈류망〉의 규선처는 버드나무에 목을 메고, 〈제화〉의 '나'는 사랑하는 여인과 이별을 고한다.

『싹트는 대지』의 7편의 소설은 이주체험, 디아스포라적 삶, 만주공간, 위만주국이라는 타자적 상황 속에서 열악하고 피폐한 망국민, 이주자의 생활상을 리얼하고 핍진하게 재현하는 동시에 국책문학적 측면을 동시에 반영함으로써 친일과 반일, 협력과 저항의 긴장과 길항관계를 여실히 드러낸다. 이 시기의 만주는 불법과 합법의 구분이 모호한 비정상적이고 불안하며 무질서한 아노미상태였다. 위만주국이라는 열악한 문학환경에서 작가의식을 모색한 『싹트는 대지』는 당대의 현실을 다채롭게 재현함으로써 1940년대 전반기 우리 문학의 공백과 결여를 보완하고 있다.

2장 《고난의 연대》의 만주이주와 항일투쟁

1. 《고향》과 리근전 소설

2000년대 다문화시대 문학연구 특징 중 하나가 재외한인문학에 대한 관심과 수용이다. 이는 속인주의, 속지주의, 속언주의라는 경직되고 폐쇄적인 한국문학의 정의에서 벗어나 유연하고 개방적으로 재외문인들의 작품들을 포용하는 연구경향에 기인한다. 일제강점기 가난과 독립으로 먼 길을 떠나 두만강을 넘었던 우리 민족이 100여 년 만에 조선족이라는 이름으로 조상의 땅인 조국으로 재이주했다. 한민족이지만 낯설고 생경한 80여만 명이 한국에 진입한 조선족은 중국조선족문학과 한국다문화문학의 작중인물로 등장하였다. 중국개혁개방과 1992년 한중수교, 한류열풍 및 코리안 드림으로 한중교류가 활성화되었고, 학술적인 차원에서도 활발하게 진행되어 왔다.

이 글은 조선족 출신인 리근전(1929~1997)의 《고난의 연대》를 중심으로 일제강점기 이주와 젠더, 풍속과 다문화적 관점에서 고찰한다. 리근전은 이민 1.5세대 작가로 김학철에 비해 주목을 덜 받았는데 그 이유는 당의 간부로서의 사상적 편향과 한문으로 창작한 작품을 다시 한글로 번역해 출간했고 중국공산당원 업무 경력[46]과 친중국적 경향 때문이다. 유년기엔 일본어를 배웠고, 이주 후엔 연변이 아닌 중국인이 대다수인 길림에서 정착, 성장[47]했기에 작가의 한국어 실력은 매우 부족했다. 작가에게 제1언어가 한국어가 아니라

---

46 1956년 중국작가협회 가입, 연변분회 부주석, 1959년 중공연변주위 정책연구판공실 부주임, 1964년 중공연변주위 선전부 부부장, 1966년까지 당의 신문기자, 당간부, 문인이자 당원인 리근전은 당의 요직을 두루 거쳤기에 그의 사상과 문학적 경향을 유추할 수 있다.

47 본명은 리근혁이며 1929년 8월 8일 자강도의 빈농가정 출신으로 1937년 아홉 살에 부모와 함께 길림성 서란현 북대촌 반가위로 이주하였다.

는 한계와 항일투쟁에서 민족주의 노선이 아닌 중국공산당을 따랐다는 것도 리근전 문학 연구를 주저하는 이유이다. 중국어로 창작된《고난의 연대》는 소설가 강정일의 번역과 편집을 통해 한국어로 출판되었기에 원작의 훼손이라는 문제점도 제기된다. 이러한 여러 가지 제약은 리근전 문학의 한국에서의 연구가 미진한 경향을 보였다.

조영욱은 리근전 문학이 김학철 소설처럼 예술적으로 상승된 모습을 보여주지 못한다면서, 한족과의 연대를 중시하고 외세의 침략자와 시대의 착취계급을 적대시함으로써 기왕의 이민소설과 다르며 조선민족의식을 지닌 소수민족의 문학이자 민족문학의 연장선상[48]에 있다고 본다. 한명환은 김학철, 김용식 소설과 비교하면서《고난의 연대》는 한국의 일제강점기 소설이 보여주지 못한 만주이민사, 항일투쟁사를 보여주며 단순한 등장인물 형상화, 박진감이 부족한 서술 등 소설적 성취가 나타나지 않으며 괴기함과 잔인성을 표현하는[49] 특성을 지적했다. 현천추는 민족주의 이념 하에서 민족의 국토회복과 주권회복을 다룬《북간도》, 이주민의 생활사라는 이념의 세속화를 다룬〈눈물 젖은 두만강〉에 비해《고난의 연대》는 계급투쟁이라는 이념 하에 조선이주민의 '뿌리내리기'와 '중국소수민족 되기'라는 주제를 다루었다고[50] 해석한다. 이해영은 계급모순에 비해 상대적으로 축소된 민족모순은 소설의 결정적인 결락이며, 특히 봉오동전투, 청산리독립전쟁, 훈춘사건을 빼놓은 것은 역사의 왜곡이라고 비판하면서 민족의 본질적 특수한 범주를 보편적이고 일반적 수준에 머물게 함으로써 전형적인 사회주의 사실주의 소설로 평가[51]했다. 최병우는 역사적 왜곡을 지적하고, 안수길과 비교하여 이념과 국가적 이데올로기에 따라 만주 역사를 다르게 해석했다고[52] 보았다. 이와 같이 작가의 성

48 조영욱,「리근전 문학의 특성 연구」, 인천대 석사학위논문, 2008, 76쪽.

49 한명환,「중국조선족 소설의 재인식과 역사체험」,『국제어문』제44집, 국제어문학회, 2008, 192~193쪽.

50 현천추,「간도이민제재소설로부터 본 작가와 작품의 관계」,『인문과학연구』제22권, 강남대 인문과학연구소, 2011, 49쪽.

51 이해영,『중국 조선족 사회사와 장편소설』, 역락, 2006, 185쪽.

장과정과 개인적 체험이 역사적 사건을 선택하는 기준이 되고 있고 민족주의적 공산주의적 관점의 차이에서 드러난 역사의식의 차이도 나타나고 있다. 이는 북한문학, 조선족문학, 다문화문학, 디아스포라문학을 사유하고 고찰하는데 유념해야할 문제이고 보다 객관적이고 보편적인 비평가의 예리한 시선이 요구되는 지점이다. 같은 한민족 작가라고 할지라도 경제적 토대와 국가 이데올로기가 다르게 역사인식이나 현실의식에서 차이를 보이기 때문이다.

《고난의 연대》는 안수길의 《북간도》, 최홍일의 《눈물 젖은 두만강》과 비교되거나 김학철과의 관계 속에서 모색되는 연구경향을 보인다. 작가는 장편소설을 쓰기 위해 오랜 시간동안 조선역사를 공부했고 소설 《북간도》를 참조[53]했다고 밝혔다. 모택동의 공농병(工農兵)군중을 혁명의 주력이자 선진적 인물로 형상화하는 모택동의 문학정책을 따르는 리근전은 사회주의 리얼리즘에 입각한 세계관과 창작방법론을 수용하고 있다. 이는 월북작가 이기영의 문학세계와 연동되는바 《고난의 연대》가 문학적 완성도를 높일 수 있었던 것은 이기영의 《고향》, 《두만강》 등에 영향을 받았기 때문이다. 도식적이고 이분법적이며 계급의식과 당의 문학으로서 한계를 극복한 《고향》은 생생한 삶의 체험과 생동감 있는 농촌민중들의 생활상과 풍속과 공동체의식을 그림으로써 일제강점기 사회주의 리얼리즘 문학의 정점에 놓였다. 《고난의 연대》의 이러한 문학적 성취는 이기영의 작품에 착안했다고 추측된다. 선행연구에서 《북간도》와 비교하는 연구가 대부분인 바 이 글은 작가가 한문으로 번역 출간[54]한 이기영의 《고향》과의 관계 속에서 작품을 분석한다. 번역작업이란 긴 시간적 투자와 사유, 두 언어에 대한 표현의 결과이기 때문이다.

---

52 최병우, 『리근전 소설 연구』, 푸른사상, 2007, 172쪽.

53 작가는 소설 창작을 위해 『조선족간사』, 『만족간사』, 『민국통속연의』, 『만주발달시』, 『위만주국사』, 『조선통사』, 『변무보고』, 『연길현지』, 『연변진보인물록』, 『만주공산당운동사』, 『국내치안문제연구』, 『동북항일련군투쟁사략』, 『동북항일렬사전』과 안수길의 《북간도》를 참고했다고 함으로써 역사소설을 쓰기 위해 만주역사와 항일투쟁사를 꼼꼼히 읽고 준비했다. - 리근전, 「〈고난의 년대〉를 쓰게 된 동기와 경과」, 『문학과 예술』, 1983.1, 51쪽.

54 관산과의 공역으로 1964년 8월에 작가출판사 상해편집소에서 출판되었다.

《고향》은 '한국 프롤레타리아문학 운동사에서 가장 빛나는 작품', '식민지 시대 농민소설의 대표작', '우리 근대 민족문학사를 통틀어 가장 정점에 위치하는 소설', '이 작가에 있어서도 최고 수준을 드러낸 작품' 등의 극찬을 받은 사회주의 사실주의 문학의 최고봉이라는 문학적 성취를 이룬 소설이다. 일제 강점기 세계관과 창작기술에 근거하여 고민했던 카프의 맹원이자 대표자인 이기영 문학을 전유 및 차용한 리근전의 《고난의 연대》에 대한 재해석이 요구된다.

장편 3편, 14,5편의 단편소설을 남긴 리근전 소설에서 연구대상작품으로 《고난의 연대》를 선정한 이유는 일제패망 후 동부민주연군으로 참군하고 공산당원이 되는 개인적 체험이 단편 〈호랑이〉, 〈옥중투쟁〉에 담겨있고, 초창기 단편소설과 장편 《범바위》의 원형이 되는 작가의 대표작이기 때문이다. 작품의 완성도가 가장 높고 작가가 심혈을 기울인 《고난의 연대》1,2,3,4권은 일제 강점기 한민족의 중국이주와 수난, 정착과 개척과정, 항일과 사회주의 운동을 리얼하고 생생하게 형상화했다는 점에서 간도이민문학이자 중국조선족문학의 상징성을 지닌다. 선행연구의 비판에도 불구하고 《고난의 연대》는 구민주주의 두 개 혁명단계에서 조선족 인민들의 봉건 관료주의와 일본 제국주의의 착취와 압박 밑에서 겪은 고난의 생활과 그들의 반제 반봉건의 눈물겨운 투쟁을 사시적인 화폭으로 폭넓게 보여준 작품으로 리근전 소설 창작의 대표작일 뿐만 아니라 조선족문학발전사에서 또렷한 하나의 이정표[55]이자 구한말에서 해방에 이르는 근 50년에 걸쳐 만주지방에서 이루어진 우리 민족의 항일 민족해방운동을 그린, 80년대 연변 조선족문학에서 최대의 수작[56]으로 평가된다.

55 조성일·권철 외, 『중국조선족문학통사』, 이회, 1997, 555쪽.
56 세계 편집부, 「이 책을 읽는 이들에게」, 『고난의 년대』, 세계, 1988, 4쪽.

2. 도강(월경) 여정과 만주정착

《고난의 연대》의 첫 장면은 도강을 통한 월경으로 시작된다. 1899년 8월 초근목피로도 연명할 수 없는 정든 고향을 떠나 세 가족은 두만강을 건너간다. 박천수, 오영길, 최영세 가족은 이 소설을 이끌어 가는 가족 1,2세대의 핵심시사를 이끄는 인물들이다. 갈등과 길항을 야기하는데는 두 가족이 일반적이지만 전근대사회에서 근대사회로의 이행에서 작가는 소작농민, 중국지주 마름과 더불어 근대자본주의의 중심 신분인 상인 출신 인물을 상정한다. 정변군(국경경비대)의 삼엄한 경계와 총질은 100년 이후인 1990년대 두만강, 압록강을 건너 중국에 닿은 장면과 별반 다르지 않다.

> 비바람이 울부짖고 강물이 포효한다. 1899년 8월이었다. 눈앞에 손을 내뻗쳐도 보이지 않을 칠흑같이 캄캄한 야밤에 검은 그림자들이 꾸역꾸역 움직이고 있다. 허나 휘휘 휘몰아치는 비바람과 함께 확확 뿜어나오는 가쁜 숨결들, 강안은 무거운 공포감과 무시무시한 살기로 뒤덮여 있었다.
>
> 박천수와 오영길 그들 두 집은 온종일 나무 숲속에 숨어 있다가 인제야 강을 건너기 시작하였다. 삶을 찾아 헤매이는 이들, 이들은 지금 초근목피로도 연명할 수 없게 되자 정든 고향을 떠나 이역땅을 바라고 두만강을 건너가는 참이었다. 그런데 두만강을 사이둔 두 나라 국경지대는 경계가 여간 삼엄하지 않았다. 특히 대안쪽에는 무시로 정변군(국경경비대)이 출몰하여 총질하는 통에 숱한 인명이 강물에 목숨지고 떠내려간 것은 두말할 것 없고 일단 붙잡히는 날엔 또 그 재앙이 일구여설할 여지 없이 참혹하였다.[57]

목숨을 담보하고 타국땅에서의 수모와 수난을 예정하면서도 고향을 떠날 수밖에 없는 월강 과정이 들키면 바로 사살되는 극한의 상황을 긴장감있게

57 리근전, 《고난의 연대》 1, 세계, 1988, 11쪽.

사실적으로 재현한다. 전례 없는 조선의 재해로 인해 어쩔 수 없이 타국살이를 선택하는 기아민을 보호하지 않는 조선왕조와 밀입국자를 처단하여 되돌려보내는 양국관리 사이에서 살아남기, 죽지 않기라는 극단적 삶에 빈자, 민중, 백성들은 놓인다. 박천수는 부인과 세 아들, 딸과 도강 중 두 아들과 이별한다, 순라병을 피해 오영길과 최영세 일가와 함께 국경을 넘은 이들 가족은 서로 다른 삶을 지향하면서 대립되고 갈등구조를 형성한다.

초지농호의 주인 한족 왕덕후를 만나 도움을 받는 박천수 일가는 월강한 난민을 보살피며 대접을 하고 개간과 정착을 돕는 중국인 가족과 왕주, 윤민 등 자식세대까지 친하게 지낸다. 선량하고 따뜻한 중국 한족 가정이 조력자로 등장하고, 함께 도강한 오영길로부터 엄청난 고통을 당함으로써 중국인과의 연대와 결속이 이루어진다.

조선인 대부분이 농군이기에 땅에 대한 집착과 애착은 각별할 수밖에 없다. 박천수는 월경 중 두 아들과 헤어지고, 딸을 잃는 고통을 겪으면서도 비옥하고 농사를 지을 수 있는 땅에 대한 감탄을 연발하며 희망을 갖는다.

> 발 밑에는 밟히는 폭신폭신한 땅도 마음에 들었다. 천수는 허리를 굽혀 두 손으로 흙을 한 웅큼 움켜쥐고 허리를 쭉 펴더니 농군의 본새대로 그 검실검실하고 기름기 도는 흙에 코를 대고 한가슴 가득히 흙내를 들이켰다. 흙의 구수한 향기는 허파를 통해 온몸에 죽슴배여들면서 일종 형언할 수 없는 쾌감을 불러일으켰다. 천수는 자기가 오매에도 그리던 것이 바로 이런 기름진 땅이었음을 깨닫게 되자 눈앞에 펼쳐진 기름진 초지를 다시금 눈여겨 살피기 시작하였다. 다음 순간 그는 움켜잡은 그 두 손을 높이높이 추켜들면서 "아, 땅!……아, 땅! ……" 하고 외쳤다. 그러나 그 소리는 잔잔하고 미약한 메아리로 되어 가늘게 울렸을 뿐 그 어떤 진동도 주지 못하였다.
>
> 천수는 실로 생전 처음으로 이렇게 기름진 땅을 보았다. 이제 이런 땅에서 힘껏 농사지어 본다면 얼마나 좋으랴, 만약 그렇게만 된다면 다시는 집식구들이 허기증에 걸려 기진맥진하지 않으리라 생각하니 천수는 두 팔에 부쩍 힘이

솟아오르는 것을 느꼈다.[58]

가족의 허기를 해결할 수 있는 땅에 대한 환희와 기쁨이 농부 박천수의 시선과 감탄을 통해 표출된다. 왕덕후 가족과 헤어져 외호동네 산골짜기에 살림을 차린 박천수네는 순라병에게 두 아들을 잃고 8살 딸 꽃분이마저 수토병으로 숨을 거두는 아픔 속에서도 샘터를 발견하고 물문제를 해결하면서 사람들이 샘물소식을 듣고 이주해 온다.

우직하게 농민으로서의 삶을 유지하며 땅과 농사를 사랑하면서 이웃을 돌보며 덕행을 쌓는 박천수는 황소라 불리며, 일년 내내 호미와 낫과 지게에서 벗어난 적이 없다. 선량하고 근면한 얼굴에 흐뭇한 미소를 지닌 그는 천수동의 연장자로서 명망이 높다. 양반의 후예이지만 빈털터리 가난뱅이였던 최영세는 육도구에서 점포를 운영하며 세인들이 부러워하는 부자가 된다. 오영길과 최영세는 서로간의 이익과 수요로 해서 결탁하기도 하고 이해관계에 따라 원수가 되기도 하며 살아간다.

천수동 땅이 모두 량청산의 것이라는 말을 들은 오영길은 돈과 예물 등 뇌물을 바치며 환심을 사 마름이 된다. 량청산은 무용지물이었던 땅이 오곡이 넘실대는 기름진 땅으로 변하자 놀라며, 변발역복을 강요하고 관부에 공양을 바칠 것이며 지세를 물어야 한다고 명하고 오영길은 자기에게 유리하도록 통역을 해 이득을 챙긴다. 그는 박천수를 자기편으로 끌어들이려다가 실패하고 벼락부자가 되어 천수동을 쥐락펴락한다. 량청산의 마름질뿐만 아니라 헐값에 땅을 사서 소작을 주는 등 조선지주들이 농민을 착취하던 재래의 방식까지 옮겨와 천수동 농민들을 괴롭히고 착취하며 악랄하게 군다. 그는 박천수의 아들 윤돌을 오랫동안 머슴살이를 시키며 빚을 못갚은 김명도 가족과도 10년 기한의 작인살이 계약을 맺는다.

세 가족의 운명은 전근대에서 근대사회로의 이행과 타국살이, 만주이주라

58 위의 소설, 30쪽.

는 디아스포라적 상황 하에서 각기 다른 삶으로 이끈다. 우직하고 정직하며 타협하지 않는 박천수 가족과 천수동 소작농들은 무산계급으로 마름과 상인 계급에게 핍박과 노동착취, 성착취를 당하며, 중국인 지주의 마름이 되어 중국인, 일본인에 충성하는 오영길은 이익을 위해서는 인권유린과 범죄를 저지르는 악인을 상징한다. 21살에 장씨와 결혼한 그는 가족을 내팽개치고 떠돌아다니며 난봉과 주색에 빠진 불한당이다. 그는 조선팔도를 다니다가 술집계집 월향과 사귄 후 수중에 금이 있는 강씨 노인을 월향이로 하여금 비상을 먹여 죽인 후 금을 밑천으로 밀수업을 하거나 밀매하다가 관가에 발각되어 간도로 도주한다. 파렴치하고 비윤리적인 그는 지불하지 않고 간계를 꾸며 노동을 착취하는데, 아내의 친척이라며 장서방을 집에 데리고 와 일을 시키고 쓸모없자 생매장하는 살인백정이다. 또한 박천수의 아들을 품삯 없이 오랫동안 머슴으로 삼고, 김명도네 일가와 식모, 부엌데기가 된 영심을 겁탈하고 첩으로 삼고자 하는 행태를 저지른다. 애초부터 양심이자 지조, 공동체의식이 없는 오영길은 자식까지 이어받아 나쁜 짓을 일삼는다.

제1,2,3,4장인 '노상에서 겪은 봉변', '선량한 사람들', '천수동', '찾아온 사람들'까지 만주 이주의 험난한 도강과 국경 탈주, 토지개간 및 샘물해결 그리고 천수동 만들기의 일련의 과정들을 통해 19세기 후반과 20세기 초반에 이주한 조선농민의 타국살이와 고난의 연대가 생생하게 전달된다. 소설에서 그려진 만청정부의 봉금령은 1883년경에 이르러 해제되었기 때문에 사실과 다르다는 점을 대부분 지적[59]하는바 문학이 허구라는 측면에서 월경의 고난을 부각시키기 위한 장치로 이해할 수 있다. 두만강 건너기, 천수동 만들기, 간도 뿌리내리기라는 조선민족의 이주, 개간, 개척, 정착 과정을 리근전은 박천수 일가의 목숨을 건 사투, 두 아들과의 이별, 이주민들의 수토병으로 인한 사망, 개간을 위한 노동의 어려움, 원주민과의 관계 속에서 사실적으로 묘사한다.

59 조영욱, 앞의 논문, 48쪽, 최병우, 앞의 책, 2007, 118쪽.

3. 풍속재현과 다문화적 상황 속 이주민 생활상

고국, 고향으로부터 이주했다는 사실은 디아스포라운명에 놓이는 것이다. 타민족과의 생활은 자기 문화와 전통, 타문화와 전통이라는 이중적 상황 속에서 수용과 배제를 선택해야만 한다. 최근에는 문화상대주의나 다문화주의를 지향하지만 일제강점기 이주민은 곤궁하고 핍박을 받으며 일방적으로 이주국 문화에 적응해야 했다.

힘들게 천수동이라는 마을을 개간하고 정착한 마을사람들이 처음으로 부딪친 난관은 전통문화의 수용문제였다. 이는 출세와 권력쟁취를 위해 어떤 일도 마다하지 않는 오영길에게도 갈등을 일으키는 민족적 정신사적 선택이었다. 두발과 의상의 변화는 곧 한민족이 아닌 한족이 되고자 하는 무의식이 작동하는 변모이라 어색하고 우스꽝스러운 자신의 몰골과 아내의 힐난으로 오영길은 쑥스러워 한다.

> "아유, 이건 대국사람들이 입는 만족옷이 아니예유?" "그렇소, 만복이요." "그걸 해서는 뭘 해요?" "뭘 하긴 내가 입겠소!" 오영길은 이렇게 뱃심좋게 말하면서 몸에 옷을 걸치기까지 했다. 길다란 치포에다 비단으로 만든 마고자, 게다가 머리에 족두리모자까지 쓰고나니 틀림없는 진짜만인이다. "아유, 보기 흉해라!" "만인들이 입으면 위풍이 있고 그럴듯한데 내가 입으니 흉한 건 대관절 무슨 소리요?" "건데 한가지만은 틀렸어요." "뭔데?" "머리태가 없군요!" "거야 어렵지 않소. 상투를 풀어놓으면 되니깐." "그래 이제부터 입고다닐 작정이세요?" "지금 단박엔 입지 않겠지만 차차 기회를 봐서 입고 나설 예산이요." "남들이 웃으면 어쩔테야요?" "웃긴 뭘 웃어!" 오영길은 별안간 눈을 부릅뜨며 말했다. "당신이 뭘 안다고 그래. 이게 바로 권력이자 재산이란 말이야! 이세때가 되면 이 치포를 걸친 내 말을 누구든 고분고분 듣고야 말 걸." 실상 오영길이도 이렇게 하는 건 수치스러운 일이며 스스로 존엄을 팔아먹는 비굴한 행위여서 뭇사람들의 조소와 저주를 면치 못하리라는 것을 잘 알고 있었다. 그러

> 나 그는 변발역복을 해야만 지권을 가질 수 있다는 규정을 너무나도 똑똑히 기억하고 있는 터였다.[60]

육도구에서 옷을 사온 오영길과 월향의 대화에서 나타나듯이 이주민은 원주민화되기 위해서 오랫동안 지켜온 의상과 두발을 바꾸어야 했다. 자존심이자 전통문화를 내팽개치고 중국인이 되기 위한 오영길조차도 불편하고 어색하지만 권력층이 되기 위한 방도를 인지한 그는 평판이나 조롱을 감내할 각오를 하는 것이다. 장서방은 그의 몰골을 보고 맵시 없이 길다란 데다가 모자에는 족두리까지 달린게 얼마나 군색하냐며 조선옷이 더 낫다고 평가한다. 박천수는 괴상망측한 오영길의 꼬락서니를 보고 꿍꿍이가 있을 것임을 추측한다. 오영길의 만복차림은 다가올 천수동 마을의 생계를 옭아매는 결과를 가져오기 때문이다. 최영세 역시 변발역복을 재빨리 함으로써 박천수, 농민들과 오영길, 최영세의 이주생활은 달라진다. 변발역복은 청군이 관내로 진주한 다음 한족들의 상투를 없애고 머리태를 땋게 하고 만식의관으로 강요함으로써 한족들을 청조에 귀순시켜 통치하고자 했던 결과였다. 작가는 이를 괴상망측한 연극, 광대극이라 표현하며 조선족 인민에게 떨어진 과제가 되었다고 설명한다. 변발령은 민족 정체성을 훼손하는 중차대한 일이기에 아무리 가난해도 뜻만은 굽히지 말아야 한다고 박천수와 마을사람들은 생각하지만 법을 지키는 자에게만 지권을 준다는 사실을 아는 오영길은 이득을 위해 머리와 의상을 바꾼다.

조선의 미풍양속은 마을아낙네들의 모임과 연대에서 드러난다. 박천수의 아내 김성녀는 삼찌는 날 창두아낙, 영심어미, 창덕어미를 부른다. 일손의 의미보다는 재래의 농촌습관대로 명절날처럼 삼찌는 날 흥성한 놀음판을 벌리며 함께 기쁨을 나누자는 취지이다. 가난한 농사집에서는 삼을 심어 베를 짜서 옷을 만들어 입는데, 영심이 어미는 동생바꿈 풍습으로 베짜는 법을 배우

---

60 리근전, 《고난의 연대》 1, 세계, 1988, 135~136쪽.

지 못했다고 말해 창두 아낙네는 놀란다. 살림이 구차해 농촌총각들의 결혼이 쉽지 않자 세 명의 총각들이 여동생을 각각 나누어 아내로 삼는 동생바꿈은 구한말과 일제강점기 궁핍한 현실에서 생존을 위한 궁여지책이다. 15살에 시집온 영심 어미는 이른 나이에 시집와 혹독한 가난을 경험한다. 그해의 풋옥수수를 먹지 않다가 삼찌는 날에 미신적인 행사인 경신제를 지낸 후 여럿이 모여 앉아서 즐겁게 먹는 습관풍속은 이주와 가난 속에서도 마을사람끼리 모여 고단한 삶을 잠시 잊고 서로 위로하는 치유와 화해, 극복의 의식이다. 《고난의 연대》는 항일투쟁이나 만주개척의 고난사를 관념적으로 그리지 않고 풍속의 재현이나 생동감 있는 농민들의 발랄한 모습과 실감나는 민중언어, 디테일한 묘사를 통해 이주개척생활의 아픔과 고난을 효과적으로 전달한다. 이는 카프작가로서 프로문학의 도식성을 극복한 《고향》의 세계관과 창작기술의 병립을 주창한[61] 이기영 문학의 영향 때문이라고 추측된다.

4. 역사와 항일투쟁의 일제강점기 만주현실

1899년부터 1945년 해방까지의 역사적 사건을 담은 《고난의 연대》의 1,2권이 세 가족이 정착하는 과정 위주로 서사가 이루어졌다면, 2권 마지막에 박천수가 죽고 3,4권부터는 박윤민인 2세대들의 항일투쟁과 중국공산당 활동을 중심으로 서사가 전개된다.

중국인 마름 및 지주인 오영길의 횡포와 압박으로 힘든 이주농민들의 첫번째 항쟁은 도윤공서를 쳐들어간 사건에서 시작된다. 오영길과 최영세 집안을 뺀 나머지 천수동 마을사람들의 고난의 연대는 도윤공서 사건에서 절정을 이룬다. 오영길의 횡포가 극심하자 천수동 농민들은 오영길의 끄나풀로 윤길 아내 봉선을 희롱하는 마상수를 쫓아내고 오영길의 곡창을 불태워 그들의 기

61 이기영, 「창작방법문제에 관하여」, 동아일보, 1934.5.30.~6.4.

염을 형편없이 꺾어놓는다. 이때 동양척식회사의 전신인 구제회가 만들어지면서 영사관 분관과 경찰서를 세운 일본 제국의 형세를 보며 중국지주의 편에서 부를 획득한 오영길은 새로운 주인인 일본사람 오노 선생에게 접근한다. 1913년 10월 조선족, 한족, 만족이 동원되고 창두, 김범도, 왕주, 윤민을 포함하여 8천 명이 넘는 대오를 결성하여 도윤공서는 민중들에게 포위된다. 만명도 넘는 인산인해를 이루며 들끓는 군중들의 항쟁과 청원투쟁은 성공에 이르며 목적한 바를 이루지만 이로 인해 박천수는 사망하고, 박윤민, 김범도, 왕주는 3년 동안 감옥살이를 한다. 이 또한 《고향》의 김희준을 중심으로 소작쟁의와 노농동맹으로 성공한 내용과 유사하다. 비록 감옥살이를 했지만 이 사건은 농민들의 담합과 투쟁이 가능함을 알려준 사건이었다.

최명준의 구애를 뿌리치고 박윤민과 결혼한 오순희는 괴뢰만주국을 폭로하는 삐라 활동을 하고, 왕덕후의 아들 왕주는 왕덕림부대에 파견되어 성과를 이루며, 일본군대가 몽땅 왕덕림부대 토벌로 출동되어 용정과 연길이 비어있는 바 계엄상태가 된다. 수비대, 헌병대, 괴뢰군, 경찰대가 출동하여 공산당 우두머리 박윤민을 체포하고자 하며 살벌한 감시체계가 이루어진다. 만주의 반일역량인 인민혁명군은 장학량 수하의 동북군과 민중조직이 결합하여 무장역량을 강화하고, 자연발생적으로 일어난 농민무장인 대도회, 홍창회, 자위단 등의 구성원이 노동자, 도시 소산계급과 지식인, 농민들인 노농동맹으로 구성되며, 항일 목적 산림대들인 장강패, 삼강패, 천하패, 로래패, 평남양, 점중화, 로쌍승, 동쌍승, 소백룡 등의 조직과 조선에서 망명한 민족주의자들로 조직된 독립군 등 폭넓고 다양한 항일투쟁 양상을 보인다. 이진의 설명에 공산당원인 자신에게 어떤 임무라도 달라며 당의 분배에 절대 복종하겠다고 윤민은 말한다. 의병단 소속이 된 윤민은 몇 번의 승전을 거두며 참새전, 원숭이진, 곰을 잡는 전술 등 각양각색의 전투방식을 구사한다.

마을습격에 대승전을 거둔 적위대의 전투 때문에 오창수를 위주로 마을을 불태우며 공산당과 우두머리를 검거하고자 한다. 오창수는 끌려가는 딸 귀옥을 보호하려다 총에 맞아 죽고 이를 본 왕주 모친 왕어머니는 살인백정놈의 커다란 군도에 여덟토막이 되고 만다. 이 참경을 목격한 봉선은 "내가 공산당이다!" 라고 나섬으로써 부녀회장이자 공산당 두목의 여편네라며 남편 소재를 묻자 혀를 이빨로 물어 끊는다. 오창수는 돼지 목따는 소리로 아이를 빼앗아 알몸뚱이로 불속에 집어넣고 백봉선의 수급을 베어다가 나뭇가지에 걸어 놓는다. 그리고 마을사람들 30명을 골라 기관총을 들이대고 불에다 내몰아서 산 채로 태워죽인다. 잔인하고 끔찍한 살육현장을 작가는 섬뜩하고 진인하게 묘사한다.

1945년 10월 투쟁은 끝나지 않았고, 연안에서 연변땅으로 돌아온 윤민은 지위서기로 임명되고, 왕주는 전원이 되었다. 윤민은 둘째형부부로부터 14년 전쟁연대에 일가의 고난의 역사를 듣는다. 막대한 희생을 지불한 피눈물의 고통사 속에서 질녀 하나는 놈들의 군마에 끌려 생죽음을 당하고, 또다른 질녀는 불속에 던져져 타죽었으며, 둘째 형수 백봉선은 목을 잘려 효수당하고, 큰 형 윤돌은 악질지주 오창적의 악마굴에서 고역에 지쳐 죽고, 큰형수 인순은 관도 없이 묵밭에 묻혔다. 집안의 기둥인 노쇠하고 인자한 어머니 김성녀는 극도의 고통으로 원한을 품고 죽고, 아내 오순희는 체포되어 서대문형무소에 압송된 피눈물의 조난사인 것이다. 박천수 가족의 만주이주와 항일투쟁, 반제반봉건반계급을 위한 항쟁은 구한말에서 일제강점기, 그리고 혼란스러운 중국근대사를 겪은 한민족 이주자의 참담한 현실이다.

천수동 용두산 뒤쪽 작은 소나무 숲은 이주 직후 수토병으로 죽은 여동생 꽃분이의 무덤을 시작으로 아버지, 어머니, 큰형님과 큰형수, 둘째형수의 유체와 두 질녀의 뼈가 묻어있는 곳이다. 근처의 큰 무덤은 오창수가 사람들을 학교에 가두어넣고 불태워 죽여 시체가 모두 새까맣게 타버려 가려낼 방법이 없어 한 곳에 매장한 무덤이다. 북받쳐 오르는 비통함과 비분과 원한을 느끼며 한 혁명가이자 지도간부로서 새로운 투쟁을 다짐하고 사람들의 각성을 불러일으키고 사업을 완수해야 한다고 다짐하는 윤민은 문제적 개인이자 리근전의 분신이다. 아들 귀섭과 7년 동안 감옥살이를 한 아내 순희와 재회한 윤민은 해란강 대참살사건의 청산대회를 이야기하면서 공산당원이라면 당의 배치에 복종하자는 다짐으로 소설은 끝이 난다.

5. 인물유형의 갈등과 여성수난

《고난의 연대》의 미덕 중의 하나는 인물유형의 다양한 형상화이다. 비교적 긍정적/부정적 인물이 구분되는 이 작품은 농민, 노동자, 하층민, 아녀자인 선인과 친일지주, 중국부재지주, 일본인 군인, 상인으로 나눠진다. 세 가족의 1,2세대의 삶을 그린 이 작품은 《고향》의 작중인물과 대비된다. 반제반계급 투쟁이 주요 쟁점인 주제의식을 효과적으로 이끌기 위한 서사구조의 인물기능을 그레마스의 인물범주 모형[62]에 적용하면 다음과 같다.

역사 —— 반제반봉건반계급사회 건설 ⟶ 농민, 민중

↑

왕덕후(한인 출신 조력자) ⟶ 박천수, 박윤민 부자 ⟵ 오영길(마름, 친일매판지주)

왕덕후(한인 출신 조력자) ⟶	박천수, 박윤민 부자	⟵ 오영길(마름, 친일매판지주)
왕주, 이진, 허충		량청산(중국지주)
최창두, 김명도		최영세(상인계급)
장서방, 박윤돌, 박윤길		마상수(오영길 끄나풀)
오순희, 김영심, 김벽선		김경필(매판자본가)
박윤길, 박윤돌		오창덕(일제 끄나풀), 오창수(헌병대위)
김범도, 안경림, 왕덕림부대		스즈끼(용정 주재 일본총영사)
		이광국(변절자), 고산
		고자까(용정 주재 일본경찰서장)

《고난의 연대》는 《고향》의 기본등장인물인 인순, 인동의 아버지이자 소작농인 원칠 집안과 부재지주의 마름인 안승학에게 고통을 당하며 타지에서 귀향한 선진적 지식인이자 문제적 개인인 김희준의 갈등구도를 그대로 닮아있다. 1,2권의 주인공인 박친수는 전형적인 농민으로 농토와 농사를 사랑하고

---

62 수여자(발신자, 주는자) —— 목표(객체) ⟶ 수익자(수신자, 받는자)

↑

보조자(조력자, 돕는자) ⟶ 주 체 ⟵ 반대자(적대자)

우직하게 가족과 마을주민들을 돌보고 협력한다. 그의 소망은 집식구들이 기아에서 벗어나는 것이지만 만주이주공간에서 오영길과 량청산의 끊임없는 노동력 착취와 세금으로 고통을 당한다. 관청에 문패세, 인두세, 연통세 등의 가렴잡세뿐만 아니라 물세까지 지불해야 하는 농사구조 속에서 무서운 춘궁과 식량난에서 벗어나지 못한다. 고리대와 장리쌀로 오영길에게 학대당하는 모습을 지켜본 아들 박윤민은 변화가 필요함을 느낀다.

김희준의 과거 행적이 묘사되지 않은 채 귀향 이후를 그린 이기영 소설에 비해 《고난의 연대》에서는 박윤민이 훌륭한 선지자일 수밖에 없는 이유를 설득력있게 공들여 형상화한다. 월강 중 헤어진 윤민은 두만강변 사숙학당의 훈장인 노인을 만나 천자문, 무제시, 진보초권, 동몽선습, 명심보감, 소학, 중용, 대학, 논어, 사기를 독파한 총명한 소년으로 성장한다. 이는 인격과 지식의 성숙을 위한 시간을 주기 위한 문학적 장치로서 가족과 결별하게 된 이유를 짜임새 있고 설득력 있게 구성한 것이다. 10년 후 가족과의 상봉에서 마을사람들은 윤민의 됨됨이를 칭찬하며, 량청산과 오영길의 가혹한 무상노동의 소작계약에 대한 부당함을 해결하자 아들의 견식이 넓고 도량이 큼에 박천수는 탄복한다.

가족을 만난 윤민은 아버지로부터 여동생 꽃분이의 죽음, 가난과 굶주림, 반백이 다 된 부모, 과로한 노동으로 중늙은이, 노친네가 다 된 큰형님과 형수의 얘기를 들으면서 이주 이전이나 이후나 달라진 게 없는 무산계급의 비참함을 목도한다. 박천수 역시 함께 있지 못하고 오영길의 부엌데기가 된 영심이와 10년째 오영길의 머슴이 된 큰 아들 윤돌이를 지켜보며 농민의 운명이 땅문제가 다가 아닌 사회구조적 문제임을 깨닫는다.

박윤민의 탁월한 성품과 폭넓은 사유와 지식에 대해서는 오영길의 딸 순희를 통해서도 나타닌다. 순희는 일빈적으로 호칭되는 '씨, 양'이 아니라 '죽마고우 순희에게'라는 편지 속 표현에 감화하면서 그를 사모하게 된다. 사물의 본질을 투철하게 꿰뚫어보는 예리한 안광, 논리정연한 주장, 오영길에 대한 신랄한 비판은 많은 책들을 탐독한 결과로 윤민에게 좋은 감정을 갖는 순희는 자기를 좋아하는 명준의 청을 거절한다. 박윤민의 인물묘사는 작가가 작품 전체를 통해 그가 선진적 지식인이자 시대와 역사를 이끄는 문제적 개인이 될 수밖에 없게 만든다. 이는《고향》의 김희준보다 훨씬 구체적이고 디테일한 전형을 바탕으로 한 인물 설정으로 보인다. 육도구 자선학교 훈도가 된 윤민은 점잖기로 소문난 교장 김목사의 여신도 간음에 환멸을 느껴 학교를 그만두고 도윤공서 포위 사건으로 3년간 감옥살이를 한다. 윤민의 항일투쟁과 중국공산당을 찾아나서는 삶은 리근전이 추구하는 주제의식이자 이데올로기의 결과이다. 이 소설에서 민족주의 노선의 분열과 타락상을 그리는 이유도 공산주의 노선을 지향하게 된 이유를 설득력있게 드러내기 위해서이다.

우직한 농민 박천수와 달리 마름과 지주의 위치에 선 오영길과 그의 두 아들 오창덕, 오창수는 악의 화신으로 흥미롭게 성격묘사가 형성된다. 돈과 권력을 위해서는 의리나 존엄, 수치심 따위 아랑곳하지 않는 그는 괴상망측한 변발역복은 물론이거니와 량청산에게 '허리 굽혀 재배하며 황송스레 문안'을 드리거나 '머리를 수그리며 조아리는' 태도를 마다하지 않는다. 규정대로 관가에 공양미를 바치고 자신에게 땅세를 내야 하며 상투머리를 버리고 머리태를 길게 드려야 하며 만식옷을 입고 만적에 가입해야 소작권을 준다는 조건을 모두 수용하는 오영길에겐 민족의식이나 공동체의식 따위는 안중에도 없다. 뇌물을 바치고 마름이 된 그는 가정을 돌보지 않고 첩 월향과 살인을 저지르며 딸 같은 어린 소녀 영심의 정조를 유린한다.《고난의 연대》의 오영길은《고향》의 안승학이 하는 과도기의 일본어 습득, 미인계와 이간책으로 부재지주 민판서의 마름되기, 첩을 갈아들이고 이득을 위해 딸의 결혼을 진행하는 방식이라든지 원터마을의 농민을 착취하는 악랄한 파렴치한이자 악인의 형상을 그대로 답습한다. 이를 통해 리근전이 이기영의 소설을 탐구하고 참조하고 영향을 받았다는 사실을 알 수 있다.

천수동 일부 토지를 자기의 영매지로 만든 그는 고리대와 장리쌀을 놓아 막대한 재산을 축적하며 마을사람들을 고통의 나락으로 떨어뜨린다. 그의 첫째 아들 오창덕은 용정에서 술집을 경영하며 조선민중을 착취하는 일제의 끄나풀이고, 둘째 아들 오창수는 일본육사를 졸업하고 헌병대위가 되어 항일유격대와 농민을 토벌 살육하는 인물로 자란다. 일본과 청국을 오가며 실속있게 이득을 취하는 오영길의 인물창조는 매우 입체적이고 생동감 있는 전무후무한 악역을 충실히 소화해내며 심리적인 디테일을 살린다.

양반의 후예이지만 상업으로 눈을 돌린 최영세는 철저한 자본주의 인간형으로 오영수에게 약점을 잡혀 자식들의 결혼으로 문제를 해결한다. 오영길과 최영세는 자식들의 앞날조차도 계산적이고 이윤을 목적으로 진행하지만 오순희와 최명준의 결혼은 이뤄지지 않는다. 잡화점과 상점으로 큰 돈을 벌었지만 오영길에게 모두 강탈당하고 비참한 최후를 맞이하는 최영세와 달리 아들 최명준은 애국적 자본가로 변신하며 긍정적 인물로 탈바꿈한다. 이외에도 왕덕후, 최창두, 김명도, 마상수 등 천수동과 연관된 많은 인물군의 성공적인 모습은 작품의 완성도를 높이고 활력을 갖게 한다. 박천수, 오영길, 최영세의 관계는 농한기 솥을 구워내는 천수동 사람들의 노동을 솥공장을 운영해 돈을 긁어모으는 최영세와 공장을 빼앗는 오영길의 경제 생산 관계로 알 수 있다.

남성등장인물 못지 않게 여성인물의 젠더와 이주 양상도 《고난의 연대》의 미덕 중 하나이다. 이 소설의 문학적 성취 중의 하나는 살아있는 민중의 다채로운 모습이다. 이들은 관념적이고 추상적으로 그려지기보다는 생활과 밀착된 민중의 삶과 풍속과 역사적 사건과 어우러짐으로써 문학적 완성도를 높인다. 박천수, 오영길, 최영세 1,2세대의 파란만장한 일상과 시대적 흐름을 그린 작중인물 중 작가는 여성인물의 고난과 성적 착취를 놓치지 않는다.

박천수의 아내 김성녀는 부지런하고 직성이 곧은 여인으로 17살에 시집을 와 늙은 시부모와 철없는 시동생, 시누이 등 10여명이 되는 가정을 돌보며, 천수동 사람들에게도 배려와 포용력으로 남편과 함께 존경을 받는다. 그녀는 일생을 세 아들에 대한 걱정과 유일한 딸 꽃분이를 잃으미 평생 노동에 종사한 삶을 살아낸다. 월강 중 두 아들과 이별한 그녀는 왕가 가족을 만나 정착에 성공한다. 중국인으로 박천수 일가의 정착을 돕는 왕덕후의 아내 김옥순은 조선인이다. 그녀는 북간도에 가면 살기 괜찮다는 소문을 듣고 남편과 아들과 야반도주하다가 순라병에게 잡혀 가족을 잃는다. 그녀는 강물에 떠내려가 순라병들에게 윤간을 당하는 고초를 겪지만 홀아비 왕덕후에게 구출되어 가족을 이룬다. 고통스러운 과거를 지닌 그녀는 지극정성으로 박천수 내외를 도와주고 연대하며 천수동을 이끈다.

악랄한 마름이자 지주인 오영길과 불행한 어머니 장씨 사이에서 태어난 오순희는 중학을 졸업한 지식인으로 최영세의 아들에게 구애를 받지만 박천수의 아들 박윤민과 결혼한다. 아버지 오영길을 짐승, 야수, 마귀로 여기는 그녀는 부친과 명준을 혐오한다. 존경하고 사모하는 윤민의 의식화와 계몽으로 항일의식을 갖고 투쟁하다가 삐라사건으로 서대문감옥에 투옥된 그녀는 남편과 재회하고 여성혁명가로 새롭게 재탄생된다. 오순희는 《고향》의 갑숙과 비교되는 인물로 악인인 지주 아버지를 두었으나 다른 길을 선택했으며 갑숙의 인물유형이 관념적이고 개연성이 부족하다는 지적[63]을 받는데 비해 순희의 경우 어머니가 고통을 받는 것을 보고 자랐고 친한 영심의 불행을 지켜보면서 아버지에 대한 증오와 분노의 감정을 키운다.

김영심은 천수동 마을로 이주한 김명도 일가의 자제로 고리대금과 장리벼로 인해 오영길 집안의 식모가 된다. 그녀는 박천수의 아들 윤길과 사랑하는 사이이지만 오영길에게 몸을 훼손당한 후 산속으로 들어가 생활하다가 항일유격대에 가입하여 투쟁생활을 한다.

김벽선은 의병대 두령인 부친을 잃고 오영길 아들이 운영하는 술집의 기생이 되었으나 일본침략군의 정보를 항일유격대에 넘겨주고 희생된다. 남의 가정을 해체시키고 살인까지 마다하지 않은 악녀 월향조차도 비적무리에게 잡혀 두목에게 능욕 속에 윤간을 당한다. 많은 여성들이 성착취, 노동착취로 인한 몸의 훼손과 여성수난이 나타나며 여성으로서 견딜 수 없는 고초를 당하지만 항일투쟁에 적극적으로 나서며 진보적인 여성의식을 갖고 극복하는 여성상을 그린 것은 작가가 지향하는 여성 이미지의 결과이다. 마을아낙네의

63 졸저, 『월북작가소설연구』, 깊은샘, 1999, 28쪽.

생동감 있는 일상과 생활친화적인 묘사는 이 소설을 자연스럽고 리얼하게 재현하는데 기여한다.

6. 사라진 역사의 복원과 만주

위만주국 시기의 조선족문학은 한국문학에서 사라진 역사를 복원하는 주제의식을 담고 있다. 이주와 개척, 정착의 과정에서 우리 민족은 일본인, 중국인과 뒤섞이면서 온갖 고초와 고통 속에 놓였다. 조국상실의 한과 식민지 트라우마로 조선을 떠난 이주자는 중국근현대사의 혼란에 직면하며 저항과 투쟁의 역사를 기억하고 기록했다. 김학철, 김창걸, 리욱 등과 함께 《범바위》, 《고난의 연대》의 조선족작가 리근전이 그러하다. 안수길의 《북간도》를 참조하고 이기영의 《고향》의 영향을 받은 역사대하소설 《고난의 연대》는 제목이 말해주듯이 굶주림과 생존을 위해 도강하는 세 가족의 삶을 리얼하게 재현한다. 조선족작가들은 어떤 방식으로든 정치적 입장을 표명해야 했고, 리근전은 《범바위》를 통해 공산당을 따르는 것이 조선족 해방과 정착이라는 작가의식[64]을 표명했다.

생명을 담보로 하는 불법월강여정으로 시작되는 이 역사대하소설은 박천수, 오영길, 최영세 가족의 만주 정착 과정을 생생하게 형상화한다. 리근전의 문학적 지향이 뚜렷하게 제시되는 이 소설은 중국인 지주와 조선인 마름의 횡포와 박해, 일제의 압박이라는 삼중고 속에서 투쟁과 저항으로 민속과 풍습을 보존하며 고난 속에서도 밝은 생명력을 유지하는 우리 민족의 삶을 그린 민족문학으로 평가된다.

64 구재진 외, 『중국조선족문학』, 한국문학번역원, 2020, 89쪽.

3장 김동명 시문학의 노마드적 사유와 이방인 시선

1. 시인의 삶과 노마디즘

김동명 문학연구는 전기문학에 치중되어 전원문학, 서정문학이라는 평가가 고착화되었지만 최근 김동명문학관 설립과 김동명학회의 학술대회 논문 발표로 인해 다양한 문학적 관점이 이루어졌다. 시장르뿐만 아니라 수필, 정치평론에 대한 관심의 확장[65]이라든지 최근 발굴된 『나의 거문고』에 대한 집중적 논의[66] 그리고 1986년 엄창섭의 박사학위논문 이후 36년 만에 발표된 박사학위논문[67]은 이러한 결과를 뒷받침한다. 그러나 석사학위논문이 6편[68]에 불과하고, 김동명학회지 수록논문 이외에는 여전히 관심과 연구가 충분치 않다.

문학은 현실을 재현하는 예술영역으로 작가의 유년기적 인상과 삶의 궤적

---

65 장정룡, 「김동명 수필의 '월남'과 '피난' 표출양상」, 『김동명문학연구』 제1집, 「김동명 수필집 〈세대의 삽화〉의 작품특질 고찰」, 『김동명문학연구』 제2집, 「김동명 수필 〈어머니〉의 서사구조 고찰」, 『김동명문학연구』 제3집, 「김동명 평론의 시대성과 정치인식」, 『김동명문학연구』 제5집, 「김동명 산문의 대화체와 삽입시와 서술양식」, 『김동명문학연구』 제6집, 김윤정, 「김동명의 정치평론집에 나타난 '자유민주주의' 사상 고찰」, 『김동명문학연구』 제3집, 졸고, 「김동명 산문에 나타난 타자지향성과 디아스포라의식」, 『김동명문학연구』 제1집, 2014, 한명섭, 「김동명의 산문에 나타난 현실 인식」, 『김동명문학연구』 제8집, 김동명학회, 2021.

66 심은섭, 「초허 첫 시집 〈나의 거문고〉 발굴에 따른 제고찰」, 『김동명문학연구』 제5집, 2018, 이형우, 「〈나의 거문고〉에 나타난 김동명의 시작법 고찰」, 『김동명문학연구』 제7집, 2020, 「〈나의 거문고〉의 화자 유형 연구」, 『김동명문학연구』 제8집, 김동명학회, 2021.

67 피기춘, 「김동명 시문학의 수용성에 관한 연구」, 중부대 박사학위논문, 2022.

68 박무화, 「김동명의 시문학」, 경희대 교육석사학위논문, 1977, 강석호, 「김동명의 시세계」, 연세대 교육석사학위논문, 1981, 송영순, 「김동명시 연구」, 성신여대 석사학위논문, 1990, 권순인, 「김동명시에 수용된 의식에 관한 연구」, 관동대 석사학위논문, 1995, 정사운, 「김동명의 시 연구」, 충남대 교육석사학위논문, 1999, 유희자, 「김동명 시의 모성적 상상력 연구」, 강릉원주대 석사학위논문, 2015,

을 반영한다. 김동명은 교수, 참의원, 정치평론가로서 주류의 삶을 영위했지만 그가 태어난 1900년부터 1968년까지는 격동의 시기이자 시대적 이행기로서 한일합방, 식민지, 좌우익 대립, 전쟁, 분단, 독재 등 폭력적인 한국근현대사를 온몸으로 경험했다. 그는 안정되고 정주하기보다는 역사적 분노, 인간혐오, 시대와의 불화로 인한 외로움과 그리움의 정서, 정원으로의 도피, 현실과 이상의 길항, 정치와 예술의 부조화 속에 살았다. 그가 남긴 수많은 시들과 수필, 평론에는 이러한 내적 갈등과 고뇌가 고스란히 담겨있다. 한국근현대사의 비극을 체화한 작가의 고난은 8살 때 신사임당의 후예인 신씨 집안 출신 모친의 결단으로 신교육을 받고 신문물을 체득하기 위해 강릉을 떠나면서 시작된다. 일평생 고향상실감과 소속에 대한 불안정한 정체성은 고향이주와 타향살이로 인한 디아스포라적 운명에 기인한다. 고향이란 자신의 정체성과 집단적 공동체의식이 형성되고, 유소년기 결정적 인상이 투영된 공간이다. 수필 〈어머니〉와 〈국추기〉의 조모와 모친이 들려준 타박녀 이야기나 갈미봉신화 등을 통해 감성과 정동을 키운 소년 김동명에게 바다가 보이는 고향은 서정적이고 전통적이며 정체되고 가난한 장소로 회상된다.

교통이 불편한 시대에 도보 이주 여정은 삶의 곤란과 고난을 어린 소년에게 심어줬을 것이다. 원산 이주는 영원히 고향으로 돌아오지 못하게 떠도는 나그네의 삶을 영위하는 계기가 되었다. 어머니에 이끌린 출향은 개항지에서의 근대교육을 향한 목적 때문이며, 원산과 함흥에서 학교졸업 후 김동명은 1921,22년에 동진소학교, 강서소학교 교원생활을 하다가 명확한 이유 없이 교장으로부터 출교 통보를 받는다. 생계와 취업이 힘든 시대에 김동명은 쓸쓸히 바닷가를 배회하며 시창작을 하게 되고, 현인규와 교류하면서 보들레르와의 조우 이후 시인의 길로 나아간다. 일찍이 강릉군수가 되어 금의환향하길 소망했던 어머니의 영향으로 문인의 길을 생각지 않았기에 김동명은 문단활동이나 문학모임에 참여하지 않았다. 〈악의 꽃〉에의 경도는 그의 문학을 서정적이고 퇴폐적이며 전원적인 시세계를 구축하게 했다.

작가는 현실정치에도 참여했으나 숙청의 위기를 맡게 되어 북의 생활을 청산한다. 1931년 모친이 작고하고, 1938년 아내의 죽음을 맞이한 그는 1942년 이화여전 음악과 출신의 이복순과 재혼하여 부부교수가 된다. 1945년 함남중학교장을 역임하고 해방 후 흥남시 자치위원회 위원장을 맡지만 1946년 함흥반공학생의거에 연루되어 옥고를 치른다. 이화여대 교수생활 중 전쟁으로 부산에서 어려운 생활이 시작되고 정계입문을 위해 1960년에 사직했기에 평온한 교수생활은 길지 않았다. 1959년 부인 사망으로 세 번째 결혼을 하는 등 개인적 슬픔도 반복되었다. 이주와 유학, 불안한 직장생활로 정착이 쉽지 않던 작가는 유명한 시인, 대학교수, 정치평론가, 참의원이라는 명성과 명예를 얻었지만 인생 여정의 곳곳에 배인 슬픔과 불행, 고독과 소외의 순간은 탈고향이라는 개인적인 운명과 한국근현대사의 비극이 배경을 이룬다. 김동명은 남북 현실정치에서 정치권력에 저항하고 부당함을 피력하는 등 행동하는 지식인으로서 책무를 다하는 모습을 보였다. 정치평론가와 참의원 생활 역시 승승장구하며 기득권 세력에 편승하기보다는 부패하고 부정의한 이승만과 자유당 정권에 대한 신랄하고 가차 없는 비판으로 불편하고 불안한 정치인생을 영위한다.

그의 일생은 타향살이, 함흥학생의거 동조 혐오로 인한 투옥, 북의 조선민주당 활동시 숙청, 출당과 단신 월남, 전쟁 피난, 이승만 정권 탄압과 모의 모색 등 위험하고 아슬아슬한 생애였다. 그의 삶은 세속적 욕망과 정치참여, 순수서정과 문학활동 등 복합적 양상을 함의하고 있다. 기득권에 순응하며 주류적 삶에 편승할 수 있음에도 김동명은 세상과 불화함으로써 외로웠다. 그의 신념은 반공주의나 민주주의, 민족주의와 같은 거창한 정치이념 이전에 자유와 평등, 인권, 민주를 가장 중요한 가치로 여겼으며 인간성 옹호와 약자의 입장에 서서 독재와 전체주의, 파쇼에 대해 경계[69]했다.

정주민 혹은 공동체구성원으로서가 아니라 노마드, 이방인의 시각으로 세

69 졸고, 「작가(시인)으로서의 삶, 지식인(정치가)으로서의 삶」, 《김동명문학연구》 제2집, 김동명학회, 2015, 94쪽.

상을 본 그의 문학은 현실과 이상, 고향과 타향, 시와 정치, 이주와 정주 사이에서 길항하며 경계에 머문다. 이는 고통과 절망적 상황에서 도피하고 치유받았던 정원(뜰)이 세상과 유리된 장소가 아니라 도심 속의 토포필리아라는 사실에서도 드러난다. 보수적이고 전통적인 강릉에서 태어나고 자란 김동명은 사나이 기상이 체화되었고, 옳고 그름을 중시하는 파레시아스트[70]였다. 문학뿐만 아니라 현실에서 그는 시대의 올곧은 목소리를 미디하지 않고 생존의 위협에 굴하지 않은 지식인, 정치가로서의 소명의식을 다했다. 그가 살아낸 일제강점, 분단, 전쟁, 독재, 불의한 한국근현대사 속에 지속된 삶은 고독하고 절망스럽고 고통스러운 역경의 세월이었다. 그가 남긴 시와 산문, 정치평론엔 이러한 삶의 흔적이 녹아있다.

김동명의 생애와 문학은 고향과 타향, 정주와 이주, 조화와 불화, 평화와 전쟁, 문학과 정치가 갈등하는 양상을 보인다. 이 글은 서정문학, 반공문학, 민족문학으로서의 고향의식에 주목하여 평가된 김동명의 문학세계를 관통하는 일관된 자세를 노마디즘적 사유와 이방인의 시선으로 본다. 노마디즘은 정착민과 달리 언제든 영토에서 떠날 수 있는 존재, 어떤 영토에도 안주하지 않는 존재[71]이다. 방랑자라는 의식은 인간이 자신이 살던 고향을 떠나는 순간부터 형성되는 이방인이라는 일종의 자기정체성[72]이다. 노마드적 삶이란 육체적 이동뿐만 아니라 제도, 관습, 규칙, 질서 등의 억압에서 벗어나 유연하고 유동하는 정신적 여행을 포함한다. 지속적으로 이동하는 자인 이방인은 혈연적 지연적 직업적으로 얽매이지 않기에 객관성이라는 특성을 지니며, 객관적인 사람이란 어떠한 고정관념에도 얽매이지 않는 자유자[73]를 말한다. 또한 이

70 파레시아는 '모든 것을 말하기'를 의미하는 그리스어로 '진실의 용기', '발언의 자유' 등으로 번역된다. 푸코는 이 용어를 발언자의 위험을 내포하며 주체가 진실과 맺는 윤리적 관계에 관한 문제에 주목한다. 파레시아스트는 '진실한 삶' 속에서의 시금석의 조건으로 진실의 공표를 실천하는 사람이다. - 미셸 푸코, 오트르망 심세광·전혜리 역, 『담론과 진실: 파레시아』, 동녘, 2017, 11~12쪽, 18쪽.

71 이진경, 『모더니티의 지층들』, 그린비, 2007, 263쪽.

72 장윤수, 『노마디즘과 코리안 디아스포라 문학』, 북코리아, 2011, 17쪽.

방인은 물음을 던지는 자로서 토박이 공동체에 자극을 주는 낯섦을 간직하고 있는 자[74]이다. 공동체에 포섭되지 않는 이방인은 벤야민의 유유자적하는 사람과 상통되는바 이들은 가장 개방적인 삶을 살고자 하며 절대 지배받지 않고자 하고, 모험에 대한 애수를 지닌 사람[75]이다. 남북 정치활동을 통해 독재와 억압과 폭력을 경험한 김동명은 목숨을 담보한 월남여정을 통해 자유의 소중함을 체득하지만 또다시 제2의 고향을 잃는다. 남한사회에서도 불신과 부정부패, 불합리한 정치상황을 겪는 그는 행동하는 지식인, 파레시아스트이다. 위험에 맞서는 용기와 연관되는 파레시아는 진솔성, 진실과의 관계, 신념과 진실의 일치를 전제로 하며 타자를 개선하고 돕기 위해 진실을 말하는 것을 의무하고 생각하는[76] 삶의 태도이다. 짐멜은 공간적 의미에서는 가깝지만 사회적 의미에서는 멀리 떨어진 누군가와의 사회적 상호작용을 의미하는 모순적 경험을 예시 또는 포착하기 위해 이방인이라는 인물을 채택[77]한바 김동명은 문학과 정치, 고향과 타향 모두와 거리를 둔 국외자였다.

유목주의는 사회적으로 코드화된 사유방식과 행동방식에 안착되기를 거부하는 비판적 의식을 지칭[78]하기에 우상파괴적이고 관습적인 성격에 반대하는 흐름을 말한다. 또한 유목민은 집없음이나 강제적인 장소이동을 의미하지 않으며, 고착성에 대한 모든 관념, 욕망 혹은 향수를 폐기해 버리는 종류의 주체를 형상화[79]한다. 북의 김일성 일당과 소련사령부 하수인인 최용건에 의해 숙청, 출당으로 자유의 가치를 알고 정주했던 북의 생활을 청산한 일이나 남의 이승만 정권의 부정부패에 항거하고 모의한 일들은 김동명의 유목적 특성을

73 이용일, 「다문화시대 고전으로서 짐멜의 이방인 새로 읽기」, 『독일연구』 제18권, 한국독일사학회, 2009, 191~192쪽.

74 김애령, 「이방인과 환대의 윤리」, 『철학과 현상학 연구』 제39권, 한국현상학회, 2008, 179쪽.

75 미셸 마페졸리, 최원기 최항섭 역, 『노마디즘』, 일신사, 2008, 40쪽.

76 미셸 푸코, 앞의 책, 101쪽.

77 마이크 크랭·나이절 스리프트, 최병두 역, 『공간적 사유』, 에코리브르, 2013, 104쪽.

78 로지 브라이도티, 박미선 역, 『유목적 주체』, 여이연, 2004, 32쪽.

79 위의 책, 59쪽.

말해 준다.

일제강점기 우리 민족은 가난, 독립운동, 해외유학, 교육 등의 이유로 외부 지향성을 드러냈다. 어린 시절의 탈고향 체험은 일생동안 작가를 떠돌게 하며 정착의 어려움을 갖게 했다. 그가 반공이나 민족에 묶이지 않고 자유, 민주, 인권이라는 보편적인 이념을 중시하게 된 것도 공동체나 조직에 순응하지 않고 저항했으며, 하나의 기준에 매이기보다는 인류 보편적인 사유에 침잠했기 때문이다. 식민지현실, 고향 강릉과 모친의 세속적 욕망, 개인의 성정 등 복합적으로 형성된 그의 사유는 방랑자, 이방인, 노마드의 시선으로 세상을 바라보게 했다.

이 글은 그의 문학에 반공, 민족문학적 성격, 조국에의 향수와 민족의 비애가 드러나지만 이에 한정하지 않고 현실과 서정, 정치와 문학이 초기부터 공존한다는 사실에 주목한다. 조국과 고향을 잃은 김동명은 정착민이나 공동체 구성원으로 살아가기보다는 일정한 거리를 두고 객관적이고 중도적으로 관찰자, 비판적 노마드로서 세상을 읽어나갔다. 따라서 김동명 문학의 전후기 문학의 뚜렷한 차이를 일관되게 관통하는 작가의식을 노마디즘적 사유와 이방인 시선으로 보고자 한다.

2. 나그네, 새(나비), 이국식물로서의 이방인 시선: 전기문학

김동명 문학은 초기의 전원문학과 낭만적 서정, 후기의 현실참여문학과 사회적 풍자로, 시정신에서 산문정신으로의 변모를 보이지만 이는 처음부터 내재된 작가의 현실인식과 정치적 관심에서 비롯된다. 바다, 하늘, 실향, 조국상실, 보들레르와의 조우는 해방 이전의 시작품에 오롯이 드러나며, 『삼팔선』(1947) 이후의 시집에서는 진주만 공습, 태평양전쟁, 6.25, 50년대 서울묘사 등에서 산문정신과 현실비판이 등장한다. 이 글에서는 그의 삶 속에 체화된 이방인 정체성을 통한 노마디즘적 삶의 태도와 유동적 정체성을 고찰한다.

그의 문학에 체현된 노마디즘적 특성은 나그네, 길손이라는 시적 화자, 새, 나비로 표상되는 떠돎과 이동 모티프, 외래종 식물인 파초, 종려나무, 무화과에 투사된 이방인의식으로 표출된다. 이는 영원한 이방인의 처지에서 세상을 인식한 작가의 삶과 문학적 결과이다.

'나그네', '길손'은 길위에 머문 자들로 정착하지 못하고 떠돌기에 외로움과 소외, 부초 같은 심경을 지닌다. 김동명 시에서 나그네는 시집 『나의 거문고』(1930)와 『파초』(1938)에 집중적으로 등장하고 후기로 갈수록 점차 사라진다. 〈아츰에서〉 〈을 小景〉, 〈고요한 기도의 노래〉, 〈복도교상에서〉, 〈나는 길가는 나그네〉, 〈길손의 노래〉, 〈내 마음은〉, 〈기원〉, 〈비〉, 〈광인〉 등의 시에는 8살의 고향이주로 시작된 나그네, 이방인의 시각과 사유, 고독, 외로움의 정서가 내포된다.

> 우수수 지나가는 바람따라/살구나 입새 뚝뚝 떨어지는 소래에/창박글 바라보니 푸른하늘 놉흔하늘.//애가 끈키는 듯 매암이의 울음소래/드르며 동산에 홀로 올으니/西天에 타는 노을, 바다우에 黃金물ㅅ결./하늘ㅅ가에 외로운돗은 가는 듯 마는 듯/석양을 띠고 훨훨나는 갈매기여 어대로 가는고/나도 외로운 길손, 고향이 그리워.
>
> -〈을 小景〉

바람, 하늘, 바다, 동산, 노을과 같은 시어가 말해주듯이 이 시는 서정적이고 낭만적인 자연경관을 배경으로 고향을 그리는 길손의 마음을 그린다. 바람으로 인해 열매나 잎이 떨어지고 애끓는 매미의 울음소리는 길손의 감정을 표출한다. 방향성을 상실한 갈매기와 동일시되어 외로운 길손은 정착하지 못하고 부유하는 삶을 영위한다. 창밖을 관조하며 푸르고 높은 하늘을 보거나 동산에서 홀로 붉은 노을과 물결치는 바다를 보는 시인의 모습은 홀로 관망하는 단독자의 모습을 하고 있다. 〈을 小景〉은 조국상실, 탈고향, 식민지 트라우마를 지닌 시대상과 자신의 경험이 바탕이 되어 조국과 고향 결핍과 부재를 드러낸다.

> 나는 길가는 나그네/하늘 끝에 다은 길이어니/언제나 거러 지날까/탄식하며 길을 것는/나그네의 몸이로세.//나는 길가는 나그네/구비진 고갯길을/이리 저리 도라 넘노라/숨이차 허덕이며/길을 것는 나그네로서.//가다가 문득/갈래ㅅ길 만니고보면/것든 거름 머무르고/오고 가는 길손에게/말을 맛는 나그네로세.//저녁새 짓으로 날고/길이 어슬어슬 어두울때면/주막집 차저드러/한밤 신세 끼치고 가는/나그네의 몸이로세.//江 건늬면 또 江이오/山넘으면 또 山이로되/님게로 가는 길이어니/끝업는 이길을 가고 가고/또 가는 나그네로세.
>
> -〈나는 길가는 나그네〉

이 시에서도 시적 자아는 길 가는 나그네이다. 하늘 끝에 닿은 길을 탄식하며 걷는 나그네의 몸은 고달프고 애처롭다. 하늘에 닿은 길, 굽이진 고갯길, 두 갈래길, 끝없는 길을 마주한 나그네의 정서와 심리와 몸의 반응은 숨이 차며 기약이 없다. 어두워지면 주막에 머무는 신세이지만 강과 산을 한없이 건너야 하는 길은 님에게로 가는 길이자 끝없이 가야 하는 인생의 여정이기도 하다. 일제강점기 우리 민족은 생계와 독립운동, 유학 등의 이유로 조국을 떠나는 외부지향성을 보였고, 식민지 조선은 안정되거나 정주하지 못하는 불안하고 공포스러운 사회적 분위기가 조성되었다. 어린 나이에 강릉을 떠난 육체적 피로와 심리적 불안은 소년 김동명에게 나그네의식과 향수를 내면깊이 체화시켰을 것이다.

〈咸山夜懷〉의 나그네는 피곤하고 고단한 몸을 객침에 누이고 창가의 달빛 풍경을 감상하며 고향과 이토를 대비시킨다. 나그네, 고갯길, 길손, 저녁새, 걸음, 주막집, 강과 산 등은 정착하고 안주하거나 보호받지 못하고 불안하고 정처 없이 떠도는 이방인을 나타내는 시어들이다.

〈길손의 노래〉에서는 새벽에 지체 없이 님을 만나러 떠나는 길손의 간절함을 그린다. 그리움이 충만하여 발이 부르트도록 걷지만 당신의 부드러운 약손이 어루만져 줄 것이기에 달려가서 기쁨과 황송과 감격이 사무쳐 악기를 연주하겠다는 의지를 표명한다. 〈내 마음은〉에서는 님을 향한 마음이 호수, 촛불, 낙엽에 이어 나그네가 된다. 피리를 불어주길 바라며 잠시 뜰에 머물다가 바람이 일면 외로히 그대를 떠나는 나그네의 삶을 슬픔과 고독, 사랑의 정열로 나타낸다. 이 시기에 작가는 시적 자아를 나그네, 길손으로 표상하며 외로움, 피곤함, 고단함의 정동과 안주 혹은 안정을 획득하지 못하고 떠날 수밖에 없는 현실상황에 놓인다. 영원한 방랑자로서의 트릭스터는 경계를 넘는 자이며 자기 자신이 문제를 만들고 해결하는 자[80]로서 시대의 암울과 개인의 고독한 상황을 길을 잃고 헤매지만 임에게로 가고 봄을 기다린다.

나그네와 더불어 노마드 이미지는 새, 물새, 나비로 비유되며 〈전원묘경〉, 〈황혼의 놀애〉, 〈나븨〉, 〈물새 한떼〉, 〈장정에서〉 등의 시에서 나타난다.

> 여게 문들네꼿이 피엇습니다/아히들이 꺽거가고 남은것이외다/나는 봄이주는 해ㅅ볏흘쏘이며/여게 안자 놉니다//나비가 날아와 문들네꼿화판우에 안습니다/바람이 가볍게 꼿송이를 흔듭니다/그러나 나비는 떠러져 가지안켓다고/날애를 접침니다 접침니다
>
> -〈나븨〉

새와 더불어 나비는 자유, 비상, 이주를 표상하는 존재이다. 봄, 햇빛, 꽃 사이에서 노는 시적 화자는 민들레꽃 위에 앉은 나비가 바람에 흔들리자 날개를 뒤로 젖히며 떨어지지 않으려고 안간힘을 쓰는 장면을 목격한다. 정주한 꽃과 이주하는 나비 그리고 이들을 훼방 놓는 바람의 형상을 관찰하는 시인은 나비와 동일시된다. 역사와 인생의 질곡과 고난을 헤쳐온 화자는 나비의 애처로운 모습에서 자신을 발견한다. 아름다운 꽃과 나비는 평화와 사랑을, 바람은 외세의 고난과 고통을 상징하며, 정착과 평화와 보호를 방해하는

80 최정은, 『트릭스터: 영원한 방랑자』, 휴머니스트, 2005, 170쪽.

수많은 일들을 겪으며 살아가는 이들의 모습을 재현한다. 나비는 장자몽의 환생의 의미뿐만 아니라 변태, 생성 그리고 궁극적 꿈, 미약한 존재, 자유로운 비상, 정체성 혼돈 등 4가지 표상체계로 형상화[81]되며, 다문화시대인 오늘날 이주자로서 자주 비유되고 있어 이동, 떠돎의 의미를 지닌다.

> 黃昏아 잘가거라 나도지금 가리라/아득한 옛일이니, 머물러 생각한들 어이하리/늙은솔아 잘잇거라 옛城趾에 남은돌 너도 부디잘잇거라/짓으로 나는 새야 함께 가자 나도지금 가련다.
>
> -〈잘가거라, 잘잇거라〉

아침과 황혼의 시간성이 자주 나타나는 김동명의 이 시에도 아득한 옛일을 황혼이 지듯이 미련 없이 보내고, 솔과 돌, 새를 대비하며 정주와 이주 양상을 표상한다. 오랜 세월 한 자리에 머문 소나무와 성지에 남은 돌에게 인사하는 시적 화자는 새와 함께 훌훌 떠난다. 아득한 옛일, 늙은 솔, 엣성지를 부여잡고 머문들 어이하리라는 화자는 새로운 곳으로 나아간다. 김동명의 초기시는 고향과 먼곳에 대한 향수와 동경이라는 낭만주의 정신적 특징[82]이 나타난다. 나비와 더불어 날갯짓을 하는 새의 형상은 작가들에게 이동, 자유, 비상, 부유, 이주, 여행 등의 의미로 등장하곤 한다.

고국, 고향이라는 안정된 장소를 확보하지 못한 작가는 자신의 처지를 투사한 객관적 상관물로 외래종 식물인 무화과수, 종려수, 파초를 상정한다. 정원, 나무, 조경, 꽃에 대한 작가의 집착과 애정은 후기의 서울공간 비판과 대비된다. 〈무화과수〉, 〈종려수〉, 두 편의 〈파초〉에서 작가는 원산지를 떠나 이동한 이국식물을 통해 자신의 부유(浮遊)하고 불안한 심경을 표출한다. 무화과나무, 종려나무, 파초는 외국에서 온 외래종 식물군이자 성경과 무관하지 않다.

---

81 한점돌, 「한국현대소설에 나타난 '나비'의 표상체계 연구」, 『국어교육』 제113집, 한국어교육학회, 2004, 708쪽.

82 신명경, 『한국 낭만주의 문학론』, 새문사, 2003, 23쪽.

내가 처음 이곳에 왓슬때에/제일 먼저 내 눈을 끄은 것은/뜰밋헤 서잇는 한 그루 無花果나무엿습니다/그때 맛츰 無花果나무는/새팔한 입사귀를 내밀기 시작하엿습니다.//그후에 나는 그 넓고두터운 입사귀우에/떠러지는 비ㅅ방울 소리를/여러번 들엇습니다/祖國을 떠나 멀리잇는 몸이라/달빗헤 더욱푸루른 무성한 입사귀를 바라보며/하염업는 생각에 잠기기도 여러번이엇습니다.//삐죽한 열매가 열리는 것을 보고/나라에 도라갓더가/찬바람이 떨어지자 또다시 왓슬때에는/아히들이 따먹고 남은/누러케 익은 無花果열매를 볼수잇섯습니다.//언으듯 가을이 지나가고/겨울이 왓슬때에는/입흔 다지고 말은 가지만/떠는 듯 찬바람에 흔들리엇습니다/이때에나는 뜰아래에 나려 외로이건일며. 하늘을 울얼러 잠잠히 생각하기 여러번이엇습니다//그러나 봄은 언으듯 또다시 도라왓습니다/기다리던 봄은 또다시 도라와서/문들레꼿우에 나븨가 날아와 안ㅅ고/일홈모을 풀포기들은 푸른빗을 다토건만/아아 한그루 無花果나무 가지에서는/봄빗을 차즐수가 업섯습니다.//有情한 듯 소곤거리며 나리는 봄비에 젓는/無花果나무의 말은가지압헤 설때마다/나는 말할 수 없는 寂寞을 느끼엇습니다.//뜰밋헤 푸은풀이 자각가히 조하슬때에/나는 또 나라에갓더가/우리 江山에 흰 눈이 덥히는것을보고/또다시 도라온 지금에는/無花果나므의 말은가지 그남아 간데업고/독기에 찍기인 그루만 외롭게 남아잇습니다.//그러나 나는 또다시 도라오는 봄을 기다리며/그루압헤 섬니다.

–〈無花果樹〉

〈無花果樹〉의 시적 화자의 눈에 띤 '한그루 무화과나무'는 '祖國을 멀리 떠나 멀리있는 몸'으로 '멀고' '한그루'라는 특성의 이주자를 대변한다. 새파랗고 넓고 두터운 잎사귀, 삐죽한 열매, 마른 가지의 특성을 묘사하고 비에 젖는 잎, 아이들에게 따먹히는 열매, 봄볏이 없는 나뭇가지, 도끼에 찍히는 나무라는 표현을 통해 세파에 찍히고 먹히고 흔들리는 무화과나무가 사계의 변모와 더불어 그려지며 시인 자신과 유비된다. 민들레 주변엔 나비가 날아와 앉지만 외롭고 적막할 뿐인 나무와 함께 돌아오는 봄을 기다린다는 이 시는 나라를 침탈당하고 고향을 떠난 작가 자신의 심경이 고스란히 녹아있다. '꽃이 없이 열리는 열매'라는 뜻의 무화과(無花果)는 아담과 이브가 수치심을 느끼고 몸을 가리기 위해 입었다고 하는바 신학을 전공한 김동명의 종교적 성향을 보인다. 초기 시편부터 존재감을 지니고 철저하게 기독교의 부활론과 구원론을 각각 긍정적으로 수용하고 존엄한 생명의식을 강렬하게 빚어낸 종교적 시인[83]이기에 기독교 정서와 종교적 색채의 소재가 나타난다. 한국적 풍경과 어울리지 않는 이질적이고 다소 그로테스크한 무화과나무는 부초처럼 떠도는 이방인의 형상으로 타자성을 지닌 제노포비아의 대상이다.

이 시는 사계절의 변화와 함께 잎, 열매, 나뭇가지의 특질과 시련을 묘사한 후 무화과의 이주와 유동성을 자신의 삶에 비유함으로써 완결된 구성을 지니며, 수많은 삶의 질곡과 고통에도 봄을 기다리는 희망적 바람으로 마무리된다. 봄, 나비, 봄비와 적막, 외로움, 찬바람, 흰눈과 대비되는 시어의 대조는 조국(강산)상실과 실향을 표상한다. 그의 이러한 시들은 30년대에 한정되지 않고 유동하는 노마디즘 시대인 오늘과 맞닿아 동시대적인 의미를 지닌다. 또한 종교적 소재와 다른 삶에의 향수, 적막과 고독의 심상은 그의 문학을 보다 초월적이고 우주보편적인 독창성으로 이끈다.

> 외로히 모혀선 종여나무의/그리우는 南國의 마음을/뉘라서 아라 주리/초생달 열분 빗만/일흘싯고 흘러라
>
> -〈종려수〉

시 〈受難〉에도 등장하는 종려나무와 가시관은 한민족의 수난이자 김동명 개인의 수난[84]을 의미하며, 짧은 시인 〈종려수〉에서도 '외로움', '남국'을 향한

83 엄창섭, 「초허의 시적 특이성과 죽음의식 연구」, 『김동명문학연구』 제7집, 김동명학회, 2020, 32쪽.

84 심은섭, 「김동명 시에 나타난 식물적 상상력 연구」, 『김동명문학연구』 제7집, 김동명학회, 2020, 181쪽.

그리움이 나타난다. 종려나무 역시 성경에 자주 등장하는 식물로 '젖과 꿀이 흐르는 가나안 땅'의 꿀이 종려나무 열매가 태양열에 꿀처럼 녹는 모습을 뜻한다. 고국, 고향을 떠났다는 사실은 늘 기다림과 그리움의 정서가 내재된 삶을 영위하는 것으로 태풍에도 뿌리가 흔들리지 않는 종려나무는 로마에 대항하는 유대인의 민족주의를 상징하기도 한다. 일제 침략으로 인한 식민지 현실은 경이로운 생명력을 지닌 종려수의 특질을 지녀야 하며, 생명, 강인, 불사조, 이주 등 다의적 의미를 갖게 한다. 성경 출애굽한 이스라엘 백성이 광야를 지날 때 오아시스 옆 종려나무에 오래 머물던 것처럼 40년 광야생활을 연상하기에 우리 민족이 처한 상황과 겹쳐진다. 무화과수, 종려수는 탈향, 향수, 이주 등 노마디즘과 밀접하게 연관된다.

> 祖國을 언제 떠났노,/芭蕉의 꿈은 가련 하다.//南國을 向한 불타는 鄕愁,/네의 넋은 修女보다도 더욱 외롭구나.//소낙비를 그리는 너는 情熱의 女人,//나는 샘물을 길어 네 발등에 붓는다.//이제 밤이 차다./나는 또 너를 내 머리마테 있게 하마.//나는 즐겨 너를 위해 종이 되리니,/네의 그 드리운 치마짜락으로 우리의 겨울을 가리우자.
>
> -〈芭蕉〉

> 芭蕉, 알은구나……/나는, 한 겨울. 내 書齋의 憂鬱을 직혀 주던 너매/즐거운 봄을 맞으라고. 내 花壇 한 복판에/네 자리를 닦었더니/아아, 웬 일이냐/사랑이 원수드냐/너는 드디어 病 들었구나./나는 오늘에,/우리들의 슬픔 訣別을 생각하며/다시 너를 옮겨/내 寢臺 머리에 있게 하노니/내 곁에서 죽고 싶어 하는 네 마음을/내 어찌 모르랴.
>
> -〈芭蕉〉

김동명은 동명(同名)의 시 〈파초〉 두 편을 남긴다. 감정이입과 의인화 기법으로 자신의 처지를 비유하는 파초는 원산지가 열대 원산 식물로 먼나라

남국에서 몹시 추운 한국으로 이동했다. 도교의 팔선이 지니고 다녔다는 넓은 잎모양의 파초는 나그네에게 비오거나 따가운 햇살이 비칠 때 쉬었다가 갈 수 있는 공간을 마련해주며, 때론 수녀처럼 때론 정열의 여인 같은 그리움 혹은 가련함의 대상이다. 기다림의 꽃말을 지닌 파초는 민족의 독립 혹은 사랑하는 연인을 기다리며, 화단 한복판에서 침상으로 옮겨와 '나'와 함께 죽음을 맞이한다. 식물의 생리를 자품에 투사하여 조국상실에 대한 슬픔과 비애의 삶을 영위하는 시인의 처지와 파초를 동병상련으로 여기는 성찰의 태도를 보인[85] 이 시들 속 파초는 외국에서 이주한 외래종 식물이라는 점에서 노마드, 이방인의 삶을 표상하는데 유효하다.

바람은 인생살이의 풍파와 시련으로, 꽃송이나 나무를 흔들거나 잎이 떨어져 정주하지 못하게 하는 요인으로 작동된다. 또한 꽃이나 나무는 '한그루'라는 표현처럼 홀로 서있으며 아이들이 꺾어 훼손됨으로써 외부의 폭력, 침투를 드러낸다. 시적 화자는 현실에 적극적으로 다가서지 못하고 창밖이나 동산에 올라 홀로 관조하거나 관찰하는 태도를 보임으로써 외롭고 떠돌며 머물지 못하는 운명을 지닌다. 무화과수, 종려나무, 파초는 종교적 색채와 디아스포라 이미지라는 식물적 상상력을 지니며 영원한 이방인을 표상한다.

3. 목격자, 산책자로서의 이방인 시선: 후기문학

정주민의식과 이방인의식의 길항과 욕망이 일관되게 지속적으로 나타난 김동명 문학은 고향과 타향, 정원과 길위의 공간으로 사유한다. 주류의 삶을 영위한 듯하지만 작가의 생은 대체로 고달프고 위험한 삶의 질곡에 노출되었다. 그의 현실비판적이고 사회풍자적인 문학적 변모는 해방 후 『삼팔선』(1947)부터 나타나며, 장르 역시 수필, 평론과 같은 산문으로 확장된다. 『眞珠灣』에

85 위의 논문, 195쪽.

서는 태평양전쟁을 회상하는 관찰자의 발화[86]로서 개인의 울분이나 감상보다는 전쟁을 기록하고자 하는 의지와 함께 전쟁이 인류의 비극적 사건이라는 인식을, 『目擊者』에서는 전쟁 체험의 목격자이자 당사자로서 피난길과 피난민의 처지[87] 혹은 고향을 잃은 채 도시문명 속에 살아가는 이방인 감각[88]으로 서울 장소성을 시에 담았다.

강릉군수가 되어 금의환향하길 바라는 어머니의 교육방식에 따라 8살부터 타향살이를 한 작가는 현실적이고 세속적인 삶의 방식을 구현하고자 했지만 실업과 구직이 반복되자 불안한 마음에 바닷가를 서성거리며 시를 끄적거렸고 현인규로부터 보들레르 시집을 빌리면서 운명적으로 작가의 길을 걷는다. 프랑스 시인에게 바치는 헌시를 창작했을 정도로 그에게 심취한 김동명은 보들레르의 삶에도 영향을 받았을 것이다. 보들레르는 화려하고 아름다운 대도시의 뒷골목 풍경이 지닌 우울, 절망, 불안이 도사리는 현대성의 양면을 산책하며 관찰했고, 『파리의 우울』에서 끔찍하게 거대한 도시 속 군중의 고통스러운 일상으로 표현[89]했다. 시집 『악의 꽃』 필화사건과 세간의 조롱으로 보들레르는 냉정한 관찰자이자 자발적 망명객으로 벨기에로 망명하여, 인간에 대한 혐오감과 19세기 중엽 현대의 물질문명 전체에 던지는 통렬한 경고장[90]을 남겼다. 그는 고독한 산책자로서 파리와 브뤼셀의 일상과 풍속과 도시풍경을 비판적으로 소묘했다.

『목격자』(1957)에서 김동명은 1950년대 서울풍경과 도시민표정을 거리를 산보하거나 창밖풍경을 관조하면서 날카롭고 섬세하게 담아낸다. 정원과 도시로 표상되는 떠남과 머묾, 이주와 정주 사이의 길항과 공존을 보인 그의

86 장은영, 「김동명의 전쟁 체험과 시적 발화의 두 층위」, 『김동명문학연구』 제7집, 김동명학회, 2020, 59쪽.

87 위의 논문, 48쪽.

88 차성환, 「김동명 시에 나타난 '서울'의 문학지리학적 연구」, 『김동명문학연구』 제8집, 김동명학회, 2021, 69~70쪽.

89 이건수, 『저주받은 천재시인 보들레르』, 살림, 2006, 43쪽.

90 이건수, 『보들레르의 풍자적 현대문명 비판』, 살림, 2020, 55쪽.

문학은 〈오랑캐꽃〉, 〈라일락〉, 〈백합화〉, 〈무궁화〉, 〈해당화〉, 〈장미〉, 〈접경화〉, 〈수양〉, 〈향나무〉, 〈오동〉, 〈다래넝쿨〉, 〈싸리〉 등 정원기 시리즈와 함께 피난민 시리즈, 〈세종로〉, 〈종로〉, 〈충무로〉, 〈또 충무로〉, 〈명동〉, 〈북아현동〉, 〈신촌동〉, 〈미아리고개〉, 〈미아리를 지나면서〉, 〈빠-강남〉 등의 서울소묘 시리즈 시에서 구현된다. 전쟁양상, 피난행렬, 서울소묘를 표현한 시에서는 목격자, 산책자, 비판적 노마드로서 관찰된 도시풍경이다.

고향과 북한, 서울을 떠남으로써 시작된 실향민, 월남민, 피난민으로서의 노마디즘적 삶은 이사, 유학, 취업, 월남, 피난, 정치적 갈등, 반정부 시위 등의 이유로 반강제적으로 이루어졌다. 초기의 나그네, 길손, 새, 이국식물로 표상된 서정적 노마드의 시각이 후기엔 보다 구체적이고 관찰적인 시선인 목격자, 산책자로서의 비판적 노마드로 제시된다. 그의 삶과 문학은 늘 공동체에서 부유했기에 세상과 거리를 둔 객관적 중립적인 시선을 갖는다. 파리의 산보객 보들레르처럼 김동명도 50년대 전후의 살벌하고 황량하며 타락과 금전, 몸 파는 여자가 머문 서울풍경을 사실적으로 재현했다. 그는 전쟁의 잿더미 속에서 반윤리적이고 비도덕적인 도시의 삶을 시로 남긴다. 서울사람들의 사기와 협잡과 매춘과 더러운 일상을 그리며 작가는 근대자본주의사회의 이면을 폭로한다. 강릉과 원산을 떠나 정착한 서울은 작가에게 정착민으로 살지 못하고 냉정하고 예리하게 공간을 바라보게 했다. 월남과 피난 체험을 통해 이기적이고 잔혹하며 자기중심적인 인간 본성에 환멸을 느낀 작가는 쓰레기로 표상되는 서울의 표정과 도시정체성을 구현해 나간다.

시제(詩題)이자 도시공간명인 세종로, 종로, 충무로, 북아현동, 신촌동, 미아리고개, 남대문, 이화여중, 삼청공원, 파고다공원, 고려대학교, 서울역, 육신묘 등의 풍경을 소묘하는 김동명은 각 공간의 의미와 시대상을 폭로하고 현대인의 물질적 성적 욕망과 계층 차이, 권력지향성, 여성타자의 희생과 고통 등의 표정을 읽어낸다. 이 시기의 서울묘사는 전통건물과 역사적 흔적에 대한 과거회상, 자본주의의 무한욕망, 서울시민의 다양한 표정들로 이뤄진다.

古宮을 바라 눈 감으로/옛날이 輝煌하다//어디서 風樂소리 마저/들릴 듯, 들리는 듯……//석벽인 양 깍아지른 高層建物에 부딧쳐/물결 모양 부서지는 夢幻이여!//自動車의 물굽이를 건너는 市民의 꼴이/산토끼처럼 한양 처량한데//長官車의 번지르르한 皮膚에야/무삼 罪 있으리……//〈金蘭〉 아가씨야, 따근히 차를 다려라/잠간 네 품에 안기자 나비처럼 쉬어 갈란다

-〈世宗路〉

한평생 디아스포라의 삶을 영위한 시인은 〈世宗路〉에서 화려하고 태평성대했던 우리민족의 역사를 뒤안길로 산업화 근대화된 현실 속 차와 고층건물이 즐비한 거리를 토끼처럼 쫓기는 처량한 시민들의 고달픈 일상과 상대적 박탈감을 표출한다. 또한 고궁과 고층건물, 처량한 시민과 번지르르한 장관차를 대비하며 시대, 계층, 빈부차가 드러나는 서울거리를 묘사함으로써 자본주의적 근대적인 우리 사회의 미래를 진단한다. 〈鐘路〉에서는 구세대와 신세대의 슬픈 교차점과 역사의 망부석으로 이해하며, 〈또 忠武路〉에서는 '蕩子처럼 돌아온 거리어니' '서른여섯 해 밝힌 설움'으로 식민지 과거를 회상한다.

〈明洞〉에서는 미국 월街인 증권가를 연상하며 낡은 상술의 信用, 蜃氣樓 같이 神妙한 商談, 古風스러운 奢侈로서 女人과 함께 茶房을 찾는 일로 그리며, 명동공간이 상징하는 자본주의적 성적 물질적 욕망을 함축적으로 표상한다. 돈과 물질적 재화에 대한 무한한 욕망 즉 에리식톤 콤플렉스로 나타나는 한국 자본주의 정신[91]의 폐해와 인간의 동물성과 잔인함이 극대화된 서울의 모습을 명동이라는 공간을 통해 폭로한다. 이는 판타스마고리아에 매혹된 도시를 산보하는 산책자(flaneur)인 도시민이 철골구조로 표상되는 고층건물과 자동차를 비판하고 공격하는 시인의 시선이 담겨 있다.

南向판 멧기슭이/한가람과 마주 바라//墓地인 양 외진 채/道心이 고대란다//뜰

91 김덕영, 『에리식톤 콤플렉스』, 길, 2019, 19쪽.

마다 꽃이 피어/도란도란 이야기도 피어//西으로 재넘으면/꾀꼬리 우는 마을//이슬지는 이밤사/네 품에 보내고 싶어라.

-〈北阿峴洞〉

〈北阿峴洞〉에서는 동네의 특성을 살려 한가람(한강)과 마주 바라보는 묘지인 양 익진 채 꾀꼬리 우는 마을로 그린다. 조선시대에 성안에서 사람이 죽으면 광화문과 서소문을 통해야만 시체를 나가게 했는데 아이 시체는 이 고개를 지나서 묻게 했다하여 '아이 시체가 넘는 고개'라는 의미나 아이처럼 작은 '아이고개(兒峴)'라는 뜻대로 무덤으로 당대의 도시를 표출하며, 정지용의 시에서 '서울에서도 꾀꼬리 소리를 들을 수 있는 곳'이라 예찬했듯이 문학과 예술에 영감을 준 흔적이 남아있다. 김동명은 역사적 사실과 마을의 특성을 살려 서울이 지닌 다양한 면모를 산책자의 입장에서 관찰하고 묘사한다.

쓰레기와 市長 閣下가/단판 씨름 하는 거리//歸屬財産을 파먹고/구데기처럼 살이 찐/謀利꾼의 거리//어디 없이 널린 똥과 오줌과 가래침이 실은/貪官汚吏 못지 않게 질색인 거리//소매치기 패도 제법/〈빽〉을 자랑한다는 거리//거지도 곳잘/中間派 행세를 하는 거리//〈감투〉 市場은 여전히 흥성거려/거간군도 忠武路 金銀房 못지 않게 한 몫 본다는 거리//늙은이들이 하 망영을 부려/주춧돌이 다 흔들거린다는 거리//일찍부터 슬픈 傳說을 지니고 있어/자래 배 앓른 어린 아기처럼 얼굴이 노랗게 뜬 거리//그래도 삥 둘러 있는 遠近 山川의 이름만 거들어도/제법 멋들어진 古都란다.

-〈서울素描〉

이 시는 서울풍경과 시민표정을 압축해서 보여준다. 작가의 눈에 비친 50년대 도시는 세속적인 시장, 살찐 모리꾼, 소매치기, 거간군, 늙은이들이 다니는 거리로 쓰레기, 구데기, 똥, 오줌, 가래침 같이 더럽고 무질서하며 혐오로 가득차 있다. 서울시는 단판 씨름하는 거리, 모리꾼의 거리, 탐관오리 못지않게 질색인 거리, 빽을 자랑하는 거리, 중간파 행세를 하는 거리, 거간군, 금은 방처럼 한몫 본다는 거리, 주춧돌이 다 흔들거린다는 거리, 얼굴이 노랗게 뜬 거리로 비도덕적 비위생적 무법적 카오스적이다. 이 도시를 살아가는 정치가, 노인, 아이, 협잡꾼이 난무하는 서울거리는 타락과 세속과 욕망이 넘실대는 공간이다. 그래도 자연 속의 고도(古都)라고 마무리를 하지만 보들레르가 파리의 자본주의적 성적 물질적 욕망을 스케치했듯이 김동명은 서울의 부패와 비정상을 예리하게 꼬집는다. '역마차' 편에서는 이 도시를 살아가는 양갈보, C여사, K박사, K先生, L博士, S博士 등의 인물들을 묘사한다.

서울 역시 작가에게는 타향인지라 공동체 구성원, 정착민, 서울시민의 시각이 아닌, 비판적 노마드, 이방인의 시선으로 국가재건기 서울풍경과 시민표정을 다각적으로 그린다. 대도시와 산책자로 표상되는 보들레르의 독법으로 작가는 자신이 흠모했던 프랑스 시인의 모습을 닮아 있다.

> 나는 窓門을 활짝 열어 젖히고/傲然히 앉어 바라본다//굽이쳐 흐르는 한가람이/오늘은 어인 일 자꾸만 슬프구나//〈레디오〉가 그렇게까지 몸부림치며 매달리건만/그래도 뿌리치고 떠나는 市民도 있나보다//어느새 長蛇陣을 이룬 避難民 行列이/비에 젖으며, 젖으며 간다//성난 짐승 모양,/敵의 砲門은 더 가까이 짖어대는데//江 건너 마을의/輝煌한 불빛이여!//이윽고 〈헫·라잍〉의 물결,/아하 쏟아져 내닫는 自動車의 奔流!//〈풀·스피드〉로 달리는 自動車·自動車·自動車·自動車……//아홉時 - 열時 - 열한時 - 열두時 - 한時 - 한時半 - /밤이 깊어 갈수록 自動車의 奔流는 더욱 凄烈하다//누가 人道敎 車道를 요꼴로 設計하였더뇨/달리는 마음의 焦燥로움이 눈에 겨웁다//아모러나 〈歷史〉는 드디어 無事히 避難하지 않었느냐/요행 한가람은 밤비에 가려 보이지 않는다//나는 窓門을 활짝 열어 젖히고/傲然히 앉어 바라본다
>
> -〈目擊者〉

1947년 4월 13일부터 20일까지 8일간의 북한 탈출을 기록한 《월남기》와 전쟁피난기를 다룬 《어두움의 비탈길》과 같이 자유, 해방의 소중함과 극한 상황

에서의 인간환멸을 체험한 자전적인 글에서 알 수 있듯이 시 〈목격자〉는 창밖에서 바라본 서울시민의 모습을 재현한다. 시적 화자는 슬프고 어두운 한강, 짐승같은 피난민 행렬, 자동차 물결을 보면서 초조, 불안, 공포스러운 한민족의 비극적이고 슬픈 운명을 채색한다. 식민지, 전쟁 트라우마를 지닌 작가의 개인적이고 역사적인 상황 속에서 고통스러운 우리 민족의 애달프고 신산한 일상을 극한 상황에서 당대 서울을 묘사한 시이다.

이 시기의 김동명은 파레시아라는 문학적 소명을 수행하며 관찰자, 목격자로서의 이방인의식을 드러낸다. 애정에 기반한 그의 서울풍경와 시민표정은 쓰레기, 물질만능, 쾌락위주, 계층차로 부정적이고 공격적인 면모를 표출하며 자본주의 욕망으로 재편되는 우리 사회의 축도를 해부하고 예언한다.

김동명은 포함되지만 포함되지 않는 어떤 사람, 가까이 있지만 어딘가 다른 곳에 있는 어떤 사람[92]으로서의 이방인 시선으로 거리를 두고 살아가는 삶에 대한 민감성과 주변적 성격으로 서울을 발전적 희망적이기보다는 퇴행적 부정적으로 그렸다. 또한 화폐, 욕망, 자본, 오염, 자원, 정보 등이 공존하는 흐름의 공간인 서울을 이방인이자 산책자, 비판적 노마드의 시선으로서 모든 종류의 사회적 공간적 긴장과 이방성, 덧없음으로 재현한다.

4. 파레시아의 역할과 문학적 소명

김동명 문학은 전후기가 뚜렷하게 구별되어 전원문학과 사회풍자문학으로 나눠진다. 이 글은 그의 양가적인 문학세계를 관통하는 일관된 작가의식을 노마디즘과 이방인의식으로 보았다. 김동명에게 어린 시절 탈고향의 체험은 한평생 공동체에 안주하지 못하고 떠도는 삶의 자세를 갖게 했다. 그가 겪은 식민지, 좌우익 대결, 분단, 전쟁, 독재라는 한국근대사를 배경으로 출향, 출

92 마이크 크랭·나이절 스리프트, 앞의 책, 105쪽.

교, 월남, 피난과 같은 체험은 정착민 혹은 공동체구성원으로서가 아니라 비판적 성찰적 노마드로 살아가게 했다. 전기문학에서는 나그네(길손), 새(나비), 이국식물(무화과수, 종려수, 파초)로 표상된 바 〈을 小景〉, 〈나는 길가는 나그네〉에서는 고단하고 피곤한 길위의 여정을 그리며 임을 향하고 봄을 기다리는 서정의 세계를 반영한다. 〈나비〉, 〈잘가거라, 잘잇거라〉에 등장하는 새와 나비는 자유, 비상, 부유, 이주, 여행 등의 의미를 지닌다. 외래종 식물을 소재로 한 〈무화과수〉, 〈종려수〉, 두 편의 〈파초〉는 성경과 연관된 이국식물들로 이동, 떠돎, 민족주의, 독립갈망 등 다양한 함의를 내포한다. 후기문학에서는 국가재건기인 50년대 서울풍경과 시민표정을 냉소적이고 부정적으로 소묘한다. 보들레르의 영향을 받은 작가는 프랑스 시인이 파리거리를 산보하며 냉철하게 관찰하였듯이 목격자이자 산보객으로서 서울 곳곳의 공간을 그린다. 그에게 대도시는 타락, 금전, 몸 파는 여자가 살아가는 곳이고, 사기와 협잡과 매춘과 더러운 일상이 난무하는 곳이다. 〈세종로〉, 〈또 충무로〉, 〈북아현동〉, 〈서울소묘〉, 〈목격자〉 등의 시에서 빈부격차, 고층빌딩과 자동차로 표상되는 산업화, 욕망과 쾌락, 비도덕과 부조리가 횡행하는 근대자본주의 사회를 드러낸다. 김동명은 객관적 중도적 시선으로 파레시아의 역할과 문학적 소명을 사유하고 실천한 작가였다.

4장 여행과 디아스포라 관점에서 본 《토지》의 인물 양상

1. 이주·땅·소설

박경리 문학에 대한 연구업적은 상당수에 이른다. 이러한 양적 방대함은 연구자들에게 일종의 진입 장벽이 되어 역설적으로 《토지》연구를 고립시키는 요인이 될 수도 있겠으나[93] 600여명의 작중인물과 광활한 시공간을 가르는 16부작이 지닌 함의는 여전히 무한하다. 《토지》를 대상으로 역사학, 철학, 사회학, 법학, 정신분석학 등의 인접학문영역에서 연구가 이루어졌고, 가족서사·애정갈등서사·항일운동서사, 공간 및 작중인물 분석, 여성주의적 관점, 생명사상 및 민족의식, 한과 악과 같은 주제적 분석, 비교문학적 관점과 영상매체로 전환한 텍스트 연구 등 다채로운 관점에서 문학적 가치와 문학사적 위치가 규명되었다.

이 글은 국가, 혈연, 가족, 지역을 초월하고 극복하고자 했던 작중인물을 중심으로 시대와의 불화로 인한 인간적 고뇌와 디아스포라적 삶에 주목한다. 전라도 출신의 주갑과 일본인 오가다 지로는 경상도 하동 평사리 주민이 주류를 이루었던 공동체에서 이방인이자 경계인의 속성을 지닌다. 이들과의 관계에서 마을사람들의 타자지향적 자세와 환대, 그리고 이방인의 다문화주의적이고 코스모폴리탄적 면모는 작가가 지향했던 무의식적인 삶이었다. 식민지 조국과 부친을 극복하지 못했던 영광과 상현의 떠돎도 약하고 상처받은 우리 민족의 상징적 모습이다. 이들은 결혼 유무를 떠나 안정되거나 정주하는 일상을 보내지 못하고 여행과 방랑, 이주함으로써 표류하는 시대와 방황하는 청춘의 입사를 시대적 질곡 속에서 담아낸다.

---

93 박상민, 「〈토지〉연구의 통시적 고찰」, 『제1회 박경리문학제 문학포럼 자료집』, 2010, 12쪽.

기존의 《토지》연구는 민족주의적 보수적인 유교이념을 지향한 박경리의 역사인식과 여성의식에 초점을 맞추거나 '토지'를 소재로 한 평사리 농민들을 중심으로 이루어졌다. 작중인물 분석에서도 윤씨부인, 최치수, 최서희 등의 윤씨 일가나 월선, 봉순, 길상, 용이, 임이네, 귀녀, 임명희, 조준구와 같은 비중 있는 인물에 초점[94]을 두었기에 고아의식, 난민의식, 이방인의식을 지닌 방랑자와 여행자를 중심으로 살펴본다. 인물 연구는 남성/여성, 긍정적 인물/부정적 인물, 선인/악인의 인물유형을 이원화한 후 전자에 애정을 가졌던 작가의 인물탐색[95]이 고착화되는 경향이었다. 독창적이고 매력적인 인물 가운데 가족을 구성하지 못하거나 시대와 불화한 남성인물의 삶과 고뇌를 통해 귀속감에서 벗어난 방랑자, 나그네, 이방인이야말로 '남다르게 겪은 개인적인 고통과 시대의 폐해와 아픔의 경험들을 문학의 자료로 삼은'[96] 작가가 진정으로 추구했던 삶이 아니었을까 유추할 수 있다. 이는 제국과 식민지 관계 속에서 타자적 정체성과 분열된 자아를 형성하면서 유동하는 삶을 살아야했던 사실을 증명하는 것이기도 하다. 조국을 강탈당한 망국민에게 정착과 안정, 평화로운 일상이란 불가능하였고, 한국근대사의 혼란기였던 구한말과 식민지 근대를 배경으로 여행/방랑/이주는 《토지》를 이해하는 또하나의 키워드이자 노마드적으로 사유하는 요즘의 연구경향에도 부합한다.

---

94 박혜원, 「박경리의 〈토지〉의 인물 연구」, 이화여대 박사학위논문, 2002.
이덕화, 「서술의도에서 본 〈토지〉의 인물 유형」, 『〈토지〉와 박경리문학』, 솔, 1996.

95 악인의 경우 귀녀, 임이네, 조준구, 조준구의 처 홍씨, 칠성이, 김두수를, 선인의 경우 별당아씨, 월선, 구천, 용이, 길상, 장연학, 조병수, 환국 등으로 이분법화시켜 분석하고 있다. 이 글에서는 선악의 구별보다는 식별불가능한 시공간에서 현재의 질서와 틀에서 벗어나고자 했던 인물을 통해 인물유형의 특성을 밝히고자 한다.

96 김현숙, 「박경리 작품에 나타난 죽음과 생명의 관계」, 『현대소설연구』 제17호, 한국현대소설학회, 2002, 309쪽.

2. 외부지향성과 여행·방랑·이주[97] 모티프

1897년부터 해방까지의 시간성과 일본, 조선, 만주, 러시아의 공간성을 배경으로 하는《토지》는 구한말과 일제강점기 삶의 모습뿐만 아니라 최근의 화두인 다문화, 디아스포라, 탈국경 모티프 속의 여행과 이주, 방랑 키워드라는 동시대적 의미를 지닌다.《토지》는 1890년대부터 1940년대까지의 당대성과 2000년대 현대성의 시공간을 가르며, 유동하는 시대의 자유와 영원성의 본질에 대한 인간탐구를 그리기 때문이다. 당대의 탈국경 이동은 현재의 삶 속에서 진행 중이다. 구한말부터 한일강제병합, 해방까지 우리 사회는 봉건세대의 종말, 식민지 근대와의 착종, 일본제국의 전쟁 참여, 조선독립이라는 대혼란을 겪어왔다. 이 시기에 고향과 고국을 떠났던 우리 민족은 차별과 배척을 받으며 거주국의 성원이 되기 위해 한민족 전통과 역사와 문화를 망각해야 했다. 조선족, 고려인, 재일조선인은 '조선', '고려'라는 이름으로 명명되듯이 과거의 흔적과 현재 그리고 탈근대 시대를 공유한다.

구한말과 식민지를 배경으로 하는《토지》속의 이동은 식민지적 갈등구조를 지닌 일제 치하라는 시대적 조건에 의해 외부지향성을 보인다. 일제 주구의 만행을 못이겨 고향을 떠난 한민족 디아스포라가 양산된 것이다. 일본군 위안부, 학도병, 의병, 독립운동가, 실향자, 방랑자 등의 노마드가 해방 후에도 귀환하지 못하고 거주국의 소수민족이 되어 주변부 삶을 영위한다. 디아스포라 2,3세들은 1990년대 한중, 한소 수교 이후 고국을 찾아오거나 코리안 디아스포라 네트워크를 형성한다. 이 시기는 조선독립의 시대적 소명 이외에

---

97 여행은 자발적이고 반드시 되돌아오는 것을 전제로 하고, 방랑(유랑)은 생활이 영락하거나 난세를 만나거나 혹심한 주구를 견디지 못하여 고향을 떠나는 것과 같이 어쩔 수 없이 일정한 목적 없이 떠돌아다니는 것을 의미하며, 이산(디아스포라)은 일제강점기 식민지 조선을 떠난 한민족이주자처럼 폭력적으로 강제된 이주라는 점에서 차이가 있으나, 표류하고 유동하는 이동성을 지닌다는 점에서 공통되며,《토지》의 정착과 이주라는 변증법적 소설구성의 주요모티프로 식민지라는 시대적 질곡을 표상하고 있다. - 졸저,『우리시대의 여행소설』, 태학사, 2006, 17~18쪽,『21세기 한국소설의 다문화와 이방인들』, 푸른사상, 2014, 24쪽 참조.

도 근대를 향한 열망으로 식민지 젊은이들이 경성, 동경으로 유학하거나 서구도시를 재연한 하얼빈을 여행하였다. 여행지는 타문화, 타민족, 타언어가 혼효된 다문화도시였다. 이 시대는 전국민이 떠도는 유랑의 세월이었다. 더불어 독립운동의 거처를 마련하기 위해 간도와 연해주로 떠난 독립투사들의 활동이 이루어졌다. 수많은 사람들이 방랑, 여행, 유학, 이주, 독립운동 등의 이유로 이동하였고 목적지는 일본, 간도, 러시아와 같은 바깥이었다. 《토지》에 등장하는 코리안 디아스포라는 한민족분산역사의 첫 번째와 두 번째 시기[98]에 해당된다. 토지와 생산수단을 빼앗긴 농민과 노동자 그리고 정치적 난민들의 이산과 더불어 1932년 만주국 건설을 계획한 일본에 의해 대규모 집단이주가 강제되었다. 또한 중일전쟁과 태평양전쟁으로 식민지 젊은이들이 학병, 일본군위안부, 광산부로 끌려갔다. 일제의 총알받이였던 우리 민족이야말로 법의 보호를 받지 못하고 국가의 외부에 머문 호모사케르[99]이자 부유하는 시대의 난민이었다.

소설공간의 배경인 일본과 간도, 연해주는 뿌리뽑힌 한민족의 이주지역이다. 특히 간도[100]는 가까운 곳이자 땅이 넓고 기름지다는 소문이 퍼진 곳이기에 가장 많이 이주했지만 중국, 일본, 한국, 아라사의 이해가 첨예하게 맞부딪친 공간[101]이었다. 이곳에서 중국인, 일본인의 배제적 시선을 받으며 소수민

---

98 한민족 분산의 역사는 크게 네 시기로 구분하는데, 첫 번째 시기는 1860년대부터 1910년대까지로 구한말의 농민, 노동자들이 기근, 빈곤, 압정을 피해서 국경을 넘어 중국, 러시아, 하와이로 이주했고, 두 번째 시기는 1910년부터 1945년까지, 세 번째 시기는 1945년부터 1962년까지로 한국전쟁을 전후해서 발생한 전쟁고아, 미군과 결혼한 여성, 혼혈아, 학생 등이 입양, 가족재회, 유학 등의 목적으로 미국 또는 캐나다로 떠났으며, 네 번째 시기는 1962년 이후로 이때부터 정착을 목적으로 한 이민이 시작되었다. - 윤인진, 『코리안 디아스포라』, 고려대출판부, 8~10쪽, 2004.

99 아감벤의 용어로 속세영역에서 배제된 자로 경계영역에 놓이며 정치질서 속에 포함시키는 근원적인 예외를 성립시킨 벌거벗은 생명, 목숨 자체만 지닌 날것의 생명적 존재를 말한다. - 조르조 아감벤, 박진우 역, 『호모 사케르』, 새물결, 2008, 180쪽.

100 간도로 이민행을 결심한 농민들 대다수는 '千辛萬苦라도 餓死나 勉하러'(동아일보, 1926.11.20.) 가자는 생각을 가졌을 뿐 낙도로 여기지 않았으므로 자의지에 입각하여 제 발로 나간 외형을 취하긴 했지만 실제로 쫓겨난 것이나 다름없다. - 조남현, 「192,30년대 소설과 만주이주모티프」, 『한국소설과 갈등』, 문학과비평사, 1990, 229쪽.

족으로 살아야했던 이주자의 고통과 삶의 질곡은 이루 말할 수 없었기에 《토지》속의 간도는 평사리와 더불어 주요공간으로 설정된다. 제국의 타자로 은유되고 표상되는 이주노동자, 학병, 방랑자들은 '불량선인', '사상범'으로 낙인찍힌 산주검(undead)과 같은 희생양이었다. 농사일밖에 모르던 소작인들의 공동체적 삶이 최씨 집안의 몰락과 조국상실로 뿔뿔이 흩어짐으로써 평사리 주민들의 방랑하는 삶이 전개된다. 사상적으로도 유교이념과 사회주의, 민족주의, 페미니즘, 아나키즘과 같은 이념들이 혼재되었고, 전근대/근대의 과도기 속에서 젊은이들은 정체성을 고민하고 방황했다. 근대와 조국상실을 동시에 경험한 우리 민족은 일본유학을 통해 신지식과 근대의식을 배웠고, 간도이주라는 험난한 이산체험을 했다. 《토지》의 공간이 폭넓고 다채로웠던 것도 우리 민족의 삶이 안정되거나 평온하지 못하고 전체가 부유하고 유랑하였기 때문이다.

평사리로 제한되었던 지리적 공간은 후반기로 갈수록 폭이 넓어지는데, 진주 서희네 - 하얼빈(이동진, 강두메, 김길상의 활동영역) - 통영(형평사 민중봉기) - 하동 - 평사리 - 일본(관동대지진) - 서울(조용하, 조찬하 형제)과 같이 사건이 전개되며 공간을 넘나든다. 이에 따라 기차장면이 자주 등장한다. 영광과 양현의 운명적인 만남은 비극적 사랑과 엇갈린 운명을 유동하는 기차공간을 통해 추동된다. 거처 없이 이동하는 기차는 안정된 가정을 가질 수 없는 식민지 민족의 떠도는 공간이다. 근대성의 상징인 기차는 침략과 지배, 수탈과 분열, 차별이라는 식민지의 모순을 실어나르는 슬픈 기관[102]이자 한과 비애를 느끼게 하는 공간이었다. 식민지는 철도망에 의해 제국에 접속되고 있는데 근대초기지식인들은 동경 - 경성 - 하얼빈이라는 근대적 공간으로 이어지는 철도의 배치[103]를 느낄 수 있으며 주인공을 이동시켜 식민지 삶의 모습을 깨닫게 해준다.

---

101 위의 책, 222~223쪽.

102 박천홍, 『매혹의 질주 근대의 횡단』, 산처럼, 2002, 102쪽.

103 졸저, 앞의 책, 56쪽.

기차뿐만 아니라 역대합실, 역광장, 여관과 여인숙, 거리장면도 빈번하게 등장함으로써 부유하는 시대의 삶이 포착된다. 여관이나 대합실은 가족이나 안방에서 이뤄지는 관계가 단절되는 공간으로 이러한 문턱, 광장 같은 공간에서 위기, 급격한 교체, 운명의 예기치 않은 급변이 벌어지고 결정이 내려지고 금단의 경계선이 무너지며 갱생 혹은 소멸을 당하는 위기적 시간(crisis time)[104]과 대면한다. 송영광, 오가다 지로, 조찬하는 여행가방을 들고 이등 대합실이나 여관방을 전전하며 동아시아를 떠도는 '목적 없는 여행'을 함으로써 방향상실과 절망적인 현실을 보여준다. 이 시기에 고향을 떠날 수밖에 없는 하층민의 떠남과 함께 승경 (勝景)관람이 사회적 이슈가 될 정도로 여행기들이 신문에 많이 수록되었다. 여행은 망국민의 국권회복을 위한 한국인에게 한국 밖에서 펼쳐지는 정세변동과 새로운 사상, 문물을 소개함으로써 망국민으로서의 자각을 요구[105]하며 자신의 처지를 인식하는 방식이었다. 일본백작인 조찬하도 심경이 복잡할 때마다 여행을 떠나며, 영광과 주갑처럼 일자리를 찾아 목적지를 정해 놓지 않고 방랑하는 경우가 많다. 탈향, 탈국은 조선인뿐만 아니라 전쟁과 일본을 부정하고 비판하는 무라가미 쇼지나 오가다 지로의 삶에서도 나타난다. 망국민의 역마살 운명과 디아스포라적 상황은 국가와 연인과 가족의 결핍 및 내면의 상처, 부재를 가져왔다. 이 시대 젊은이들의 여행, 이주, 방랑은 열악한 삶의 조건과 신분의 고통과 시대적 억압, 청춘의 고뇌로부터의 탈주이자 저항이었다. 길떠남은 근대의 산물이며 자유로운 상상력을 실현할 수 있는 국외의 공간에서 망국의 식민지 젊은이들은 방황하였다. 친일을 하든 반일을 하든 조선인이든 일본인이든, 민족주의자이든 세계주의자이든 이 시대야말로 가정을 이루거나 안주를 기대할 수 없는 불안하고 고뇌하는 시대였다.

104 미하일 바흐친, 김근식 역, 『도스토예프스키 시학』, 정음사, 1988, 247~248쪽.

105 윤선자, 「1920년대 한국인들의 중국여행기 분석」, 『제32회 한중인문학회 국제학술대회』 발표지, 2013.6.28, 226쪽.

3. 경계인·이방인으로서의 방황하는 청춘들

1) 상처치유와 자유갈망을 꿈꾸는 허무주의자: 송영광

구한말에서 근대사회로 전환하는 시기인데다가 식민지화된 특수상황 속에서 근대를 수용했던 젊은이들의 혼란은 이웃사이더, 경계인, 디아스포라의 부유하는 일상적 삶으로 재현된다. 전통사회의 습속에서 벗어나지 못한 분위기에서 가문, 혈통, 신분으로 인해 상처받거나 고통을 느끼는 경우가 많다. 최치수 집안의 몰락의 계기가 된 귀녀의 욕망은 성을 가진 아이를 갖고 싶다는 신분상승에 대한 갈망이다. 역관의 딸인 임명희는 친일백작인 남편 조용하에게 무시당하고, 고아이자 하인인 길상은 양반가문의 최서희와 결혼하였으나 타국을 떠돌며, 기생이자 아편쟁이였던 봉순(기화)과 상현 사이에서 태어난 양현도 출생의 비밀로 고통받는다. 살인자의 아들이자 자살한 여인의 아들인 거북(김두수)과 한복, 살인자 아내의 자식인 홍이, 종놈의 자식이라 놀림을 당하는 길상의 두 아들도 타자적 정체성을 극복하지 못하고 괴로워하는 인물들이다. '김길상'은 '최길상'으로, '김환국, 김윤국'은 '최환국, 최윤국'으로, '최양현'은 '이양현'으로, '김환'은 '구천'으로, '김거복'은 '김두수'로 '송영광'과 '나일성', '유인실'과 '히토미'와 같이 고국/고향에서 정착하지 못하고 이름이 바뀌거나 이동하는 삶은 디아스포라의 속성[106]이다. 신분이든 국적이든 디아스포라는 거주국의 변화에 따라 다양한 이름을 갖는다.

신분적 한계에서 벗어나지 못해 현실을 외면하는 대표적인 인물인 송영광은 백정집안 출신 어머니로 인해 정착하지 못한다. 백정의 외손자라는 이유

---

106 디아스포라는 여러 개의 이름을 갖게 됨으로써 정체성의 혼란과 분열을 겪게 되며 다양성과 다국적성을 지닌다. 탈북여성, 입양아, 자이니치, 난민, 디아스포라의 다양하고 혼종적인 이름을 통해 이들의 삶이 얼마나 복합적이고 계속되는 이동으로 정주와 정착의 어려움을 말해준다. - 졸고, 「코리안 디아스포라문학에 나타난 예술·사랑·국가」, 『세계한국어문학』 제4집, 세계한국어문학회, 2010, 106쪽.

로 퇴학을 당하고 강혜숙과 일본으로 건너가 동거하지만 그녀를 지켜주지 못하고 헤어진다. 세상에 대한 그의 냉소적이고 허무주의적인 시선은 가족보다 나라를 더 걱정하는 아버지의 독립운동에 대한 강한 반발과 함께 심리적 갈등을 겪는다. 아버지의 죽음으로 깊은 회한과 자책을 느끼고 양현과의 운명적인 사랑을 행동으로 옮기지 못하며 음악과 창작으로 도피한다는 점에서 이상현과 함께 데카당스한 삶의 태도를 지닌다. 독립투사를 둔 아버지를 혐오하고 극복하지 못한 두 젊은이는 타락과 퇴폐의 길을 걷는 방랑자이자 시대의 아웃사이더이다. 뿌리 깊은 자학과 방랑의 심성은 여성들에게 상처를 주며 희망 없는 삶을 살아내지만 시대적 운명적 환경에 놓인 식민지 젊은이의 고통과 비극적 삶에 대해 따뜻한 시선을 갖고 있는 작가는 영광을 매력적인 인물로 창조한다.

> 양현은 창가에서 얼굴을 돌렸다. 영광은 잠이 든 것 같았다. 눈을 감은 채 미동도 하지 않고 있었다. 보기 좋게 퍼진 눈썹에서 그늘진 것 같은 눈시울은 소년 같이 깨끗했다. 엷은 상처가 있는 관골에서부터 깊은 고뇌를 나타내고 있었다.
>
> 거칠고 냉소적이며 때론 삭막해 뵈는 평소의 영광과는 다르게 잠든 모습은 귀스럽고 정갈했으며 잘 생긴 남자라기보다 아름다운 모습이었다. 어딘지 모르게 영성적인 그런 모습이었다. 한동안 넋을 잃고 쳐다보던 양현은 제풀에 놀라서 시선을 거두었다. 남자의 잠든 모습을 정신없이 쳐다보고 있었던 자신의 행동이 수치스러웠다. 그러면서도 한편으로는 까닭 없이 속이 상했다. 고아 같은 생각이 들었다. (중략) 자기 내부를 밀폐해놓고 어느 누구에게도 문을 열어주지 않을 것만 같은 사람, 냉담하고 오만하고 세상을 얕잡아 보는 눈빛, 폭발적으로 포악해질 수 있는 사람 같기도 하고 우리 오빠들처럼 자상한 곳이라곤 없어, 없다. 하지만 외로운 섬 같기도 해. 절망하고 지쳐버린 나그네 같기도 하고 곧 죽어버릴 사람 같기도 하고……너무 섬세해서 사라지는 무지개 같기도 하고.[107]

떠돌이 악사인 송영광은 '백정 출신', '딴따라', '불구', '조선인'이라는 다중의 타자성을 지니며 기생의 딸인 양현이나 살인자 아내의 자식인 홍이, 종놈의 아들이라고 놀림받는 환국과 같은 고뇌를 겪는다. 양현에게 비친 영광은 '고아', '섬', '나그네', '죽어버릴 사람', '무지개' 같은 인물이다. 사라질 듯한 그의 어두운 모습은 '아름답고 성스러운' 이미지 때문에 자포자기, 타락, 냉정함, 무책임과 같은 부정적 이미지를 용인하게 만든다. 신분에 대한 열등감은 폐쇄적이고 고립되게 하며, 환상과 낭만과 퇴폐를 추구하는 위험한 사람으로 낙인찍힌다. 백정 출신이자 피식민지민으로서의 한계를 극복하지 못한 영광은 공연을 따라다니는 여행자로서 디아스포라적 삶을 형벌처럼 견딘다. 조숙한 영광의 방랑에의 동경은 동굴 속과도 같이 차단된 세계 속에서 떠도는 삶을 형성함으로써 여성과 가정에 안주하지 못한다. 신분에 대한 자의식과 형평사를 세워 백정의 인권을 주창하며 독립운동을 하는 아버지를 극복하지 못한 채 자신의 삶을 학대한다.

> 사통오달의 광장에 서서 여행 가방을 팔에 낀 영광은 담배를 뽑아물고 두 손으로 바람을 막으며 담뱃불을 붙인다. 언제나 그랬지만 가슴이 설레었다. 어디든 떠난다는 것은 새로움이다. 자기 자신으로부터 또 다른 하나의 자신이 마치 번데기에서 빠져나온 것처럼, 폐쇄된 자기 자신으로부터 문을 열고 나서는, 그것은 신선한 해방감이다. 그러나 새로움이란 낯설음이며 여행은 빈 들판에 홀로 남은 겨울새같이 외로운 것, 어쩌면 새로움은 또 하나의 자기 폐쇄를 의미하는 것인지 모른다. 마주치는 사물과 자신은 전혀 무관한 타인으로서 또 하나의 소외는 아닐는지. "역마살이라……"[108]

독서광이었던 영광은 대학진학을 포기하고 동아시아를 떠돈다. 주어진 운

---

107 박경리, 《토지》 14, 5부 2권, 솔출판사, 1994, 20쪽.

108 위의 소설, 11~12쪽.

명을 학대하는 영광은 어머니를 인정하지 않고 강혜숙을 버렸으며 양현의 사랑을 거부한다. 곱게 자란 여의사 양현이 불행해질까봐 달아나는 영광은 온몸으로 저주받은 운명을 감당한다. 대학진학을 포기하고 구락부에서 트럼펫을 연주하는 그는 슬픈 표정으로 음악에 몰두하는 장면이 자주 오버랩 된다. 국가, 가족, 연인과 단절된 그에게 악기와 작곡이라는 음악행위는 목소리이자 침묵하는 발화이고 세상과의 소통이며 유폐된 자의식의 표현이다. 영혼을 달래주고 방종을 유도하는 음악에는 가장 좋은 치료와 근본적인 위험 즉 치료와 독약이 함께 들어있는 것[109]이다. 특히 관악기에는 텍스트로부터 해방시키는 사악한 성질이 있어서 그것들은 말을 넘어선 목소리로서 그 목소리의 대체가 된다.

자신의 신분을 노출하는 어머니와 고향, 가족을 벗어나 세상을 방랑하며, 기존질서와 규칙성에 저항하는 영광은 세속성과 재현을 초월해 영적인 승격의 요소가 되는 음악을 통해 관능적인 쾌락을 넘어서는 무분별한 향락[110]을 만들어낸다. 자기를 투기하면서까지 '나는 누구인가'를 고민하고 괴로워하는 영광은 강혜숙을 버림, 아버지의 죽음, 어머니에 대한 자책과 슬픔, 양현과의 이루지 못할 사랑을 음악을 통해 위로받는다. 바닷가나 구락부에서 트럼펫을 불며 운명과 대면하는 영광은 자기 안의 타자를, 타자의 응시를 통해 자아를 탐색하고 시대적 사회적 편견과 차별을 온몸으로 저항하는 디오니소스적 광기와 우수를 지닌다. 무책임하고 퇴폐적이며 의지박약적인 영광의 모습은 비난의 대상일 수 있으나 작가에 의해 아름답고 영성적인 모습으로 탄생되며 그의 현실도피적이고 퇴폐적인 삶을 묵인하게 만든다. 로맨티스트이며 예술적 기질을 타고난 영광은 성장배경에 이미 모순이 싹트고 있었으며 이런 모순이 합리성으로 분해되지 않는 한민족의 아름다움을 낳는다[111]고 작가는 말

109 슬라보예 지젝 외, 라캉정신분석연구회 역, 『사랑의 대상으로서 시선과 목소리』, 인간사랑, 2010, 44쪽.

110 위의 책, 51쪽.

111 송호근, 「삶에의 연민, 한의 미학」, 『작가세계』 제22권, 세계사, 1994, 62쪽.

한다. 어머니를 경멸했고 아버지에게 반항했으며, 자신의 출생이 불합리하다고[112] 생각했던 박경리의 일면이 영광에게 투사되어 그의 삶에 공감했던 것이다.

2) 다문화적 세계시민의식의 코스모폴리탄[113]: 오가다 지로

제국 일본과 식민지 조선 사이에 낀 경계인이자 식민지 현실에 동정적인 시선을 지닌 일본지식인 오가다 지로는 "작은 머리통에 중키보다는 크고 비쩍 마른 몸짓, 매혹적인 웃음을 빼면 학구형의 인상"으로 조찬하에게는 "어리석다 할 만큼 선량하고 순진한 위인, 투명한 느낌의 로맨티스트"로 묘사된다. 일본대지진 때 조선인 학생들을 구해준 중학교 교사인 그는 인간에 대한 평등사상과 연민을 갖고 있다. 일본인, 일본문화를 맹렬하게 비판하는 작가가 유일하게 긍정하며 애정 어린 시선으로 묘사하는 인물이 오가다 지로이다. 그는 목숨을 건 자신의 구애를 원수의 동족이라고 거절하는 독립투사이자 사회주의자인 유인실을 타락녀로 만들어 희롱하고 능멸하고 매도하는 풍문과 사회적 인식에 대해 민족적 사디즘이라며 분노한다. 계명회 사건에도 연루되는 등 양심적인 휴머니스트인 그의 국경을 초월한 사랑은 파격적이고 순애보적인 것이기에 소설에서 인상 깊은 사건으로 기록[114]된다. 민족주의, 국수주의에 대한 혐오는 그를 세계주의자로 만든다. 임명희를 얻지 못하고 일본여인을 아내로 맞이한 조찬하와 조선여인을 사랑하지만 현실의 벽에 부딪친 오가

---

112 박경리, 「반항정신의 소산」, 현대문학사 편, 『창작실기론』, 어문각, 1962, 369쪽.

113 사전적 정의는 "세계주의의 사상을 가진 사람 혹은 세계주의자"로 되어 있으며, 학계에서는 "모든 사람은 하나의 공통된 이성을 갖고 있으며 하나의 신성한 로고스에 종속되어 있어 한 국가의 시민이 아닌 전체 세계의 시민"이라는 개념으로 정의된다. 최근에는 글로벌 시대의 초국가, 다문화를 효과적으로 설명할 수 있는 개념으로 활용되며 민족주의와 제국주의 모두를 넘어서는 정체성과 연결되기도 한다. - 김세령, 「탈북자 소재 한국소설 연구」, 『현대소설연구』 제53호, 한국현대소설학회, 2013, 51쪽.

114 한승옥, 「〈토지〉의 다성적 특질 연구」, 『현대소설연구』 제8호, 한국현대소설학회, 1998, 336쪽.

다의 대화에서 관습의 공고함과 보수적인 사회의식이 드러난다.

> 한데 조선의 사내 너는 어떠냐, 일본여자하고 결혼한 너는 서울에 가면 여전히 명문의 자제, 귀족의 칭호가 빛나는 귀공자로 행세할 거 아닌가. 어째서 그러냐. 나는 코스모폴리탄이다. 국가나 민족을 인정하지 않는다. 인간만을 인정한다. 이상주의라 비웃겠지만 세계가 하나로 되지 않는 한 약육강식의 비극은 끝이 없을 것이다. 그러나 조선에는 내 친구들이 있고 히토미는 내 꿈이었다. 해서 나는 조선을 사랑했다. 그런 순수한 마음에 대하여 그들은 나의 가장 순수한 것을 개천에 던져 쓰레기로 만들었다.[115]

조선인들에게 그는 고마운 사람이고 일본인이란 저항을 느끼지 못하는 인물로 각인된다. '네 저는 인간입니다', '모두 동폽니다'라고 자신을 소개하는 오가다는 민족과 국가를 양분하고 경계 지어지는 이분법적 사고에서 벗어나려는 세계주의자로서 낭만적 허무적 방황을 하는 디아스포라적 삶을 영위한다. 오가다가 느끼는 고아의식은 국경과 민족, 인종, 문화적 장벽을 넘는 21세기 다문화적 사유와 맞닿고 있으며 코스모폴리탄적이고 트랜스내셔널하다. 제국/식민지, 일본인/조선인이라는 장벽 때문에 안타까운 이별을 하는 오가다는 민족에 대한 배신이라 여기며 자신을 거부하는 유인실이 자신의 아이를 낳았다는 사실을 알게 되자 충격에 빠진다. 일본남자와 조선여성 그리고 다문화가정 2세인 쇼지가 함께 스위트홈을 이룰 수 없는 시대로서 유인실에게 있어 제국남성과의 사랑은 스스로 반역자, 매국노, 매춘부보다 더러운 여자로 여겨지기 때문이다. 일본으로부터 작위를 받은 친일파 집안 출신, 일본여성과의 결혼이라는 가문의 열등의식을 지닌 조찬하도 고아, 외톨이, 유배자 정서를 깃고 있다.

115 박경리, 《토지》 10, 4부 1권, 삼성출판사, 1988, 143쪽.

> "여행이란 이래서 좋은 건지 모르지요." "네?" "고아 같은 생각이 들어서요. 내 친구들이 많고 모두 나에겐 민족적 편견 없이 대하는데 말입니다. 하기는 고아 같다는 느낌은 전혀 개인적인 것이지만." (중략) 인실은 방금 고아 같다는 오가다의 말이 생각났고 옆에서 걷고 있는 여윈 사내가 실제 고아 같이 뵈기도 했다.[116]

> 오가다는 여관방에 멍청한 얼굴을 하고서 앉아 있었다. "못 만나려니 하고 왔는데 계셨군." "당신도 어지간히 갈 곳이 없었던 모양이지요?" 오가다는 안경을 밀어 올리며 민망한 듯 말했다. "서울에 오면 난 언제나 갈 곳이 없어요." 앉지도 않고 선 채 말했다. "고아처럼?" "고아처럼." "나는 그렇지 않소. 갈 곳은 많은 데 이러고 있지요. 만날 사람도 있는데 못 만나는 거요." (중략) 오나가나 조선의 얘기, 일본에 관한 얘기, 사상의 동향, 세계 정세, 이제 신물이 났고 심각해지는 애정 문제는 입 밖에 내고 싶지 않은 것이다. 이들은 모두 쓸쓸했다. 외톨이 같았고 외딴 섬에 유배당한 느낌이었지만 한편 신물나는 얘기, 그 신물나는 얘기에 열중하는 각계 각층의 군상, 그 군상 속에서 쓸쓸해 하고 있는 자신들이기 때문에 더욱 외톨이 같고 유배당한 것 같은 느낌이었는지 모른다. 천천히 마시는 술이었지만 두 사람은 다 취해 오지 않았다.[117]

최서희, 김길상, 용이, 송관수 등 부모 1세대와 달리 급변하는 세계정세와 일제의 만행으로 2세대 젊은이들은 신분의 대물림, 타자적 정체성, 조국상실, 실연 등으로 고통스러운 나날을 보낸다. 작중인물들은 혈통과 신분[118]에 대해 모멸감과 상처, 열등감을 느끼며 동질감 속에서 관계를 형성한다. 홍이는 영광에게서 어머니를 부정할 수밖에 없는 죄의식을 공유하며, 상현도 여성을

---

116 박경리, 《토지》 8, 3부 2권, 삼성출판사, 1988, 123~124쪽.

117 박경리, 《토지》 11, 4부 2권, 삼성출판사, 1988, 197쪽.

118 이러한 인물 형상의 창조는 어머니를 버린 아버지를 증오하며 자신의 출생이 비극적 탄생이었다고 토로한 작가의 삶에서 비롯된다. - 이덕화, 『타자찾기』, 글누림, 2013, 77쪽.

지켜주지 못하고 방황한다는 점에서 영광과 공감대를 형성한다. 기생이자 아편쟁이 어머니에게서 태어난 양현은 백정 출신인 영광과 타자성을 공유하며, 고아이자 하인 신분인 길상은 자신의 한계 때문에 귀국하지 못하고 중국을 떠돈다. 조선여인을 사랑하며 국적과 국경 이전의 인간이기를 바라는 오가다는 제국 일본과 식민지 조선에 정착하지 못하고 타국을 방랑한다. 부모 슬하에서 자라지 못하는 양현과 쇼지 등 가정을 이룰 수 없는 식민지 상황이야말로 사랑도 가족도 꿈조차도 상실된 고아이자 이주자적 삶이다. 방황하고 유랑하는 제국의 타자인 이들은 구획과 경계를 정하지 않은 채 끊임없이 횡단(trans~)하고 생성하는 경계인이자 이방인이다.

조찬하와 무라가미, 오가다는 여행을 반복하며 시대의 모순과 불안, 좌절을 행동으로 옮긴다. 오가다는 조선인 조찬하와도 친분을 맺거나 독립투사인 유인실을 연모하며 후라이보즈(風來坊主)라는 별명을 가진 대륙낭인(大陸浪人) 무라가미 쇼지와도 사교를 하는 다문화주의자이자 코스모폴리탄이다. 만인에 대한 보편적 도덕성을 지닌[119] 두 일본인은 동질감 속에 가까워진다. 타문화를 인정하고 수용하는 오가다는 세계주의자임을 작품 속에서 여러번 표방하는데, 코스모폴리탄적 주체란 인터내셔널적 관점을 표방하지만 인종의 위계적 질서를 답습하지 않는, 자유와 평등, 박애정신을 체현하는 주체[120]이다. 그는 또한 "지상에 단 한 사람이라도 자유롭지 않은 사람이 있다면 나는 자유롭지 않다"는 바쿠닌의 말처럼 자유의 철학이자 연대의 철학으로서 모두의 자유를 추구[121]한다는 점에서 아나키스트적 성향을 지닌다. 오가다는 2년 남짓 우수리강, 흑룡강으로 해서 국경도시 혹하와 애훈을 방황하며 국경분쟁의 자취를 더듬었고 치치하루, 하이라루, 만주리, 금주, 조양, 적봉, 열하, 몽고를 다니면서 나부끼는 일장기, 일본병정, 작부들과 대면한다. 여행지는 남만주철도와 중국철도가 연결된 만주사변 당시 남부 만주의 경계선과 이어진 곳

119 김문조, 「코스모폴리탄 사회학」, 『한국사회학』 제43집, 한국사회학회, 2009, 9쪽.
120 조은주, 「아이누, 기차, 코스모폴리탄」, 『인문논총』 제68집, 서울대 인문학연구원, 2012, 186쪽.
121 하승우, 『아나키즘』, 책세상, 2008, 21~22쪽.

으로 관동군이 일본의 위성국인 만주국을 건설하기 위한 곳[122]들이다. 가도가도 끝없는 설원, 초원, 늪, 사막을 배경으로 정신적 고양과 육체적 고통을 체험한 그는 패잔병 같은 모습으로 신경에 도착하여 무라가미와 소통한다. 그러나 일본지식인과의 대화를 통해 "약자에게 뱀이나 늑대처럼 포악하지만 강자에겐 순식간에 쥐새끼로 표변하는" 일본인의 습성에 환멸을 느끼며 세즈코의 유혹을 물리치고 또 다시 여행을 떠난다. 민족적 편견을 가지지 않으며 한일합방을 부정적으로 인식한[123] 이시가와 다쿠보쿠, 도스토예프스키의 〈죄와 벌〉, 니체의 초인에 대해 무라가미와 논하면서 사랑하는 여자와 북만의 끄트머리 국경도시에서 살기를 소망하는 오가다는 '목적도 없는 여행' 혹은 '서둘 이유 없는 여행'이 일상이 되고 있다. 여행가방과 열차와 여관을 배경으로 하는 여행이 주는 홀가분과 유혹을 물리치지 못하는 것이다. '코스모폴리탄'과 '기차여행' 모티프는 집단에 소속된 주체로서의 삶을 폐기해 버리고 철저히 개인으로 돌아감으로써 국민국가의 호명에 응답하지 않을 수 있는 지점을 확보[124]하는 것이다.

> ……무라가미는 신경에 자리를 잡는 순간 그의 인생이 딱 정지해버린 것 같더라는 얘기를 했다. 그러나 오가다의 경우는 3년 동안 어느 옥상에 매달려 있던 풍선의 줄이 끊어져서 허공에 둥 떠버렸다고나 할까. 그의 눈앞에 펼쳐진 무한한 공간, 끝없는 기찻길, 같은 시간, 어쩌면 오가다는 방향 감각을 잃고 우왕좌왕했는지 모른다.[125]

여행길에 나선 오가다는 신경을 출발하여 개원, 심양, 하얼빈에 도착하기까지 동족과 조국을 헐뜯음에 대한 회의를 자신을 도망갈 구멍을 찾기 위해

---

122 최문형, 『일본의 만주침략과 태평양전쟁으로 가는 길』, 지식산업사, 2013, 172~178쪽.
123 한기련, 『이시카와 다쿠보쿠의 슬픔과 한』, 월인, 1999, 203쪽.
124 조은주, 앞의 논문, 175쪽.
125 박경리, 《토지》 12, 4부 3권, 삼성출판사, 1988, 350쪽.

스스로 코스모폴리탄이라고 한 것이라며 소속감과 자유 지향 사이에서 괴로워한다. 식민지 여성을 사랑하고 식민지국의 아픔과 상처를 공유하는 오가다는 초인이 되고자 했던 무라가미와의 만남에서 이 시대의 젊은이야말로 허무주의적 염세주의적 비관주의적 삶의 태도를 지니고 있음을 확인한다.

작가는 일본에 대해 비판적이고 양심적인 지식인 오가다 지로를 창조하여 유인실과 사랑을 나누게 하는 흉리가 착잡한[126] 심정으로 복잡하고 미묘한 인간군상을 개성있게 창출한다. 제국과 식민지에 낀 오가다의 슬픔과 한은 가족, 생계, 죽음, 불신, 토지, 출생의 타자성을 지닌 작가가 그린 방랑자의 모습이었다. 송영광과 오가다 지로의 방랑은 영원히 떠돌아 다니라는 신이 카인에게 내린 형벌이며, 방랑의 유래는 저주이며 영원한 여행의 근원은 속죄[127]이다. 백정, 식민지 출신, 일본제국 출신이라는 운명으로 사랑과 가정을 이루지 못하고 부모, 연인과 갈등하는 여행자들은 카인의 후예들이다.

3) 어린아이·나그네로서의 초인적 인간형: 주갑

주갑은 용이의 친구인 영팔의 지인으로 전라도 출신의 타고난 소리꾼이다. 일거리를 찾아 전라도, 용정, 아라사를 방랑하는 그는 볼품없는 외모와는 달리 타인에 의해 아름답게 기억되는 인물이다. 경상도 하동 평사리의 마을주민들 사이에서 전라도 사투리를 쓰는 주갑의 캐릭터는 이방인의 표상이다. "형편없는 여위고 빈약한 체구"로 "늘어난 목덜미 살가죽이 블록블록 흔들리고 먼지 낀 눈시울도 자주 흔들리는" 주갑은 길에서 우연히 만난 용이가 건네준 주먹밥에 감동하며 아이처럼 행복해 한다. "워낙 여위어서 가랑잎처럼 흔들리는" 그는 특유의 유머와 천진난만한 태도로 용이의 마음에 든다. 용이를 만나 담배와 밥과 영팔이 소식과 일자리도 구할거라며 감사하는 주갑의 태도

126 송호근, 「삶에의 연민, 한의 미학」, 『작가세계』, 앞의 책, 56쪽.

127 미셸 옹프레, 강현주 역, 『철학자의 여행법』, 세상의모든길들, 2013, 12쪽.

는 인생이 답답하고 슬프고 암담한 용이를 웃게 만든다. 용이의 눈길을 통해 주갑의 사람됨을 보는 두 사람의 첫 만남 장면을 '마디'로 규정한 정현기는 극진한 애정, 존경, 고마움으로 격상시키며 존재의 값을 드높인다[128]고 평가한다. 주갑은 자신의 삶을 기획하고 구성하지 않은 채 길에서 만난 사람들을 따라다닌다. 용이와 강의원과 혜관스님은 그렇게 만난 인연들이다.

"바람부는 날 수수깡 같은 몸을 흔드는" 볼품없고 우스꽝스러운 주갑의 외양은 욕망이나 집착이 없어보이며 그와 접촉한 사람들은 웃음[129]이 전염되어 삶의 고통에서 잠시나마 벗어나게 된다. 그는 나이나 지체와 상관 없이 상대방에게 '나그네'라는 호칭을 쓰며 존대한다. 그의 아이 같은 행동과 나그네 같은 삶은 국가, 가족, 계급을 초월한 자유정신에 기반한다. 두 여인 사이에서 고통받는 용이도, 정체성의 혼란을 느끼는 홍이도, 한 서린 삶을 사는 기생 기화도, 엄숙한 강의원이나 까칠한 상현조차도 주갑에게 무장해제되는 것이다. 특유의 욕심 없는 친화력과 타자지향적 태도는 외모와 상관없이 그를 아름다운 사람으로 인식하게 한다. 길에서 자유롭게 노래를 부르는 주갑의 한 맺힌 목소리는 청아하고 보잘 것 없는 한 인간을 고귀하게 만든다. 창자가 끊어질 듯한 감동을 주는 그의 노래는 슬픔, 비극, 아픔을 내포하지만 무한긍정의 웃음과 유머 또한 그의 모습인 것이다.

---

128 정현기, 「〈토지〉해석을 위한 논리 세우기」, 『작가세계』, 앞의 책, 103~105쪽.

129 ① 아까처럼 힐쭉 웃는다. 들숭날숭한 이빨이 담뱃진에 절어서 시꺼멓다.(4권, 232쪽) ② 사내는 저도 모르게 남은 주먹밥을 모조리 먹어치운다. 그러고 나서 정신이 드는가 껄껄 웃는다. 웃는데 눈꼬리가 젖는다.(4권 233쪽) ③ 주갑이는 아이처럼 몸을 뼁 돌리며 건너오는 용이를 쳐다보며 또 벙글벙글 웃는다.(4권 235쪽) 검버섯이 핀 얼굴에 가불가불한 웃음기가 번진다.(4권 292쪽) ④ 형씰 만내 여게 앉아 있는디 참말로 인생이란 일장춘몽이라. 그 일리 지금은 까매득허요잉. 하하핫 하하하……(4권, 293쪽) ⑤ 주갑은 하늘을 쳐다보며 벙글벙글 웃는다.(4권, 293쪽) ⑥ 주갑은 껄껄 웃는다.(4권, 313쪽) ⑦ 어이 배 터지겠네. 호랭이 잡아라 혀도 잡겄는디, 허허허 하하핫!(5권, 369쪽) ⑧ 강의원이 눈으로 인사하며 돌아서려는데 주갑이 힐쭉 웃는다. 몇 발짝 걸어가다가 주갑의 웃음이 마음에 걸렸던지 강의원은 돌아보았다. 이번에도 주갑은 힐쭉 웃었다. 웃고나서 주먹으로 코언저리를 쓱쓱 문지르는 것이었다.(5권, 386쪽) ⑨ "허허헛헛, 허기사 뭐 무슨 말을 혀도 그 병 못 고치는 것 모를 내가 아닌디 허허헛헛…… 드시지요. 성님, 많이 드시란께로? 주모! 여거 술 싸게싸게 날라오더라고!"(9권, 201쪽) ⑩ 주갑은 중얼거리다가 낄낄대며 웃는다.(9권, 219쪽)

소리꾼으로서의 예술가적 기질을 지닌 주갑은 누구와도 경계 짓거나 배척하지 않으며. 친근한 유머와 겸손한 자세를 견지하지만 현실문제에서는 날카롭고 정확한 판단능력을 갖고 있다. 그는 선녀 같은 기화를 보고 목덜미가 벌개지며 눈물을 흘리는 감성적인 인물이기도 하다. 주갑이 지닌 명랑성은 이성과 감성의 조화와 초월적이고 자유로운 정신에서 나온 삶의 태도이다. 주갑은 지정된 거처 없이 용이와 길동무가 되기도 하고, 자신을 치료해준 강의원을 따라가기도 하는 나그네길을 지향한다.

주갑이란 인물은 타인에 의해 선명하게 인식되는바, 용이에겐 그가 가장 부러운 사람이다.

> 상현은 갑자기 주갑에게 친근한 것을 느낀다. 사십을 훨씬 넘긴 사내가 흐느껴 운다, 그것도 부지깽이 들고 쫓아오는 어미를 피하여 도망쳐온 소년처럼 벽에 붙어서 울다니. (중략) 눈물에 얼룩진 가죽과 뼈뿐인 듯 여윈 얼굴, 그러나 눈이 그렇게 맑을 수가 없다. 슬픔에 가득 찬 눈이, 딱하고 우습기만 했던 상현은 그 눈을 보는 순간 놀란다. 왜 놀랐는지 알 수 없지만.[130]

> '허허허 참, 저 사내는 전생에 새였을까? 노송 위에 홀로 앉은 한 마리 학이었을까?' 혜관은 용정 올 때 구름을 뚫고 이동해가는 철새 생각을 한다. '저 사내 어느 구석에 저리 귀한 곳이 있었던고? 반하게 예뻐보이는군 그래. 소리 공부 안해도 명창이다. 허 참,'[131]

> "지혜롭다 해야겠지만 하도 능청스러워서," 송장환은 껄껄 웃는다. "어떻게 보면 주서방 그 사람은 모든 인간적인 요소를 다 갖추었다고나 할까요? 욕심만 빼고, 그런데 조금도 위대하진 않단 말입니다. 비극적인 요소를 낙천적으로 발

130 박경리, 《토지》 7, 3부 1권, 삼성출판사, 1988, 377쪽.
131 박경리, 《토지》 9, 3부 3권, 삼성출판사, 1988, 219쪽.

산하기 때문에 그런지 모르지만, 어린애같이 무심한가 하면 수천 년 묵은 구랭이 같고", "좋으면 화를 내고 싸움할 때 존대 쓰고", "네 맞아요, 하하핫핫…… 염치 바르고 마음이 여리고 소심하면서 자존심은 하늘을 찌르지요." "뭐라 할까, 여자들한텐 좀처럼 없는 성질인데 여성적인 걸 느끼거든."[132]

혜관의 독백이나 송장환과 이상현의 대화 속에서 그는 '소년', '학', '새', '어린애', '구랭이', '여성적인 것'으로 표상된다. 망태 속에 과자나 사탕을 가져오는 주갑은 아이들에게도 다정한 할아버지이자 동무로 사랑을 받는다. 아내도 자식도 주거공간도 직업도 없는 주갑은 집착과 갈등, 귀속과 정착을 도모하지 않는 풍류가객이다. 유교, 역사, 자신의 서사를 갖지 않는 주갑은 자신의 뿌리인 주천자를 찾아 중국에 왔다는 실없는 농담을 하여 주위를 웃기고 연모하는 여자 앞에서는 토사곽란이 날 정도로 부끄러워하며, 강의원과 이상현, 홍서방, 혜관스님 앞에서는 독립과 효도, 식구 돌봄에 대해 할말을 다하는 사리분별이 뚜렷하고 사회의식이 강하며 불의를 지나치지 않는 용기와 지사적 태도를 보인다. 안주하지 않고 욕망을 초월한 주갑은 교육이나 제도권에서 배운 지식이 아닌 혜안과 통찰과 직관을 갖춘 인물이다. 그는 길동무들 — 의원, 스님, 기생, 농민, 노동자, 아이들, 양반계층 — 에 따라 자유롭게 변하면서도 개성과 주관을 잃지 않는다.

이러한 주갑은 니체가 제시한 새로운 유형의 인간이자 개인적 이상인 위버멘쉬[133]의 형상을 하고 있다. 수줍음, 웃음, 눈물, 순진, 평정심, 해맑음, 용기, 용맹을 소유한 주갑이야말로 삶을 극복하고 초월한 초인이다. 짐깨나 지는 정신 즉 시키는 것만 하는 낙타에서 사막의 주인이 되어 하고자 하는 것을

132 위의 소설, 248~249쪽.

133 Übermensch 위버멘쉬는 초월적 신격을 대신하여 이 땅의 주인이 될 인간으로 초인 혹은 극복인으로 번역된다. 게오르그 짐멜은 위버멘쉬를 인간종족의 훨씬 더 높은 단계로 신이 사라진 시대에 신을 대체하는 인간, 인간을 초월한 인간이라는 의미 즉 인간을 뛰어넘은 어떤 인간 이상의 존재를 가리킨다고 설명하고 있다. - 고명섭, 『니체극장』, 김영사, 2012, 361쪽.

하는 사자의 단계 그리고 순진무구이자 망각이며 새로운 시작, 놀이, 제 힘으로 돌아가는 바퀴이며 최초의 운동이자 거룩한 긍정인 어린아이[134]를 마지막 정신으로 보는 니체의 사유에서 주갑은 마지막 단계의 존재로 표상된다. 그는 독배를 들어 죽어가는 곳이자 모두가 자기 자신을 상실하게 되는 국가[135] 안에서 풍습의 윤리와 사회적 강제라는 의복에 힘입어 실제로 예측할 수 있게 만들어진[136] 인간의 한계를 초월하고자 한다. 그 어느 곳에도 뿌리내리지 않는 나그네를 자처하는 주갑은 노래를 부르며, 자유롭게 떠도는 영혼으로 집착과 구속에서 벗어남으로써 혈통, 사랑, 욕망, 신분, 망국, 가문으로 고통받는《토지》속의 인물들에게 부러움의 대상이 된다.

놀이하는 어린아이로서 밝은 이미지를 지닌 주갑은 작품 속에서 많은 분량을 차지하지는 않지만 독창적이고 신선하게 부각된다. 주갑은 언제든 삶을 긍정하며 울고 떼쓰고 나서도 언제 그랬냐는 듯 해맑게 웃으며 놀이에 몰두하는 어린아이이자 진정한 창조자[137]이다. 그는 가문, 혈통, 핏줄, 지연이 아닌, 그 누구와도 공동체를 이룰 수 있는 다문화적 사유와 타자지향성을 드러내며 집착과 구속, 욕망을 초월한 자유정신의 방랑자라는 점에서 위버멘쉬에 가깝다. 어린아이, 여성적인 것, 초인적 지사적 면모 등 '~되기'가 자유롭고 자신을 고착화하지 않는 그는 노마드의 속성을 갖는다. 작가는 현실 속에서 욕망하고 신음하고 고통 받는 서희나 월선, 용이의 삶에 애정을 갖고 창조했지만 명랑, 평정, 무욕의 자유개념[138]을 지닌 주갑을 지향했던 것이다. 이는 의도했

---

134 프리드리 니체, 김정현 역, 『선악의 저편·도덕의 계보』, 책세상, 2002, 40쪽.

135 위의 책, 81쪽.

136 위의 책, 397쪽.

137 고명섭, 앞의 책, 393쪽.

138 니체는 자유에 대한 정의를, 자기 책임에의 의지를 갖는다는 것, 우리를 분리시키는 거리를 유지하는 것, 노고와 난관과 궁핍과 심지어는 삶에 대해서까지도 냉담해지는 것, 자신의 문제를 위해 인간들을 그리고 자기 자신마저도 희생시킬 준비가 되어 있는 것, 자유는 남성적 본능, 전투적이고 승리의 기쁨에 찬 본능이 다른 본능들 이를테면 행복본능을 지배하는 것이라고 말한다. - 프리드리히 니체, 백승영 역, 『바그너의 경우·우상의 황혼·안티크리스트·이 사람을 보라·디오니소스 송가·니체 대 바그너』, 책세상, 2002, 177쪽.

던 인물이었으나 그다지 성공하지 않는 길상에 비해 주갑이는 의외로 성공했던 인물로 만족해 하며 사석에서 이 인물에 많은 애착을 보인다[139]고 한 작가의 고백에서도 알 수 있다.

4) 국가·사랑·예술에 대한 회의 및 시대의 데카당스: 이상현

전통유교이념과 근대식민지교육 사이에 낀 이상현은 시대가 지닌 압박에 직면할 신념과 용기 없이 방황하는 디아스포라 지식인이다. "청백리의 자손으로 오기로 가득 차있던 미소년"인 상현은 독립운동에 헌신한 아버지 이동진의 그늘에 가려 여성편력과 폭음 그리고 주위의 경멸어린 시선을 받으며 하얼빈 뒷골목을 배회하는 늙은 주정뱅이이자 낙오자로 살아간다. 사랑하는 여인 최서희가 자신이 아닌 미천한 하인을 선택한 상처를 간직한 그는 기생인 기화(봉순)에게서 딸 양현을 낳지만 또다른 열등감으로 모녀를 책임지지 못한다. 어린 시절 집안에서 맺어준 본처, 사랑했지만 이루어지지 못한 서희, 타자성을 공유하며 서로 위로했지만 자존심을 훼손한 천한 신분의 봉순, 자신을 짝사랑하는 임명희를 거절하는 상현은 조국, 가문, 창작, 사랑, 가정 그 어느 것에도 정착하지 못함으로써 정상적으로 살 수 없는 시대적 질곡이 이상현의 디아스포라적 삶으로 투영된다. 독립투사인 아버지를 극복하지 못하고 삼류연애소설이나 쓰는 형편없는 잡놈으로 평가받는 상현이야말로 전통의식/근대의식, 생활인/독립투사, 안정(가족)/방황(사랑, 불륜)의 경계에서 갈등하는 식민지 지식인의 형상이다. 상현의 방황, 무기력, 무책임과 결단력의 부재는 식민지 근대의 모순을 표상한다.

'위대한 부친에 개망나니 같은 아들', '뒷간에서 허우적거리는 구더기 같은 인생'이라고 자학하는 상현은 명망 있는 독립운동가인 아버지에 대한 콤플렉스와 조혼한 아내, 최서희, 기화, 임명희에 대한 자책과 부끄러움으로 살아간

139 정현기, 앞의 논문, 105쪽.

다. 일본유학은 했지만 학원 정도의 청강생 수준에 불과한 자신이 소설을 쓴다는 것에 대해서도 회의적이며 자기모멸에서 벗어나지 못한다. 세속적 출세도, 적극적인 독립운동도, 정상적인 가정을 이룰 수도 없는 이상현이야말로 방황하는 대다수 우리 민족의 모습이다.

> …조혼한 아내는 영원한 타인일 것 같았고 그리움보다 미움을 더 강하게 품게 된 최서희는 먼 곳에, 날이 갈수록 더욱 멀어져가는 여자다. 기화의 경우는 연민과 편안한 잠, 잠시나마 쉴 수 있는 가슴, 방황을 하는 공통점, 그런 것으로 하여 기약도 없는 만남을 지속해왔지만 그것이나마 사내 자존심 때문에 괴로운 관계가 아닌가. 상현은 아내가 영원한 타인인 한에 있어서는 자신도 영원히 남편이란 위치에서 부초(浮草)일밖에 없다는 생각을 한다. 절대 이혼은 못하기 때문에. 그래 글을 쓰자, 문학에 생애를 걸고 승부를 보자, 그러나 한심하다. 자기 모멸을 완전히 배제할 수가 없는 것이다.[140]

이상현은 삼류소설 원고료로 삶을 지탱한다. 그에게 문학창작은 식민지 지식인으로서 국가와 가문과 사랑을 복원하지 못하는 절망에 대한 도피이다. 현실주의자도 독립주의자도 이상주의자도 될 수 없었던 상현은 가장 객관적이고 어느 입장에 처해서는 안된다는 문학관을 지닌 작가의 길을 걷는다. 자기의 상황을 잊어버리고 다른 곳으로 생각을 유도하는 기능을 가진 글쓰기는 치료적 의미를 지니며,[141] 아버지, 양현과 봉순에 대한 죄의식과 참회를 통해 상처를 치유해 나간다. 간도, 일본, 서울, 만주, 연해주, 하얼빈을 방랑하고 이주하고 여행하며 귀향하지 못하는 상현의 삶은 식민지 지식청년이 감당해야 할 디아스포라적 형벌이었다.

길상, 상현, 영광은 정처 없이 떠도는 시대에 예술을 통해 시련과 절리, 상

140 박경리, 《토지》 7, 앞의 책, 371쪽.

141 변학수, 『문학치료』, 학지사, 2007, 33쪽.

처치유라는 입사제의를 통과한다. 국외자이자 무국적인간으로서 해외를 떠돌고 방랑하는 식민지 젊은이들은 타자지향적 자세와 예술에의 귀의, 고아의식, 경계인으로 변혁하고 창조하며 안주하지 않는 이방인상을 보여준다. 윤씨부인이나 최서희, 조준구와 같은 양반세력이나 밀정들이 집안과 토지, 가문과 명예를 중시하며 기존질서에 포섭되거나 귀환하며 자신의 자리를 찾아가고 안정을 추구하는데 반해 길상, 오가다 지로, 송영광, 이상현은 안정이나 귀소본능보다는 구질서, 관습 같이 구획하고 경계 지우고 선을 그어 배척하는 상수화된 규칙에서 탈주하고자 한다. 식민지 젊은이들은 근원적인 자기탐색과 사랑과 실연, 타자인식, 예술에의 귀의라는 성인식과 성장통을 겪으며 청춘의 입사를 통과한다. 여행자, 이주자, 방랑자인 제국의 타자들은 망국민으로서의 디아스포라적 운명을 감내해야 했다.

4. 《토지》의 동시대적 의미와 21세기적 접속

《토지》는 우리 국민이 가장 사랑하는 작품 중의 하나로 한의 응어리를 담은 박경리의 역작이자 한국문학사에 영원히 남을 역사대하소설이다. 5부 16권에 달하는 이 소설은 제국의 타자인 식민지 젊은이의 타자적 정체성과 타자지향성, 다문화적 사유와 자아찾기를 위한 여행, 방랑, 이주를 특징으로 한다는 점에서 디아스포라소설로도 읽힌다. 작품의 배경인 해방 이전으로 그치지 않고 동시대적 의미를 지니는 것은 최근 조명받고 있는 코리안 디아스포라의 문제와 탈국경 이동 모티프가 나타나기 때문이다. 식민지 청춘들이 신지식 교육, 독립운동, 승경유람, 생계유지 등의 이유로 끊임없이 유동하고 떠난다는 점에서 이 작품은 길위의 소설, 로드드라마로도 볼 수 있다. 저항과 독립투쟁, 계몽과 봉건성 극복과 더불어 생존을 위해 떠났던 이 시대의 젊은이들은 타자지향성, 외부지향성을 보인다. 이들은 이방인의식으로 경계를 넘고 상수화되고 고착화된 규칙들을 초월하고자 한다. 여행과 이주를 통한 떠돕은 독립과 더불어 추구해야할 근대화를 향한 길찾기였으며, 개인에게는 분열하는 자아를 정립하는 자아찾기로 귀결된다. 여정 속의 만남과 사건을 통해 자기 존재의 근원을 탐색하며 인생의 지향점을 도출하게 되는 아름답지만 치열했던 청춘들을 중심으로 디아스포라 관점에서 《토지》를 독해하는 것은 새로운 의미를 도출하는 일이다.

육칠백 여명의 매력적이고 독창적인 인물 중 그동안 주목받지 못했던, 주갑, 오가다 지로, 송영광, 이상현을 중심으로 이들의 여행과 방황, 이산적 삶의 중심에 놓인 시대적 질곡과 허무와 비관의 실체를 고찰해 보았다. 신분의 한계와 아버지를 극복하지 못하고 진정한 가족을 이루지 못한 채 퇴폐와 타락, 여행과 예술 행위로 도피했다는 점에서 송영광과 이상현은 허무주의자이자 데카당스이다. 국가, 사랑, 예술 그 어느 것도 성취하지 못하고 시대에 절망하고 분노하며 헤맸던 식민지 젊은이의 삶은 비난받을 수 있겠으나 작가는 애정 어린 시선으로 이들을 이해하고 수용함으로써 아름다운 모습으로 창조한다.

오가다 지로는 다문화적 세계시민의식을 가진 코스모폴리탄이자 세계주의자이다. 조선여인과 조선을 사랑하며 동족과 일본을 비판함으로써 동일자가 되지 못한 그는 가족과 거처와 정주를 거부하고 여행하는 디아스포라적 의식과 삶을 지향한다. 전쟁과 불안의식, 인간에 대한 불신, 민족과 국가의 경계 등 오가다가 고뇌하는 근대가 낳은 절망과 한계는 오늘날의 화두이자 인류가 풀어야할 숙제로 현재진행 중이다. 어린아이, 나그네로서의 초인적 인간형인 주갑은 가난과 신분, 지역 등의 경계를 초월하는 삶을 영위하며 인간의 감정을 움직이는 타고난 소리꾼으로 주변을 행복하고 부럽게 만드는 인물이다. 국가, 가족, 목적 없이 삶이 주어진 대로 이동하고 적응하는 주갑이야말로 니체가 말한 위버멘쉬이자 인간을 뛰어넘은 인간 이상의 존재이다. 상현은 전형적인 식민지 지식인의 모습으로 국가, 사랑, 예술 그 어느 곳에도 정착하지 못한 채 회의하고 타락하며 방황하는 시대의 데카당스이다.

가족을 이루지 못했거나 정주하지 못한 송영광, 오가다 지로, 주갑, 이상현이야말로 작가가 지향하고 공감했던 인물로 박경리가 위대한 작가임을 증명하는 매력적이고 독창적인 캐릭터이다. 나그네, 고아, 소년, 어린아이, 무지개 이미지로 표상되는 이들은 상처치유, 타자지향, 다문화적 태도로 부초처럼 떠돈다. 해방, 전쟁을 겪으며 유년기 출생의 아픔, 남편과 아들의 죽음, 암선고, 생계담당, 창작의 고통을 감내하면서 여성억압적 현실과 인습폐해, 인간불신으로 고통받았던 작가는 이들의 삶과 모습을 통해 그녀가 꿈꾸었던 자유로운 영혼과 삶을 지향했던 것이다. 타자지향적 외부지향적인 자세로 여행하고 방랑하고 이주했던 남성인물들을 창조하여 아프고 슬픈 시대를 감동적으로 그려나감으로써 《토지》의 다채로운 매력을 더했다.

5장 표류하는 동아시아 여성의 타자적 삶: 21세기 장편소설

1. 시대적 이행기와 이주의 여성화

새천년인 21세기 한국문학의 특징 중의 하나가 디아스포라 여성을 주인공으로 한 여자의 일생류 혹은 여성수난소설인데, 이는 탈국경 다문화 시대의 이주의 여성화 현상과 무관하지 않다. 전근대에서 근대, 근대에서 탈근대로의 이행기에 타자성을 지닌 여성의 삶은 신산하고 궁핍하며 고통스럽다. 근대 기획의 결과인 근대국민국가의 건설 과정에서 여성들은 타자화되고 억압되었다. 근대는 자유와 평등을 바탕으로 개인의 인권과 독립성을 보장하였지만 유교자본주의적 가부장제 하에서 동아시아 여성은 가정 안에 고립되었다. 그러나 이마저도 어려웠던 여성들은 월경(越境, trans~)하여 인권을 유린당하며 디아스포라 형벌과 운명을 감내해야 했다. 근대에서 탈근대의 이행이 가져온 여성 이주가 빈번해졌으며, 소설 속의 이주자는 가장 남루하고 비참하며 슬픈 타자로 재현[142]되었다.

19세기 중엽의 한국을 포함한 동아시아는 외부세계와의 급격하면서도 전면적인 접촉과 교섭이 진행되었으며, '서양의 충격(western impact)'이라 불리는 서양과의 만남과 물리적인 충돌은 국가체제의 급격한 변화와 함께 중화적 세계질서관념[143]을 흔들었다. 조선의 경우 서양외세의 침입과 청, 일본, 러시아 3국의 헤게모니 투쟁 아래서 국권을 상실하고 일본에 복속됨으로써 엄청난 시련과 시대의 질곡에 처했다. 조선 멸망의 원인으로 무능한 황제, 부패한 양반(귀족, 관리), 낙후된 국민성, 자강 개혁의 부족 등 전적으로 조선 스스로

---

142 졸고, 『21세기 한국소설의 다문화와 이방인들』, 푸른사상, 2014, 21쪽.

143 박영철 외, 『동아시아의 타자인식』, 제이앤씨, 2007, 89쪽.

망국의 길에 접어들었다고[144] 양계초는 분석한다. 동아시아 정세의 국가간 투쟁은 21세기 신자유주의, 세계화 속에서도 반복되어 무한경쟁 체제가 회귀하고 있다. 동아시아적 사유의 근원으로 볼 때, 남성의 몸과 여성의 몸은 대문자 타자로부터 늘 소외된, 국가와 군자의 호명으로부터 한치도 벗어나지 못하는 소문자 타자들의 고독한 울림이며 그 속에서 역설적이게도 여성의 몸은 더 은유적이면서도 더 분명하게 억압의 흔적을 드러냄을 발견[145]한다.

봉건질서 안에서 생존을 위해 주인에게 기대는 자 — 남성이든 여성이든 말이든 돼지든 — 는 모두 똑같이 키워지고 이용되고 착취[146]당한다. 서양의 오리엔탈리즘적 관점에서 타자화된 동아시아는 전제군주로부터의 타자성이라는 이중의 타자적 흔적을 갖는다. 시대의 변화는 언제나 교육받지 못했거나 언어권력를 갖지 못한 타자에게 타격이 가해진다. 특히 이주여성은 '이주', '유색인', '동아시아 출신', '빈곤', '전통', '소녀', '집시' 등이 겹쳐져 다중적 타자성을 지닌 마이너리티이자 주변부로 문화의 이질성, 피진어로서의 소통부재, 유교자본주의, 가부장제 등의 조건 속에서 인간 이하의 힘든 삶을 살아낸다. 가족과 고향을 뒤로 하고 국경을 넘기까지 하면서 더 나은 삶을 기대했으나 아시아적 신체의 훼손과 매매/매춘이라는 극단적 상황에 매몰된 동아시아 여성은 견딜 수 없는 삶의 질곡에 봉착한다.

근대의 이행과 탈근대적 상황 속에서 여성의 위치는 열악해져 갔으며, 다문화사회를 반영한 이주자가 등장하는 장편소설이 발표되었다. 2000년대에 자본의 전지구화와 이주의 여성화로 여성이주자가 많아진 것이다. 남성적인 작가로 식민성과 탈근대성에 대한 주제로 일관한 황석영은 새천년 초기에 《심청》을 발표하였다. 최근 그의 문학적 행보는 전통문학의 차용과 패러디 서사양식을 통해 우리 문학의 새롭고 독창적인 방향성을 제시한다. 《손님》

---

144 위의 책, 149쪽.

145 김종미, 「요조숙녀, 군자의 이름으로 부르는 여인」, 정재서 외, 『동아시아 여성의 기원』, 이화여대출판부, 2002, 212쪽.

146 레이 초우, 정재서 역, 『원시적 열정』, 이산, 2004, 253쪽.

(2001), 《심청, 연꽃의 길》(2003), 《바리데기》(2007)는 전통굿, 고대소설, 서사무가를 바탕으로 현대적으로 재해석한 장편들로 전근대에서 근대의 이행 그리고 탈근대에 이르기까지 동아시아인의 고통스러운 근대화 과정을 새로운 방식으로 구현해 낸다. 《심청》은 700여 쪽의 분량으로 《심청, 연꽃의 길》로 제목이 바뀌었고 한 여인의 기구한 삶을 다룬다. 탈북디아스포라 여성이 주인공인 강영숙의 《리나》(2006), 황석영의 《바리데기》(2007), 정도상의 《찔레꽃》(2008), 김유경의 《청춘연가》(2012)의 그녀들이야말로 신분증, 거주증을 갖지 못한 산주검(undead), 노바디(nobody), 비국민으로서 지구상의 가장 비참하고 처절한 비극적 인간형이다. 조선족 이주여성이 등장하는 천운영의 《잘 가라, 서커스》(2005), 조선족 출신 작가 허련순의 《누가 나비의 집을 보았을까》(2007)에서도 한민족 이주여성의 비극적인 운명이 그려진다.

21세기에 들어 여성타자는 디아스포라라는 이방성이 덧씌어짐으로써 차별화된다. 이들 문학의 특징은 탈국경, 여성성장서사, 심청(바리) 모티프, 매춘, 성, 생존, 이산 등의 키워드를 품고 있다. 왜 이 시대에 여성이주자가 부각되었을까? 시대를 막론하고 여성은 타자성을 대표한다. 근대적 가부장적 자본주의적 환경은 남성중심적인 사유를 바탕으로 함으로써 여성을 타자화한다. 근대남성주체가 아닌 여성들은 빈궁과 생존, 가족 부양을 떠맡으며 '탈국경 이주(이산)'라는 열악한 조건에 직면한다. 동아시아 아동과 여성들은 인신매매, 매춘, 대리모, 장기이식 같이 성적으로 대상화되고 육체적으로 상품화되며 부분적으로 파편화되거나 박제되는 인간 이하 혹은 동물 및 사물의 경계를 넘나드는 존재로 표상된다. 국경이 열리고 해체되었다는 사실은 무한한 가능성과 기회제공이라는 글로벌 조건을 가져왔지만 한편으로는 비국민, 난민, 이방인, 경계인이라는 타자성을 갖는 것이며 특히 '가난한', '유색인종'이자 '여성'이고 '이주자'에게는 건너기 힘든 타자가 되는 것이다. 유교이데올로기와 가부장제에 종속된 동아시아 여성은 '근대'와 '탈근대'라는 괴물과 맞닥뜨리면서 감당할 수 없는 운명의 나락으로 떨어진다. 가장 비극적이고 남루한 인간조건이 형성되는 글로벌 현실에서 디아스포라 여성이 장편소설에 출몰한다는 사실은 어쩌면 당연한 일이다.

이 글은 2000년대 이주여성의 수난을 주제로 한 소설들이 발표되는 현상에 주목하면서 디아스포라 여성의 고단하고 신산한 삶을 통해 여성의 타자적 삶이 나아지기는커녕 이방성이 덧씌어져 더욱 극단적이고 힘들어지고 있음을 밝힌다. 남성이주자와 달리 섹슈얼리티화되고 젠더화된 여성조건하에서 정체성의 가장 근원적인 신체의 훼손과 몸, 성, 자아의 자기소외는 진행 중이다.

2. 이동경로하 몸의 훼손과 매매·매춘 오디세이

자신이 태어나 성장한 곳에서 살지 못하고 타국에서 살아간다는 것은 경계인이자 이방인으로서 타자적 삶을 택하는 것이다. 자국민의 시선 하에 놓인 이주자는 아주 다른 낯선 존재이다. 유교자본주의적인 동아시아에서 가족과 가정을 벗어난 여성은 외국인 혐오증, 여성 혐오증, 마녀프레임, 희생양 메커니즘의 대상이 되어 인권을 유린당하는 벌거벗은 생명[147]으로 낙인찍힌다. 가난한 국가 및 궁핍한 집안의 딸들은 국경을 넘는 순간 민족적 인종적 문화적 언어적 타자가 된다.

국제결혼이나 노동을 위해 고향/고국을 떠나는 디아스포라 여성은 보다 나은 삶을 위해 새로운 정체성과 새로운 가족을 찾지만 젠더화된 사회 인식으로 이동과정과 이주국에서 성폭력과 언어폭력, 인권유린의 시각지대로 내몰린다. 불안정성과 역외성의 난민 상황 속의 그녀들이 머문 이동공간과 타국(여행의 목적지)이야말로 비-장소(오제), 역외지대(가로), 바보들의 배(미셸 푸코) 같은 어디에도 없는 곳으로 홀로 존재하며, 자체 내로 닫혀 있으며 동시에 무한한 바다에 내맡겨진 채 이리저리 떠도는 장소 없는 장소로 내던져진 것[148]

147 Homo Sacer 아감벤의 용어로 단지 살아있음의 생물학적 존재에 불과한 조에(zoe)로서의 날것의 생명을 뜻한다. - 조르조 아감벤, 박진우 역, 『호모 사케르』, 새물결, 2008, 33쪽.

148 지그문트 바우만, 권태우 역, 『리퀴드 러브』, 새물결, 2013, 302쪽.

이다. 국경을 넘는 여성은 아시아적 신체의 훼손과 섹슈얼리티의 자기결정권에서 자유롭지 못한 상황에 노출[149]된다. 《심청, 연꽃의 길》이 조선에서 출발하여 타국을 떠돌다 회귀하는 것과 달리, 다른 소설들의 이주목적지는 한국이다. 일본과 함께 한국은 이제 동남아 저개발국가들을 경제적으로 종속시킬 수 있는 위치[150]에 서게 되었다. '코리안 드림'이라는 신조어는 한국이 세계 자본주의 위계질서 안에서의 새로운 위치 즉 반-주변부(semi-periphery) 또는 하위 제국주의 국가임을 확인[151]시켜준다. 그러나 한국은 이상향이나 유토피아가 아닌, 이주여성을 성적으로 대상화하고 차별하는 반다문화주의적 반여성주의적 시선이 머무는 곳이다.

《심청, 연꽃의 길》의 심청은 중국 상인에게 팔려감으로써 여성으로서 감내하기 힘든 이산체험을 한다. 그녀의 탈국경 이동경로는 제물포→난징→진장→지룽→싱가포르→타이완→류큐(오키나와)→나가사키→제물포로의 기나긴 매매/매춘 오디세이이다. 고전소설의 효녀 심청의 용궁 왕비에의 귀결은 불가능한 환타지로서 현대소설에 환생한 그녀는 가혹하고 극단적이며 비정한 환경에 놓인다. 고국/고향을 떠난 여성은 국경을 넘는 순간 훼손된 신체와 고갈된 영혼으로 자신을 분리하고 소외시킨다. 여성의 몸을 탐하는 남성 욕망의 대상이 된 심청은 성을 강탈당하고 몸을 억압당한다. 난징으로 팔려간 심청은 전족을 하지 않은 큰발을 흉측하다고 여기는 오랑캐 여성으로 타자화된다. 자신이 입던 조선옷이 강제로 불태워지고 조선 이름 '청이'에서 중국 이름 '렌화'로 바뀌는 순간 청이는 존재론적 위치의 변화 즉 다른 사람이 되는 것이다. 명백하게 매춘을 하도록 강요되지 않았을 때도 이름을 바꾸는 것은 자신의 오래된 또는 분명했던 정체성으로부터 자신을 분리[152]하는 것이다. 자신의 벌거벗은 몸을 남의 것처럼 바라보던 렌화는 "너는 내가 아니야"

149 졸저, 앞의 책, 332쪽.

150 이진경, 「민족, 하위 제국주의, 초국가적 노동」, 『황해문화』, 2006.봄, 287쪽.

151 위의 책, 287쪽.

152 캐슬린 배리, 정금나 외 역, 『섹슈얼리티의 매춘화』, 삼인, 2002, 43쪽.

라며 자신을 부정한다. 노인 첸대인의 인신공양이 된 렌화는 그와 동침한 후 몽환 속에서 다시 거리두기와 이탈하기와 분리하기[153]를 반복한다.

> 넌 나가란 말야. 여긴 내 몸이야. 아니 이건 내 꺼야. 자세히 들어보면 계집아이들의 목소리는 낮고 높은 것이 서로 섞여 있을 뿐 같은 소리로 들린다. 나는 청이야. 넌 누구니? 나는 렌화라니까. 넌 이미 귀신이야. 누구 귀신? 예전에 벌써 죽은 귀신. 청이의 감긴 눈꺼풀 안쪽 부연 어둠 속에서 벌거숭이 두 계집아이의 모습이 뚜렷하게 떠올랐다.[154]

몸과 잠자리를 파는 중늙은이의 시첩 노릇을 하다가 그가 죽자 아들 구앙에게 몸을 제공한 후 렌화는 그곳을 탈출할 수 있게 된다. 부자에게 몸을 섞은 패륜녀가 된 렌화는 진장에 머물면서 창녀생활을 한다. 청이는 잠자리에서의 몸가짐과 방중술과 자극법을 배우며 남성 쾌락의 도구로 사물화된다. 남성과 사회와 자본 앞에서 철저하게 대상화된 창녀로서 연기를 하는 청이의 모습은 열등하고 종속적이며 함부로 다루어도 되는 몸관용구[155]를 만들어낸다. 이러한 관습화된 비구어적 의사소통 양식이 우리에게 몸이 보낸 정보를 분류하고 이 정보에 따라서 사람들을 낙인찍고 서열화하는 범주를 제공[156]하는 것이다. 아편과 매춘과 술과 오락과 도박과 본능이 난무하고 불법과 범죄가 자행되는 창녀촌에서 성을 사는 남성고객에게 허여되는 청이는 힘을 갖겠다고 혹은 그

---

153 매춘여성의 생존전략으로 거리두기를 통해 자신으로부터 분리된 매춘부로서의 자신을 연결시키지 않게 되며, 이탈하기를 통해 자신의 진짜 자아와 하나의 상품으로서 섹스를 위해 사용되는 자아를 구분하기 위해 감정적 거리 두기를 한다. 또한 매춘여성은 창녀처럼 연기하기도 하고 사랑에 빠진 연인처럼 연기를 함으로써 자아를 사는 것이 아니라 자아처럼 행동하는 몸을 사는 것이다. - 위의 책, 51~56쪽 참조.

154 황석영, 『심청, 연꽃의 길』, 문학동네, 2003, 49쪽.

155 의복, 태도, 동작과 위치, 소리의 크기, 손짓과 인사와 같은 육체적 제스처, 얼굴 표정 및 기타 광범위한 감정 표현을 말한다. - 크리스 쉴링, 임인숙 역, 『몸의 사회학』, 나남출판, 1999, 125쪽.

156 정재서 엮음, 『동아시아 여성의 기원』, 이화여대출판부, 2002, 234쪽.

누구의 것도 되지 않겠다고 다짐한다.

> 이제 나는 누구의 것두 아니야. 나는 화지아가 되는 거야.
>
> 청이는 그렇게 속삭여보았지만 어쩐지 첸 노인의 곁에 처음 누웠던 밤과는 또 달리 제 몸이 자기를 완전히 떠나버린 것 같았다. 제 가슴 속 계집아이의 음성은 아예 들리지도 않는다. 그때는 두렵고 낯설고 저승에 온 것만 같아서 아직도 물에 빠진 뒤의 어두운 세계에 넋이 갇혀 있는 듯이 느껴졌다. 그네는 방금 속으로 중얼거린 누군가의 혼이 천장 위에 떠서 벌거벗은 채 침상에 남겨진 몸을 내려다보고 있는 듯한 착각에 빠졌다. 그네는 손을 베개 밑에 넣어 더듬어보았다. 랑중이 자기를 안기 전에 호기 있게 내밀어 준 은자 한 덩이가 미지근한 체온을 머금고 파묻혀 있었다. 렌화는 은덩이를 손에 꼭 쥐고 중얼거렸다. 나를 팔았어! 그네는 조용히 이불을 걷고 일어나 침상 아래로 내려갔다. 그리고 물항아리를 들어 대야에 붓고는 쪼그리고 앉아 아랫도리를 씻었다.[157]

첫 매춘을 통해 청이는 자신에게 낯설어지고 자아가 분열되며 몸이 분리됨을 느낀다. 그녀는 매매되는 존재로서 타자적 동질감을 느끼는 광대인 동유와 사랑하지만 정상적인 결혼생활은 불가능하다. 영국군의 진장 점령과 부두에 군영을 차리며 중국땅을 밟는 19세기 중후반 서양의 동아시아 침략은 남성의 여성 정복을 알레고리화한다. 서양에 의해 근대사회 혹은 유교자본주의로 이행되는 과정에서 동아시아 여성타자는 희생되고 파멸되며 착란과 분열을 일으킨다. 동아시아의 어린이들은 유괴되어 구걸용이나 몸을 망가뜨려 흥행용으로 팔리고 시골의 부녀자들은 창가나 도회지의 하녀로, 젊은 여자들은 남의 첩이나 창녀로 매매된다. 남성들은 청이를 비롯한 처녀들의 부끄러움을 없애고 무력하게 만들기 위해 윤간한다. 정액받이의 비단인형처럼 강간당하고 폭력당한 여성들은 주거지를 옮길 때마다 매매되어 국경을 떠돌고 이름이

---

157 황석영, 앞의 소설, 140쪽.

바뀌며 정착하지 못하는 삶을 영위한다. 부끄럼이 없다는 것은 동물화, 사물화되는 것으로 단지 상품가치로만 여겨져 벗겨진 상태에서 팔다리나 이빨이 성한지 검사를 받고 하루 열서너 명씩 남자를 받아드린다. 서양의 타자인 중국 한족(漢族)남성에게 만족(蠻族)인 청이는 이중적으로 타자화되어 에스닉하고 원시적이며 신비화된 오리엔탈리즘적 시선에 놓인다.

제임스의 현지처로 영국 이름인 '로터스'가 된 청이는 그와의 조선 좋은 성착 기회를 거절한다. 진정한 사랑이 아닌 계약관계에서 노리개나 물건으로 취급을 받는 청이는 제안을 거부함으로써 교활한 공손함으로써 저항하는 혼종성[158]을 드러낸다. 창녀의 삶으로 되돌아간 청이는 류큐(오키나와)에서 시조쿠의 아내(왕자의 부인)가 되지만 또다시 나가사키 홍등가 마마상의 길을 택한다. 제임스의 아내를 거절하듯이 청이는 한 남자에게 귀속되기를 거부하며 주체적이고 독립적인 삶을 지향한다. 싱가포르에서 양인 첩들이 버린 아이들을 모아 보호소를 운영한 심청은 고향으로 돌아와 눈을 감는다. 심청의 상처와 훼손은 서양인에게 근대화되면서 침탈당하는 동아시아의 모습을 상징한다. 심청의 삶은 동아시아의 타의에 의한 근대화 과정과 그것이 가져온 비극성[159]을 보여준다. 심청의 처절한 성적 침탈과 여성수난을 통해 시대의 전환기나 이행기가 여성의 삶에 더욱 치명적이고 절망적임을 알 수 있다.

국경을 넘는 순간 청이는 중국인에 의해 전족을 하지 않은 발이 큰 오랑캐 여성으로 인식되며, 영국남성의 현지처 노릇을 할 때에도 매독을 의심받는 비위생, 야만, 전근대, 반문명의 원시인으로 취급된다. 병균체인 동양여성과의 섹스가 두려워 씻기를 강요하는 위생권력이 작동하는 청이의 몸은 더러운 신체일 뿐이다. 심청의 고난은 기독교, 위생, 근대성을 상징하는 서양에 의해 짓밟힌 동아시아인의 고난을 표상한다. 전근대 조선을 떠나 중국, 영국, 일본 남성의 언어와 문화와 접촉한 청이는 주체나 난독자로 인정받지 못한 남성과

158 이경원, 『검은 역사 하얀 이론』, 한길사, 2011, 436쪽.

159 류보선, 「모성의 시간, 혹은 모더니티의 거울」, 『심청, 연꽃의 길』, 문학동네, 2003, 674쪽.

근대의 대속자이자 희생제물이다. 진흙 속에 피어오르는 연꽃의 길은 그 무엇으로도 보상될 수 없는 가혹하고 견딜 수 없는 모욕적인 삶이다. 청이의 성적 훼손 장면이 빈번하게 표출되는 이 소설에선 여성보다는 동아시아의 훼손에 주목한 작가의 남성중심적 시각이 드러난다. 청이는 서양에 의해 서벌턴화되고, 중국에 의해 오랑캐화되었으며 남성들에겐 타자화되며 이주자를 소유하고 경계하고자 하는 정착민의 편집자적 시선에 의해 분열되고 파괴되었다.

근대의 이행기를 배경으로 하는 《심청, 연꽃의 길》 이외의 소설들은 2000년대를 배경으로 한다. 여행의 자유화, 자본과 노동의 유연화와 이주의 여성화로 인해 많은 여성들이 결혼과 노동을 목적으로 이주(이산)체험을 한다. '코리안 드림'을 꿈꾸며 사막, 도강, 제3국, 밀항 등 험난한 이동경로를 통해 목적지로 오는 과정에서 성적으로 유린당하는 이주여성은 치욕적이고 반인권적인 상황에 놓인다. 탈북여성은 미묘하고 배타적인 응시를 느끼며 한국사회에서 탈북자라고 신원을 밝히면 취업을 거부당해 조선족으로 위장하기도 한다. 네 편의 탈북디아스포라소설의 표출방식은 모두 다른데, 한국 출신 남성작가인 정도상의 《찔레꽃》은 리얼하게, 황석영의 《바리데기》는 서사무가를 패러디하였고, 북한 출신 작가인 김유경의 《청춘연가》는 현장체험적이고 증언·보고하듯이, 여성작가인 강영숙의 《리나》는 몽환적이고 추상적으로 탈주과정을 묘사한다.

북한에 가족을 둔 채 국경을 넘는 탈북여성은 인신매매, 매매혼, 성폭력을 겪으면서 육체적 정신적 상처를 입으며 이주국에서도 사회적 소수자이자 삼등시민으로 주변화된다. 북한 출신 작가의 현장체험이 강한 《청춘연가》의 탈북여성은 하나원에 모여 서로의 아픔을 공유하며 슬픈 과거를 회상한다. 입국 후 제일 먼저 수용되는 하나원에서 한국 정착 교육을 받는 그녀들은 악몽과 환각에 시달릴 정도로 감내하기 힘든 몸의 훼손과 인간성 말살을 체험한다. 밤만 되면 과거로 끌려가는 외상후 스트레스 장애를 앓는 정선화는 생존과 생계를 위해 북한을 떠나 치욕과 고통이 점철된 짐승 같은 삶이었던 중국

농촌 결혼생활 과정을 겪고 나서야 입국할 수가 있었다. 인신매매꾼에 의해 팔려간 그녀는 남편과 그의 형에게 윤간을 당하는 "우리에 갇힌 연약한 짐승"처럼 살아간다. 도망과 실패와 혹독한 학대를 반복하면서 꿈에 그리던 한국땅에 도착해 방송국에 취직했지만 중국에 두고 온 딸을 그리워 하다가 암선고를 받으며 불행하고 비극적인 이산의 삶을 마감한다.

> 무릎이 자꾸 접힌다. 아무리 힘을 주어도 아랫다리가 흐늘거린다. 죽은 힘을 다해 발버둥을 쳐도 반 미터도 못 뛴다. 빨리 도망가야 하는데… 살려주세요. (중략) 그녀는 보이지 않는 하늘을 우러러 본다. 공포로 커다랗게 흡뜬 눈에서 잿빛 하늘이 눈물과 함께 떨고 있다. 살려주세요.
>
> 무작정 걸어보려고 몸부림친다. 여전히 몸이 말을 듣지 않는다. 마침내 우악스러운 손아귀에 덜미가 잡혔다. 그리고 목이 매인 개처럼 누런 흙먼지를 일으키며 질질 끌려간다. "니 치쓰바, 따스나." 중국말로 죽이겠다고 거듭 고함을 지르는 그 목소리가 혼미해지는 머릿속을 마구 때린다. 놔라, 놔. 혼신의 힘을 다해 부르짖지만 목소리는 겨우 입 안에서 맴돈다.[160]

온성여자 복녀는 온전치 못한 남편에게 팔려 2년간 살다가 감시와 경계가 늦춰진 틈을 타 아이를 업고 도망친다. 그녀는 뚜쟁이에게 속아 또다시 중국 남자에게 팔리고 중국농촌과 칭다오를 거쳐 하나원에 도착한다. "북한 여자들은 며느린 게 아니라 씨받이이고 노예"적인 삶을 사는 대가를 치르고 만신창이 몸으로 한국에 오는 것이다. 19살의 임신 4개월인 경옥은 16살에 중국 노래방에 팔려갔고 상대한 남자의 숫자를 모를 정도로 관계를 맺고 산다. 온성 출신의 그녀는 고난의 행군으로 온 가족이 굶어죽자 꽃제비로 지내다가 인신매매꾼에게 걸려든 하층민 출신이고, 무신여자 신영애는 북한에서 중국에 머무는 동안 붙잡혀 매질과 굶주림, 강도 높은 노동을 하였으며, 회령여자

160 황석영, 앞의 소설, 7쪽.

강화영은 밀수, 감옥, 탈북, 칭다오를 거쳐 한국에 오면서 자신이 북한여자인 것을 저주하며 자신의 출신성분을 끔찍할 정도로 싫어한다. 몸과 성과 생명을 걸고 온 한국이주생활은 야릇하고 의심스러운 시선에 노출되며 주변부, 이등국민의 위치에 놓인다. 그녀들이 북한에서 한국까지 오는 길은 문화와 언어가 다른 낯선 중국남자와 몇 년 동안 살아주어야 하거나 목숨을 담보로 하는 험한 노정을 통과하는 일이다. 북한을 탈출하여 인신매매와 매춘을 통해 접경지역인 중국 시골에서 한족남자와의 결혼생활 후 한국에 도착하는 과정은 이주여성에겐 지옥과 같은 순간들이자 '과거 있는 여자'로 낙인찍히는 악몽의 이동경로이다.

《찔레꽃》의 충심은 사촌 미향과 함께 꼬임에 넘어가 국경인 두만강을 넘자마자 인신매매꾼에게 잡혀 중국농가에 팔린다. 견딜 수 없는 고통과 폭력과 중노동, 잔인함 속에서 탈출한 충심은 김충심(북한)→미나(메이나), 소소(중국)→이은미(한국)라는 다양성과 다국적성의 이름을 갖게 됨으로써 정체성의 혼란과 분열을 겪는다. 가족과 사랑하는 이가 있는 고향 함흥을 떠나 남양→중국 헤이룽장성 농촌→션양→한국으로의 여정까지 그녀가 머문 곳은 중국 산골, 마사지숍, 노래방과 같은 섹슈얼리티화된 공간이다. 바리데기 신화처럼 동수자의 부인이 되어 아들까지 낳아준 후에야 생명수를 들고 귀환하는 바리공주의 시련에서 그치지 않고 인신매매로 중국 오지농촌결혼생활을 한 충심은 몽골 초원을 거쳐 한국으로 가는 지옥여정의 고통을 거친다. 기차와 도보를 반복해서 북경→알렌→몽골국경→우루무치까지의 탈출 엑소더스에서 동상으로 발가락을 잃어 불구가 되거나 죽음에 이르는 공포와 미래를 알 수 없는 절망과 위험을 감수한 후 도달하는 것이다. 한국생활을 시작했지만 몸과 성과 웃음을 파는 서비스직이나 가사일, 돌봄 노동과 같은 제한된 일을 하며, 브로커에게 진 빚과 북한가족에게 생활비를 보내기 위해 여전히 노래방을 전전하는 충심의 이주생활은 북한이나 중국에서의 삶에서 나아지지 않는다. 충심의 사촌 미향도 남편과 시아버지가 자신의 몸을 공유하는 몹쓸 짓을 당하는 중국결혼생활로 정신착란과 악몽을 꾸고 환청과 환각에 시달리다 죽음을 맞이한다. 목숨과 정조를 담보하는 북한 탈출, 두만강 도강, 몽골 사막 행군, 제3국으로의 피신, 중국에서의 인신매매 및 감금당한 결혼생활은 여성이 감내하기에 너무도 처절하고 신산하며 핍진한 것이다.

《바리데기》의 바리는 일곱 자매의 막내로 태어나 어린 나이에 가족과 헤어지고 할머니와 개 칠성이의 죽음을 목도하며 영국으로 이동한다. 12살에 집을 떠나 15,6살에 영국에 도착한 바리는 북한→중국→영국을 거쳐 몸을 훼손하고 마사지로 생계를 유지하는 밑바닥 인생을 영위한다. 동물이나 죽은 자와 교감하는 바리는 바리데기신화가 갖는 저승신으로서의 염력으로 영국에서도 일자리를 얻지만 《심청, 연꽃의 길》과 함께 전근대적 주술적 무속적 보상으로 귀결되어 현실성이 떨어지며, 남성, 근대, 자본이 가한 반인권적인 유린과 폭력적인 삶에 대한 전근대적이고 신비한 동양의 이미지로 환원될 뿐이다.

> ①…그들 일행은 안내자가 든 나침반이 가리키는 곳을 따라 정신없이 걸었다.…저마다 등에 진 커다란 물병이 유일한 생명줄이었다. 가도가도 끝이 없는 그 사막에서 그들은 길어졌다 짧아졌다 하는 그림자를 지팡이 삼아 하염없이 걷고 또 걸었다. <u>도중에 하얗게 말라있는 해골을 몇 번 보았다. 마치 자기들처럼 한국으로 가기 위해 사막을 가로지르던 탈북자들의 해골인 것만 같았다. 그때의 그 공포, 그 두려움, 그 막막함이 그녀를 다시금 엄습했다.</u>[161]
>
> ②"우루무치를 지나 국경으로 접근해서 안내원이 일러준 길을 따라 큰 산을 넘으면 몽골이야. 그 산을 넘는 것도 얼마나 힘들었는지 몰라. 산을 넘자마자 끝없는 초원이 펼쳐지는데, 그 지옥을 건너면 고비사막이라는 모래지옥이 또 앞을 가로막는 거야. 사막이라고 해서 처음엔 겁을 잔뜩 집어먹었는데 다행히 하루 만에 건널 수 있었어. 사막을 건너면 또 다시 초원이야. 초원이 얼마나 지겨운 줄 알아? 죽은 낙타를 뜯어먹는 늑대를 봤는데 죽었다 싶더라. 천신만

161 김유경, 『청춘연가』, 웅진/지식하우스, 2012, 176~177쪽.

고 끝에 유목민들을 만나도 겨우 양고기나 먹을 수 있는데, 그걸 먹으면 하루 종일 설사를 죽죽 해대는 거야. 말이 다르기 때문에 길을 알려달라고 하지도 못해. 초원에서 두 사람이나 얼어죽었어. 나중엔 배가 고파서 양을 한 마리 잡아먹었어. 양떼의 주인이 말을 타고 나타나 채찍을 휘두르는데 살이 쩍쩍 갈라지더라니까. 지금 생각해보면 어떻게 초원을 헤쳐나왔는지 모르겠어. 꿈만 같아. 절도죄로 몽골의 경찰한테 데려다주면 좋겠는데 실컷 때리고는 그냥 가버렸어. 열흘 넘게 헤맸는데, 밤이 되면 너무 추워서 잘 수가 없어 마냥 걸었어.[162]

③샤먼에서 스무 명 남짓 되는 사람들이 배에 탔다. 그들은 우리처럼 배가 떠나기 직전에 승선했는데 다른 화물을 싣는 이틀 동안 우리는 초주검이 되어야 했다. 뱀단 사내들은 우리를 나누어 화물이 가득 찬 컨테이너 속에 밀어넣었다. 우리는 그야말로 뱀처럼 짐과 짐 사이의 비좁은 틈바구니에 파고 들어서 있어야 했고 상반신을 끼우고 다리쉼을 하기도 했다. 용변도 그 자리에 선 채로 보았고 밥은커녕 물 한 모금도 얻어먹지도 못했다. (중략) 선원들의 비좁은 방에 불려온 사람들. 돈을 내라 하니 없다고 고개를 흔들고. 그들은 때리기 시작한다. 주먹으로 얼굴을 치고 발길로 배를 걷어차고 여럿이서 몰매를 놓는다. 분노에 가득 찬 얼굴들. 돈 없는 남자는 얼굴이 피투성이인 채로 늘어져버린다. 여자의 옷을 벗긴다. 차례로 그짓을 하는 남자들. 여자는 고개를 젓고 울며 몸부림친다.[163]

④그날은 웬일인지 아침부터 비닐로 선창으로 통한 입구를 막아버렸다. 빛 한 오리 없는 선창안은 굴왕신같이 캄캄했다. 무덤속이다. 숨이 막혔다. 이름할 수 없는 지독한 냄새에 비위가 상한다. 욕지기가 생긴다. 누군가 욱욱 구역질을 하기 시작한다. 전염이나 되듯 잇따라 여기저기에서 토사물이 쏟아진다. 아침에 먹은 것을 다 쏟아놓고 있었다. 하나밖에 없던 출입문이 막혔으니 냄새가 빠질 곳이 없어 우왕좌왕한다. 선창안은 마치 암모니아통 같았다. 진시한 듯한

162 정도상, 『찔레꽃』, 창비, 2008, 156쪽.

163 황석영, 『바리데기』, 창비, 2007, 127쪽, 137쪽.

> 이 냄새, 무엇보다 참을 수 없는 것은 냄새였다. 비오는 날 두엄무지에서 넘치는 똥냄새, 지린 오줌냄새, 내장이 썩은 생선냄새, 생리대의 묵은 피냄새, 발냄새, 입냄새, 거기에 누군가의 겨드랑이 냄새까지 합세하여 이 세상의 모든 냄새는 이곳에 다 모인 듯 악취가 진동했다.[164]

①, ②는 북한 탈출루트의 하나인 몽골사막을 횡단하는 과정을 묘사한 대목이고, ③, ④는 배를 타고 밀항하는 선상 장면이다. 추위와 맹수와 국경보안대를 피해 사막과 초원을 오로지 걸어서 탈출하는 탈북이주자의 험난한 여정은 후유증을 낳으며, 밀항선 루트 역시 시체가 되지 않고서는 그곳을 벗어날 수 없는 성적 유린과 참을 수 없는 질식 상황을 견뎌내야 하는 탈출 오디세이이다. 극도의 긴장감과 불안감, 초조함, 가슴졸임을 느껴야 하는 그녀들은 육체적 질병이나 죽음으로 귀결된다.

《리나》의 어린 소녀 리나는 가족과 헤어져 화공약품제조공장 → 마약과 관광의 도시 → 창녀촌 시링 → 경제자유지역공단지역으로 이어지는 이동 속에서 강간, 살인, 중노동, 폭력에 시달린다. 목적지를 P국으로 명명하거나 리나가 머무는 곳을 익명으로 처리함으로써 환상적이고 고착화하지 않는 공간에서 그녀는 무모하고 끔찍한 일들을 겪는다. 가난 때문에 한 탈주이지만 "창녀가 되더라도 외국물을 먹어보는 것을 기대하는" 리나는 판단하고 결정하기에는 무지하고 어렸고 욕망과 쾌락과 자본을 좇는 어른들의 삶을 일찍 알아버렸으며 옳고 그름을 따지기엔 이주체험이 너무 극단적이었다.

1992년 한중수교와 1994년부터 불기 시작한 '한국바람'으로 중국에서 소수민족으로 차별대우를 받던 중국동포들이 한국사회에 편입되었다. 조선족 여성은 혈통이 같은 한민족이기에 결혼상대자로 인기가 많았으며, 한국말을 할 줄 알아 돌봄노동이나 가사노동에도 적합하였다. 그러나 그녀들에 대한 평판은 좋지 않았고 중국에서도 가족해체현상이 일어나는 등 사회문제가 부각되

---

164 허련순, 『누가 나비의 집을 보았을까』, 온북스, 2007, 293쪽.

었다. 《잘가라, 서커스》의 림해화는 부천시에 거주하는 장애인 한국남성과, 비행기를 타고 옌지(延吉)로, 옌지에서 다시 버스를 타고 세 시간을 달려 둔화(敦化) 도착하여 사허옌(沙河沿)까지 작은 버스를 타고 삼십 분을 들어가야 집에 도착하는 무려 사십 시간이나 걸리는 주변부 여성이다. 국제결혼이 성사된 해화에게 '부천'이란 "너무 낯설고 이물스러운" 지명으로 느껴진다. 첫사랑을 뒤로 하고 한국땅에서 시작한 결혼생활은 남편과의 나이차와 의처증을 견디지 못하고 파탄난다. 남편으로부터의 성적 학대를 경험한 그녀는 가출하여 여관 허드렛일을 하던 중 주인에게 성적 유린을 당할 뻔함으로써 가정과 가부장의 보호를 받지 못하는 길위의 여성은 성적 위험에 노출된다.

조선족작가로 주목받는 허련순의 제1회 김학철문학상 대상작인 《누가 나비의 집을 보았을까》에서도 밀항선을 타고 한국으로 가려는 조선족 디아스포라의 비참한 이동과정이 나타난다. "할퀼 대로 할퀴운 돼지 구유를 연상시키는 허술한 나뭇배"는 "유령과도 같은 존재"로 "새장 안의 새"와 같은 신세가 되어 목적지를 향한다. 배안은 성폭행의 위험이 도사리고 있고, 화장실도 제대로 구비되지 않아 여성으로서 견디기 힘든 수치심과 모욕감을 느끼며 호흡곤란 속에 서로 부대낀 채 바다를 항해한다. 극도의 생명위협, 신체 훼손, 서로에 대한 적대감을 안은 채 목적지에 도착하지만 입국허가를 기다리다가 밀항자들은 질식사한다. 배안은 망망대해에 벗어날 수도 없는 생지옥과 다름없는 밀폐된 진공상태이다. 갑판에 오르지 못하게 하기 때문에 반미치광이가 되거나 질식상태에 놓이고 죽은 자들은 바다에 던져진다. 사촌오빠의 희롱과 이모부로부터 성폭행을 당한 후 두 번의 결혼생활에 실패한 세희는 운전실에서 이풍언과 다른 브로커에게 윤간을 당한다. 배에 탄 김채숙, 오미자, 쌍희, 말숙인 모두 중국의 최하층 소수민족으로 한국만이 살길이라며 끝없는 밀항을 시도한다. 한국에 도착해도 땅을 밟을 수 없는 밀항자들은 거주국으로부터 환영받지 못하는 지구상에서 장소를 잃은 역외지대이자 공동체 게토로서 임시적임의 영속 즉 임시적 상태의 지속[165]에 놓인다.

반강제적으로 탈국경한 소녀들은 이동경로에서 인신매매, 매춘, 사막행군,

결혼생활, 밀항 등의 험난한 여정을 체험한다. 그리고 도착한 타국에서 그녀들은 젠더화된 사회에서 주변화되거나 제한적인 돌봄, 가사노동이나 섹슈얼리티화된 업종에 종사하며 질병에 시달리거나 외상후 스트레스 장애를 겪는 신산한 이주생활을 한다. 고향과 고국, 가족을 떠나자마자 그녀들에게 가해진 남성들에 의한 신체의 제압은 잔혹성의 스펙터클로서 지속적인 감시와 관찰, 격리와 배제를 통해 이주여성을 유순하게 만들고 통제되는 대상의 지위로 전락[166]시킨다. 그녀들이 겪은 육체의 에로티즘은 폐쇄적인 몸을 뒤흔들고 파괴하는 일종의 폭력으로 그것은 대상을 범하는 살해행위에 가깝다. 여성은 희생제물, 남성은 제의집행자에 가까운 희생제의는 제물인 여자의 옷을 벗기고 그녀의 알몸을 파열[167]시킨다.

3. 심청·바리 모티프 및 동아시아 소녀들의 타자성과 이방성

효와 충의 패러다임은 동아시아 역사에서 기나긴 효력을 발생[168]해 왔다. 여성이 가정이나 국가의 곤란한 상황에서 어떻게든 능력을 발휘하여 문제를 해결해야 하는 효 윤리가 갖는 여성억압적 의미는 중국의 이기, 목란, 한국의 심청, 바리데기 설화의 계보를 갖고 근대로 전이[169]된다. 효 이데올로기를 바탕으로 하는 심청/바리의 삶이 체화된 아시아 여성은 가족의 생계를 위하거나 자신을 희생시키는, 극단적인 월경(越境)을 선택한다. 딸이라는 이유로 자신을 유기하거나 계모에게 내맡긴 비정하고 무책임한 아버지들을 위해 순결과 성을 바치는 딸들의 전통서사[170]는 여전히 남아 있다. 아버지를 위해 몸을

165 지그문트 바우만, 앞의 책, 302쪽.
166 정항균, 『메두사의 저주』, 문학동네, 2014, 284쪽.
167 위의 책, 249쪽.
168 김종미, 앞의 논문, 210쪽.
169 정지영, 「열녀 만들기의 역사」, 『여성학논집』 제20집, 이화여대 한국여성연구원, 2003, 141쪽.
170 딸들의 희생제의는 고대무가, 고전소설부터 식민지 시대 채무첩이나 기생, 술집작부, 카페

던지는 심청이나, 다른 남자의 아내로 살아준 후 생명수를 들고 부친의 목숨을 구원하는 바리의 모습은 극단적이고 왜곡된 딸들의 비극적 삶을 표상한다.

생계를 위해 고국을 탈출한 여성들은 직접 목적지에 오지 못하고 탈출 엑소더스를 경험한다. 조선여인 청이는 중국, 일본, 싱가포르를 전전하면서 창녀의 삶을 영위하고, 탈북여성은 물 삼 년, 불 삼 년, 나무 삼 년의 노동과 아들 셋을 낳아준 바리데기처럼 중국산골에 매매되어 원치 않는 결혼생활을 한 후에야 한국땅을 밟는다. 조선족 여성의 경우 국제결혼을 통해 이주했으나 남편의 성학대와 의처증으로 파탄나거나(잘 가라, 서커스) 입국을 허락받지 못해 배안에서 질식해 죽어간다(누가 나비의 집을 보았을까). 길위의 여성, 집밖의 여성들은 집시/희생양 이미지를 갖고 있으며 여성이 국경을 넘는다는 것은 19세기 집시들을 타락했다고 여기는 경향이 여전하다는 점에서 성적 타락과 불결함으로 인식된다.

어린 소녀들은 반강제로 고향 혹은 고국을 떠나 영문도 모른 채 낯선 땅에 놓인다. 15살의 청이(심청, 연꽃의 길), 16살의 리나(리나), 17살의 충심(찔레꽃), 12살의 바리(바리데기), 16살의 경옥(청춘연가), 25살 해화와 세화(잘 가라, 서커스, 누가 나비의 집을 보았을까) 들은 타국에서의 시련과 역경을 거쳐 소녀에서 처녀로 성장한다. 부모와 고국을 떠난 순간부터 전지구적 가부장적 생산양식하에서 집시 이미지와 희생양 매커니즘의 대상이 되어 차별적 배제적 시선에 놓인 그녀들은 경제적 성적 약자로서 상품화되고 사물화되어 매매

여급으로 팔려가거나 자처하여 부양자 역할을 하는 근대소설이나 1950년대 미군을 상대로 하는 양공주, 196,70년대 구로공단의 여공들, 최근의 일본인 현지처로 표상된다. 2000년대 다문화소설인 공선옥의 〈가리봉연가〉의 장명화는 간암에 걸린 오빠의 치료비와 친정가족을 한국에 데리고 올 목적으로 마음에 들지 않는 전라도 농촌총각과의 결혼을 선택했고, 이순원의 〈미안해요, 호 아저씨〉의 오익의 세 번째 아내도 가족 때문에 결혼했다고 한국남편에게 첫날밤 고백하며, 서성란의 〈파프리카〉의 수연은 동생에게 오토바이를 사주는 게 소망이며, 한수영의 《그녀의 나무 핑궈리》의 조선족 아내 만자씨도 병든 아버지의 약값과 초청장을 기다리는 남동생을 위한 결혼을, 〈번지점프대에 오르다〉의 필리핀여성 오로라는 소작농인 아버지를 위한 물소 한 마리와 남동생을 위한 중고지프차 한 대를 얻기 위한 이주생활을 하고 있다. - 졸저, 앞의 책, 346쪽.

되는 물건으로 취급된다. 거리의 어린 소녀들은 지배적이고 착취적인 권력의 시선을 지닌 남성에 의해 전시물로 제공되며 성과 몸을 짓밟힌다. 2000년대 장편소설에서는 성폭력과 성착취 장면이 많이 등장함으로써, 여성은 언제나 원시적 열정이 카섹시스(cathexis)[171]되는 장소임이 강조된다. 발가벗겨진 채 관찰되는 그녀들은 아감벤이 근대적 주권의 본질로 간주하는 비오스(bios, 정치적 사회적 삶)가 아닌 조에(zoe, 단순한 동물적 삶 그 자체)로 환원[172]되는 것이다. 중국남편과 시형에게 임신전까지 윤간을 당했던 《청춘연가》의 선화는 대학교수인 아버지를 둔 가정에서 대학을 나와 교원생활을 했던 지식인으로서 견딜 수 없는 모욕과 치욕을 느낀다. 북한을 거지나라로, 북한사람들을 비렁뱅이라고 생각하는 중국남성은 물건처럼 북한여자를 사서 데려올 수밖에 없는 자신의 초라함과 열등감 때문에 어머니의 결핵 치유를 위해 천원에 팔린 아내 선화를 폭행하고 불만의 대상으로 삼는다. 중국아내와 살 수 없는 무능력을 타자에게 전가하는 태도는 외국여성과 결혼하는 한국남성에게도 동일하게 나타난다.

> 선화는 중국에서 자기의 몸을 전혀 살펴보지 않았다. 몸에 더러운 오물이 묻고 썩어가는 듯한 감각에 늘 시달렸다. 중국에서는 북한처럼 함지 목욕을 했다. 그때 선화는 목욕을 하면서 저녁에 또 자기의 몸을 짓이길 손길을 생각했고 치를 떨었다. 아무리 몸을 비누로 문지르고 매일매일 닦아도 페인트처럼 끈덕지고 두꺼운 때가 늘 끼어있는 것 같았다. 더럽다 여기고 미워하던 자기의 육체였다.[173]

171 '리비도 에너지를 어떤 특정한 관념이나 대상에 집중시키거나 비축하는 일'을 뜻한다. - 레이 초우, 앞의 책, 75쪽.

172 조르조 아감벤, 앞의 책, 180쪽.

173 김유경, 앞의 소설, 97쪽.

> 지난 세월 그녀가 죽도록 괴로웠던 것은 육체적 파괴와 더불어 자신의 정체성이 사라져 버렸기 때문이다. 자신이 선화가 아닌 이상한 괴물로 추하게 변한 것 같아 괴로웠다. 지난 날 그녀의 육체만 치욕을 당한 것이 아니라 정신도 마음도 다 이지러졌다. 늘 독기를 품고 살아야 했고 스스로를 학대했다. 중국에서의 생활은 북한에서 입은 상처에 더러운 오물을 끼얹으며 푹푹 썩게 하는 오물의 늪과 같았다.[174]

그녀들은 정상적인 연애나 결혼을 하지 못하고 이별하거나 원치 않는 결혼을 한다. 타자적 동질감으로 사랑하게 된《심청, 연꽃의 길》의 청이와 동유는 매매되는 창녀와 예인의 신분이기에 정상적인 결혼생활을 할 수 없어 헤어지며,《리나》의 리나와 삐, 천덕꾸러기로 자란《누가 나비의 집을 보았을까》의 세화와 유섭,《찔레꽃》의 충심과 재춘오빠,《청춘연가》의 성철과 선화,《잘 가라, 서커스》의 림해화와 그녀의 첫사랑도 가난 때문에 맺어지지 못하고 이별을 한다. 언어, 문화, 기후가 다른 환경에서 가족과 헤어져 홀로 생활하는 이주생활은 산주검과 같은 삶인 것이다. 섹슈얼리티의 자기결정권과 생사여탈권이 주어지지 않은 타자들은 자기 의지대로 살지 못한다.

남성영웅신화나 남성성장소설의 주인공이 시련과 고난 속에서 성숙한 남성으로 재탄생하는 것과 달리 여성성장서사에서는 몸을 훼손하거나 살인이나 범죄를 저지르고 질병이나 죽음으로 마무리된다. 젊은 날의 고난과 시련을 겪고 규범과 제도에 포섭되어 한 개체가 기성사회의 일원으로 합당한 역할을 부여 받을 준비가 되는 성장은 가부장적 질서 속에서만 유효한 남성 성장에 상응[175]하는 것이다. 따라서 여성 성장은 곧 기성질서인 가부장제 질서에 편입되는 것을 의미하며, 이마저도 어려운 이주여성은 몸과 성을 착취당하는 막다른 처지에 이른다. 집안과 집밖 어느 곳에서도 안주하지 못하는 여

174 위의 소설, 226~227쪽.

175 장일구,「여성성장신화의 서사적 변주」,『한국언어문학』제52집, 한국언어문학회, 2004, 4쪽.

성은 고달픈 21세기를 맞이한다. 이와 같이 전지구적 자본의 재편과 세계화는 가난한 유색인종인 동아시아 여성의 삶을 힘들게 하고 절망에 빠트린다. 젠더화되고 섹슈얼리티화된 사회적 인식 속에서 10대 소녀들은 수줍음, 도피, 감춤, 물러남으로 형상화되는 알 수 없는 자, 이해할 수 없는 자, 파악되지 않는 자, 따라서 신비한 자라는 여성 은유의 오랜 전통[176]마저도 지킬 수 없이 까발려지고 수치심을 느낄 수조차 없는 최악의 상태에 놓인다.

타국에서의 이국적이고 유색인종차별적인 그녀들은 강간과 성폭력, 성희롱 등의 신체가 학대된 폭력의 기호로 표상된다. '소녀', '유색인종', '동아시아'라는 타자성을 가진 구경거리의 에로티시즘을 의도적으로 그녀를 내리누르는 가부장제 질서의 증거로 제시하고 또 그것에 대항하는 시위로 전환[177]시킨다. 남성들 앞에서 빨개 벗겨지는 장면은 에스닉하고 원시화된 '동양', '유색인종'으로서의 오리엔탈리즘적인 응시를 보여주는 것으로 길들여지지 않는 자연을 정복하는 심리와 같다. 서양과 동양, 중국과 오랑캐국, 남성과 여성의 관계는 관객과 전시물, 지배와 종속, 능동적인 눈과 수동적인 구경거리의 관계로 이분법화된다. 온순하고 순종적인 신체로 만들기 위해 고문과 형벌을 가하는 여성들의 길들여짐은 21세기에 더욱 가혹하고 적나라하게 나타난다. 섹스화된 몸에 대한 성적 착취가 이루어질 때 여성들은 열등한 사람으로, 타자로 결국 종속된 자로 취급[178]되는 것이다.

여성수난서사 혹은 이주성장서사 속의 여성들은 '동양', '전근대', '유색인종', '여성'의 타자성에서 고통받는 서벌턴으로 길위에서 만난 인신매매꾼, 선교사, 브로커에게 빚을 지거나 인권을 유린당함으로써 육체와 영혼을 저당잡힌다. 21세기에도 효 이데올로기는 여전히 유효하며, 딸들의 희생은 지속되거나 더욱 심화되었고, 국제적인 중개조직들에 의한 인신매매나 우편주문신부 등 여성들의 인권을 위협하는 이윤 추구 행위가 자행된다. 생존의 여성화는

176 김애령, 『여성, 타자의 은유』, 그린비, 2012, 103쪽.

177 레이 초우, 앞의 책, 253쪽.

178 캐슬린 베리, 앞의 책, 44쪽.

남성보다 더 불리하고 열악한 이주의 조건을 수용하도록 압박함으로써 '더 좋은 기회를 찾아가는 이동이 아니라, 막다른 이동으로서 이주[179]를 택할 수밖에 없게 만든다. 또한 외국인으로 지시된다는 것은 타자집단에서 동일자집단으로, 피지배자집단에서 주인집단으로 이동할 가능성이 거부된다는 것을 의미[180]한다.

그 옛날 '외지인' 개념에서 현대 '에이리언 침략자'에 이르기까지 이방인의 형상은 그리스인들에게는 '야만인'이었고, 로마인들에게는 '에투루리아(Etruscan) 사람'이었으며 유럽인들에게는 바다 건너에 있는 이국적인 '미개인'이라고 생각[181]했다. 대부분의 이방인, 신, 괴물은 인간심리의 심연에 존재하는 균열의 증거[182]들이다. 다문화장편소설에서도 이주여성은 '유령', '괴물', '귀신', '인형'으로 표상되는데 그녀들이 지닌 매혹과 두려움은 정주민이 인식하는 이방성의 특징이다. 심청이 말하는 외국어(중국어, 영어, 일본어)나 조선족과 탈북자의 언어는 정주민의 권력언어가 아닌, 문법이나 규칙에서 벗어난 타자의 언어, 일종의 피진어이다. 자국어나 한국어를 쓰지 않거나 말이 서툴고 더듬고 침묵하는 서벌턴인 그녀들은 인간 이하 혹은 비인간, 동물, 아이, 비국민, 이방인으로 표상[183]된다.

여성으로서 어린 소녀로서의 타자성은 외국인으로서의 이방성과 더해져 이주여성의 삶을 처절하고 회복될 수 없는 절망과 불행의 나락으로 빠트린다. 이방성과 타자성을 갖는 여성의 이산생활은 최근 소설에서 나타나듯이 이전의 여성 삶[184]보다도 훨씬 더 가혹해지고 적나라하며 극단적인 환경에 놓여있

---

179 황정미, 「지구화 시대의 이주와 젠더」, 한국여성연구소 엮음, 『젠더와 사회』, 동녘, 2014, 212쪽.

180 기욤 르 블랑, 박영옥 역, 『안과 밖: 이국인의 조건』, 글항아리, 2014, 32쪽.

181 리처드 커니, 이지영 역, 『이방인, 신, 괴물』, 개미고원, 2004, 12쪽.

182 위의 책, 15쪽.

183 졸저, 앞의 책, 115쪽.

184 남성중심 가부장질서 속의 여성타자는 늘 고통받고 비극적이었다. 1930년대 소설 채만식의 《탁류》의 초봉이나 강경애의 《인간문제》의 선비, 최인준의 〈여점원〉에서도 근대의 유혹, 남성의 유혹에 넘어가거나 강간으로 힘들었지만, 2000년대 소설처럼 극단적이지는 않다.

다. 여성수난소설인 탈국경 여성서사는 팔려가는 여성으로서의 심청(바리)모티프가 21세기에도 유효하며, 디아스포라 여성은 중첩된 소수자 정체성을 지님으로써 몸을 훼손당하고 인권유린과 성적 착취 하에서 '벌거벗은 생명'[185] 혹은 '지구화가 생산한 쓰레기'[186]로 인식된다.

4. 여성수난과 표류하는 삶

타자의 은유이자 표상인 여성들의 삶은 시대의 이행기에 더욱 신산하고 고통스럽다. 전근대에서 근대, 근대에서 탈근대로의 전환은 근대적 세례나 교육을 받지 못한 여성들이 급변하는 사회에 대응하는데 남성보다 훨씬 불리하였다. 19세기 중후반 동아시아 정세는 '서양의 충격'이라 불리는 물리적 충돌과 중화적 세계질서관념의 체계를 흔들었다. 근대국민국가의 탄생과 탈국경 다문화적 환경은 여성타자를 절망의 나락으로 빠트렸다. 유교자본주의적 가부장제 하에서 심청(바리)으로 은유되는 효 이데올로기가 체화된 동아시아 소녀들은 자기 의지와 상관없이 거대한 시대의 물결에 휩쓸려 아시아적 신체의 훼손과 성적 손상, 인권유린을 당하는 이산생활을 경험한다. 21세기 탈근대 사회에 연달아 발표된 여자의 일생류 혹은 여성수난소설은 이러한 사실을 반영한다. 《심청, 연꽃의 길》, 《잘 가라, 서커스》, 《리나》, 《바리데기》, 《누가 나비의 집을 보았을까》, 《찔레꽃》, 《청춘연가》는 조선여인, 조선족여성, 탈북여

-졸고, 「1930년대 소설 속의 타자화·성애화된 직업여성 고찰」, 『문명연지』 제33호, 한국문명학회, 2014 참조.

185 아감벤의 용어로 장치에 의해 포획되는 생명체를 이르는 호모 사케르로서 그 자체로서 분리되고 배제된, 자신의 형태/속성을 박탈당한 순수한 생명을 말한다. -조르조 아감벤 양창렬 역, 『장치란 무엇인가』, 난장, 2010, 153쪽.

186 바우만은 피난민, 망명자, 이주자들을 절대적 외부인, 잉여인간으로서의 불합격품, 불량품, 폐기물, 찌꺼기, 쓰레기라고 설명한다. -지그문트 바우만, 장일준 역, 『쓰레기가 되는 삶들』, 새물결, 2008, 32쪽, 124쪽.

성을 주인공으로 한 장편소설들로 '여성'과 '이주'로서의 타자성과 이방성을 지닌 이주여성들의 정착하지 못하고 부유하는 참혹한 이동과정과 이산생활을 적나라하게 보여 준다. 이 소설들을 통해 시대가 변화해도 여성의 삶은 나아지지 않고 있으며 오히려 더욱 열악해져가고 고통스러워진다는 사실을 알 수 있다. '동아시아', '소녀', '이주자', '유색인종', '가난', '여성'이라는 다중적 타자성을 지닌 수많은 '심청'과 '리나'들이 견딜 수 없는 상처를 지닌 채 지구를 떠돌고 있는 것이다.

6장 자이니치 지식인의 디아스포라의식과 문학적 글쓰기

1. 자이니치에 대해

일제강점기 혹독한 현실에 부딪혀 생계유지와 독립운동을 위해 만주와 연해주, 일본으로 떠난 코리안 디아스포라[187]는 이주국에서 소외와 억압, 차별을 느끼며 이방인 정체성과 타자적 위치에 놓인다. 디아스포라는 선조의 출신국인 '조국'과 자기가 태어난 곳인 '고국', 현재의 국민으로 속해 있는 나라인 '모국' 등 삼자가 일치하지 않고 분열되었으며[188], 다문화성, 다국적성의 흔적을 지닌 경계인으로 살아간다. 글로벌 노마디즘 및 신자유주의 경제체제로의 재편으로 다민족 다문화 다인종 사회가 되면서 일본과 한국에도 단일민족신화에 대한 성찰이 이루어졌다. 패전 이후 단일민족론이 부상했고 고도성장을 거쳐 정착되어온 196,70년대의 니혼진론(日本人論)은 일본인의 인종적 문화적 언어적 동질성과 순수성[189]을 의미했다. 부락민, 아이누, 오키나와인 등 소수자집단[190]이 있음에도 불구하고 동질성에 대한 신화는 꾸준히 생산되고 지속

187 diaspora는 근대의 노예무역, 식민지배, 지역분쟁, 세계전쟁, 시장경제 글로벌리즘 등 몇가지 외적인 이유에 의해 대부분 폭력적으로 자기가 속해 있던 공동체로부터 이산을 강요당한 사람들 및 그들의 후손을 가리키는 용어이다. - 서경식, 김혜신 역, 『디아스포라 기행』, 돌베개. 2006, 14쪽.

188 위의 책, 114쪽.

189 김광억 외, 『종족과 민족: 그 단일과 보편의 신화를 넘어서』, 아카넷, 2005, 281쪽.

190 일본에서의 소수민족집단은 그 수를 전부 합쳐 500여만 명 남짓으로 전체인구의 0.5%에 지나지 않다. 부락민은 인종적 민족적으로 일본인과 동일하지만 '에나'(穢多, 심하게 오염된 자', 가죽관련업자, 하급직공인, 신사나 사원 소속 노동자 등)와 '히닌'(非人, '사람 아닌 자', 떠돌이예능인, 거지, 사형집행인 등) 등 일종의 카스트집단을 의미하며, 아이누는 홋카이도(北海道)의 원주민으로 '야만인', '미개인종', '생존경쟁에서 도태될 수밖에 없는 집단'으로 간주되었다. 오키나와인은 류큐(琉球)영도의 원주민들로 '본토' 일본인과 구분되어 차별받았다. - 위의 책, 256~258쪽.

되었다. 또한 혈통, 문화, 언어에서 '일본인됨'의 준거에서 배제된 올드커머 재일한인과 뉴커머 닛케진[191]은 한국사회 속의 조선족, 탈북자, 재외동포의 경우와 다르지 않으며 민족/국민에 대한 새로운 인식과 보다 유연하고 개방적인 태도를 요구한다.

재일(在日)이란 의미의 자이니치 용어는 재일조선인, 재일한국인, 재일코리안으로 호명된다. '고려인'(재러한인), '조선족'(재중한인), '재일조선인'(재일한인)이라는 이름에는 과거의 부채를 청산하지 못한 한국근대사의 흔적이 각인되어 있다. 재일교포 혹은 재일동포는 민단과 조총련으로 구분되어 남한, 북한, 일본의 경계에서 살아간다. 이들은 주로 넝마주이, 폐품수집상, 야쿠자, 건설현장 일을 하는 하층민 생활을 영위했다. 해방 후 한국사회에서 만들어진 재일조선인은 반공군사독재 정권하에 배양된 것으로서 한국말을 잘 못하는 '반쪽발이', 총련 등에서 연상되는 '빨갱이', 경제대국 일본의 자본주의를 배경으로 한 '부자(졸부)'로 대표되는 '민족', '반공', '개발주의'에 근거하여 증폭, 왜곡시킨 이미지[192]를 갖는다. 또한 극심한 일본사회의 차별을 극복하고 성공한 역도산이나 최영의 이미지로 표상되며 추성훈, 정대세, 이충성 등이 단편적으로 소개되고 있을 뿐이다. 레슬링, 가라데, 격투기, 축구 등 운동선수로서 고착되어왔던 자이니치 이미지는 서경식(1951~), 윤건차(1944~), 강상중(1950~)의 지적인 집필과 강연활동으로 자이니치 위상을 새롭게 했다. 배척이 심한 일본사회에서 주류로 편승된 이들의 발언은 한국과 일본사회에서 무게를 갖게 했다.

자이니치란 일본에 의한 식민지배의 결과 구식민종주국인 일본 땅에 남겨진 채 살아가고 있는 조선인과 그 자손들[193]을 말한다. 조국은 조선이며 모국

191 재일한인은 노동이민이나 강제징용으로 일본에 건너간 200여 만 명의 한인으로 해방 후 귀국하지 못한 채 일본에 체류하게 된 약 60여만 명의 사람들을 말한다. 이들을 구식민지출신자를 지칭하는 올드커머(old comer)라 부르며, 뉴커머인 닛케진은 1868년부터 1973년 사이에 다른 나라로 이민 갔던 일본인들의 자손을 지칭하는 말로 주로 남미(브라질과 페루 국적)에 거주하는 일본인 후손과 그 배우자를 가리킨다. - 위의 책, 268쪽.

192 권혁태, 「'재일조선인'과 한국사회」, 『역사비평』 제78호, 역사문제연구소, 2007, 234쪽.

은 대한민국, 고국은 일본으로서 모어는 일본어를, 모국어는 새롭게 습득해야만 하는 한국어인 이들은 스스로의 아이덴티티의 근거로서 지역, 계급, 문화를 자각하지 못한 채 떠돌고 있다. 한국국적, 조선적[194], 일본국적 소지자로 나뉘는 자이니치는 남한과 북한, 민단과 총련으로 분리되어 식민지, 전쟁, 분단이라는 한국현대사의 비극과 불행을 체화한 채 어느 편이냐는 질문을 지속적으로 받으며 정체성과 싸운다. 조선인들의 의사를 무시하고 1947년 외국인 등록령에 따라 만든 임시국적인 조선적은 1952년에 샌프란시스코 강화조약이 발효된 날 일본국적을 박탈함으로써 무권리상태로[195] 차별되어온 명칭이다.

조선인이 일본어로 발표한 문학으로써 조선적인 색채를 띠고 있는 문학[196]인 재일한인문학은 일제에 대한 저항, 조국의 민주화, 일본사회의 차별, 민족성 획득 등의 문제의식을 담고 있어 신변잡기적인 사소설이 주류를 이루는 일본독자에게 커다란 자극을[197] 준다. 소외감과 소속감의 화두를 지닌 자이니치 디아스포라 작가들은 이주국에서 문학적으로 두각을 나타내며 인정[198]받고 있고, 이회성, 김석범, 이양지, 유미리, 현월, 가네시로 가즈키 등 전문소설가의 작품 위주로 연구[199]되었다.

---

193 서경식, 「재일조선인은 '민중'인가」, 『시대와 민중신학』 제8호, 제3시대 그리스도연구소, 2004, 225쪽.

194 중국 조선족(朝鮮族)과 다른 의미인 조선적(朝鮮籍)은 북한을 지칭하는 것이 아니라 두 개의 국가를 인정하지 않은 채 한반도를 지칭하는 조선을 말한다.

195 량영성, 김선미 역, 『혐오표현은 왜 재일조선인을 겨냥하는가』, 산처럼, 2018, 10쪽.

196 전북대 재일동포연구소 편, 『재일동포문학과 디아스포라』1, 제이앤씨, 2008, 7~8쪽.

197 위의 책, 16쪽.

198 아쿠다가와상을 수상한 작가로는 이회성(다듬이질을 하는 여자, 1971), 이양지(유희, 1988), 유미리(가족시네마, 1999), 현월(그늘의 집, 1999) 등이, 나오키상을 수상한 작가로는 다치하라 마사이키(김윤규)(옻나무꽃, 1965), 쓰키 고우헤이(김봉웅)(카마다행진곡, 1981), 이주인(시즈카)(1992), 가네시로 가즈키(고 GO, 2000) 등이 있다. - 임영언·김태영, 「재일코리안 디아스포라 문학의 작품 경향에 관한 연구」, 『일어일문학』 제53권, 대한일어일문학회, 2012, 393쪽.

199 단행본으로는 전북대 재일동포연구소 편, 『재일동포문학과 디아스포라』 1,2,3(제이엔씨, 2008)와 정은경, 『디아스포라 문학』(이룸, 2007), 윤정화, 『재일한인 작가의 디아스포라 글쓰

이 글의 연구대상작품은 대학교수이자 지식인작가로서 일본사회에 반향을 일으키는 서경식의 여행에세이 《디아스포라 기행》, 윤건차의 시집 《겨울숲》, 강상중의 자전적인 소설 《어머니》[200]이다. 전문작가가 아닌 세 저자의 문예물은 문학성이 높다고 볼 수 없고 각각 출간된 시기와 문예장르가 다르지만 디아스포라의식과 정체성 탐색이라는 공통점을 지니고 있다. 폐쇄적이고 차별적이며 보수적인 일본사회에서 자이니치 출신으로 교수가 된 세 저자는 디아스포라의 삶과 경계인, 외국인, 소수민족으로서의 복합적 혼종적 정체성을 지닌 주변부인생을 솔직하고 지성적으로 사유했다.

섬세하고 미학적인 산문집을 지속적으로 출간한 서경식, 천황제와 배타적 우월주의를 비판하는 지적 작업 속에 청춘의 추억과 자신의 내면을 드러낸 시집을 발간한 윤건차, 서구이론을 활용해 남북문제와 일본사회를 분석하며 TV매체에서 활동하는 강상중은 대표적인 동아시아 논객으로 활약하면서 학술서 및 대중서뿐만 아니라 자전적인 문학작품을 각각 발표했다. 세 명의 재일디아스포라는 전통적인 문인과는 거리가 있는 사회과학자, 역사학자 혹은 정치논객이지만 그들이 발표한 산문, 시, 소설, 학술서는 문인과는 비교될 수 없는 독특한 품격과 미감, 고유한 세계[201]를 갖는다. 이들에 대한 선행연구는 문학적 측면보다는 철학과 역사학의 관점에서 주로 분석[202]되었다.

기』(혜안, 2012)가 대표적으로 일문학과 국문학 연구자들에 의해 연구되었고 소논문으로는 송하춘, 「재일한인소설의 민족정체성에 관한 연구」(한민족어문학 제38권, 2001), 김재국, 「재일조선인문학의 민족성의 변용과 그 행방」(일본어문학 제36권, 2007), 임영언 · 김태영, 위의 논문 등이 있다.

200 연구대상작품인 서경식의 『ディアスポラ紀行』은 2005년 岩波新書에서 출간되었고 한국엔 2006년 돌베개에서 《디아스포라 기행》으로 번역되었고, 윤건차의 《겨울숲》은 2009년 일본 카케쇼보출판사와 우리나라 화남출판사에서 동시에 출간되었으며, 강상중의 《母》는 2010년 세이샤출판사에서 출간되고 우리나라에서는 2011년 사계절에서 출판되었다. 이 글은 번역본을 대상으로 하였다.

201 권성우, 『비평의 고독』, 소명출판, 2016, 399쪽.

202 권성우, 「고뇌와 지성: 최근 서경식의 사유와 글쓰기에 대해」 (세계한국어문학 제4집, 2010), 이승하,「재일교포작자소설의 변화양상」 (국제한인문학연구 제7권, 2010), 최강민, 「재일조선인(자이니치)의 정체성 찾기와 경계인의 문학」 (한국어와문화 제11집, 2012), 김익현, 「재일조선인 지식인의 민족관」(시대와 철학 제23권, 2012), 정은경, 「강상중의 디아스포라의식과

이들은 '자이니치'와 '디아스포라'로 살아가는 것이 얼마나 수치스럽고 고통스러운지를 이방인의 시선으로 화두를 던지며 한국과 일본사회를 냉철하게 성찰한다. 지적 활동으로 동아시아 문제를 천착하고 일갈한 세 저자는 논리적 이성적 사유가 포괄하지 못한 내면의 감성을 문학작품이라는 형식으로 분출하였다. 엘리트 지식인의 자의식과 감성, 내면의식을 솔직하고 가감 없이 시술하였다는 점에서 자이니치 디아스포라의 처연하고 아픈 삶이 작품에 녹아있다. 이 글은 소수적인 문학[203], 상흔문학[204], 사이의 문학을 특징으로 하는 디아스포라문학과 자이니치 작가들의 디아스포라의식을 고찰한다.

2. 여행과 예술을 통한 추방당한 자의 시선: 서경식의 《디아스포라 기행》

디아스포라적 글쓰기의 특징은 자전적 소재, 여행 모티프, 복합적 정체성, 고향/가족에 대한 애착, 타자의 시선 등이다. 서경식의 빛나는 에세이인 『나의 서양미술 순례』, 『디아스포라 기행』, 『시대의 증언자 쁘리모 레비를 찾아서』 등은 유럽여행과 미술/음악 감상 및 폭력적인 근대국민국가에 대한 비판의식을 담고 있다. 한국근대사, 이주적 삶, 비극적인 가족사 등 태생적인 운명

글쓰기」(국제한인문학 제16집, 2015), 조관자, 「1990년대 이후 한국에 소개된 재일조선인 지식인의 민족담론: 서경식의 식민주의 저항 담론에 대한 비판적 고찰」(일본비평 제14호, 2016), 권채린, 「자기서사의 논리적 모형 탐색: 서경식과 강상중의 자전적 에세이를 중심으로」(동남어문논집 제46집, 2018) 등으로 문학적 평가보다는 역사의식, 민족담론, 디아스포라 문제에 관한 주제연구가 많다.

203 독일어로 작업하는 유대인 카프카 문학을 다수적인 언어 안에서 만들어진 소수자의 문학이라고 정의한 들뢰즈는 소수적인 문학이야말로 다수적인(지배적인) 문학에 반하는 정치적 문학이라고 한바 재일한인문학은 이러한 속성을 지니고 있다. - 질 들뢰즈·펠릭스 가타리, 이진경 역, 『카프카: 소수적인 문학을 위하여』, 동문선, 2001, 43쪽, 48쪽.

204 상흔문학은 1978년 8월 상하이 『문회보』에 발표된 루씬화 단편소설 〈상흔〉이 계기가 되어 얻은 명칭으로, '문혁'이라는 기호를 해체하여 그 속에서 상처받고 파열된 '참(the real)'의 편린을 찾아내 복원하거나 혹은 재현하려는 목적을 가졌던 포스트 문혁기 문학을 말한다. 여기서는 역사적 상처를 부여안고 통곡하는 문학을 의미한다. - 심영의, 「상흔문학에서 역사적 기억의 문제」, 『한국문학과 예술』 제16집, 숭실대 한국문학과예술연구소, 2015, 276쪽.

은 예술로의 도피를 가져왔고, 떠돌 수밖에 없는 디아스포라의 운명은 여행 구조라는 글쓰기 형식을 택하게 했다. 예술과 교양을 바탕으로 인생에 대한 의미와 가치를 천착한 서경식은 식민지 한국과 종주국 일본 사이에서 경계인으로 살아내야 했던 가정사를 진정성 있게 그리며 '고독한 나그네의 눈길'과 '추방당한 자의 시선'으로 세상을 읽는다.

1951년 일본 교토에서 재일조선인 2세로 태어난 서경식은 1974년 와세다 대학 문학부 프랑스문학과를 졸업하고 도쿄게이자이대학 현대법학부 교수를 역임했다. 『소년의 눈물』로 1995년 에세이스트클럽상을, 『프리모 레비로의 여행』으로 2000년 마르코폴로상을 받은 저자는 식민지언어로 일본인보다 더 아름답고 수려한 문장으로 글을 써 상을 받았다는 사실에 대해 깊은 자의식과 고뇌에 빠진다. 196,70년대 한국유학 중 형 서승과 동생 서준식이 간첩으로 몰려 고문을 받은 후 무기징역을 선고받았고, 형은 분신자살을 시도하다가 얼굴이 일그러지는 화상을 입는다. 이후 그의 가족은 한국을 드나들며 옥바라지를 했고, 모국이 준 배신과 상처로 아픔을 겪는다. 분단국가에서 '빨갱이'는 죽임을 당해도 죄가 되지 않는 조에로서의 호모 사케르(벌거벗은 생명)[205] 였다. 한국과 북한과 일본의 경계에서 정체성을 확인받지 못한 저자는 유럽을 떠돌며 고통 받는 이들의 흔적을 찾는 여정과 그곳에서 미술작품을 감상하며 글쓰기를 통한 상처를 치유하고 방랑하는 디아스포라적 삶을 영위한다.

《디아스포라 기행》은 근대국민국가의 틀로부터 내던져진 디아스포라야말로 '근대 이후'를 살아갈 인간의 존재형식이 앞서 구현되고 있는 것으로 식민지배와 인종차별이 강요하는 부조리가 일어나서는 안 되는 공동체, 근대국민국가를 넘어선 저편에서 '진정한 조국'을 찾는 것[206]이라는 생각에서 출발한다. 이 산문집은 1.죽음을 생각하는 날(런던 2001년 12월), 2.폭력의 기억(광주 1990년 3월, 2000년 5월), 3.거대한 일그러짐(카셀 2002년 8월), 4.추방당한 자

205 조르조 아감벤, 박진우 역, 『호모 사케르』, 새물결, 2008, 33쪽.
206 서경식, 김혜신 역, 앞의 책, 6~7쪽.

들(브뤼셀 2002년 5월, 잘츠부르크 2002년 여름, 2004년 여름) 등 4부로 구성되며 '죽음', '폭력', '일그러짐', '추방'이라는 비관적이고 아픈 키워드로 내용이 전개된다. 미술관과 음악제, 전시회, 묘지 등을 다니면서 예술을 감상하고 역사적 흔적이 묻어있는 공간을 찾아다니는 그의 여행은 다크투어리즘[207]에 가깝다. 예쁘고 아름다운 미술작품이 아니라 타자의 고통과 슬픔이 작동하는 예술을 감상하며, 디아스포라의 체취가 담긴 고통과 폭력의 역사현장을 방문한다.

1부는 루쉰의 철저한 비관주의와 투철한 저항정신에 공감하는 자신을 발견하면서 시작한다. 절망적인 현실의 근원 통찰, 현실변혁의 완강한 의지, 삶의 진지한 고민과 사색을 지닌 루쉰의 정신적 인격과 문학정신[208]은 치열하게 현실을 직시하는 서경식의 사유와 삶의 태도이다. 망명자이자 디아스포라로서의 마르크스 무덤과 《이것이 인간인가》의 저자로 아우슈비츠에 수용되었던 프리모 레비의 무덤을 방문한 그는 '세상 바꾸기'에 대한 갈망과 자신이 아무 도움도 되지 못한다는 무력감에 빠진다. 마르크스 무덤에서 작가는 다음과 같이 독백한다.

> 냉전 체제가 무너지면서 '역사는 끝났다'거나 '세계 전쟁의 시대는 끝났다'는 말들이 들렸다. 그러나 전쟁은 지금도 계속되고 있다. 빈곤, 기아, 역병, 폭력, 차별은 지구상에서 사라질 것 같지 않다.
>
> 변한 것도 있고 변하지 않은 것도 있다. 그러나 확실한 것은 바로 지금, 이 세계에 절망해, 어떻게든 세계를 바꾸기를 간절히 바라는 사람들이 존재한다는 사실이다.
>
> 마르크스의 무덤은 지금 어떤 모습일까? 찾는 사람은 있을까?[209]

---

207 Dark tourism, 아우슈비츠 수용소, 5.18광주 묘역, 캄보디아의 킬링필드와 같은 역사의 참상 지역을 관광하며 교훈을 얻는 여행을 말한다.

208 구문규, 『민족혼 루쉰, 인간의 중국을 꿈꾸다』, 해람기획, 2018, 12쪽.

209 서경식, 김혜신 역, 앞의 책, 37쪽.

홀로코스트의 산증인 프리모 레비를 우리 사회에 소개해 큰 반향을 일으킨 서경식은 레비와 같은 작가가 되고 싶었고 그를 동경했다. 작가가 되어 책을 내는 것이 하나의 삶의 목표였지만 글쓰기에 대해 부정적이고 허무적인 자의식에 직면한 그는 레비의 자살소식에 충격을 받는다. 목격자, 기록자, 증언자인 레비는 공포의 장소이자 '우리'의 의식에 유령처럼 출몰하는 수치의 원천인 아우슈비츠 회상록에서 '사람들이 인간성을 다 빼앗긴 영역에서 발생하는 정서의 억압'[210]을 보여주었다. 그의 죽음은 서경식에게 자살충동을 갖게 했고 몸, 관념, 역사, 장소의 충돌에서 발생하는 수치[211]를 경험한 레비와 자신을 동일시했다. 그리고 유대인 출신 망명자인 한나 아렌트의 논지에 공감하며 자신에게 '의식적인 피차별자'로 살 것을 스스로에게 요구한다. 재일조선인 출신으로 본명이 박경재인 국회의원 아라이 쇼케이의 귀화와 자살은 마이너리티적 삶의 전형을 드러낸다. 이 단원의 핵심주제는 세상을 바꾸어야 한다는 저자의 강한 의지가 반복되어 나타난다.

내셔널리즘을 넘고자 한 저자는 2부 '폭력의 기억'이라는 단원에서 광주를 여행한다. 망월동 묘지를 참배하며 저자는 한국유학 동안 간첩으로 몰려 옥고를 치룬 형제의 19년간 감옥살이를 회상하며 일그러진 얼굴을 하고 있는 형의 고통과 가족들의 구원활동을 되새긴다. 미국의 한 작은 지방도시에서 만난 한국여성은 백인연하남성과 결혼생활을 하지만 그녀는 '일 잘하고 순종적인 동양여자'로 인식될 뿐이다. 고향이 광주이고 남동생이 정치범으로 투옥된 정치범가족이라는 것만으로 저자는 그녀와 동질감을 느낀다. 학생운동을 하다가 1983년 광주감옥에 투옥되어 단식투쟁을 하다 옥사한 박관현에게서 자신의 형들을 투사하며, 동백림사건으로 구금당한 윤이상도 스스로 머리를 깨 자살하려다 생긴 뒷머리에 커다란 상흔을 간직한 채 고향 통영에 돌아가지 못하고 삶을 마감했다.

210 멜리사 그레그·그레고리 시그워스, 최성희 외 역, 『정동이론』, 갈무리, 2015, 148쪽.
211 위의 책, 145쪽, 156쪽.

이란 출신으로 미국에 거주하는 시린 네샤트의 작품 속 이슬람여성들은 세월의 피억압자 내지 희생자라는 틀을 표상한다. 근대국민국가 체제하에서 억압과 차별, 편견과 폭력을 당한 제3세계, 피식민자, 이주자, 여성, 병자, 5.18 광주시민, 동성애자, 유대인, 해외입양인, 외국인, 난민은 작가와 동일시되며 공감대를 형성한다. 폭압과 압제 속에 차별과 고통을 받은 작가는 탈식민주의적 페미니즘적 다문화주의적 관점으로 국가, 국민, 국적, 국경으로부터의 경계를 넘어서는 디아스포라의 눈을 견지했다.

> 여성과 남성, 이슬람 세계와 서구 세계, 전근대와 근대, 모던과 포스트모던, 그녀의 작품은 극단적인 콘트라스트를 이루는 복수의 문화권 속에서 여러 갈래로 나뉜 디아스포라 여성의 아이덴티티를 여러 겹으로 묻고 있다. 거기에 단순한 대답은 없다. 그 많은 이야기들을 단순한 대답 속에 무리하게 구겨넣으려고 하는 것은 또 하나의 폭력이다.[212]

위의 인용에서 인간에 대한 폭력과 인권유린에 대한 작가의 예민함이 드러난다. 조국(한국)에서 형제들이 당한 고문과 폭력을 목도했고, 이주국(일본)에서 차별을 당한 서경식은 폭력이 만연한 지구촌 현장을 여행하고 상처가 내재된 그림을 감상하며 영혼을 치유하고 달랜다. 쾌락과 향락, 미적인 예술품보다는 싫은 느낌에 빠지게 하는 추하고 불쾌한 미술품들과 전위퍼포먼스를 접할 때 깊은 사색에 놓이기 때문이다.

3부에서는 콜로니얼 양식의 건물이자 호화로운 저택인 엔테베공항의 관제탑에서 폭력의 기척을 감지하고, 나치가 압박하고 추방했던 큐비즘, 표현주의, 신즉물주의, 초현실주의, 앵포르멜 경향의 작품들이 전시된 도쿠멘타(독일현대미술국세전)를 방문한다. 정적과 부새, 절규와 긴장이 내포된 폭력의 냄새는 형제들이 감금된 구치소와 형무소의 냄새이다. 1988년부터 1990년대

212 서경식, 김혜신 역, 앞의 책, 116쪽.

초엽까지 대전교도소를 방문하는 일이 저자는 거북하고 싫었지만 정치범 형제를 면회해야만 했다.

> 감옥 안은 정적에 싸여 있다. 그러나 그것은 진짜 조용함과는 다르다. 수감자들이 숨을 죽이고 있는 기운이 바싹바싹 느껴진다. 조용하긴 한데 바로 다음 순간 절규가 공기를 찢을 것만 같아 몸을 사리게 되는, 긴장을 품은 정적이다. 또 감옥에는 독특한 냄새가 난다. 어떤 냄새인지 말로 표현하기는 어렵다. 수감자들의 땀, 피, 분뇨, 화농한 상처, 사체 등이 뒤섞인 냄새다. 그러나 직접적인 냄새가 아니라 그 냄새들을 수돗물과 세제로 씻고 난 후의 냄새다. 씻어도 지워지지 않고 벽과 옷에 스며버린 냄새. 한마디로 폭력의 냄새. 그것도 충동적이고 일시적인 것이 아니라, 계획적이고 장기적인 폭력의 냄새다.[213]

인간에게 가하는 '폭력'은 서경식에게 매우 주요한 사유이자 성찰적 주제이다. 전시회에서 본 자리나 빔지의 〈아웃 오브 블루〉는 외국인 배척과 내전의 공포를 배경으로 한 작품으로 서경식이라는 동아시아 디아스포라의 마음을 울리며 공감을 갖게 했다. 영국 이민시 인도계 여성에게 '처녀막 검사'를 했던 인권유린과 '흑인', '카리브 출신', '동성애자'라는 삼중의 마이너리티로 고통받은 아이작 줄리언을 소개하며 여전히 유럽/남성/상류계층 중심주의에서 벗어나지 못해 억압받는 소수자의 권리를 주창한다.

4부에서는 유대인과 재일조선인을 다룬다. 브뤼셀 여행시 강제수용소로서 SS(히틀러친위대) 집무실이 있었던 브렌동크 요새를 방문하고, 잘츠부르크 음악제에선 자발적인 나치협력자이자 반유대적 편견을 가졌던 리하르트 슈트라우스가 친척 26명을 잃은 사연을 소개하며, 처절하도록 아름다운 연주를 지휘하는 폰 카라얀의 나치당 입당 경력을 침묵하는 현실을 지적한다. 본명이 한스마이어인 장 아메리는 프리모 레비처럼 외부로부터 폭력적으로 강요

213 위의 책, 148~149쪽.

당한 학식이 풍부한 유대인으로 고립된 이방인으로 살다가 음독자살했다. 부모가 강제수용소에 이송되어 살해된 파울 첼란, 제일조선인 1세 시인이자 한센병환자라는 이중적 타자성으로 강제격리된 본명이 김하일인 데이비드 강의 퍼포먼스는 유랑하는 디아스포라들의 고난의 여정을 연상시킨다. 벨기에로 입양되어 프랑스어를 모어로 인종차별을 겪으며 16살에 집을 나온 미희 나탈리 르무안느는 자신의 노란 얼굴이야말로 '부모로부터도 나라로부터도 버림받은 존재임을 시달리는 낙인'이었다고 말한다. 서경식에게 진정한 예술은 현실의 어둠과 고통을 직시하는 힘이며, 그것을 창조적인 방식으로 형상화하는 재능[214]이다.

저자는 지구상의 차별과 편견으로 고통당하는 사람들의 묘지를 방문하며 상처와 고문으로 자살한 이들이 남긴 예술을 감상한다. 그는 근대국민국가가 저지른 만행과 모순을 고발하고 새로운 미래를 지향한다. 배척과 박해의 대상인 유대인은 공동체의 바깥에 있는 사람, 학살당해도 괜찮은 집단[215]이었기에 빨갱이로 내몰린 형제를 둔 그에게 홀로코스트는 온몸으로 전달되었다. 서경식의 여행은 폭력과 분노를 뛰어넘어 인간이 비인간화되는 조건 — 강제수용소, 고문, 기근과 같은 — 을 창출할 수 있다는 징후[216]를 밝힌다. '일본이란 웅덩이의 붕어가 산소부족에 허덕이며 수면 위로 얼굴을 내미는' 것과 같은 여행은 안정과 정착을 향유할 수 없는 서경식의 일상으로 그가 망명자, 여행자, 디아스포라, 난민에게 주목하는 이유이다.

그는 마르크스, 프리모 레비, 한나 아렌트 등을 디아스포라의 관점과 고통/상처의 키워드로 소환하며, 여행중 폭력의 희생자인 유대인과 재일조선인을 소개하거나 조우한다. 또한 니키 리, 시린 네샤트, 데이비드 강, 미희 나탈리 르무안느 등의 작품에 새겨진 역사적 상처와 인권유린, 억압의 상흔을 찾아

---

214 권성우, 「고뇌와 지성: 최근 서경식의 사유와 글쓰기에 대해」, 『세계한국어문학』 제4집, 세계한국어문학회, 2010, 66쪽.

215 박경태, 『소수자와 한국사회』, 후마니타스, 2008, 27쪽.

216 한나 아렌트, 김정한 역, 『폭력의 세기』, 이후, 1999, 99쪽.

예술감상을 통한 상처치유 과정을 여행 속에 담아낸다. 타자적 시선으로 그림과 세상을 응시하는 서경식의 여행산문집은 현대인에게 울림과 감동을 주는 '디아스포라'에 초점이 맞춰진 상흔문학이다. 그는 인간의 영역에서 탈각시켜 인간과 동물 사이의 모호한 자리에 위치 지어진 수치심이라는 정동을 촉발하는 소수자의[217] 시각으로 미술품과 타자와 세상을 재해석한다.

3. '진자'로 표상되는 경계인 정체성: 윤건차의 《겨울숲》

윤건차는 1944년 12월 일본이 패전하는 전 해에 태어난 자이니치 2세로 일본열도와 한반도의 두 가지 조건에 따라 결정적으로 속박된 삶[218]을 영위했다. 그는 아시아를 침략하고 사죄와 보상을 거부한 일본과 남북분단의 나라 사이에서 경계인으로 살았다. 수공업 노동을 하며 어렵게 자식들을 뒷바라지한 재일조선인 1세대 부모 밑에서 성장한 윤건차는 교토대학을 졸업하고 가나가와대학 교수를 역임했다. 교육학 전공에서 사상연구로 전공을 바꾼 그는 《교착된 사상의 현대사》를 5년간 집필하면서 아내 윤가자(尹嘉子)의 폐암과 투병생활로 인한 가족의 희생에 죄의식을 느꼈다. 한일근대사를 다룬 위의 저서에서 그는 서구숭배사상, 천황제 이데올로기, 아시아 멸시관이란 세 기둥이 일본 국민의 아이덴티티를 만들었다고[219] 주장하며, 천황제 폐지와 통일조국의 건설만이 재일조선인 차별을 해결할 수 있다고 믿었다.

윤건차는 대학생이었던 20대부터 줄곧 시를 써왔으나 40여 년간 학술연구에 몰두했기에 60대가 되어서야 시집 《겨울숲》을 발간한다. 남, 북, 일본이라는 삼국 사이에서 살아가는 경계인의 애환과 갈등이 담긴 이 시집은 '논리적 언어로 전달하지 못했던 정서의 흔적들을 훌륭하게 전달하는 디아스포라 테

---

217 손희정, 『페미니즘 리부트』, 나무연필, 2017, 41쪽.

218 윤건차, 『교착된 사상의 현대사』, 창비, 2009, 6~7쪽.

219 위의 책, 215쪽.

스트'[220]이다. '나의 원점은 재일조선인'[221]이라고 말하는 윤건차는 운명적 역사적 존재로서의 자이니치 정체성과 '정신적 육체적으로 가혹한 책을 쓰는' 일 때문에 아내를 잃은 아픔을 절절하게 표현한다. '겨울숲'이라는 시제목은 춥고 차가운 계절에 숲속을 헤매며 아이덴티티를 찾는 자이니치의 삶을 표상한다.

구성은 제1부 겨울숲과 제2부 여로로 나뉘며, 첫 번째 주제는 아내에 대한 그리움과 사랑으로, 고향과 가족에 대한 애틋한 정서는 디아스포라의 특징 중 하나이다. 이에 해당되는 시로는 〈지킬 수 없다〉, 〈아내의 밥〉, 〈먼 여행〉, 〈이별인사〉, 〈김치〉, 〈눈이 온다〉, 〈먼 여행〉, 〈이별 인사〉, 〈겨울초목〉, 〈머니〉 등이 있다. 두 번째 주제는 교수생활과 독서하는 삶을 그린 시로 〈책〉, 〈우리말〉, 〈책상위의 책〉, 〈내 책상〉, 〈학생 기숙사〉 등이 있다. 저자에게 연구실에서의 사상연구는 학자이자 교수로서의 일상이자 삶의 전부이므로, 공부, 학문, 읽기와 쓰기, 한글과 일어에 대한 자의식, 책에 대한 단상에 대한 시들을 많이 남겼다. 시 〈책〉의 "낡은 책장에 새롭게 맞이하는 손님/포스트모던 씨/포스트콜로니얼 군/ 아이덴티티 위기 씨/젠다 양"을 통해 새로운 이론을 배우고 습득하는 학자로서의 유머와 진중한 자세가 엿보인다.

세 번째 키워드는 불안, 고독(홀로, 외로이), 교착 등으로 특히 '고독'이란 단어는 시적 화자의 주된 정서이다. 〈걷는다〉, 〈흰색〉, 〈푸른 음영〉, 〈겨울 초목〉, 〈겨울숲〉, 〈시인은 말한다〉, 〈꿈〉, 〈멜로디〉 등 대부분의 시편에서 시적 화자는 고독, 외로움, 홀로 있음 등을 표출한다. 《겨울숲》엔 '고독(홀로, 외로이)' 20번, '불안' 4번, '고향' 6번, '자이니찌(在日)' 10번, '여행' 7번이 등장한다. 자이니치 작가의 정동은 불안과 고독, 부유(浮遊)이며, '교착(交着)' 또한 윤건차의 사상을 한마디로 아우르는 핵심적인 단어이다. '홀로'라는 부사는 어느 쪽에도 안주할 수 없는 재일조선인의 정서를 표상하는 기표이자 시 〈고향은

---

220 최강민, 「재일조선인(자이니치)의 정체성 찾기와 경계인의 문학」, 『한국어와 문화』 제11집, 숙명여대 한국어문화연구소, 2012, 192쪽.

221 윤건차, 「시인의 말」, 『겨울숲』, 화남, 2009, 13쪽.

어디〉에서의 제목이 말해주듯이 한곳에 정착할 수 없었기에 고향을 찾아 계속 길을 떠나는 여행자[222]의 정서이다. 그러나 처절하고 어두운 감성에 호소하며 '폭력', '상처'로 설명되는 서경식이 '디아스포라'에 강점을 두는 반면 합리성을 바탕으로 하는 윤건차 시집엔 사랑, 행복과 같은 밝은 이미지도 언급되며 '자이니치'에 주목한다는 점에서 차이를 보인다.

마지막으로 이 시집의 핵심주제는 자이니치 정체성으로 가장 많은 시편을 남겼다. '자이니치'는 자기구성방식의 기본요소이다. 〈또 쓰고 싶다〉, 〈고향은 어디〉, 〈하늘의 탄생〉, 〈진자〉, 〈패스포트〉, 〈해남〉, 〈사라지지 않는다〉 등이 이에 해당한다.

> 조선을 싫어해/일본을 동경해/일본에 버려져/조선을 발견한다/또 조선에 버려져/일본과 조선의 사이에서 '자이니찌'를 자각한다/오른쪽으로 왼쪽으로 흔들려 움직이는 진자
>
> -〈진자振子〉 중에서

윤건차는 귀화하지 않은 부모에 대한 원망과 조선인 콤플렉스 속에서 일본을 선망하고 일본인이 되고자 했으나 결국 자이니치 정체성을 수용함으로써 고뇌에서 벗어난다. 자신의 의지와 상관없이 외국인, 경계인, 디아스포라로 살아야 했던 부모님과 자신의 지난한 삶이 투영된 〈진자〉는 재일조선인으로서 느껴야 했던 열등감과 일본과 동일시하고자 했던 모방욕망이[223] 강하게 나타난다. 신분을 숨기고 일본인인 척 했으나 공동체에 소속될 수 없음을 깨닫는 과정을 거쳐 자이니치 아이덴티티를 수용하는 내면의식이 솔직하고 가감없이 드러난다. 조선과 일본 사이에서 시계추처럼 어느 곳에서도 정착하지 못하고 끝없이 흔들리는 자이니치를 형상화한 이 시에서 시인은 아버지를 부

222 최강민, 앞의 논문, 191쪽.

223 위의 논문, 189쪽.

정하고 집에서 나는 김치냄새를 숨겼지만 결코 일본 공동체의 구성원이 될 수 없음을 알게 된다. '진자'라는 객관적 상관물은 자이니치 디아스포라의 정체와 위치를 상징한다.

일본에 대해 배신과 절망을 느낀 화자는 〈고향은 어디〉에서 '한번 방문한 부모님 고향 경상도는/밤새 잘 수 없었던 빈대 공화국'이라며 독재정권과 재벌로 표상되는 한국사회를 사람의 피를 빨아먹는 곤충으로 비유한다. 시적 화자는 어떠한 고정관념에도 얽매이지 않는 자유의지와 객관성을 담보한 짐멜식 이방인상[224]으로 두 나라 모두에 화두를 던지며 균열과 충격을 준다. 윤건차 시의 출발점은 디아스포라의식이며 영원한 실향민의식은 재일동포의 기본적인 존재양식[225]이다. 또한 교회와 성당을 다니다가 가톨릭 영세를 받은 저자는 〈미안합니다〉에서 "- 예수님/믿을 수 없어서 미안해요"라며 신앙과 결별한다. 폭력적인 한국도, 차별적인 일본도, 무능한 주님도 자이니치 디아스포라의 문제를 해결하지 못하기 때문이다.

> 패스포트는 단 하나/본국도 자이니찌도 같다//그로부터 20여년/분명히 다시 태어났을 한국/경직된 그대로 북쪽 공화국/모른다, 아무것도 안한다 하는 일본/그 사이에서 신음하는 자이니찌/탈민족/탈국경/세상에서 경쾌하게 말이 난비한다
>
> -〈패스포트〉 중에서

〈패스포트〉는 일본에서 외국인 신분으로 살아가는 어려움을 '증'으로 표출한다. 패스포트는 신분이나 국적을 증명하는 문서로 일본에서 외국인 여행자는 유효기간이 만료되면 매번 연장해야 하는 번거로움 때문에 귀화하거나 한국 국적을 취득하기도 한다. 늦은 밤, 한국영사관의 영사로부터 패스포트

---

224 이용일, 「다문화시대 고전으로서 짐멜의 이방인 새로 읽기」, 『독일연구』 제18호, 한국독일사학회, 2009, 192쪽.

225 임헌영, 「한 디아스포라 지식인의 자아찾기」, 『겨울숲』, 화남, 2009, 128쪽.

갱신과 유효기간에 대해 부드럽고 정중하지만 윗사람 말투의 전화를 받은 시적 화자는 반은 화가 나고 반은 포기하는 심정이었다고 고백한다. '적과 대치하고 있는 분단국가/자이니치(在日)를 방심하지 않는 그 본성'을 지닌 한국은 자이니치를 '정치에 붙잡혀 있는 치안의 대상'으로 취급한다.

화자는 한국, 북쪽 공화국, 일본 사이에서 신음하는 자신을 발견한다. 국가적 집단에 동화될 수 없는 외국인은 국경에만 존재하며, 타자를 사회적 공간 밖으로 추방하면서, 간격을 유지하라는 명령 안에 가두면서, 타자를 그의 실존 안에서 긍정하기를 거부[226]한다. 법적 정치적 지위나 도덕적 심정적 인권을 보장받지 못하는 '증' 없는 디아스포라는 무국적 상태의 비인간 즉 유령처럼 여겨진다. 조국에는 집이 없고 고국에는 국적이 없기에 외국방문 및 해외여행시 존재증명이 불가능한 일상의 어려움을 자이니치는 겪는다. 이주국에서 국민이 아닌 외국인으로 살아가는 생활 속의 불편함과 보호받지 못함을 시인은 패스포트 갱신이라는 소재로 절절히 그려낸다.

> 도쿄에 돌아가면/혀가 또 굳어지기 시작한다/몸도 마음도 위축하는 것 같이/한국에서 온 사람이라면/왠지 안심하고 우리말로 이야기할 수 있다/같은 자이니찌(在日)라고 하면 삐걱거리고 마음이 통하지 않는다/말이 가지는 이상함과 매력//부모님이 사용하고 있던 더러운 말이나 은밀한 회화/대학원에 들어가고 나서 배우기 시작한 우리말/자이니찌를 사는 자각이 싹튼 때와 동시에/처음 우리말이 빛나기 시작한다/우리말을 잘 할 수 있을 때/자이니찌를 넘어/조국을 실감해 세계로 연결된다
>
> -〈우리말〉 중에서

수려하고 아름다운 문체로 문학상을 수상한 서경식이 『언어의 감옥에서』라는 저서를 발간했듯이, 자이니치 작가의 이중언어 사용은 민족/국가 정체

226 기욤 르 블랑, 박영옥 역, 『안과 밖: 외국인의 조건』, 글항아리, 2014, 20쪽, 26쪽.

성과 맞물려 언어 자의식을 유발한다. 이중언어를 구사하는 디아스포라는 어느 쪽도 자연스럽고 익숙하게 언어를 지배하지 못한다. 내용과 표현 모두 다수적인(지배적인) 문학에 반하는 소수적 문학은 언어의 탈영토화, 개인적인 것과 정치적인 직접성의 연결, 언표행위의 집합적 배치[227]를 특징으로 하며 거대한(기성의) 문학 안에서 혁명적인 요소를 갖는다. 시인은 언어와 일상과 공간으로부터 불편하고 어색한 삶이 제시되는 소수적 문학을 특징으로 영원한 경계인이자 이방인으로 공동체 바깥에 위치 지어진 디아스포라의 운명을 섬세하고 진실하게 담아낸다.

4. 자이니치여성 1세대의 삶과 2세의 자아찾기: 강상중의 《어머니》

1950년 일본 규슈 구마모토현에서 폐품수집상의 아들로 태어난 강상중은 와세다대학 정치학과를 졸업하고 독일 뉘른베르크대학으로 유학한 후 한국 국적자로는 최초로 도쿄대 정교수가 되었고, 세이카쿠인대학 총장을 역임하였다. 일본근대화 과정과 전후 일본사회에 대한 날카로운 분석과 비판으로 주목받는 그는 지적이고 호소력 강한 분석과 세련된 분위기로 TV 토론프로그램에 자주 출연하며 행동하는 지식인의 행보를 보인다. 서경식이 여행에세이 집필과 디아스포라의 눈을, 윤건차가 사상연구로 자이니치를 사유하는데 비해 강상중은 '촉발된 정동을 곧바로 현실화하는 미디어와 집합적 비등상태가 있는 커뮤니케이션'[228]을 통해 집합의식 혹은 공동의식을 발현한다.

강상중의 『고민하는 힘』, 『재일 강상중』, 『오리엔탈리즘을 넘어서』 등은 한국사회에 번역되어 베스트셀러가 되었다. 지적이고 이성적인 저자는 어머니 우순남을 향한 시모곡인 자전적 소설에서 디아스포라여성의 일생을 그리고

---

227 질 들뢰즈·펠릭스 가타리, 이진경 역, 앞의 책, 48쪽.

228 이토 마모루, 김미정 역, 『정동의 힘』, 갈무리, 2016, 206쪽, 209쪽.

작가 자신의 정체성을 찾아간다. 경남 진해에서 태어난 16살의 순남은 약혼자를 찾아 전쟁 때 일본으로 건너와 빈궁, 타국살이, 문맹이라는 삼중고로 차별을 받았다. 손녀 리카에게는 사자후를 토해내는 억척스러운 여성 혹은 쓸쓸한 노파의 모습으로 기억되나 아들에게 그녀는 왕년의 여배우 오토와 노부코의 닮은 보조개가 인상적인 자신의 '모든 것'이었다고 말한다. 어머니는 자이니치 디아스포라여성 1세대의 삶을 대변한다. 이주여성은 '이주', '유색인', '동아시아 출신', '빈곤', '전통', '소녀', '집시' 등이 겹쳐져 다중적 타자성을 지닌 마이너리티이자 주변부로 문화의 이질성, 피진어로서의 소통부재, 유교자본주의, 가부장제 등의 조건 속에서 인간 이하의 힘든 삶[229]을 살아낸다.

> 당시 취학연령이 된 조선인 아동들의 보통학교 취학률은 매우 낮았고 특히 여자아이의 취학은 극히 한정되어 있었다. 여자로 태어났다는 이유만으로 답답하고 낡은 인습도 모자라 식민지 지배의 차별까지 더해 여자는 운신의 폭이 좁은 처지에 만족해야 했던 것이다. 그런 운명을 고스란히 받아들인 어머니도 세상의 바깥바람을 견디면서 여자로 태어난 것을 한탄하기 시작했다. "글을 모르면 정말 서글프단다. 아~무 것도 모른다니까. 사람들에게 무시당하고 손해만 본단다. 내가 만일 글을 배웠으면 큰 회사 사장이 되었을 거다. 하다못해 소학교라도 나왔으면 얼마나 좋았을꼬."[230]

어린 나이에 일본으로 시집온 어머니는 일본패전, 조국해방, 군정, 전쟁을 이주국에서 목도하며 장남 하루오를 잃는 아픔과 상처를 간직한다. 살기 위해 거리에서 담배를 파는 자이니치여성이 '조센징은 어서 조선으로 돌아가라'는 욕설을 들으며 봉변을 당하자 어머니는 당당하게 항의한다.

---

229 졸고, 「표류하는 동아시아 여성의 타자적 삶」, 『문명연지』 제34호, 한국문명학회, 2014, 82쪽.
230 강상중, 오근영 역, 《어머니》, 사계절, 2011, 35쪽.

"조선 사람이 뭐가 잘못이란 말이오? 조선 사람이 뭘 어쨌다는 거요? 왜 이런 행패를 당해야 하는 거요? 당신들에게 그런 권리는 없잖소." 거칠게 화를 내는 어머니의 살기는 마치 야차와도 같았다. 그야말로 귀신같은 형상에서 나오는 금속성 목소리에 남자들도 잠시 주눅이 들었다. 어머니는 격렬한 흥분과 분노, 슬픔이 뒤섞인 히스테리의 포로가 되어 있었다. 그 단계가 되면 분노의 감정을 억누르는 빗장이 풀려 더 이상 아무도 손을 댈 수가 없었다.[231]

부랑자 무리에서 남편 없이 두 아이를 돌보며 담배장사를 하는 가네오카 씨와 어려운 상황에 놓인 교코 씨를 한 식구로 품는 어머니는 "같이 삽시다", "어떻게든 되겠지"라는 밑바닥 사람들의 즉흥적인 잔혹한 낙관주의[232]를 보이며 현실을 타개한다. 어머니의 입버릇은 살기 위한 본능적인 자매애적 유대감과 민족적 연대를 내포한다. 위기의 순간마다 굿을 하며 "벗어날 수 없는 현실에 대한 체념과 비애"가 담긴 어머니의 해결방식은 '그것이 개인적으로 불행을 심화시키거나 삶에서 별도움이 되지 않더라도 그 대상 자체가 삶을 연속시키는 조건으로 작용하기에 포기하지 못하므로'[233] 잔혹한 것이다. 강상중에게 어머니는 끙끙대며 속으로 고민하는 신경질적인 어머니와 낙천적이고 믿음직스러운 어머니의 모순된 두 인격이 동거하는 모습으로 기억된다.

천장도 없는 움집의 조선인집단거주지에서 아버지는 3D업종인 건설노동 현장에서 일하고, 여성들도 도토리를 줍거나 미나리, 냉이 등 봄나물을 캐며 연명하지만 조국분단을 눈에 앞둔 조선인은 일본인들에게 눈엣가시이자 '제삼국인'이며 불순분자였다. 자이니치는 양돈, 암거래, 막걸리 제조 밀수입, 파

---

231 위의 소설, 81쪽.

232 잔혹한 낙관주의란 실현이 불가능하여 순전히 환상에 불과하거나 혹은 너무나 가능하여 중독성이 있는 타협된/공동약속된 가능성의 조건에 대한 애착관계를 이르는 말로 심리학적 멜랑콜리아와 대별되어 사용된다. 즉 욕망의 대상의 상실을 두려워하는 마음이 '미리' 작동하여 한사코 그 대상 옆에 머물고자 하는 역학을 일컫는다. - 멜리사 그레그·그레고리 시그워스, 앞의 책, 162쪽.

233 위의 책.

친코, 야쿠자, 유흥업소 등의 일에 종사하며 막장인생을 영위하지만 동란과 한국전쟁, 올림픽은 서민생활까지 윤택하게 하는 호황과 특수를 가져와 강상중 가족에게 확실한 삶의 터전이자 폐품 회수업인 나가노 상점을 운영하게 했다.

데쓰오가 태어나고 30년 만에 고향 진해를 찾은 어머니는 동생 상철, 오래 전에 일본을 떠난 시동생 대성과 재회한다. 숙부 대성과 재회한 데쓰오는 '건드리고 싶지 않은 출신을 정면으로 마주'한 어두운 기분과 귀화, 실연, 학원분쟁에 상처를 입은 문학청년 대학생 양정명의 분신자살의 유서에 나온 '일본인도 아니다 그렇다고 조선인도 아닌 조국상실자', '내가 안주할 땅은 도대체 어디에 있는 걸까?' 라는 문구를 읽고 '데쓰오'에서 '강상중'으로 이름을 바꾸며 조선인 정체성을 찾는다. 개명을 통한 재일선언은 의식적으로 재일이라는 표식을 달고 적극적으로 차별적 현실을 돌파[234]하려는 결심이기에 어머니는 내면의 변화와 성장을 기특해 하면서도 불이익이나 사회적 배제와 차별을 당할 아들을 염려한다. 재일한인이 생의 어느 단계에서 '본명선언'을 하는 것은 마치 그동안 비가시적이었던 동성애자가 자신의 성적 지향과 정체성을 표명하는 '커밍아웃'과 동일한 의미[235]를 지니기 때문이다. 민족명을 되찾은 강상중은 주문과 주술, 무당춤과 같은 기복신앙으로 고통스러운 현실을 타개했던 무녀(巫女)같던 어머니를 회상한다. 그리고 어머니가 죽은 이후 목소리편지를 전해 받고 진해를 방문하며 소설은 끝이 난다.

아들이 기억하는 어머니는 주술과 기원, 굿에 의지하고, 억척스러우며 가족을 지키려는 생존욕구와 생활력이 강한 모습이다. 그녀는 위험한 사건을 예감하면 으레 액막이를 겸한 한국식 고사를 지내며 극복하려고 했다. 상점 개업시 술과 소금을 여기저기 뿌리고 신음소리를 내며 뛰어다니듯 춤을 추는 기괴한 행동은 어머니 혼자만이 아시인 '기도의 춤'이었다. "사람은 입으로

234 정은경, 「강상중의 디아스포라의식과 글쓰기」, 『국제한인문학』 제16집, 국제한인문학회, 2015, 35쪽.

235 김광억 외, 앞의 책, 260쪽.

먹고 똥구멍으로 싸게 마련"이라는 질긴 생존에 대한 말, 생선토막과 같은 해산물 찌꺼기로 만든 음식, 악취를 풍기고 이나 벼룩이 들끓는 서식처로서의 움집, 출산장면, 온몸에서 나오는 빛의 땀이 튀어 흩어지는 장례식 등 어머니와 관련된 혐오의 속성들(점액성, 악취, 점착성, 부패, 불결함)은 자이니치 여성 1세대와 결부되는 비체(鼻涕)로 상징되는 비체(非體)[236]이자 혐오와 공포의 대상이다. 즉 어머니로 표상되는 '유대인, 여성, 동성애자, 불가촉천민, 하층계급 사람들은 모두 육신의 오물로 더럽혀진 존재로 상상[237]되었다. 아이들이 물놀이 하다 빠져죽은 뉴스를 보면 무당을 불러 오구굿을 하며 귀신을 내보내기 위해 식칼을 현관밖에 버리는 행위를 보고 친구들이 놀리자 아들은 분노로 몸을 떨지만 어머니의 인내와 굴종적인 생애를 이해하게 된다.

> 어머니와 무당들의 세계, 그것은 재일교포 사이에서 특히 굴종을 강요당한 여자들에게만 허용된 토속적인 성역이었다. 그 세계 안에서 어머니와 무당들은 억울하게 죽은 사람들과 영혼의 교류를 도모하고 자신들의 마음의 고통을 다스리려 했던 것이다. 거기에는 벗어날 수 없는 암울한 현실에 대한 체념과 비애가 있었다.[238]

교육받지 못한 채 조국을 떠나 조센징 욕설을 들으며 타국에서 뿌리를 내려야 했던 언어적 젠더적 민족적 타자인 어머니에게 주술, 기도, 제사, 액막이, 오구굿 등의 샤머니즘 풍속은 지난한 세월을 이겨내는 치유방식이었다. 한국전통의례와 관습이 무의식 속에 남아 그리움으로 표상되는 굿 속의 서사무가와 그 과정 속의 춤과 울음과 신음소리는 여성타자의 몸언어[239]이다. 신

---

236 크리스테바 용어로 콧물, 침, 분비물과 같이 액체성을 지니고 흐르며 경계를 넘나드는 위험하고 오염된 존재로서 경계지역 밖으로 내던져진 것 다른 쪽, 가장자리를 의미하는 것으로 어머니, 자이니치의 특성과 연결된다. - 켈리 올리버, 박재열 역, 『크리스테바 읽기』, 시와반시, 1997, 92쪽.

237 마사 너스바움, 조계원 역, 『혐오와 수치심』, 민음사, 2015, 201쪽.

238 강상중, 앞의 소설, 162쪽.

과 소통하며 가족의 안위와 자신의 결핍을 위로받고 억압된 감정을 해방시키고 표출하는 치유의례인 굿은 어머니에게 공감과 치유를 의미했다. 서사무가의 수많은 주인공들이 존재가 배반당하는 아픔을 겪으면서 슬픈 울음을 토해내는바 이는 표출과 공명, 화해와 치유, 극복과 갱신의 눈물 속에 이루어지는 고행의 서사구조[240]를 지닌다는 점에서 어머니의 삶을 대변한다.

어린 소녀에서 억척스러운 여인으로 변모하며 주변의 가난한 이들을 포용하고 신에 간구하는 그녀는 바리데기 신화의 주인공이다. 주변을 돌보고 포용하며 상처를 치유해주었던 어머니는 15살의 미성년으로 길을 떠나 망자의 영혼을 인도하는 존재가 된 바리의 약을 구하는 여행처럼 16살에 홀로 일본으로 와 장남을 잃고 남은 자식들의 안위를 위해 굿을 하고 문맹, 가난, 이주, 여성이라는 타자적 삶의 해답을 찾는 여정을 일본에서 살아가며 진해 고향바다를 그리워했다. 또한 어머니를 바라보며 성장한 자이니치 2세 아들도 디아스포라 운명을 외면하고 저항했지만 결국 정체성을 회복하며 적극적으로 현실을 타개한다. 이 소설은 '자이니치'이자 '어머니'라는 비체를 통해 디아스포라문학이 사이와 차이와 경계의 문학적 특성을 지니고 있음을 보여준다.

5. 자이니치 지식인의 문학

폐쇄적이고 보수적이며 차별적인 일본사회에서 대학교수를 역임한 재일조선인 출신 지식인들은 동아시아 지역에서 부조리하고 모순된 폭력과 인권 문제를 제기함으로써 우리 사회에 큰 반향과 자극을 준다. 자이니치 디아스포

---

239 이 소설에서 어머니는 죽은 하루요의 영혼을 보며 광란의 몸짓으로 울부짖다가 중얼중얼 '차따기' 노래를 부르거나, 고사, 장례식, 굿을 할 때마다 '신음소리', '곡소리', '음산하게 잠긴 목소리', '쉿! 쉬잇! 쉿하는 거친 숨소리', '카랑카랑한 기도 목소리', '슬픔의 이상한 기도문' 등 미분화된 언어로 말한다.

240 신동흔, 「서사무가 속의 울음에 깃든 공감과 치유의 미학」, 『한국무속학』 제32집, 한국무속학회, 2016, 48쪽.

라는 한국, 북한, 일본 등 삼국으로부터 경계인이자 이방인의 위치에 있으며 여러 개의 이름을 갖게 됨으로써 정체성의 혼란과 분열을 겪는다. 디아스포라 이름에 새겨진 다양성과 다국적성은 주인공 이름에 특징적으로 나타나며 복합적 혼종적 정체성을 드러낸다. 《디아스포라 기행》의 김하일/데이비드 강, 미희 나탈리 르무안느, 박경재/아라이 쇼케이, 《어머니》에서의 나가노 게이야/강대우, 데쓰오/강상중, 순남/준난/하루코, 하리모토/장훈, 야마무라 마사아키/양정명, 이와모토/리소주/이상수 등 이들의 이름엔 여러 나라의 이름들이 겹쳐있거나 여러 개로 불려진다.

세 명의 자이니치 디아스포라 2세 지식인은 냉철한 비판정신과 합리적 사유만으로 담아내지 못한 타자적 삶을 에세이, 시, 소설이라는 문학장르를 통해 분출하였다. 서경식, 윤건차, 강상중의 문예작품은 전문작가가 아니고 출간시기가 다르며 장르적 차이가 있음에도 불구하고 디아스포라의식과 디아스포라문학의 특징이 잘 드러난다는 점에서 연구대상작품으로 선정했다. 작품의 특징으로, 첫째 분열되고 경계적인 디아스포라 정체성을 지닌 채 정신적 육체적으로 정착하지 못하고 있다는 점이다. 서경식은 여행구조 속에 아픔과 고통을 표현한 미술작품을 감상하며 지구를 떠돌고, 윤건차는 한국과 북한과 일본이라는 삼국의 분열 하에서 자이니치 문제를 천착하며, 강상중은 적극적인 대중매체 활동과 어머니의 삶을 통해 자신을 되돌아본다.

두 번째 특징은 가족에 대한 깊은 애착과 그리움이 강하며 자기서사와 자전적 글쓰기 모형을 택한다는 점이다. 조국유학중 간첩으로 몰린 형제의 고난을 함께 한 서경식의 체험은 여행에세이의 중심적인 모티프를 이루고 일생을 학자로서 살아온 윤건차는 시장르를 통해 '자이니치' 정체성과 운명을 섬세하게 묘사하며, 강상중은 어머니에 대한 사모곡을 통해 민족명을 되찾는다. 셋째는 언어와 타자에 대한 자의식에 민감하고 소수자적 글쓰기를 한다는 점이다.

넷째는 이방인의 자유롭고 객관적인 시선으로 한국, 북한, 일본을 성찰하고 화두를 동아시아 사회에 던지며 의문을 제기한다. 물론 서경식은 근대국민국가를 초극하고 예술과 여행으로 표상되는 디아스포라에 초점을 맞추고, 윤건차는 동아시아 현대사 연구를 통해 자이니치 문제를 해결하고자 하며, 강상중은 적극적인 사회적 발언과 사회에 영향을 끼치는 저서집필 등의 행보에서 차이를 보인다. 식민지종주국 일본에서 한국 국적을 지닌 채 살아가는 디아스포라 지식인 작가들은 소수민족 혹은 외국인 정체성으로 공동체에서 배제되고 소외되며, 모국에서조차 주변부로 여겨져 차별과 냉대를 받는다. 따라서 이들은 정신적 육체적으로 정착하지 못하고 부유하며 방랑하는 중간자, 경계인, 제2국민인 타자적 정체성을 지닌다.

처절하고 시리지만 숭고하고 아름다운 에세이를 감성적 미학적으로 서술하는 서경식의 디아스포라 글쓰기, 한국, 북한, 일본을 객관적으로 비판하고 동아시아 정세를 이성적으로 사유하며 시집을 낸 윤건차의 자이니치 글쓰기, 어머니를 회상하며 자이니치여성 1세대의 타자적 삶을 형상화한 강상중의 사모곡 글쓰기 등 디아스포라 지식인의 저술활동은 '재일'의 감각과 정서, 동아시아적 위치와 타자적 정체성을 한국사회와 연관하여 성찰하고 반성적 사유를 하게 한다. 자이니치 디아스포라문학은 상흔문학이자 소수적 문학이며 사이의 문학을 특징으로 하며 디아스포라의식에 바탕을 둔다.

7장 자이니치 디아스포라 4대의 인정투쟁과 정주의 (불)가능성: 이민진의 《파친코》

1. 혼종적 작가의식과 공간의 함의

세계화 다문화 시대의 문학적 경향 중 하나가 디아스포라, 경계인, 이방인의 등장이다. 국적, 국경, 국민의 경계를 넘어 이중문화와 이중언어를 지닌 복합적이고 혼종적인 주인공은 갈등과 분열 속에서 삶을 영위한다. 다문화사회에 진입한 우리 문학에도 코리안 디아스포라, 해외입양인, 북한이탈주민, 외국인 노동자 및 결혼이주여성, 다문화가정 2세가 빈번하게 등장하는바, 이들을 작가들이 주목하는 이유는 이주라는 타자성이 덧붙여지면서 민족국가 공동체에서 21세기 유동성의 시대에 가장 남루하고 비참하며 슬픈 타자로 재현[241]되기 때문이다. 최근에는 국내 다문화소설과 재외한인문학의 시대적 관심사와 더불어 창작주체의 당사자성이 중시된다.

2017년 미국에서 발표되고 2018년 우리나라에서 출간된 이민진의 《파친코》가 올해 또다시 재조명되고 있으며 출간 되자마자 《파친코》 연구는 국문학, 영문학 전공자와 더불어 일본학회에 논문이 발표되는 등 대상작품의 특성만큼이나 다채롭게 분석되었다. 디아스포라의 특징이기도 한 장소성, 젠더지리학적 연구[242]와 소수자/경계인/이방인/자이니치로 표상되는 이주자 정체성의 관점에 관한 연구[243], 생존 및 존재방식[244], 이민자 문학의 특성[245], 트랜

---

241 졸저, 『21세기 한국소설의 다문화와 이방인들』, 푸른사상, 2014, 21쪽.

242 임진희, 「민진 리의 〈파친코〉에 나타난 재일한인의 장소담론」, 『예술인문사회융합멀티어논문지』 제9권, 인문사회과학기술융합학회, 2019, 이경재, 「이민진의 〈파친코〉에 대한 젠더지리학적 고찰」, 『춘원연구학보』 제22호, 춘원연구학회, 2021, 전현주, 「〈파친코〉의 '장소성' 서사 연구」, 『인문과학』 제124집, 연세대 인문학연구원, 2022.

243 손영희, 디아스포라 문학의 경계 넘기: 이민진의 〈파친코〉에 나타난 이민진 문학의 특징」,

스내셔널리즘 연구[246], 기독교와 미국표상[247] 등 다양한 관점의 연구가 진행되었다. 소설 자체만으로도 영국 BBC와 뉴욕타임즈가 선정한 올해의 책으로 고평 받은 문제작이지만 2022년 3월 25일부터 애플TV+가 천억을 투자하여 만든 8부작 드라마가 방영되어 한일근현대사의 불편한 관계와 일본사회의 폐쇄적 차별적 태도, 동아시아정세 등이 전세계에 전달되면서 다시 붐을 일으켰다. 완성도 높은 드라마 제작으로 대중성과 작품성, 화제성과 상업성 모두를 확보한 이 소설은 2022년 제26회 만해문예대상에도 선정되었다.

《파친코》는 재미작가가 영어로 재일조선인의 신산한 삶을 그렸다는 점에서 민족의식, 미국인 가치관, 자이니치의 역사적 상황과 현실인식이 복합적이고 중층적으로 반영되었다. 작가는 소설창작을 위해 30년 동안의 구상과 자료조사, 탈고의 시간이 걸렸으며, 자신의 이주체험과 주류사회 진입의 불가능에 대한 방황과 좌절, 일본사회에 거주하는 자이니치의 현실, 한민족의 역사적 배경이 혼재된 교차성의 인문학적 관점을 드러낸다. 한국계 미국인 작가의 《파친코》는 프로테스탄트 윤리와 자본주의 정신, 기독교 가부장제, 보수적 세계관과 근면·성실한 태도, 성가족 중심 등 미국적 가치관이 내재된다는 점에서 한국작가나 자이니치작가의 시선과 차별화된다. 작가는 첫 장편소설 《백만장자를 위한 공짜음식》에서 보수적인 이민 1세대 부모와 다르게 미국적

『영어영문학』 제25권, 미래영어영문학회, 2020, 나보령, 「모범 소수자를 넘어: 이민진의 〈파친코〉를 통해본 이주민 소수자」, 『인문논총』 제79권, 서울대 인문학연구원, 2022, 장영우, 「在日, 영원한 이방인: 이민진 〈파친코〉론」, 『일본학』 제56집, 동국대 일본학연구소, 2022.

244 이승연, 「생존을 위한 도박: 〈파친코〉를 통해 보는 자이니치의 삶」, 『아시아여성연구』 제58권, 숙명여대 아시아여성연구원, 2019.

245 김미영, 「민진 리의 〈파친코〉에 나타난 이민자 문학적 특징」, 『한국문화』 97, 서울대 규장각 한국학연구원, 2022.

246 주혜경, 「한인 이주의 트랜스내셔널리즘: 재미교포 작가의 재일교포 이야기 〈파친코〉를 중심으로」, 동북아시아문화학회 국제학술대회발표자료집, 2020.10, 오태영, 「경계 위의 존재들: 이민진의 〈파친코〉를 통해본 재일조선인의 존재방식」, 『현대소설연구』 제82호, 한국현대소설학회, 2021.

247 양미영, 「이민진의 〈파친코〉에 나타난 기독교와 미국표상」, 『인문학연구』 제127호, 충남대 인문과학연구소, 2022.

가치관을 지닌 딸 케이시의 자본주의적 욕망에 충실한 삶과 백인주류사회에 영원히 소속될 수 없는 절망적인 이주생활을 그린 바 있다. 코리안 디아스포라 문제는 자전적 체험과 연동된 이민진의 영원한 주제로서 《백만장자를 위한 공짜 음식》(2008), 《파친코》(2017)에 이어 현재 집필 중인 《아메리칸 학원》과 함께 디아스포라 3부작을 준비 중[248]이다.

이 글은 《파친코》에 나타난 자이니치 디아스포라의 이주/정주의 (불)가능성과 생존고투를 살펴보고, 이 소설이 재미교포 작가의 관점에서 한일역사와 개인의 삶을 재현했다는 점에 주목한다. 연대기 가족사소설이자 자이니치 디아스포라문학인 《파친코》의 1,2쪽에 등장하는 문장들은 이 소설의 주제의식을 함축한다

> 역사가 우리를 망쳐 놨지만 그래도 상관없다. 세기가 바뀔 무렵, 나이든 어부와 그 아내는 돈을 더 벌어 보려고 하숙을 치기로 했다. 두 사람은 모두 항구도시 부산의 영도에서 태어나 자랐다. 영도는 지름이 8킬로미터 남짓한 작은 섬이었다. 오랜 결혼 생활 동안 어부의 아내는 세 아들을 낳았지만 가장 약한 첫째 훈이만 살아남았다. 훈이는 언청이에다 한쪽 발이 뒤틀린 기형아였다.[249]

1910년 훈이가 스물일곱 살이 되던 해에 조선은 일본에 합병되었다. 그러나 훈이의 어부 아버지와 어머니는 먹고사는 문제가 제일 중요한, 신체 건강하고 검소한 서민일 뿐이었다. 나라를 팔아먹은 썩어빠진 통치자들이나 무능한 양반들하고는 아무 상관이 없었다. 부부는 세 들어 살고 있는 집의 집세가 다시 오르자 자기들 침실까지 하숙인들에게 내주고 부엌 옆의 곁방에서 잠을 잤다.[250]

---

248 이영경 기자, 「불평등과 싸우는 이들에게서 희망을 본다」, 경향신문, 2027.7.26.
249 이민진, 이미정 역, 『파친코』 1, 문학사상, 2018, 11쪽.
250 위의 소설, 12쪽.

역사와 개인의 삶을 함축적으로 그린 이 소설은 소수(통치자, 양반 등)의 욕망과 권력지향, 무능으로 폭력적인 역사가 쓰이고 이로 인해 선량한 시민들의 비극적이고 불행한 삶이 지속되어야 하는 진실을 고발한다. '역사'보다 '개인'의 생존에 초점이 맞춰진 《파친코》는 한 개인이 감내하기 버거운 식민지, 전쟁, 분단, 남북대결 그리고 디아스포라적 상황 속에서 발생되는 존중받지 못하고 차별과 배제와 혐오로 얼룩진 자이니치의 삶을 그린다. 또한 '조국(motherland)'에서 '파친코(pachinko)'로 제목이 바뀜으로서 역사. 공간, 시대라는 거대담론에서 자이니치의 생계터전에 중심을 둔다. 따라서 독립운동가나 구국영웅과 같은 완벽한 인물은 등장하지 않으며, 역사적 사건이 후경화되어 주어진 운명을 개척하고 극복하며 자기보존능력을 통한 인간군상을 정치하고 설득력있게 형상화한다.

이 소설은 역사가 한 개인에게 엄청난 영향을 끼쳤지만 '그래도 괜찮아야 하는' 생존본능으로 삶을 유지한 일제강점기 우리 민족의 신산하고 고달픈 여정을 첫 문장에서 제시한다. 1세대 훈이와 양진 부부, 2세대 부부인 선자와 이삭, 3세대 노아/모자수, 4세대 솔로몬까지 이민 4대의 신산하고 파란만장한 삶에는 한국, 북한, 일본 등 복잡하고 까다로운 동아시아 정세가 깔려있다. 생계 위협, 이주, 차별, 정체성 훼손 등을 낳은 한국근현대사보다 고단하고 가난한 백성들에겐 하숙, 세금, 돈 등의 '먹고 사는 문제'가 더 밀착된 당면현실이 중시된다.

1부 고향(Hometown)과 2부 조국(Motherland)의 목차에 나타나듯이 1910년부터 1989년까지의 시간성, 부산 영도, 제주도, 북한 평양, 일본 오사카, 요코하마, 미국 뉴욕이라는 공간성은 디아스포라문학에서 중요하다. 언청이이자 다리 기형인 훈과 양진 사이에서 태어나 지극한 부모의 사랑을 받으며 당당하고 지혜롭게 자란 17세의 선자는 운명의 남자 고한수를 만나 사랑하게 되지만 그가 유부남임을 알게 되어 절망에 빠진다. 남의 아이를 임신한 선자를 아내로 맞이한 이삭은 구원자이자 순교자이며 선지자의 모습을 띤다. 남성인물들이 성경 이름으로 작명되고, 가족중심적이라는 점에서 이 소설은 기독교,

구원, 부활, 성가정, 청교도적 윤리 등 미국적 사유가 내재되어 있다. 이는 성경을 바탕으로 하는 서구문화의 미국독자에게 친연한 효과를 갖게 한다.

소설 전반에 등장하는 빅토리아 시대의 대표적인 소설가 찰스 디킨스의 언급에서도 작가의 주제의식을 유추할 수 있다. 《파친코》 첫 구절의 '고향은 이름이자 강력한 말이다. 마법사가 외우는, 혹은 영혼이 응답하는 가장 강력한 주문보다 더 강력한 말이다'를 인용함으로써 찰스 디킨스는 자이니치 공동체 정체성과 정주의 고통을 지닌 노아와 연동되는 상징적 기제로 제시된다. 자전적 소설 《데이비드 코퍼필드》의 재혼한 모친 때문에 불행을 겪고 고난의 여정 속에서 중산층의 삶에 이르거나 《막대한 유산》에서 은인이 물려준 재산으로 사회적 신분을 꿈꾸지만 그가 죄수라는 사실에 혐오와 절망을 느낀다는 점에서 이민진 소설과 디킨스 소설은 겹쳐진다. 중하층에 속한 아버지 밑에서 태어난 디킨스의 신사, 중산층으로 표상되는 신분상승 욕망은 노아 집안의 다양한 방식으로 분투하는 남성의 삶과 연결된다. 《막대한 유산》의 주인공 핍의 '신사 되기'와 고향 '대장간'은 노아의 '일본인 되기'와 '이카이노'와 유비된다. 영문학과를 다니며 디킨스를 읽고, '우리형이 좋아하는 작가'라고 유미에게 설명하는 모자수의 입을 통하거나 이삭의 묘를 방문시 묘지기에게 《데이비드 코퍼필드》를 소개하는 마지막 장면에서 노아의 서구지향과 조선인/야쿠자 정체성을 지우려는 욕망이 드러난다. 이민자의 미국이주생활과 백만장자 신화, 《파친코》의 노아의 인정투쟁은 디킨스의 신분상승 욕망과 《막대한 유산》의 핍의 신사되기가 기저를 이룬다.

선자, 이삭 부부가 이주한 이카이노(猪飼野)는 동물과 함께 생활하는 불결하고 악취가 나는 혐오와 멸시의 공간이다. 1924년경 오사카에 정착한 조선인의 60퍼센트가 제주 출신이며, 김석범, 김태생, 양석일 등 제주도가 원고향인 재인한인작가는 총 17명에[251] 이른다. 조선인을 차별하고 배척하며 공간을 구획하고 경계 짓는 공간이자 부라쿠민보다 더 천한 족속으로 여겨지는 자이

251 김환기 외, 『재일한인문학』, 한국문학번역원, 2020, 77쪽.

니치는 '교활하고 영악한 종족', '타고난 말썽꾼'으로 인식된다. 선행연구에서도 장소성 연구가 많듯이 이카이노와 파친코라는 공간은 자이니치를 대변해주는 상징성을 갖는다. 돼지들과 공유하는 빈민가 판잣집에서 생활하는 조선인의 비위생적이고 곤궁한 환경과, 일본인이 기피하고 혐오하는 넝마주이, 폐품수집상, 야쿠자, 파친코, 건설현장 등의 직업은 범죄, 비위생, 불건전 이미지를 형성하여 자이니치를 부정적으로 바라보게 했다. 이카이노 주거지와 파친코 노동공간은 더럽고 남루한 동물과 인간 사이에 위치한 자이니치 정체성을 규정한다. 자국민이 기피하는 직종이기에 조선인 이주자들이 점유하고 성공할 수 있었던 파친코는 '삶으로부터의 유예이자 임시처방일 뿐'[252]인 자이니치 정체성을 대변한다.

거대서사(민족, 국가, 역사)와 관련 없이 가족의 생존을 위해 성실하게 살아가는 인물에 초점을 맞춤으로써 이전의 가족사연대기 소설과 다른 구성과 서사 양식을 보여준[253] 《파친코》는 한수, 이삭, 요셉, 노아, 모자수, 솔로몬 등 이주남성의 생존투쟁과 삶의 고투, 양진, 선자, 경희, 유미의 여성수난서사를 균등하게 배치하면서 거대한 역사에 휘말린 개인의 운명과 극복을 객관적이고 설득력 있게 그린다. 식민지 상황, 비스킷과 쇳가루로 표상되는 군수물자, 복희 자매의 위안부 사연, 원폭피해 등의 역사적 사건이 개인의 삶과 유기적으로 연동되어 이방인에 대한 박해와 차별이 자행되는 일본사회를 해부하면서도 작가는 생존의 위기에 처한 가족 살아남기에 방점을 둔다. 일본과 남북 어디에서도 환영 혹은 인정받지 못한 채 고난 속에서 살아온 역사와 시대의 수난자인 자이니치는 완고한 단일 민족주의 나라, 외국인 차별의 온상, 혈통주의에[254] 바탕을 둔 일본사회의 국민, 국적에 따른 봉쇄, 배제, 분리라는 획일적이고 차별적인 외국인 정책으로 오랜 세월 고통을 받았다. 재일조선의 일

252 도널드 리치, 박경환 윤영수 역, 『도널드 리치의 일본 미학』, 글항아리, 2022, 70쪽.

253 장영우, 「재일, 영원한 이방인: 이민진 〈파친코〉론」, 『일본학』 제56집, 동국대 일본학연구소, 2022, 73쪽.

254 미즈노 나오키, 문경수 역, 『재일조선인』, 삼천리, 2016, 246쪽, 251쪽.

본 국적 박탈로 외국인 신분으로 살아야 했던 자이니치는 귀화, 조선적, 한국 국적 중 하나를 택일해야 하는 기로에서 정체성을 정립해야만 한다. 디아스포라는 식민 정복자 나라에서 기회를 엿보는 이민자가 되고 결국 어디에도 속하지 않는 한 존재, 파리아[255]가 되어 간다. 들이닥친 자인 외국인은 침입자가 되며 예고 없이 영원히 도래하는 자이며 부적절한 존재[256]이기 때문이다.

노아와 솔로몬의 삶을 통해 반다문화적 시선, 이방인 차별, 편견과 배제의 원리가 작동되는 일본의 폐쇄성과 자국민중심주의, 환대하지 않는 태도를 폭로한《파친코》는 역사학을 전공한 이민진의 관점에서 섬세하게 전개된다. 역사가 선량하고 무고한 개인의 운명에 개입되고 깊은 영향을 미쳤지만 고난과 운명을 개척하고 정착하고자 하는 인간의 생존에 대한 아름답고 긍정적인 삶의 모습을 그린《파친코》는 전세계 독자에게 공감과 감동을 준다. 역사와 남성주체, 여성서사가 균등하게 배치된《파친코》는 거대역사나 완벽한 영웅을 배제하고, 먹고 사는 일상에 매달리며 가능하지 않은 현실적 조건에서 정주하려는 자이니치 디아스포라의 신산하고 고단한 삶을 객관적이고 중립적인 시선으로 재현한다. 한일역사문제, 이주자 혐오, 식민지, 디아스포라 같은 첨예한 문제보다 사회 안에서 자기정체성, 인정욕망, 백만장자의 꿈이라는 보편적인 삶의 문제에 초점을 맞춘 이 소설은 기존의 자이니치 디아스포라 문학과 차별점을 지니는바 이는 작가의 다문화적인 출신과 교육의 영향에서 비롯된 것이다.

---

255 paria, 본래 인도의 카스트 밖에 존재하는 개인 혹은 집단(천민)을 지시하던 말이나, 이제는 한 제도 혹은 한 사회에서 어디에도 속하지 않는 자 혹은 집단을 의미한다. - 기욤 르 블랑, 박영옥 역, 『안과 밖: 외국인의 조건』, 글항아리, 2014, 16쪽.

256 위의 책, 36~37쪽.

2. 이주남성의 주체되기와 인정투쟁

이 소설은 선자의 시선으로 전개되는 여성수난(잔혹)서사이지만 남성인물의 비중도 이에 못지않다. 자이니치 가족의 출발점인 훈은 어렵게 얻은 선자를 귀히 여기며 사랑으로 키웠기에 아이는 당당하고 주체적인 인격체로 성장한다. 언청이인데다 한쪽 발이 뒤틀린 기형아로 태어나 짙은 눈썹의 구리빛 안색을 한 온화하고 사려 깊은 성격을 지닌 훈은 어디를 가든 사람들의 따뜻한 환대를 받는다. 딸에게 인형을 만들어 주고 엿을 사주는 훈은 아버지로서 존경의 대상이다.

고한수는 어머니 양진과 나이가 같은 유부남이지만 이를 모르는 선자는 첫사랑에 빠진다. 제주 출신의 부산, 오사카, 서울을 오가는 생선중매상으로 어깨가 넓고 상체가 딱 벌어진 강인하고 건장한 고한수의 서양식 정장은 우아하고 잘 손질되어 있어 하숙집 사람들한테서 나는 노동자의 냄새나 바다냄새가 나지 않기에 선자의 마음을 사로 잡는다. 일본인 남학생들에게 수모를 당하던 선자를 구출한 후 인연을 맺게 되고 임신을 한 선자에게 거절당한 한수는 한평생 주위를 맴돌며 그녀를 돌본다. 오사카, 만주, 평양 얘기를 해주고 사탕, 비스켓, 시계를 선물하는 고한수에게 매료된 선자는 미혼모가 되고 일본 이주를 통해 암울한 인생이 전개된다. 일본인 창녀 노리코를 '가부기초'로 전락시키거나 조직원 손가락을 절단하는 등 잔인하고 폭력적이지만 끝까지 선자와 솔로몬 모자를 책임지는 한수는 열정적이고 관능적이며 매력적인 남성이다. 야쿠자 조직원으로 잔혹하면서도 부드러운 한수는 차별적이고 조롱이 만연한 일본사회에서 피식민자이자 이주자라는 다중적 타자성을 지닌 일제강점기 조선인의 삶의 애환과 잔혹한 현실을 살아낸다. 선자를 사랑했지만 유부남임을 속였기에 주변을 서성거리며 끝까지 현실적인 문제를 해결해준 고한수의 형상은 자이니치의 전형성을 지닌다.

고한수 아이를 임신한 선자를 구원해준 백이삭은 곧고 우아한 젊은 목사로서 양진, 선자 모녀의 극진한 간호 덕에 생명을 구하게 되고 선자의 딱한 사연을 알게 되어 그녀와 결혼한다. 독립운동을 하다가 순교자로 생을 마감한 첫째 형 사무엘과 오사카에서 공장감독관으로 일하는 둘째 형 요셉을 둔 이삭은 신성하고 청교도적이다. 성서의 족보인 아브라함이 낳은 이삭과 그의 아들 노아와 모자수, 솔로몬은 구약성서의 주요인물이다. 이삭은 '믿음의 사람', '그리스도의 조상', '약속의 아들'의 의미를 지니며 자식을 번제물로 바치라는 명에 순종했던 일화에서 이삭의 희생과 그리스도의 희생이 겹쳐진다. 선천적으로 착하고 남을 도와주는 이삭은 고한수의 아이를 자식으로 받아들임으로써 희생과 번제, 구원의 이미지를 지닌 선량하고 성실함을 지향하는 미국인을 표상한다. 구원자이자 순교자이며 선지자인 이삭은 이타적이고 순수한 영혼의 소유자이다. 육체적이고 정열적인 고한수와 정신적이고 고결하며 희생적인 백이삭은 선자 인생의 두 남자들로 아들의 친부이자 계부이다.

백요셉은 독립운동을 하다가 사망한 형과 병약한 동생 이삭 대신 비스킷 공장 감독관과 정비공까지 일하면서 집안을 책임지는 가부장적인 구세대이다. 유교 부권적 문화와 기독교 가부장제가 더해진 그에겐 양반 출신의 아름다운 아내 경희가 있지만, 시장에서 김치와 장아찌를 파는 가게를 차리고 싶은 그녀의 꿈을 통제하며 공사구분의 남녀역할을 주장한다. '돈'이 아니라 '일'을 하고 싶은 아내를 타박하며 식당에서 일하는 걸 반대하는 요셉은 남자는 일해서 가족을 돌보고 여자는 집에 있어야 한다고 믿는 사람이다. 그는 아내와 가족을 보호하기 위해 헌신하지만 성역할이 고착된 인습에서 벗어나지 못한다. 성경에서 요셉(Joseph)은 야곱의 11번째 아들로 태어나 사랑을 받았지만 형제들의 미움으로 이집트에 노예로 팔렸다가 출세하여 집안을 애굽에 정착할 수 있게 한 인물이다. 오사카에서의 요셉의 고난과 가족을 위한 노력은 만주에서 독립운동을 하다가 죽은 형이나 선하고 이상적이며 병약한 동생과 달리 백씨 집안이 정착하는데 중심역할을 한다는 점에서 성경인물과 유사하다.

정체성과 자존감에 대해 가장 치열하게 고민하고 고통스럽게 현실을 타개하고자 했던 노아는 '일본인이 되고 싶다는 것', '이카이노에 살면서 절대 조선으로 돌아가지 않는 것'이 꿈으로서 조국과 고향을 그리워하는 1세대와 달리 정주 지향을 드러낸다. 고한수와 선자 사이에서 태어났지만 백이삭의 아들로 자란 3세대 노아는 부당하게 감옥에 갇힌 온화하고 친절한 아버지를 살려달라는 기도에 응답하지 않은 하나님을 더 이상 믿지 않는다. 자이니치 정체성 형성과정에서 나타나듯이 노아의 비밀스러운 소망은 일본아이가 되고 싶다는 것이다. 서양종교에서 따온 이름에도 불구하고 조선인 성을 가졌고 빈민가 주소를 숨길 수 없는 노아는 학업과 운동실력을 인정받아 그나마 놀림을 덜 받는다. 욕을 퍼붓는 못생긴 할머니, 술에 취해 집 밖에서 자는 남자들, 이가 득시글한 아이들, 돼지들이 공존하는 지역에 사는 조선인을 일본인은 부라쿠민보다 더 천한 족속이라 여기기에 노아는 벗어나고자 안간힘을 쓴다. 자이니치는 국가, 언어, 거주의 결핍이나 결함으로만 존재하는 불순한 기표[257]로 작동된다.

법을 어기거나 쇳조각을 모아서 돈을 버는 조선인이 되지 않기 위해 동생 모자수를 가르치는 노아는 '더 나은 사람'이 되어 현재의 위치에서 탈출하고자 한다. 전쟁으로 인한 철, 구리 등의 자원 수요는 재일조선인들에게 수입원이 되었고 옛 오사카 포병공창 터에서 고철을 빼내던 재일조선인이나 일본인들은 '아파치족'이라[258] 불렀다. 인정욕구와 조선인 정체성 탈피는 노아에게 삶 전체의 목표이자 생존의 의미였다. 형의 생각과 달리 '착한 조선인'이 될 생각이 없는 모자수는 파친코로 성공하고, 노아는 조선인 출신이자 야쿠자 태생의 한계를 극복하지 못하고 자살한다.

놀림과 멸시 속에서 성장하는 자이니치 2세는 외국인 정체성으로 지문을 찍어야 하는 불편하고 고통스러운 삶을 영위한다. 환대받지 못하고 성장한 노아는 일본인 되기 더 나아가 유럽인 되기를 꿈꾸며 파친코, 이카이노가 상징하는 비주류이자 하층민 이미지에서 벗어나고자 와세다대를 다니며 신분

257 위의 책, 24쪽.

258 미즈노 나오키, 문경수 역, 『재일조선인』, 삼천리, 2016, 143쪽.

상승을 꿈꾸지만 식민지 조선인, 야쿠자 출신인 친부의 혈통을 극복하지 못한다. 재일조선인들의 정체성을 찾는 과정에서 일본인으로 살아가기, 인정받기는 통과의례 같이 나타나지만 호미 바바의 모방하기는 수용되지 못한다. 재일한인문학의 문학적 지향은 재일 한인의 정체성과 관련되어 있는데 재일 한인 1세대가 '한인'에 초점을 둔 조국 지향이라면 2세대는 '재일'에 방점을 둔 정주 지향, 3세대 이후는 조국과 재일을 넘어선 세계시민 지향을[259] 보인다.

후원자인 고한수가 친부임을 알게 된 노아는 성스러운 양부와 세속적인 친부 사이에서 자아를 상실한다. 노아는 가게주인을 협박하고 마약을 팔고 매춘부를 관리하는 야쿠자의 더러운 피를 물려받은 자신을 용납하지 못한다.

> "전 평생 동안 제 피가 조선인의 것이라는 일본인들의 말을 들었어요. 조선인들은 화를 잘 내고 폭력적이고 교활하고 거짓말을 잘 하는 범죄자라는 소리를 들었지만 견뎌야 했어요. 백이삭처럼 정직하고 겸손한 사람이 되려고 노력했어요. 절대 목소리를 높인 적도 없었죠. 하지만 이 피는, 제 피는 조선인의 것이죠. 그런데 이제는 이 피가 야쿠자의 피라는 걸 알았어요. 제가 무슨 짓을 해도 바꿀 수 없는 사실이죠. 차라리 제가 태어나지 않는 게 나았을 거예요. 어떻게 엄마가 제 인생을 망쳐놓을 수가 있죠? 어떻게 그렇게 경솔하게 행동할 수 있냐고요? 어리석은 엄마에, 범죄자 아버지라니, 난 저주받았어요." (중략) "노아야, 날 용서하거레이. 엄마가 미안하데이. 난 그냥 니가 학교에 가기를 바랐을 뿐이다. 니가 얼마나 학교에 가고 싶어 하는지 알았으니까. 니가 얼마나 열심히……" "엄마가, 엄마가 제 인생을 앗아갔어요. 전 더 이상 제가 아니에요." 노아가 손가락으로 엄마를 가리키며 말했다. 노아는 돌아서서 기차역으로 뛰어갔다.[260]

---

259 위의 책, 150쪽.

260 이민진, 이미정 역, 『파친코』 2, 문학사상, 2018, 124~125쪽.

부모를 향한 아들의 절규와 원망은 선자를 충격에 빠뜨린다. 일본정부와 회사들은 조선인을 고용하지 않기에 야쿠자들 밑에서 일할 수밖에 없는 자이니치 현실과 이를 극복하려는 노아는 자신의 출신을 알게 되면서 친부를 증오하고 가족과 단절하지만 벗어나지 못한다. 7년 동안 일본인 행세를 하면서 파친코에서 일했던 노아는 가족과의 재회 후 삶을 마감한다. 노아의 일본인 되기와 정주의 소망은 불가능한 것이다. 조선인이 되지 않으려고, 야쿠자에서 벗어나기 위한 노아의 몸부림과 절망은 극복되지 못한다. 일본사회로부터의 인정의 거부, 무시는 자이니치에게 치명적 손상을 입힌다. 권리를 배제당한 구성원은 존중받는 인격체로서 자기이해를 훼손당했다고 느끼며 인정의 유보, 거부, 박탈 즉 무시는 결국 한 인격체 전체의 정체성을[261] 무너뜨린다. 선자의 '가네다준코', '백선자', '보쿠선자', '반도준코', 노아의 '백노아', '보쿠 노부오', 모자수의 '백모세', '보쿠 모자수' 등의 다층적이고 분열적인 이름은 단일한 정체성을 갖지 못한 이방인의 표식을 말해준다.

조선, 일본, 서구(유럽) 사이에서 방황하는 '노아(Noah)'는 히브리어로 '노아흐'로 '쉬다', '정착하다'의 뜻을 담고 있기에 '정주 지향'에 대한 강력한 소망을 드러낸다. 고향을 향한 그리움과 향수를 지닌 1세대와 달리 노아는 영문학, 찰스 디킨스, 성경에 바탕을 두며 어디라도 좋으니 정주할 수 있는 공간을 갈망한다. 이 소설에서 노아는 가장 치열하게 자신의 정체성을 고민하는 인물이다. 요셉이나 모자수가 조선인 이주자의 한계를 인정하고 현실가능한 직업을 선택한 것에 비해 노아는 일본인, 유럽인이 되고자하나 망국민, 디아스포라, 야쿠자의 피, 파친코 집안 내력에서 벗어나지 못한다. 조선인 부모를 가진 일본에서 태어난 자이니치 청년 노아는 단 하나의 소속만 선택하는 기로에서 자신의 조국이든 자신을 받아들인 나라든 배신할 수밖에 없게 되었음을 발견하며 이로 인해 회한과 분노로 살거나 '자신에 대한 증오'[262]를 지닌

---

261 이현재, 『악셀 호네트』, 커뮤니케이션북스, 2019, 53쪽.

262 아만 말루프, 박창호 역, 『사람잡는 정체성』, 이론과실천, 2006, 51~53쪽.

채 살아가는 것이다.

주어진 현실 안에서 존재의 자기증명과 인정투쟁을 하는 형 노아와 달리 모자수는 일본학생의 조롱을 폭력으로 응대하며 파친코 사업에 뛰어들어 성공한다. 그러나 노아, 모자수, 솔로몬은 주류에 진입하지 못하고 파친코와 관련된 일을 함으로써 폐쇄적이고 계급적인 일본사회의 진입장벽을 드러낸다. '새로운 세상을 열어낸 사람'으로, 이스라엘 백성을 노예상대에서 해방시킨 모세라는 의미를 지닌 모자수는 기독교 세계관이 지닌 타락과 구원, 부활과 영생의 요소를 차용한다. 모자수는 일본학생과 싸우며 말썽을 피우지만 선자는 자신의 아들을 믿는다. 조선인들의 사업 기반의 대표적인 직업인 파친코의 부흥에 뛰어들어 성공한 모자수는 아들 솔로몬만큼은 식민지 종주국이자 이주국인 일본에서의 차별받는 삶의 고리를 끊고자 미국유학을 보낸다. '모세(Moshe, Moses)'는 예언자로 출애굽기에서 기록되었듯이 갓 태어나 버려진 유대인 아이를 파라오의 딸이 물에서 건져 '그가 물에서 나왔다'는 의미를 함축한다. 고대 히브리인을 이집트에서 구해내고 홍해의 기적을 만든 모세라는 이름은 일본인이 기피하는 직종에 매진하여 자산을 일구어 가족을 지킨 모자수의 삶과 연동된다. 파친코와 야키니쿠(불고기)는 재일한인이 두드러지게 활약하는 산업으로 중요한 위치를 차지한바 일본인들이 선호하는 직종이 아니었기에 차별영역이 아닌 기피영역[263]에서 위치를 굳힐 수 있었고, 모자수는 백만장자가 된다. 아버지가 다른 형제인 노아는 자이니티 정체성을 부정하며 일본인 되기에 실패하고, 모자수는 불리하게 조건 지어진 상황을 수용하며 불완전하게 정착한다.

조부 이삭이나 부모세대인 노아, 모자수와 달리 자유분방하고 세계지향적으로 재일이나 조국의 경계를 벗어난 솔로몬은 차별받는 자이니치 운명과 타자적 정체성을 수용한다. '샬롬(평화)'과 연관된 히브리어 '솔로모'는 하나님이 주신 지혜로 공정하고 존경을 받는 인물이다. 국제유치원을 다니는 솔로

263 윤인진, 『코리안 디아스포라』, 고려대학교출판부, 2004, 181~182쪽.

몬은 유치원에서는 영어를, 집에서는 일본어를, 할머니 선자와는 조선어로 대화를 나누는 글로벌하고 다문화적인 아이로 성장한다. 콜롬비아 대학을 나와 부동산 기업에 취직했지만 부당해고를 당한 그는 외국인을 받아들이지 않는 일본사회로 인해 결국 운명의 고리를 차단하지 못하고 파친코 가업을 잇는다.

> "제다이, 내 말 잘 들어둬. 네가 다른 사람들과 다를 바가 없다는 걸 아는 것보다 더 끔찍한 건 없어. 그만큼 형편 없고 보잘 것 없는 존재가 또 없지. 그런데 훌륭한 선조들이 태어난 이 위대한 일본이라는 나라에서는 모두가 남들과 똑같아지고 싶어 해. 그래서 살기 안전한 곳이지만 공룡 마을이기도 하지. 멸종된 곳이라는 얘기야. 네 몫을 떼어다가 어디 다른 곳에 투자해. 누군가는 너 같은 젊은이에게 이 나라의 진실을 알려줘야지. 일본은 전쟁에 져서, 또는 나쁜 짓을 해서 망하는 게 아냐. 더 이상 전쟁이 없어서 평화로운 시기에는 사람들이 보통 사람이 되고 싶어 하며 남과 달라지는 걸 끔찍하게 무서워하기 때문에 망하는 거야. 그게 아니면 일본의 엘리트들은 영국인과 백인이 되고 싶어 하지. 딱하기 짝이 없는 인간들이야. 그런 인간들에 대해서도 할 말이 많지."[264]

직장상사 가즈와의 대화 속에서 일본인의 탈아입구, 백인선망, 자기혐오, 타자차별이 드러난다. 조선인은 일본인이 되고자 하고 일본인은 서구인이 되려는 욕망 속에서 '사회를 비슷한 사람들로 이루어진 하나의 가정'이자 안(나카)에 있는 사람들이 모여 그룹을 이루기에 나카마(仲間, 사회의 최소단위) 영역 바깥을 야생으로[265] 인식하고 배척하는 일본국가의 특성은 자이니치의 이주생활을 험난하게 하고 자존감을 훼손시킨다. 신분상승, 조선인 정체성 탈피를 위해 와세다대학에 입학한 노아나 콜롬비아대학을 졸업한 솔로몬은 일본

---

264 이민진, 이미정 역, 『파친코』 2, 문학사상, 2018, 326쪽.
265 도널드 리치, 박경환 윤영수 역, 『도널드 리치의 일본 미학』, 글항아리, 2022, 105~106쪽.

사회의 주류가 되지 못하고 자신들이 멸시한 파친코 일을 하게 된다. 자신과 결혼하면 시민권을 얻을 수 있다는 피비와 결별한 솔로몬은 남한 여권을 갖고 사는 이상한 현실 속에 놓였고 언젠가는 귀화할지도 모르지만 일본 정착을 결정한다. 일제강점기 훈이와 양진의 치열한 생존고투, 조선인과 야쿠자 혈통을 지닌 노아의 방황, 현실을 인정하고 파친코 백만장자가 된 모자수에 이어 솔로몬이 나아갈 자이니치 디아스포라의 삶의 지향점을 남겨둔 채 작품은 마무리된다.

《파친코》는 예수의 족보이자 조상의 가문, 남성중심의 기독교 가부장제가 투영되는 작중인물의 기독교적 이름에 새겨진 작명을 통해 각각의 인물 특성을 선명하게 부각한다. 이는 미국독자를 의식해 생경한 한국 이름보다 서양 이름을 차용한 이민진의 의도된 전략이다. 구약성서 속 구원자인 예수의 족보는 가부장적 사회의 시스템을 말해 주며, 주체성과 자존감이 중시되는 남성서사에서 이삭, 요셉, 노아, 모자수, 솔로몬은 각자의 방식으로 혼종적이고 혼란스러운 타자적 정체성을 드러낸다. 역사는 식민지 출신 이주자 남성에게 자존의 훼손과 불안하고 불완전한 위치를 갖게 했으며, 이들은 혐오와 차별의 거주지와 열악한 직종의 노동을 하며 생존을 위해 몸부림쳤다. "죽어버려, 못 생긴 조선인.", "방귀 냄새나는 가난한 인간들.", "아무도 널 좋아하지 않아.", "조선인들은 문제아에 돼지들이야. 지옥으로 꺼져버려. 넌 왜 여기 있니?", "너한테서 마늘 냄새와 쓰레기 냄새가 나!"라는 헤이트 스피치(혐오발언)를 남기고 옥상에서 뛰어내린 조선인 아이를 통해 폐쇄적이고 차별적이며 계급적인 일본사회의 높은 벽을 실감한다. 재일한인 정체성을 량은 '홈리스(homeless)'로 규정하는바 1세대와 달리 노아, 솔로몬과 같은 젊은 세대의 정체성은 돌아갈 조국도 없고 자신을 기꺼이 반기는 모국도 없는 '림보'상태[266]였다.

작가는 1910년부터 1989년까지 한 집안의 생존고투와 삶의 투쟁을 담담하게 그려낸다. 《파친코》는 재일작가인 당사자 문학에 비해 고통의 완화와 치열

266 윤인진, 앞의 책, 185쪽.

함의 결여라는 차이를 보이면서 대중적이고 보편적으로 수용된다. 작가는 조선이주 남성을 세대별 특징별로 다채롭게 창조하면서 엄혹한 상황에 놓인 한민족 이주자의 모습을 설득력 있게 그린다. 이와 같이 이주남성서사는 정체성 탐색과 남성주체 계보에 초점이 맞춰져 있다. 이 소설은 정착에 안간힘을 쓰고 귀속의식을 지닌 1세대와 일본에서 태어나 성장한 2,3세대의 '다부루(Double)' 정체성의 차이를 드러내며 폐쇄적인 일본사회의 정주 (불)가능성을 사실적으로 재현한다.

3. 이주여성의 자매애적 유대감과 생존고투

《파친코》의 이주남성서사가 정체성과 자기정립에 초점이 맞춰진다면 이주여성의 경우 생계와 생존에 전력투구하는 젠더화된 서사구조를 지닌다. 양진은 언챙이 신랑의 얼굴을 보고 겁먹지 않는 대담하고 지혜로운 여성으로 이러한 성정은 딸 선자에게 이어진다. 현실적이고 후덕하고 인간적인 그녀는 불구인 훈과 결혼하여 3명의 아이를 사산한 후 딸 선자를 낳는다. 성치 못한 몸을 지닌 남편과 하숙집을 운영하며 성실하게 살아가는 그녀는 평양에서 온 하숙생 이삭을 간호해 생명을 구해준다. 유부남의 아이를 임신한 딸에게 결혼을 강요하지 않는 양진은 딸이 이삭과 결혼하게 되자 귀한 흰쌀밥을 대접하고 오사카를 떠나는 날 대추, 고춧가루, 고추장, 멸치, 된장 등 바리바리 보따리를 싸준다. 선자 부친인 훈의 열등한 유전적 요소와 선자 남편인 이삭의 병약한 신체와 질병으로 양진은 36살에, 선자는 29살에 과부가 되지만 생계와 자식양육을 위해 하숙집 운영과 김치장사를 하며 강인하게 살아간다. 식민지현실과 오사카 이주생활은 공동체 바깥의 벌거벗은 생명으로 살아가는 일이기에 남성들의 불구와 무능과 병약, 결핵은 식민지 남성타자의 위치를 알레고리화한다. 인정이 많고 감정에 충실한 양진, 선자 모녀는 배우지 못했으나 도리나 연민, 배려가 많은 여성들이다. 그녀들은 주어진 고통스러운 현실에 절망하지 않고 사랑에 적극적이고 긍정적으로 운명을 개척한다는 점에서 전통적인 조선여성과는 다른 이민진의 여성관이 반영된 인물들이다.

서사의 중심에 있는 선자는 성격과 외모가 정반대인 고한수와 백이삭의 사랑과 보호 속에 파란만장한 인고의 삶을 영위한다. 호기심이 많은 그녀는 17살에 만난 운명의 남자 한수와 사랑에 빠진다. 더러운 하숙집 남자들과 달리 하얀 옷을 입는 한수에 매료된 소녀는 입은 것이나 가진 것으로 사람을 판단하지 말라고 당부한 아버지의 충고에도 불구하고 불행의 길로 들어선다. 옥수수 속대와 나뭇가지로 인형을 만들어주고 엿을 사다 주었던 아버지처럼 비스킷과 사탕과 시계 등을 선물하는 한수와 부부가 되지 못했지만 아들 노아로 인해 이들의 관계는 평생 지속된다. 예쁘다기보다는 잘생긴 편으로 상당한 매혹적인 몸과 재빠르고 활기찬 몸짓과 밝은 태도의 선자는 지극한 아버지의 사랑을 받으며 쾌활한 소녀에서 사려 깊은 여인으로 변한다. 유부남이자 야쿠자인 고한수의 첩이 되길 거부한 선자는 당당하고 현명하게 운명을 개척해 나간다. 하숙생 백이삭과의 결혼으로 오사카로 이주한 선자는 아들 노아와 모자수를 낳아 기른다. 무능력하고 병약한 목사의 아내인 그녀는 '김치 아줌마'로 생계를 이어가며 수치심을 극복해 나간다. 정체성이나 내면의 갈등보다 가족생계나 자식부양이 절실하기 때문이다.

가난하고 배우지 못했지만 부모의 사랑 속에 성장한 선자는 주체적인 태도로 사랑의 감정을 숨기지 않는다. 첫사랑 한수와 남편 이삭의 사랑과 보호 속에서 아버지와 시장을 다녔던 어린 아이에서 10대 소녀, 두 아들의 엄마, 후손들의 차별과 고통을 지켜보는 할머니가 된 선자의 일생엔 한국근현대사의 상흔이 배여있다. 자기 자신을 존중해야 한다는 아버지의 교육을 받고 자란 52세의 선자는 70세의 고한수를 만나면서 그가 자신을 여자로 봐주기를 바라는 욕망을 가지며, 동서인 경희에게도 김창호의 청혼을 수락하라고 조언한다. 선자는 전통적이고 순종적인 조선여인이 아니라 사랑에 솔직하고 적극적이며 능동적인 젠더의식을 지닌 여성이다.

부산 시절 일본인 남학생들로부터 '구린내 나는 창녀야', '요보 놈', '멍청한 년'이라는 말과 일본 여자애들은 섬세해서 잡종들 같지 않은데 저 요보 년은 가슴이 크다며 희롱하는 말을 들은 10대 소녀 선자는 언청이 유전자를 지닌 결함과 비정상성, 식민 수치심, 성적 열등성을 부여받는다. 식민지, 가난, 여성, 조선인, 이주 등의 타자성으로 인한 선자의 몸엔 시대와 사회가 기록되어 있다. 그러나 한수에 의해 곤란한 상황에서 벗어난 그녀의 타자적인 성적 정체성은 남성서사만큼 비중을 차지하지 않는다. 한수와 이삭은 그녀를 구원하는 역할을 하는바, 정체성은 남성주체에게만 적용되기 때문이다. 젠더적 민족적 낙인이 찍힌 식민지 여성은 식민주의, 민족중심주의, 성차별주의가 연동되어 조선여성의 자존감을 훼손하고 열등하게 만든다. 부친의 사망, 남편의 요절, 아들의 자살 등 고난과 시련을 겪은 선자는 남자들 대신 아들양육을 위해 치열하게 삶을 영위한다.

요셉의 아내 경희는 31살의 주부라기보다는 여학생처럼 보이는 빛나는 눈과 하얀 작약 같은 피부를 가진 아름다운 여자이다. 남의 아이를 임신한 선자를 따뜻하게 환대하고 수용하는 그녀는 가족공동체 및 자매애적 유대감을 형성하며 선자의 삶에 동반한다. 낮은 집안 출신에다가 자신보다 예쁘지 않은 아랫동서를 경희는 따뜻하고 진실되게 대한다. 서민 출신인 선자와 달리 양반가 출신의 경희는 가부장적 남편에게 순종하지만 선자에 의해 변모해 간다. 29살에 과부가 된 선자와 자식을 공유하며 백씨 집안의 가계와 생계를 이끌어가는 경희는 자신을 사랑하는 창호를 거절함으로써 남편을 배신하지 않는다. 두 남자의 사랑을 받은 선자와 경희는 아이들을 공유하고 식민지 이주여성의 다중적 억압과 차별을 감내해 나간다. 무능하고 연약한 남편을 둔 선자와 가부장적인 남편을 가진 경희는 서로 의지하고 협력하며 자이니치 가정을 이끈다. 남성들의 노골적인 경희를 향한 찬사에도 질투하지 않는 사려 깊은 선자는 은밀한 남녀문제까지 얘기할 정도로 동서간 여성연대를 이룬다.

모자수의 아내인 유미는 매춘부이자 알코올중독자인 엄마와 기둥서방에 폭력적인 주정뱅이 아버지, 성적으로 문란한 이복언니를 도망쳐 나온 후 직물공장 재봉사가 된다. 오사카 최악의 곳에서 살았던 유미에겐 조선인이 되는 것이 끔찍한 지옥일 뿐이다. 가난, 출신, 가족에게서 벗어나기 위해 미국을 가려는 유미와 오사카에서 파친코 게임장을 열어 가족에게 큰 집을 사드리고 싶어 하는 모자수는 결혼해서 아들 솔로몬을 얻는다. 노아처럼 유미도 가족과 조선인 공동체에서 벗어나기 위해 미국행을 소망하지만 모자수와 결혼해 가정을 이룬다.

작가는 여성인물을 통해 젠더화되고 불평등한 여성현실을 고발한다. 시집을 온 양진에게 시모는 "남자들은 우리 여자들하고는 다르게 선택할 수 있단다."라는 말을 해준다. 능동적인 남성의 삶과 달리 섹슈얼리티의 자기결정권을 갖지 못한 여성의 부당한 현실을 일러준다. 작가는 곳곳에 여자는 언제나 욕을 당할 위험이 있고 조선의 부잣집 남자들은 아내와 첩을 여럿 거느리는 것이 일상적인 현실을 토로한다. 이 소설은 이주남성의 인정투쟁과 정체성 확인이 중요한 남성서사와 대비하여 주체 구성 양상보다는 남성과의 관계 속에서 생계와 생존을 위한 분투라는 여성수난서사를 통해 여전히 불공정한 젠더 불균형을 드러낸다.

4. 역사가 개인에게 미치는 삶

이 글은 이민진의 《파친코》가 올해 재조명받으면서 혼종적 다문화적인 작가의식과 공간의 함의, 자이니치 디아스포라의 인정투쟁과 주체되기를 통한 이주와 정주의 (불)가능성과 이주여성의 생존고투를 고찰하였다. 미국계 한국작가의 이 소설은 미국적 사유를 바탕으로 일본에 거주하는 자이니치 가정을 다뤘다는 점에서 복합적이고 다채로운 특성을 지니고 있다. 그녀의 소설엔 프로테스탄트 윤리, 자본주의 정신과 백만장자의 꿈, 기독교 가부장제, 보수적 세계관과 근면·성실한 태도, 성가족 중심 등 미국적 가치관이 내재되며, 이는 빈번하게 인용되는 찰스 디킨스와 성경에서 따온 남성들의 이름을 통해 확인된다. 또한 주어진 현실에 순응하지만 전통적이고 순종적인 여성상이 아니라 주체적이고 발랄하며 현명한 여성주인공의 성격에도 나타난다. 이러한 특성은 미국과 세계독자에게도 친연성 있게 다가감으로써 한국근대사와 일본과의 관계를 널리 알리는 효과를 가져온다.

1910년부터 1989년까지 부산 영도, 제주도, 북한 평양, 일본 오사카, 요코하마, 미국 뉴욕을 배경으로 하는 《파친코》는 디아스포라문학이 갖는 시공간성이 중시된다. '역사가 우리를 망쳐 놨지만 그래도 상관없다'는 반어적인 문장으로 시작되는 이 소설은 통치자나 무능한 양반에 의해 희생되는 무고하고 착한 서민들의 삶을 객관적이고 중도적으로 그린다. 작가는 한일합방, 디아스포라, 자이니치 차별, 위안부 문제, 전쟁 등 역사를 후경화하면서 훈이, 이삭, 노아/모자수, 솔로몬으로 이어지는 자이니치 디아스포라 4대의 이주와 정주를 통한 고통스럽고 힘겨운 삶에 초점을 맞춘다. 거주지인 오사카 이카이노와 노동공간인 파친코는 자이니치 디아스포라의 열악한 현실을 표상한다. 일본에서 인정받기 위해 고군분투하는 노아는 결국 자살하고, 형과 다르게 일찍부터 파친코사업에 뛰어들어 백만장자가 된 모자수는 뿌리를 내리지만 주류로 입성하지 못하는 불완전하고 (불)가능한 정주로 귀결된다. 주체되기, 정체성 확인, 인정투쟁 등 남성서사와 달리 이주여성들은 무능하고 병약한 남편을 대신해 생계와 아들양육의 최전선에 뛰어든다. 그녀들은 자매애적 연대 속에서 가정 지키기를 실현한다. 젠더화된 남성과 여성의 대비 속에서 여전히 여성들에게 불리하고 불평등한 현실을 작가는 드러낸다. 한국작가나 자이니치 출신과 달리 이민진의 자이니치 디아스포라 소설은 미국적 가치관이 투영되었고 역사보다는 '먹고사는' 문제를 전면화함으로써 보편성을 확보하며 공감을 얻고 있다. 평단의 극찬을 받은 회제작 《파친코》는 보편적 이민자 정서와 미국적 사유, 한국적인 정서, 일본인식이 담긴 매우 특별하고 독창적인 작품으로 평가된다.

8장 코리안 디아스포라 문학의 재현주체 양상

1. 유동하는 시대의 디아스포라

유대인의 강제이주와 민족분산이라는 비극적 역사에서 유래한 디아스포라는 새로운 거주지에서 원주민들로부터 차별과 핍박을 받은 이주민 집단들이 대상[267]이다. 그러나 시간이 지나면서 다양한 이주배경과 원인을 가진 자발적 이주를 포함하면서 대중적으로 사용되었다. 민족주의에서 트랜스내셔널리즘(초국가주의)으로의 전환은 사회혼란과 불통합을 초래했다. 1990년대 한중·한베·한소 수교로 인한 조선족(고려인, 자이니치를 포함한)의 한국이주와 더불어 더티 노동[268]의 수급과 농촌총각신부 부족으로 인한 외국인 이주가 심화되었다.

모빌리티와 노마디즘 시대에 낯선 경계인이 문학 속 주인공으로 등장하였다. 문학에서 '디아스포라'라는 용어는 오리엔탈리즘의 파멸과 유럽중심주의에 대한 폭로 그리고 동인(動因)으로 여겨지는 남성상의 중요성을 약화시키는 작업을 원하는 훨씬 폭넓은 계획의 일부로 최고의 권위와 힘을 가지고 부상하였다.[269] 한국작가들에 의해 상상되고 재현된 외국인, 이주자는 주체의 욕망이 투사되어 타자화되거나 이상적인 모습으로 재현되기에 당사자 목소리가

267 윤인진 엮음, 『디아스포라와 초국가주의의 이론과 실태』, 북코리아, 2017, 23쪽.

268 불결하고 불쾌하지만 점잖은 사회구성원들이 아주 모를 수는 없는 일인 더티 워크(Dirty Work)는 비윤리적인 행위를 대리인에게 위임한 뒤 책임을 편리하게 회피함으로써 선량한 사람이 되며, 최후의 수단으로 천한 일을 한다는 이유로 낙인찍히고 손가락질당하는 바 대학에 진학하지 못한 궁핍한 시골지역주민, 미등록 이주자, 여성, 유색인처럼 가난한 사람이 할 가능성이 크다. - 이얼 프레스, 오윤성 역, 『더티 워크』. 한겨레출판사, 2023, 18쪽, 25~27쪽.

269 비린더 S. 칼라·라민더 카우르·존 허트닉, 정영주 역, 『디아스포라와 혼종성』, 에코리브르, 2014, 90쪽 참조.

들리지 않는다. 따라서 당사자 작가가 요구되지만 언어장벽을 극복한 외국인 작가의 탄생[270]은 쉽지 않다. 당사자는 제삼자에 대비되어 사건에 직접 관계된 사람들을 의미하는 법률용어이다. 피의자 신문 중심의 미국식 당사자주의 시스템은 편향을 최소화하고 정부의 권력 남용을 견제하고 오류를 시정하는 데 가장 적합하다고 생각하는 사법시스템이 작동되는 원리 이상의 의미를 갖는 미국 근대화의 결과[271]이다. 이는 점차 1970년대 일본에서 여성주의운동과 장애인운동 등 사회운동계에 쓰이면서 '직접적으로 차별을 경험한 개인 혹은 개인들이 모인 집단'이라는 뜻으로 사용되기 시작[272]했다. 당사자로서 말하기는 이주(이산)경험이 워낙 고통스럽고 비극적인지라 상상과 허구를 넘어선 체험자가 자기서사를 스스로 재현하는 것이다. 21세기 가장 남루하고 비참하며 슬픈 타자로 재현[273]되는 디아스포라는 단독적인 얼굴로 역사에 의해 둘러싸인 한 신체로 나타나는 대신 공허한 형식, 즉 미리 모든 경험을 중성화하고 비워서 다만 결함이나 결핍으로만 존재하는 불순한 기표인 외국인[274]으로 그려진다. 또한 인종적이고 문화적인 오염물질에 지나지 않기에 배제와 추방의 대상이자 비체화될 수밖에 없는 이방인[275] 혹은 전세계의 하녀(파레나스), 현대판 노예(자렘브카), 제7의 인간(존 버거 · 장모르), 제2등 국민으로 거주국에서 불리는 이민자로 표상된다.

한국사회 내 다문화 현상을 재현한 문학과 함께 재외한인문학도 한국문학의 범주 안에 포섭되어 연구가 축적되었다. 한민족 출신이자 외국 국적 소속 작가가 외국어로 거주국의 삶을 그린 소설은 한국문학 전공자뿐만 아니라 타

270 최근 네팔 이주 작가의 시선집이 출간되기도 했지만 여전히 베트남, 필리핀, 중국, 방글라데시 작가의 등장은 어려울 전망이다.

271 김민기, 「미국식 당사자주의에 대한 비판적 분석」, 『비교형사법연구』 제21권, 한국비교형사법학회, 2019, 112쪽.

272 최창현, 「정신장애인 '당사자' 운동의 가능성」, 『한국문화인류학』 55~3, 한국문화인류학회, 2022, 16쪽.

273 졸저, 『21세기 한국소설의 다문화와 이방인들』, 푸른사상, 2014, 21쪽.

274 기욤 르 블랑, 박영옥 역, 『안과 밖: 외국인의 조건』, 글항아리, 2014, 24쪽.

275 임경규, 『집으로 가는 길: 디아스포라의 집에 대한 상상력』, 앨피, 2018, 84~85쪽.

전공의 학회에서도 연구 성과가 중복적으로 이뤄지고 있다. 우리 사회에서 디아스포라, 다문화, 재외한인 관련 문학연구는 2009년 즈음[276] 구체화되었다. 이 시기는 글로벌 금융 위기의 여파로 무능한 조지 W 부시가 퇴임하고 사상 최초의 흑인 대통령인 버락 오바마가 공식 출범한 해로 세계질서의 중대한 변화를 예고하는 상징성을 갖는다. 디아스포라는 강제로 모국으로부터 떨어진 상태인 고전적 디아스포라와 스스로 모국과 거주국 어느 쪽에도 속하지 않은 상태인 현대적 디아스포라[277]로 구분되며, 재일 한인 1세대가 '한인'에 방점을 둔 조국지향이라면 2세대는 '재일'에 방점을 둔 정주 지향, 3세대 이후는 조국과 재일을 넘어선 세계시민 지향[278]이라는 변화를 보인다.

코리안 디아스포라는 탈경계적인 공간에서 부딪치는 초국적 경험을 통해 거주국에서의 성공적인 현지 적응과 모국에 대한 헌신적 태도를 실천하며 살아왔다. 국가별로는 중국이 233만 명, 미국 210만 명, 일본이 91만 명, 구소련 지역인 CIS(독립국가연합)이 53만 명[279]이 있다. 재외한인작가들은 이주국에서 문학상을 수상하며 작품성을 인정받지만 거주국 출판사로부터 고정된 아시아인 이미지를 요구[280]받기에 한국계 미국인 작가는 인종차별에 대한 주제로만 글을 써야한다는 편견[281]과 자의식을 갖는다. 오늘날 디아스포라문학에 대한 연구는 복합적 혼종적인 작가의식, 언어의 혼재, 이주국 독자반응, 중복 연구의 다양성 등 새로운 요소를 담고 있다. 이 글은 식민지, 전쟁, 분단, 이산

---

276 한국연구정보서비스(RISS) 검색시 디아스포라문학은 829건, 다문화문학은 914건, 재외한인문학은 85건, 조선족문학은 1,626건, 재일한인문학 235건, 고려인문학 2,627건에 달한다. 디아스포라문학의 경우 1988년 1건을 시작으로 미세하게 늘어나다가 2009년(46건), 2010년(68건), 2011(58건)으로 지속적으로 연구되고 있으며. 다문화문학의 경우 1992년 1건으로 시작되어 2009년(46건), 2010년(72건), 2011년(66건)으로 지금까지 연구가 진행되고 있다.

277 윤인진 엮음, 앞의 책, 62쪽.

278 김환기 외, 『재일한인문학』, 한국문학번역원, 2020, 150쪽.

279 허성태·임영언, 『글로벌 디아스포라와 세계의 한민족』, 북코리아, 2014, 50쪽.

280 육성희, 「초국가주의와 한국계 미국소설」, 『횡단인문학』 제2호, 숙명여대 인문학연구소, 2018, 16쪽.

281 이주영·정기인, 「민족과 국가 사이에서」, 『한국근대문학연구』 제23권, 한국근대문학회, 2022, 12쪽.

등의 한국근현대사를 배경으로 체험자이자 당사자 작가의 디아스포라 소설에 나타난 작가의식과 타자적 다문화적 공간의 함의를 고찰한다. 한국계 미국인 작가로 한국인과 미국인 사이에서 혼효된 작가의식을 지닌 이민진, 한국의 주변부와 중국의 소수민족 구성원으로 분열된 혼종적 정체성를 갖는 조선족작가 허련순 그리고 남북한 갈등 속에서 이름과 얼굴을 밝히지 못하는 탈북작가 김유경의 장편소설을 연구대상으로 재현주체에 따른 역사인식과 현실비판 양상을 고찰한다.

2. 재미한인작가의 인정투쟁과 혼종적 사유

부모님이 한국인이고 남편은 일본계 미국인인 이민진은 미국 국적의 한국계 미국인 작가이다. 코리안 디아스포라 3부작을 구상 중인 작가는 첫 작품 《백만장자를 위한 공짜음식》과 두 번째 소설 《파친코》를 발표한 이후 현재 《아메리칸 학원》을 집필 중이다. 미국에서 영어로 자이니치의 피폐하고 차별적 현실을 다룬 《파친코》는 영미문학에서 주목받아 33개 나라로 번역되었으며, 만해문학상, 부천디아스포라문학상을 수상했다. 한국작가 및 재일동포 출신 작가의 자이니치의 삶을 드러낸 소설이 많음에도 불구하고 이 작품이 주목받은 이유는 미국문단에서 미국적 시선으로 생소하고 낯선 한일관계의 비극적이고 아픈 역사를 재현했기 때문이다. 그녀의 첫 작품이 한인 이민자가족 케이시의 미국문화에 동화해 가는 모습에 초점을 맞췄다면 두 번째 작품인 《파친코》는 한국문화와 한일역사를 서구사회에 알렸다는 유의미한 결과를 낳았다. 30여 년간 자료를 준비하고 남편과 함께 일본에 머문 적이 있는 작가는 완성도 높은 자이니치 디아스포라 소설로 인지도를 높였다.

《파친코》는 재미작가가 영어로 자이니치의 신산한 한국역사, 미국정신, 식민지상황, 일본인식 등이 다채롭고 복합적으로 내포되었다. 1968년생인 이민진은 7살에 미국 뉴욕으로 이주하여 예일대에서 역사학을 전공하고 변호사로 취업한 엘리트이지만 백인주류사회에서 인정받지 못한다. 아시아계 미국인이라는 조건과 부모가 원하는 상류사회 진입을 위한 명문대 출신의 선망하는 직업을 가졌지만 인종주의와 백인우월주의가 강한 미국사회에서 수용되기 어렵기 때문이다. 스스로 열등하고 미국의 문화적 진정성이 결여된 타자이기에 한국인 부모를 백인의 응시를 통해 바라봄으로써 아시아인 부모와 그들의 문화적 형태를 자아의 영역에서 추방하고, 자기 내부의 아시아적 요소들을 배설함으로써 자신이 미국인임을 증명하는 방식[282]의 과정을 거치는 아시아계 이민자 2세대의 고뇌와 갈등이 그녀의 문학 속에 투영된다.

자이니치 4대의 가족사 연대기 소설인《파친코》의 서사 방향성은 '역사가 우리를 망쳐 놨지만 그래도 상관없다.'로 시작되는 첫 문장과, '부산 영도에서 사는 선자의 부모는 돈을 더 벌어 보려고 하숙을 치기로 했다'는 두 번째 문장에 드러난다. 즉 역사를 후경화하고 나약하고 무고한 소시민의 먹고사는 문제에 초점을 맞추려는 작가의 의도가 보이기 때문이다. 통치자나 무능한 양반에 의해 나라를 팔아먹는 상황에서도 힘없고 나약한 민족에겐 먹고사는 문제가 제일 주요하다는 작가의식은 현실적이고 자본주의적인 미국적 경제관념에 기반을 둔다. 베버는 탈종교화 또는 세속화되어서 생겨난 개신교 윤리 즉 노동 자체를 목적으로 보고 직업노동에서 조직적이고 체계적으로 일하며 자본을 증식시키고 부를 누리려고 하지 말고 지속적으로 돈을 벌며 물질적인 부를 자신의 가치증명으로 이해하는 가치관을 "자본주의 정신"[283]이라 부른다. 역사가 개인에게 끼친 영향은 크지만 자기보존 욕망, 생존전략[284]이 평범

282 임경규, 앞의 책, 63쪽.

283 막스 베버, 박문재 역, 『프로테스탄트 윤리와 자본주의 정신』, 현대지성, 2018, 27쪽.

284 기존의《파친코》연구는 생존문제와 공간인식에 치우쳐 있는 바, 전자의 경우 이승연, 「생존을 위한 도박: 《파친코》를 통해보는 자이니치의 삶」, 『아시아여성연구』 제58권, 숙명여대 아시아여성연구원, 2019, 김미영, 「민진 리의《파친코》에 나타난 이민자 문학적 특징」, 『한국문화』 97, 서울대 규장각한국학연구원, 2022에서, 후자의 경우 임진희, 「민진 리의《파친코》에 나타난 재일한인의 장소담론」, 『예술인문사회융합멀티미디어논문집』 제9권, 인문사회과학기술융합학회, 2019, 전현주, 「《파친코》의 '장소성' 서사 연구」, 『인문과학』 제24집, 연세대 인문학연구원, 2022 등이 있다.

한 소시민의 일상이고 삶은 지속되어야 하기 때문이다.

아버지 훈의 사랑을 받고 자란 《파친코》의 선자는 유부남 한수와 사랑하지만 첩으로 살 수는 없기에 결별하고 임신한 상태에서 하숙생 백이삭과 결혼해 일본으로 이주한다. 여성, 피식민지민, 빈자, 이주자라는 다중적 타자적 정체성을 지닌 선자는 김치장사를 하며 무능하고 병든 남편 대신 가정을 이끈다. 남성들의 서사가 정체성 찾기와 사회와의 불화에 놓여있다면 여성들의 서사는 생존분투와 가정지키기에 초점이 맞춰져 있다. 본능적이고 야성적인 야쿠자 한수는 선자 아들 노아의 친부이고, 소나무처럼 곧고 우아한 순교자 이미지를 지닌 목사 백이삭은 계부이다. 선자의 삶을 이끄는 두 남성은 물질적 정신적으로 평생 그녀 가족을 지원하고 보호한다. 사랑에 솔직하고 배우지 못했지만 지혜롭게 현실을 타개해 나가는 선자는 엄마 양진을 닮았다. 언청이이자 불구의 기형적 외모를 지닌 남편과의 첫 만남에서 양진은 두려워하지 않고 자신의 운명을 담담히 받아들였으며 딸의 임신을 묵묵히 수용했기 때문이다. 작가는 한국계 미국인의 다양한 정체성과 복합적인 고민을 인정하지 않는 편견에서 벗어나[285] 순종적이고 희생적인 아시아여성이라는 스테레오 타입의 인물유형을 탈피한 케이시를 《백만장자를 위한 공짜음식》에서 그린 바 있다. 이러한 이민진의 여성상은 동서 경희와 연대하며 제노사이드, 미소지니가 만연한 일본제국에서 살아가는 당당하고 당돌한 선자의 비정형화된 비전통적인 여성에서도 나타난다.

하숙인에게 잘해야지 마음에 안 들면 언제든지 다른 곳으로 떠날 수 있다고 충고한 양진의 시모와 남자의 본능을 충족시켜주어야 한다는 엄마의 말을 통해 선자는 여자에게 불리한 환경을 터득한다. 한수를 그리워하지만 그의 아내와 공유할 수 없기에 포기하기로 결정한 선자의 상처받은 영혼은 이삭에 의해 구원받는다. 곤란한 처지에 처한 여성을 구원하는 남성은 남성중심 지배질서와 기독교세계관 속에서 작동되는 관습적인 것이다. 명랑하고 해맑은

285 이주영, 정기인, 앞의 논문, 25쪽.

소녀이지만 기독교 가부장제의 여성 응시에 노출되어 성장한 작가가 투영된 여성상이 선자의 모습이다. 《파친코》의 선자는 《청춘연가》의 선화, 《바람꽃》의 지혜경, 《중국색시》의 조단처럼 이주여성의 수난에 더해진 공고한 가부장적 질서체계에 의해 이중적으로 억압된다.

선자 남편은 독실한 기독교 집안 출신으로 삼형제의 이름은 사무엘, 요셉, 이삭으로, 이삭의 두 아들 이름은 노아와 솔로몬으로 작명되었다. 이러한 성경 이름은 성인의 삶에 유비되면서 가부장적 자본주의 프로테스탄트 정신인 미국적 가치관을 부각하기에 서구독자에게 친연성을 갖게 한다. 한일근현대사에 생소한 미국을 포함한 서구에서 자이니치의 기구한 삶을 다룬 《파친코》가 수용되거나 찬사 받은 요인 중 하나는 성가족 중심, 타락한 여인의 남성에 의한 구원 등 기독교적 가치가 작동되기 때문이다. 돼지와 조선인이 공생하는 빈민가 이카이노는 차별과 멸시 그리고 배척의 공간으로 짐승과 동일시되기에 선자의 장남인 노아는 이곳을 벗어나고자 한다. 부모를 거부하고 조선인성을 추방해야 미국인임을 증명하고 주류문화와의 거리를 줄일 수 있기에 아시아적인 것, 조선적인 것인 비체[286]의 공간을 밀어내는[287] 이민진의 이주경험과 다르지 않다. 일본인이 되고 싶은 자이니치 3세인 노아는 조선인들이 놀림과 따돌림 받는 이유가 법을 어기고 폭력적이며 몸을 팔기 때문이라며 '더 나은 사람'이 되고자 한다. 자유로운 정서적 욕구의 분출, 충족을 가로막는 신체에 대한 폭행, 법적 권리의 유보와 불인정, 사회적 연대에서의 배제는 해당 당사자에게 '무시'나 '모욕'으로 이해되며 이는 '분노'라는 심리적 반작용뿐만 아니라 사회적 특징으로 추진하는 심리적 동기가 되어 사회적 특징의 '도덕적 형식'인 인정투쟁[288]에 노아는 최선을 다한다. 그러나 노아의 와세다

---

286 줄리아 크리스테바의 용어로, 역겹고 불순하며 존재를 명확히 파악할 수 없는 어떤 것이자 주체가 주체성을 형성하기 위해 억압하고 쫓아내는 존재를 말한다. - 김도아 · 김진아, 「1990년대 이후 한국의 아브젝트 아트에 나타난 타자성」, 『횡단인문학』 제9호, 숙명인문학연구소, 2021, 122쪽.

287 임경규, 앞의 책, 62~64쪽.

288 악셀 호네트, 문성훈 · 이현재 역, 『인정투쟁』, 사월의책, 2011, 17쪽.

대, 모자수의 아들인 솔로몬의 콜롬비아대 진학과 졸업에도 불구하고 이들은 거주국의 주류 및 상류층에 진입하지 못하고 좌절된다. 야쿠자이자 조선인 혈통에 대한 열등감을 극복하지 못한 노아는 정주와 인정의 삶을 획득하지 못하고 자살한다. 일본사회에서는 조선인을 매우 혐오하기 때문에 주류에 편승하지 못하는 이들은 경계밖에 놓인다. 이는 미국사회에서 명문대를 진학했지만 인종차별에서 벗어날 수 없는 작가 자신의 경험이 투영된 것이기도 하다.

선자의 '백선자', '가네타 준코', '보쿠 선자', '김선자', '반도 준코', 모자수의 '모자수', '백모세', '보쿠 모자수'라는 다수의 이름엔 민족차별, 젠더문제, 창씨개명, 디아스포라 등이 표식되어 있다. 조선인, 일본인, 미국인(성경이름)이 혼합된 모자수는 일본아이에게 놀림과 괴롭힘을 당할 때 폭력으로 응징하며 대항한다. 자신의 타자성을 용납하지 못하고 일본사회에 편승하려는 노아와 달리 모자수는 조선인의 주류를 형성하는 파친코사업에 성공해 집안을 일으키지만 아들만큼은 다른 길을 걷길 바란다. 삶으로부터의 유예이자 단지 임시처방일 뿐인 파친코[289]는 자이니치의 삶을 대변하는 바 노아, 모자수, 솔로몬 등 백씨 집안 남자들은 파친코를 벗어나지 못한다. 1970년대 후반 이후 제조업 분야가 정체하거나 쇠퇴하고 파친코 사업 같은 오락업이나 불고깃집 같은 음식업이 재일조선인들의 주력사업으로 대체되어 갔으며, 자이니치의 파친코 최대 기업 마루한 코포레이션도 1970년대 '페버 붐'을 타고 경영 규모를 확대한 기업[290]이다. '이카이노', '야쿠자', '파친코'는 혐오와 멸시와 차별의 공간이자 비체의 공간으로 자이니치 정체성을 규정 짓는다.

이 소설이 찰스 디킨스 인용 구절로 시작하고 있는 것이 미국정신과 미국문화를 바탕으로 하는 또 하나의 요소이다. 산업혁명으로 자본주의가 발흥했던 시기에 활동한 디킨스는 영국 번영 이면에 드리워진 빈곤과 열악한 노동

289 도널드 리치, 박경환·윤영수 역, 『도널드 리치의 일본 미학: 경계인이 바라본 반세기』, 글항아리, 2022, 70쪽.

290 미즈노 나오키, 문경수·한승동 역, 『재일조선인』, 삼천리, 2016, 190쪽.

환경을 겪은 자전적 소재를 작품 속에 형상화했다. 그의 소설은 더럽고 누추한 공간에서 기거하는 인물이 중산계층에 편입되기 즉 젠틀맨 사회의 진입[291]에 대한 주제의식을 지니고 있다. 《막대한 유산》의 핍의 '신사되기'와 고향 '대장간'은 노아의 '일본인 되기'와 '이카이노'와 유비되면서 서구지향과 조선인/야쿠자 정체성을 삭제시키려는 욕망과 동일시된다. 이는 노아가 대학시절 디킨스 소설을 읽는다거나 아들의 묘지를 방문한 선자와 공원관리인이 《데이비드 코퍼필드》에 대한 이야기를 하는 마지막 장면에서 드러난다. 즉 이 소설은 한민족 핏줄을 지닌 작가가 자이니치의 디아스포라 운명을 영어로 쓰면서 성경과 영미문학의 영향 하에 있다.

소설 속 선자와 그녀의 아들 노아는 이민진의 양가적 분신이자 내면의 모습을 형상화한 경계적 디아스포라이다. 재외한인 1세대의 소망대로 명문대 졸업과 변호사라는 직업을 가졌지만 백인주류사회에서 인정받을 수 없었던 이민진은 자신의 체험을 《파친코》의 노아에게 투사하고 남성중심사회에서 타자적 존재인 선자를 통해 구현한다. 아시아계 미국인들의 지배적 정신 구조인 자기혐오 혹은 자기비체화는 자신들이 진정한 미국인으로 살아갈 수 없음에 대한 우울증적 자기인식[292]이다. 그러나 미국인의 정서와 문화가 체화된 작가가 바라본 재일조선인의 가혹한 참상과 고난이 희석되고 타협적 시각 속에서 다뤄진다는 점에서 다른 자이니치 출신 작가와 차별화된다. 《파친코》는 미국이주와 상류사회 진입을 위해 고군분투한 이주작가 이민진의 경험 하에서 찰스 디킨스의 젠틀맨 되기과 대장간 탈출, 노아/솔로몬의 일본사회 편승하기가 혼종적으로 투영된 디아스포라문학의 양상을 띠고 있다.

---

291 전승혜, 『찰스 디킨스: 시대와 삶과 문학』, 건국대출판부, 1996, 39쪽.

292 임경구, 앞의 책, 60쪽.

3. 조선족작가의 한국비판과 비순응적 시각

중국의 개혁개방과 한중수교, 1994년부터의 '한국바람'으로 80만 명의 조선족이 한국사회에 편입되었다. 중국 연변대학을 졸업하고 한국에서 대학원을 다닌 허련순은 수많은 문학상을 수상한 중견작가로 한·중 양국을 모두 체험하였으며 《바람꽃》(1996), 《누가 나비의 집을 보았을까》(2007), 《중국색시》(2016) 등 장편 삼부작을 통해 이주 및 정착 열망을 품은 한국사회에서의 차별과 부적응, 정착의 (불)가능성을 형상화했다. 날카롭고 첨예한 시선으로 자본과 쾌락, 욕망으로 가득 찬 한국사회의 이중적이고 위선적인 모습을 그린 작가는 한민족인 조선족을 모욕하고 하대하는 모국에 대한 비판을 드러낸다. 자신의 모국체험을 통한 혼란과 불안에 대한 책임을 한국정부와 한국인에게 전가하고 있다는[293] 평가에서 알 수 있듯이 한국작가가 우리 사회를 비판할 때와는 다른 불편한 심기가 표출됨으로써 미묘한 갈등을 야기한다. 한국독자를 의식하면서도 허련순은 꿋꿋이, 그리고 지속적으로 조선족을 혐오하고 천시하며 배제시키는 우리 사회에 대한 불만을 드러낸다.

부친의 유골을 묻고 조부를 찾기 위해 입국한 《바람꽃》의 홍지하의 시선으로 본 한국은 타락한 근대자본과 물질만능이 가득한 비도덕적이고 부정의한 사회이다. 조선족 노동자에게 가해지는 차별과 폭력을 노동현장에서 목도한 홍지하는 조선족의 비참한 이주생활을 신문에 기고한다. 홍지하는 "동족을 박대하는 민족"이라는 제목에 실린 자신의 기사를 통해 불법체류 중국동포들에게 수갑을 채워 배에 싣는 TV 뉴스 장면, 이들을 적발하면 포상하는 경찰시스템의 잔인함과 무정함을 고발한다. 또한 돈 벌러 왔다고 무시하는 독립운동가의 후예인 자신들의 인권을 유린하고 재일동포, 재미교포와 가난한 중국동포를 다르게 대하는 이중적 잣대에 진저리를 친다. 작가의 분신인 홍지하는 조선족을 대하는 차별적 태도를 신문 논평 형식을 통해 직접적으로 제시

293 강진구, 「모국체험이 조선족 정체성에 미친 영향 연구」, 『다문화콘텐츠연구』 제2호, 중앙대 문화콘텐츠기술연구원, 2009.

하며 한국인의 이중적 태도에 반발하며 저항한다.

지식인 작가에게 주어진 일이란 육체노동이나 배타는 일일 뿐이며 중국물건과 조선족이라고 업신여기고 노골적으로 멸시하는 노동환경에서 막일꾼으로 일하는 홍지하는 좌절하고 분노한다. 한국경제의 3D 산업 분야에서 중요한 역할을 담당해온 중국조선족의 직업은 전문직보다는 대부분 일용직 노동자 또는 식당보조 및 웨이터 등 단순노무직에 종사하는 경우[294]가 많다. 중국에서 조선족 엘리트 지식인층이었던 홍지하는 수원건설 현장에서 막노동을, 부산에선 고깃배를 타며 현실적으로 한국사회에서 할 수 있는 일의 한계를[295] 보여준다. 한국사회에서 조선족은 그들이 조선족사회에서 누렸던 학력과 지위에 상관없이 돈 벌러 온 이주민[296]으로 인식된다. 어렵게 만난 친족에게도 진정성 있는 환대보다 유산문제로 경계를 당하며 가족으로 인정받지 못한다. 중국에선 연애를 수수밭에서 하냐 중국엔 커피가 없냐는 황당한 질문을 받으며 조선족 이주자를 미개하고 전근대적이며 가난한 이미지로 낙인찍음으로써 함부로 대해도 되는 존재로 만든다.

작품에 흐르는 비극적 색채는 조선족의 한국에 대한 혹은 한국사람에 대한 피해의식을 잘 표현하고 한국은 지상낙원이 아니라는 경계심을 문학적으로 해명하며 한국에서 조선족의 뿌리를 찾으려는 것은 일장허몽에 불과하다는 사실을[297] 드러낸다. 그녀는 소설 속 조선족을 지식인 작가를 등장시켜 가난하고 돈 벌러 왔다는 단순한 이주동기나 전형성에서 벗어나고자 한다. 《바람꽃》의 홍지하가 스쳐지나가는 곳은 대동장, 성해장 같은 여관, 여인숙, 합숙소, 병원, 다락집, 단칸방, 호프집, 커피숍, 구치소, 경찰서, 서울역, 지하도와 같은 저지대나 고지대, 일시적이고 질병과 범죄와 유관한 공간이다. 이주자들

---

294 허성태·임연언, 앞의 책, 215쪽.

295 정선주, 「중국 조선족들의 눈에 비친 한국, 한국인들」, 『현대소설연구』 제75호, 한국현대소설학회, 2019, 388쪽.

296 위의 논문, 390쪽.

297 최삼룡, 「조선족 소설 속의 한국과 한국인」, 『한중인문학연구』 제37권, 한중인문학회, 2012, 63쪽.

과 관련된 공간을 통해 타자적 주변부 정체성과 위치성이 드러난다.

최인규, 지혜경 부부의 비극과 죽음을 목도하고 친족의 냉대를 받은 홍지하는 자신이 바람꽃 정체성을 지닌 중국인임을 확인하고 중국으로 귀환한다. 소속감에 대한 모든 생각에 의문을 제기한 디아스포라 상황에서 디아스포라의 주체들은 차이에 대한 인식을 제공하는 어떤 의식을 가진 전달자들[298]이다. 디아스포라를 받아들이지 않는 빗장공동체인 한국에 대한 실망과 좌절을 겪은 홍지하의 입을 통해 작가는 남편의 병원비 때문에 씨받이가 된 지혜경, 창녀 서은미, 치정으로 남편을 배신한 아내 고애자 등 '사장'으로 지칭되는 한국남성에게 성적 유린을 당하며 돈과 성을 교환하는 에리식톤 콤플렉스[299]에 빠진 한국사회를 맹렬하게 비판한다. 한국작가가 아닌 조선족작가가 재현한 한국인과 한국사회에 대한 불편한 진실이 훨씬 더 강하고 직접적으로 전달된다.

《바람꽃》보다 20년 후에 발표된 《중국색시》의 결혼이주여성은 한국이주 및 정착을 타진하지만 (불)가능성을 느낀다. 《바람꽃》에서는 핏줄에 대한 그리움으로 탐방했지만 '바람꽃', '중국인' 정체성을 확인하고 회귀하고, 《누가 나비의 집을 보았을까》에서는 밀입국 월경과 불시착으로 한국 땅을 밟지 못했다면, 《중국색시》에서는 결혼이주여성의 연대와 공감을 통해 정착 가능성을 모색한다. 그러나 이 소설 역시 21세기의 여성수난(잔혹)서사의 주인공인 조단이 겪는 배제와 소외, 차별과 폭력으로 드리워져 있다.

이주노동자, 조선족, 탈북자, 다문화가정 2세와 더불어 최근 한국소설에 가장 많이 등장하는 인물이 결혼이주여성이다. 오랜 서사문학에서 여성은 타자성을 대표하는 존재[300]로서 21세기에서는 '가난', '젠더'와 더불어 '인종', '이주'

298 비린더 S, 칼라 · 라민더 카우르 · 존 허트닉, 앞의 책, 63쪽.

299 돈과 물질적 재화에 대한 무한한 욕망을 말하며, 아무리 먹어도 허기를 느끼는 저주를 받아 끊임없이 먹어치우는 그리스 신화의 에리식톤(Erysichthon)에서 차용했다. 김덕영은 근대 한국 자본주의의 정신이 에리식콘이 지배하는 세계라고 주장한다. - 김덕영, 『에리식톤 콤플렉스』, 길, 2019,2 45쪽.

300 이광수의 《무정》의 박영채, 채만식의 《탁류》의 초봉, 강경애의 《인간문제》의 선비 등 남성작

가 덧붙여져 비극적이고 타자적 대상[301]으로 재현된다. 허련순은 순종적이고 희생적이며 목소리를 갖지 못한 전형적이고 상투적인 조선족 인물유형을 탈피해 지식인 작가(《바람꽃》의 홍지하)나 간단치 않은 정체성 확인을 위한 동기를 지닌 이주여성(《중국색시》의 조단)을 등장시킨다. 조단은 한족 아버지와 조선족 어머니 사이에서 태어난 다문화가정 2세로 한족 아이들에겐 '꼬리빵즈', '일찬즈'로, 조선족 아이들에겐 '산동빵즈', '짜구배'라는 '잡종'으로 불리어졌다. 단일성을 지닌 동일자, 주체가 되지 못한 채 양쪽 모두에 배제되어 자존감을 훼손하고 놀림 받은 성장과정은 조단이 중국을 떠나게 되는 명분을 제공하고 한국남성과 결혼해 입국하는 결정을 하게 한다. 남아선호사회에서 아들이 없다는 이유로 밖으로 돌던 아버지는 부부싸움에서 고려넌, 조선인을 비하하는 '꼬리빵즈', '초샌주'라고 하고, 어머니 또한 '찌질한 산동빵즈', '더러운 되놈아'라고 최고의 욕[302]인 조상욕으로 맞받아치는 등 조단 부모는 민족적 차이를 넘어서지 못한다. 한족우월주의와 민족적 콤플렉스를 건드리는 이 가정은 소수민족 차별화, 가문중시와 가부장적 유교문화, 성불평등 등 민족적 성적 문제를 내포한다. 군부독재 시대를 압도한 공산주의와 결합한 발전주의, 친미주의 그리고 가족주의는 '우리 가족', '우리 친족', '우리 민족'의 범주에서 벗어나는 낯선 사람을 향한 배제와 무관용의 씨앗이 되었고, 이는 한국식 인종주의의 싹을[303] 틔웠다.

가에게서도 여주인공은 타자성의 비참함과 한을 드러내는데 유효하다.

301 서성란의 〈파프리카〉, 정지아의 〈핏줄〉, 공선옥의 〈가리봉 연가〉, 천운영의 《잘 가라, 서커스》, 김려령의 《완득이》, 김애란의 〈그곳에 밤 여기의 노래〉, 김인숙의 〈비디와 니비〉, 이명랑의 《나의 이복형제들》 김현의 〈장미화분〉, 한지수의 〈열대야에서 온 무지개〉, 김재영의 〈꽃가마배〉, 한수영의 〈그녀의 나무 핑궈리〉, 백가흠의 〈쯔이거나 쁘이거나〉, 송은일의 《사랑을 묻다》 등등 결혼이주여성이 등장하는 많은 작품들이 발표되었다.

302 동남아시아 출신 이주노동사를 비하할 때 쓰는 '똥남아'는 더럽고 지저분하다는 삐뚤어진 생각이 담겨있으며, 파키스탄 출신은 '파퀴벌레', 방글라데시 출신은 '방구', 중국 출신은 '짱깨', '떼놈', '짱꼴라', 필리핀 출신은 '삐노'라는 모욕적이고 경멸이 가득한 혐오 용어의 명칭이 쓰인다. 이렇듯 한국식 인종주의에는 백인-한국인-흑인-동남아시아인으로 이어지는 인종적 민족적 위계가 존재한다. - 정회옥, 『한번은 불러보았다』, 위즈덤하우스, 2022, 185쪽.

303 위의 책, 93쪽.

중국의 문호가 개방되고 국제결혼이 유행하자 탈출을 통한 새로운 삶을 추구하려는 조단은 한국남성과 결혼한다. 그러나 첫날밤 다리가 없는 남편의 몸을 밀치자 자존심을 잃은 남편 김도균은 '더러운 짱깨' 주제에 자신을 괴물 취급했다며 아내 조단에게 모진 말을 내뱉는다. 사기결혼도 끔찍한데 폭언과 폭력을 당한 조단은 '더러운 꼬리빵즈'라는 욕설을 들었던 어머니의 죽음을 떠올리며 모녀로 이어지는 운명이라도 국경을 넘는다고 벗어나지 못함을 깨닫는다. 되놈, 고려년(놈)과 같은 언어가 주는 모멸감에 가출한 조던은 성폭행을 당하는 능욕을 겪고 중국에서 아이를 홀로 키운다. 한국여자가 아닌 중국여자와의 결혼을 수치스럽게 여기고, '중국색시', '중국샥시'라고 불리는 친족의 말에 불편함과 열등감을 느끼는 남편과의 결혼생활은 의심과 불화와 불안정 속에 형성된다. 《바람꽃》의 강사장, 함사장, 《중국색시》의 티켓다방에서 만난 마사장 등 '사장'으로 호명되는 한국자본주의적 남성권력은 가난한 이주여성을 성적 쾌락과 관음증의 대상으로 삼는다. 이주여성은 감각적이고 유혹적이며 동양의 약속으로 가득한 이국적인 오리엔트 여성[304]의 기호가 표식된 욕망의 대상이자 불쌍한 타자로서 친정도 가족도 자신을 보호할 국가도 곁에 없기에 함부로 대해진다.

결혼, 이주, 불화, 가출, 재이주, 출산을 통해 다문화가정의 불안함과 위험함을 드러낸 작가는 도균의 중국방문으로 정주의 가능성을 남겨놓음으로써 《바람꽃》의 정주불가능성에서 좀 더 발전된 양상을 보인다. 그러나 이 소설에서도 한국, 한국인에 대한 적대감과 불만이 나타남으로써 조선족의 시선으로 한국사회의 차별과 동족에 대한 혐오를 비난하는 문제점을 제시한다. 조선족 출신 작가 허련순의 《중국색시》의 결혼이민자는 한국작가인 천운영의 《잘 가라, 서커스》, 공선옥의 〈가리봉 연가〉와 같이 단순히 돈이나 빈궁 같은 '생존의 여성화'의 결과로서가 아니라 탈주의 욕망으로서의 결혼 이주를[305] 그리는

---

304 비린더 S. 칼라 · 라민더 카우르 · 존 허트닉, 앞의 책, 110쪽.

305 구재진, 「결혼 이주 여성, '불온한 자'의 운명」, 『구보학보』 제26집, 구보학회, 2020, 671~672쪽.

바 이는 한국인의 시각에서 드러나는 고정된 편견과 스테레오 타입에서 벗어난 조선족 이주의 이유와 의미를 나타내고자 했기 때문이다. 또한 한국작가의 작품에선 연대의 측면에서 초점을 맞추고 이주여성들에 대한 이상적인 관점을 드러낸다면 《중국색시》에서는 경쟁에 초점을 맞춤으로써 현실적인 관점을[306] 드러낸다. 중국에서 한족우월주의와 유교문화로 고통 받은 조단은 한국사회에서도 한민족우월주의와 이주여성 혐오로 비극적 삶을 반복한다. 자부심이 강하고 사회주의체제에서 성장한 대륙적 기질이 있는 조선족작가는 우리 사회를 부정적이고 비판적으로 인식하기에 다문화적 사유와 환대의 실천을 촉구한다.

4. 탈북작가의 이주고난과 수용적 태도

우리 사회에 진입한 다문화대상자 중 탈북자에 대해서는 가장 편견이 많고 지위가 낮게 인식된다. 조선족 신분으로 위장할 정도로 야릇한 시선과 배타적 태도로 이들을 대하는 이유는 위협적이고 정체를 알 수 없는 북한 출신이기 때문이다. 북한과 지정학적 문화적 언어적으로 가까운 조선족도 연변말투와 북한문화의 영향으로 무시당하고 멸시를 당한다. 한국인, 조선족, 탈북자의 21세기 접속은 식민지, 전쟁, 분단과 단절, 수교, 코리안 드림 같은 역사적 사건과 맞물리며 자본주의와 사회주의 체제 차이에서도 갈등을 보인다. 삼만여 명의 탈북자가 머물지만 이들에 대한 정보나 노출이 없는 것은 납치나 배신에 대한 위험 때문이다. 조선족(공산당), 탈북자(간첩)라는 의심과 불안은 공포와 경계 더 나아가 혐오를 갖게 함으로써 혈통으로 해결할 수 없는 자본, 이념, 젠더와 같은 복합적인 문제와 얽혀있다.

북한 조선작가동맹 소속 작가로 활동하다가 2000년대 한국으로 들어와 실

306 위의 논문, 672쪽.

명과 과거 행적을 숨긴 채 작가활동을 하고 있는 탈북가명(假名)작가 김유경은 탈북루트의 생생한 보고이자 현장 르포 혹은 증언 수기에 가까운《청춘연가》를 발표했다. 또한 북의 수용소라는 공간을 배경으로 인간군상의 생존본능과 욕망을 생생하게 다룬《인간모독소》와 소설집《푸른 낙엽》을 출간하는 등 뜨거운 창작열망을 보인다. 이름과 얼굴을 세상에 드러낼 수 없을 정도로 열악한 탈북작가의 자기검열은 재현양상에 영향을 끼친다. 탈북과 한국입국의 여정에서 겪는 체험은 극한적 극단적 현실 속에 이뤄진다. 각 대륙 내에 존재하는 도시들의 내부경계에 따라 이동하는 이민자가 수적으로 크게 늘어나 새로운 생태, 인간이 버린 쓰레기 및 쓰레기로 버려진 인간의 생태를 만들어내며[307] '남아도는 인간들'은 쓰레기가 되는 삶을[308] 영위한다. 탈북자들이 남긴 문학의 형태가 수기 형식을 취하고 있는 것도 그러한 이유에 의하며 강렬한 기억의 형상화와 증언에 대한 욕망은 그 내용의 유사성, 단순함 등을 초래하는 요인이다. 따라서 북한체제에 대한 고발이나 자기 체험 고백, 남북한 생활의 비교 등을 내용으로 하는 수기나 수필이[309] 많다. 정도상의《찔레꽃》에 비해 현장 르포나 증언 수기에 가까워 문학적 형상화에 다소 미흡하지만《청춘연가》는 하나원에 머문 선화, 복녀, 경옥, 영애, 화영의 수난과 탈북의 고통, 북한의 처참한 실상을 생생하게 증언하며 민족문제에서 디아스포라로 나아간다.

《리나》,《바리데기》 같은 한국작가 작품과 달리 당사자 작가의 작품인《청춘연가》는 리얼리티와 현장성이 생생하게 다가온다. "무릎이 자꾸 접힌다. 아무리 힘을 주어도 아랫다리가 흐늘거린다. 죽을힘을 다해 발버둥을 쳐도 반 미터도 못 뛴다. 빨리 도망가야 하는데…… 살려주세요. 공기 뭉치 같기도, 솜뭉치 같기도 한 것이 목에 꽉 차서 말이 나오지 않는다."로 시작되는 이 소설

307 레이 초우, 장수현·김우영 역, 『디아스포라의 지식인』, 이산, 2005, 252쪽.
308 지그문트 바우만, 정일준 역, 『쓰레기가 되는 삶들』, 새물결, 2008, 22쪽.
309 서세림, 「탈북작가 김유경 소설 연구」, 『인문과학연구』 제52집, 강원대 인문과학연구소, 2017, 83~84쪽.

은 탈북과정에서의 고초와 치욕, 절망과 고통을 경험한 정선화의 악몽과 외상후 스트레스 장애를 나타낸다. 1990년대 고난의 행군 시 대학교수 아버지를 둔 엘리트가정에서 자라 중학교 교사를 한 선화는 모친 약값을 위해 중국 농촌에 팔려간다. '북조선 거지년'이라며 북한여자와 사는 걸 커다란 수치로 아는 중국남편과 시형과의 윤간이 자행되는 끔찍한 결혼생활과 어린 딸에 대한 그리움을 뒤로 한 채 한국에 도착했지만 자궁암 말기로 판정받게 되는 선화에게는 '자기의 입으로 그 과거를 말할 용기가 없는' 작가의 삶이 투영되어 있다. 《파친코》의 선자가 일본남학생들로부터 '멍청한 년', '요보', '가슴 큰 잡종'이라는 말을 듣거나, 《중국색시》의 조단이 '더러운 짱깨', '중국색시'로 지칭되며, 《청춘연가》의 선화가 '북조선 거지년'이라고 호명되는 등 이주여성은 타자화된다. 디아스포라 아시아 여성은 성차별적이며 비민주적인 '전통'으로 자주 풍자되는 사회에 살고 있는 욕망의 대상이나 불쌍한 존재, '이중의 희생자'로[310] 그려지는 것이다.

하나원 동기인 온성여자 복녀도 온전치 못한 중국남편에게 팔려 2년 동안 살다가 아이를 업고 도망친다. '북한여자들은 며느린 게 아니라 씨받이이고 노예라니까'라는 인식하에 연변 조선족이라 속인 그녀는 또 다시 속아 팔려가고 중국 오지 마을에서 칭다오를 거쳐 한국에 입국한다. 평양처녀 미선은 평양음악무용대학에서 피아노를 전공하며 화려하게 성장했지만 브로커에게 돈을 지출한 후 제3국을 거쳐 입국하고, 19살의 경옥도 16살에 중국노래방에 팔려가 상대한 남자의 숫자도 모를 정도로 탈선하고 돈이 최고라고 생각하며 살아간다. 무산여자 신영애는 붙잡힌 경험 속에 매질, 굶주림, 강도 높은 노동을 경험하며 진저리를 치지만 노래방에서 근무하고, 회령여자 강화영도 끔찍한 몽골사막을 목숨 걸고 횡단했지만 한국남자에게 사기결혼을 당하는 일을 겪으며 북한여자인 것을 저주하고 자신을 부인한다. 탈북디아스포라 여정 중 이주여성은 몸을 훼손하고 영혼을 상실한 채 육체적 질병과 정신질환에 노출

310 비린더 S. 칼라 라민더 카우르, 존 허트닉, 앞의 책, 110~111쪽.

된다. 작가는 국경을 넘는 과정에서 인신매매, 매매혼, 성폭력 등을 겪은 탈북 여성의 인권침해와 가족이별, 실종, 질병, 사망 등 트라우마를 겪는 이주 이후를 처절하고 사실적으로 재현한다. 도강 - 중국불법체류 - 사막, 제3국, 밀항선 밀입국 - 하나원 교육 - 이주 부적응 - 재이주의 여정인 탈북디아스포라여성서사는 인신매매 · 이주매춘서사[311]이다.

고통의 일부만을 그렸으며 아픔의 조금만을 푸념했다는 작가는 처절한 고통과 검질긴 인내로 살아남기 위한 억척같은 투쟁의 북한생활이지만 고향의 얼굴이기에 탈북자는 아름답다고 말한다. 남한사람들의 시선 앞에서 소심해지고 더부살이처럼 얹혀있는 자격지심이 눈치를 보게 하지만 빈손으로 살길을 찾아온 탈북자들을 품어주고 정착 지원해주기에 편견을 애써 감수하고자 하며[312] 고마워한다. 이상한 '이방인'이 되지 않길 바라는 바람으로 북한의 실상과 남한의 적응과정을 그린 작품을 발표하는 그녀는 소설 제목이 말해주듯이 고난으로 점철된 삶일지라도 '청춘연가'로 기억되길 바란다.

《인간모독소》는 북한사회를 상징적으로 드러내는 수용소라는 공간 안에서 벌어지는 자유억압과 인권모독을 그린 김유경의 두 번째 장편으로 프랑스에서도 번역·출간되었다. 상류층 지위를 누리며 풍요롭게 살던 국립교향악단 연주자인 이수련과 평양의 엘리트 기자인 한원호 부부는 이유도 모른 채 정치범수용소에 감금되어 고통스러운 나날을 보낸다. 러시아 영화에서 보았던 아우슈비츠 수용소가 연상된 공간은 '가시 돋친 철조망들, 초라한 막사들, 줄무늬 잿빛 파자마를 걸친 바짝 마른 유대인들, 군인들에 의해 총에 떠밀려 콘크리트 건물 안으로 들어서던 음울한 죽음의 그림자'가 드리워진 곳이다. 다수의 개인이 상당 기간 동안 바깥 사회와 단절된 채 거주하고 일을 하는 장소인 총체적 기관(total instiation)인 수용소는 잠금장치가 있는 문, 높은 벽,

311 졸고, 「다문화 서사구조와 문학적 특징」, 『현대소설연구』 제61호, 한국현대소설학회, 2016, 145쪽.

312 김유경, 「작가의 말: 숨어서 손만 간신히 내밀고 이 소설을 보낸다」, 『청춘연가』, 웅진지식하우스, 2012, 315~319쪽 참조.

철조망, 벼랑, 물, 숲 또는 습지대처럼 물리적 환경 내부에서 구축된 장벽[313]으로 상징된다. 시부의 남한파견과 발각 체포 후 전향 사건으로 인한 연좌제로 감금된 수련은 보위원 최민규 대위의 첫사랑이다. 이곳은 조대위처럼 아무 여자나 성폭행하고 살해해도 제지당하지 않는 유폐된 곳이다. 법의 공백공간이며 모든 법적 규정이 작동되지 않는 아노미 지대로서의 예외상태인[314] 수용소의 수감자들은 벌거벗은 생명인 호모 사케르이다.

민규는 통계원 자리에 앉힌 수련을 도울 방도를 강구하면서도 욕정을 이기지 못하고 그녀를 범하고 지속적으로 관계를 맺는다. 수용소에서 낳은 아이 선풍을 자신의 자식이 아니라고 의심하는 한원호와의 부부 갈등은 고조되고, 비교육적 비위생적 비도덕적 환경에서 자란 아이는 난폭하고 야비한 수용소의 언어를 쓰며 비정상적이고 비정한 성품을 갖게 된다. 한원호는 아내에게 의존해야만 수용소 생활을 견딜 수 있었기에 최민규 대위와의 관계를 묵인, 외면, 이용할 수밖에 없었다. 그리고 그러한 자신에 대한 수치심과 고통 속에서 수감생활을 영위한다. 선풍의 죽음과 쥐고기까지 먹어야하는 열악한 상황이 되자 이들은 한국으로 탈출하고 각자의 원한과 복수를 다짐한다. 북한체제를 위해 목숨을 바쳤던 아버지에 대한 오해로 수용소로 끌려갔음을 알게 된 한원호는 죽은 줄 알았던 아내와 최 대위가 한국에 있다는 사실을 알게 된다. 한원호는 정치범수용소에선 보위원과 정치범의 관계였지만 둘 다 사회적 희생자이니 용서나 화해는 못할지라도 증오하는 마음을 희석시키길 바란다는 담당형사의 충고를 듣게 되고, 인신매매, 매매혼의 위험을 거쳐 입국해 최 대위 아이를 낳아 홀로 키운 이수련은 그를 만날 준비를 한다. 분단, 북한 실태, 남한정착과정에서 한 여성의 감금과 불륜, 생존과 결혼을 통한 시련과 고초, 비극적 삶의 모습을 작가는 수용소라는 공간을 설정하여 북한사회의 비리와 부패, 모순을 알레고리화한다. 여성수감자에 대한 성적 폭력과 신체적

---

313 어빙 고프먼, 심보선 역, 『수용소』, 문학과지성사, 2018, 11쪽, 16쪽.

314 조르조 아감벤, 김항 역, 『예외상태』, 새물결, 2009, 99쪽.

학대가 자행되고 생사여탈권을 가진 남성주체에 의해 자존감을 훼손하고 인권을 유린당하는 현실을 살벌하게 보여주는 이 소설은 북한 인권 실태의 실상을 증언한다. 폐쇄적인 북한사회를 체험적이고 현장성 있게 재현하는 탈북 소재 문학이 서구사회에서 수용되고 주목받는 이유이기도 하다.

모친과 아들 선풍의 죽음을 뒤로 하고 남한에 온 한원호는 환대 속에서 방송 출연과 강연 요청에 바삐 살아가며, 수련을 사망으로 위장시켜 중국으로 빼돌린 후 5년 동안 찾아 헤맨 최민규도 한국사회에 정착한다. 최민규의 아들 수남을 낳아 홀로 키운 이수련은 수용소에서의 수치와 원한으로 복수를 꿈꾸는 남편, 고마움과 고통을 동시에 안겨준 최 대위와 7년 만에 운명의 재회를 한다. 최민규는 한원호에게 무릎을 꿇고 용서를 구하며, 파란 풍선을 든 수남이 어른들의 그따위 감정은 아주 시시한 것이라는 듯 해맑은 웃음을 보내는 마지막 장면에서 희망과 화해, 용서와 치유의 공간으로 작가는 북의 수용소와 대조적으로 한국을 상정한다. 크리스마스라는 시간성, 새로운 정착지, 푸른 풍선으로 표상되는 전망과 꿈을 통해 작가는 한국공동체를 긍정하고 수용한다. 얽히고설킨 세 남녀의 비극적이고 불행한 삶의 조건과 심리묘사에 치중한 《인간모독소》는 《청춘연가》 속 이주여성의 극한적 고통과 극단적 아픔에서 벗어나 이주적 삶을 적극적으로 받아들이는 태도를 보인다.

작가는 《청춘연가》에서도 성철의 첫사랑인 선화와의 관계를 중시하듯이 《인간모독소》에서도 사랑과 모성을 중시하고 자유와 인권문제에 주목한다. 삶의 극한과 생존을 소재로 하면서도 희망과 꿈을 부여잡는 탈북작가의 절실함이 담긴 김유경 소설은 사람 사이의 적의, 증오, 갈등 속에서도 연대와 이해, 화해와 모색을 저버리지 않는 디아스포라의식과 레비나스의 무조건적 환대와 휴머니즘을 표명한다. 허련순과 달리 김유경은 한국사회에 대한 원망이나 분노보다는 남·북 양 체제를 경험하면서 발생하는 갈등과 애증을 긍정적으로 수용한다. 혈통중심의 국적법과 시민권을 유지해온 한국사회는 지나치게 폐쇄적이며[315] 한민족인 조선족, 탈북자에 대한 차별적 시선과 혐오적 태도에서 혈통과는 상관없이 빈부차별, 백인선호, 남성중시, 정치경제적 차이

등이 작동되고 있다. 2023년 9편의 단편을 수록한 소설집 『푸른 낙엽』을 출간한 작가는 '푸른 낙엽'과 닮은 탈북민이 뒹굴고 찢기고 피 터지는 고난의 여정을 거쳐 한국이라는 안식처에 도달했지만 '2등 국민', '아웃사이더', '이방인', '부평초 같은 방랑자'로 여전히 주변부, 변두리로 살아가는 세상을 탓하고 싶지는 않는다고 하면서도 서운함을 드러낸다. 대한민국에 대한 사랑과 자유에 대한 각성은 남다르지만 자신들은 다문화가 아니라 언어도 문화도 뿌리도 같은 한민족일 뿐이라는[316] 정체성을 표방한다.

5. 재현주체, 당사자성, 이주경험

이 글은 재현의 주체인 한국계 미국인 작가, 조선족작가, 탈북작가의 디아스포라소설에 나타난 재현양상과 작가의식을 고찰했다. 경계인, 이민자, 이방인, 외국인으로 표상되는 디아스포라는 언어극복이 어려운 체험자이자 당사자 작가에 의해서가 아닌 거주국 작가의 시선으로 재현되었기에 당사자 목소리가 들리지 않는다는 한계를 지닌다. 여전히 외국인작가의 등장은 쉽지 않지만 혈통과 언어가 공통적인 조선족 및 탈북자 출신 작가의 작품은 지속적으로 발표되고 있다. 한국인 부모와 일본인 남편을 둔 이민진의 《파친코》는 한국 식민지 역사와 한일관계를 전 세계에 알리면서 미국적 사고와 문화, 한국역사와 일본의 이방인 차별 등을 재현했다. 자기혐오와 자기비체화 속에서 백인사회에서 인정받는 삶을 영위하는 이민진의 삶이 소설 속 선자와 노아의 삶에 투영된 바, 성경과 영미문학의 영향, 자본주의 가부장적 프로테스탄트적 사유에 기반한 《파친코》는 치열한 역사의식을 후경화하고 먹고 사는 일에 초점을 맞춤으로써 자이니치의 참상과 고난이 다소 희석되어 미국문단과 미국

315 이선주, 『경계인들의 목소리』, 그린비, 2013, 168쪽.

316 김유경, 「작가의 말」, 『푸른 낙엽』, 푸른사상, 2023, 5~8쪽 참조.

독자들에게 수용되었다. 조선족작가인 허련순의 《바람꽃》, 《중국색시》에서는 조선족을 멸시하고 하대하는 한국사회, 한국인에 대해 비난과 설움을 표출한다. 한국과 중국을 모두 경험한 작가는 이중적 위선적 잣대로 조선족을 인식하며 물질만능과 성적 쾌락에 빠진 우리 사회를 비판한다. 한국작가가 아닌 조선족작가에 의해 재현된 한국사회에 대한 일갈은 아프고 불편하게 다가온다. 한국사회에서 가장 열악한 대접을 받는 탈북자의 처절하고 자본주의에 부적응하는 삶을 영위하는 김유경의 《청춘연가》, 《인간모독소》에서는 탈북과정에서 발생하는 탈북디아스포라여성의 몸의 훼손과 정신적 고통을 적나라하게 그린다. 북한사회를 알레고리화하는 수용소를 배경으로 하는 소설에서 자유가 억압당하고 인권이 유린되는 예외상태가 정상상태인 삶 속에서도 김유경은 사랑과 모성, 연대와 화해를 주창한다. 또한 정착지원을 하며 자신들을 받아주는 남한사회에 고마워하면서도 타자화 대상화하는 서운함을 드러낸다. 식민지, 전쟁, 분단, 휴전 상태에서 전개되는 미묘하고도 복잡한 관계 속에서 작가들은 고군분투하며 당사자성에 기반한 복합적 혼종적 시각으로 디아스포라를 작품 속에 재현하고 있다.

5부

여행 · 다문화 · 디아스포라

유동하는 시대의 문학적 경향은 여행, 다문화, 이주, 디아스포라이다. 1980년대와 1990년대를 가르는 동구권의 몰락, IMF위기, 기후온난화, 다문화, 고령화 사회, 여행의 자유화 이후 방향성을 잃은 작가들과 현대인은 방황하고 방랑하였다. 이 시기에 여행서사구조를 통한 여행자의 자아정체성 탐색과 세기말과 새천년의 공포가 드리워졌다.

1부 머리말에서는 이동성, 다문화, 이주가 키워드가 된 시대에 여행소설, 다문화소설, 디아스포라문학, 재외한인문학의 출현과 조선족문학, 재일동포문학, 미주문학 등이 한국문학 속에 포섭됨으로써 이주노동자, 결혼이주여성, 다문화가정 2세, 해외입양인, 북한이탈주민, 조선족, 고려인, 자이니치 등의 코리안 디아스포라가 등장하는 소설군이 형성된 배경을 설명했다.

2부 여행 편에서는 우리 문학에 자주 출몰하는 여행서사구조를 들여다봤다. 1장에서는 박화성 여행소설에 나타난 일제강점기의 피폐하고 절박한 호남지역의 비참상과 사회주의의식 속에 사상과 교육을 중시했던 북국지향과 유학체험을 살펴보았다. 선진적 지식인이자 계몽적 여성투사인 박화성은 기차와 철도라는 근대적 공간과 학습, 유랑, 발견, 성장여행을 통해 식민지 삶의 질곡과 근대를 향한 열정을 효과적으로 표출했다.

2장에서는 식민지 근대, 산업화 근대, 탈근대 등 통시적 개관을 통해 여행서사의 시대적 지향점과 변천을 알아보았다. 여행은 근대성과 연관되며, 여행하는 사람은 근대인이고 여행서사는 근대중심서사이다. 식민지 여행의 지향점은 서구, 근대, 타국으로 구체적으로는 동경, 하얼빈과 같은 대도시였다. 서구도시를 산책하는 여행자는 비장소성, 비진정성, 익명성, 근대성을 탐색하였다. 산업화근대의 지향점은 세속적 욕망을 지니며 서울정착과 서울사람되기였다. 그러나 여행지는 시골, 자연, 고향이며 이는 자본주의적이고 타락한 도시에 대한 절망을 드러낸 것이기도 하다. 탈근대 여행의 지향점은 다채롭게 나타나는데 여행지는 바다, 절, 설국, 사막과 같은 판타지공간이나 외국이며, 탈이념, 탈냉전, 탈낭만 시대의 방향성을 상실한 현대인의 모습이 나타난다.

3장은 1990년대 여행소설에 나타난 탈근대적 사유와 타자성을 최윤의 〈하나코는 없다〉와 윤대녕의 〈피아노와 백합의 사막〉을 대상으로 고찰했다. 무력감, 정례화 등으로 스트레스가 많고 소통부재나 통신두절로 인한 인간관계로 일탈과 탈주를 꿈꾸는 현대인은 스트레스와 피로감을 느끼며 여행지에서의 분신, 자기안의 타자와 대면한다. 물의 도시 베니스, 사막과 같은 여행지는 유목적 리좀적 사유가 전개되는 장소로 여행자의 변화를 촉구한다. 4장은 2000년대 여행서사를 들여다본바 우한용 소설에서는 타자적 사유와 생존문제를, 해이수 소설에서는 다문화적 사유와 실존문제를 읽어냈다. 우한용 소설의 여행자가 방문한 중국 연변, 유럽의 아우슈비츠는 벌거벗은 생명인 유대인, 여성, 탈북자, 소수민족, 연변노동자와 같은 타자의 윤리와 인권을 성찰하는 장소이자 홀로코스트, 6.25전쟁, 광주학살과 같은 인류의 재난과 역사적 상처를 지닌 곳이다. 해이수 소설의 여행자는 민족, 역사와 같은 거대담론보다는 실직, 취업, 사랑과 같은 청년백수의 미래에 대한 암담함과 불안감으로 떠난 주제의식이 바탕을 이룬다.

5장에서는 박경리의 《토지》 속 등장인물인 '주갑'의 무욕, 긍정, 능동의 노마드적 삶과 새, 트릭스터(영원한 방랑자), 어린아이, 위버멘쉬의 삶을 고찰했다. 600여명의 등장인물 중 중심서사에 없지만 없어서는 안 되는 주갑은 자유와 고독 사이에서 번민하는 인간에게 박경리가 지향하는 이상적인 모습으로 읽힌다. 해학적이고 유머러스한 인물로만 평가된 주갑은 단순하게 평할 수 없는 작가의 심오한 주제의식을 내포한 인물이자 노마드적 사유를 지닌 자유인으로 표상된다. 6장에서는 중년남성의 방랑하는 삶을 주로 그린 윤후명의 여행·여담 모티프를 통해 서사구조적 특질을 탐색했다. 시공을 초월하여 여행이 반복되는 윤후명 소설의 여행서사구조는 주인공의 일탈과 탈주 그리고 분열된 자아를 탐색하게 하는 플롯으로 적합하고 유효하다. 중심줄거리에서 이탈되어 정통서사를 파괴하는 비유기적이고 파편화된 여담은 우연과 우발의 연속이자 파편화되고 분열된 주인공의 심리와 정체성에 기여하는 문학적 장치이다. 7장에서는 윤후명의 〈나비의 전설〉에 나타난 유동하는 정체성과 유목적 사유를 구체적으로 분석했다. 재현적인 서술방식보다 상징과 비의, 이미지, 심상으로 점철된 윤후명 소설은 환영, 환각, 환생, 환상 등의 예술적 어조를 띠며 국가장치에 포획되지 않은 골짜기, 사원, 초원, 사막과 같은 매끈한 공간에서 노마디즘 사유와 성찰을 한다. 신분증의 상실과 반복되는 여행 그리고 또다른 자아와 대면하며 만인되기를 실현하는 〈나비의 전설〉은 소설미학적 측면과 철학적 사회학적 주제를 담고 있다.

3부 다문화 편 1장에서는 다문화서사구조와 문학적 특징을 분석했다. 1990년대 여행서사와 2000년대 이주서사가 결합된 디스토피아 여행서사구조를 지닌 다문화소설은 동화와 소외, 억압과 폭력이 중심주제로 이주 이전과 이후, 모국과 이주국, 모어와 외국어의 다문화적 상황에 놓인다. 플롯은 인신매매 이주매춘서사, 여성수난(잔혹)서사, 에스닉노동 제노포비아서사, 다문화성장서사 등 다채로운 소설지형으로 나타난다. 갈등양상에 있어 자국민은 차별적 배제적 폭력적 시선이, 이주자는 부정적 비판적 시선을 갖는다. 타국의 관습, 언어, 음식, 의상을 조롱하고 멸시함으로써 문화혼종성, 문화상대주의, 문화평등주의를 실현하지 못한다. 이주자는 떠돎과 부유, 섞임과 혼종성, 연약하고 위험함, 에스닉, 공동체 바깥을 의미하는 동물, 외래종 식물, 나비, 새, 물고기, 찔레꽃, 민달팽이, 개, 해파리, 펑귀리, 파프리카, 크로아티아장미로 표상되거나 인형, 유령, 시체, 벌레 같은 비역사적 비인간적 비현실적 존재로 그려진다. 다문화공간은 집값이 낮다는 의미를 내포하며 혐오감, 위험과 낙후성, 공포, 범죄발생가능지역으로 나타난다. 결혼이주여성이 머무는 곳은 이주민센터, 한글학교, 다문화센터가, 이주노동자의 노동공간인 가구공단지역과 여인숙, 쪽방, 컨테이너박스, 옥탑방, 재개발지역이, 탈북디아스포라의 공간은 국경, 수용소, 난민보호소, 하나원이 배경이다.

2장에서는 2000년대 다문화소설을 중심으로 이주여성의 에스닉 섹슈얼리티와 식민화된 몸을 고찰했다. 이주의 여성화, 빈곤의 여성화, 성별적 이주현상으로 이주여성이 대거 유입된바 그녀들은 성별화된 직종에 종사하면서 몸의 훼손과 인권유린의 상황에 놓여도 보호받지 못하는 신산하고 고단한 이주생활을 영위한다. 결혼이주여성은 성적 대상, 임신과 출산의 도구, 돌봄 도우미로 인식되며 진정한 가족이나 사회구성원으로 인정받지 못한다. 이주여성노동자는 요리, 재봉, 세공, 청소, 간호, 가사 등 저임금이나 다방, 노래방, 나이트클럽과 연관된 성노동에 종사하면서 성희롱, 성폭력의 위험에 노출된다. 권력을 거머쥔 가부장적 시선은 구경거리가 된 이주여성을 사물화하고 성적으로 대상화한다. 남성주체에 의해 전유된 여성의 몸은 고깃덩어리처럼 부위별로 쪼개지고 파편화되며 에로틱하게 전시된다. 21세기 다문화소설에 재현된 이주여성은 인간과 동물의 경계가 모호해지는 지점과 성적 대상으로서 인간존엄을 인정받지 못하거나 인간실격에 이른다.

3장에서는 정도상의 장편소설 《찔레꽃》을 여행소설과 다문화소설 관점에서 보았다. 아들을 잃은 여행자가 중국을 방랑하면서 만난 탈북여성 충심의 이방인의식과 타자적 정체성을 통해 동질감을 느끼고 상처를 치유하며 자아상실에서 민족 정체성을 확인한다. 북한을 떠나 여러 이름이 바뀌며 여성으로서 견딜 수 없는 이주경험을 한 후 한국에 온 충심의 미나, 소소, 메이나, 은미라는 이름은 디아스포라탈북여성의 인권유린과 짐승 혹은 물건 취급당했던 한 여인의 고통과 아픔을 표상한다. 그녀는 자식을 잃은 참척의 여행자와 조우하며 공감대를 형성한다. 4장에서는 〈코끼리〉로 알려진 김재영의 이주배경소설을 한국이주서사와 미국이주서사로 구분하여 이주와 다문화적 양상을 살폈다. 한국이주서사에서는 코리안 드림을 꿈꾸고 탈국경한 국내 이주노동자와 결혼이주여성의 불행과 비극으로 희망은 좌절되고 배제적이고 이중적인 한국사회의 반다문화적 형태를 고발한다. 아메리칸 드림을 꿈꾸며 이민의 나라이자 다문화국가인 미국으로 이주한 재미한인 역시 인종차별과 멸시 속에 가족해체와 죽음, 가난을 경험한다. 아이, 여성, 유령, 동물, 이주자 등 타자의 눈으로 현실을 재현하는 복합적 타자적 서술시점을 지니며, 다채로운 상징과 비유로 핍진한 현실묘사에 미학적 효과를 나타내는 김재영 소설은 이주자의 삶뿐만 아니라 섬세하고 날카로운 현실묘사로 탁월한 다문화소설을 여러 편 남겼다.

5장에서는 조선족 출신 작가 허련순의 《바람꽃》 삼부작을 통해 당사자성과 한국사회에 대한 비판의식을 고찰했다. 《바람꽃》, 《누가 나비의 집을 보았을까》, 《중국색시》는 한민족과 한족, 한국과 중국 사이에서 혼란스러운 조선족의 경계인 위치에서 냉대와 멸시를 하는 모국이 자신들을 좀더 포용하고 환대해야한다고 비판하면서 정주의 (불)가능성을 타진하고 연대의 가능성과 희망을 토로한다. 6장에서는 손홍규의 《이슬람 정육점》에 나타난 들뢰즈의 리좀적 사유를 중심으로 타자의 흉터, 타자의 언어, 다문화공동체인 타자의 공간을 고찰했다. 고아소년의 성장을 다룬 이 소설은 전쟁재난이 야기한 흉터라는 공통점으로 연대를 형성하는 빈자, 고아, 과부, 외국인, 장애인, 아이들의 이야기를 통해 과거, 기원, 뿌리를 삭제해 편견과 차별 없는 새로운 공동체를 지향한다.

4부 디아스포라 편의 1장은 일제 말기 만주공간을 배경으로 하는 『싹트는 대지』에 수록된 단편소설들을 분석했다. 우리 문학의 공백기를 메우는 소설들에선 일제를 피해 떠난 중국땅에서 온갖 고초를 당하는 디아스포라의 서글픔과 고난이 드러났다. 지팡살이와 마적, 군경의 횡포를 당하는가 하면 소금과 아편으로 표상되는 비정상적인 일상이 그려지고, 팔려가는 딸과 아내가 등장하는 여성수난 및 여성희생제의가 묘사되며 오족협화로 본 다문화와 갱생하고자 하는 의지가 엿보인다. 위만주국 시대 코리안 디아스포라라는 망국민, 이주자의 생활상을 리얼하고 핍진하게 재현하는 『싹트는 대지』는 이 시기가 불법과 합법의 구분이 모호한 아노미상태임을 드러낸다. 2장에는 리근전의 《고난의 연대》를 이기영의 《고향》과 비교하였다. 이 소설은 사라진 우리 역사의 복원과 만주공간의 당대 삶을 그린다. 불법월강으로 국경을 넘은 세 가족의 만주정착과정을 생생하고 리얼하게 그린 이 소설은 중국인 지주와 조선인 마름의 횡포와 박해, 일제의 압박 속에 투쟁과 저항으로 우리 민속과 풍습을 보존하고, 고난 속에서도 밝은 생명력을 유지하며 일본, 조선, 중국의 복합적으로 교차된 역사적 항쟁과 생존문제를 드러낸다.

3장에서는 강릉 출신 작가 김동명의 노마드적 사유와 이방인 시선에 대해 논했다. 전원문학, 서정문학으로 알려진 시인은 교수, 정치평론가, 대학교수,

참의원 등 주류인생을 영위했지만 사실 출향, 출교, 출당, 월남, 피난 등 디아스포라 운명에 처했다. 정주민 혹은 공동체구성원이 아니라 노마드 이방인의 시각으로 세상을 본 그의 문학은 현실과 이상, 고향과 타향, 시와 정치, 이주와 정주 사이에서 길항하며 경계에 머문다. 전기시문학에서는 나그네, 새(나비), 이국식물로 표상되는 이방인의 삶이, 후기시문학에서는 목격자, 산책자로서의 외지인의 삶이 나타난다. 피레시이의 역할과 문학적 소명을 지닌 김동명은 시창작, 평론, 정치활동을 통해 객관적이고 중도적으로 세상을 사유했다. 4장은 박경리의 《토지》의 작중인물을 여행과 디아스포라 관점에서 동시대적 의미와 21세기적 접속으로 해석했다. 600여명의 등장인물 중 백정 출신 모친을 둔 신분의 한계를 극복하지 못한 송영광과 양반 출신이지만 아버지에 대한 열등감으로 인해 퇴폐와 타락, 여행과 예술행위로 도피한 이상현을 허무주의자이자 데카당스로 이해했다. 독립운동을 하는 조선여인을 사랑한 오가다 지로는 다문화적 세계시민의식을 지닌 코스모폴리탄이자 세계주의자이며, 어린아이, 나그네로서의 초인적 인간형인 주갑은 가난과 신분, 지역 등의 경계를 초월하는 위버멘쉬이다. 타자지향적 외부지향적인 자세로 여행하고 방랑하고 이주했던 이들을 통해 작가는 저주와 속죄를 지닌 카인의 후예인 여행자들과 아프고 슬프며 상처 많은 시대를 재현했다.

5장은 21세기 장편소설을 대상으로 표류하는 동아시아 여성의 타자적 삶을 연구한 글이다. 타자의 은유이자 표상인 동아시아 소녀들은 거대한 역사의 물결에 휩쓸려 아시아적 신체의 훼손과 성적 손상, 인권유린을 당하는 이산생활을 경험한다. 다중적 타자성을 지닌 수많은 '심청', '바리', '리나'는 여성으로서 감내하기 어려운 상처를 지닌 채 지구를 떠돌고 있다.

6장은 자이니치 지식인의 디아스포라의식과 문학적 글쓰기라는 논제로, 자이니치의 운명과 다자성을 제시했다. 서경식의 신문집 《디아스포라 기행》에서는 유럽 및 광주 방문과 미술에 대한 사색, 여러 디아스포라인물과의 조우를 통해 복합적 혼종적 정체성을 인식한다. 윤건차의 시집 《겨울숲》에서는 '진자'로 표상되는 경계인 정체성이, 강상중의 자전적 소설 《어머니》에서는 자이니치여성 1세대의 삶과 2세의 자아찾기가 드러난다. 7장은 이민진의 《파친코》 1,2권을 대상으로 역사가 개인에게 끼친 영향을 소녀 선자의 일생을 통해 드러낸다. 재미작가이면서 영어로 쓰고 일본을 배경으로 자이니치의 4대에 걸친 가족사를 그린 이 소설은 미국적 가치관, 한국적 전통, 일본의 차별적 일상이 복합적으로 표출되며, 1910년부터 1989년까지 부산 영도, 제주도, 북한 평양, 일본 오사카, 요코하마, 미국 뉴욕을 배경으로 방대하게 서술된다. 파친코로 성공해 일본에 안주하는 자이니치의 4대 가족은 (불)가능한 정주로 마무리된다.

8장은 재현주체에 따라 역사에 대한 기억과 현실인식이 다른 코리안 디아스포라 문학의 당사자성을 살펴보았다. 한국작가에 의해 상상되고 재현된 외국인, 이주자는 주체의 욕망이 투사되어 타자화되거나 이상적으로 그려지기에 당사자의 목소리가 들리지 않는다는 비판을 받았다. 따라서 한국계 미국인 작가 이민진, 조선족작가 허련순, 탈북작가 김유경의 장편소설을 대상으로 문학적 특성과 작가의식을 고찰했다. 자이니치 디아스포라 4대를 그린 《파친코》에는 가부장제 자본주의 기독교 시각이 투사되었고, 《바람꽃》, 《중국색시》에서는 조선족을 차별하고 냉대하는 모국을 비판하며, 《청춘연가》, 《인간모독소》는 북한사회의 참상과 인권유린을 고발하면서 한국사회를 수용적인 태도로 바라보았다.

발표지면

「1930년대 박화성 소설의 유학체험과 기차공간」, 『국어국문학』 제153권, 국어국문학회, 2009.

「여행서사에서의 근대와 탈근대」, 『내러티브』 제12권, 한국서사학회, 2009.

「1990년대 여행소설의 탈근대적 사유와 타자성」, 『세계한국어문학』 제1권, 세계한국어문학회, 2009.

「2000년대 여행서사 속의 근대극복과 타자적 사유」, 『내러티브』 제15권, 한국서사학회, 2010.

「《토지》 속 유희하는 노마드와 이동하는 삶」, 『현대문학의 연구』 제78권, 한국문학연구학회, 2022.

「윤후명 소설의 여행·여담으로서의 서사구조적 특질」, 『한어문교육』 제38권, 한국언어문학교육학회, 2016.

「〈나비의 전설〉의 유동하는 정체성과 유목적 사유」, 『우리문학연구』 제55권, 우리문학회, 2017.

「김동명 시문학의 노마드적 사유와 이방인 시선」, 『김동명문학연구』 제9집, 김동명문학회, 2022.

「여행과 디아스포라 관점에서 본 《토지》의 인물 양상」, 『한국문학논총』 제67호, 한국문학회, 2014.

「표류하는 동아시아 여성의 타자적 삶」, 『문명연지』 제15권, 한국문명학회, 2014.

「자이니치 지식인의 디아스포라의식과 문학적 글쓰기」, 『해람인문』 제47집, 강릉원주대 인문학연구소, 2019.

「《파친코》의 자이니치 디아스포라 4대의 인정투쟁과 정주(불)가능성」, 『해람인문』 제50집, 강릉원주대 인문학연구소, 2022.

「다문화 서사구조와 문학적 특징」, 『현대소설연구』 제61호, 한국현대소설학회, 2016.

「이주여성의 에스닉 섹슈얼리티와 식민화된 몸」, 『해람인문』 제48집, 강릉원주대 인문학연구소, 2020.

「유동하는 시대의 여행과 이주 양상: 정도상의 《찔레꽃》」, 『한어문교육』 제32권, 한국언어문학교육학회, 2015.

「김재영 소설의 이주와 다문화적 양상」, 『배달말』 제57호, 배달말학회, 2015.

「코리안 디아스포라 문학의 재현주체 양상」, 『픽션과논픽션』 제5집, 픽션과논픽션학회, 2023.

참고문헌

1. 1차 자료

강상중, 오근영 역, 『어머니』, 사계절, 2011.

강영숙, 『리나』, 문학동네, 2011.

______, 〈갈색 눈물방울〉, 『빨강속의 검정에 대하여』, 문학동네, 2009.

강희진, 『유령』, 은행나무, 2011.

공선옥, 『가리봉 연가』, 실천문학사, 2005.

김동명, 『김동명 시전집』, 강릉시, 2017.

______, 『모래위에 쓴 落書』, 장안서림, 1956.

______, 『세대의 삽화』, 일신사, 1959.

김려령, 『완득이』, 창비, 2008.

김애란, 〈그곳의 밤 여기의 노래〉, 박민규 외, 『아침의 문』, 문학사상사, 2010.

김연수, 〈모두에게 복된 새해〉, 『세계의 끝 여자친구』, 문학동네, 2009.

김옥주, 『아오자이에 핀 무궁화』, 북코리아, 2014.

김유경, 『청춘연가』, 웅진/지식하우스, 2012.

______, 『인간모독소』, 카멜북스, 2016.

김인숙, 〈바다와 나비〉, 『바다와 나비』, 문학사상사, 2003.

김재영, 〈M역의 나비〉, 『좋은 소설』 2008.가을호.

______, 〈꽃가마배〉 (『작가세계』 2007.여름호), 『폭식』, 창비, 2009.

______, 〈롱아일랜드의 꽃게잡이〉, 『황해문화』 2007.겨울호.

______, 〈아홉 개의 푸른 쏘냐〉, 『내일을 여는 작가』 2005.겨울호.

______, 〈앵초〉, 『창작과비평』 2008.여름호

______, 〈코끼리〉 (창작과비평, 2004.가을호), 『코끼리』, 실천문학사, 2005.

______, 〈폭식〉, 『작가세계』 2009.가을호.

김창걸, 〈암야〉 (만선일보, 1939), 『싹트는 대지』, 만선일보출판사, 1941.

김 현, 〈장미화분〉, 『장미화분』, 산지니, 2012.

박경리, 『가설을 위한 망상』, 나남, 2007.

______, 『버리고 갈 것만 남아서 참 홀가분하다』, 마로니에북스, 2008.

______, 『생명의 아픔』, 마로니에북스, 2016.

______, 『원주통신』, 지식산업사. 1985,

______, 『토지』, 1~12, 삼성출판사, 1988, 13~16, 솔출판사, 1993.

박범신, 『나마스테』, 한겨레문학사, 2005.

박영준, 〈밀림의 여인〉(만선일보, 1941), 『싹트는 대지』, 만선일보출판사, 1941.

박찬순, 〈가리봉 양꼬치〉, 『발해풍의 정원』, 문학과지성사, 2009.

______, 〈지질시대를 헤엄치는 물고기〉, 위의 책.

박화성, 〈고향 없는 사람들〉 신동아, 1936.1.

______, 〈두 승객과 가방〉 조선문학, 1933.11.

______, 〈신혼여행〉 조선일보, 1934.11.6~21.

______, 《북국의 여명》 조선중앙일보, 1935.4.1~12.4.

배봉기, 〈안녕 라자드〉, 『안녕 라자드』, 문학과지성사, 2011.

백가흠, 〈쁘이거나 쯔이거나〉, 『힌트는 도련님』, 문학과지성사, 2011.

서경식, 김혜신 역, 『디아스포라 기행: 추방당한 자의 시선』, 돌베개, 2006.

서성란, 〈파프리카〉, 『파프리카』, 화남, 2009.

손홍규, 〈이무기 사냥꾼〉, 『봉섭이 가라사대』, 창비, 2008.

송은일, 『사랑을 묻다』, 대교북스캔, 2008.

신서야, 〈추석〉(만선일보, 1940), 『싹트는 대지』, 만선일보출판사, 1941.

안보윤, 〈나선의 방향〉 (문학사상, 2013.12), 『2014 이상문학상작품집』, 문학사상사, 2014.

안수길, 〈새벽〉, 만선일보, 1941.

양성관, 『시선: 어느 혼혈아의 마지막 하루』, 글과생각, 2012.

우한용, 『양들은 걸어서 하늘로 간다』, 세계문예, 2008.

윤건차, 김응교 역, 『겨울숲』, 화남, 2009.

윤대녕, 〈피아노와 백합의 사막〉, 『남쪽계단을 보라』, 세계사, 1995.

윤후명, 〈나비의 소녀〉, 『한국어의 시간: 윤후명소설전집』4, 은행나무, 2016.

______, 〈나비의 전설〉, 『2002 제9회 이수문학상 수상작품집』, 이수, 2002.

이근전, 『고난의 연대』 1,2,3,4, 세계, 1988.

이명랑, 『나의 이복형제들』, 실천문학사, 2004.
이민진, 이미정 역, 『파친코』 1,2, 문학사상, 2018.
이순원, 〈미안해요, 호 아저씨〉, 『첫눈』, 뿔, 2009.
이시백, 〈개값〉, 『누가 말을 죽였을까』, 삶이보이는창, 2008.
______, 〈새끼야 슈퍼〉, 위의 책.
이혜경, 〈물 한 모금〉, 『틈새』, 창비, 2006.
정 인, 〈그 여자가 사는 곳〉, 『그 여자가 사는 곳』, 문학수첩, 2009.
______, 〈타인과의 시간〉, 위의 책.
정도상, 『찔레꽃』, 창비, 2008.
정이현, 〈영영, 이름〉, 『문학동네』 2014.여름.
정지아, 〈핏줄〉, 『숲의 대화』, 은행나무, 2013.
조해진, 『로기완을 만났다』, 창비, 2011.
천운영, 『잘 가라, 서커스』, 문학동네, 2005.
______, 〈알리의 줄넘기〉, 『그녀의 눈물 사용법』, 창비, 2008.
최 윤, 〈하나코는 없다〉, 『1994 이상문학상 수상작품집』, 문학사상사, 1994.
한수영, 『플루토의 지붕』, 문학동네, 2010.
______, 〈그녀의 나무 핑궈리〉, 『그녀의 나무 핑궈리』, 민음사, 2006.
한지수, 〈열대야에서 온 무지개〉, 『자정의 결혼식』, 문학사상, 2010.
한찬숙, 〈초원〉, 『싹트는 대지』, 만선일보출판사, 1941.
해이수, 『젤리피쉬』, 이룸, 2009.
______, 『캥거루가 있는 사막』, 문학동네, 2006.
허련순, 『누가 나비의 집을 보았을까』, 온북스, 2007.
______, 『바람꽃』, 범우사, 1996.
______, 『중국색시』, 북치는마을, 2016.
현경준, 〈류망〉(인문평론, 1940. 7~8), 『싹트는 대지』, 만선일보출판사, 1941.
홍양순, 〈동거인〉, 자두, 문이당, 2005.
황 건, 〈제화〉, 『싹트는 대지』, 만선일보출판사, 1941.
황석영, 『바리데기』, 창비, 2007.
______, 『심청, 연꽃의 길』, 문학동네, 2003.

2. 논문

강유정, 「환대받지 못한 자의 기도」, 『캥거루가 있는 사막』, 문학동네, 2006.
강진구, 「모국 체험이 조선족 정체성에 미친 영향 연구」, 『다문화콘텐츠연구』 제2호, 중앙대 문화콘텐츠기술연구원, 2009.
______, 「한국소설에 나타난 결혼이주여성의 재현양상」, 『다문화콘텐츠연구』 제11권, 중앙대 문화콘텐츠기술연구원, 2011.
고명철, 「보월석 소설쓰기의 현상학에 대한 시론」, 『문학과창작』 3월호, 1999.3.
고인환, 「탈북자 문제 형상화의 새로운 양상 연구」, 『한국문학논총』 제52집, 한국문학회, 2009.
______, 「황석영 소설에 나타난 전통 양식 전용 양상 연구」, 『한민족문화연구』 제26집, 한민족문화학회, 2008.
곽승미, 「개화기 소설에 나타난 여행과 근대성」, 『한국문화연구』 제8호, 이화여대 한국문화연구원, 2005.
구번일, 「우리 소설에 나타난 하위주체로서의 결혼이주여성 연구」, 『한민족문화연구』 제48권, 한민족문화학회, 2014.
구시내, 「황석영 소설에 나타난 이산여성의 현실과 대응방식 연구: 〈심청〉을 중심으로」, 인제대 석사학위논문, 2011.
국원호·최도식, 「김동명 시의 탈식민주의와 분열증적 사유의 의미」, 『한국문학논총』 제87집, 한국문학회, 2021.
권성우, 「고뇌와 지성: 최근 서경식의 사유와 글쓰기에 대해」, 『세계한국어문학』 제4집, 세계한국어문학회, 2010.
권수현, 「북한이탈주민에 대한 남한국민의 태도」, 『한국정치연구』 제20권, 서울대 한국정치연구소, 2011.
권숙인, 「디아스포라 재일한인의 '귀환'」, 『국제지역연구』 제17권, 서울대 국제학연구소, 2008.
권채린, 「자기서사의 논리적 모형 탐색: 서경식과 강상중의 자전적 에세이를 중심으로」, 『동남어문논집』 제46집, 동남어문학회, 2018.
권혁태, 「'재일조선인'과 한국사회: 한국사회는 재일조선인을 어떻게 '표상'해 왔는가」, 『역사비평』 제78호, 역사문제연구소, 2007.
권희돈, 「1990년대 소설 연구」, 『청대학술논집』 제2호, 청주대 학술연구소, 2004.

김겸섭, 「들뢰즈/가타리의 주체이론」, 『문예미학』 제10호, 문예미학회, 2002.

김경수, 「소설의 공간과 정치적 상상력」, 『현대소설연구』 제5호, 한국현대소설학회, 1996.

김경연, 「마이너리티는 말할 수 있는가」, 『인문연구』 제64권, 영남대 인문과학연구소, 2012.

김도아 · 김진아, 「1990년대 이후 한국의 아브젝트 아트에 나타난 타자성」, 『횡단인문학』 제9호, 숙명여대 인문학연구소, 2021.

김명석, 「한국 현대소설 속의 돈황」, 『현대소설연구』 제25호, 한국현대소설학회, 2005.

김미란, 「허련순의 《중국색시》에 나타난 디아스포라의 치유 양상」, 『현대소설연구』 제60호, 한국현대소설학회, 2015.

김미영, 「《심청전》 현재적 변모 양상에 대한 연구」, 『한중인문학연구』 제14권, 한중인문학회, 2005.

______, 「민진 리의 〈파친코〉에 나타난 이민자 문학적 특징」, 『한국문화』 97, 서울대 규장각한국학연구원, 2022.

______, 「황석영 소설에 나타난 여성인물 연구」, 『한국문학이론과 비평』 제29집, 한국문학이론과비평학회, 2005.

김민기, 「미국식 당사자주의에 대한 비판적 분석」, 『비교형사법연구』 제21권, 한국비교형사법학회, 2019.

김세령, 「2000년대 이후 한국소설에 재현된 조선족 이주민」, 『우리문학연구』 제44집, 우리문학회, 2014.

김소륜, 「탈주하는 기억, 희생을 거절하는 딸들: 황석영의 《심청, 연꽃의 길》과 《바리데기》에 관하여」, 『이화어문논집』 제26권, 이화어문학회, 2008.

김승민, 「해방 직후 염상섭 소설에 나타난 만주체험의 의미」, 『한국근대문학연구』16, 한국근대문학회, 2007.

김연숙, 「〈토지〉에 나타난 민중적 생명력의 서사: '윤보, 주갑, 몽치'를 중심으로」, 『국어국문학』 192, 국어국문학회, 2020.

김영민, 「민족으로의 여행 인간에 대한 사랑과 연민」, 『양들은 걸어서 하늘로 간다』, 계간문예, 2008.

김옥란, 「근대여성주체로서의 여학생과 독서체험」, 『상허학보』 제13호, 상허학회, 2004.

김월정, 「나의 아버지 초허 김동명」, 『문예운동』 제86호, 문예운동사, 2005.
김윤정, 「디아스포라 여성의 타자적 정체성 연구」, 『세계한국어문학』 제3권, 세계한국어문학회, 2010.
김은경, 「박경리 〈토지〉의 유기적 인물관계와 '리좀적' 서사구성」, 『관악어문』 제31권, 서울대 국어국문학과, 2006.
김은하, 「탈북여성 디아스포라 재현의 성별 정치학」, 『한국문학논총』 제55집, 한국문학회, 2010.
김익현, 「재일조선인 지식인의 민족관: 서경식을 중심으로」, 『시대와 철학』 제23권, 한국철학사상연구회, 2012.
김재용, 「만주국과 남북의 문학: 박팔양과 염상섭을 중심으로」, 『한민족문화연구』 제67권, 한민족문화학회, 2019.
김정웅, 「일본 이양지와 중국 허련순의 소설 비교 연구」, 『한국문학논총』 제64집, 한국문학회, 2013.
김종곤, 「'재일' & '조선인'으로서의 정체성과 가치지향성」, 『통일인문학』 제59권, 건국대 인문학연구원, 2014.
김지혜, 「다문화소설에 나타난 이중적 환대와 교육의 문제」, 『문학교육학』 제44권, 한국문학교육학회, 2014.
김진아, 「재만조선인문학연구: 『싹트는 대지』 수록 작품을 중심으로」, 『한민족어문학』 제46호, 한민족어문학회, 2005.
김진환, 「감옥 안에 핀 민들레의 노래」, 『황해문화』 제71권, 새얼문화재단, 2011.
김호연, 「미국의 동화주의적 이민자 정책과 다문화주의」, 『인문과학연구』 제28권, 강원대 인문과학연구소, 2011.
김효석, 「'거울'의 서사와 '탈북'을 둘러싼 다양한 시선들」, 『문예운동』 제105권, 문예운동사, 2010.
______, 「탈북 디아스포라 소설의 현황과 가능성 고찰」, 『어문논집』 제57권, 중앙어문학회, 2014.
김희숙, 「황석영 소설에 나타난 탈식민 전략: 《손님》, 《심청》, 《바리데기》를 중심으로」, 『문창어문논집』 제50권, 문창어문학회, 2013.
나보령, 「모범 소수자를 넘어: 이민진의 〈파친코〉를 통해본 이주민 소수자」, 『인문논총』 제79권, 서울대 인문학연구원, 2022.

남진우, 「견딜 수 없이 가벼운 존재들」, 『세계의문학』 1998.봄호.
노상래, 「1990년대 소설의 정체성과 전환기적 모색」, 『한민족어문학』 제34권, 한민족어문학회회, 1999.
______, 「1990년대 소설의 정체성과 전환기적 모색」, 『한민족어문학』 제34호, 한민족어문학회, 1999.
문재원, 「경계넘기의 서사적 재현」, 『현대문학이론연구』 제41집, 현대문학이론학회, 2010.
______, 「황석영 《심청》의 근대성과 탈근대성」, 『한국문학논총』 제43집, 한국문학회, 2006.
미야지마 히로시, 「황석영의 《심청》과 19세기 동아시아」, 『역사비평』 제67호, 역사문제연구소, 2004,
박 강, 「'만주국'의 아편마약 밀매 대책과 재만 한인」, 『한중인문학연구』 제19집, 한중인문학회, 2006.
박남철, 「매춘소설의 한 양상」, 『동아시아문화연구』 제23권, 한양대 한국학연구소, 1993.
박덕규 · 유용억, 「결혼이주여성의 소설적 형상화 양상」, 『한국문예창작』 제15권, 한국문예창작학회, 2016.
박산향, 「김재영의 〈코끼리〉에 나타난 흉내 내기와 이주민의 정체성」, 『한어문교육』 제27권, 한국언어문학교육학회, 2012.
박상민, 「박경리의 〈토지〉에 나타난 근대사회와 유교적 이상의 균열」, 『문학과 종교』 제18권, 한국문학종교학회, 2013.
박숙자, 「여성의 몸을 탐하는 남성의 서사: 황석영의 《심청》과 김영하의 《검은꽃》」, 『여성과 사회』 제16호, 한국여성연구소, 2005.
박인정 · 이영관, 「여행치료와 자기실현」, 『관광연구저널』 제30권, 한국관광연구학회, 2016.
박주옥, 「에도시대 여성여행의 특성연구」, 『관광연구』 제19호, 대한관광경영학회, 2005.
박혜원, 「박경리 〈토지〉의 인물 연구」, 이화여대 박사학위논문, 2002.
백문임, 「박화성의 경향소설에 나타난 계급과 성의 문제」, 『현대문학의 연구』 제11호, 한국문학연구학회, 1998.

백승란, 「김동명과 김상용 시의 심상 연구」, 충남대 석사학위논문, 2003.

백지윤, 「탈북작가의 '몸' 형상화와 윤리적 주체의 가능성」, 『한국문예비평연구』 제54집, 한국현대문예비평학회, 2017.

변찬복, 「노마디즘 관점에서 본 진정성 추구 여행」, 『인문학논총』 제33집, 경성대 인문과학연구소, 2013.

변화영, 「박화성 소설을 통해 본 목포의 식민지 근대성」, 『한국문화이론과 비평』 제30집, 한국문화이론과비평학회, 2006.

복도훈, 「거인과 북소리, 기적과 충동의 서사: 《리나》」, 『본질과 현상』 제7호, 학술교육원, 2007.

서경식, 「'한국문학'과 '세계문학'을 둘러싼 단상」, 『실천문학』 제100권, 실천문학사, 2010.

______, 「'히노마루', '기미가요'의 법제화, 죽어가는 일본 민주주의」, 『당대비평』 제8권, 생각의 나무, 1999.

______, 「재일조선인'의 위기와 기로에 선 민족관」, 『역사비평』 제33권, 역사문제연구소, 1996.

______, 「재일조선인은 '민중'인가」, 『시대와 민중신학』 제8호, 제3시대 그리스도연구소, 2004.

______, 「저울에 달아서는 안된다: 조선인과 일본인에게 보내는 메시지」, 『당대비평』 제21권, 생각의 나무, 2003.

서세림, 「탈북작가 김유경 소설 연구」, 『인문과학연구』 제52집, 강원대 인문과학연구소, 2017.

서영채, 「창녀 심청과 세 개의 진혼제: 황석영의 《심청》 읽기」, 『문학동네』 38호, 문학동네, 2004.봄.

______, 「최남선과 이광수의 금강산 기행문에 대하여」, 『민족문학사연구』 제24호. 민족문학사학회, 2004.

______, 「환멸의 시대와 소설 쓰기」, 『문학동네』 1호, 문학동네, 1994.겨울.

서용순, 「탈경계의 주체성과 이방인의 문제」, 『인문연구』 제57권, 영남대 인문과학연구소, 2009.

서정자, 「주의자의 성 사랑 결혼」, 『현대소설연구』 제26호, 한국현대소설학회, 2005.

서현주, 「〈토지〉에 나타난 해학성에 관한 연구」, 『국제한인문학』 제16집, 국제한인문학회, 2015.
손영희, 「디아스포라 문학의 경계 넘기: 이민진의 〈파친코〉에 나타난 이민진 문학의 특징」, 『영어영문학』 제25권, 미래영어영문학회, 2020.
손유경, 「만주개척서사에 나타난 애도의 정치학」, 『현대소설연구』 제42호, 한국현대소설학회, 2009.
송민애, 「다문화사회에서 이주여성의 몸 경험」, 『신학논단』 제54집, 연세대 신과대학, 2008.
송하춘, 「재일 한인소설의 민족 정체성에 관한 연구」, 『한민족어문학』 제38권, 한민족어문학회, 2001.
송현호, 「〈코끼리〉에 나타난 이주 담론의 인문학적 연구」, 『현대소설연구』 제42권, 한국현대소설학회, 2009.
______, 「다문화사회의 서사유형과 서사전략에 관한 연구」, 『현대소설연구』 제44호, 한국현대소설학회, 2010.
송현호, 「일제강점기 소설에 나타난 간도의 세가지 양상」, 『한중인문학연구』 제24호, 한중인문학회, 2008.
신동흔, 「서사무가 속의 울음에 깃든 공감과 치유의 미학」, 『한국무속학』 제32집, 한국무속학회, 2016.
신승철, 「들뢰즈/가타리의 욕망론과 신체론에 대한 고찰」, 『철학사상문화』 제1호, 동국대, 2005.
심재중, 「정체성 담론과 이데올로기: 아이티와 마르티니크의 흑인 정체성 담론을 중심으로」, 『라틴아메리카연구』 제17권, 한국라틴아메리카학회, 2004.
심진경, 「여성폭력의 젠더정치학」, 『젠더와 문화』 제4권, 계명대 여성학연구소, 2011.
야마다 요시코, 「한 지식인의 여성작가의 탄생」, 『제2회 소명 박화성 문학 문화 페스티벌』, 2008.9.20.
양미영, 「이민진의 〈파친코〉에 나타난 기독교와 미국표상」, 『인문학연구』 제127호, 충남대 인문과학연구소, 2022.
양진오, 「한국현대소설과 아시아의 발견」, 『현대소설연구』 제43권, 한국현대소설학회, 2010.
양현미, 「부재 타자성 그리고 여성적 글쓰기」, 『한국문예비평연구』 제6호, 한국현대문예비평학회, 2000.

엄미옥, 「현대소설에 나타난 이주여성의 재현 양상」, 『여성문학연구』 제29호, 한국여성문학학회, 2013.

엄숙희, 「2000년대 한국소설에 나타난 조선족의 담론화 양상과 그 의미」, 『한국문학이론과 비평』 제67집, 한국문학이론과비평학회, 2015.

엄창섭, 「김동명 산문의 연구」, 『관대논문집』 제17권, 관동대학교, 1989.

연남경, 「다문화소설과 여성의 몸 구현 양상」, 『한국문학이론과 비평』 제48집, 한국문학이론과비평학회, 2010.

______, 「이주민 서사에 재현된 '네팔' 표상과 서사의 욕망」, 『한국언어문학』 제82권, 한국언어문학회, 2002.

______, 「탈북 여성 작가의 글쓰기 연구」, 『한국현대문학연구』 제51집, 한국현대문학회, 2017.

연효숙, 「들뢰즈와 가타리의 유목주의와 욕망론 그리고 여성적 주체」, 『한국여성철학』 제6권, 한국여성철학회, 2006.

오상순, 「조선족 여성작가 허련순의 소설과 당대 남성작가들의 소설에 나타난 '뿌리찾기 의식' 연구」, 『여성문학연구』 제12호, 한국여성문학학회, 2004.

오양호, 「1940년대 재만조선족문학연구의 문제점」, 『한국문학논총』 제30권, 한국문학회, 2002,

오윤호, 「디아스포라의 플롯」, 『시학과 언어학』 제17호, 시학과언어학회, 2009.

오태영, 「경계 위의 존재들: 이민진의 〈파친코〉를 통해본 재일조선인의 존재방식」, 『현대소설연구』 제82호, 한국현대소설학회, 2021.

오현숙, 「들뢰즈와 불교의 관계론: 비/관계의 접속」, 『동서비교문학저널』 제14호, 한국동서비교문학학회, 2006.

오현정, 「윤대녕 단편소설에 나타난 포스트모더니즘적 요소 고찰」, 대진대 교육석사 학위논문, 2006.

오형엽, 「분열분석비평의 수사학적 탐구」, 『국어국문학』 제151호, 국어국문학회, 2009.

______, 「정신분석비평과 분열분석비평의 비교 고찰」, 『비평문학』 제29호, 한국비평문학회, 2008.

______, 「정신분석적 시학과 수사학」, 『어문논집』 제53권, 민족어문학회, 2006.

우미영, 「근대 여행의 의미 변화와 식민지/제국의 자기 구성 논리」, 『동방학지』 제133호, 연세대 국학연구원, 2006.

우미영, 「서양체험을 통한 신여성의 자기 구성 방식」, 『여성문학연구』 제12호, 한국여성문학학회, 2004.12.

유경수, 「다원적 소통을 향한 디아스포라 상상력」, 『비교한국학』 제17권, 국제비교한국학회, 2009.

유성호, 「1990년대 문학의 전개와 그 특성에 관한 고찰」, 문학과의식, 1996.겨울호.

______, 「한국현대문학에 나타난 서울 형상 연구」, 『서울학연구』 제23권, 서울시립대 서울학연구소, 2004.

육성희, 「초국가주의와 한국계 미국소설」, 『횡단인문학』 제2호, 숙명여대 인문학연구소, 2018.

윤숙영, 「윤대녕 소설의 원형적 이미지 연구」, 『동국어문학』 제15권, 동국대 국어교육과, 2003.

이경재, 「결혼이주여성 제재 소설의 문화변용 양상에 따른 유형 분류」, 『한국현대문학연구』 제46권, 한국현대문학회, 2015.

______, 「이민진의 〈파친코〉에 대한 젠더지리학적 고찰」, 『춘원연구학보』 제22호, 춘원연구학회, 2021.

이경훈, 「만주와 친일로맨티시즘」, 『한국근대문학연구』 제4호, 한국근대문학회, 2003.

______, 「아편의 시대, 아편쟁이의 시대」, 『사이』 제4권, 국제한국문학문화학회, 2008.

______, 「하루빈의 푸른 하늘」, 『문학 속의 파시즘』, 삼인, 2001.

이광재 · 지해연, 「조선족 농촌여성의 실존적 특징」, 『한중인문학연구』 제32권, 한중인문학회, 2011.

이광호, 「우리 시대 여행소설에 관한 단상」, 문학동네, 1995.겨울호.

이남호, 「은어는 없다」, 『세계의문학』, 1997.봄호.

이덕화, 「탈북여성 이주 소설에 나타난 혼종적 정체성」, 『현대소설연구』 제52권, 한국현대소설학회, 2013.

이명재, 「광복이전의 간도문단에 대한 연구」, 『국어국문학연구』 제14권, 원광대 국어국문학과, 1991.

이미림, 「〈토지〉에 나타난 신분 콤플렉스와 연애(혼사)장애 모티프」, 『우리문학연구』 제48집, 우리문학회, 2015.

______, 「2000년대 다문화소설에 나타난 이주노동자의 재현양상」, 『우리문학연구』 제35집, 우리문학회, 2012.

이미림, 「2000년대 소설에 나타난 조선족 이주여성의 타자적 정체성」, 『현대소설연구』 제48호, 한국현대소설학회, 2011.

______, 「김동명 산문에 나타난 타자지향성과 디아스포라의식」, 『김동명문학연구』 제1집, 김동명학회, 2014.

______, 「김동명 텍스트의 헤테로토피아적 특성」, 『김동명문학연구』 제5집, 김동명문학연구, 2018.

______, 「다문화공간에 나타난 지리적 타자성」, 『한국문학논총』 제63집, 한국문학회, 2013.

______, 「다문화성장소설연구」, 『현대소설연구』 제51호, 한국현대소설학회, 2012.

______, 「여행과 디아스포라 관점에서 본 〈토지〉의 인물 양상」, 『한국문학논총』 제67집, 한국문학회, 2014.

______, 「유동하는 시대의 여행과 이주」, 『한어문교육』 제32집, 한국언어문학교육학회, 2015.

______, 「윤후명 소설의 서사구조적 특질」, 『한어문교육』 제38권, 한국언어문학교육학회, 2016.

______, 「자이니치 지식인의 디아스포라의식과 문학적 글쓰기」, 『해람인문』 제47집, 강릉원주대 인문학연구소, 2019.

______, 「자전적 소재로 본 윤후명 여행판타지의 함의」, 『한민족어문학』 제69집, 한민족어문학회, 2015.

______, 「작가(시인)로서의 삶, 지식인(정치가)으로서의 삶」, 『김동문학연구』 제2집, 김동명학회, 2015.

______, 「코리안 디아스포라 문학의 재현주체 양상」, 『픽션과논픽션』 제5집, 픽션과논픽션학회, 2023.

이병순, 「바하성 소설 연구」, 『어문논집』 제7호, 수명여대 어문학연구소, 1997.

이성교, 「김동명연구」, 『연구논문집』 제4권, 성신여대, 1972.

이성욱, 「내면 타자의 복원과 타자의 배제, 비평의 길」, 문학동네, 2004.

이송이, 「마르그리트 뒤라스와 최윤이 작품들에 나타난 공간 비교연구」, 『프랑스어문교육』 제15집, 한국프랑스어문교육학회, 2003.

이승연, 「생존을 위한 도박: 〈파친코〉를 통해 보는 자이니치의 삶」, 『아시아여성연구』 제58권, 2019.

이승윤, 「소설 〈토지〉에 나타난 모빌리티 연구」, 『현대문학의 연구』 72, 한국문학연구학회, 2020.

이승은, 「니체의 관점주의적 도덕」, 고려대 석사학위논문, 2022.

이왕구, 「낯선 땅에 던져진 불안이 제 소설의 화두」, 한국일보 문화면, 2009.9.28.

이용일, 「다문화시대 고전으로서 짐멜의 이방인 새로 읽기」, 『독일연구』 제18호, 한국독일사학회, 2009.

이원숙, 「권진규 조각에 표현된 변형과 들뢰즈의 '되기'이론」, 『동양예술』 제26호, 한국동양예술학회, 2014.

______, 「들뢰즈의 얼굴해체하기를 통해 본 권진규의 인물 조각」, 『교양교육연구』 제6권, 한국교양교육학회, 2012.

이재선, 「1990년대 소설과 여행 모티프의 다산성」, 『비평의 자리』, 문학사상사, 2001.

이정욱, 「윤대녕소설에 나타난 여행의 의미 연구」, 단국대 석사학위논문, 2003.

이정은, 「식민제국과 전쟁, 그리고 디아스포라의 삶: '우토로'지역 재일조선인 1세 여성의 정착과 생활」, 『한국사회학』 제45집, 한국사회학회, 2011.

이제봉, 「한국의 민족주의와 다문화주의」, 『다문화교육연구』 제5권, 한국다문화교육학회, 2012.

이주영 · 정기인, 「민족과 국가 사이에서」, 『한국근대문학연구』 제23권, 한국근대문학회, 2022.

이태숙, 「사회주의 여성문학의 계급성 문제」, 『어문학』 제78호, 한국어문학회, 2002.

임영언 · 김태영, 「재일코리안 디아스포라문학의 작품 경향에 관한 연구」, 『일어일문학』 제53권, 대한일어일문학회, 2012.

임지연, 「결혼이주여성의 몸과 교차적 정치성」, 『겨레어문학』 제62집, 겨레어문학회, 2019.

임진희, 「민진 리의 〈파친코〉에 나타난 재일한인의 장소담론」, 제9권, 인문사회과학기술융합학회, 2019,

임헌영, 「한국문화와 다문화주의」, 세계한국어문학회 추계학술대회 발표문, 2009.11.7.

장내우, 「재만 조선인 중단편소설에 나타난 '만주' 표상 연구」, 『현대소설연구』 제66호, 한국현대소설학회, 2017.

장미영, 「박경리 소설 연구」, 숙명여대 박사학위논문, 2002.

장성규, 「2000년대 한국소설에 나타난 타자형상화 방식의 변화 과정 연구」, 『어문논집』 제54권, 중앙어문학회, 2013.
장소진, 「여성의 몸 물신에서 모신으로의 승화」, 『한국문학이론과 비평』 제24집, 한국문학이론과비평학회, 2004.
장영우, 「在日, 영원한 이방인: 이민진 〈파친코〉론」, 『일본학』 제56집, 동국대 일본학연구소, 2022.
장은영·남승원, 「김동명 시에 나타난 장소의 시적 형상화」, 『어문연구』 제39권, 한국어문교육연구회, 2011.
장춘식, 「재만조선인문학을 보는 또 다른 시각」, 『한국문학이론과 비평』 제71집, 한국문학이론과비평학회, 2016.
전도현, 「김동명 시의 비유 구성 방법 연구」, 『한국학연구』 제43권, 고려대 한국학연구소, 2012.
전현주, 「〈파친코〉의 '장소성' 서사 연구」, 『인문과학』 제124집, 연세대 인문학연구원, 2022.
정선주, 「중국 조선족들의 눈에 비친 한국, 한국인들」, 『현대소설연구』 제75호, 한국현대소설학회, 2019.
정성하, 「코리안 디아스포라의 자기인식과 디아스포라 미션」, 『선교와 신학』 제17호, 장로회신학대 세계선교연구원, 2006.
정은경, 「강상중의 디아스포라 의식과 글쓰기」, 『국제한인문학』 제16집, 국제한인문학회, 2015.
정은경, 「이방인의 윤리」, 『젤리피쉬』, 이룸, 2009.
정종현, 「근대문학에 나타난 '만주' 표상」, 『한국문학연구』 제28집, 동국대 한국문화연구소, 2005.
정지영, 「열녀 만들기의 역사」, 『여성학논집』 제20집, 이화여대 한국여성연구원, 2003.
정현주, 「이주 젠더 스케일」, 『대한지리학회지』 제43권, 대한지리학회, 2008.
정형철, 「들뢰즈와 가타리의 노마디즘과 동양적 사유의 방식」, 『비교문학』 제38권, 한국비교문학회, 2006.
정호웅, 「절망과 고통의 현실, 연민의 마음」, 『코끼리』, 실천문학사, 2005.
조관자, 「서경식의 '식민주의 저항' 담론에 관한 비판적 고찰」, 『일본비평』 제14호, 서울대 일본연구소, 2016.
조남현, 「1990년대 문학의 풍경」, 『1990년대 문학의 담론』, 문예출판사, 1998.

조애리 · 김진옥, 「들뢰즈와 가타리의 여성-되기와 전복성」, 『페미니즘연구』 제16권, 한국여성연구소, 2016.

조영욱, 「리근전 문학의 특성 연구」, 인천대 석사학위논문, 2008.

조진기, 「만주이주민의 현실왜곡과 체제순응」, 『현대소설연구』 제17호, 한국현대소설학회, 2002.

주혜정, 「한인 이주와 크랜스내셔널리즘: 재미교포 작가의 재일교포 이야기 〈파친코〉를 중심으로」, 동북아시아문화학회 국제학술대회발표자료집, 2020.10,

차민기, 「'바리서사'의 현대적 변용 양상 고찰」, 『현대문학이론연구』 제45권, 현대문학이론학회, 2011.

차성연, 「중국조선족 문학에 재현된 '한국'과 '디아스포라' 정체성」, 『한중인문학연구』 제31호, 한중인문학회, 2010.

차성환, 「김동명 시에 나타난 '서울'의 문학지리학적 연구」, 『김동명문학연구』 제8집, 김동명학회, 2021.

천정환, 「관음증과 재현의 윤리」, 『사회와 역사』 제8권, 한국사회사학회, 2009.

최강민, 「재일 조선인(자이니치)의 정체성 찾기와 경계인의 문학: 윤건차론」, 『한국어와 문화』 제11집, 숙명여대 한국어문화연구소, 2012.

최기숙, 「교육주체로서의 여성과 서구 유학의 문제」, 『여성문학연구』 제12호, 한국여성문학학회, 2004.12.

최명국, 「1930년대 전원파의 상실 의식과 귀거래 의식」, 『한국문학이론과 비평』 제69집, 한국문학이론과비평학회, 2015.

최병우, 「한국현대소설에 나타난 이주의 인간학」, 『현대소설연구』 제51집, 한국현대소설학회, 2012.

최삼룡, 「조선족 소설 속의 한국과 한국인」, 『한중인문학연구』 제37권, 한중인문학회, 2012.

최우길, 「한중관계와 조선족 문제」, 『재외한인연구』 제13권, 재외한인학회, 2003.

최창용, 「윤대녕 단편소설 연구 - 포스트모더니즘의 성격을 중심으로」, 가톨릭대 교육석사학위논문, 2002.

최창헌, 「'심청 이야기'의 현대적 수용과 그 의미」, 강원대 석사학위논문, 2008.

최창현, 「정신장애인 '당사자' 운동의 가능성」, 『한국문화인류학』 제55권, 한국문화인류학회, 2022.

피기춘, 「김동명 시문학의 수용성에 관한 연구」, 중부대 박사학위논문, 2022.
한만수, 「먹고 살기와 존재 찾기」, 『창작과비평』 1999.가을호.
한명환, 「중국조선족 소설의 재인식과 역사체험」, 『국제어문』 제44집, 국제어문학회, 2008.
한점돌, 「한국현대소설에 나타난 '나비'의 표상체계 연구」, 『국어교육』 제113권, 한국어교육학회, 2004.
현천추, 「간도이민제재소설로부터 본 작가와 작품의 관계」, 『인문과학논집』 제22권, 강남대 인문과학연구소, 2011.
홍기돈, 「작고 작은 은빛 물고기 한쌍을 찾아서」, 『폭소』, 창비, 2009.
황국명, 「90년대 문학의 포스트모던한 경향」, 『인문사회과학논총』 제1권, 인제대 인문사회과학연구소, 1994.
______, 「황석영 소설에 나타난 여성이주와 혼종 인식의 문제: 《심청, 연꽃의 길》을 중심으로」, 『한국문학논총』 제58집, 한국문학회, 2011.

3. 국내저서

강이수 외, 『여성과 일』, 동녘, 2001.
강영안 외, 『레비나스 철학의 맥락들』, 그린비, 2017.
고석규, 『근대도시 목포의 역사 공간 문화』, 서울대출판부, 2004.
고정갑희, 『성이론』, 여이연, 2011.
구문규, 『민족혼 루쉰, 인간의 중국을 꿈꾸다』, 해람기획, 2018.
구재진 외, 『중국조선족문학』, 한국문학번역원, 2020.
권성우, 『비평의 고독』, 소명출판, 2016.
김광억 외, 『종족과 민족: 그 단일과 보편의 신화를 넘어서』, 아카넷, 2005.
김덕영, 『게오르그 짐멜의 모더니티 풍경 11가지』, 길, 2007.
______, 『에리식톤 콤플렉스』, 길, 2019,
김성철, 『재난과 평화』, 아카넷, 2015.
김세균 외 역, 『유럽의 제노포비아』, 문학과학사, 2016.
김연숙, 『박경리의 말』, 천년의상상, 2020.
김윤식, 『소설과 현장비평』, 새미, 1994.
______, 『염상섭 연구』, 서울대출판부, 1987.

김재용·김창호·유수정 엮음, 『만주국 속의 동아시아문학』, 소명출판, 2018.

김재용·윤영실 외, 『한국근대문학과 동아시아: 일본』, 소명출판, 2017.

김종갑, 『근대적 몸과 탈근대적 증상』, 나남, 2008.

김태준, 『한국의 여행문학』, 이화여대출판부, 2006.

김현강, 『슬라보예 지젝』, 이룸, 2009.

김현경, 『사람, 장소, 환대』, 문학과지성사, 2015.

김환기 외, 『재일한인문학』, 한국문학번역원, 2020.

남기택, 『강원권 시문학과 정전의 재구성』, 강원학연구원, 2022.

류준필, 『동아시아의 자국학과 자국문학사 인식』, 소명출판, 2013.

몸문화연구소 편, 『그로테스크의 몸』, 건국대출판부, 2010.

문화콘텐츠기술연구원 엮음, 『다문화의 이해』, 경진, 2009.

박경태, 『소수자와 한국사회』, 후마니타스, 2008.

박덕규 외, 『미주한인문학』, 한국문학번역원, 2020.

박덕규·이성희 편저, 『탈북 디아스포라』, 푸른사상, 2012.

박영철 외, 『동아시아의 타자인식』, 제이앤씨, 2007.

박천홍, 『매혹의 질주 근대의 횡단』, 산처럼, 2002.

박화성, 『나의 삶과 문학의 여적』, 한라문화, 2005.

부산대 한국민족문화연구소, 『이주와 로컬리티의 재구성』, 소명출판, 2013.

서경석 외, 『신여성 길위에 서다』, 호미, 2007.

서동욱, 『차이와 타자』, 문학과지성사, 2000.

______, 『타자철학』, 반비, 2023.

서영채, 『소설의 운명』 문학동네, 1996.

서정자 편, 『눈보라의 운하 기행문』, 푸른사상, 2004.

서정자, 『한국근대여성소설연구』, 국학자료원, 1999.

성균관대 동아시아 유교문화권 교육연구단 편, 『동아시아와 근대 여성의 발견』, 청어람미디어, 2004.

손희정, 『페미니즘 리부트: 혐오의 시대를 뚫고 나온 목소리들』, 나무연필, 2017.

양승권, 『니체와 장자는 이렇게 말했다』, 페이퍼로드, 2020.

여성문화이론연구소, 『성·노·동』, 여이연, 2007.

오양호, 『만주시인집의 문학사 자리와 실체』, 역락, 2013.

오양호, 『만주이민문학연구』, 문예출판사, 2007.

______, 『만주조선문예선』, 역락, 2012.

______, 『일제강점기 만주조선인문학연구』, 문예출판사, 1996.

______, 『한국문학과 간도』, 문예출판사, 1988.

우찬제, 『타자의 목소리』, 문학동네, 1996.

우한용 외, 『우정의 길 예지의 창』, 푸른사상, 2008.

윤인진, 『동북아시아의 국제이주와 다문화주의』, 한울아카데미, 2013.

______, 『코리안 디아스포라』, 고려대학교출판부, 2004.

윤인진 엮음, 『디아스포라와 초국가주의의 이론과 실태』, 북코리아, 2017.

윤정화, 『재일한인 작가의 디아스포라 글쓰기』, 혜안, 2012.

이건수, 『보들레르의 풍자적 현대문명 비판: 벨기에 기행을 중심으로』, 살림, 2020.

______, 『저주받은 천재 시인 보들레르』, 살림, 2006.

이경원, 『검은 역사 하얀 이론』, 한길사, 2011.

______, 『파농: 니그로, 탈식민화와 인간해방의 중심에 서다』, 한길사, 2015.

이경재, 『다문화시대의 한국소설 읽기』, 소명출판, 2015.

이미림, 『21세기 한국소설의 다문화와 이방인들』, 문학사상, 2014.

______, 『우리시대의 여행소설』, 태학사, 2006.

______, 『한국현대소설의 떠남과 머묾』, 예림기획, 2007.

이상진, 『토지인물사전』, 마로니에북스, 2012.

이상화 외, 『지구화 시대의 현장 여성주의』, 이화여대출판부, 2007.

이유혁, 『트랜스로컬리티와 경계의 재해석』, 소명출판, 2017.

이정숙, 『한국현대소설, 이주와 상처의 미학』, 푸른사상, 2012.

이종영, 『가학증 타자성 자유』, 백의, 1996.

이진경, 『노마디즘』1,2, 휴머니스트, 2002.

이해영, 『중국 조선족 사회사와 장편소설』, 역락, 2006,

이현재, 『악셀 호네트』, 커뮤니케이션북스, 2019

이화인문과학원 편, 『문화 혼종과 탈경계 주체』, 이화여대출판부, 2013.

이희상, 『존 어리, 모빌리티』, 커뮤니케이션북스, 2016.

인하대 한국학연구소, 『연변조선족의 역사와 현실』. 소명출판, 2013.

임경규, 『집으로 가는 길: 디아스포라의 집에 대한 상상력』, 앨피, 2018.

임정연, 『여행 · 젠더 · 장소』, 지식산업사, 2022.

임철규, 『눈의 역사 눈의 미학』, 한길사, 2004

임혁백, 『비동시성의 동시성』, 고려대학교출판부, 2014.

임희숙, 『새롭게 읽는 〈토지〉』, 산지니, 2022.

장시기, 『들뢰즈와 탈근대 문화연구』, 당대, 2008.

장윤수, 『노마디즘과 코리안 디아스포라문학』, 북코리아, 2011.

장지연 외, 『글로벌화와 아시아여성』, 한울아카데미, 2007.

전북대 재일동포연구소 편, 『재일동포문학과 디아스포라』1,2,3, 제이앤씨, 2008.

전승혜, 『찰스 디킨스: 시대와 삶의 문학』, 건국대출판부, 1996.

정낙림, 『놀이하는 인간의 철학』, 책세상, 2017.

정은경, 『디아스포라 문학』, 이룸, 2007.

정재서 엮음, 『동아시아 여성의 기원』, 이화여대출판부, 2002.

정재정, 『일제침략과 한국철도』, 서울대출판부, 1999.

정정호 편, 『들뢰즈 철학과 영미문학 읽기』, 동인, 2003.

정항균, 『메두사의 저주: 시각의 문학사』, 문학동네, 2014.

정희옥, 『한 번은 불러 보았다』, 위즈덤하우스, 2022.

조남현, 『1990년대 문학의 담론』, 문예출판사, 1998.

조성일 · 권철 외, 『중국조선족문학통사』, 이회, 1997.

조은주, 『디아스포라 정체성과 탈식민주의 시학: 만주를 유랑하는 시』, 국학자료원, 2015.

차옥승 외, 『동아시아 여신신화와 여성 정체성』, 이화여대출판부, 2010.

채 훈, 『재만한국문학연구』, 깊은샘, 1990.

최 협, 『다민족사회, 소수민족, 코리안 아메리칸』, 전남대출판부, 2011.

최병우, 『리근전 소설 연구』, 푸른사상, 2007.

______, 『이산과 이주 그리고 한국현대소설』, 푸른사상, 2013.

______, 『조선족 소설 연구』, 푸른사상, 2019.

최유찬 외, 『한국근대문화와 박경리의 〈토지〉』, 소명출판, 2008.

최유찬, 『박경리의 〈토지〉 읽기』, 세창미디어, 2018.

최정은, 『트릭스터: 영원한 방랑자』, 휴머니스트, 2005,

최종렬, 『지구화의 이방인들』, 마음의거울, 2013.

태혜숙, 『한국의 탈식민 페미니즘과 지식생산』, 문학과학사, 2004.
토지학회 편저, 『〈토지〉와 공간』, 마로니에북스, 2015.
__________, 『〈토지〉와 서사구조』, 마로니에북스, 2016.
__________, 『토지 인물열전』, 마로니에북스, 2019.
한국여성연구소 엮음, 『젠더와 사회』, 동녘, 2014.
한국여성연구원 편, 『동아시아의 근대성과 성의 정치학』, 푸른사상, 2002.
한석정, 『만주 모던』, 문학과지성사, 2016.
_____, 『만주국 건국의 재해석』, 동아대학교출판부, 2009.
한점돌, 『한국현대소설의 형이상학』, 새미, 1997.
허성태·임영언, 『글로벌 디아스포라와 세계의 한민족』, 북코리아, 2014.
홍찬숙, 『울리히 벡』, 커뮤니케이션북스, 2016.
황국명, 『삶의 진실과 소설의 방법』, 문학동네, 2001.
_____, 『전환기 소설의 지형』, 세종출판사, 2001,

4. 외국저서

H.마르쿠제, 김인환 역, 『에로스와 문명』, 나남출판, 2004.
John Lennon & Foley, 『Dark Tourism』, Cengage Learning, 2001.
M. 바흐찐, 김근식 역, 『도스도예프스키 시학』, 정음사, 1988.
M.엘리아데, 이은봉 역, 『성과 속』, 한길사, 1998.
가라타니 고진, 송태욱 역, 『윤리21』, 사회평론, 2001.
기욤 르 블랑, 박영옥 역, 『안과 밖: 외국인의 조건』, 글항아리, 2014.
닝왕, 이진형 외 역, 『관광과 근대성』, 일신사, 2004.
다이애나 E. H. 러셀·질 래드퍼드, 전경훈 역, 『페미사이드』, 책세상, 2018
데이비드 브룩스, 형선호 역, 『보보스』, 동방미디어, 2001.
도널드 리치, 박경환·윤영수 역, 『도널드 리치의 일본 미학』, 글항아리, 2022
량영성, 김선미 역, 『혐오표현은 왜 재일조선인을 겨냥하는가』, 산처럼, 2018.
레이 초우, 장수현·김우영 역, 『디아스포라의 지식인』, 이산, 2005.
레이 초우, 정재서 역, 『원시적 열정』, 이산, 2004.
로널드 보그, 김승숙 역, 『들뢰즈와 문학』, 동문선, 2006.
로버트 D 매닝, 강남규 역, 『신용카드 제국』, 참솔, 2002.

로버트 숄즈 외, 임병권 역, 『서사의 본질』, 예림기획, 2001.
로지 브라이도티, 박미선 역, 『유목적 주체』, 여이연, 2004
리처드 로티, 임옥희 역, 『미국 만들기』, 동문선, 2003.
리처드 세넷, 김병화 역, 『짓기와 거주하기』, 김영사, 2020.
리처드 커니, 이지영 역, 『이방인, 신, 괴물』, 개마고원, 2004.
마르틴 하이데거, 전양범 역, 『존재와 시간』, 동서문화사, 1992.
마사 너스바움, 조계원 역, 『혐오와 수치심: 인간다움을 파괴하는 감정들』, 민음사, 2015.
마이크 크랭·나이절 스리프트, 최병두 역, 『공간적 사유』, 에코리브르, 2013.
막스 베버, 박문재 역, 『프로테스탄트 윤리와 자본주의 정신』, 현대지성, 2018.
멜리사 그레그·그레고리 시그워스, 최성희 외 역, 『정동이론』, 갈무리, 2015.
미셸 마페졸리, 박정호·신지은 역, 『부족의 시대』, 문학동네, 2017.
미셸 마페졸리, 이상훈 역, 『디오니소스의 그림자』, 삼인, 2013.
미셸 마페졸리, 최원기·최항섭 역, 『노마디즘』, 일신사, 2008.
미셸 바렛 외, 신현옥 외 역, 『페미니즘과 계급정치학』, 여성사, 1995.
미셸 옹프레, 강현주 역, 『철학자의 여행법』, 세상의모든길들, 2013.
미셸 푸코, 오트르망 심세광 전혜리 역, 『담론과 진실: 파레시아』, 동녘, 2017.
미즈노 나오키, 문경수 역, 『재일조선인』, 삼천리, 2016.
미하일 바흐친, 이덕형·최건영 역, 『프랑수아 라블레의 작품과 중세 및 르네상스의 민중문화』, 아카넷, 2001.
미하일 바흐친, 김근식 역, 『도스또예프스키 시학』, 정음사, 1988.
미하일 바흐친, 전승희 외 역, 『장편소설과 민중언어』, 창작과비평사, 1988.
발터 벤야민, 조형준 역, 『도시의 산책자』, 새물결, 2008.
비린더 S. 칼라·라민더 카우르·존 허트닉, 정영주 역, 『디아스포라와 혼종성』, 에코리브르, 2014.
빈프리트 뢰쉬부르크, 이민수 역, 『여행의 역사』, 효형출판, 2003.
세일라 벤하비브, 이상훈 역, 『타사의 권리』, 철학과현실사, 2008.
스티브 컨, 이성동 역, 『육체의 문화사』, 의암출판, 1996.
슬라보예 지젝, 김서영 역, 『시차적 관점』, 마티, 2009.
시몬느 비에른느, 이재실 역, 『통과제의와 문학』, 문학동네, 1996.

아마르티아 센, 이상환·김지련 역, 『정체성과 폭력』, 바이북스, 2009.
아민 말루프, 박창호 역, 『사람잡는 정체성』, 이론과실천, 2006
알랭 바디우, 이종영 역, 『윤리학』, 동문선, 2001.
알폰소 링기스, 김성균 역, 『아무것도/공유하지 않은/자들의 공동체』, 바다출판사, 2013.
앙리에트 아세오, 김주경 역, 『집시』, 시공사, 2003.
앵거스 프레이저, 문은실, 역, 『집시, 어디서 왔다가 어디로 갔는가』, 에디터, 2005.
야마무로 신이찌, 임성모 역, 『여럿이며 하나인 아시아』, 창비, 2003.
어빙 고프만, 윤선길 정기역 역, 『스티그마』, 한신대학교출판부, 2009.
에리카 L 존슨 피트리샤 모런 엮음, 손희정·김하연 역, 『여성의 수치심』, 글항아리, 2022.
요시하라 나오키, 이상봉·신나경 역, 『모빌리티와 장소』, 심산, 2010.
요한 하위징아, 이종인 역, 『호모 루덴스』, 연암서가, 2010.
우에노 치즈코, 이승희 역, 『가부장제와 자본주의』, 녹두, 1994.
이올 프레스, 오윤성 역, 『더티 워크』, 한겨레출판, 2023.
이토 마모루, 김미정 역, 『정동의 힘』, 갈무리, 2016.
자끄 데리다, 남수인 역, 『환대에 대하여』, 동문선, 2004.
자끄 아탈리, 이효숙 역, 『호모 노마드 유목하는 인간』, 웅진닷컴, 2005.
장-뤽 낭시, 박준상 역, 『무위의 공동체』, 인간사랑, 2010.
조르조 아감벤, 박진우 역, 『호모 사케르』, 새물결, 2008.
존 베벌리, 박정원 역, 『하위주체성과 재현』, 그린비, 2013.
존 어리, 김태한 역, 『모빌리티』, 앨피, 2022.
주디스 버틀러, 조현준 역, 『젠더 트러블』, 문학동네, 2008
주디스 버틀러·가야트리 스피박, 주해연 역, 『누가 민족국가를 노래하는가』, 산책자, 2008.
지그문트 바우만, 권태우 역, 『리퀴드 러브』, 새물결, 2013.
지그문트 바우만, 장일준 역, 『쓰레기가 되는 삶들』, 새물결, 2008.
질 들뢰즈·펠릭스 가타리, 김재인 역, 『천개의 고원』, 새물결, 2001.
질 들뢰즈·펠릭스 가타리, 이진경 역, 『카프카』, 동문선, 2001.
츠베탕 토도로프, 유제호 역, 『산문의 시학』, 예림기획, 2003.
캐럴 제이 애덤스, 류현 역, 『육식의 정치학』, 이매진, 2018.

캐슬린 배리, 정금나·김은정 역, 『섹슈얼리티의 매춘화』, 삼인, 2002.
켈리 올리버, 박재열 역, 『크리스테바 읽기』, 시와반시, 1997.
크로스 로젝, 최석호 외 역, 『포스트모더니즘과 여가』, 일신사, 2002.
프란츠 파농, 이석호 역, 『검은 피부, 하얀 가면』, 인간사랑, 1998.
프리드리히 니체, 정동호 역, 『차라투스트라는 이렇게 말했다』, 책세상, 2000.
한나 아렌트, 김정한 역, 『폭력의 세기』, 이후, 1999.

찾아보기

ㄷ

ㅅ

ㅇ

ㅋ

ㅌ

ㅍ

ㅎ

저자

이미림 李美林

강릉원주대학교 국어국문학과 교수, 문학박사.

1990년대 여행의 자유화 이후 유럽, 인도, 중국, 미국을 여행하며 여행산문집과 여행학술서를 출간했고, 2000년대 다문화사회의 진입과 함께 교내 교수들과 다문화연구소를 설립한 후 다문화가정 2세와 결혼이주여성을 교육하는 강원다인학교 운영 등 다문화 활동을 하면서 다문화문학논문을 지속적으로 발표했다. 또한 자이니치 에세이에 나타난 슬픔에 감화되어 코리안 디아스포라 정체성에 관심을 갖고 재외한인문학을 연구하고 있다.

저서로는 『월북작가에 대한 재인식』(공저, 1995), 『한국현대소설연구』(공저, 1998), 『월북작가소설연구』(1999), 『책 읽어주는 여자』(2002), 『내 안의 타자를 찾아서』(2006), 『우리시대의 여행소설』(2006), 『한국현대소설의 떠남과 머묾』(2007), 『한국문학의 지평』(공저, 2008), 『언어와 교육』(공저, 2012), 『디아스포라와 한국문학』(공저, 2012), 『박화성, 한국문학사를 관통하다』(공저, 2013), 『21세기 한국소설의 다문화와 이방인들』(2014), 『김유정 문학의 감정미학』(공저, 2018), 『중국조선족문학』(공저, 2020), 『김유정 문학과 문화충돌』(공저, 2021), 『영화와 문학, 세계를 걷다』(공저, 2022), 『문학 속의 강원, 강원 속의 문학』(2023) 등이 있다.

milim@gwnu.ac.kr

우리 문학의 여행·다문화·디아스포라

초판 1쇄 인쇄 2024년 5월 1일
초판 1쇄 발행 2024년 5월 10일

지은이 이미림
펴낸이 박성복
펴낸곳 도서출판 월인
주소 01047 서울특별시 강북구 노해로25길 61
등록 1998년 5월 4일 제6-0364호
전화 (02) 912-5000
팩스 (02) 900-5036
홈페이지 www.worin.net
전자우편 worinnet@hanmail.net

ISBN 978-89-8477-729-3 93810

값은 뒤표지에 있습니다.